Einsatzgruppen

Michaël Prazan

Einsatzgruppen

Les commandos de la mort nazis

Éditions du Seuil

ISBN 978-2-7578-2871-7
(ISBN 978-2-02-099290-9, 1re publication)

Fugue de mort

Lait noir de l'aube nous le buvons le soir
le buvons à midi et le matin nous le buvons la nuit
nous buvons et buvons
nous creusons dans le ciel une tombe où l'on n'est pas serré
Un homme habite la maison il joue avec les serpents il écrit
il écrit quand il va faire noir en Allemagne Margarete tes cheveux d'or
écrit ces mots s'avance sur le seuil et les étoiles tressaillent il siffle ses grands chiens
il siffle il fait sortir ses juifs et creuser dans la terre une tombe
il nous commande allons jouez pour qu'on danse

Lait noir de l'aube nous te buvons la nuit
te buvons le matin puis à midi nous te buvons le soir
nous buvons et buvons
Un homme habite la maison il joue avec les serpents il écrit
il écrit quand il va faire noir en Allemagne Margarete tes cheveux d'or
Tes cheveux cendre Sulamith nous creusons dans le ciel une tombe où l'on n'est pas serré

Il crie enfoncez plus vos bêches dans la terre vous autres et vous chantez jouez
il attrape le fer à sa ceinture il le brandit ses yeux sont bleus
enfoncez plus les bêches vous autres et vous jouez encore pour qu'on danse

Lait noir de l'aube nous te buvons la nuit
te buvons à midi et le matin nous te buvons le soir
nous buvons et buvons
un homme habite la maison Margarete tes cheveux d'or
tes cheveux cendre Sulamith il joue avec les serpents

Il crie jouez plus douce la mort la mort est un maître d'Allemagne
il crie plus sombres les archets et votre fumée montera vers le ciel
vous aurez une tombe alors dans les nuages où l'on n'est pas serré

Lait noir de l'aube nous te buvons la nuit
te buvons à midi la mort est un maître d'Allemagne

nous te buvons le soir et le matin nous buvons et buvons
la mort est un maître d'Allemagne son œil est bleu
il t'atteint d'une balle de plomb il ne te manque pas
un homme habite la maison Margarete tes cheveux d'or
il lance ses grands chiens sur nous il nous offre une tombe dans le ciel
il joue avec les serpents et rêve la mort est un maître d'Allemagne

tes cheveux d'or Margarete
tes cheveux cendre Sulamith

Paul Celan

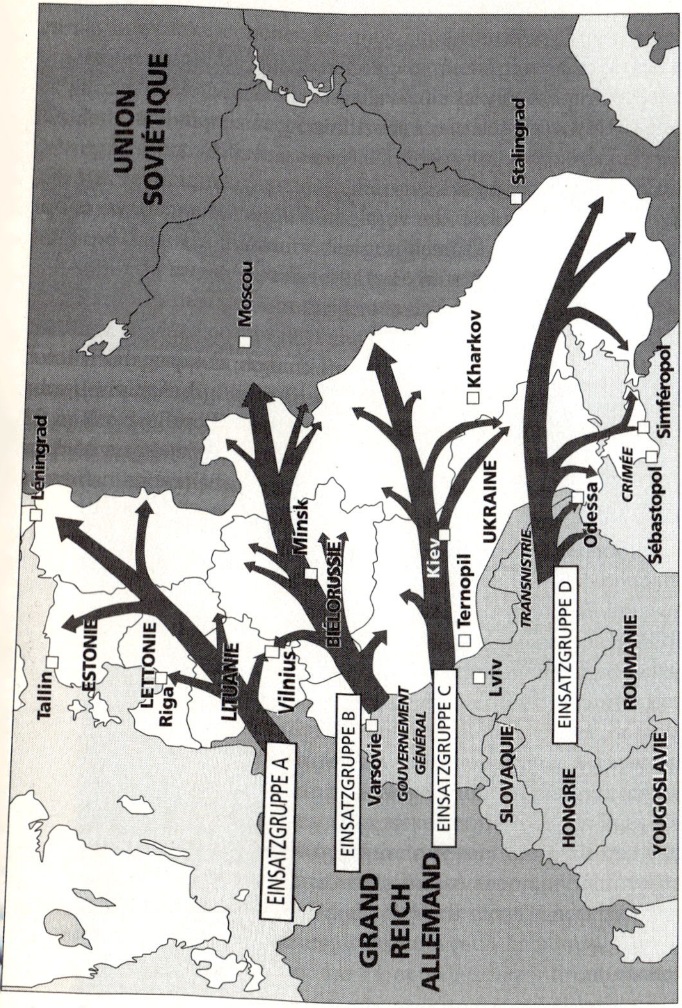

Les campagnes de massacre des Einsatzgruppen 1941-1943

Les lieux d'opération des Einsatzgruppen après Barbarossa

Un prologue

22 juin 1941, opération Barbarossa, l'assaut contre l'Union soviétique – Raul Hilberg, *La Destruction des Juifs d'Europe* – Les Einsatzgruppen – Une enquête et un film – Un précédent : le massacre de Nankin – La méthode et l'équipe.

« La percée allemande se poursuit irrésistiblement. L'imposant front formé par les soldats bolcheviques est éventré et réduit à néant. Le soldat allemand a d'ores et déjà fait la preuve de sa vaillance éternelle pour le sauvetage de l'Europe dans le combat contre l'ennemi mondial bolchevique[1] ! » s'enthousiasme la voix du commentateur allemand sur les images de propagande. La déferlante militaire est filmée sur le mode de l'épopée. Musique de fanfare, interminables convois de chars et de blindés, motos vrombissantes et side-cars caracolant victorieusement sous le soleil de printemps, assauts des fantassins coupés par les gros plans de visages encore juvéniles ; pureté et blondeur aryennes, sourire franc et conquérant des valeureux soldats de la Wehrmacht. Le 22 juin 1941, l'assaut contre l'empire soviétique vient d'être lancé. Faisant voler en éclats le pacte germano-soviétique signé à Berlin en 1939, l'« opération Barbarossa », nom de code de la guerre d'invasion livrée par le IIIe Reich contre « l'ennemi héréditaire » bolcheviste sera le grand œuvre d'Adolf Hitler. Une guerre d'annihilation,

1. Archives audiovisuelles Footage Farm, FF221124, DW, 1941.

« confrontation entre deux idéologies[2] », qui devra à terme anéantir la Russie communiste, vider l'Europe de l'Est de tous ses éléments « judéo-bolcheviques », et annexer les territoires conquis à l'Allemagne. Il s'agira d'y créer les conditions d'un espace vital *völkisch* – pour la « grande nation allemande » – et, par l'implantation massive de colonies, réaliser le « Lebensraum », le paradis théorisé dans *Mein Kampf* dès 1925. Pierre monumentale et décisive à l'édifice d'un « Grand Reich » conçu pour demeurer mille ans. Les populations locales, les Slaves, Mongols, Tatars, Kirghizes et autres « sous-hommes », seront soumises, réduites en esclavage pour subvenir aux besoins en nourriture et en infrastructures de l'Allemagne nazie. Les autres, communistes, Juifs, Tsiganes, seront éliminés. Avant même que ne débute l'invasion, Alfred Rosenberg, l'idéologue du parti, a conçu le découpage du territoire en quatre grandes zones administratives (ou Reichskommissariats) : l'Ostland, qui rassemblera les pays Baltes et la Biélorussie ; l'Ukraine ; le Caucase ; et la Moscavie (la Russie occidentale). La directive n° 21, datée du 15 mai 1941 et signée de la main du Führer, a fourni les grands axes du plan de conquête : les armées Nord (16e armée, 18e armée, 4e groupe blindé, appuyés par la 1re flotte aérienne) prendront Leningrad et son port, Kronstadt, avant de fondre sur Moscou ; les armées Centre (2e et 4e armées, 2e et 3e groupes blindés, soutenus par la 2e flotte aérienne) auront pour principal objectif la destruction des unités soviétiques en Ukraine ; les armées Sud (6e, 11e, 17e armées, alliées aux 3e et 4e armées roumaines, soutenues par la 4e flotte aérienne) prendront Kiev et Odessa, avant de sécuriser la Crimée et de se lancer à l'assaut de Stalingrad. La Wehrmacht, forte de sa considérable supériorité numérique, enfonce aux premiers jours du conflit les lignes soviétiques, anéantissant par divisions entières une armée mal préparée, assommée et déconfite par la blitzkrieg allemande. Les administrations soviétiques, les services secrets

2. *Journal de guerre du haut commandement de la Wehrmacht*, KTB/WFStab, cité par Ralf Ogorreck, *Les Einsatzgruppen. Les groupes d'intervention et la « genèse de la solution finale »*, Paris, Calmann-Lévy, 2007, p. 29.

et de police, les troupes basées dans les principales villes des pays Baltes, de Biélorussie et d'Ukraine battent en retraite dans une formidable désorganisation et de gigantesques pertes humaines. La débâcle a lieu sur les trois fronts. En quelques semaines, l'offensive allemande fait 200 000 tués et plus de 100 000 prisonniers dans les rangs soviétiques. En retrait du front, les Einsatzgruppen, quatre groupes du SD[3], le Service de sécurité intégré depuis peu au RSHA[4], le tentaculaire appareil répressif qui rassemble toutes les administrations sécuritaires du IIIe Reich, progressent dans le sillage des armées auxquelles ils sont rattachés. Ces quatre Einsatzgruppen (A, B, C, D), censés être subordonnés à un ou plusieurs corps d'armée, sont en réalité très autonomes. Ils ne répondent qu'aux ordres de Reinhard Heydrich, le chef du RSHA, et du Reichsführer Heinrich Himmler, le maître absolu de la SS und Polizei (la SSP).

Einsatzgruppen. La première fois que j'ai rencontré le mot, c'était dans l'ouvrage de Raul Hilberg, *La Destruction des Juifs d'Europe*[5]. Un ouvrage fondateur, de plus de mille pages, commencé en 1948, incessamment repris, amendé par son auteur, tout au long des progrès de la recherche historique, et ce jusqu'à sa mort survenue le 4 août 2007. Dans le monument de Hilberg, la partie consacrée à l'extermination des Juifs de l'Est au cours de l'opération Barbarossa, chapitre VII, s'intitule « Les opérations mobiles de tuerie ». « Quand je lançai ce projet, écrit l'historien en préambule de son livre, à la fin de 1948, mes sources principales étaient les documents produits lors des procès de Nuremberg. Cette montagne, ces milliers d'ordres, de lettres et de dossiers furent donc les premiers documents que je lus[6]. » Parmi la « montagne » de documentation nazie exploitée par

3. *Sicherheitsdienst* (SD) : Service de sécurité créé en 1931 par Reinhard Heydrich.

4. *Reichssicherheitshauptamt* (RSHA) : Office central de la sécurité du Reich, créé par Heinrich Himmler et dirigé par Reinhard Heydrich.

5. Raul Hilberg, *La Destruction des Juifs d'Europe*, Paris, Gallimard, « Folio/Histoire », 2006, 3 tomes.

6. *Ibid.*, t. I, p. 12.

les magistrats du Tribunal de Nuremberg se trouvaient les rapports des Einsatzgruppen. Ils furent découverts immédiatement après le conflit mondial, par hasard, pendant les investigations d'un jeune procureur de 27 ans, Benjamin Ferencz, diplômé de Harvard, ayant servi trois ans dans l'armée américaine et participé au débarquement de Normandie. Un Juif américain d'origine hongroise, pionnier et concepteur, avec Rafael Lemkin, du droit international qui forge les chefs d'accusation de « crime contre l'humanité » et de « crime de génocide ». Certains de ces rapports avaient été détruits à la hâte par les nazis en 1945, dans les derniers jours de la bataille de Berlin. La plupart furent néanmoins sauvés de la disparition. Ils constituèrent autant de preuves imparables des crimes commis à l'Est entre 1941 et 1943 au procès des quelques chefs de « kommandos »[7] amenés à comparaître, autant qu'une matière inestimable pour l'Histoire. À la suite de Raul Hilberg, d'autres historiens reprirent ce travail, poursuivant la mise au jour de l'horrifique récit des premières phases du génocide.

Einsatzgruppen. Un mot mystérieux, difficilement traduisible ; euphémisme de la langue bureaucratique de l'appareil de destruction nazi. « Personne n'a jamais réussi à traduire convenablement ce mot », me dit Benjamin Ferencz quand je le rencontrai dans sa modeste villa de New Rochelle, près de New York, en juin 2008. « Littéralement, Einsatzgruppen signifie “groupes d'intervention”. Mais sa véritable signification doit se comprendre par leurs actes : le travail de ces commandos spéciaux était la traque et l'assassinat de sang-froid, derrière la ligne de front, de tout Juif, homme, femme et enfant, tombé entre leurs mains. De même avec les Tsiganes. De même avec tout

7. Parce que ces termes empruntés au vocabulaire militaire nazi n'ont pas d'équivalent en français, nous avons respecté la graphie allemande des mots « kommando » et « aktion » (sans y ajouter la capitale propre aux substantifs). Nous avons utilisé la graphie française dans certaines expressions lexicalisées (ex : « commandos de la mort ») ou lorsqu'il s'agit de la traduction en français d'une terminologie allemande (ex : « commandos spéciaux »). Nous avons respecté l'orthographe des citations.

ennemi potentiel du Reich. » La meilleure traduction nous est livrée par Hilberg, sous la paraphrase de « commandos mobiles de tuerie ». Il s'agissait de fonctionnaires SS, issus principalement du SD, auxquels on ajouta, à cause du manque d'effectifs, des recrues prélevées dans la police régulière et la gendarmerie. En tout, 3 000 hommes, qui reçurent une rapide formation militaire quelques semaines avant le déclenchement de l'invasion de l'URSS. Cette formation eut lieu à Pretzsch, une ville située sur l'Elbe, à une centaine de kilomètres au sud-ouest de Berlin, dans l'un des centres d'entraînement de la SSP. Subdivisé en quatre ou cinq bataillons appelés Einsatzkommandos et Sonderkommandos[8], chaque « groupe d'intervention » aurait pour tâche la « sécurisation » d'une zone géographique définie par la logique des avancées de la Wehrmacht. Le groupe A, attaché aux armées Nord, dirigé par le Brigadeführer-SS Walter Stahlecker, opérerait dans les pays Baltes. L'Einsatzgruppe B, avec à sa tête le chef de la police judiciaire, le Brigadeführer-SS Artur Nebe, nettoierait la Biélorussie et la Russie centrale. L'Einsatzgruppe C, commandé par le docteur et Brigadeführer-SS Otto Rasch, traquerait les Juifs et les communistes au nord et au centre de l'Ukraine. L'Einsatzgruppe D, dirigé par un juriste du SD, le Standartenführer Otto Ohlendorf, ferait de même au sud de l'Ukraine. Le 17 juin, cinq jours avant le début de l'opération Barbarossa, Heydrich réunit à Pretzsch les principaux commandants des Einsatzgruppen afin de préciser avec eux les modalités de leur mission. S'il s'agissait nécessairement, afin de soulager l'armée allemande des tâches les plus incommodes, de procéder à l'élimination physique de « tous les éléments racia-

8. En principe, les Einsatzkommandos se concentraient sur les tâches de police (missions clairement plus génocidaires), et les Sonderkommandos sur celles du renseignement. Ces derniers représentaient l'avant-garde de l'Einsatzgruppe. Progressant le long de la ligne de front, ils devaient investir les bâtiments publics. Le Teilkommando était un détachement chargé de la police (et de l'extermination), tandis que le Vorkommando était plutôt affecté aux missions de reconnaissance. Ces distinctions théoriques étaient adaptées aux situations sur le terrain. Chacun de ces bataillons et leurs détachements, à des fréquences variables, pratiquèrent des meurtres de masse.

lement et politiquement indésirables[9] » – cela allait des commissaires politiques à tout Juif en âge de porter une arme, en passant par « l'intelligentsia bolcheviste », les prisonniers de guerre, les membres des partis progressistes –, le discours de Heydrich n'ayant pas été transcrit, les versions divergent sur les directives données par le chef du RSHA. Selon Ohlendorf, du groupe D, la mission des Einsatzgruppen était initialement de « couvrir l'arrière de la Wehrmacht en tuant les Juifs, les Tsiganes, les permanents communistes, les communistes actifs et toutes les personnes susceptibles de mettre la sécurité en péril[10] ». Par « Juif », Heydrich aurait entendu les « hommes, femmes ou enfants[11] ». Pour Bruno Streckenbach au contraire, le chef du personnel du RSHA qui fit plusieurs visites à Pretzsch, « l'ordre de mise à mort des Juifs » – de tous les Juifs, femmes et enfants inclus – n'interviendrait que quelques semaines ou quelques mois plus tard. Tout porte à croire que la version de Streckenbach est la bonne. À Pretzsch, les directives n'étaient certainement pas si précises que l'affirme Ohlendorf, elles évolueraient au cours de la campagne militaire, surtout s'agissant de la *Judenfrage*, la « question juive ». Leur formation militaire terminée, les quatre Einsatzgruppen se répartissaient le long de la ligne de front, progressant rapidement en URSS, au rythme des victoires militaires allemandes. Aucun des chefs de kommandos sur le point de lancer ses bataillons dans une impitoyable chasse à l'homme et une orgie sans précédent de meurtres et de massacres n'y était prédestiné. Pour la plupart, ils n'avaient même jamais tiré le moindre coup de feu. C'étaient des hommes dans la trentaine, des fonctionnaires, des bureaucrates, beaucoup d'entre eux étaient diplômés, titulaires d'un, voire de plusieurs doctorats. Ils allaient pourtant devenir, à partir de la fin du mois de juin 1941, les plus grands meurtriers de masse de l'histoire de l'humanité.

9. Ralf Ogorreck, *Les Einsatzgruppen*, *op. cit.*, p. 61.
10. Cité par Ralf Ogorreck, *ibid.*
11. Raul Hilberg, *La Destruction des Juifs d'Europe*, *op. cit.*, t. I, p. 513.

Le récit qui suit, s'il s'attache avec un soin particulier à restituer les événements qui ont conduit à la disparition des communautés juives d'Europe centrale, à l'assassinat des prisonniers soviétiques, des Tsiganes, s'il est fondé sur la lecture de documents authentiques, de nombreux ouvrages historiques, des récits de rescapés, témoins et bourreaux, n'a pas prétention à être un ouvrage de référence. Il est avant tout le produit d'une enquête ayant abouti à la réalisation d'un film documentaire de trois heures diffusé sur France 2, la chaîne de télévision nationale française[12]. L'idée de cette enquête, de ce film, m'est venue lorsque j'étais au Japon, en 2006, sur le tournage d'un film précédent, consacré au massacre de Nankin[13], massacre d'une violence inouïe, perpétré en 1937 par les armées nationalistes japonaises sur la population civile de l'ancienne capitale chinoise du Kuomintang. En six semaines de viols et de meurtres ininterrompus, les troupes du Mikado, conduites par le général Matsui et le prince Asaka, assassinaient entre 150 000 et 300 000 hommes, femmes, enfants. Au cours de l'été 2006, je passai un mois en Chine, entre Pékin, Nankin et Shanghai, à interroger des historiens et à recueillir les témoignages de rescapés chinois. Au Japon, me glissant dans les pas d'une enseignante du primaire, Tamaki Matsuoka, qui avait passé les vingt dernières années à rassembler les documents de l'armée japonaise témoignant du massacre, à retrouver un à un les anciens soldats encore vivants y ayant pris part, allant à leur rencontre où qu'ils se trouvent sur l'archipel, les faisant parler avec une méthode discursive qu'elle avait patiemment, et avec une redoutable efficacité, mise au point au long de ces deux décennies de travail solitaire, je rencontrai de nombreux bourreaux japonais. Ils étaient certes très âgés, mais pour la plupart encore agiles et lucides, racontant sans grande émotion ni

12. Michaël Prazan, *Einsatzgruppen, les commandos de la mort* (Kuiv Productions-France 2), diffusé en deux parties en avril 2009 ; édition double DVD, FTD, juin 2009.

13. Michaël Prazan, *Nankin, la mémoire et l'oubli* (Les Poissons volants ; Rosem Films-France 5), diffusé en mars 2007.

culpabilité les crimes qu'ils avaient commis. Leur responsabilité n'avait jamais été mise en cause au procès de Tokyo de 1946 et ils ne risquaient pas d'être jugés pour ce qu'ils avaient fait. Ils parlaient librement, seulement contraints par les résistances de leur conscience.

Si j'ai découvert le mot chez Hilberg, l'existence et les méthodes des Einsatzgruppen m'avaient été révélées bien avant cela, je n'avais pas encore 10 ans, en regardant avec mes parents la diffusion française du feuilleton américain *Holocaust*. Un épisode du feuilleton présentait des reconstitutions de ces exécutions de Juifs par les commandos mobiles de tueries. Je suis né avec Auschwitz. Mon père est un miraculé de la Shoah, un orphelin dont la famille – père, mère, oncles, tantes – a été gazée dans le camp d'extermination quand il avait 5 ans. J'ai grandi dans le quartier juif de Paris, dans le shtetl reconstitué autour du platzl qu'était encore le Carreau du Temple, dans le bas Marais du 3ᵉ arrondissement. Aussi loin que mes souvenirs me portent, je me rappelle les parties de belote au café, ces vieux Juifs parlant le yiddish, et dont je voyais le tatouage à six chiffres au bras quand ils roulaient les manches de leur chemise. Je connaissais la signification de ce tatouage, le sens opaque du mot « déporté », la nature du génocide auquel ma famille avait réchappé. C'est pourquoi la surprise de voir autre chose que ce que je savais déjà, ces hommes debout devant les fosses, présentant le dos aux fusils allemands, puis ces femmes et ces enfants nus, tels que représentés dans le feuilleton, fut un choc qui resta gravé dans ma mémoire d'enfant. Je n'ai jamais revu ce feuilleton, et ne souhaite pas le revoir. Je sais qu'il est sur bien des points discutable, qu'il a vieilli, mais l'impact qu'il eut alors sur moi et sur le monde, puisqu'il fut diffusé dans de très nombreux pays, demeure une étape importante du processus de vulgarisation historique qui mit si longtemps à percer la période d'oubli et de silence marquant les années d'après-guerre.

Le massacre de Nankin a eu lieu durant l'hiver 1937 ; soit quatre ans avant la campagne exterminatrice de juin 1941. L'ancienneté de l'événement ne m'avait pas empêché de retrouver des victimes autant que des bourreaux, de les faire parler, de recueillir leur témoignage avant qu'ils ne disparaissent. En plein tournage, je fus saisi par les rapprochements, dans la méthode des exécutions, le traumatisme ressenti par les victimes, entre ces deux massacres de masse, et par l'inéluctable fuite du temps. Or, si la production livresque ou filmique peut sembler pléthorique sur la Shoah, aucun documentaire retraçant l'extermination des Juifs de l'Est, autant sur l'ensemble de la géographie concernée que sur le continuum historique permettant de lier l'extermination par fusillade à l'extermination par le gaz dans les camps de la mort, n'avait jamais été réalisé. J'ai soudain pris conscience que dans cinq ans d'ici, au plus, ce film ne pourrait plus jamais être tourné, à moins de se contenter de témoignages d'archives. Les acteurs (bourreaux et collaborateurs), les victimes, les témoins, tous seraient morts ou trop âgés pour parler. C'est habité par cette urgence qu'en rentrant du tournage en Asie je commençai à rédiger un premier projet du film que je soumis rapidement à France 2, aux responsables des films documentaires de la chaîne, Dana Hastier et Clémence Coppey. Dana Hastier, philosophe d'origine roumaine, une intellectuelle libre à l'humour britannique, passée par la chaîne Arte, me fit forte impression quand je la rencontrai. Je crois que ce fut réciproque. Quant à Clémence Coppey, je l'avais croisée plusieurs années auparavant, quand je réalisais un film sur Pierre Goldman[14] pour France 3 où elle officiait alors. Une jeune femme à l'esprit vif, pétillante, animée d'un enthousiasme et d'une énergie rares, dès lors qu'elle se passionne pour un projet. Ma première rencontre avec les responsables des documentaires de la chaîne, en présence de mon producteur Michel Rotman, se passa à merveille. Elle déciderait de notre relation au cours des deux années à venir : une relation de confiance et d'estime mutuelles que ne vint contrarier aucune de mes nombreuses exigences ou la litanie des visionnages de fin de montage. Le projet accepté, je mon-

14. Michaël Prazan, *L'Assassinat de Pierre Goldman* (Kuiv Productions-France 3, 2006), diffusé le 13 janvier 2006 sur FR3.

tai rapidement une équipe réduite qui plancherait pendant plus d'un an sur la préparation du tournage. Vincent Gazaigne, qui était encore directeur de production chez Kuiv, la société dirigée par Michel Rotman et Marie-Hélène Ranc, Christiane Ratiney, assistante de réalisation, avec qui je passai de longs mois à lire un maximum d'ouvrages historiques, tourner le sujet dans tous les sens, comprendre le déroulement, les mécanismes et les bascules successives de ce génocide à bout portant, et à se poser une infinité de questions sur ma démarche : le pourquoi, le comment, le « pour dire quoi ? », le « en suis-je capable ? ».

Un autre tournage me conduisit à Washington, peu après que France 2 eut validé le projet. Je profitai de ce voyage, les journées de travail terminées, pour demeurer cinq jours de plus dans la capitale fédérale. J'avais noué depuis Paris des contacts avec plusieurs personnalités clefs du gigantesque Mémorial de l'Holocauste, véritable ville dans la ville, qui non seulement présente, au rez-de-chaussée et sur plusieurs niveaux souterrains, une exposition permanente de grande qualité, mais se trouve également être, grâce à son centre de stockage financé par le fonds de Steven Spielberg, la plus importante base de données compilant pratiquement toutes les archives connues sur la Shoah. Une ruche en activité permanente où je m'enfermai des jours entiers pour compulser les archives. Je regardai, annotai, constituai des listes les plus précises possibles – relevant les *time codes* qui permettent de sélectionner puis d'acheter les bandes. Je visionnai films et tirages photographiques du matin au soir, jusqu'à épuisement, jusqu'à la nausée. Les premiers jours de l'invasion allemande, filmés par les nazis eux-mêmes, le traitement des prisonniers soviétiques, de petits bouts de films de très mauvaise qualité, difficiles à comprendre et à situer dans leur contexte, mais dont je sentais l'importance – le climat de terreur qu'ils contenaient ; des photos de charniers, d'exécutions de masse, images de pendus à n'en plus finir, à Minsk, Kharkov ou Odessa, de sévices et d'exactions insoutenables, des heures et des heures d'archives des procès de Nuremberg – les yeux écarquillés, irradiés par ces images que je voyais pour la première fois. Parfois, il m'était impossible de poursuivre et j'interrompais mes visionnages. J'allais prendre l'air, je me promenais dans le parc juste en face du bâtiment des historiens. Je m'asseyais sur la pelouse fraîchement coupée, en permanence foulée par les équipes estudiantines de DC que je regardais jouer au softball ; contraste vertigineux avec les images qui imprégnaient ma mémoire immédiate. Puis j'y retournais, un nœud dans le ventre, mais plus que jamais convaincu par la nécessité et l'urgence de faire le film.

Quand je rentrai à Paris, Michel Rotman me présenta Kristine Sniedze, une documentaliste lettonne originaire de la région de Riga, qui avait travaillé en France (où elle résidait depuis longtemps) sur plusieurs documentaires et sur *Metropolis*, l'émission culturelle de la chaîne Arte. J'allais poursuivre avec elle les recherches d'archives iconographiques. Kristine et moi sommes de la même génération. Elle parle le letton, le russe, l'allemand, connaît admirablement les pays Baltes, les banques d'archives des pays de l'Est, et la manière de traiter avec elles – cela relevant d'un art et d'un doigté particuliers. Kristine est aussi une intellectuelle. Elle connaît parfaitement la période couverte par l'opération Barbarossa et l'histoire du nazisme en général. Christiane Ratiney et Kristine Sniedze furent, pendant plus d'un an, mes plus proches amies. Les seules avec qui je pouvais partager l'horreur, les états d'âme et les angoisses. Elles seules comprenaient l'ampleur et l'ambition du sujet. Elles me donnèrent le meilleur d'elles-mêmes, sans ménager leurs efforts ni leur sensibilité. Je transmis à Kristine les références prises à Washington, les sources étant ailleurs (l'USHMM se contente d'être une banque d'enregistrement sans posséder les droits des archives), puis elle prospecta à Moscou, Riga, Tallin, Kiev, en Allemagne, en Autriche, aux Archives nationales américaines (NARA), partout où c'était possible. Nous collectâmes entre 60 et 80 heures d'archives, dont un nombre étonnant d'images couleur. Au début des années 1940, l'Allemagne était en pointe sur les techniques photographiques et de filmage. Les films étaient saisissants, et parfois jamais diffusés, tout au moins en Europe occidentale. Kristine et moi regardions (elle me les traduisait quand c'était nécessaire, ne parlant moi-même aucune des langues de la région), souvent plusieurs fois par semaine, notre fournée hebdomadaire de cassettes VHS envoyées par les banques d'archives en prenant des notes. Dans un autre bureau de la production, je commençai avec Christiane à lister les historiens qui orienteraient la narration du film. Parmi tous ceux qui travaillaient sur le génocide des Juifs, nous arrêtâmes notre choix sur cinq d'entre eux. L'Américain Christopher Browning, probablement le plus important sur la période, l'Écossais Martin Dean, historien et ancien chasseur de nazis pour Scotland Yard, sur la question des collaborations locales, le Français Christian Ingrao, spécialiste des Einsatzgruppen et directeur de l'Institut d'histoire du temps présent, le Roumain Radu Ioanid, sur la Roumanie et les camps de Transnistrie, l'Allemand Jürgen Matthäus, dont Christopher Browning avait dirigé la thèse et avec lequel il a collaboré sur plusieurs ouvrages. Chacun d'entre eux, même si des nuances analytiques peuvent çà et là les diviser, était dans la filiation de Raul Hilberg.

Une fois cette sélection établie, nous nous intéressâmes aux rescapés juifs. Il serait trop long de raconter comment j'ai retrouvé ceux qui sont présents dans le film. Ils firent chacun l'objet d'une recherche et d'une démarche différenciée. Un chemin chaque fois singulier me conduisit à eux. Certains avaient écrit des livres (pour la plupart non traduits en français) ou avaient été mentionnés dans des ouvrages historiques. D'autres avaient témoigné dans des procès d'après-guerre. D'autres encore me furent signalés par des amis, des intermédiaires qui avaient travaillé à l'INA, au Centre Simon-Wiesenthal de Jérusalem, et ailleurs, et qui me permirent de les identifier et de les contacter. Dans le même temps, je me préoccupai de retrouver les bourreaux. Ne sachant par quel moyen procéder, je m'abonnai à la revue *Kameraden*, une impensable publication écrite, lue, achetée, par les « camarades » allemands, c'est-à-dire les anciens combattants nazis, affectés principalement – à voir la couverture de chaque numéro, le contenu et l'orientation des articles – sur le front de l'Est. Ode nostalgique aux années de jeunesse de ces combattants, au nazisme d'une manière générale, *Kameraden* est en vente libre en Allemagne. Encore actuellement. J'y passai une annonce au ton impérieux, comme une bouteille à la mer. Un appel à témoin adressé à tous ceux qui auraient assisté à des exécutions de masse. Reconduite sur plusieurs numéros, l'annonce demeura sans réponse. Par l'intermédiaire d'un ami je pris contact avec un homme d'un certain âge qui habitait Berlin depuis plusieurs décennies et que j'embauchai comme fixeur, autrement dit comme enquêteur sur place, afin qu'il m'aide à débusquer d'anciens criminels du SD et de la SS. Mais, au fil des mois, cet homme (charmant, par ailleurs) se révéla incompétent pour ce travail. Je mis fin à notre collaboration et laissai pour l'heure de côté la question des bourreaux pour me concentrer sur les autres catégories d'intervenants : les survivants et les témoins des pays où je devais prochainement partir en tournage. En fonction du budget qui nous était alloué, il fallait être rapide et efficace. Le choix de deux fixeurs, l'un lituanien, l'autre ukrainienne, résulterait d'un sérieux travail d'investigation. Lorsque notre choix fut arrêté, nous ne pûmes que constater qu'il n'y en avait pas d'autre possible. Il s'agissait de Saulius Berzinis en Lituanie, et d'Olga Sulimenko en Ukraine. Tous deux avaient déjà enquêté sur le sujet, et retrouvé, pour de précédents projets, des témoins et des collaborateurs. Ils étaient les seuls, dans leurs pays respectifs, à avoir accompli ce travail. Je brossai par écrit le portrait des intervenants que je souhaitais obtenir, le type de témoignages dont j'avais besoin, et indiquai les localités, en Ukraine, en Lituanie, en Lettonie, qu'il m'intéressait de visiter et de traiter. Là encore, choisir ces lieux fut l'objet de nombreux débats, doutes et tergiversations. Pourquoi Lubny plutôt que Vinnitsa ? Pourquoi Kamenets-Podolski ou Simféropol et non Odessa ? Certains s'imposaient, comme Riga, Kiev, Vilnius, Lviv. Mais l'ampleur et la multiplicité des massacres rendaient difficile le choix d'une communauté martyre, nécessairement fait au détriment d'une autre. Je tranchai en décidant de partir des documents iconographiques que nous avions déjà recueillis. Ce sont eux qui détermineraient le choix des villes, des villages et des régions que nous allions visiter. Nos fixeurs, après avoir accepté nos conditions, après de longs dialogues téléphoniques et d'échanges par e-mails au cours desquels nous affinions ensemble nos recherches, partirent plusieurs semaines en repérage à la rencontre des intervenants. Olga travailla d'arrache-pied, parcourant l'Ukraine dans tous les sens, de la Galicie à la Crimée, jusqu'aux frontières de la Biélorussie au nord et de la Roumanie au sud. Ce voyage préliminaire me permit d'établir une liste de lieux et de noms, accompagnés pour chacun d'un court texte résumant l'expérience vécue des gens qu'elle avait rencontrés. La liste était trop longue. Je sélectionnai ceux qui me semblaient les plus intéressants. Parfois arbitrairement. La liste de Saulius prit plus de temps, mais nous étions moins pressés. Le tournage dans les pays Baltes ne serait pas programmé avant mon retour d'Ukraine. J'avais mis de côté la Biélorussie, parce que les témoins bélarusses que nous avions déjà contactés résidaient maintenant hors des frontières, qu'il fallait obtenir un visa pour entrer dans ce pays vivant encore sous le joug d'une dictature post-soviétique (un tel voyage aurait impliqué des démarches administratives kafkaïennes), et parce que le budget du film ne nous autorisait pas à ajouter un tournage de plus. Les premiers entretiens eurent lieu à Paris, aux États-Unis et en Israël, où se trouvaient la plupart des historiens et des rescapés. Puis, quand tout fut prêt, ma petite équipe de tournage – Benjamin Haïm au son, Nicolas Éprendre à l'image – et moi nous envolâmes pour les pays de l'Est.

PREMIÈRE PARTIE

« Et creuser dans la terre une tombe »
(juin-décembre 1941)

I

Pogroms

Lituanie, juin 1941 – L'Einsatzgruppe A de Walter Stahlecker et le Front activiste lituanien – Massacre au garage Lietukis – Kaunas, 5 000 Juifs massacrés – Ukraine, juin 1941 – Stepan Bandera et le nationalisme ukrainien – Lviv, 25 juillet 2008, les témoins Volodymyr et Slava Vizniak – La famille Vizniak vivait dans le quartier juif – La nostalgie de la présence juive – Lviv, 8 000 Juifs massacrés.

Juozas Aleksynas est un ancien engagé volontaire lituanien. Au cours de l'année 1942, il a été incorporé à une « milice d'autodéfense » et envoyé avec son bataillon en Biélorussie, dans la région de Minsk, pour y assassiner quotidiennement des femmes et des enfants. Un an plus tôt, le 23 juin 1941, au lendemain du déclenchement de l'opération Barbarossa, quand un détachement de l'Einsatzgruppe A est entré dans Kaunas, au centre de la Lituanie, il était membre d'une organisation nationaliste. Comme dans les autres pays placés sous l'emprise de l'Union soviétique, le Front activiste lituanien (LAF), l'une des quatre organisations nationalistes de Lituanie, accueillit les Allemands en libérateurs. Des contacts avaient été pris entre l'organisation créée par le colonel Kazys Skirpa, un ancien agent de liaison militaire auprès de l'Allemagne, et l'Abwehr de Berlin. Les nazis avaient promis au LAF, quand les troupes allemandes auraient pris possession de la ville, qu'il pourrait former un gouvernement autonome.

En échange de cet accord, les nationalistes locaux devaient

œuvrer à provoquer les populations locales contre les Juifs, dans des soulèvements « spontanés », et exécuter les communistes n'ayant pas eu le temps de fuir devant l'avancée des troupes allemandes. Le LAF était violemment antisémite. Dès le 19 mars 1941, trois mois avant l'invasion allemande, un communiqué avait été lu à la radio, menaçant de mort les traîtres à la patrie, sauf s'ils parvenaient à prouver qu'ils avaient tué au moins un Juif. Tout avait été planifié. « Avant l'arrivée des troupes allemandes, on nous a dit de porter un chapeau ou un foulard blanc sur la tête, afin que les Allemands puissent nous reconnaître. Ce sont des espions allemands infiltrés dans notre milieu qui ont donné cette consigne. Beaucoup d'Allemands avaient été exilés de leur pays et s'étaient installés dans les villages de la région de Kalvarijos. Ils avaient appris notre langue, ils comprenaient bien le lituanien. Le message s'est transmis de bouche à oreille. La veille on nous a dit de mettre un brassard blanc pour que les soldats allemands ne nous tirent pas dessus[1]. »

La stratégie des Einsatzgruppen qui prennent position dans les villes clefs des territoires de l'Est aux premiers jours de l'invasion était d'agir le plus discrètement possible, et de faire croire que les premières violences antijuives étaient initiées par les populations locales. La directive reçue par les Einsatzgruppen à Pretzsch, confirmée par un télégramme de Heydrich daté du 29 juin, était la suivante : « Les tentatives de nettoyage de la part des éléments anticommunistes ou antisémites dans les zones qui seront occupées ne doivent pas être gênées. Au contraire, il faut les encourager, mais sans laisser de traces, de sorte que ces "milices d'autodéfense" ne puissent prétendre plus tard qu'on leur a donné des ordres ou fait des concessions politiques. [...] Pour des raisons évidentes, de telles actions ne seront possibles que pendant la phase initiale de l'occupation militaire[2]. » Quelques mois après les pogroms, Walter Stahlecker, le Brigadeführer-SS à la tête de l'Einsatzgruppe A, rayonnant sur l'ensemble des pays

1. Entretien avec Juozas Aleksynas, 30 septembre 2008, Lituanie.
2. Cité par Richard Rhodes, *Extermination : la machine nazie. Einsatzgruppen, à l'Est. 1941-1943*, Paris, Autrement, 2004, p. 59.

Baltes, donnera ainsi sa version des événements : « On a pensé que ce serait une bonne chose qu'on ne voie pas les forces de sécurité (c'est-à-dire les SS) s'impliquer, du moins pas tout de suite, dans ces mesures exceptionnellement rigoureuses, ce qui n'aurait pas manqué d'attirer l'attention des cercles allemands. Il fallait donner l'impression que la population elle-même avait fait, de son propre chef, les premiers pas, en réaction naturelle à des décennies d'oppression par les Juifs et, plus récemment, à la terreur exercée par les communistes[3]. » Il ajoutera même qu'il ne lui « fut pas facile, au début, de lancer un pogrom de grande envergure contre les Juifs à Kaunas[4] ».

Située sur le Niémen, Kaunas comptait 35 000 Juifs sur une population globale de 120 000 habitants. Sous la domination soviétique, la ville, qui était alors la capitale de la Lituanie, était encerclée de fortins construits au début du siècle par le tsar, juchés au sommet des collines qui la dominaient. Les Soviétiques les avaient transformés en prisons et en entrepôts. Afin de renforcer les formations de francs-tireurs lituaniens, les SS firent libérer des prisonniers de droit commun pour qu'ils participent aux tueries. Dès l'entrée des Allemands, criminels et nationalistes de Kaunas se ruèrent dans les quartiers et les habitations de la population juive. Ils se livrèrent à un massacre d'une brutalité insensée, la plupart du temps en place publique et en plein jour.

Le récit d'un boulanger de la seizième armée de la Wehrmacht, qui assista à l'une de ces démonstrations meurtrières dans le centre-ville, a été rapporté dans un recueil de témoignages[5] d'Allemands sur le front de l'Est. Au détour d'une rue débouchant sur une place, le boulanger allemand aperçut un attroupement : des civils étaient à terre, battus à coups de barres de fer. Certains étaient déjà morts quand il arriva sur les

3. *Ibid.*, p. 58-59.
4. *Ibid.*, p. 56.
5. Ernst Klee, Willy Dressen, Volker Riess, *Pour eux « c'était le bon temps ». La vie ordinaire des bourreaux nazis*, Paris, Plon, 1990.

lieux. Tout autour, regardant sans intervenir, les badauds étaient assemblés comme au spectacle. Parmi eux, de nombreux soldats de la Wehrmacht en uniforme. Le boulanger demanda à l'un d'eux qui étaient ces gens tués d'une si horrible manière. Le soldat répondit que c'étaient des Juifs appréhendés et amenés sur cette place par des détenus lituaniens que l'on venait de faire sortir de prison. Les francs-tireurs des mouvements nationalistes, carabines à l'épaule, allaient et venaient, amenant de nouveaux Juifs à l'abattage. Sur le pavé gisaient une quinzaine de cadavres. Pendant que les Lituaniens évacuaient les corps en les traînant par les mains ou par les pieds, un autre groupe de Juifs était poussé sur la place et immédiatement frappé à coups de barres de fer et de pieds-de-biche. La rue était rouge de sang. De temps à autre, un Lituanien lavait le pavé à l'aide d'un tuyau d'arrosage. « J'ai regardé le lynchage d'un groupe de délinquants, mais j'ai dû détourner la tête parce que je ne pouvais plus voir cela. [...] Tout le temps que l'on tapait sur ces gens, les Lituaniens et de nombreux soldats allemands regardaient. Les soldats ne s'en sont pas mêlés, ils n'ont ni approuvé ni protesté. Du côté des civils lituaniens, on a entendu des bravos et des encouragements[6]. »

Un peu plus loin, les nationalistes avaient investi le garage Lietukis où, avant la fuite des bolcheviques, était stationnée une unité de la garde montée. Les chevaux avaient été évacués. Ils avaient laissé sur le sol bétonné de la vaste cour des monceaux d'excréments. Les Juifs furent poussés dans la station-service où ils durent ramasser le crottin à mains nues. Pendant qu'ils effectuaient cette tâche humiliante, ils furent sauvagement frappés à coups de gourdins, finissant par tomber à terre, le crâne ouvert. Leurs cadavres s'entassèrent bientôt par dizaines au milieu des excréments laissés par les chevaux. Là aussi, la foule des badauds s'était rassemblée pour assister au spectacle. Au milieu des corps amoncelés, un homme muni d'un long bâton s'employait à fracasser le crâne de ses victimes baignant à terre

6. *Ibid.*, p. 32.

dans leur sang. Un photographe militaire allemand qui se trouvait là apprit que les parents du Lituanien, soupçonnés d'être membres d'une organisation nationaliste, avaient été exécutés par le NKVD, la police politique soviétique. Le photographe prit quelques clichés du massacre.

Le sol est couvert de corps. Les crânes sont enfoncés, les membres désarticulés. La violence des coups de gourdins fut telle que certains semblent ne plus avoir de tête. En haut à gauche, un Lituanien d'une vingtaine d'années, de taille moyenne, habillé en civil, cheveux blonds, la veste ouverte et la chemise blanche ceinte au-dessus de la taille, brandit le long bâton de bois qui va bientôt s'abattre sur l'une de ses victimes, à terre, probablement déjà morte. Tout autour, c'est le détail le plus épouvantable de ce massacre, la joie, l'amusement ou l'indifférence se lit sur le visage et la posture des badauds qui se pressent pour regarder. Une femme esquisse un sourire. Une autre, à gauche de l'image, se tient le ventre à deux mains – elle est enceinte –, observant la scène d'un œil absent. Au premier rang, au centre droit de la photo, se tiennent plusieurs hommes en uniforme de l'armée allemande. Parmi eux se trouvaient des hommes de l'Einsatzgruppe A. Selon le témoignage

de Vytautas Petkevicius, un Lituanien de Kaunas qui n'était alors qu'un enfant, les tueurs étaient membres du LAF. Ils agissaient sous les ordres de leur chef, Aleksandras Bendinskas. Après le massacre, le tueur blond s'étant illustré dans cette performance criminelle posera crânement devant les appareils photo, appuyé sur son bâton ensanglanté.

Un colonel d'état-major de l'armée Nord, qui faisait partie des spectateurs allemands massés derrière lui, décrit ainsi ce qu'il a vu : « Sur un terre-plein bétonné, devant la station-service, j'ai vu un homme d'environ 25 ans, blond, de taille moyenne, en train de se reposer et s'appuyant sur une matraque de bois, grosse comme le bras, qui lui arrivait jusqu'à la poitrine. 15 à 20 morts ou agonisants gisaient à ses pieds. Un tuyau d'arrosage laissait couler de l'eau en permanence qui évacuait le sang dans une bouche d'égout. Une vingtaine d'hommes se tenaient juste à quelques pas derrière lui, gardés par quelques civils en armes, en attendant leur supplice, muets et résignés. Un signe bref de la main, le suivant s'avançait et était matraqué avec une bestialité incroyable à coups de massue de bois. Les cris d'enthousiasme des spectateurs accompagnaient chaque coup[7]. » Quand la cinquantaine de Juifs rassemblés dans la cour du garage furent tous morts, le jeune tueur lituanien lâcha son gourdin et s'empara d'un accordéon. Il gravit le tas de cadavres et se mit à jouer l'hymne lituanien. Toujours au prétexte d'évacuer les excréments, d'autres massacres eurent lieu dans la cour de l'école jouxtant le garage Lietukis, auxquels cette fois les Allemands prirent part et qui se soldèrent encore une fois par

7. *Ibid.*, p. 26.

plusieurs dizaines de victimes ; les cadavres furent évacués par des prisonniers juifs qui les chargèrent dans des camions. Selon Saulius Berzinis, le massacre du garage Lietukis a été filmé par un avion-espion allemand qui survolait Kaunas ce jour-là. Les tueries durèrent plusieurs jours, gagnant la population civile qui profita du chaos pour régler des comptes et piller les biens des Juifs. Le nationaliste lituanien Juozas Aleksynas s'en souvient : « Les domestiques et les gars qui travaillaient dans les propriétés appartenant à des Juifs tuèrent des familles entières pour s'emparer de leur argent et de leurs biens. Les policiers lituaniens participaient aussi à ces tueries. Ils entraient chez les Juifs, volaient ce qu'ils pouvaient et les embarquaient pour les emmener à l'extérieur de la ville. Là, ils trouvaient un endroit isolé et les exécutaient[8]. »

Pendant ce temps, l'Einsatzgruppe A de Walter Stahlecker était occupé à recruter des collaborateurs locaux pour accomplir ses basses besognes. En quelques jours, il avait enrôlé six cents auxiliaires de police qu'il plaça sous le commandement d'Algirdas Klimaitis, un journaliste lituanien, et du docteur Zigonis, tous deux membres d'une organisation pro-nazie. Ce sont eux qui, la nuit du 25 juin, incendièrent les synagogues de la ville et une soixantaine de maisons du quartier juif. Une nuit qui fit à elle seule 1 500 victimes. Les jours suivants, plusieurs milliers de civils seraient encore assassinés. Parmi eux, des femmes et des enfants.

Les auxiliaires lituaniens prétextèrent la présence de tireurs juifs (les Juifs n'ont jamais possédé d'armes en Lituanie) pour commettre de nouveaux massacres. Ils rassemblèrent tous les Juifs raflés la nuit précédente, séparèrent les familles, les hommes des femmes et des enfants, et les conduisirent sous les coups de crosses au Fort VII, dans les faubourgs du nord-est de Kaunas. Les femmes et les enfants furent séquestrés dans la caserne du fort, et les hommes parqués sur un terrain entouré de barbelés, en contrebas des remblais où ils durent rester assis plusieurs jours

8. Entretien avec Juozas Aleksynas, déjà cité.

sans boire ni manger. À la moindre plainte, la moindre parole échangée, les nationalistes lituaniens, armés de mitrailleuses, tiraient du haut des fortifications sur la foule, tuant plusieurs personnes et en blessant d'autres à chaque salve. Ceux qui n'étaient que blessés se tordaient de douleur en suppliant qu'on les achève. Au bout de quelques jours, les cadavres s'étaient accumulés et les miliciens lituaniens formèrent un groupe de prisonniers chargés de déblayer le terrain et de les jeter dans un puits qui se trouvait là. Leur travail achevé, ils furent exécutés. Les survivants se révoltèrent. Mais, sans armes, affaiblis par des jours sans boire ni manger, ils furent rapidement matés. 1 500 hommes furent assassinés.

Quant aux femmes, on les avait obligées à rester allongées face contre terre dans les souterrains du fort, les unes sur les autres. La nuit, les gardes faisaient des descentes dans les souterrains. Ils ordonnaient aux prisonnières de se déshabiller et de danser nues devant eux. Ils volaient les bijoux et violaient les plus belles filles avant de les tuer. Le 4 juillet, les femmes et les enfants ayant survécu à la faim, aux viols et aux mauvais traitements furent extraits *manu militari*, hagards et vêtus de guenilles, de la caserne où ils croupissaient depuis leur enlèvement. On fit savoir aux femmes qu'elles pouvaient rentrer chez elles avec leurs enfants. Le rapport de l'Einsatzgruppe A, daté du 30 juin, révèle qu'en quelques jours les troupes de Klimaitis avaient tué 5 000 personnes. 3 800 à Kaunas, 1 200 dans d'autres localités de Lituanie.

À Vilnius, la capitale actuelle, berceau de la culture et de la langue yiddish, autrefois appelée « la Jérusalem de Lituanie », les pogroms commencèrent le 2 juillet 1941, après l'entrée de l'Einsatzkommando 9. La ville était tombée aux mains de la Wehrmacht le 24 juin. Pour les nationalistes de Vilnius, la question juive était secondaire. L'urgence pour eux était ailleurs. Vilnius avait été annexée à la Pologne entre 1920 et 1939. Ils demandèrent donc à ce qu'on s'occupe d'abord de nettoyer la ville de l'intelligentsia polonaise. Heydrich, dans un message émis depuis Berlin le 2 juillet 1941, en profita pour rappeler à ses Einsatzkommandos l'ordre des priorités : « Il est évident que les activités de nettoyage doivent concerner en premier lieu les bolcheviks et les Juifs. Pour ce qui est de l'intelligentsia polonaise et des autres, des décisions seront prises plus tard, à moins que des raisons particulières entraînent des actions contre des cas individuels considérés comme dangereux. Mais il est impératif de ne pas inclure les Polonais dans les opérations de nettoyage, particulièrement s'ils sont des éléments susceptibles d'initier des pogroms ou de livrer des informations (cela dépend bien sûr des conditions locales). Cette directive, bien entendu, doit être appliquée pour chaque cas de même nature. Le personnel de l'Einsatzgruppe est entré le 1er juillet, à 5 heures du matin, à Lemberg. Ses bureaux se trouvent dans le bâtiment central du NKVD[9]. »

À Lviv, Lemberg en allemand, Lwow en polonais, capitale de la Galicie, une région d'Ukraine limitrophe de la Pologne et de la Hongrie, foyer historique du hassidisme – du nationalisme ukrainien, également –, c'est la découverte, le 1er juillet 1941, dans les châteaux transformés en prisons par le NKVD, d'un monceau de cadavres qui sert de prétexte aux pogroms. La propagande nazie rend largement compte de l'événement dans ses bandes d'actualités filmées : « Des unités alpines bavaroises, les mêmes troupes qui se sont battues héroïquement pour Lemberg en automne 1939, ont repris la ville. La population ukrainienne accueille nos soldats avec enthousiasme et se montre reconnaissante de l'avoir libérée du joug du bolchevisme criminel. Les agents juifs de la GPU ont abattu bestialement d'innombrables nationalistes ukrainiens désarmés juste avant l'évacuation de la ville. Des milliers d'hommes et de femmes innocents ont été victimes de la soif de sang bolchevique. Devant la maison d'arrêt à Lemberg : ici ces bêtes féroces ont commis les meurtres les plus cruels. Pour effacer les traces de leurs crimes indescriptibles ils ont enflammé la

9. Yitzhak Arad, Shmuel Krakowski, Shmuel Spector, *Einsatzgruppen Reports*, New York (NY), Holocaust Library, 1989, p. 113.

prison à l'approche des troupes allemandes. Mais le feu a été éteint et cet incroyable crime a pu être dévoilé. Les victimes de cette soif de sang bestiale seront portées à l'extérieur pour être identifiées. Des hommes et des femmes, des enfants et des vieux, aucun n'a pu échapper à ces monstres dans un corps humain. Ces victimes innocentes ont été cruellement martyrisées et tuées avec des couteaux, des haches, des grenades à main et des mitrailleuses. La racaille homicide juive, qui a travaillé main dans la main avec les agents de la GPU, sera livrée aux troupes allemandes par la foule outrée pour être châtiée[10]. » La foule en question, armée de gourdins et de barres de fer, était principalement constituée des membres de l'OUN-B, l'organisation des nationalistes ukrainiens de Stepan Bandera.

Une semaine auparavant, alors que les Soviétiques occupaient encore la ville, Stepan Bandera – qui fondera l'UPA (Ukrainska Povstanska Armia, Armée insurrectionnelle ukrainienne) en 1942 –, anticipant l'arrivée des troupes allemandes, avait proclamé l'État ukrainien à Lviv. Il damait le pion aux autres composantes nationalistes[11] qui se disputaient le leadership d'un État ukrainien sur le modèle fasciste, libéré des bolcheviques et allié aux nazis. Fils d'un prêtre du rite grécocatholique, adhérent à l'UVO (Organisation militaire ukrainienne) à l'âge de 18 ans, son incarcération en 1939 pour avoir dirigé des actions terroristes (notamment contre le ministre de l'Intérieur polonais, le général Pieracki, en 1934) avait valu à Stepan Bandera une grande popularité auprès des nationalistes et lui permit de gravir les échelons de l'OUN. Bandera, qui était déjà un informateur de l'Abwehr, avait été délivré par les nazis quand ils avaient fait main basse sur la Pologne.

Si l'alliance entre l'Allemagne nazie et Bandera peut paraître de circonstance, chacun briguant des objectifs distincts, il ne faut pas négliger l'aspect idéologique qui scelle leur partenariat. Bandera était le leader de la tendance dure de l'OUN, et son

10. Footage Farm, FF221124, DW, 1941.

11. Principalement la branche « modérée » d'André Melnik, qui a fait scission en 1940 lors d'un congrès de l'OUN à Cracovie.

attachement au nazisme n'était pas qu'une façade. « Un attachement profond, que l'on peut même qualifier d'idéologique. Bandera, "férocement antipolonais et antijuif", dit Alexander Werth[12]. "Anticommuniste, antirusse et, on peut aussi ajouter, antidémocratique", note George Fischer[13] avant d'ajouter que non seulement sa "russophobie concordait parfaitement avec la conception de Rosenberg" mais qu'en outre "son racisme fanatique révélait aussi un évident accord avec la théorie des 'sous-hommes' chère à Hitler et Himmler". Aussi bien, sûre de son homme, l'Abwehr proposa-t-elle à Bandera de créer une force armée ukrainienne qui prendra le nom d'UPA[14]. »

S'ils continueront à utiliser Bandera tout au long du conflit, les dirigeants du Reich étaient divisés sur le rôle qu'ils comptaient attribuer aux nationalistes ukrainiens en général, à Bandera en particulier. L'idéologue Alfred Rosenberg soutenait que l'on pouvait avantageusement l'utiliser et le manipuler. Frank, le chef du « Gouvernement général de Pologne », « le roi allemand de Pologne » comme le qualifie Malaparte dans *Kaputt*, pensait le contraire. Hitler trancha dans le sens de Frank. Au début de l'offensive allemande, Rosenberg tenta de convaincre Hitler de donner du champ à Bandera et de le laisser administrer son « gouvernement ukrainien ». Hitler s'y opposa catégoriquement : « Rosenberg était tellement absorbé par sa démonstration que la première réplique de Hitler le fit sursauter : "Est-ce que cela veut dire, demanda ce dernier sur un ton acidulé, que vous avez l'intention de créer un nouveau nationalisme ukrainien ? Nous devrions être guéris de recommencer de telles expériences. Rappelez-vous, à la fin de la Première Guerre mondiale, notre trouvaille d'un État ukrainien. La plupart des spécialistes de la Russie sont d'accord pour refuser aux Ukrainiens toute maturité politique." Hitler s'était rapproché brusquement de la table : "Je vous mets en garde contre cette idée,

12. Alexander Werth, *Russia at War. 1941-1945*, New York (NY), Basic Books, 1999.

13. George Fischer, *Soviet Opposition to Stalin. A Case of Study in World War II*, Cambridge (Mass.), Harvard University Press, 1952.

14. Alain Guérin, *Le Général gris*, Paris, Julliard, 1968, p. 158-159.

Rosenberg ! Ce pays ne m'intéresse qu'en tant que réservoir dont nous nous servirons comme d'autres nations se servent de leurs colonies. N'y touchez pas…" Rosenberg troublé s'était arrêté. Il essaya cependant de reprendre son exposé […]. Hitler lança son crayon sur la table et se dirigea de nouveau vers la fenêtre : "Sacré n… de D… ! Faites votre gouvernement de l'Ukraine comme vous le désirez. Mais pas de politique nationaliste ukrainienne…"[15]. » Est-ce là la raison de l'arrestation de Bandera à l'été 1941 ? Rien n'est moins sûr. Car même arrêté par les Allemands, envoyé à Berlin puis au camp de Sachsenhausen où il est en résidence surveillée jusqu'en 1944, Bandera continue de collaborer avec les nazis, et ses hommes demeurent actifs en Ukraine. À sa libération, Stepan Bandera est d'ailleurs à nouveau et très ouvertement utilisé par les nazis qui ressuscitent le fantasme d'un État fantoche ukrainien, entraînant une recrudescence des exactions en Ukraine et en Pologne commises par les troupes de l'organisation au trident[16].

En juin 1941, avant de fuir la capitale de Galicie, les services de sécurité de Staline avaient exécuté 3 000 partisans de Bandera. Lorsque les Ukrainiens et les Allemands firent évacuer par des Juifs réquisitionnés (qui seraient ensuite abattus) les cadavres des prisons fortifiées de Lviv, ils découvrirent près d'un millier de cadavres supplémentaires enterrés dans les sous-sols. Ceux-là avaient été tués par le NKVD plusieurs mois auparavant.

Volodymyr et Slava Vizniak habitent Lviv depuis toujours. Frère et sœur se souviennent du choc qu'a provoqué cette découverte dans la population : « Une amie de maman lui avait demandé de l'accompagner dans les caves de la prison Brygitki où son mari avait été enfermé après son arrestation. Elles sont allées voir ces caves, et lorsqu'elles ont ouvert les portes, il y avait tant de corps entassés que le tas de cadavres

15. D'après Jürgen Thorwald, *Wen sie verderben wollen*, cité par Alain Guérin, *ibid.*, p. 154.

16. Le trident est le symbole des nationalistes ukrainiens de l'UPA.

touchait le plafond. Lorsque la porte s'est ouverte, l'amie de maman a perdu connaissance car la puanteur y était insupportable. Maman a dit à son amie : "Croyez-vous que votre mari est ici ?" Elles ont cherché, comme beaucoup d'autres familles, mais ne l'ont pas trouvé[17]. »

C'est dans le jardin de leur petite maison de Lviv que j'ai rencontré Volodymyr et Slava Vizniak, au milieu de l'été 2008. À plus de 80 ans, vivant pourtant dans des conditions misérables, ils sont en bonne forme. Volodymyr habite une bicoque avec sanitaires dans le jardinet (un trou creusé dans une planche de bois), au bord d'un champ qu'on croirait en rase campagne et qui se trouve pourtant intégré à la ville. Dans certaines cités de l'Est (c'est également le cas d'une capitale telle que Vilnius), la frontière entre la ville et la campagne demeure floue. On passe sans transition d'un chemin de terre zigzaguant au milieu d'un pré aux gros pavés des avenues et ruelles du centre-ville. Comme il n'était guère aisé de trouver l'adresse, Volodymyr, l'aîné de la fratrie, nous donna rendez-vous près de chez lui. Nous l'aperçûmes au détour d'une route qui borde la forêt de Lysynytchi, nous attendant debout près de sa bicyclette. Il nous guida ensuite jusqu'à la bicoque où il vit, pédalant comme un fou devant notre camionnette. Au milieu d'un petit lotissement habité par des familles de gitans qui longe une voie de chemin de fer, Volodymyr nous présente sa sœur, qui nous attendait sagement. Aussi grand que maigre, laissant voir dans le sourire qu'il affiche en permanence la dernière dent qu'il lui reste, Volodymyr prend place sur un banc, à côté de Slava, plus corpulente et d'apparence plus timide. La parole passe de l'un à l'autre avec fluidité.

Les souvenirs sont communs et partagés. Ils se souviennent de tout, depuis l'entrée des forces allemandes jusqu'aux dernières exécutions des Juifs de Galicie, ces Juifs qu'ils connaissaient intimement quand ils étaient enfants, parce que leurs parents résidaient dans le quartier juif. Lviv était une ville à

17. Entretien avec Slava et Volodymyr Vizniak, 25 juillet 2008, Lviv, Ukraine.

majorité juive. La Galicie, passant d'une souveraineté à l'autre, avait été tour à tour autrichienne, polonaise, soviétique et ukrainienne. À l'époque, elle était peuplée d'une constellation de communautés qui, pour la plupart, ont disparu aujourd'hui. En 1941, sur 370 000 habitants, on comptait environ 160 000 Juifs, 140 000 Polonais, 70 000 Ukrainiens, ainsi que des communautés arméniennes et tsiganes. La communauté juive de Lviv était prospère, éduquée, ouverte à la modernité, moins pauvre et moins religieuse que celle des shtetls voisins.

« Ma mère, dit Volodymyr, était native des environs de Staryi Sambir. Elle venait à Lviv pour faire du commerce. Elle vendait des produits de la campagne : des œufs, des poulets, du beurre. Un jour, une dame qui venait régulièrement lui acheter ses produits au marché a demandé à maman si elle accepterait de s'occuper de ses enfants. Son nom était Kalich. Elle a accepté, et c'est ainsi que nous avons emménagé dans le quartier juif. Ma mère était jeune, gaie, elle chantait tout le temps, et les enfants l'ont beaucoup aimée. Mère s'occupait des enfants et faisait en plus le ménage dans l'immeuble. Lorsqu'il y avait des fêtes juives, papa me donnait une casquette, parce que, pour entrer dans la synagogue, il fallait porter un couvre-chef. Dans notre quartier, autour de nous, il y avait au moins cinq synagogues. La plus belle, je ne me souviens plus du nom. Les jours de fêtes, on y installait des tables avec des victuailles. Je me souviens d'un délicieux hareng à l'oignon, des gâteaux. Nous, les garçons, car nous jouions ensemble, on allait à l'autel, on mangeait et on buvait ensemble. C'est ainsi que nous vivions. »

Ce qui me surprend partout à l'Est, c'est l'apparente nostalgie de la présence juive, une présence naguère si forte, tout particulièrement en Galicie et dans sa capitale. Il s'agit la plupart du temps d'une reconstruction mémorielle, plus ou moins fictive, reliquat d'une culpabilité individuelle ou collective. Cependant, je peux affirmer sans risque de me tromper que la nostalgie de cette présence juive, dans la bouche de Slava et de son frère, n'est ni feinte ni le jeu d'un arrangement avec l'histoire. Elle transparaît chez eux, qui n'étaient que des gamins, jouant avec les voisins de l'immeuble, les jours de shabbat, devant la synagogue de cette rue du quartier juif où ils vivaient harmonieusement. Il en faut peu pour que les yeux de Slava ne se remplissent de larmes à l'évocation de ces temps révolus, de ces centaines de milliers de gens brutalement assassinés.

Dès le retrait des troupes soviétiques, le chaos s'est installé à Lviv : « Je me rappelle très bien ce jour, affirme Slava. Il y a eu une évacuation très rapide de l'armée soviétique – je crois que cela a duré vingt-quatre heures. Notre voisin avait la radio, ce qui était exceptionnel à l'époque. On disait que les Allemands allaient bientôt arriver. Et tout le monde était dans l'attente, sur le qui-vive, apeuré. L'Armée rouge s'est enfuie, et la population locale, pendant l'évacuation, s'est jetée sur les magasins en les vandalisant. Les gens prenaient tout ce qu'ils pouvaient. Ils se regroupaient à vingt ou trente et attaquaient les appartements. Ils connaissaient ceux qui étaient riches. Ils se sentaient libres de piller car les Allemands allaient arriver. C'est pourquoi chez nous, là où nous habitions, au n° 15 de la rue Starozakonna, on a barricadé l'immeuble. Nous avons bloqué la porte d'entrée avec une grande barre de bois pour éviter qu'il ne soit attaqué. Dans tous les immeubles du quartier, les gens avaient fait la même chose. Maman ne nous laissait pas sortir, mais mon père, qui était dehors, a vu les Allemands entrer dans la ville. Des motos, des camions ; c'était le 22 juin. Et ce même jour, au matin, l'aviation allemande s'est abattue sur la ville de Lviv. Maman avait acheté à des connaissances une table, une table très large qu'elle n'arrivait pas à faire passer par la porte. Lorsque j'aidais maman à la faire entrer par la fenêtre de la chambre, les Allemands ont commencé à bombarder. C'est comme ça que la guerre a commencé. Après, il y a eu les pogroms contre les Juifs. »

Le 22 juin 1941, sur Radio Berlin, une annonce est passée par un membre de l'Organisation des nationalistes ukrainiens de Stepan Bandera. La voix crie : « Mort aux Juifs ! Mort aux communistes ! Mort aux commissaires ! » À Lviv comme dans les autres métropoles de l'Est, les pogroms ont été savamment manipulés par les Einsatzgruppen. Mais, avec la découverte des charniers dans les prisons de la ville, l'activisme des groupes nationalistes, l'arrivée dans la région d'unités SS ukrainiennes – Nachtigall et Roland – formées en Pologne occupée, une haine puissamment ancrée tournée contre la majorité juive de la ville, après que les nazis avaient allumé la mèche, la population n'eut besoin d'aucune impulsion supplémentaire. Les Juifs se faisaient assassiner à chaque coin de rue.

« Le deuxième ou le troisième jour, je suis sorti dans la cour. J'ai aperçu le propriétaire de notre immeuble, quand, soudain, deux jeunes hommes ont fait irruption et l'ont poussé violemment. Le propriétaire juif est tombé par terre. L'un des deux hommes lui a alors asséné des coups avec une chaise. Ils ont sorti des allumettes et ont mis le feu à sa barbe et à ses cheveux. Notre propriétaire a poussé un grand cri, maman est sortie, et ils se sont enfuis. Dans la rue Tchornomorska, c'était le couvre-feu, on ne pouvait plus sortir. Une Juive qui marchait probablement seule dans la rue a été tuée. Elle est restée allongée par terre durant près de quatre jours. Quand on passait, personne n'avait le droit de la toucher. Elle était couchée là comme un avertissement, sans doute pour dissuader les gens de se rebeller. La tête sur le trottoir, et les jambes sur la route… et puis, j'ai vu aussi, dans la rue Zavodska, un Allemand, un homme de la Gestapo. Il a pris un petit garçon par les pieds et lui a frappé la tête contre le pavé du trottoir. Et cette tête… les gens qui passaient… C'était terrible. Ces scènes avaient lieu presque dans chaque rue. »

Slava, qui se souvient davantage de la terreur de ses voisins poursuit : « Il n'y avait que des Juifs au 15 de la rue Starozakonna. Seule maman qui travaillait comme concierge n'était pas juive. Les Juifs restaient cloîtrés chez eux, et lorsqu'il fallait transmettre un petit mot, nos voisins venaient nous trouver et nous disaient : “Tiens, voilà un gâteau. Va dans telle maison le porter.” Et nous, on sortait pieds nus, on se cachait devant les Allemands qui faisaient leurs rondes, puis on courait jusqu'à la maison du voisin. On lui transmettait le mot et on en prenait un autre en retour. Nous faisions la poste. C'était avant le ghetto. À côté de l'église Saint-Georges, vivait une femme appelée Guisa. Elle était venue voir sa tante dans notre immeuble. Guisa devait avoir dans les 18 ans, elle devait rentrer auprès de ses parents, mais les Allemands étaient partout à ce moment-là. Il n'était plus possible pour elle de rentrer. Elle était juive et elle avait peur. Mon père a donné une chemise brodée à cette fille, maman lui a donné un coussin pour faire croire qu'elle était enceinte, on lui a mis un foulard autour des cheveux, et le soir, bras dessus bras dessous, mon père a raccompagné Guisa chez elle. Nous étions donc des messagers. Plus tard, il y a eu le ghetto, et tous ces gens, tous nos voisins ont disparu. »

Comme à Riga, en Lettonie, à Minsk, en Biélorussie, et dans toutes les villes où les Einsatzgruppen prennent leurs quartiers, les synagogues de Lviv sont mises à sac et incendiées, la plupart du temps remplies de Juifs qui sont brûlés vifs : « La rue Starozakonna donnait là où se trouve actuellement le cinéma Bogdan Khmelnitski. Là-bas se trouvait une grande synagogue. Une nuit, nous avons été réveillés par une lumière vive qui venait de l'extérieur. Il faisait aussi clair qu'en plein jour et les fenêtres, les vitres, étaient brûlantes. Nous avons jeté un œil dans la rue : tous les voisins étaient sortis voir ce qui se passait. On a entendu dire que les Allemands avaient mis le feu au temple. C'était une grande et riche synagogue. Maman ne nous a pas laissés sortir, alors nous sommes passés à travers la clôture et nous avons vu. Je m'en souviens comme si c'était hier : la synagogue brûlait déjà. Les hommes de la Gestapo se tenaient sur le côté avec les gens qui habitaient alentour. Il y avait là-bas toutes sortes d'objets précieux en bois rouge, des chandeliers, des objets dorés… les flammes montaient haut dans le ciel et, en bas, les gens essayaient de récupérer tout ce qui pouvait avoir de la valeur. Les Allemands portaient des armes. Ils n'aimaient pas les pillages et tiraient sur ceux qui essayaient de voler quelque chose. Le temple a brûlé longtemps, tous les bâtiments autour étaient brûlants. Il y a eu de la fumée partout pendant plusieurs jours. »

Il semble que la stratégie de l'Einsatzgruppe C fut quelque peu différente à Lviv de celle de l'Einsatzgruppe A dans les pays Baltes. Le SD et les bataillons de tueurs allemands ne se sont pas dissimulés derrière les outrances meurtrières de la population civile, entraînée par les groupes nationalistes. Ils ont immédiatement participé aux pogroms et commencé les exécutions de masse, suivant la méthode qui sera employée jusqu'en 1944 : les Juifs étaient raflés, emmenés dans un des faubourgs de la ville pour creuser leur tombe avant d'être fusillés et enterrés. Félix Landau, sergent dans un Einsatzkommando, en rend compte dans son journal intime : « Peu après notre arrivée, nous avons fusillé les premiers Juifs. » Le lendemain : « Nous venons de rentrer. 500 Juifs sont arrivés, prêts à être fusillés. Juste avant, nous sommes encore allés voir les corps des pilotes (de l'aviation) assassinés, des Allemands et des Ukrainiens. » Puis il termine par cette phrase le récit de la journée : « Ça ne me dit pas grand-chose de fusiller des gens sans défense, même si ce ne sont que des Juifs[18]. »

« On a entendu qu'on battait les Juifs à l'angle des rues Zamarstynivska et Bogdan Khmelnitski. C'était en face de l'église, poursuit Slava. Il y avait énormément de Juifs là-bas qui marchaient. Les gens se tenaient à l'écart, comme s'ils assistaient à une manifestation. Les Juifs avançaient un brassard autour du bras. Ils portaient des balais et des pelles et, sur le côté, il y avait des Allemands. Ceux qui voulaient fuir dans la foule étaient interceptés et renvoyés sous les coups parmi ceux qui marchaient. Ils allaient du côté du centre, vers l'Opéra. Nous, nous les regardions. Notre plus jeune frère était là également. Une femme qui se trouvait parmi les badauds nous observait. Elle a crié : “Là, regardez ! Ce sont des petits Juifs ! Battez-les ! Battez-les !” Des hommes sont venus vers nous. Ils voulaient nous mettre dans cette colonne, mais il y avait un balayeur qui connaissait mon père et qui a dit : “Non, ce sont des enfants chrétiens, des Ukrainiens.” Et il nous a fait sortir de la colonne. S'il n'avait pas été là, on aurait aussi été emmenés se faire fusiller. Il y avait beaucoup de gens dans la

18. Ernst Klee, Willy Dressen, Volker Riess, *Pour eux « c'était le bon temps »*, *op. cit.*, p. 85.

file en marche, des vieux, des jeunes… Tous avec des balais et des pelles qui marchaient et tombaient, et se faisaient battre quand ils ne marchaient pas assez vite. »

Ces Juifs étaient conduits dans les prisons de la ville où avaient été découverts les cadavres ukrainiens. Comme ils étaient enterrés dans les sous-sols, les Juifs avaient été réquisitionnés pour les travaux d'excavation. Le travail terminé, ils étaient exécutés. Plus de 3 000 Juifs furent ainsi tués dans les prisons de Lviv aux premiers jours de l'occupation allemande. Ainsi mourut le plus célèbre rabbin de la ville, Yehezkel Levin, et son frère Aaron. Le 5 juillet, le sergent Landau écrit dans son journal : « Nous avons vu des choses que l'on ne peut guère décrire. Nous roulions devant une maison d'arrêt. À quelques rues de distance, on voyait déjà que là aussi on assassinait […] Des centaines de Juifs au visage dégoulinant de sang, des trous dans la tête, les mains brisées et les yeux pendant hors de l'orbite longent la rue. Quelques Juifs dégoulinant de sang en portent d'autres qui se sont écroulés. […] À l'entrée de la citadelle, des soldats sont postés avec des matraques grosses comme le poing et frappent sur tout ce qu'ils peuvent atteindre. À l'entrée, les Juifs se bousculent pour sortir ; c'est pourquoi des tas de Juifs sont couchés les uns sur les autres comme des porcs et poussent des vagissements bizarres, et sans arrêt, ceux qui se redressent partent en trottinant, dégoulinants de sang. Nous restons encore un peu pour voir qui commande. “Personne.” Quelqu'un a lâché les Juifs. Et maintenant, ces Juifs sont aux prises avec la colère et la haine[19]. »

À Zloczow, en Galicie, les pogroms, qui comme à Lviv ont été filmés, furent accomplis par les nationalistes de l'OUN et par la division SS Viking. Les soldats allemands que l'on peut voir en arrière-plan sur les images d'archives, assistant avec curiosité ou indifférence aux meurtres des Juifs, appartenaient à la 295e division d'infanterie. Des protestations émanant des généraux de la 17e armée mettent provisoirement fin aux tue-

19. *Ibid.*, p. 86-87.

ries. Au sud de Zloczow, à Brzezani, « les Ukrainiens étaient en liesse. Des foules de paysans ukrainiens, pour la plupart des jeunes, brandissant les drapeaux jaune et bleu ornés du trident ukrainien, remplissaient [...] les rues. Ils étaient venus des villages, vêtus du costume national ukrainien et chantant leurs chansons ukrainiennes. [...] La plupart des Juifs qui ont péri à Brzezani ce jour-là ont été assassinés à coups de manches à balai sur lesquels on avait fixé des clous [...]. Il y avait des rangées de bandits ukrainiens, armés de gros bâtons. Ils ont forcé les gens, les Juifs, à passer entre les deux rangées et les ont massacrés de sang-froid avec ces bâtons[20] ».

Les pogroms eurent lieu partout sur le passage des Einsatzgruppen. Ils furent particulièrement meurtriers en Ukraine et dans les pays Baltes. Fort peu efficaces en Biélorussie. En Lituanie, à Kaunas, le 30 juin 1941, ils firent en quelques jours plus de 10 000 victimes. À Lviv, un rapport d'activité de l'Einsatzgruppe C en date du 16 juillet 1941 fait état de plus de 8 000 Juifs assassinés par la population, ou lors d'exécutions sommaires, ou brûlés vifs dans l'incendie des synagogues de la ville. Au bout de quelques semaines, les chefs des Einsatzgruppen décidaient d'y mettre un terme. Les pogroms, malgré leur sauvagerie, ne seraient qu'un prologue.

20. Témoignages d'Ukrainiens cités par Saul Friedländer, *L'Allemagne nazie et les Juifs. Les années d'extermination, 1939-1945*, Paris, Seuil, 2008, p. 282.

II

Sur la participation des populations locales

Les Juifs dans les pays Baltes, au début du XXe siècle – L'émancipation intellectuelle des Juifs – Les idées socialistes – L'ambiguïté des relations avec la Russie – La collaboration avec les nazis – En Ukraine, une hostilité religieuse ancienne – Milices et supplétifs.

À lire et entendre les récits des pogroms, une question demeure, celle de la participation des « locaux » au massacre de leurs voisins juifs. Certes, le pillage, la vengeance sociale, et les manipulations dont les populations furent l'objet, ont pu motiver certains actes de barbarie. Ils n'expliquent cependant pas tout.

Le cas des pays Baltes, et particulièrement de la Lituanie, est à cet égard à la fois exemplaire et éclairant. En 1918, lorsque la Lituanie accède à l'indépendance et crée la République lituanienne moderne, elle est encore ce pays extrêmement rural, engoncé dans des traditions chrétiennes mêlées de paganisme. Ses élites, peu éduquées, peu formées en matière de gestion économique ou industrielle, utilisent alors le savoir-faire de la communauté juive qui, avec un niveau d'éducation et de connaissances plus élevé, des liens étroits avec l'étranger, participe au développement rapide de la jeune République.

Les Juifs sortent de la marginalité dans laquelle ils étaient plus ou moins confinés. Ils s'élèvent dans la société, tout en conservant leurs traditions et leurs coutumes vestimentaires, ce qui les rend d'autant plus visibles qu'une nouvelle classe moyenne investit les quartiers riches des grandes villes. Ils suscitent une vague d'hostilité au sein de certaines couches de la population lituanienne, accentuée par la crise économique et les idées nationalistes qui se propagent dans toute l'Europe. Les groupuscules d'extrême droite, qui développent un antisémitisme arc-bouté sur des thématiques victimaires et conspirationnistes, diffusent une propagande qui accuse les Juifs d'avoir pris le pouvoir et d'exercer leur domination sur les peuples slaves. *Les Protocoles des Sages de Sion*, un pamphlet antisémite reprenant ces mêmes thématiques, est publié en 1924 à Panevezys. Les théories raciales se développent également sous l'influence des mouvements fascistes, et particulièrement dans la Biélorussie voisine, liée de longue date à la Lituanie, et qui revendique, du moins dans sa partie qui n'a pas été annexée par l'Union soviétique, une « ethnie » commune.

Parallèlement, les idées socialistes se diffusent au sein du monde juif prolétarien qui voit dans le communisme la possibilité d'accéder à l'égalité. Ainsi, lorsque, dans la foulée du pacte germano-soviétique, en août 1940, les troupes soviétiques entrent dans les pays Baltes, nombreux sont les Juifs qui les accueillent en libérateurs et qui intègrent les administrations soviétiques – attitude fort mal perçue par les Lituaniens ethniques qui accusent les Juifs de binationalisme et de trahison. La rancune se transforme en haine quand, immédiatement après l'invasion russe, commencent les déportations. La visibilité des Juifs au sein des organes répressifs de l'URSS grandit encore quand ils sont sollicités pour remplacer le personnel lituanien assassiné ou déporté par le NKVD. Une perception en partie fausse, puisque les Juifs sont, tout comme les Baltes de souche, réprimés par les instances soviétiques : les institutions juives, qu'elles soient religieuses, politiques ou civiles, sont interdites, les sionistes et les bundistes déportés en Sibérie. La répression s'abat en réalité sans distinction sur les Baltes et les Juifs. Entre les 14 et 18 juin 1941, 45 000 Lituaniens dont 6 000 Juifs sont déportés en Union soviétique. Et, dans la semaine précédant Barbarossa, sur les 35 000 personnes que le NKVD fit déporter au goulag, à peine plus de la moitié étaient des Lituaniens ethniques, les autres étaient des Juifs et des Polonais. Quant au NKVD lituanien, identifié par les locaux comme par les nazis à une institution essentiellement juive, sur ses 279 hauts fonctionnaires, 148 étaient russes, 111 lituaniens. Les 20 restants étaient des Juifs et des personnes issues des autres minorités.

Les Soviétiques ont habilement su jouer des haines installées entre les communautés afin d'asseoir leur emprise. « Technique déjà éprouvée dans le passé, écrit Yves Plasseraud, souvent les Soviétiques prennent soin de faire accompagner les fonctionnaires effectuant les arrestations par un jeune Juif très identifiable. La population – hormis bien sûr les collaborateurs des Soviétiques – ne voit désormais d'autre espoir de salut que l'arrivée de la Wehrmacht[1]. » Ainsi, quand les Allemands arrivèrent, ils jouèrent à leur tour des haines antijuives attisées par les déportations du NKVD. Stahlecker, à la tête de l'Einsatzgruppe A, écrit à ce propos : « Quand les forces lituaniennes et lettones ont été rattachées aux unités exécutives, les premiers à être choisis ont été ceux qui avaient eu des membres de leur famille et des parents tués ou déportés par les Russes[2]. »

Si les Baltes se jetèrent immédiatement et massivement dans la collaboration la plus active avec l'occupant nazi, notamment en fournissant un appareil répressif et policier, ainsi que l'essentiel des bataillons de tueurs dans le cadre du génocide des Juifs, c'est parce que le rêve d'indépendance porté par les groupes nationalistes pouvait se réaliser dans ce nouveau partenariat avec le IIIe Reich (rêve de courte durée, partout les autorités d'occupation allemandes mirent fin aux velléités indépendantistes des nationalistes), ensuite parce que les élites baltes avaient été éradiquées par l'occupation soviétique. Les pays de la Baltique, en dépit des efforts réalisés les décennies précédentes, retournaient au Moyen Âge. « En exterminant systématiquement les élites locales, le NKVD savait très bien ce qu'il faisait. En supprimant, par quelques dizaines de convois vers

1. Yves Plasseraud, Henri Minczeles, *Lituanie juive. 1918-1940*, Paris, Autrement, « Mémoires », 2006, p. 18-19.

2. Cité par Richard Rhodes, *Extermination : la machine nazie*, *op. cit.*, p. 59.

la Sibérie, tout ce que les Baltes, traditionnellement paysans et opprimés, avaient pu susciter de lettrés porteurs de l'idéologie des Lumières (mais, contrairement à ce qui se passait en Occident, demeurés en contact avec les masses paysannes), on renvoyait ces peuples à la case départ et on les laissait déboussolés. Cette table rase ne pouvait, face à un monde entièrement nouveau et incompréhensible pour eux, qu'entraîner la disparition des valeurs et la remontée de la barbarie[3]. »

En Ukraine, les tensions entre communautés, particulièrement la rivalité ukraino-polonaise, exacerbée par les nationalistes de l'OUN, attisèrent plus encore la haine ancestrale contre les Juifs. « L'hostilité chrétienne traditionnelle envers les Juifs fut renforcée par l'emploi fréquent de Juifs comme régisseurs au service de la noblesse polonaise, et donc comme représentants et exécutants de la domination polonaise sur la paysannerie ukrainienne. Se nourrissant de cette hostilité, les nationalistes ukrainiens modernes accusaient les Juifs de s'être rangés aux côtés des Polonais après la Première Guerre mondiale dans des régions très disputées telles que la Galicie orientale (tandis que les Polonais, quant à eux, accusaient les Juifs d'avoir pris le parti des Ukrainiens) et, tout au long de l'entre-deux-guerres, d'avoir été partie prenante de l'oppression bolchevique ou des mesures polonaises contre la minorité ukrainienne, selon la région[4] », écrit Saul Friedländer. Ajoutons que les pogroms représentaient en Ukraine une sorte de tradition nationale. Davantage qu'en Pologne ou en Russie, ils étaient depuis longtemps fréquents et particulièrement meurtriers. Parmi les nationalistes ukrainiens qui se livrèrent à ceux de juin 1941, certains avaient déjà trempé leurs mains dans le sang juif. Un numéro du bimestriel français *Témoignages de notre temps*, daté du mois de septembre 1933, reproduit une série de photographies des pogroms du début du siècle en Ukraine. Des clichés sur lesquels on voit les cadavres d'enfants alignés à Ekaterinoslav et à Bialystok,

3. Yves Plasseraud, Henri Minczeles, *Lituanie juive*, *op. cit.*, p. 30.
4. Saul Friedländer, *L'Allemagne nazie et les Juifs*, *op. cit.*, p. 280.

en 1905 – une année où éclatèrent une centaine de pogroms, dont celui d'Odessa (300 morts et un millier de blessés) ; d'autres où l'on voit un assassin, entre 1918 et 1920, qui se moque en riant d'un groupe de Juifs accroupis devant des membres de leurs familles recouverts du drap mortuaire, ou des soldats irréguliers posant fièrement devant un tas de cadavres.

Dans ce même numéro, Jules Romains, l'auteur des *Hommes de bonne volonté*, écrit : « On sait que les pogroms existent, ou on commence à le savoir, quand on a maintenu ses yeux, sa pensée, beaucoup plus longtemps qu'ils ne le voulaient, sur des alignements de cadavres dans un sous-sol, sur des corps vivants, mutilés. Sur des visages défigurés, et sur d'autres visages fiers et heureux : ceux des soldats qui viennent de faire le pogrom. […] Le pogrom est une de ces horreurs limitées et localisées sur lesquelles la sauvagerie de l'homme s'entretient les dents. Il est opportun de le lui rappeler. Qu'il n'ait plus le toupet de prétendre que c'est à contrecœur et à force d'héroïsme, sous la pression des nécessités sacrées, qu'il engage les grands massacres universels. Et il est une démonstration excellente que les mêmes pays qui refont du délire nationaliste, et envisagent à nouveau la sainte nécessité d'une guerre, soient ceux qui, tout justement, se retroussent les manches pour rosser les Juifs et ouvrent les narines en rêvant aux plaisirs des pogroms. »

Si l'on comprend à l'issue de ce bref chapitre les raisons et le contexte qui ont poussé les populations autochtones à piller et assassiner les Juifs, principalement dans les pays Baltes et en Ukraine occidentale, comment le recours à des milices et à des contingents de supplétifs locaux était-il compatible, du point de vue nazi, avec la grille de lecture raciale qui les assimilait à une sous-humanité, guère plus estimable que les Juifs ? C'est qu'il existait dans l'imaginaire allemand une hiérarchie entre les peuples slaves d'Union soviétique.

Pour Jürgen Matthäus et Christopher Browning, « les documents relatifs à la période qui précède l'invasion indiquent que des stéréotypes à propos de "l'Est" et de ses habitants permettaient un certain degré de différenciation des qualités relatives des différents groupes ethniques méprisés. En ce qui concerne la double problématique de l'exploitation et de la domination, les Russes comme les Juifs étaient mal perçus alors que les Ukrainiens et les peuples baltes bénéficiaient d'un jugement plus favorable. Hitler appliquait une hiérarchie semblable mais, en raison de son grand dessein pour "l'Est", il ne voulait pas accorder un traitement préférentiel aux Ukrainiens, aux Lettons et à d'autres peuples considérés comme inférieurs. En même temps, la politique allemande exploitait les rivalités ethniques et l'antisémitisme local résiduel, ainsi que les ambitions nationales, pour faciliter la prise de contrôle des territoires occupés[5] ». En d'autres termes, Hitler utilisa les Slaves parce qu'il avait besoin d'eux dans le contexte de la guerre totale puis de l'extermination des Juifs. À terme, après la victoire et l'éradication du judaïsme à l'Est, ils auraient été asservis, mis en esclavage au profit de l'utopie du Lebensraum.

5. Jürgen Matthäus, « L'opération Barbarossa et le génocide des Juifs », *in* Christopher Browning (dir.), *Les Origines de la Solution finale*, Paris, Les Belles Lettres, 2007, p. 290.

III

Premières exécutions

Rationaliser les tueries – La Wehrmacht et les SS organisent les massacres – Les pendus de Minsk (Biélorussie) – Rassembler les Juifs dans des ghettos – 2 juillet 1941, le massacre de Ternopil (Ukraine) – Le récit de Janett Margolies, par Richard Rhodes – Fin juin 1941, Paul Blobel, Einsatzkommando 4a, à Sokal (Ukraine) – 1er juillet 1941, Artur Nebe, Einsatzgruppe B, à Vitebsk (Biélorussie).

5 000 Juifs ont été assassinés dans les pogroms de Kaunas, environ 8 000 dans ceux de Lviv. Pour autant, les chefs de kommandos sont mitigés sur le bilan de ces meurtres plus ou moins spontanés, et s'inquiètent du chaos qu'ils ont engendré. Ils décident de mettre de l'ordre et de rationaliser la procédure des tueries. Ayant pris leurs quartiers dans différentes villes d'Europe de l'Est, les hommes du SD sortent de leur anonymat relatif. Des forêts de pendus se dressent dans leur sillage. Les supposés commissaires politiques et les partisans, les intellectuels et les Juifs occupant des fonctions administratives ou politiques sont les premiers raflés. Ils sont exécutés par balles ou pendus en place publique. Dans les derniers jours du mois de juin, Himmler et Heydrich se rendent au front pour un voyage d'inspection. Faisant halte à Grodno, en Pologne orientale, ils constatent que la population juive y est trop nombreuse et demeure libre de ses mouvements. Ils réquisitionnent une escouade de tueurs qui assassinent promptement 316 Juifs, dont les représentants communautaires et une

dizaine de femmes. Des kommandos de nationalistes locaux sont dans le même temps intégrés au SD ou placés sous son commandement. Dans les pays Baltes, mais aussi en Ukraine occidentale, ils sont immédiatement chargés de pratiquer les massacres.

Alors que se poursuivaient les pogroms de Lviv, Volodymyr Vizniak assista à une procession grotesque, organisée par les nazis. Les Juifs, livrés à la vindicte publique, étaient humiliés avant d'être assassinés. « J'étais dans la rue qui s'appelle aujourd'hui Bogdan Khmelnitski, près de l'église Saint-Nicolas. J'y ai vu une sorte de procession. Tous ces Juifs devaient être conduits au cimetière Yanivsky. Derrière ce cimetière, il y avait un endroit où on les fusillait. Les Allemands ont désigné parmi eux un "tsar" qu'ils ont couvert de goudron et piqué de plumes. Ils l'ont fait asseoir sur une sorte de trône, quatre hommes le portaient sur leurs épaules, et ils avançaient, suivis de nombreux Juifs qu'on avait forcés à chanter. Si ma mémoire ne me trahit pas, cette chanson disait quelque chose comme : "Réjouis-toi l'âme, tu marches vers ton destin." » Nombreux sont les témoignages qui rendent compte de telles processions. Elles étaient la plupart du temps organisées le jour d'une fête juive, et révèlent le sadisme dont faisaient preuve les hommes du SD ; elles montrent également quel spectacle représentait la mort des Juifs pour les populations locales.

À Minsk, au début du mois de novembre 1941, une procession était organisée à l'occasion du 24e anniversaire de la révolution d'Octobre. Erich Ehrlinger, le juriste allemand aux commandes du Sonderkommando 1b, avait fait de la ville un cimetière vertical. Pas une rue, pas un balcon, pas une place de la ville qui ne fût orné d'une cascade de pendus portant accrochés au cou des pancartes informatives souvent teintées d'humour macabre. « J'ai collaboré avec les partisans communistes » ; « J'ai insulté un Allemand ce matin » ; « J'ai refusé de céder le passage à un officier allemand », etc.

Dans le ghetto où régnait déjà la surpopulation, les maladies et la malnutrition, des SS, flanqués de leurs miliciens lituaniens, entrèrent au matin du 7 novembre. Ils rassemblèrent un groupe de Juifs à qui ils ordonnèrent de revêtir leurs plus beaux vêtements, et le groupe, sous une avalanche de coups, fut poussé vers la place du Jubilé. Parmi eux, il y avait de nombreux enfants, et même des nouveau-nés. On les mit en rang, on leur donna des drapeaux soviétiques. Les premiers rangs reçurent une banderole sur laquelle il était écrit : « Vive le 24e anniversaire de la Grande Révolution Socialiste d'Octobre ! » Des Allemands en civil, munis de caméras de cinéma, filmaient la scène. Les condamnés étaient obligés de leur sourire, d'avoir l'air heureux. Le cortège s'ébranla. Rue Opanski où il finit par déboucher, plusieurs camions les attendaient. On poussa les gens à l'intérieur, puis les camions les acheminèrent jusqu'au bâtiment naguère occupé par le NKVD, où on les entassa. Durant trois jours, on les laissa croupir là sans soins ni nourriture. La rue Tsushinka résonnait du hurlement des bébés et de l'agonie des vieillards. Beaucoup étaient morts quand les camions revinrent les chercher. Ceux qui étaient vivants furent conduits aux fosses préparées pour eux dans lesquelles ils furent jetés et exécutés. Dans le rapport daté du 1er décembre 1941 de l'Einsatzgruppe A, le Sonderkommando 1b fait état de 6 624 Juifs tués au cours de cette opération. Le but de ces massacres était de faire place nette dans le ghetto où des convois de Juifs allemands arrivèrent par milliers le lendemain.

« Un jour, nous étions à la maison, et mère est rentrée en

disant : “On fusille les Juifs là-bas !” On a décidé d’aller voir. » Volodymyr veut me montrer l’endroit, à Lviv, où eurent lieu les premières exécutions de Juifs au mois de juillet 1941. C’était au sommet d’une des collines qui entourent la ville. Derrière le cimetière Yanivsky. Nous prenons la camionnette. Nous passons par l’ancien quartier juif, et devant la maison où habitait la famille Vizniak. Volodymyr demande qu’on s’y arrête. C’est un bel immeuble du XIXe siècle à la façade noircie par les ans. Volodymyr tente d’ouvrir la porte cochère, mais elle est cadenassée de l’intérieur. Malgré cela, il la pousse de toutes ses forces pendant un long moment. Il semble avoir oublié notre présence. Nous lui demandons de renoncer. Nous remontons dans la camionnette. Nous empruntons une route qui serpente dans les collines dominant la ville. Au sommet de l’une d’entre elles, Volodymyr s’écrie : « C’est là ! Garez-vous ! » Nous descendons et le suivons jusqu’à une clairière artificielle en contrebas d’un ravin abrupt.

« C’était à cet endroit, derrière le cimetière Yanivsky. La plaine qui est ici n’est pratiquement pas visible de l’extérieur. C’est pourquoi les Allemands ont choisi précisément cet endroit. Il était entouré d’une clôture en béton armé, mais il y avait des interstices par lesquels nous pouvions voir. J’ai vu les Juifs creuser une énorme fosse. Plus tard, on a mis en travers deux grands arbres. L’Allemand qui commandait criait : “Vorn !”, en avant ! Et ceux qui devaient être fusillés, marchaient sur ces troncs d’arbres. À côté il y avait un Allemand avec une mitrailleuse. Quand il tirait, les Juifs tombaient comme ça, à gauche, à droite. C’était terrible. Ici, on a beaucoup fusillé. Je ne sais pas exactement combien, mais on peut trouver dans les livres des statistiques sur le nombre de Juifs tués. On disait que certains n’étaient que blessés, et que ces Juifs qui n’étaient pas morts sortaient la nuit de terre pour se sauver. Plus tard, là où se trouve l’hôtel Lviv, il y avait sur cette place un mur jouxtant le théâtre. On y fusillait régulièrement les gens. On fusillait comme ça, devant tout le monde. Des choses terribles ont été faites. Je ne les croirais pas si je ne les avais pas vues moi-même. Ce qui s’est passé ici était épouvantable. »

À Lviv, le 9 juillet, un autre massacre était commis par la SS Viking. Un commandant de division avait été abattu peu de temps auparavant par un franc-tireur. Sa mort servit de prétexte à l'assassinat de plusieurs dizaines de Juifs. Le cratère d'un obus lâché par la Luftwaffe serait utilisé comme fosse commune. L'exécution a été racontée après la guerre devant le Tribunal de Nuremberg par un boucher de 21 ans, Günter Otto, qui travaillait au ravitaillement des troupes : « Les hommes affectés au train de la compagnie de boulangers raflaient systématiquement tous les Juifs qu'ils pouvaient trouver sur la foi de leurs caractéristiques physiques et leur façon de parler, puisque la plupart parlaient yiddish. L'Obersturmführer Braunnagel de la compagnie de boulangers et l'Untersturmführer Kochalty en étaient chargés. Ensuite, les soldats ont formé deux rangées. Ils étaient presque tous du train de la compagnie de boulangers, mais il y en avait aussi quelques-uns de la 1re compagnie de chasseurs alpins. Les Juifs devaient courir entre ces deux rangées et recevaient au passage des coups de crosse et de baïonnette. Au bout du chemin se tenaient des SS et des officiers de la Wehrmacht avec des mitraillettes qui abattaient les Juifs dès qu'ils arrivaient au cratère d'obus. Des officiers supérieurs du régiment ont participé à la tuerie. Environ cinquante ou soixante Juifs ont été tués de cette façon[1]. »

Quand, le 2 juillet, la Wehrmacht entra à Ternopil, au sud-est de Lviv, Günter Herrmann, le Standartenführer qui commandait l'Einsatzkommando 4b, un juriste diplômé de la prestigieuse université de Göttingen, déclencha un pogrom perpétré par les nationalistes de Stepan Bandera. Le même jour, en « représailles » à la mort de trois soldats allemands retrouvés mutilés dans la prison de Ternopil, une centaine de personnes, femmes et enfants compris, étaient jetées dans deux tranchées, et tuées à la grenade. Encouragés par la Wehrmacht et l'Einsatzkommando 4b, les miliciens de Bandera commettaient le lendemain

1. Cité par Richard Rhodes, *Extermination : la machine nazie*, *op. cit.*, p. 79.

leurs premières exécutions de masse. Les unités Totenkopf, les SS à tête de mort, les bataillons de tueurs qui constituaient la garde rapprochée du Führer, principalement chargés de la surveillance et de l'encadrement des camps de concentration, prirent part aux tueries.

Janett Margolies, une rescapée de Ternopil ayant assisté aux massacres, se souvient que le vendredi 4 juillet, « des mitrailleuses ont été postées aux carrefours » de la ville. « Des détachements de SS Totenkopf en uniforme noir ont fait leur apparition dans les rues. Près de chaque maison, un garde chrétien indiquait qui habitait là. Les gens ont été emmenés (prétendument pour aller au travail obligatoire) et tués sur place. Des exécutions de masse ont eu lieu dans beaucoup d'endroits de la ville[2]. » La nuit, treize familles juives furent enfermées dans une maison vide de la rue des Russes et brûlées vives. Les hommes en armes entourant la maison la canardèrent à l'arme automatique, abattant ceux qui essayaient d'échapper aux flammes.

Le lendemain, les tueries s'intensifièrent. « Le 5 juillet, écrit Janett Margolies dans son autobiographie, on a donné l'ordre aux Juifs d'enterrer les morts de la veille, car l'odeur empestait l'atmosphère. Dans l'après-midi, le carnage a recommencé. Ce jour-là, mon père a été assassiné. » Des affiches, placardées le dimanche par le SD sur les murs de la ville, promettaient de rétablir l'ordre. Les Juifs étaient censés n'avoir plus rien à craindre. Après les pogroms et les premières exécutions, ils s'étaient cachés dans les caves et les combles. Rassurés par les affiches et la rumeur d'un retour à l'ordre, « les Juifs se sont mis à sortir de leurs cachettes. Quand ils ont tous été rentrés chez eux, les nationalistes ukrainiens sont venus dans les maisons rassurer les Juifs, leur dire que les massacres étaient terminés et qu'à présent ils emmenaient seulement les gens travailler ».

Le mari et le garçon de Janett furent emmenés par des SS pour porter des caisses de munitions. Inquiète de ce qui pouvait leur arriver, elle les suivit de loin dans les rues de Ternopil, quand elle vit sa mère en train de traîner un cadavre.

2. *Ibid.*, p. 80.

Des Juifs, hommes, femmes et enfants, avaient été réquisitionnés pour déblayer les corps qui jonchaient les rues. Alors que Janett Margolies marchait vers sa mère, elle aperçut une jeune femme sur le point d'être violée sous les yeux de ses jeunes enfants par deux Allemands en uniforme. Quand elle se retourna, sa mère avait disparu. Une file de Juifs, bras levés, entraient un par un dans une maison juste en face. Elle pensa que sa mère était parmi eux. « Tout à coup, j'ai entendu une rafale de mitraillette. Après quelques minutes, les Allemands sont partis. L'un d'eux a dit qu'ils étaient tous *hin* (massacrés) là-dedans. J'ai compris que ma mère n'était plus en vie. » Le lendemain, cherchant l'endroit où sa mère avait dû se faire tuer, elle découvrait ce qui lui était arrivé : « Une grande fosse ouverte, remplie de cadavres et, dessus, ma pauvre mère, à genoux, le haut du corps affaissé, déjà rigidifiée. À côté du charnier, des Allemands prenaient des photos. Ne pensant pas que j'étais juive, ils m'ont demandé qui avait fait ça. Incapable de me contrôler, sous le coup de la douleur, je leur ai jeté au visage : "Vous et les vôtres !" »

Comme le jour précédent, son fils et son mari se rendirent au rassemblement des Juifs réquisitionnés pour le travail obligatoire. Après qu'on les eut publiquement humiliés en leur faisant faire des exercices physiques absurdes devant la foule des Ukrainiens qui assistaient au spectacle, on les fit entrer dans la prison. Un terrible pressentiment submergea Janett Margolies. Le soir, leur voisin, également juif, également réquisitionné pour le travail de la journée, rentra seul. La veille, un débat avait eu lieu dans l'appartement entre son mari et leur voisin pour savoir quelle devait être la meilleure solution ; fuir, se cacher, ou répondre à l'ordre du travail obligatoire. Le voisin des Margolies avait convaincu l'époux de Janett de suivre les instructions de la SS. « J'ai compris qu'ils n'étaient plus. J'ai accusé mon voisin d'avoir insisté pour qu'ils aillent travailler et de les avoir conduits à leur mort. Mais à quoi bon ? Il était déjà trop tard. Je me suis mise à pleurer, à me frapper le visage avec mes poings, me cognant la tête contre les murs. Je voulais me suicider. Mes voisins m'ont surveillée. Ils ont essayé de vaincre mon désespoir avec du whisky. En vain. Des cadavres, des cadavres… » Sa famille avait été massacrée. Janett en serait bientôt l'unique rescapée. Elle apprit les conditions dans lesquelles son fils et son mari avaient disparu : « On les avait forcés à transporter les cadavres des Ukrainiens de la prison au cimetière. Pendant que mon mari travaillait sur le camion, mon fils et d'autres Juifs ont été tirés du camion, puis pourchassés et frappés avec des bâtons et des planches. Il paraît que mon fils s'est écrié : "Vous n'avez pas le droit de nous frapper et de nous mutiler. Nous ne sommes pas coupables. Tuez-nous mais arrêtez de nous torturer !" En réponse, on l'a battu à mort. Mon mari, voyant son fils mort, a perdu connaissance. Les Allemands ont vu qu'il avait arrêté de travailler et se sont mis à le frapper avec férocité, jusqu'à ce qu'il cesse de bouger. Un peu plus tard, ils lui ont tiré une balle. »

La petite bourgade de Sokal avait accueilli les troupes allemandes sans opposer de résistance. Paul Blobel, le chef de l'Einsatzkommando 4a, y entra dans les derniers jours du mois de juin. Blobel, un héros de la Première Guerre mondiale, concevait sa mission comme une revanche sur la République de Weimar et les années de vaches maigres. Après le premier conflit mondial et l'humiliation du traité de Versailles, il avait entrepris une carrière d'architecte qui fut rapidement interrompue par la crise économique. Les trois années suivantes, des années de chômage qu'il avait noyées dans le schnaps, représentaient un traumatisme dont il aurait pu ne jamais se relever. L'apparition de Hitler sur la scène politique, comme pour nombre de ses contemporains, serait une révélation et son salut.

La carrière de Paul Blobel commence là. Elle prend alors une tout autre voie que l'architecture. Blobel adhère au parti nazi en décembre 1931, un an avant l'accession de Hitler à la chancellerie du Reich. Il intègre aussitôt la SS, puis trouve du travail au sein de la police municipale de Düsseldorf. En 1933, il entre au SD, la police créée par Reinhard Heydrich chargée de la lutte contre les opposants politiques (d'abord à l'intérieur du parti nazi, puis du Reich). Sept ans plus tard, récompensé pour sa loyauté et un travail irréprochable, il est promu au grade de colonel. C'est un « nazi inconditionnel » (pour reprendre la qualification écrite par ses supérieurs sur sa fiche d'identité), doublé d'un spécialiste de la répression qui entre à Sokal à la fin du mois de juin 1941.

À peine installé, il envoie ses hommes faire du porte-à-porte pour arrêter ceux que les habitants leur désignent comme des commissaires politiques. 300 personnes sont arrêtées et regroupées dans une briqueterie située à l'extérieur de la ville. Trois jours plus tard, le 30 juin, elles sont toutes passées à la baïonnette. Le 2 juillet, Blobel apprend par son commandement que plusieurs centaines de prisonniers ukrainiens ont été massacrés avant la retraite soviétique. Il désigne la communauté juive de la ville comme responsable du massacre. 1 160 hommes sont raflés dans le ghetto. 240 d'entre eux sont immédiatement fusillés.

Plus au nord, un détachement de l'Einsatzgruppe B, commandé par Artur Nebe, le chef de la police judiciaire, entre le 1er juillet à Vitebsk, en Biélorussie. Nebe fait adopter les mêmes mesures à l'égard de la population juive que partout ailleurs dans les territoires conquis. Un Conseil juif, le Judenrat, installé par la SS, est chargé de recenser les Juifs et de veiller à ce qu'ils portent un signe distinctif les identifiant comme tels – ici, un brassard. Mises en place dès novembre 1939 dans le Gouvernement général de Pologne, ces instances administratives, courroies de transmission entre les autorités nazies et la population juive, sont les auxiliaires tragiques des dispositifs de ségrégation, de spoliation et, plus tard, de déportation. Après avoir fait confisquer tous leurs biens, le Sonderkommando 7a réquisitionne les Juifs de la ville pour les faire travailler au service de la Wehrmacht. À titre d'exemple, sur la place principale de Vitebsk, 27 Juifs sont fusillés parce qu'ils avaient tenté de se soustraire au travail obligatoire. Peu après, le 9 juillet, Artur Nebe somme par radio Walter Blume, le chef du Sonderkommando 7a, de poursuivre les « aktions » contre les Juifs. « Il me demandait, témoignera Blume au cours de son audition, après la guerre, un rapport détaillé sur Vitebsk, et tout spécialement sur les exécutions de Juifs. J'ai donc donné l'ordre à Voltis de préparer une exécution de Juifs en la limitant exclusivement aux hommes d'âge militaire. Un ou deux jours plus tard l'exécution a eu lieu en ma présence. » Blume observe ses hommes fusiller, 10 par 10, 80 hommes qui se tiennent debout au bord d'une fosse, suivant la méthode éprouvée quelques mois plus tôt à Minsk. Trois membres du Sonderkommando tirent en même temps sur la même victime. Quand les balles l'atteignent dans le dos ou la tête, elle bascule d'elle-même dans le fossé antichar.

Cette procédure, expliquera Otto Ohlendorf, le chef de l'Einsatzgruppe D, au Tribunal de Nuremberg, avait pour but de diluer la charge des responsabilités. « On les abattait, à genoux ou debout, et les corps tombaient dans le fossé. Je n'ai jamais autorisé que les fusillades individuelles dans le groupe D et j'ai toujours ordonné que plusieurs hommes tirent en même temps pour éviter toute responsabilité directe[3]. » Entre chaque exécution, le peloton est autorisé à faire une pause au cours de laquelle il reçoit, en plus des exhortations de Blume, de l'alcool et du tabac. Ces premières exécutions constituent un choc, autant pour les « tireurs » chargés de fusiller des civils, que pour leurs commandants. À la fin de la journée, Walter Blume est pris de crampes d'estomac. Il rentre précipitamment à son QG pour vomir.

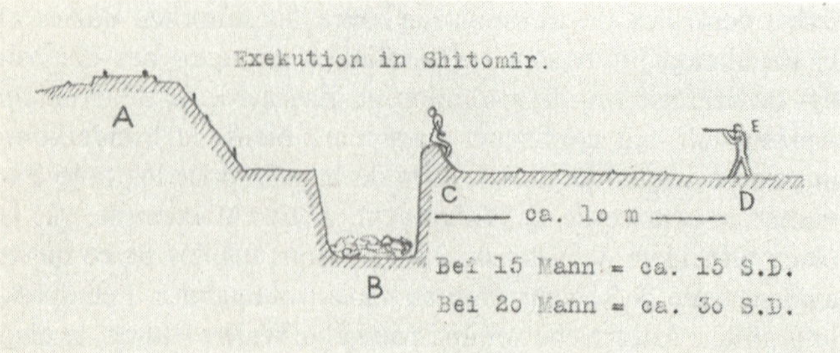

3. Procès de Nuremberg, 13 février 1948, USHMM Beta 5881, NARA.

IV

Les prisonniers soviétiques

Fin 1941 : 3 350 000 prisonniers russes – Comment s'en débarrasser – Les Juifs, premiers sélectionnés – Affamer à mort : l'exemple de la Namibie – Devenir tortionnaire pour échapper au goulag.

Pendant ce temps, la marée humaine des prisonniers de guerre soviétiques ne cessait de croître. Plusieurs millions d'entre eux, aux premières semaines de l'invasion allemande, étaient tombés dans l'escarcelle de la Wehrmacht qui ne savait qu'en faire, sinon les entasser dans de gigantesques stalags ou les faire marcher en longues colonnes pour qu'ils meurent d'épuisement. Pendant l'opération Barbarossa, ce sont plus de 5 700 000 soldats soviétiques qui tombèrent aux mains des troupes allemandes. À la fin de l'année 1941, 3 350 000 d'entre eux avaient déjà été faits prisonniers.

L'Union soviétique avait refusé de signer les conventions de Genève donnant un cadre juridique au traitement des prisonniers de guerre. Les nazis ne se sentaient donc pas tenus de les respecter. D'ailleurs, aucune mesure logistique n'avait été prévue par la Wehrmacht pour le ravitaillement ou l'hébergement des prisonniers. La hiérarchie nazie décida donc de s'en débarrasser. Les Juifs se trouvant parmi eux furent les premiers « sélectionnés ». « Le 16 juillet 1941, écrit Raul Hilberg, soit à peine quatre semaines après le début de l'invasion, Heydrich signa à ce sujet avec le général Reinecke, chef du Bureau général des forces armées (Allgemeines Wehrmachtsamt, ou AWA), une convention aux termes de laquelle la Wehrmacht entendait “se libérer” de tous les prisonniers de guerre susceptibles de propager le bolchevisme. [...] Les deux partenaires déclarèrent d’un commun accord que la situation requérait des “mesures spéciales”, qu’il faudrait mettre en œuvre hors du cadre des contraintes bureaucratiques. Dès le lendemain, Heydrich avertit ses services régionaux qu’ils auraient bientôt à opérer la “sélection” (Aussonderung) de tous les “révolutionnaires professionnels”, commissaires politiques de l’Armée rouge, communistes “fanatiques”, et enfin de “tous les Juifs”[1]. » Ces premières exécutions, du fait d’un manque de personnel au sein de la Gestapo, sont confiées aux Einsatzgruppen. Matière humaine inépuisable et précaire, le groupe des prisonniers de guerre, particulièrement les Juifs, fut utilisé par l’armée allemande pour différentes tâches conduisant inévitablement à leur mort. Dans la région de Kiev, la 6e armée du général von Reichenau les employa pour les opérations de déminage en les faisant marcher sur les mines au passage des convois militaires allemands.

De leur côté, les Sonderkommandos, par petites unités, étaient régulièrement envoyés dans les stalags et les camps de transit pour mener des exécutions. À Borispol, le Sonderkommando 4a de Paul Blobel exécuta 1 109 prisonniers juifs, dont 72 blessés livrés par les médecins du camp.

Si la Wehrmacht collabora à ces exécutions, avec zèle dans le cas de la 6e armée, les rapports entre le SD et l’armée pouvait toutefois se révéler conflictuels, comme en témoigne la conférence de l’été 1941. « Alors que les massacres de prisonniers de guerre venaient de commencer, le général Hermann Reinecke présida une conférence de haut niveau consacrée à la question. Le RSHA [Office central de la sécurité du Reich] y était représenté par Müller, le chef de la Gestapo ; Reinecke avait également convoqué son propre subordonné, le colonel Breyer, chargé des camps de prisonniers ; l’amiral Canaris, autre partie intéressée au titre de l’espionnage, avait délégué

1. Raul Hilberg, *La Destruction des Juifs d’Europe*, *op. cit.*, t. I, p. 603.

le colonel Lahousen : il ne voulait pas venir en personne, afin d'éviter, disait-il, de manifester une "attitude trop négative" vis-à-vis du représentant du RSHA[2]. »

Reinecke, qui présidait les débats, rappela dans son propos que la lutte contre l'URSS n'était pas qu'une guerre, mais un affrontement « jusqu'à la mort » entre deux conceptions du monde : d'une part, le « national-socialisme » et, d'autre part, le « judéo-bolchevisme ». Par conséquent, il était naturel que les suppôts, les agents et les soldats de cet ennemi radical soient exterminés. Il n'était pas concevable qu'ils soient traités avec les mêmes égards que les ennemis occidentaux du IIIe Reich. « En ordonnant de les traiter avec rigueur, poursuit Raul Hilberg, le Reich ne faisait qu'user à l'égard de la sous-humanité bolchevique d'un droit naturel de défense, étant admis que ceux qui propageaient les idées bolcheviques et du même coup renforçaient la volonté de résistance bolchevique devaient être anéantis. » Le colonel Lahousen objecta que les exécutions accomplies devant les soldats allemands minaient leur moral et que les soldats soviétiques, sachant désormais le sort qui les attendait en captivité, se battraient avec davantage d'acharnement au front pour éviter d'être pris. Ces mesures d'extermination étaient contre-productives et le soldat allemand en serait finalement la principale victime.

Si le débat permit d'épargner un temps certaines catégories « raciales » ou nationales (les musulmans tatars, les Arméniens, Ukrainiens, Géorgiens ou Caucasiens du Nord) se comptant parmi les prisonniers de guerre, la question de leur ravitaillement se révélait insoluble. Les exécutions menées par les Einsatzgruppen étaient certes efficaces, mais elles mobilisaient des hommes affectés à des tâches d'un intérêt supérieur (l'extermination des Juifs), et représentaient un coût, notamment en munitions, dont la hiérarchie SS se serait bien passée. Après que 600 000 prisonniers soviétiques eurent été abattus par les Sonderkommandos et les Einsatzkommandos, il fut décidé de poursuivre cette extermination en abandonnant tout simple-

2. *Ibid.*, p. 608-609.

ment les soldats soviétiques à leur sort. C'est-à-dire, en cessant de les alimenter.

Dans l'histoire contemporaine allemande, il existe un précédent à ce type de mesure. En 1904, dans son éphémère colonie de Namibie, l'Allemagne de Guillaume II avait usé de la même stratégie pour mettre un terme à l'insurrection des Hereros, la tribu rebelle du Sud-Ouest africain. Des fusiliers marins avaient été envoyés sur la côte afin de mater la rébellion. Ils entrèrent dans les villages pour massacrer les populations, procédant aux lynchage et pendaison d'ennemis potentiels, massacrant indistinctement les femmes et les enfants. Après cette première phase de massacres, le général Lothar von Trotha, personnellement mandaté par le Kaiser pour « annihiler les masses », lança son armée dans le désert pour repousser puis encercler la tribu africaine plus loin à l'est du pays. Les rebelles, cernés au milieu du désert du Kalahari par les contingents allemands qui avaient coupé toutes les voies d'approvisionnement et asséché les puits, finirent par mourir de soif. Entre 40 000 et 80 000 personnes furent ainsi exterminées, et les quelques milliers de rescapés réduits en esclavage ou parqués dans des camps.

Hitler connaissait bien les mesures génocidaires ayant émaillé les campagnes coloniales des pays d'Europe occidentale. Lecteur assidu de romans d'aventures, il avait surtout été impressionné par les livres de l'écrivain allemand Karl May sur le massacre des Indiens d'Amérique. Au cours d'un dîner précédant l'invasion de l'URSS, il avait déclaré : « Le Juif, ce destructeur, nous nous en débarrasserons. En ce qui concerne la population, j'ai une meilleure impression de la Russie blanche (la Biélorussie) que de l'Ukraine [...]. Nous n'avons qu'un devoir : germaniser ces pays par l'implantation d'Allemands et considérer les indigènes comme des Peaux-Rouges[3]. »

C'est ainsi que les prisonniers soviétiques furent par centaines de milliers voués à une mort certaine, suivant les méthodes qui avaient présidé à l'extermination de la tribu namibienne. Pour

3. Cité par Bradley F. Smith, *Heinrich Himmler. A Nazi in the Making. 1900-1926*, Stanford (Cal.), Hoover Institution Press, 1971, p. 62-63.

survivre, pour obtenir des rations alimentaires moins misérables, mais aussi pour échapper au goulag (il était clair pour les prisonniers de guerre qu'après être passés dans les stalags allemands, ils seraient envoyés dans les camps soviétiques s'ils en réchappaient), certains d'entre eux se portèrent volontaires pour collaborer avec leurs tortionnaires. Ainsi Andreï Vlassov, un héros de l'Armée rouge capturé par les Allemands, offrira ses services avant de fonder l'Armée russe de libération (en russe ROA, Russkaya Osvoboditel'naya Armiya). Pour partie, son armée de renégats sera intégrée aux bataillons de tueurs de la SS et du SD. La ROA fournira ainsi aux Einsatzgruppen une main-d'œuvre inopinée au programme de destruction des Juifs d'Europe.

V

« Tuez-les tous »

Juillet 1941, le début du génocide – Qui a donné l'ordre ? Les réponses de Raul Hilberg – Jeckeln à Chepetovka (Ukraine) : la « méthode des sardines » – Juillet 1941, 33 000 hommes prêts à tuer – Pas d'ordre écrit – Himmler au front, discours et directives – À Bialystok (Pologne) le 8 juillet, Himmler et la procédure des exécutions – À Kaunas (Lituanie) le 29 juillet, accélérer les tueries – À Minsk, Himmler assiste à un massacre – Tel Aviv, juin 2008, conversation avec Amos – Un rêve absurde et infantile.

La question relative à l'ordre du génocide fait encore débat. Si l'on est capable de retracer l'itinéraire des kommandos d'extermination (les dates, les lieux, le nombre des victimes des exécutions de masse), si l'on peut obtenir des preuves fiables et formelles sur les pratiques d'assassinat grâce aux documents qui, de la base, remontent au RSHA de Berlin, il ne subsiste que peu d'éléments sur ce qui descend du sommet de la hiérarchie nazie jusqu'aux hommes sur le terrain. Aucun document, signé de Hitler ou de Himmler, qui énonce clairement l'ordre du génocide. Rien sur la « réorientation de la cible » (pour reprendre l'expression de Christopher Browning), sur le passage, entre juillet et août 1941, de l'assassinat des hommes juifs en âge de combattre, à l'exécution des femmes et des enfants ; autrement dit de « tous les Juifs ». « La formule "tous les Juifs", écrit Raul Hilberg, est apparue pour la première fois le 28 juin 1941 dans un projet du Bureau central de la sécurité du Reich. Cette disposition ne concernait que l'exécution des prisonniers de guerre soviétiques. Une lettre de Heydrich expédiée le 2 juillet aux quatre chefs de la SS et de la Police désignés pour servir dans les territoires envahis récapitule ses instructions aux Einsatzgruppen. Ce résumé comporte une section "exécutions", avec une ligne concernant les "Juifs du parti et de la fonction publique". Le 11 juillet, le commandant du régiment de police Centre transmettait à ses bataillons un ordre du chef des SS et de la Police pour le Centre demandant l'exécution immédiate de tous les hommes juifs âgés de 17 à 45 ans arrêtés comme "pillards"[1]. »

À partir de juillet, à un rythme différent selon les régions, il est clairement établi que les bataillons d'extermination, assistés d'autres unités SS, s'emploient à assassiner les hommes de tous âges, les femmes et les enfants, c'est-à-dire « tous les Juifs ». Un certain nombre de témoignages, oraux ou écrits, permettent d'accréditer l'idée que des instructions (pas nécessairement écrites) émanant de Himmler ont été délivrées, avec plus ou moins de précision, aux hommes en charge des exécutions de masse. Le 27 juin 1941, au début de l'opération Barbarossa, Himmler avait pris le commandement spécial de deux brigades SS, composées au total de 1 100 hommes, et explicitement chargées de « servir à d'autres tâches ». Ces deux brigades, placées sous l'ordre direct de Himmler, dépendaient de son état-major, le Kommandostab Reichsführer-SS. En plus de ces deux brigades « spéciales », deux brigades de cavalerie, dont la brigade Fegelein, commandée par Hermann Fegelein, le beau-frère d'Eva Braun, un régiment de volontaires et plusieurs brigades motorisées furent également rattachés au Kommandostab Reichsführer-SS. Le 9 juillet, avant de se rendre à Lublin pour y rencontrer Globocnik[2], Himmler transférait le

1. Raul Hilberg, *La Destruction des Juifs d'Europe*, *op. cit.*, t. I, p. 514.

2. Odilo Globocnik, Autrichien né à Trieste, antisémite fanatique qui avait fait quatre fois de la prison pour son activisme dans le parti nazi, alors interdit en Autriche, intégra la SS en 1934 et fut nommé Gauleiter de Vienne. Tombé en disgrâce pour avoir illégalement profité de sa fonction pour faire de la spéculation financière, il fut rétrogradé en 1939. Mais

commandement d'une partie de cette armée personnelle sous les ordres du HSSPF[3] en Russie centrale, le Gruppenführer Erich von dem Bach-Zelewski. L'autre moitié, quelques jours plus tard, fut placée sous le commandement de Friedrich Jeckeln, HSSPF en Ukraine et en Russie du Sud. Au premier, Himmler ordonna le « nettoyage des marais de Polésie »[4]. Il précisa cette directive dans un message radio du 29 juillet : « Ordre formel du Reichsführer-SS. Tous les Juifs doivent être abattus. Les femmes doivent être refoulées dans les marais[5]. »

Jeckeln, 45 ans, charismatique, impitoyable et sans scrupules, était un SS de la première heure qui fut député au Reichstag en 1932 alors qu'il était impliqué dans l'assassinat de militants communistes ; il avait participé à la campagne de France avant d'être nommé HSSPF en Ukraine occupée. Il reçut l'ordre de diriger les exécutions de tous les Juifs qui n'avaient pas été réquisitionnés pour le travail forcé en Ukraine occidentale. D'un tel ordre, il ne reste que la directive de Himmler concernant les Juifs de Chepetovka. L'ordre, qui stipule explicitement l'assassinat des femmes et des enfants, commença à être exécuté à partir du 28 juillet. Jeckeln, qui supervisait le « nettoyage » de sa sphère d'influence, mena les exécutions avec une extrême brutalité et un redoutable sens de l'organisation.

August Meier, l'Obersturmbannführer-SS de l'Einsatzkommando 5 se trouvait avec lui à Chepetovka quand tomba l'ordre du « nettoyage ». Voici ce qu'il déclara après la guerre : « Jeckeln avait l'autorisation permanente de tuer les Juifs presque

l'homme était cher à Himmler. On ne pouvait se passer de ses talents ; il fut rappelé et nommé chef de la police et de la SS (Brigadeführer) dans la région de Lublin (Gouvernement général) en 1939. C'est sous son autorité que seraient ensuite construits les camps de la mort.

3. HSSPF : Höhere SS und Polizeiführer (chef suprême de la SS et de la police).

4. Yehoshua Büchler, « Kommandostab Reichsführer-SS : Himmler's Personal Murder Brigades in 1941 », in *Holocaust and Genocide Studies*, avril 1986, vol. 1, n° 1, p. 11-25.

5. Richard Breitman, *The Architect of Genocide. Himmler and the Final Solution*, New York (NY), Alfred A. Knopf, 1991, p. 60.

partout, peut-on dire. En conséquence, il a personnellement organisé l'exécution de nombreux milliers de Juifs. Je me souviens encore tout particulièrement d'une action à Chepetovka qui m'a marqué par son horreur extraordinaire. Cela concernait une centaine de personnes. Il y avait des femmes et des enfants parmi les fusillés. Jeckeln avait dit : “Aujourd'hui, on va les entasser comme des sardines.” Les Juifs ont dû s'allonger, couche après couche, dans une fosse ouverte où on les tuait ensuite d'une balle dans la nuque, avec des mitrailleuses, des pistolets et des fusils. Cela veut dire qu'ils devaient s'allonger, le visage posé sur ceux qui étaient déjà morts [alors que] les autres fois ils étaient fusillés debout et tombaient dans la fosse ou y étaient traînés. Pendant cette exécution à Chepetovka, je suis resté quelque temps près de Jeckeln, puis je me suis arrangé pour m'éclipser. Je n'ai pas tiré moi-même. Je ne sais pas si Jeckeln a tiré, mais je ne le crois pas[6]. » Cette méthode, une invention de Jeckeln, qu'il nomma Sardinenpackung (méthode des sardines), remporterait bientôt un franc succès et tendrait à se généraliser aux autres bataillons d'extermination.

« À partir de juillet 1941, explique Christian Ingrao, directeur de l'Institut d'histoire du temps présent, dans presque tous les kommandos – à la notable exception de l'Einsatzgruppe D –, les exécutions sont faites avec des armes de petit calibre, d'un tir dans la nuque, le canon orienté de sorte que le projectile traverse le cerveau et provoque une mort la plus immédiate possible. On observe la standardisation de cette procédure par les rapports d'exhumation des commissions d'enquête soviétiques qui permettent grosso modo de montrer la grande généralisation de ce geste. Il n'en reste pas moins, évidemment, que ces rapports montrent des victimes atteintes dans d'autres parties du corps ou qui sont même décédées dans les fosses par d'autres causes qu'une balle. Les deux méthodes de mise à mort sont les suivantes : d'un côté, les kommandos procèdent en forçant les victimes à tourner le dos pour qu'elles basculent, une fois le

6. Cité par Richard Rhodes, *Extermination : la machine nazie*, *op. cit.*, p. 135-136.

coup tiré, dans la fosse. La deuxième méthode est celle que les nazis appelaient la méthode “des sardines”. Il s’agit de forcer les victimes à se coucher les unes sur les autres, à assassiner la personne alors qu’elle est allongée, puis à forcer la suivante à s’allonger tête bêche sur le cadavre de la victime précédente. Ces deux techniques se généralisent à partir d’août 1941. Elles sont également utilisées dans la lutte contre les partisans. Ce sont des techniques dont on remarquera la grande standardisation et, en même temps, l’homologie aux techniques d’abattage moderne dans les abattoirs des grandes usines occidentales[7]. »

À la fin du mois de juillet 1941, en plus de ces directives partielles autorisant les hauts dirigeants de la SSP à assassiner tous les Juifs, 10 000 policiers, venus renforcer les 3 000 membres des Einsatzgruppen déjà à l’œuvre, étaient envoyés par Himmler derrière la ligne de front. Dans le même temps, à partir du 25 juillet, le Reichsführer donnait l’ordre de former des unités supplétives constituées de volontaires « fiables », issus des mouvements nationalistes locaux, qu’ils soient ukrainiens, estoniens, lettons, lituaniens ou bélarusses. En tout, les Einsatzgruppen pouvaient désormais compter sur un effectif de 33 000 hommes.

Au mois d’août, le docteur-docteur Rasch, le commandant de l’Einsatzgruppe C en Ukraine posté à Jitomir, réunit ses hommes pour leur transmettre un ordre émanant du HSSPF Friedrich Jeckeln. Ordre que Jeckeln tenait lui-même du Reichsführer. Il s’agissait, déclara Rasch, de fusiller tous les Juifs. Les hommes, bien sûr, mais également les femmes et les enfants « afin d’éviter que quiconque ne veuille les venger à l’avenir. C’est à ce stade que le champ de l’opération fut élargi, comme dit un rapport, aux Juifs des deux sexes et de tous les âges[8] ». Jeckeln, qui chapeautait les opérations de tuerie, s’était mis à la tâche, multipliant les exécutions de masse avec une incroyable célérité. À la fin du mois d’août 1941, il avait supervisé l’assassinat de 44 000 personnes.

7. Entretien avec Christian Ingrao, 30 mai 2008, Paris, France.
8. Raul Hilberg, *La Destruction des Juifs d’Europe*, *op. cit.*, t. I, p. 515.

Si tous ces éléments constituent autant de preuves et d'indices sur la bascule de l'été 1941, le passage de l'assassinat « sécuritaire » à l'assassinat « génocidaire », il n'en demeure pas moins que d'un ordre formel faisant autorité sur l'ensemble des territoires conquis, on ne trouve nulle trace. En simplifiant le débat historique sur la question, on peut dire que deux « écoles » s'opposent encore aujourd'hui sur la diffusion de l'ordre du génocide[9]. La première prétend qu'une directive écrite a bien été émise. Elle se serait perdue ou aurait été détruite, vraisemblablement au cours de la bataille de Berlin, avant que les Alliés ne mettent la main sur les dizaines de milliers de documents nazis. L'autre, qu'il n'y a jamais eu d'ordre formel, et que les directives génocidaires ont été répercutées verbalement par Himmler, lors de ses visites derrière la ligne de front, aux mois de juillet et août 1941. Il y rencontra les hauts dirigeants de la SSP, ainsi que les commandants des Einsatzgruppen et d'autres bataillons placés sous ses ordres qui allaient toutes participer aux aktions d'extermination.

Pour l'historien américain Christopher Browning, auteur d'un ouvrage sur le bataillon 101 intitulé *Des hommes ordinaires* : « Si l'on ne peut prouver qu'il existe un ordre explicite, on constate néanmoins qu'il y a, au cours de cette période, les nombreuses visites faites par Himmler derrière la ligne de front, et qu'après chacune de ses visites, les exécutions de masse s'intensifient. Les ordres dont on a retrouvé trace demeurent peu explicites. Au cours des deux premières semaines d'août, Himmler dit : "Tuez tous les Juifs, repoussez les femmes dans les marais" ; une sorte d'exhortation vague, qui signifie, ou peut être comprise ainsi : "Trouvez le moyen de vous débarrasser des Juifs." Certains chefs de bataillon vont prendre cette direc-

9. Sur les différentes thèses développées par les historiens ayant travaillé sur l'émission de l'ordre génocidaire, voir le tableau synthétique présenté par Édouard Husson dans son livre, *Heydrich et la Solution finale*, Paris, Perrin, 2008, p. 447-449.

tive à la lettre, pourchassant les Juifs, les encerclant dans les marais de Polésie. D'autres comprennent qu'il faut les tuer tous et commencent à exécuter les femmes et les enfants.

« Mais ce n'est qu'après les visites de Himmler au front que la pratique génocidaire se généralise véritablement. Quand il s'est adressé aux bataillons qu'il a rencontrés, Himmler a dû les encourager et leur faire savoir ce qu'il attendait d'eux. Bien qu'on ne trouve de référence à un ordre clair, ni aucun document écrit, c'est par le bouche à oreille que la directive se répand en différents lieux et à des dates différentes. Suivant les recommandations orales faites par Himmler aux chefs des unités qu'il visite, ou via les plus hauts dirigeants de la SS et de la Police qui répercutent les instructions jusqu'à la base. Il ne s'agit donc pas d'un ordre unique et centralisé, mais d'une directive informelle, délivrée par oral, énonçant davantage un objectif à atteindre qu'une procédure autoritaire et systématique[10]. » Selon l'historien américain, la mise en place de la politique exterminatrice se fait donc en plusieurs temps. Impulsée par Hitler, sous forme de « prophétie », elle est ensuite relayée par Himmler, puis par les chefs de la SS. Enfin, par les chefs de kommandos et de divisions à qui une grande latitude est laissée sur le terrain, pour peu que les objectifs soient atteints. L'extermination du peuple juif était de longue date le projet fou du Führer. Devant le Reichstag, le 30 janvier 1939, il l'avait clairement formulé : « J'ai souvent fait des prophéties au cours de ma vie et le plus souvent on m'a ri au nez. Dans ma lutte pour le pouvoir, ce qui a toujours fait rire les Juifs le plus fort, c'était quand je leur prédisais qu'un jour je serais à la tête de l'État allemand, que j'aurais le contrôle absolu de la nation et que, entre autres choses, je trouverais une solution au problème juif. J'imagine que les Juifs d'Allemagne, qui riaient le plus fort alors, crèvent maintenant de rire. Aujourd'hui, je vais faire une autre prophétie : si les financiers internationaux juifs, en Europe et hors de l'Europe, réussissent à plonger les

10. Entretien avec Christopher Browning, 13 juin 2008, Chapel Hill, Caroline du Nord, États-Unis.

nations dans une nouvelle guerre mondiale, le résultat ne sera pas la bolchevisation du monde et donc la victoire du judaïsme. Le résultat sera l'extermination de la race juive en Europe[11]. »

S'il avait un temps pensé expulser les Juifs d'Allemagne vers une terre étrangère, la plus lointaine possible – notamment Madagascar –, ce n'est qu'au mois de juillet 1941 que Hitler prend la décision d'une extermination globale. « D'abord, continue Christopher Browning, il s'agissait de les expulser dans le district de Lublin. Ensuite, ce fut Madagascar. Dans un troisième projet, ils pensèrent les réinstaller quelque part en Union soviétique. Au printemps et au début de l'été, ils parlaient de populations entières – pas seulement les Juifs – qui devraient être affamées jusqu'à la mort, ou transplantées dans une région de l'Arctique, en Sibérie. Ce projet concernait une population de 20 ou 30 millions de personnes, Juifs et Slaves compris. La guerre d'annihilation en Union soviétique était en cours. Durant les quatre ou cinq premières semaines, elle se déroula selon les plans les plus optimistes. C'est au cours de cette période que Hitler rencontra un certain nombre de dirigeants de haut rang au sein de l'appareil nazi. Il rencontra Himmler le 15 juillet. Le 16, il faisait un discours devant les barons du régime, Göring, Rosenberg, Keitel et d'autres, dans lequel il mentionnait le "Jardin d'Eden allemand" qu'ils étaient en train de créer et duquel l'Allemagne ne se retirerait jamais plus. En ce sens, il était providentiel que Staline appelle à une guerre de résistance contre l'Allemagne nazie. Cela leur fournissait le "prétexte" idéal – Hitler utilisa le terme "prétexte" – pour tuer toute personne suspectée d'en faire partie. Ce genre d'allusion, d'autorisation indirecte à intensifier et accélérer le rythme des tueries, devait être compris par ses subordonnés comme une prophétie. Elle devait servir de déclencheur au travail effectué ensuite par la base. On remarque après ce discours une rapide évolution de la situation. Entre la mi-juillet et la mi-août, les cibles sont redéfinies le long de la ligne de front, pour partie du fait de la prophétie de Hitler. Pour une autre du

11. Archives audiovisuelles AA DPB 2803, NARA 312.

fait des voyages de Himmler, le principal émissaire de la politique exterminatrice, qui se rend personnellement à l'Est pour encourager les unités qui en sont chargées[12]. »

Le 8 juillet, Himmler est à Bialystok, une ville de moyenne importance au nord-est de la Pologne où il rencontre le HSSPF en Russie centrale, Erich von dem Bach-Zelewski. Sous ses ordres, l'Einsatzkommando 9 avait, quelques jours auparavant, perpétré des exécutions de masse contre les Juifs de la ville. Le bataillon 309, notamment, avait brûlé vifs 700 Juifs dans l'incendie de la principale synagogue de Bialystok. « Ils étaient de 100 à 150 hommes à encercler ainsi la synagogue pour s'assurer collectivement qu'aucun Juif n'échapperait à l'enfer. Ils veillaient à ce que plus de 700 personnes meurent de cette mort atroce et douloureuse, avec les cris des agonisants dans l'oreille. La plupart des victimes étaient des hommes, mais il y avait aussi parmi eux des femmes et des enfants. Comme on pouvait s'y attendre, certains Juifs préférèrent se pendre ou s'ouvrir les veines. Six d'entre eux au moins réussirent à sortir de la synagogue, vêtements et corps en flammes, et les Allemands leur tirèrent dessus, pour voir ces torches humaines se consumer sous leurs yeux. […] L'un d'eux s'exclama : "C'est ce que j'appelle un joli petit feu ! Qu'est-ce qu'on rigole !" Un autre exultait : "Magnifique ! Faudrait brûler toute la ville !"[13]. »

Les appartements et les magasins appartenant à des Juifs avaient été pillés et leurs biens entassés dans de grands hangars. Alors qu'il visitait l'un de ces hangars en compagnie de Bach-Zelewski, Himmler lui reprocha de n'avoir pas tué assez de Juifs. Le chef suprême de la SSP envoyait le soir même ses bataillons de police assassiner un millier de Juifs. Himmler dînait ce soir-là avec Bach-Zelewski et le lieutenant-colonel Max Montua. Après le repas, ils se retirèrent pour rédiger un

12. Entretien avec Christopher Browning, déjà cité.

13. Daniel J. Goldhagen, *Les Bourreaux volontaires de Hitler. Les Allemands ordinaires et l'Holocauste*, Paris, Seuil, « Points », nº 467, 1998, p. 265-266.

ordre relatif à la procédure des exécutions. Himmler le signa de sa main. Ce document, qui sera ensuite transmis à ses subordonnés par Montua, stipulait entre autre que : « Les exécutions devr[aient] avoir lieu à l'écart des villes, des villages et des routes de grande circulation. Les tombes [seraient] nivelées pour éviter qu'elles ne deviennent des lieux de pèlerinage. »

Himmler conclut ce chapitre par une prescription qui, comme on le verra, ne serait pas toujours respectée : « J'interdis les photographies et la présence de spectateurs. Les lieux d'exécutions et les tombes ne devront pas être rendus publics. » Déjà conscient de l'impact des tueries sur le moral des exécutants, il ajouta à ce document un paragraphe dans lequel il manifestait l'attention qu'il portait à ses hommes : « Les chefs de bataillons et de compagnies devront accorder une attention particulière à la santé morale des participants à ces actions. Les impressions de la journée devront être dissipées le soir, au cours de réunions entre camarades. De plus, on devra instruire régulièrement les hommes de la nécessité de cette mesure qui résulte de la situation politique[14]. »

Le 29 juillet, à Kaunas, en Lituanie, Himmler rencontrait le Gruppenführer Hans-Adolf Prützman, l'homologue pour les pays Baltes de Jeckeln en Ukraine et de Bach-Zelewski en Biélorussie. Il lui demanda d'accélérer le rythme des tueries avant de s'arrêter à Riga, puis, plus au sud, à Baranowitschi. Le 15 août à Minsk, en Biélorussie, Himmler retrouvait Bach-Zelewski et Artur Nebe, le commandant de l'Einsatzgruppe B. Comme à chacune des visites au front au cours de cette période, Himmler prononça un discours, ici devant les officiers et sous-officiers de l'Einsatzgruppe B. Après quoi, il demanda à Nebe de pratiquer une exécution de masse en sa présence. « De combien de prisonniers en attente d'être exécutés disposez-vous ? – Une centaine », répondit Nebe. Le lendemain, Himmler accompagnait le chef de l'Einsatzgruppe B assister à une exécution conduite par

14. Cité par Richard Rhodes, *Extermination : la machine nazie*, *op. cit.*, p. 62.

Otto Bradfisch, le chef de l'Einsatzkommando 8. Elle aurait lieu dans une forêt au nord-ouest de la ville où deux fosses avaient été creusées. À l'exception de deux femmes, il s'agissait d'un groupe comprenant des hommes jeunes. Entre 140 et 180. Bradfisch, si l'on en croit les déclarations qu'il fera plus tard à son procès, aurait demandé à Himmler à qui revenait la responsabilité de ces exécutions. « Himmler m'a répondu plutôt sèchement que ces ordres émanaient de Hitler, en tant que Führer suprême du gouvernement allemand, et qu'ils avaient force de loi[15]. »

« Himmler, poursuit Raul Hilberg, en remarqua un, d'environ 20 ans, qui avait les yeux bleus et les cheveux blonds. Au moment où l'exécution allait commencer, il s'avança vers lui et lui posa quelques questions :

– Êtes-vous juif ?

– Oui.

– Est-ce que vos deux parents sont juifs ?

– Oui.

– Est-ce que parmi vos ancêtres il y en avait qui n'étaient pas juifs ?

– Non.

– Alors je ne peux rien pour vous[16] ! »

Le Reichsführer n'avait encore jamais tué ni vu mourir personne sous ses yeux. Il supporta difficilement le spectacle. « Himmler était très nerveux, racontera Bach-Zelewski. Il ne tenait pas en place. Son visage était blanc comme un linge, son regard était devenu fou et il regardait le sol à chaque salve[17]. » Vint le tour des deux femmes. Les tireurs, dont les nerfs commençaient à lâcher, tiraient sur elles dans la fosse sans les atteindre. Après plusieurs coups de feu, elles n'étaient que blessées. Himmler se leva d'un bond en criant : « Arrêtez de torturer ces femmes ! Tirez ! Dépêchez-vous et tuez-les ! » Après l'exécution, Bach-Zelewski aurait eu une conversation

15. Cité par Gerald Fleming, *Hitler and the Final Solution*, Berkeley (Cal.), University of California Press, 1984, p. 51.

16. Raul Hilberg, *La Destruction des Juifs d'Europe*, *op. cit.*, t. I, p. 597.

17. Guido Knopp, *Les SS. Un avertissement de l'histoire*, Paris, Les Presses de la Cité, 2006, p. 188-189.

avec Himmler. Il aurait alors tenté de le dissuader de soutenir l'ordre de l'extermination :

« Reichsführer, dit-il, ici il n'y en avait que cent.

– Que voulez-vous dire ?

– Voyez dans les yeux des hommes du kommando comme ils sont profondément atteints. Ces hommes sont finis pour toute leur vie. Quel genre de disciples formons-nous donc ici ? Ou bien des névrosés, ou bien des bêtes brutes[18] ! »

Himmler convoqua les hommes des Einsatzgruppen sous les ordres de Nebe. Il prit la parole et leur rappela le bien-fondé de leur mission. Également l'extrême difficulté qu'ils auraient à l'accomplir. Lui-même en avait pris pleinement conscience ce jour-là. « Il fit remarquer que les Einsatzgruppen avaient été appelés à accomplir un devoir repoussant. Il lui aurait été pénible, dit-il, de voir des Allemands exécuter une telle tâche de gaieté de cœur. Mais leur conscience ne devait nullement en souffrir, car ils étaient des soldats qui devaient obéir inconditionnellement à tous les ordres reçus. Lui seul portait, devant Dieu et devant Hitler, la responsabilité de tout ce qui se passait. Ses auditeurs avaient certainement remarqué que ce métier sanglant lui faisait horreur et qu'il en avait été remué jusqu'au fond de l'âme. Mais lui aussi, en faisant son devoir, obéissait à un impératif supérieur, et c'était la profonde compréhension qu'il avait de la nécessité de cette opération qui le guidait dans son action. Puis Himmler invita les hommes à regarder la nature. Partout il y avait combat, non seulement entre les humains mais aussi dans le monde des animaux et des plantes. Quiconque était trop fatigué pour lutter devait succomber. L'homme le plus primitif dit que le cheval est bon, et la punaise mauvaise, ou bien que le blé est bon et le chardon mauvais. Cela montre que l'être humain désigne comme bon ce qui lui est utile, comme mauvais ce qui lui est nuisible. Les punaises et les rats n'avaient-ils

18. Cité par Raul Hilberg, *La Destruction des Juifs d'Europe*, *op. cit.*, t. I, p. 597, et par Christopher Browning, *Les Origines de la Solution finale*, *op. cit.*, p. 375.

pas aussi leur but dans la vie ? Oui, bien sûr, mais cela n'avait jamais voulu dire que l'homme n'a pas le droit de se défendre contre la vermine[19]. »

Après le discours, quand Himmler, Nebe, Bach-Zelewski et Wolff, le chef d'état-major du Reichsführer, allèrent inspecter le camp de prisonniers de guerre soviétiques qui se trouvait à la sortie de Minsk, ils passèrent par un hôpital psychiatrique, en bordure du ghetto. Himmler demanda que les internés soient « libérés », autrement dit exécutés. Il voulait que soient expérimentées d'autres méthodes de mise à mort, plus efficaces et plus « humaines ». « Himmler dit que ce qui s'était passé l'avait amené à la conclusion que la mort par balle n'était certainement pas la plus humaine qui fût. Nebe fut chargé d'y réfléchir et de lui soumettre un rapport basé sur les informations qu'il aurait collectées », raconte Bach-Zelewski[20]. Nebe proposa alors de liquider les handicapés mentaux à la dynamite. En dépit des protestations de Wolff, qui objectait que les patients n'étaient pas des cobayes, Himmler lui donna carte blanche. Les internés de l'hôpital psychiatrique de Minsk furent conduits dans un blockhaus en béton armé, puis enfermés à l'intérieur avec la dynamite. L'explosion projeta des débris de corps plusieurs mètres à la ronde, jusque sur les branchages des arbres les plus proches. Les hommes qui accompagnaient Nebe durent aller récupérer des bras, des jambes, et d'autres parties de corps, plusieurs dizaines de mètres plus loin. L'expérience, selon Bach-Zelewski et Nebe, se révéla assez peu concluante. Nebe pratiqua d'autres expériences létales, notamment par l'emploi de l'oxyde de carbone. À Moguilev, parce que l'oxyde de carbone était trop coûteux, il essaya le gaz produit par le pot d'échappement d'un moteur automobile ; une expérience qui se révélerait déterminante pour la conception des futurs camions à gaz.

19. Raul Hilberg, *La Destruction des Juifs d'Europe*, *op. cit.*, t. I, p. 597-598.

20. Cité par Richard Rhodes *Extermination : la machine nazie*, *op. cit.*, p. 182.

De passage en Israël où je me suis rendu dans les derniers jours du mois de juin 2008 pour interviewer Aharon Appelfeld et d'autres rescapés, je passai voir mon ami d'enfance Amos Shouv. Le soir, sur sa terrasse de Tel Aviv, dans le quartier branché de Shenkin, nous discutons longuement de l'extermination des Juifs de l'Est. Ses grands-parents, nés à Vilnius, des sionistes de l'Hashomer Hatzaïr, ont émigré dans le Yishouv des années 1920. Le reste de sa famille a été assassiné en Lituanie. Nous tentons de trouver des explications à ce qui s'est passé. Non pas les motifs paranoïaques ou idéologiques qui ont façonné l'antisémitisme allemand et dont nous pouvons dresser la liste, mais ceux qui, dans l'inconscient des peuples européens, ont banalisé l'antisémitisme jusqu'à son débouché fanatique et criminel.

L'hypothèse d'Amos, c'est que ce génocide a été, consciemment ou non, principalement motivé par des raisons esthétiques : il y avait pour les nazis une incompatibilité du judaïsme avec la culture occidentale. L'hellénisme avait assimilé durant des siècles le bien au beau. De Platon à la Renaissance, tout pouvait être lu à l'aune de ce paradigme. « Or, selon la perception nazie, il n'est rien de moins esthétique que le judaïsme. Cela va de la pratique religieuse aux modes vestimentaires, en passant par les Juifs eux-mêmes, qui n'ont jamais correspondu aux canons de l'art antique, modèle indépassable de l'esthétique nazie. Les Juifs n'étant pas beaux, ils ne pouvaient pas représenter le bien. L'Europe idéale qu'imaginaient les nazis ne devait laisser aucune place à la laideur juive, à la grossièreté des comportements et des physionomies juives. »

En l'écoutant, je me rappelle cette archive allemande vue et revue : un groupe de jeunes filles aryennes, des couronnes de fleurs tressées sur la tête, vêtues de robes blanches éthérées, gambadant dans les champs verdoyants de ce qui aurait dû être le Jardin d'Eden du Lebensraum. Au cours de la préparation du film, j'ai pris conscience que l'enfance serait au centre de mon travail, car elle est au cœur de l'histoire. D'abord parce que la plupart des rescapés et des témoins que j'allais rencontrer étaient enfants lorsqu'ils ont vécu ces événements – leurs souvenirs sont des souvenirs d'enfance –, ensuite parce que l'enfance constitue la bascule qui marque le passage d'un crime de guerre (l'assassinat des hommes pour des motifs « sécuritaires ») au génocide (l'assassinat d'une population entière, femmes et enfants inclus).

Ce qui m'apparaît tout autant au cours de ma conversation avec Amos, en me remémorant l'archive bucolique des jeunes filles du Lebensraum, c'est l'immaturité fondamentale du crime. Amos a raison : après les mesures « militaires », « préventives », qui ont justifié les premières exécutions, voilà l'idéal au nom duquel, à partir d'août 1941, les nazis légitiment pour eux-mêmes les exécutions de masse. Car, au-delà des logiques économiques et démographiques, c'est pour atteindre cet objectif – l'image de ces jeunes femmes blondes au visage pur sautillant dans les prairies d'Ukraine carte postale naïve et ridicule – qu'ils assassinent des centaines de milliers d'enfants. En ce sens, les nazis sont aussi des enfants. Des enfants dans des corps d'adultes, des enfants pervertis, dégénérés, monstrueux, mais qui n'en souscrivent pas moins à la campagne génocidaire afin d'accomplir un rêve absurde et infantile.

VI

La brigade de cavalerie Hermann Fegelein

Octobre 2008 en Basse-Saxe, un ancien Waffen-SS – Comment retrouver et interviewer un nazi – La Waffen-SS, une formation très dure – À 21 ans, sous le commandement de Hermann Fegelein – L'ordre oral de Himmler confirmé par Heinrich Wulfes – Le ratissage des marais de Brest-Litovsk (Biélorussie) – Le mitraillage dans la carrière – La Judenaktion, « une lourde tâche » – Le 5 août 1941, la brigade fusillait 8 000 hommes. 3 000 de plus, les deux jours suivants – Himmler mécontent du bilan.

Sans lui-même le savoir, Heinrich Wulfes, un ancien Waffen-SS, allait me confirmer la thèse de Browning. D'après son témoignage, c'est bien à la suite d'une visite de Himmler que l'extermination des femmes et des enfants commença à être pratiquée par sa brigade.

À la mi-octobre 2008, je suis en Basse-Saxe, au nord-ouest de l'Allemagne. Jean-Christoph Caron, mon fixeur sur place, nous guide le long des routes proprettes de la campagne allemande. Du même âge que moi, réalisateur de documentaires historiques pour la ZDF (la chaîne nationale allemande) et universitaire en histoire contemporaine, c'est lui qui conduit le break de location, une Sharan Volkswagen. Il est tôt, à peine 7 h 30. Un tapis de brume, épais et blanc, recouvre la campagne vallonnée de cette région d'une rare beauté. Le soleil matinal projette sur la campagne une clarté pâle lui conférant, derrière les vitres teintées de la Volkswagen, un aspect irréel, wagnérien. Nous traversons des villages aux pelouses fraîchement taillées, aux maisonnettes bien rangées, peintes et repeintes avec soin de couleurs vives. Pas un papier ne traîne, pas le moindre détritus jeté le long de l'étroite route. Des villages de quelques milliers d'âmes, pour la plupart habités par de vieilles personnes – tous ou presque d'anciens Waffen-SS et leurs familles. Quand les unités basées à l'Est durent fuir le front russe, des trains appareillés en toute hâte au départ de Minsk, de Kiev et d'autres métropoles de l'Est les déposèrent dans cette région où elles se sont installées et sont demeurées jusqu'à aujourd'hui.

Heinrich Wulfes était membre du premier régiment de cavalerie Hermann Fegelein. Son unité reçut la visite de Himmler au cours de l'été 1941. Comme un certain nombre de SS ayant participé à des exactions, Wulfes fut appelé à témoigner devant l'un des tribunaux allemands d'après-guerre. C'était à Hambourg, en 1968. Il comparaissait comme simple témoin et ne fut jamais condamné.

L'Allemagne était pour moi la dernière étape du tournage, et l'une des plus périlleuses. Il s'agissait de rencontrer d'anciens nazis dont on savait qu'ils avaient participé à des exécutions de masse. Les retrouver n'avait pas été chose facile. Comme je l'ai dit, je m'étais d'abord abonné à *Kameraden*, une revue mensuelle destinée aux anciens nazis principalement envoyés sur le front de l'Est. J'y avais passé une annonce demeurée sans réponse. Grâce à des amis journalistes, j'avais fini par être mis en contact avec Jean-Christoph. Je ne pouvais pas mieux tomber : il était l'homme de la situation.

À l'aide d'indications fournies par l'historien Christian Ingrao, nous récupérâmes une liste de « témoins » aux procès de Hambourg. Sans elle, je serais probablement encore en train de poursuivre mes recherches. Tout ce qui nous était utile pour les retrouver y figurait : noms, dates de naissance, affectations dans leurs unités et localités respectives, résumés de leurs témoignages, lieux de résidence actuels. L'adjectif « actuel », se rapportant ici à l'année 1968, quelques-uns de ceux dont les noms figuraient sur la liste n'habitaient plus aux adresses indiquées.

Depuis Francfort, Jean-Christoph s'employa à appeler un à un leurs homonymes, épuisant des pages et des pages d'annuaires téléphoniques, tant les noms qu'ils portaient étaient communs et répandus dans toute l'Allemagne. Finalement, peu d'entre eux avaient déménagé au cours de ces dernières décennies.

Heinrich Wulfes faisait partie de ceux qui résidaient encore à l'adresse indiquée. Jean-Christoph, qui avait pu lui parler au téléphone, m'apprit qu'il était encore en forme, et prêt à nous parler. Né en 1920 à Gronau, Wulfes avait 21 ans quand il fut envoyé avec sa compagnie en Biélorussie, au mois de juillet 1941.

Le jour de l'entretien, il fallut se lever tôt afin de préparer l'encombrant matériel technique dont nous étions équipés. J'avais déjà croisé un certain nombre de criminels au cours des voyages précédents. Des collaborateurs et des (supposés) supplétifs locaux. Olga Sulimenko, ma fixeuse ukrainienne, m'avait fait parvenir des fiches relativement détaillées sur leurs activités durant la guerre. Des documents, les témoignages recueillis lors du repérage qu'elle avait effectué avant mon arrivée, attestaient ce qu'ils avaient fait. Mais, pendant le tournage, devant la caméra, qui plus est d'un étranger, peut-être juif, ils avaient modifié leur histoire. Ils mentaient. Ils s'étaient inventé un rôle héroïque (la plupart prétendaient par exemple avoir sauvé des Juifs), ou avaient arrangé leur biographie – se trompant dans les dates, se réfugiant opportunément dans l'oubli ou le mutisme. Si bien qu'après chacun de ces entretiens, il n'était rien demeuré qui fût réellement exploitable au montage.

Échaudé par cette expérience inutile et psychologiquement difficile, j'avais compris au retour d'Ukraine qu'on ne pourrait procéder de la même manière avec les Allemands. Nous nous munîmes de caméras cachées et élaborâmes un scénario qui nous permettrait de nous présenter à eux sans éveiller les soupçons. J'étais équipé d'une caméra-bouton (placée dans un des boutons de ma chemise) fixée à même la peau par une sorte de harnais avec fermeture Velcro, reliée à un disque dur, volumineux et lourd. Il autorisait huit heures d'enregistrement.

Mais il avait fallu le dissimuler contre une hanche, sous la chemise, la veste (que je ne pouvais pas ôter sans que l'imposture fût découverte) et l'imper. Heureusement, en ces froides matinées d'octobre, il était parfaitement justifiable de demeurer couvert. Jean-Christoph était outillé d'une caméra-lunettes ; un outil presque indétectable si ce n'étaient les fils passant derrière la nuque et qui rentraient se perdre dans le col roulé de son pull-over. Ils étaient raccordés à un équipement d'enregistrement moins sophistiqué que le disque dur de ma caméra-bouton : une minicassette d'une heure d'enregistrement qu'il fallait enclencher manuellement à l'aide d'une petite télécommande. Benjamin Haïm, le preneur de son, avait planqué un micro-cravate dans un stylo dont l'extrémité dépassait d'une serviette cartonnée que je devais poser sur la table qui nous séparerait de nos anciens Waffen-SS.

Tous ceux que nous avions contactés ou presque avaient accepté de nous recevoir chez eux. Le plus fort de mon inquiétude concernait le cadrage. Seule la caméra-lunettes permettait de savoir exactement ce qui serait filmé. De moins bonne qualité, elle ne pouvait être qu'un instrument d'appoint. J'avais la caméra principale, mais ne disposais d'aucun moniteur me permettant de savoir ce que je filmais, si l'interlocuteur serait intégralement dans l'image, s'il aurait la tête coupée ou pis encore. Sans pouvoir mesurer par avance la distance qui me séparerait de lui, la hauteur des chaises sur lesquelles nous serions assis, toutes données déterminant l'angle de prise de vues, je naviguais à l'aveugle. Le procédé était risqué. Il était par exemple très possible de remarquer sur la nuque de Jean-Christoph les fils reliant sa caméra à la minicassette.

Wulfes était le dernier sur notre liste. Nous avions déjà rendu visite à deux anciens nazis qui n'avaient rien soupçonné. Par miracle, mon cadrage à l'aveugle s'était révélé très correct, et l'image d'assez bonne qualité. Au final, grâce au dispositif des deux caméras filmant en simultané, il me serait même possible au montage d'alterner les deux prises de vues, autant pour les coupes que pour varier les points de vue. Quant au scénario élaboré pour nous présenter à eux, il était le suivant :

Jean-Christoph était le petit-fils d'un sous-officier de l'Einsatzgruppe B passé par le camp de Trostenëts, et qui avait servi sous le commandement d'Erich Ehrlinger[1]. J'étais son cousin germain, français, petit-fils d'un membre de la division SS Charlemagne – l'unité des volontaires français. Notre famille avait été très cohérente dans ses choix politiques. Nous prétendions être à la recherche du passé familial. Cette démarche semblait intéresser les Waffen-SS et ne pas véritablement les surprendre. Eux-mêmes avaient des petits-enfants – des Allemands de notre génération, appartenant à la classe moyenne, et qui, selon leurs grands-parents, se passionnaient pour les récits du front de l'Est.

C'est un homme de solide constitution qui nous ouvrit la porte en souriant. Les cheveux blancs coiffés en arrière dégageant un front haut, il portait un pull de laine gris sans manches sur une chemise marron. Accompagnant ses paroles de gestes amples, il s'exprimait d'une voix forte, rugueuse, teintée d'un accent de Hambourg. « Je le dois à un Hambourgeois. Il était médecin. Je l'ai rencontré dans le grand hôpital militaire de Gorki – qui était le camp central, où arrivaient les grands blessés. Il m'a soigné. Il s'est avéré qu'il venait de la Prusse-Orientale et que sa famille se trouvait à proximité de Hildesheim. »

Nous suivons Wulfes dans les couloirs de sa maison meublée de boiseries rustiques et ornées d'assiettes pittoresques figurant des paysages de la région. Passés dans le vaste salon, nous pre-

1. D'abord commandant du Sonderkommando 1b de l'Einsatzgruppe A, Erich Ehrlinger prend la tête de l'Einsatzgruppe B en 1943 et devient le chef de la SS et de la police de Biélorussie. Il dirige les massacres des Juifs dans la région de Kaunas, Daugavpils et Rezekne. Il organise ensuite des massacres à Kiev, auxquels il prend directement part, puis la liquidation finale des Juifs de Kiev en 1943. Il rentre à la Sipo (*Sicherheitspolizei*, la police de sécurité) de Berlin, avant de changer de nom et de disparaître lors de la capitulation allemande. On le retrouve concessionnaire chez Volkswagen à Karlsruhe sous son vrai nom en 1954. Il est arrêté quatre ans plus tard, jugé puis incarcéré à Francfort en 1963. Condamné à douze ans, il en effectue à peine deux avant d'être libéré. Il meurt dans son lit en 2004.

nons place derrière une large table en chêne. Je m'assieds dos à la fenêtre, de sorte que la lumière éclaire notre interlocuteur, assis en face de moi. Entre alors une petite dame se déplaçant difficilement, les cheveux blancs frisottés, le visage affaissé et bougon. Elle s'assied à l'extrémité de la table, et me fixe longuement de ses yeux bleus.

« Ce jeune homme… Il n'a pas l'air allemand, dit-elle après un moment.

– Il est français, répond Jean-Christoph. »

Dans ce genre de situation, l'épouse pose toujours problème. Plus suspicieuses que leurs époux, car moins sensibles aux flatteries, elles sont aussi leurs derniers garde-fous. La présence des épouses contraint les criminels à édulcorer leur version des faits, à atténuer leur responsabilité, soit parce qu'ils ne là leur ont jamais confiée totalement, soit parce qu'elles veillent à ce que rien de trop compromettant ne sorte de leur bouche. « J'ai fait partie de la SS ; je suis citoyen de Gronau. J'ai été membre du conseil municipal de cette ville pendant huit ans, déclare Wulfes de sa voix de stentor. Lorsque j'ai présenté ma candidature, j'ai dit à l'assemblée : “Chers habitants de Gronau, vous savez que j'ai fait partie de la Waffen-SS. Ceux qui ne veulent pas voter pour moi à cause de ça, je ne leur en voudrai pas. Je ne traîne pas de casseroles.” Et j'ai dit la même chose à la PJ de Munich.

« En septembre 1940, j'ai été incorporé à Varsovie et je suis arrivé dans la cavalerie qui, à l'époque, était en train d'être mise sur pied. J'ai donc été incorporé à Varsovie, et j'ai eu la chance d'intégrer d'emblée le premier escadron. Là, on a suivi une formation très dure. Notre commandant, c'était Hermann Fegelein. Son jeune frère, Waldemar, était mon chef d'escadron. Je les connaissais tous deux personnellement. Leur père avait une grande écurie à Munich. Hermann Fegelein s'est marié en 1942 à Varsovie avec la sœur d'Eva Braun, la compagne de Hitler, avec laquelle il s'est marié en avril 1945, avant de se donner la mort dans son bunker. Moi, à l'époque, j'étais au Genesungsschwadron, le centre de convalescence – j'avais été blessé. Fegelein était l'officier de liaison (Verbindungsoffizier) entre la Waffen-SS et la Wehrmacht. En 1945, durant quelques mois, il était à Berlin, à la chancellerie du Reich. C'est à ce moment-là que j'ai dû me rendre là-bas pour lui remettre un courrier en main propre – je ne sais pas ce qu'il contenait. C'était en février 1945. Je suis entré dans la chancellerie du Reich. On m'a pris toutes mes armes et on m'a dit que je n'avais le droit de saluer personne. Puis, Goebbels est passé devant moi ; et moi, je n'avais même pas le droit de me lever pour le saluer, parce que les officiers avaient peur qu'on puisse sortir un pistolet ou n'importe quoi qui puisse tuer quelqu'un. Hermann Fegelein était un proche de Himmler, et quand Hitler a pensé que le Reichsführer l'avait trahi, il s'en est pris à Fegelein[2]. Il a été fusillé deux mois après mon passage à la chancellerie, dans les derniers jours du mois d'avril 1945.

– Quelle était sa fonction au cours de l'été 1941 ?

– En 1940, il y avait deux régiments : le régiment de cavalerie 1 et le régiment de cavalerie 2. Hermann Fegelein était le commandant de ces deux régiments. Mon chef d'escadron, c'était Waldemar, son frère. C'est avec eux que j'ai appris le dur métier de soldat. Arrive alors la guerre contre la Russie. Nous, on s'est immédiatement mis en marche. On a quitté Varsovie avec l'artillerie, les équipements, les bagages, tout. Nous étions l'unité la mieux équipée. On s'est fait dépasser par je ne sais combien de véhicules. On ne savait même pas que la guerre avait commencé. On est entrés facilement en Russie. Sur notre passage, le long de la route, il y avait toutes ces pièces d'artillerie soviétiques qui avaient été bombardées et jetées sur les côtés afin que les troupes allemandes puissent avancer. Nous étions très souvent confrontés à des francs-tireurs – des Russes qui se cachaient dans les forêts.

« Quand nous sommes entrés à Minsk, nous avions déjà pas mal de pertes. C'était début juillet 41. Soudain, on a appris

2. Il semblerait que la « trahison » de Fegelein fut surtout, pour Hitler, au cours de la bataille de Berlin qui s'achèverait par la capitulation de l'Allemagne et le suicide du Führer, d'avoir quitté le bunker sans son autorisation.

que toute la cavalerie allait être déplacée. Nous avons repris la route, et nous sommes arrivés avec deux régiments en Prusse-Orientale, à Arys, près d'un immense lac. Nous sommes restés là pendant quatre semaines pour nous refaire une santé. Et, un jour, on nous a dit qu'il allait y avoir un grand défilé de "l'abruti du Reich" (Reichsheini). Il s'agissait de Himmler – nous, on l'appelait "l'abruti du Reich". Et donc, on a eu droit à un grand défilé des troupes. Je me souviens qu'il y avait un camp de demoiselles affectées au service du travail obligatoire. Elles sont toutes venues participer à la parade. Himmler a alors prononcé un discours – là aussi, j'ai les photos originales.

« Dans son bref discours, Himmler disait juste : "Vous avez été très braves, et vous avez bien mérité un peu de repos." Il nous a ensuite annoncé qu'on allait devoir participer à une "intervention" importante, sans toutefois nous dire de quoi il s'agissait. On n'en savait pas plus que ça. Il nous a juste dit que de grandes choses nous attendaient et qu'il fallait qu'on soit à la hauteur. De nouvelles recrues arrivaient, de nouveaux soldats pour accomplir des "missions difficiles". Mais quoi ? Comment et quoi ? Ça, on ne pouvait pas le savoir.

« Ensuite, on est retournés en Russie. Les officiers de la Wehrmacht du corps d'armée auquel nous étions rattachés – Wehrmachtsoffiziere – nous avaient désignés pour passer au peigne fin les marais du Pripet et de Rokitno, dans la région de Brest-Litovsk, parce qu'il y avait là de nombreuses troupes

ennemies qui étaient dispersées. Ces marais, c'était une zone de 150 kilomètres de large, inaccessible pour les véhicules lourds. Nous étions la seule unité de cavalerie de la Waffen-SS pouvant se charger de cette mission. Nous devions passer au peigne fin la totalité de ces marais afin de dénicher des troupes ennemies. Nous y sommes parvenus en partie ; mais les Russes étaient futés et se sont réfugiés dans les petits villages en bordure des marais.

« Un jour, nous sommes arrivés dans une ville de taille moyenne – je ne me souviens malheureusement pas du nom. On nous a informés que la milice russe – des Russes qui avaient changé de camp devant l'offensive allemande – était installée là, et qu'elle travaillait pour nous. Cette milice russe avait pour mission de repérer tous les Juifs qui habitaient dans cette ville. Nous, on ne se posait pas de questions. C'était une grande opération impliquant pratiquement toute la Waffen-SS…

– Ces Juifs, c'étaient des partisans ? Avaient-ils fait quelque chose de mal pour être ainsi pourchassés ?

– Non, c'étaient des citoyens tout à fait ordinaires, normaux, de tous âges et des deux sexes. Les hommes de cette milice russe savaient précisément où, dans quelle rue, dans quel appartement, habitaient des Juifs. Quand ils les ont débusqués et rassemblés, nous avons accompagné ces Juifs afin qu'il n'y en ait pas qui se sauvent. Et puis, ils sont arrivés dans cette carrière. Je me souviens que c'était un grand fossé creusé dans la roche. C'était en 1941, en juillet.

– Quel âge aviez-vous ?

– 21 ans.

– Vous étiez un tout jeune homme. Vous ne vous êtes pas dit que ce que Himmler faisait là, cela n'avait rien à voir avec la guerre ?

– On ne se posait pas ce genre de question. On avait prêté serment de fidélité au drapeau. Et, à vrai dire, nous ne savions pas encore précisément – nous, les simples soldats – ce que tout cela signifiait.

– Où était Fegelein à ce moment-là ?

– Il était avec nous. Il dirigeait la brigade de cavalerie. Par la suite, quand nous sommes devenus une division, il l'a dirigée dans le bassin du Donets où, à plusieurs reprises, il a été grièvement blessé. Il était tout le temps dans le feu de l'action. C'était notre modèle. Quand quelqu'un demandait : “Dans quelle unité êtes-vous ?”, il suffisait de répondre “Fegelein” pour inspirer le respect. Fegelein était tellement connu ! Nous l'adorions. Il était extrêmement courageux.

– Que s'est-il passé une fois que vous êtes arrivés dans cette carrière ?

– Notre mission était de faire sortir les Juifs de leurs appartements, pour ensuite les conduire dans une colonne de marche – et nous, alors qu'on marchait, on ne savait pas du tout où on les emmenait. Il n'y a probablement que celui qui nous commandait qui savait ce qui allait se passer – moi, je sais que c'était une grande carrière de gravier. Il y avait là le 4e escadron. C'était un escadron de mitrailleuses lourdes. Il n'y avait pas d'autre unité disponible – uniquement la cavalerie – et cet escadron a dû recevoir l'ordre de tirer sur ces Juifs. Les Juifs – ça, on l'a vu – qui ont été poussés vers la carrière, ils n'avaient aucune chance de s'échapper, parce que tout autour, les parois étaient abruptes. C'était de la roche qui avait été creusée et où était jadis extrait du gravier ou je ne sais quoi. Et les parois, elles étaient abruptes. C'est en tout cas le souvenir que j'en ai. C'était tout de même il y a plus de soixante ans. Mais, je m'en souviens très bien. Et c'est là que nous devions amener les Juifs.

– À ce moment-là, vous vous doutiez un peu de ce qui allait se passer ?

– Pas vraiment… à ce moment-là, on ne savait pas encore ce qui se cachait derrière ça. C'était le début. Ça a duré pendant toute la guerre – mais aussi du côté de la Wehrmacht –, la chasse aux Juifs. Même au front. Ils se sont mis à tirer à une cadence infernale, avec ces mitrailleuses lourdes, sur tous ces gens. Il y avait plusieurs centaines de Juifs…

– C'est donc à cet événement précis que faisait référence Himmler lors de son discours devant la brigade ?

– C'est de cela qu'il parlait. Himmler savait que le corps

d'armée allait nous envoyer dans les marais, puisque ceux-ci étaient infranchissables par les chars et les autres unités. Seule la cavalerie pouvait passer, pas les véhicules motorisés. Il est évident que le Reichsführer n'allait pas en parler ouvertement. Il n'y a pour ainsi dire que les généraux qui étaient au courant. Dans ce cas précis, Fegelein et ses deux commandants de régiment. Les officiers, ils ont probablement dû lui jurer que nous passerions les marais au peigne fin et que nous chercherions des Juifs. Cela ne pouvait pas se faire par rapport à l'armée. Plus tard, alors que la situation évoluait en Russie, j'ai appris que même des unités de la Wehrmacht cherchaient des Juifs. Là-dessus, Himmler a dû être influencé par Hitler, car, Himmler, c'était un gars très rigide. Moi, je ne l'ai vu qu'une seule fois, en Prusse-Orientale.

– Mon grand-père, intervient Christoph, a aussi participé à des exécutions. Il disait que cela le minait énormément…

– Je veux bien le croire ! Mais, s'il avait dit "non", il aurait été fusillé à son tour. Normalement, fusiller les Juifs, c'était l'affaire des Einsatzgruppen, autrement dit du SD – les unités les plus redoutées. Si votre grand-père en faisait partie, et qu'il a participé aux exécutions, s'il avait refusé de le faire, il aurait lui-même été fusillé.

– Pourtant, mon grand-père m'a dit le contraire. Il disait que les officiers avaient l'habitude de fermer les yeux lorsque les soldats refusaient de participer aux exécutions de masse.

– C'est possible… ça dépendait sans doute des officiers.

– Vous aviez reçu une formation militaire pour vous battre contre l'ennemi, pas forcément pour aller chercher des civils dans des villages et les abattre ensuite dans une carrière…

– Alors qu'on était dans les marais, on a subitement été engagés dans cette mission. On nous a dit : "Vous devez emmener des Juifs." La milice les a cherchés, et nous, on les a emmenés. On nous disait qu'ils allaient être transférés. Je savais qu'en Allemagne il existait des camps pour les Juifs, et je pensais qu'on allait les envoyer dans ces camps.

– On pouvait quand même penser que cela se terminerait mal, non ?

– Sur le moment, je n'ai pas fait le rapprochement avec ce que nous avait dit Himmler. Cette "lourde tâche" qui nous attendait. J'ignorais aussi que tout cela se passait à grande échelle.

– Dans ces marais, vous n'avez pas croisé d'unités du SD ?

– Les Einsatzgruppen se trouvaient à l'extérieur des marais.

– C'était pourtant leur mission d'exécuter les Juifs…

– Pas seulement les Juifs. C'étaient des unités motorisées. Ils ne pouvaient pas entrer dans les marais. De plus, c'était toujours des groupes de tout au plus 40 ou 50 hommes. Ils ne pouvaient donc pas effectuer une telle opération. Les Einsatzgruppen ne comptaient pas assez d'hommes. Tout ça, c'était très confidentiel. »

Heinrich Wulfes et son épouse sont ravis de la conversation. Ils nous raccompagnent jusqu'au perron de leur maison, intarissables, ne cessant de nous complimenter sur notre initiative et notre salutaire souci mémoriel. « Rendez-vous compte qu'il y a des jeunes ici qui ignorent jusqu'à l'existence du mur de Berlin ! Revenez quand vous voulez ! » Nous nous éloignons à reculons, en évitant de leur tourner le dos, de peur que le vieux couple n'aperçoive les fils de la caméra-lunettes vibrionnant sur la nuque de Christoph ou la protubérance du disque dur qui fait rebondir mon imper le long de la hanche gauche à chacun de mes pas. Au bout d'un moment, les bavardages de Wulfes ont cessé et la porte se referme enfin. À quelques centaines de mètres nous attend le break Volkswagen.

La porte arrière relevée, nous ôtons notre équipement à l'abri des regards du village. Je demande à Christoph ses impressions. Au sujet de la Judenaktion décrite par l'ancien Waffen-SS, il me signale une contradiction de taille dans son récit. Christoph, qui conduit admirablement ce genre d'entretien, a réussi à faire raconter par Wulfes l'exécution dans la carrière de gravier à trois reprises. « La première fois, il a dit qu'il avait accompagné les Juifs dans la carrière, mais n'avoir su qu'ils avaient été assassinés qu'après la guerre. La seconde fois, il a parlé de la "cadence infernale" de la fusillade à l'arme automatique. Il était présent au moment de l'exécution, ça ne fait aucun doute.

– Pourquoi ne l'avoir pas dit la première fois ? Cela ne change pas grand-chose.

– Sauf s'il tenait l'une des mitrailleuses. »

Wulfes ne nous a pas tout dit. S'il admet avoir collaboré à la rafle, à demi-mot à l'assassinat des Juifs dans la carrière de gravier, il ne dit rien des autres exécutions de masse auxquelles il a inévitablement participé. En plus du sien, sur ce vaste territoire que sont les marais de Polésie, aux confins de la Biélorussie, de la Pologne et de l'Ukraine, deux régiments de cavalerie étaient engagés dans la chasse aux Juifs et aux partisans. Ils étaient dirigés par Gustav Lombard et Franz Magill. Himmler, qui avait rencontré ces officiers avant la traque dans les marais à Baranowitschi, leur demanda de « repousser les femmes et les enfants dans les marais » et de fusiller toute personne soupçonnée d'aider la résistance. Il s'agissait de neutraliser les « résistants » et les « pilleurs », autrement dit de tuer les Juifs. Magill, à la tête de la deuxième brigade de cavalerie, prit la directive à la lettre. Il écrivit dans un rapport du 12 août 1941 que la région était en grande proportion peuplée de Juifs – les plus grandes villes étant habitées par 50 à 80 % de petits artisans juifs – et objecta qu'il était difficile de noyer les femmes et les enfants dans ces marais peu profonds. Il rapportait que les habitants de certains shtetls avaient accueilli ses troupes sans méfiance, les invitant même à goûter les mets locaux présentés sur une table dressée pour eux. Ces offrandes étaient parfois accompagnées d'une musique jouée par un petit orchestre. Il en fallait davantage pour émouvoir Magill qui fit exécuter tous les habitants de ces villages, après les avoir incendiés. Dans son rapport, il ajoute que, même si les Ukrainiens et les Polonais entretenaient de bonnes relations avec leurs voisins juifs, ils n'avaient pas rechigné à collaborer à leur massacre : « Le clergé ukrainien s'est montré très coopératif et a proposé son aide. Il était manifeste aussi qu'en général les habitants étaient en bons termes avec la section juive de la population. Ils nous ont pourtant énergiquement aidés à rassembler les Juifs. Les gardes recrutés sur place, qui consistaient en partie en policiers et en anciens soldats polonais, nous ont fait bonne impression. Ils ont agi avec vigueur et ont pris part à la lutte contre les pilleurs[3]. »

Le 5 août, la brigade de cavalerie fusillait 8 000 hommes. 3 000 de plus, les deux jours suivants. Néanmoins, Himmler se montra mécontent de ce résultat, estimant que « le travail » était trop lent et le bilan des tueries insuffisant. Des soldats de la cavalerie SS avaient fait preuve de mauvaise volonté, se montrant trop souvent rétifs à l'exécution des femmes et des enfants. C'est sans doute la raison pour laquelle la brigade de cavalerie reçut l'ordre de se retirer des marais le 8 août, laissant derrière elle près de 20 000 Juifs encore vivants. Ceux-là seraient assassinés l'année suivante. Hermann Fegelein fit le bilan des opérations de ratissage dans un rapport adressé à Berlin. Il déclara que 1 000 résistants, 699 soldats soviétiques et 14 178 Juifs avaient été exécutés. Quant à l'Einsatzgruppe B, demeuré en bordure des marais, il s'était occupé pendant cette même période de « liquider » les Juifs de la ville de Pinsk. La petite ville de Biélorussie, coincée entre le Pripet et les marais de Polésie, fut déclarée Judenfrei – libre de Juifs – le 2 août 1941.

3. Cité par Richard Rhodes, *Extermination : la machine nazie*, *op. cit.*, p. 138.

VII

Leon Wells au procès Eichmann (première journée d'audience)

Mai 1961, Eichmann jugé à Jérusalem – Le témoin Leon Wells, né Weliczker – Il y avait 150 000 Juifs à Lviv – Juillet 1941, première arrestation de Leon Wells à 16 ans – Des notes prises pendant toute la guerre – Torture morale, tabassages à mort – Deuxième arrestation et travail forcé – Caché dans le ghetto – 2 mars 1942, camp de concentration de Janowska – Un ratissage : l'« opération des pauvres » – Typhus – Vers le terrain de sable – Fuite.

1er mai 1961. La grande salle de Beth Ha'am, à Jérusalem. L'homme qui se tient dans sa cage de verre, à droite de la tribune où sont assis ses juges israéliens, s'appelle Adolf Eichmann. Un an plus tôt, le 23 mai 1960, le Premier ministre de l'État hébreu, David Ben Gourion, avait annoncé à la surprise générale « qu'un des principaux criminels de guerre nazis, qui fut responsable avec les leaders nazis de ce qu'ils appellent "la solution finale du problème juif", c'est-à-dire de l'extermination des six millions de Juifs en Europe, a été découvert par les services de sécurité israéliens. Adolf Eichmann est d'ores et déjà en Israël et sera jugé prochainement, conformément aux dispositions de la loi sur le châtiment des nazis et de leurs collaborateurs ». Enlevé par les services secrets israéliens en Argentine où il se cachait sous une fausse identité, Eichmann avait été ramené en Israël dans le plus grand secret. Le spécialiste des « questions juives » pour le parti nazi, des années 1930 à la chute du régime, qui avait vadrouillé autour des fosses de l'Est pour plancher sur le moyen le plus efficace de liquider les Juifs d'Europe occidentale, était l'un des principaux chefs nazis présents à la conférence de Wannsee qui, en janvier 1942, déciderait l'ouverture de l'archipel des camps d'extermination, autant que le zélé planificateur de la déportation des Juifs vers les chambres à gaz. Il est l'un des principaux responsables de la « solution finale ». Son procès, qui débute à Jérusalem le 11 avril 1961, sera aussitôt qualifié de « Tribunal de Nuremberg du peuple juif ».

Lors de la 22e séance du procès, Eichmann, dans sa cage de verre, cheveux noirs mal coiffés, front haut, visage émacié, les lèvres fines tordues en permanence par un tic nerveux, fait pâle figure. Docile et appliqué, il ne répond que lorsque l'on s'adresse à lui, se levant alors promptement, d'un geste mécanique, vieux réflexe hérité de sa carrière dans les hautes sphères de l'administration nazie. L'homme qui entre maintenant dans le tribunal et s'installe au pupitre des témoins situé à la gauche des juges, faisant face à la cage de verre et au regard énigmatique d'Eichmann, dont les lunettes à montures noires grossissent comme deux loupes des yeux mi-clos, s'appelle Leon Wells. Âgé de 36 ans, brun, de taille haute, il se tient debout dans un costume sombre de mauvaise coupe, ne sachant trop que faire de ses mains. Légèrement courbé, intimidé, il écoute patiemment le débat liminaire entre le président du tribunal et le procureur général, Gideon Hausner – également ministre de la Justice du gouvernement israélien –, au sujet du document enregistré sous le code « T/207 », une lettre de mars 1942, portant la signature de Heydrich, et dont un paragraphe stipule que « les Juifs qui quittent le lieu de résidence qui leur a été assigné encourent la peine de mort. La même peine s'applique aussi aux personnes hébergeant ces Juifs ».

L'échange entre les deux magistrats terminé, le président se tourne vers Wells : « Vous ne parlez pas hébreu ? – Je parle un tout petit peu hébreu. » La déposition de Wells se fera donc en anglais. Le témoin prête serment. Puis, soudain, son visage change. Malgré sa douceur naturelle, le regard se fait plus dur. Parfois, Leon Wells dévisage fixement Eichmann, se forçant à le percer de ses yeux légèrement tombants, comme pour faire pénétrer en lui ce qu'il est venu dire.

« Le président du tribunal : Quel est votre nom ?

Le témoin Wells : Leon Weliczker Wells.

Le procureur général : Votre ancien nom était Leon Weliczker ?

Le témoin Wells : Oui.

Q : Et vous résidez aujourd'hui au 3051 Edwin Avenue, Fort Lee, New Jersey ?

R : Oui.

Q : Vous êtes marié et avez deux enfants ?

R : Oui.

Q : Vous êtes né à Stojanow, près de Lviv en Pologne, le 10 mars 1925 ?

R : Oui.

Q : Quels diplômes avez-vous ?

R : J'ai un doctorat en construction mécanique et suis diplômé de physique.

[...]

Q : Quand la guerre germano-soviétique éclata, où étiez-vous ?

R : À l'époque je vivais à Lviv, qui se trouvait dans l'Est de la Pologne.

Q : Vous étiez le cadet de votre famille ?

R : Oui, monsieur.

Q : Combien de frères et sœurs aviez-vous ?

R : J'avais deux frères et quatre sœurs.

Q : Ont-ils survécu à l'occupation de la Galicie par Hitler ?

R : Non.

Q : Vous êtes l'unique survivant de votre famille ?

R : Je suis l'unique survivant, pas seulement de ma famille proche, mais aussi de tous mes cousins, mes oncles, cela représentait 76 personnes.

Q : Quand Hitler est entré dans Lviv, combien y avait-il de Juifs ?

R : Il y avait environ 150 000 Juifs à Lviv.

Q : C'était en juin 1941, que s'est-il passé immédiatement après ?

R : Le 30 juin 1941, l'armée allemande occupait Lviv. J'ai été arrêté trois jours plus tard avec mon père et emmené rue Pelczynska. En réalité, parce que c'était la guerre, nous pensions que nous allions faire un travail de nettoyage, nettoyer quelques magasins.

Q : Qui vous a arrêté ? Vous connaissez l'unité qui opérait alors ?

R : À l'époque, j'ai été arrêté par la police ukrainienne qui travaillait avec les SS. D'abord, on nous a emmenés au poste de police – nous et les autres. Le poste était proche de notre maison.

« C'était l'endroit où ils rassemblaient les gens d'endroits différents. Après quelques heures de violences et de tortures – certaines personnes étaient déjà mortes du fait des coups reçus –, ils nous ont emmenés rue Pelczynska.

Q : Quel âge aviez-vous ?

R : J'avais 16 ans. C'était l'année 1941. Rue Pelczynska, il y avait 5 000 Juifs déjà rassemblés quand je suis arrivé.

Q : Avant de continuer, vous pouvez peut-être me dire : c'est juste après la guerre que vous avez écrit le livre en polonais *The Death Brigade, Sonderkommando 1005*, publié à Lodz en 1946 ?

R : Je l'ai écrit pendant la guerre. Mais il a été remis au lendemain de la fin de la guerre à la Commission historique de Pologne, qui l'a publié un an plus tard.

Q : Il contient les notes que vous avez prises tout au long de la guerre.

R : Oui. Mes notes ont été remises pendant la guerre au docteur Friedman. Il était le directeur de la Commission historique de Pologne. Il les a prises pour les publier à Lodz. Ces notes originales, que je n'ai pas réécrites, ont été en partie publiées dans *Death Brigade*. Mais les originaux contiennent l'histoire entière, sur toute la durée de la guerre.

Q : Je soumets ce livre. C'est en polonais et il n'y a pas de traduction. Nous nous appuierons sur un certain nombre d'extraits que nous traduirons. (Au témoin :) C'est le livre en question ?

R : Oui.

Le président du tribunal : Merci de le présenter d'abord à la Défense.

Le procureur général : Maintenant revenons à ce qui s'est passé dans la prison. Je vous ai interrompu pendant que vous l'expliquiez à la Cour.

Le témoin Wells : Quand on nous a emmenés rue Pelczynska, ils ont commencé à nous faire subir différentes sortes de tortures morales. Par exemple, ils prenaient un homme dans une pièce et on l'entendait hurler. Puis, ils ont développé un autre stratagème : un SS – il n'y avait que des SS, les Ukrainiens nous avaient quittés une fois arrêtés et conduits aux SS rue Pelczynska – sortait, portant un tablier blanc, les mains pleines de sang, et il disait : “au suivant”. Ils ne tuaient pas vraiment l'homme en question, ils égorgeaient seulement une oie dans cette pièce pour nous faire croire que nous y entrerions tous pour être tués.

Le président du tribunal : Le livre du témoin sera la pièce à conviction T/214.

Le procureur général : Est-ce que la Cour peut autoriser le témoin à s'asseoir ? Il est tout juste arrivé des États-Unis hier soir.

Le président du tribunal : Certainement. Vous pouvez vous asseoir quand vous voulez. J'avais l'impression que vous étiez fort, et vous l'êtes sûrement. (Le témoin s'assoit.)

Le procureur général : Quand vous dites SS, vous savez lesquels ?

Le témoin Wells : À l'époque, je ne savais pas. Nous reconnaissions les SS par leurs casques, et la tête de mort au milieu.

Q : Totenkopf ?

R : Oui… et aussi les insignes sur les uniformes. Mais à l'époque je ne pouvais pas dire lesquels, car c'était seulement trois jours après leur arrivée.

Q : Plus tard vous avez appris quels SS étaient ces hommes ? S'ils avaient une dénomination spéciale ?

R : Plus tard, j'ai appris les différents rangs, car nous étions bien plus en contact, malheureusement. Nous connaissions déjà les rangs. Mais, à l'époque, je ne le savais pas.

Q : Qu'est-il arrivé ensuite ?

R : Cette torture morale a continué jusqu'au soir. La nuit, ils nous ont dit de nous allonger la tête baissée. C'était dans l'arrière-cour. Un grand endroit sableux. Nous étions tous allongés par terre la tête dans le sable. Ils ont dirigé leurs mitrailleuses au-dessus de nos têtes. On nous a dit que si l'un de nous relevait la tête, il serait tué. La nuit est arrivée, et ils ont commencé à prendre des gens. Je ne pourrais pas dire dans quel ordre, car j'étais couché la tête baissée, mais on entendait ce qui se passait. Les gens ont commencé à courir et ils se sont fait tabasser, rouer de coups jusqu'à ce qu'ils tombent et ne puissent plus bouger. Alors ils les frappaient pour qu'ils se relèvent et ça a continué toute la nuit. Quand le soleil s'est levé le matin, nous avons pu nous asseoir. À ce moment-là, j'ai vu des gens assis tout autour de moi avec le cerveau dehors, leurs têtes fracassées. Ils avaient l'air de ne plus pouvoir bouger. Ils étaient pratiquement morts assis. Sur les 5 000 personnes rassemblées, il y en avait quelques centaines qui étaient assises avec le cerveau dehors. C'était le résultat d'une nuit de tabassage et de courses-poursuites.

Q : Vous dites qu'il y avait des gens encore vivants ?

R : Non. Ils ne bougeaient plus. Ils étaient juste assis ou penchés en avant avec tout cela qui pendait dehors, avec leurs cerveaux à l'extérieur. Ils ne bougeaient pas, ils ne faisaient rien. Nous étions tous assis ensemble mais nous n'avions pas le droit de bouger. À cause de la chaleur, certaines personnes ont commencé à boire leur propre urine. Ils faisaient leurs besoins sur eux. Ils buvaient l'urine à cause de la chaleur. Jeudi est passé, et ça a recommencé jeudi soir, et vendredi matin, un très grand groupe de SS plus hauts gradés sont venus dans l'arrière-cour et ont appelé 75 personnes qui devaient s'avancer car on allait les faire travailler. Les gens ont commencé à se bousculer. Ils se fichaient de savoir si c'était vraiment pour du travail ou s'il s'agissait d'un autre piège. Ils comprenaient seulement qu'en restant là ils finiraient par mourir. Donc, toute la journée, on a chargé des camions de gens. Il y avait aussi plusieurs groupes de 4 personnes qui devaient emporter avec elles le corps d'un homme qui était mort ou qui avait été tué.

À 19 heures environ ce vendredi, il ne restait plus que 150 personnes qui n'étaient pas encore parties.

Q : Que vous est-il arrivé ?

R : Cette fois, ils ont pris les 150 personnes – mon père et moi-même étions parmi ces 150 personnes. Nous avons commencé à courir en cercle et ils nous ont tapés dessus jusqu'à ce que l'on s'écroule – on ne pouvait plus bouger. Alors ils nous ont laissés et sont partis. Je suis rentré avec mon père dans la nuit de vendredi et je me suis caché tout le samedi. Et le dimanche matin, je me suis encore fait arrêter. Pas mon père, car en rentrant de la rue Pelczynska, il avait commencé à cracher du sang et quand les SS sont venus l'arrêter le dimanche matin, ils ont vu le sang, ça les a effrayés et ils sont sortis de la maison. Ils ont dû croire que c'était la tuberculose ou quelque chose comme ça. Ce n'était pas le cas, c'était à cause du passage à tabac du vendredi soir.

Q : Puis on vous a emmené travailler ?

R : Oui, dimanche matin. Nous avons été amenés au chemin de fer pour décharger de l'artillerie du train.

Le président du tribunal : Qu'entendez-vous par artillerie ?

Le témoin Wells : Des canons, etc. Il s'agissait de décharger des canons.

Le procureur général : Vous dites "nous". Combien étiez-vous ?

Le témoin Wells : À ce moment-là, nous étions environs 110, 112.

Q : Des Juifs ?

R : Oui, que des Juifs.

Q : Continuez.

R : Le déchargement de ces canons se faisait de telle façon que nous ne pouvions pas les décharger. Par exemple, nous ne pouvions pas récupérer le bout de bois qui était sous la roue pour la maintenir. Il a fallu que nous l'enlevions, que nous l'arrachions, mais c'était pratiquement impossible. À cause de ça, certaines personnes devaient attraper la roue et quand nous soulevions légèrement le canon, il glissait et la plupart des gens ont été écrasés sous les roues de ces canons.

Q : Combien de temps avez-vous travaillé là ?

R : Jusqu'à 4 heures de l'après-midi, de 10 à 16 heures. Et, à ce moment-là, nous n'étions plus que 40 personnes encore vivantes.

Q : 40 sur 112 ?

Le président du tribunal : Qu'est-il arrivé aux 70 autres ?

Le témoin Wells : La plupart ont été écrasées sous les roues des canons ou sous les wagons. Car il y en avait beaucoup qui ont tenté de se cacher sous les roues à cause des coups. Quand on soulevait un petit peu, à cause du poids, ça glissait de nouveau par terre. Les gens qui essayaient de se cacher étaient immédiatement abattus.

Le procureur général : Où êtes-vous allé à 16 heures ?

Le témoin Wells : Je suis… je suis rentré chez moi et me suis mis… pendant ce temps, mon père et ma famille avaient fabriqué une cachette dans le canal d'évacuation des eaux de notre maison. C'était un endroit sombre et humide. Après 16 heures, au lieu d'aller me coucher, je suis allé m'y cacher. Je suis resté allongé dans cet endroit jusque tard dans la nuit car j'avais peur qu'un autre brigadier vienne me chercher.

Q : Vous avez pu rester caché longtemps ?

R : Je me suis caché un bon bout de temps et j'ai échappé à toutes sortes d'opérations comme celle du pont de Lviv ou en novembre… ils ne m'ont pas vraiment eu.

Q : Qu'était l'opération du pont ?

R : L'opération du pont… à l'époque ils commençaient à établir des quartiers réservés aux Juifs. C'était à peu près en octobre, novembre 1941. Rue Zamarstynivska, il y avait un pont, et le quartier juif commençait à partir de ce pont. Les gens qui vivaient ailleurs et qui devaient venir s'installer dans les quartiers réservés aux Juifs devaient passer par ce pont.

Q : Oui, continuez, je vous en prie.

R : Cette opération a commencé là… ils ont commencé à prendre les gens avec toutes leurs affaires, car ces gens transportaient leurs biens vers les quartiers juifs. Beaucoup ont disparu à ce moment… ils nous ont raconté des histoires comme quoi on les avait emmenés travailler…

Q : Qui racontait ces histoires ?

R : On ne sait pas, mais on les emmenait. On les emmenait même avec leur linge…

Q : Avec quoi ?

R : Avec leur linge, car ils prenaient même leur linge quand ils s'installaient dans le quartier juif – des draps de lit et des taies d'oreiller. Les gens les emportaient dans le quartier juif.

Q : Beaucoup de gens ont disparu pendant cette opération ?

R : Quelques milliers, je ne pourrais pas dire exactement.

Q : Qu'est-il arrivé pendant l'autre opération que vous avez mentionnée ?

R : L'autre opération, celle du mois de novembre, s'appelait "opération vieillesse". Ils attrapaient des gens âgés de 45, 50, 55 ans dans les rues. Ces gens étaient autorisés à sortir, ils avaient un permis. Ils allaient au travail quand ils ont été attrapés dans les rues et on ne les a plus jamais revus.

Q : Combien de gens ont disparu pendant cette opération ?

R : De 2 000 à 3 000 personnes.

Q : Qui faisait ça ? Quelle unité allemande ?

R : C'était toujours les SS et la police ukrainienne.

Q : Quand êtes-vous sorti de votre cachette ?

R : Je suis sorti de ma cachette fin décembre, et j'ai rejoint la brigade de travail sur le chemin de fer. Le 2 mars 1942, on m'a fait quitter cette brigade, et j'ai été emmené au camp de concentration de Janowska.

Q : Qu'était le camp de concentration de Janowska ?

R : Il se trouvait à la périphérie de Lviv. C'était un endroit présentant des collines de sable. Il y avait du sable partout. Quelques baraquements avaient été montés, et le travail consistait à faire des allées et venues en transportant des pierres. Il y avait alors 140 personnes dans ce camp de concentration.

Le président du tribunal : En d'autres termes, porter des pierres sans but et sans nécessité.

Le témoin Wells : Oui. Le chef était le lieutenant Fritz Gebauer. Nous n'avions droit à rien. On ne pouvait pas avoir de l'eau. On nous donnait un "quart", ce qui fait environ 1 litre d'eau par jour. C'était de l'eau de café. Ça nous servait pour boire, pour nous laver et à nous tenir “sauber” comme ils disaient : propres. Il est clair qu’il y avait des maladies et que le niveau d’hygiène était très bas. Le premier jour, 6 personnes ont été sorties du groupe car elles – comme ils disaient – avaient l’air malades et qu’elles ne devaient pas nous contaminer. Ils les ont laissées passer la nuit dehors. C’était soi-disant “pour notre bien”. Ces personnes n’avaient pas le droit de bouger car, après 20 heures, il était interdit de se déplacer à l’extérieur des baraquements sous peine d’être abattu. Il gelait dehors. En Pologne, le 2 mars, les nuits sont encore glaciales. Et le matin, ces 6 personnes étaient mortes gelées. À l’endroit où on les avait laissées la veille, cela faisait comme de longues boules de neige. Deux jours plus tard, tôt le matin, les 8 plus résistants d’entre nous ont été désignés. Et – selon les mots de Gebauer – parce qu’ils “n’avaient pas l’air très propres”, il a ordonné qu’on apporte un grand tonneau rempli d’eau, et que ces 8 personnes se déshabillent, entrent dans le tonneau et restent dans cette eau froide pendant 24 heures – le matin suivant, on a dû découper la glace qui était dedans. C’était gelé.

Q : Qu’est-il arrivé à ces gens ?

R : Les hommes sont morts gelés, c’était fini, ils ne faisaient plus qu’un avec la glace. Une semaine plus tard, le lieutenant Wilhaus a rejoint le camp. Alors, un concours de tir a commencé entre Gebauer et Wilhaus : ils se tenaient à leur fenêtre, et pendant que les gens allaient et venaient en portant les pierres, de la fenêtre, ils leur tiraient dessus. C’était comme les tuer en les écrasant du bout du doigt… Le soir, une fois qu’ils avaient fini, ils allaient trouver ceux qu’ils appelaient les “kaputt”, ceux qui n’étaient que blessés, et ils les tuaient d’un dernier coup. Parce que les blessés ne leur servaient plus à rien. Gebauer était connu pour prendre plaisir à étrangler les gens. Une fois, il y avait un homme de mon groupe qui travaillait à côté de moi et qui regardait ailleurs. Il n’avait pas l’air très occupé. Gebauer est arrivé et l’a étranglé sur place avec ses deux mains. Wilhaus, en revanche – il était d’ailleurs le beau-frère du général SS Katzmann (depuis l’arrivée de Wilhaus, Katzmann s’est mis à venir souvent, parfois une à deux fois par semaine) –, préférait le soi-disant “tir de précision”.

« En mars, débuta à Lviv ce que l'on a appelé "l'opération des pauvres". Elle concernait même les femmes et les enfants – certains d'entre eux ont été amenés dans notre camp de concentration à raison de 40 ou 50 par jour.

Q : Est-ce qu'il y avait toujours 140 prisonniers dans le camp ou bien… ?

R : Il y avait 150 personnes par jour en moyenne – le nombre augmentait d'environ 20 par jour ; parce qu'une trentaine de personnes étaient tuées en général chaque jour, ou elles mouraient… je ne devrais pas dire qu'elles "mouraient", excusez-moi – parce que je ne me souviens de personne qui soit mort de mort naturelle… Fin avril, une action a débuté en Galicie de l'est. Des centaines ou des milliers de personnes étaient amenées de chaque ville dans les camps de concentration. Pour les mettre en condition dans ces camps, on laissait ces gens pendant trois jours sans aucune nourriture – la plupart finissaient par manger de l'herbe car ils devaient rester assis sur une pelouse – et, après trois jours, on les inspectait pour voir s'ils pouvaient rentrer dans le camp – ceux en mauvaise condition physique étaient directement fusillés à l'arrière du camp.

Q : Qu'arrivait-il à ceux en bonne santé ?

R : Ceux-là devaient construire d'autres baraques pour agrandir le camp car les effectifs augmentaient tous les jours. Et donc, début mai, pendant la construction de ce camp, comme il était devenu impossible de supporter plus longtemps les coups que chacun recevait quotidiennement, un petit soulèvement a eu lieu. Beaucoup ont été tués.

Q : Qu'entendez-vous par "un petit soulèvement" ?

R : Cela a commencé un soir, quand nous rentrions du nouveau chantier au camp. On devait porter des pioches, des bouts de bois, tout ce qui était nécessaire pour la construction. On commençait le travail vers 5 heures du matin. Ça durait la journée, et la nuit on construisait ces nouveaux baraquements pour nous-mêmes. On a alors commencé… les gens qui portaient les pierres, le bois et d'autres choses, les ont jetés sur les SS et ont tenté de s'enfuir. Malheureusement, en quelques minutes, beaucoup d'entre nous étaient morts et le reste est retourné dans le camp, soi-disant "en paix". Fin mai, nous étions 2 000 prisonniers dans ce camp de concentration. Le typhus a commencé à se répandre. Pour s'en débarrasser, ils ont brûlé nos baraquements et nous ont donné des tentes. Mais, pendant ce temps, il a fallu qu'on se déshabille pour qu'ils brûlent aussi nos vêtements afin de stopper l'épidémie de typhus. Nous sommes restés allongés trois jours et trois nuits nus, la tête baissée. Quiconque relevait la tête était tué. Le jour, on brûlait sous le soleil, et la nuit, on attrapait froid du fait de l'humidité glaciale de l'air. Une nuit, il a même plu, et sur les 2 000 que nous étions une fois le nettoyage terminé, plus de 500 avaient attrapé le typhus ou une pneumonie. J'en faisais partie. Quand on était malade, il fallait bouger toute la journée pour que personne ne s'en aperçoive.

Le procureur général : Pourquoi, docteur Wells, pourquoi fallait-il prétendre que vous n'étiez pas malade ?

Le témoin Wells : Parce qu'il me serait arrivé ce qui m'arriva quand je me suis effondré quatre jours plus tard. Je ne pouvais plus bouger et pendant le réveil je me suis écroulé. On m'a emmené à l'intérieur des fils barbelés – les fils de la mort. Nous étions 182 personnes dans ces fils barbelés. Je me suis endormi, j'ai perdu conscience et, une minute plus tard, quelqu'un me frappait sur le côté. C'était le lieutenant Wilhaus. Il m'a demandé mon nom, l'a noté et nous a dit de nous aligner et de nous mettre en marche. Deux heures avant j'étais inconscient, et là je marchais. Cinquante mètres plus loin, le groupe d'enfouissement nous a rejoints. Ils avaient leurs pelles et nous savions que nous allions finir enterrés. Quand nous sommes arrivés au terrain de sable, on a vu qu'il n'y avait pas de fosse creusée pour nous. On s'est déshabillés, nos noms ont encore été notés pour vérifier que personne ne s'était enfui sur la route. Tout le monde avait une pelle et nous avons commencé à creuser notre propre fosse. Quand on a eu terminé, ils ont fait l'appel et les gens ont dû descendre par groupes de deux dans la fosse. Ils devaient s'allonger côte à côte, face contre terre et ils étaient fusillés. Les deux suivants recouvraient de sable les deux premiers et s'allongeaient dans l'autre sens pour être également fusillés, et ainsi de suite. À ce moment-là, alors que je me tenais debout, là-bas, je n'avais qu'une idée en tête : faire couler mon sang hors de mes veines pour le boire… Cette soif qui me rongeait, c'était à cause de la fièvre provoquée par ma pneumonie et le typhus. Boire mon propre sang – c'était mon fantasme, ce dont j'avais le plus envie.

« Le chef du groupe était le SS Bloom. Quand mon nom a été appelé, j'ai commencé à marcher vers la fosse, on m'a dit de revenir et de retourner avec un SS vers le camp de concentration. Un homme venait d'être tué là-bas, et il voulait que j'y aille avec le SS pour ramener le corps vers la fosse pour qu'ils l'enterrent avec les autres. J'ai récupéré mon pantalon pour pouvoir retourner dans le camp mais pas mes chaussures, rien d'autre, seulement mon pantalon. J'ai pris le corps du fusillé en le tirant par les jambes vers notre fosse. Je ne pouvais marcher en tirant le corps que très lentement à cause de ma fièvre et de la chaleur. C'est pourquoi le SS ne s'est pas méfié de moi. Il marchait un peu en avant, et s'arrêtait régulièrement pour attendre que je le rejoigne. Près de nous se trouvait un groupe plus important qui travaillait à la construction des baraquements du camp. Lorsque j'ai vu que le SS se trouvait à une assez bonne distance, j'ai laissé tomber le corps et j'ai disparu parmi le groupe de travailleurs avant qu'il ne se retourne. Le garde a dû avoir peur de m'avoir perdu, peur de ses supérieurs. Parce que selon la règle, toute personne qui était allé au terrain de sable ne pouvait plus jamais retourner au camp. Il a dû avoir la flemme de me chercher… C'était presque l'heure de sa pause déjeuner. J'ai disparu parmi les gens du camp de concentration. J'avais encore peur que quelqu'un m'ait vu m'enfuir. À cette époque, s'enfuir du camp n'était pas un problème. On pouvait se sauver facilement. Le problème c'était que si quelqu'un s'échappait, ils fusillaient dix personnes de son groupe et pendaient tous les membres de sa famille ainsi que ses proches, en pleine rue. Or, beaucoup d'entre nous avaient encore des proches en ville. Donc, bien que je me sois enfui, je ne pouvais pas bouger. Je me suis caché dans les baraquements, sous un lit. J'ai demandé à mes amis de ne rien dire quand, pendant l'appel du soir, ils lisaient le nom des morts dans chaque groupe. S'ils avaient annoncé qu'un homme avait disparu, nous étions convenus que mes amis diraient aussitôt que je me cachais sous un lit du baraquement – ils seraient alors venus me chercher pour me tuer.

« Après l'appel du soir, et pendant celui du matin, on a dit que j'avais été tué – que j'étais mort. On n'a jamais dit que j'avais été "fusillé" ou quelque chose comme ça, seulement que j'étais mort. Je savais que, désormais, j'étais sur la liste des morts – officiellement j'étais mort – et que je pouvais maintenant m'échapper sans mettre en danger mes camarades et ma famille.

« Je me suis enfui le jour d'après et je suis rentré chez moi. J'ai demandé à ma famille de ne rien dire, je me suis évanoui et suis resté inconscient pendant les dix-neuf jours qui ont suivi.

« À ce moment-là, j'ai vu ce qu'avait vécu ma famille en me sachant dans le camp de concentration. Mon père avait vieilli d'un coup, et ma mère n'avait plus aucune dent. C'était à cause des gens qui racontaient qu'un certain Webber, qui était le commissaire au travail de Lviv à l'époque, pouvait faire sortir des prisonniers du camp en les déclarant morts contre une certaine somme d'argent. Alors, elle s'était arraché toutes les dents en or pour les vendre et récolter de l'argent pour me faire sortir.

« J'avais peur de rester à la maison car des gens pouvaient m'avoir vu et répandre des rumeurs comme quoi je m'étais échappé, et donc mettre ma famille en danger.

« Trois jours après avoir repris conscience, j'ai quitté Lviv pour parcourir les petites villes proches et surtout rejoindre les autres membres de ma famille à Stojanow.

Le président du tribunal : Où ça ?

Le témoin Wells : Stojanow.

Q : Où est-ce ?

R : Stojanow est à 100 kilomètres à l'est de Lviv.

Le président du tribunal : Nous allons interrompre votre témoignage et ajourner ce procès jusqu'à demain matin 9 heures. »

VIII

Les fonctionnaires du crime

2007, *Les Bienveillantes* de Jonathan Littell – Des diplômés intelligents et cultivés – Guerre totale contre la Russie et le communisme – Les Juifs « fauteurs de troubles », « affameurs » et « partisans » – Les Einsatzgruppen : trois catégories de recrues – *Les Bourreaux volontaires de Hitler* de Daniel Goldhagen – Dynamique de groupe – Les policiers du bataillon 101 liquident les Juifs de Jozefow – Judenjagd, « la chasse aux Juifs » – Les Allemands ethniques, auxiliaires locaux.

On a beaucoup glosé sur le personnage de Max Aue, le narrateur des *Bienveillantes*[1] de Jonathan Littell. Agent de liaison au SD en 1941, Max Aue voyage d'un Sonderkommando à l'autre pour rendre compte de leurs activités au RSHA. Spécialiste du droit racial, il participe aux commissions censées définir le degré de judaïsme chez certaines peuplades autochtones des pays conquis – les épargner ou les condamner à l'extermination. Même s'il lui arrive, comme à Babi Yar, de prendre part aux exécutions auxquelles il est amené à assister ou qu'il doit superviser, Aue n'est pas un tueur né. C'est un fonctionnaire convaincu, jeté dans la machine de destruction nazie, et qui accomplit, surmontant pour cela ses scrupules, sa nature même, la mission qu'on lui a assignée et qu'il croit juste d'accomplir.

Quand le roman a été publié, malgré son succès, malgré le

1. Jonathan Littell, *Les Bienveillantes*, Paris, Gallimard, 2007.

prix Goncourt qui lui est bientôt décerné, son sujet et le point de vue adopté par son auteur, n'ont pas manqué de susciter critiques et polémiques. Pourtant, la reconstitution historique réaliste, étayée par une somme de connaissances, une maîtrise des comportements et de la hiérarchie SS, une vision très juste des bascules successives ayant conduit au génocide, une perception anthropologique du martyre des corps dans l'apocalypse, était particulièrement convaincante ; parce que, justement, la reconstitution était inattaquable, jusque dans ses dialogues – dont, par incidence, j'ai retrouvé les sources au cours de mon investigation et de mes lectures –, c'est sur le personnage narrateur que s'est concentré l'essentiel des charges formulées contre le livre. Max Aue, à travers une pléthore d'articles et d'ouvrages, fut dénoncé comme une imposture, une fabrication littéraire loin de toute vraisemblance biographique ou psychologique. « Maximilian Aue n'est-il qu'un artefact littéraire, une figure improbable, une sorte de dandy en uniforme[2] ? » s'interroge l'historien Jean Solchany dans un article en défense du livre. Pas si improbable. Comme nombre de ses homologues historiques, Max Aue est un jeune juriste issu de la classe moyenne, polyglotte, diplômé des meilleures universités, intelligent et éduqué. Un produit dévoyé de l'universalisme et de la civilisation occidentale. Certains épisodes ou traits particuliers du personnage, y compris dans les interstices purement fictionnels qui jalonnent le récit, sont au contraire étonnamment vraisemblables. Ainsi, la relation incestueuse que Aue entretient avec sa sœur jumelle. L'ancien nazi Paul Maria Hafner, dans un film documentaire intitulé *Les Vraies Valeurs selon Hafner*[3], affirmait devant la caméra du réalisateur autrichien Günter Schwaiger que l'inceste entre frère et sœur était particulièrement répandu (pour une raison que j'ignore) dans l'Allemagne de l'entre-deux-guerres. Quant aux invraisemblances propres au récit (le matricide, les épisodes et les personnages farcesques tels l'affairiste Mandelbrod, proto-

2. Jean Solchany, « *Les Bienveillantes* ou l'histoire à l'épreuve de la fiction », *Revue d'histoire moderne et contemporaine*, n° 54-3, 2007-3.
3. Günter Schwaiger, *Les Vraies Valeurs selon Hafner*, Arte, 2007.

type du méchant artificieux des romans de Ian Fleming, ou les Kriminal-kommissare Clemens et Weser en Dupont et Dupond berlinois), elles sont largement maîtrisées et constituent l'aveu romanesque de l'œuvre, nécessaire à créer une distance – qui reste pourtant mince – avec les faits insoutenables, documentaires, qui y sont relatés.

En fait, tant d'un point de vue sociologique que culturel, le personnage narrateur des *Bienveillantes* – même si sa biographie et son regard en font un individu particulier (sa mère française, sa lucidité distanciée) et, certes, « romanesque » – correspond bien au profil de l'officier des Einsatzgruppen. Si les bataillons étaient composés de gendarmes et de policiers issus des classes populaires, les chefs de kommandos étaient, comme Maximilian Aue, des intellectuels bardés de diplômes. « Il semble qu'ils aient été sélectionnés de manière très méticuleuse, explique l'historien américain Christopher Browning. Nombre d'entre eux étaient des intellectuels issus du groupe de réflexion travaillant pour Heydrich. Si mes chiffres sont exacts, sur les 21 commandants des Einsatzgruppen, Einsatzkommandos et Sonderkommandos, 10 ou 11 d'entre eux avaient un doctorat. Otto Rasch, le chef de l'Einsatzgruppe C, se faisait appeler "docteur-docteur Otto Rasch", pour que l'on sache bien qu'il avait deux doctorats. Ce n'était pas une bande de voyous. Ohlendorf était un économiste réputé, d'autres avaient bâti leur carrière dans la SS. Ils étaient considérés comme les diplômés les plus talentueux, les plus fiables et les mieux formés de ceux qui gravitaient dans l'entourage de Heydrich[4]. » Quand débute l'opération Barbarossa, Otto Ohlendorf, le chef de l'Einsatzgruppe D opérant dans le Sud de l'Ukraine, qui admit devant le Tribunal de Nuremberg avoir supervisé l'assassinat de 90 000 personnes, est âgé de 33 ans. Intelligent, cultivé, c'est un professionnel du droit passé par trois prestigieuses universités (Leipzig, Göttingen et Pavie) dont les études ont été sanctionnées par un doctorat en jurisprudence. Le début

4. Entretien avec Christopher Browning, déjà cité.

de sa carrière professionnelle se situe dans l'exact prolongement de sa formation universitaire. Après avoir été directeur de recherche à l'Institut de l'économie mondiale et du transport maritime de Kiel, il dirige à partir de 1938 l'organisation officielle du commerce allemand. C'est également l'année où, membre de la SS depuis 1926, il intègre le SD. En tant que juriste, autant que par son évolution dans le parti nazi et au RSHA, Ohlendorf est représentatif des chefs de kommandos, dont beaucoup étaient des juristes.

« L'encadrement des groupes est constitué par cette jeune génération de diplômés qui ont été recrutés entre 1931 pour les plus anciens et 1938-1939 par les deux organisateurs de la Gestapo et du SD que sont Reinhard Heydrich et Werner Best, précise l'historien français Christian Ingrao, auteur d'une étude sur le bataillon Dirlewanger, la plus terrible et la plus brutale unité d'extermination ayant sévi sur le front de l'Est. Werner Best conçoit l'encadrement de la Gestapo comme un encadrement extrêmement professionnel qui doit être pris en main par de très jeunes juristes ayant reçu une solide formation universitaire ; soit huit semestres de droit avant de passer les examens d'État qui ouvrent la porte à la magistrature et à la haute fonction publique. Ces gens sont donc des professionnels qui disposent d'un savoir extrêmement solide en droit, et qui combinent ce savoir-faire professionnel à une grande radicalité politique. Il ne faut pas oublier qu'à partir de 1919/1920/1921, les mouvements ethno-nationalistes *völkisch* dominent sans partage le monde universitaire. Ces hommes sont à la fois de grands professionnels du droit et notamment du droit criminel, du droit racial, et dans le même temps des militants nazis absolument convaincus. À côté de ce groupe de juristes, on trouve de très jeunes diplômés, eux aussi recrutés entre 1933 et 1937, qui sont linguistes, historiens, économistes, philosophes, littéraires, et qui forment le gros de l'encadrement du *Sicherheitsdienst* (SD). Le milieu sociologique que représentent ces hommes est extrêmement homogène, de même que le milieu générationnel. Ils sont pratiquement tous nés entre 1900 et 1914-1915. Ils sont donc extrêmement jeunes quand ils arrivent à des postes de responsabilité au sein de la Gestapo et du SD, comme au sein des Einsatzgruppen[5]. »

Pour Himmler et Heydrich, il s'agissait aussi de mettre à l'épreuve ces intellectuels fanatisés, d'éprouver leur foi et leur abnégation, de les enrôler dans un crime dont ils ne pourront jamais sortir les mains propres. « Il faut absolument garder en tête que les hommes qui sont précipités en URSS dans les Einsatzgruppen ne sont pas des meurtriers, poursuit Christian Ingrao. La sélection des officiers des Einsatzgruppen ne se fait pas nominalement. On envoie des quotas d'hommes, en fonction des ordres de mutation. Le bureau d'Aix-la-Chapelle par exemple doit fournir 40 hommes, le bureau de Francfort également, etc. La sélection est une sélection négative ; chaque chef de bureau de la Gestapo ou du SD y expédiant ses hommes les moins utiles. » Dans le cas d'Ohlendorf, dont nous avons rapidement brossé le profil sociologique, il semblerait que sa nomination ait été envisagée par Heydrich sinon comme une sanction, en tout cas comme une mise à l'épreuve. Ohlendorf, qui dirigeait la section III du SD, fut intégré au RSHA en 1939 ; il s'y révéla trop indépendant au goût de Heydrich qui, sans doute pour mieux le cadrer, lui confia le groupe D. Il en va de même pour Ernst Biberstein, nommé au cours de l'été 1942 à la tête de l'Einsatzkommando 6 de l'Einsatzgruppe C. Plus âgé qu'Ohlendorf (il est né en 1899), membre du parti nazi depuis 1926 et de la SS depuis 1936, il est l'un des rares à avoir combattu au cours du premier conflit mondial. Après la guerre, il devient pasteur, puis intègre le ministère des Cultes à partir duquel, en 1940, il est transféré au RSHA. Au contraire d'Ohlendorf, Heydrich noua avec Biberstein des liens privilégiés. Certainement parce que l'homme d'Église nourrissait quelques scrupules à faire partie de l'organe de répression le plus redoutable que le monde ait connu, il fut envoyé diriger la Gestapo locale en Pologne avant d'être chargé de la déportation des Juifs de la ville d'Oppeln vers les centres de mise à mort de l'Est. « Au printemps 1942, écrit Hilberg, quand Heydrich

5. Entretien avec Christian Ingrao, déjà cité.

fut tué, l'ex-pasteur perdit la protection qu'il devait à ses liens personnels avec le chef du RSHA, et on l'envoya immédiatement mener le massacre sur le terrain[6]. » Cela étant dit, même si certains chefs de kommandos n'étaient pas volontaires pour intégrer les Einsatzgruppen, il est vraisemblable que d'autres aient manœuvré pour en faire partie afin d'obtenir une promotion et gagner rapidement du galon. De même qu'un officier ne voudrait pas rester bras croisés pendant que ses camarades gagnent leurs étoiles sur le champ de bataille, la SS et la police avaient soif d'action. Beaucoup de leurs membres étaient donc volontaires pour faire leurs preuves au front.

Reste que la mission ne cadrait ni avec leur formation, ni avec l'idée commune de la civilisation comme rempart à la barbarie. « Les officiers qui entrent au service des Einsatzgruppen sont parfaitement conscients, et ce dès le début, que ce qui les attend dans ces groupes est une tâche sécuritaire nécessitant le déploiement d'une certaine violence. Ils ont intériorisé le fait que la guerre qui se préparait à l'Est, la guerre en Russie, était une guerre totale, que cette guerre serait d'une immense violence, aussi parce que les nazis ont développé une image absolument panique des “bolcheviques” et des Juifs. Ils savent donc que leur mission nécessitera une grande violence, mais ils n'y sont préparés ni psychiquement ni même hiérarchiquement. Rien ne les a formés à devoir prendre en charge la tâche d'extermination. Et ce, pour la simple raison que s'il existe un projet d'extermination indirecte des populations civiles par la famine, et notamment des Juifs, il n'y a pas encore, lorsqu'ils intègrent les groupes d'intervention, de volonté génocidaire à court terme. Ils se représentent avant tout leur mission comme une tâche sécuritaire de maintien de l'ordre, et d'un maintien de l'ordre qui nécessite d'agir de façon “impitoyable”, sans pour autant mettre en œuvre une extermination massive. Ce n'est que petit à petit qu'ils vont d'abord se convaincre eux-mêmes que cette extermination est une nécessité absolue, et qu'ils vont ensuite accompagner leurs hommes plus avant dans cet imaginaire exterminateur,

6. Raul Hilberg, *La Destruction des Juifs d'Europe*, *op. cit.*, t. I, p. 510.

les convaincre d'abord de tuer des hommes adultes en âge de porter des armes – ils le font avec une rhétorique sécuritaire, ces hommes étant soit des "fauteurs de troubles", soit des "partisans", soit des "comploteurs", soit des "affameurs" –, puis, à partir d'août 1941, d'exécuter des femmes, puis des enfants. Ce sont deux rhétoriques, l'une de guerre totale qui dit "c'est eux ou nous", l'autre, utopique – "il faut les tuer pour accomplir notre rêve" –, qui vont se relayer dans l'adresse des officiers des Einsatzgruppen vers leurs hommes pour les convaincre d'assumer la tâche. Au fond, il n'est pas si étonnant qu'on envoie là-bas des linguistes et des philosophes : qui mieux que ces gens formés à la rhétorique aurait pu déployer des trésors de conviction pour amener ces gens qui ne sont pas des tueurs-nés à accepter de tuer des femmes et des enfants[7] ? »

Après la guerre, les noms des chefs de kommandos furent rapidement connus et un certain nombre inculpés. Leurs noms figuraient dans les rapports retrouvés à Berlin, ainsi que sur les listes nominatives de leur affectation. En revanche, on ne mit la main sur aucune liste des membres de second plan, des tireurs ou du personnel logistique. On sait seulement que les effectifs des Einsatzgruppen étaient divisés en trois groupes bien définis. Le premier, qui représente un tiers de la troupe, était constitué du personnel technique, des fonctionnaires de la police chargés de toutes les tâches subalternes : conducteurs de camions, cuisiniers, experts en communication, sténotypistes, secrétaires, etc. Le second, qui représente un autre tiers, était composé de fonctionnaires de la police criminelle et politique, d'enquêteurs issus du SD et de la Gestapo, pour la plupart engagés à ces postes entre 1933 et 1938. Quant au dernier tiers, c'étaient de très jeunes Waffen-SS âgés de 17 à 21 ans.

« Ces trois catégories de population, précise Christian Ingrao, catégories différentes par leur origine, ont le même spectre sociologique. Ce sont des gens venus des classes populaires allemandes

7. Entretien avec Christian Ingrao, déjà cité.

et urbaines. Relativement peu d'entre eux viennent du monde paysan. Ils sont souvent issus du milieu ouvrier, parfois de la toute petite classe moyenne ayant intégré la police – et notamment la police politique –, en réaction à la crise de 1929 et ses répercussions. Ce sont des catégories de population qui sont relativement peu nazifiées. Ils sont certes membres de la SS, mais ne le sont devenus que par décision administrative, au moment où, à partir de 1937-1938, Reinhard Heydrich décide d'harmoniser les statuts des personnels de la Gestapo et du SD. Ce n'est donc qu'à partir de ce moment que les hommes de la Gestapo sont incorporés à la SS et obtiennent un grade et un numéro d'immatriculation[8]. »

Daniel J. Goldhagen a brossé un tableau de leur vie quotidienne, une fois incorporés aux unités de tuerie, qui a toutes les apparences de la normalité. Ils étaient plutôt mieux lotis que les soldats des compagnies régulières de la Wehrmacht. « Les imaginer sans relations sociales, c'est donner d'eux une image caricaturale. Ces hommes n'étaient pas des individus isolés ou opprimés : malgré la guerre, ils allaient au cinéma ou à l'église, participaient à des matchs, bénéficiaient de permissions et écrivaient chez eux. Le soir, ils fréquentaient des bars ou autres lieux, buvaient, chantaient, faisaient l'amour, bavardaient. Comme tout le monde, ils avaient des choses à dire sur leur vie et sur ce qu'ils étaient en train de faire. Comme tous les hommes servant dans l'armée ou la police, ils bavardaient (en groupe, en petits cercles, en tête à tête). Ils parlaient entre eux de tous les sujets du jour, y compris naturellement de la guerre, et de leurs activités de meurtre, dont ils savaient bien (que la guerre fût gagnée ou perdue) qu'elles deviendraient l'emblème historique de la période, de leur pays, de son régime, de leur vie. Pendant tout le temps de leur contribution au génocide, et à l'exception des moments, assez courts, où ils étaient occupés à des tueries, les Allemands des bataillons de police avaient la vie relativement facile et se la coulaient même assez douce[9]. »

8. *Ibid.*

9. Daniel J. Goldhagen, *Les Bourreaux volontaires de Hitler*, *op. cit.*, p. 261.

Si ce n'est leur âge (ils sont en moyenne plus âgés que les Einsatzgruppen), le profil des gendarmes et policiers allemands des bataillons de tueurs correspond peu ou prou à celui des réservistes du bataillon 101, un kommando ayant sévi en Pologne occupée. Christopher Browning leur a consacré une monographie qui permet de dresser tout autant leur profil social, psychologique ou politique, que la liste de leurs crimes. Contrairement aux Einsatzgruppen, la documentation concernant ces « hommes ordinaires » a été conservée, dépouillée et analysée. Leurs noms identifiés. Phénomène rarissime, 200 d'entre eux, soit 40 % du bataillon, ont comparu après la guerre dans un procès où ils ont livré leur déposition. « Le bataillon de réserve 101 était composé de conscrits entre deux âges, précise Christopher Browning. La plupart n'avaient que peu d'expérience dans la police. Pendant la guerre, si vous étiez trop âgé pour aller au front, et que vous faisiez partie de la SS, vous étiez affecté à d'autres tâches. Ces hommes sont donc devenus policiers de réserve, initialement chargés de suppléer en Allemagne les bataillons réguliers envoyés dans les territoires occupés[10]. »

Mais parce que l'occupation s'installait dans la durée, qu'on avait sans cesse besoin de plus en plus d'hommes, ces policiers non professionnels, qui n'étaient plus si jeunes, recrutés au hasard, y furent également envoyés. Ils avaient 40 ans de moyenne d'âge, venaient de la classe ouvrière et étaient tous originaires de Hambourg, l'une des dernières villes d'Allemagne à avoir été nazifiée. Ils occupaient des emplois non nécessaires à l'effort de guerre comme manutentionnaires ou conducteurs de camions, autant de métiers qui ne requièrent aucune compétence particulière. Comme la plupart des gens de leur milieu, particulièrement à Hambourg, ce n'étaient pas des nazis convaincus. Ils avaient connu le monde d'avant et avaient passé leur jeunesse dans les années 1920. Rien ne les prédisposait à devenir des tueurs et à accomplir les basses œuvres du régime.

« En 1942, ce bataillon a été envoyé en Pologne, à plusieurs centaines de kilomètres en retrait de la ligne de front. Ils ne

10. Entretien avec Christopher Browning, déjà cité.

reçurent aucune formation particulière pour le travail qu'ils auraient à y faire. Quand Globocnik, le plus haut dirigeant de la SSP du district de Lublin, eut à faire face à la pénurie de main-d'œuvre jusque dans l'acheminement des trains de déportés vers les camps de la mort, tous les hommes ayant été basculés au front, il chargea le bataillon 101 de la liquidation des communautés juives. Trois semaines après être arrivés en Pologne, les policiers de réserve étaient envoyés à Jozefow pour y assassiner 1 800 Juifs. Je ne pense pas qu'aucun membre du bataillon, jusqu'à la dernière minute précédant cette exécution, ait eu la moindre idée de cette mission et de ce qu'elle impliquait, que cela soit au niveau des hommes ou des officiers. Ce fut sans doute une expérience dramatique pour eux, un véritable choc. Il faut préciser qu'avant ce massacre leur commandant les avait individuellement autorisés à ne pas y participer : "Que ceux qui ne se sentent pas la force de le faire sortent du rang", leur avait-il dit[11]. » Version aussi bien authentifiée par le commandant lui-même que par les hommes à qui il s'est adressé ce jour-là. Imparable donc. Une version de leur engagement qui met à mal celle délivrée par la plupart des tueurs, qui a toujours été de dire qu'ils avaient agi sur ordre, et que s'ils ne l'avaient pas exécuté, ils auraient eux-mêmes eu à subir un terrible châtiment. Lorsque les membres du bataillon 101 ont été amenés à témoigner, comme il était clair qu'ils auraient pu se soustraire aux actes criminels qu'on leur demandait d'accomplir sans encourir de sanction, ils furent contraints de donner d'autres justifications de leurs actes.

« C'est pourquoi leurs témoignages ont une si grande valeur, poursuit Browning. C'est ainsi que l'on arrive à comprendre leur motivation, qui n'est sans doute pas à chercher dans des caractéristiques individuelles, mais dans une dynamique de groupe. On leur a mis un uniforme. On les a envoyés pour occuper un territoire étranger. On les a convaincus d'agir comme des Allemands, des représentants de la "race des Seigneurs". Ils sont allés sur le terrain, entourés de populations hostiles. Leur

11. *Ibid.*

seul environnement social, c'était le bataillon. Et donc, l'une des explications, à mon sens, se trouve dans cette dynamique de groupe où chacun se conforme aux normes de l'institution dont il fait partie, se socialisant par le meurtre de masse, par la culture policière en vigueur dans les territoires occupés. » Une autre explication possible pourrait être un antisémitisme doctrinaire et fanatique qui les aurait conduits à assassiner tous les Juifs tombés entre leurs mains. En l'occurrence, elle n'est pas convaincante. Certes, comme dans d'autres kommandos du même type, quelques-uns devinrent des tueurs patentés, prenant un plaisir sadique à l'assassinat. Mais de tels individus ne représentaient qu'une minorité au sein du groupe. D'ailleurs, un certain nombre de policiers trouvèrent le moyen de se soustraire à la pratique des exécutions. « Le spectre des comportements était donc assez diversifié : on y trouve des tueurs pathologiques, des gens qui tirent parce qu'ils en ont reçu l'ordre sans s'être portés volontaires, et d'autres recherchant une échappatoire leur évitant de tirer[12]. »

L'une des missions du bataillon 101 était ce qu'ils appelaient eux-mêmes Judenjagd, « la chasse aux Juifs ». Quand les nazis décidaient la liquidation d'un ghetto, les quelques Juifs anticipant ce qui allait arriver et qui parvenaient à s'échapper allaient se réfugier dans les forêts ou les environs du ghetto. À chaque liquidation d'envergure succédait une période de « chasse » organisée pour retrouver les fuyards. Dans un premier temps, c'étaient les Allemands qui s'y employaient. Puis ils la déléguaient, si elle était amenée à se poursuivre, aux gendarmes locaux. La « chasse aux Juifs » pouvait durer plusieurs semaines après la liquidation d'un ghetto. Pour cela, le bataillon 101 était un élément clef, et ceux qui pratiquaient cette chasse au sein du bataillon étaient généralement volontaires. « Les officiers demandaient : "Qui veut y aller ? Qui veut chasser du Juif, aujourd'hui ?" On peut imaginer plusieurs manières de pratiquer une telle chasse. En ne cherchant

12. *Ibid.*

pas vraiment, on ne trouve pas grand monde. Or, lorsque les hommes du bataillon 101 étaient volontaires pour rechercher des Juifs, ils mettaient tout en œuvre pour les trouver. Ils comprenaient exactement ce qu'on leur demandait et s'y conformaient à la lettre. Ils y allaient dans le but de trouver jusqu'au dernier Juif en fuite, tuer tous ceux qui pouvaient tomber dans leurs filets, et ils n'auraient abandonné cette tâche à personne d'autre. Cela sous-entend qu'ils avaient parfaitement conscience du processus d'extermination, plus large que la seule "chasse aux Juifs". Bien entendu, parmi ces volontaires, on trouvait en grand nombre la petite proportion de tueurs patentés prenant plaisir à chasser des hommes, des femmes, des enfants juifs, et à les assassiner[13]. »

On notera cependant de rares exceptions, fondées sur les témoignages similaires de deux survivants. Tous deux avaient été appréhendés par une patrouille alors qu'ils se cachaient dans une forêt. Un policier allemand déclara qu'il allait « s'occuper » du fugitif et l'accompagna seul plus loin dans la forêt. Le policier, hors de la vue de ses camarades, tira deux balles par terre et ordonna au Juif de s'enfuir. « Il y a donc ces deux exemples, affirme Browning. Ils nous indiquent qu'il était facile de ne pas faire ce qu'on vous demandait si vous ne le vouliez pas, d'aller dans la forêt à l'abri des regards et de feindre une exécution. Force est de constater que cela ne s'est produit qu'en de très rares occasions. La plupart du temps, les chasses du bataillon 101 et des autres unités sur le terrain ne cessaient que lorsque le dernier Juif avait été tué[14]. »

Le bataillon 101 ne constitue qu'un exemple parmi les unités qui ont participé aux exécutions de masse. L'effectif des Einsatzgruppen était de 3 000 hommes. Trop peu pour une tâche de l'ampleur qu'implique un génocide. Le Sonderkommando Tilsit[15], opérant aux marges orientales de la Pologne, les nom-

13. *Ibid.*
14. *Ibid.*
15. Ce Sonderkommando porte le nom de Tilsit (aujourd'hui Sovietsk), ville de Prusse-Orientale où il fut créé par la Gestapo locale. Il n'était pas rattaché à un corps d'armée et opéra principalement le long du fleuve Nié-

breuses unités Totenkopf sous les ordres de Theodor Eicke, le bataillon de cavalerie Fegelein dans les marais de Polésie, le kommando Aman, les divisions SS Viking, Das Reich en Biélorussie, les bataillons Nachtigall et Roland en Galicie, une douzaine de bataillons de police composés autant de jeunes policiers professionnels que de policiers de réserve quadragénaires, et d'autres encore, participèrent activement à l'extermination des Juifs, ainsi qu'à l'assassinat massif, notamment en Biélorussie, des populations locales et des partisans soviétiques.

Mais les contingents les plus fournis de tueurs, sans doute les plus efficaces aussi, furent recrutés localement. Partout dans les territoires occupés, les Einsatzgruppen ont constitué et organisé des forces autochtones composées pour partie de gendarmes et de policiers, et pour une autre d'unités supplétives pratiquant des exécutions de masse. L'une des toutes premières catégories sur lesquelles s'appuyèrent les Commandos de la mort furent ces Allemands ethniques, les Volksdeutsch, qui avaient depuis des siècles (des Chevaliers teutoniques au XIXe siècle) essaimé en communautés farouchement centrées autour de leur langue, de leur ethnicité et de leurs traditions germaniques, en Europe centrale et plus encore du Sud (Roumanie, Bulgarie, Hongrie). On se souvient qu'au XVe siècle Vlad III (surnommé Tepes, « l'Empaleur »), autrement connu sous le nom de Dracula, le prince régnant de la Valachie, avait massacré et expulsé les négociants d'origine germanique, accusés de mettre en péril le petit royaume des Carpates coincé entre les puissances turque et hongroise. Par vengeance, les colons allemands expulsés de Valachie avaient ensuite diabolisé Vlad Tepes en développant le mythe maléfique du vampire, si populaire à l'époque romantique.

Aux premiers jours de l'opération Barbarossa, les SS enrô-

---

men. Le Gouvernement général de Pologne disposait par ailleurs de trois Einsatzkommandos supplémentaires, actifs en Pologne orientale (principalement dans les régions de Lviv, Brest-Litovsk et Bialystok), qui assassinèrent plusieurs dizaines de milliers de Juifs.

lent plusieurs milliers d'hommes qui sont placés sous le commandement de l'Einsatzgruppe D, alors actif aux marges de l'Ukraine et de la Roumanie. D'autres contingents de Volksdeutsche sont envoyés dans les pays Baltes et en Biélorussie. Ces Allemands ethniques se comportèrent au cours des massacres avec la plus insigne cruauté. Biberstein, le chef de l'Einsatzkommando 6, déclarerait lors de son audition du 29 juin 1947, que son kommando avait été « littéralement épouvanté par leur soif de sang[16] ».

L'assistance la plus précieuse sur laquelle les Einsatzgruppen purent s'appuyer sont les contingents d'auxiliaires locaux. Leurs effectifs furent en permanente augmentation au cours du conflit. Ces auxiliaires de police et ces milices supplétives, s'ils étaient déjà 30 000 en 1941, atteignirent le nombre de 300 000 à la fin de l'année 1942. Leur rôle et leurs missions diffèrent quelque peu selon les zones géographiques. En Ukraine, les locaux furent rarement amenés à tirer sur leurs victimes ; les Einsatzkommandos, Sonderkommandos et Teilkommandos s'en chargeant presque exclusivement au cours de la première phase des tueries. On constatera le phénomène inverse dans les pays Baltes ; les Allemands ne tirant presque pas un seul coup de feu, sauf lors des fusillades les plus massives organisées par le HSSPF Friedrich Jeckeln à Riga. Les plus nombreux, les plus motivés, qui prirent immédiatement part aux massacres sans même la supervision des Allemands, furent les Lituaniens, qu'ils soient intégrés à des formations de police auxiliaire ou aux « bataillons de défense de la main-d'œuvre nationale », des unités de tueurs dont l'efficacité leur vaudra d'être envoyées hors des frontières lituaniennes à partir de 1942.

« Dès le 1er juillet, écrit Raul Hilberg, l'Einsatzkommando 1b fit usage de ces hommes, et ce kommando, comme l'Einsatzkommando 3 qui lui succéda à Kaunas, s'appuya sur ces auxiliaires fraîchement formés, et organisés en divers bataillons, afin de concentrer, garder et exécuter les Juifs. Les "actions"

16. Raul Hilberg, *La Destruction des Juifs d'Europe*, *op. cit.*, t. I, p. 563.

qu'ils menèrent dans la ville furent, aux dires du Standartenführer-SS Jäger, chef de l'Einsatzkommando 3, du vrai "tir à la parade" (*Paradeschiessen*). Jäger forma aussi un petit détachement pour mener des opérations hors de Kaunas, et cette unité, épaulée par des Lituaniens du pays, écuma divers districts pour les rendre "libres de Juifs" (*Judenfrei*)[17]. » De même à Vilnius, les déserteurs lituaniens qui avaient été enrôlés de force dans les troupes soviétiques furent chargés par l'Einsatzkommando 9 de « liquider » la communauté juive dans les fosses de stockage de la forêt de Ponary. 150 hommes, soumettant chaque jour 500 Juifs à ce que les Allemands, par un bel euphémisme, appelaient le « traitement spécial ». De même en Lettonie et en Estonie.

En Ukraine, si les Einsatzgruppen C et D s'adjoinrent l'aide de la gendarmerie locale, ils se montrèrent plus réticents à utiliser la milice pourtant mise sur pied au mois d'août 1941. Ils furent néanmoins contraints de l'employer, la chasse aux partisans prenant souvent le pas sur la mission exterminatrice. La milice ukrainienne, aussi pour préserver le moral des kommandos allemands, y fut chargée des tâches les plus transgressives, et notamment de l'assassinat des enfants. « Au voisinage de Jitomir, un district rural (*rayon*) avait une population d'environ 50 000 habitants et une milice de 350 hommes. En très peu de temps, la police secrète allemande de campagne et la milice locale "anéantirent entièrement" les Juifs de ce *rayon*, à l'exception de 300 femmes et enfants de moins de 10 ans. L'Einsatzkommando 4a alla jusqu'à ne plus vouloir exécuter que les adultes, laissant les enfants à ses acolytes ukrainiens[18]. »

Qui étaient ces auxiliaires locaux ? S'ils furent dans un premier temps recrutés dans les rangs des mouvements nationalistes et antisémites des pays où entraient les troupes allemandes au déclenchement de la guerre, ceux qui avaient perpétré les pogroms, le spectre s'élargit à partir de 1942. Les ghettos sont déjà « liquidés », et la demande en personnel ne cesse de croître.

17. *Ibid.*, p. 560.
18. *Ibid.*, p. 562.

De plus, l'effondrement psychique des tueurs du SD entraîne un renouvellement permanent. Les SS sont contraints d'élargir le recrutement au-delà des seuls mouvements pro-nazis, organisant des campagnes d'embauche dans les villages, garantissant aux volontaires le doublement de leurs rations alimentaires, promettant que leurs familles seront dispensées du travail obligatoire.

« Ceux-là ne s'enrôlaient pas forcément de gaieté de cœur, commente Martin Dean, historien britannique, spécialiste des collaborations locales et ancien chasseur de nazis pour Scotland Yard. Leur niveau d'éducation était très faible. La plupart d'entre eux étaient des fermiers, et ils étaient surtout sensibles au fait que le travail dans la police était moins difficile que le travail à la ferme. Si vous étiez un jeune homme à l'époque, vous auriez certainement été envoyé au travail obligatoire, ce qui s'est produit à une très grande échelle à partir du printemps 1942. Et donc, travailler dans ces unités de police était sans doute pour eux la meilleure alternative. En faisant abstraction du nationalisme et de l'antisémitisme, le fait que ces collaborateurs étaient plutôt bien payés en comparaison du reste de la population, qu'ils étaient sûrs de pouvoir manger à leur faim, comptait pour beaucoup dans leurs motivations[19]. »

Enfin, les prisonniers de guerre soviétiques, confinés dans de gigantesques camps de prisonniers pour y être livrés à la mort sous différentes formes, fournirent eux aussi des bataillons de tueurs. Notamment dans la ROA d'Andreï Vlassov. Au premier hiver russe de 1941-1942, le nombre de soldats soviétiques morts au combat, ou dans les camps de prisonniers, ou de froid, ou de faim, ou sous les balles des Einsatzkommandos, s'élève à plus de 1 500 000. Afin de se soustraire à la mort ou au goulag où ils seront envoyés s'ils en réchappent, un certain nombre d'entre eux, originaires d'Arménie, d'Azerbaïdjan, de Géorgie, et d'autres régions d'URSS, furent recrutés par leurs geôliers pour accomplir des tâches de luttes contre les partisans et d'extermination des Juifs.

19. Entretien avec Martin Dean, 10 juin 2008, Paris, France.

IX

Ponary

Vilnius, la « Jérusalem du Nord » – Walter Stahlecker, commandant de l'Einsatzkommando 9 – Un site pour les aktions : la gare de Ponary et les fosses du dépôt de carburant – Témoignage des chauffeurs de la Werhmacht – Le journal de Kazimierz Sakowicz – La procédure des tueries – 250 à 300 Juifs par jour – Vider le ghetto : 3 700 raflés dans la prison de Lukiszki – Un abattoir pour les humains – Les récits de trois rescapées – 30 000 Juifs assassinés les 21 et 22 décembre 1941.

La 7e Panzerdivision occupait la capitale lituanienne depuis une semaine quand l'Einsatzkommando 9 de l'Einsatzgruppe A dirigé par Walter Stahlecker entra dans Vilnius, le 2 juillet 1941. Depuis le début du siècle, la ville avait vécu sous différentes souverainetés, et la composition de sa population reflétait ces époques successives. Occupée par l'Allemagne de Guillaume II entre 1915 et 1918, elle était ensuite passée sous le contrôle des unités de francs-tireurs polonais avant d'être conquise par les bolcheviques. L'accord trouvé en 1920 entre les belligérants soviétiques et polonais fut rompu par l'armée du général Lucjan Zeligowski, ce qui eut pour conséquence la partition du pays, puis l'annexion par la Pologne de la partie occidentale de la ville. Depuis lors, les langues dominantes à Vilnius étaient le polonais et le yiddish. Forte d'une population juive de 80 000 personnes sur un total d'environ 200 000 habitants, Vilnius était un centre historique du judaïsme ashkénaze. Cette

« Jérusalem du Nord » était le foyer originel de la culture et de la langue litvakes. Elle réunissait une impressionnante concentration d'institutions religieuses et culturelles. Son musée juif était mondialement connu, ainsi que ses reliques sacrées, tels d'antiques manuscrits de la Thora, ou les textes originaux des Trois Privilèges accordés aux Juifs par les rois polonais des XVe et XVIe siècles – privilèges qui avaient favorisé l'épanouissement et le dynamisme de la culture juive.

En 1939, après la signature du pacte Molotov-Ribbentrop, la Lituanie fut annexée par l'Union soviétique, et la capitale transférée de Kaunas à Vilnius. Les Juifs, dans leur immense majorité, accueillirent cette annexion avec soulagement, conscients du danger qu'aurait représenté pour eux une domination de l'Allemagne nazie. L'accueil manifesté par les Juifs au pouvoir soviétique fut très mal ressenti par le reste de la population, et notamment sa composante nationaliste qui les accusa de traîtrise, attisant les haines à leur encontre. Pourtant, il faut rappeler que si les Juifs voyaient dans l'Union soviétique un moindre mal, ils souffrirent tout autant que leurs compatriotes de la brutale occupation soviétique. Les communistes avaient interdit toutes les institutions juives, et ils déportèrent 7 000 Juifs dans les camps de Sibérie, une proportion équivalente (la communauté juive représentait environ 7 % de la population globale) aux autres communautés. Aux premiers jours de l'invasion allemande, 15 000 Juifs, surtout des jeunes gens, parvinrent à s'enfuir et à rejoindre les lignes soviétiques.

Les prérogatives de l'Einsatzgruppe A avaient été établies par le RSHA de Berlin. Les « opérations de nettoyage [devaient] donc concerner en premier lieu les Juifs et les bolcheviques ». En revanche, « les Polonais [pourraient] s'avérer des auxiliaires utiles pour initier des pogroms et obtenir des renseignements »[1]. À Vilnius, Stahlecker et ses hommes préparèrent l'extermination des Juifs sur trois fronts simultanés : l'orga-

1. Yitzhak Arad, Shmuel Krakowski, Shmuel Spector, *Einsatzgruppen Reports*, *op. cit.*, p. 113.

nisation des unités de collaborateurs et de tueurs, le recensement des Juifs précédant leur ghettoïsation, la recherche d'un site de mise à mort à l'écart de la ville à même d'engloutir la totalité des Juifs et des opposants politiques. L'Einsatzkommando 9 commença par dissoudre la police politique lituanienne, réaffectant 150 de ses hommes dans des bataillons de tueurs auxiliaires. Dans le même temps, il s'employait à recenser les Juifs, ciblant en priorité les élites (les intellectuels, les membres les plus fortunés de la communauté et les activistes politiques) qui sont aussitôt « liquidées ». Dans son rapport d'activité au RSHA, l'Einsatzkommando fait le bilan de ces premières mesures de « nettoyage » : le 4 juillet, 54 Juifs furent assassinés. 93 le jour suivant. « Une grande quantité de biens appartenant à des Juifs a pu être saisie », conclut le rapport. La ghettoïsation demandait plus de temps. Stahlecker s'employa avant cela à rechercher le site où auraient lieu les aktions d'extermination. La première gare de chemin de fer à la sortie sud de Vilnius s'appelait Ponary – Poneriai en lituanien. En bordure d'une forêt, la gare donnait sur le chantier d'un vaste complexe industriel entouré de pinèdes, un dépôt de carburant abandonné par les Soviétiques. Une vingtaine de fosses circulaires, de tailles variables, prévues pour stocker le carburant, avaient été creusées dans le sol sablonneux. Très peu d'entre elles étaient bétonnées, les Soviétiques n'ayant pas eu le temps d'achever les travaux. Pour Stahlecker, le site offrait toutes les caractéristiques recherchées : à l'abri des regards, éloigné d'une dizaine de kilomètres du centre de Vilnius, les fosses déjà creusées étaient suffisamment larges, et ne nécessitaient aucun aménagement particulier. La plus grande faisait 6 mètres de profondeur et environ 18 mètres de diamètre.

Les premières exécutions eurent lieu le 8 juillet 1941 : une centaine d'hommes, conduits à pied depuis Vilnius, escortés par des civils lituaniens portant des fusils et le brassard des mouvements nationalistes. On avait dit aux condamnés de se présenter avec un minimum de bagages pour le « travail obligatoire ». Arrivés dans une clairière, on les obligea à se déshabiller, puis ils durent remettre à leurs bourreaux l'argent et les biens qu'ils avaient apportés. Par groupe de 10 ou de 20, ils furent forcés de marcher nus, les mains en l'air, jusqu'à l'une des fosses de stockage où ils furent abattus à la carabine. Si certains bougeaient encore, les tireurs leur assénaient le coup de grâce. Les corps furent recouverts de sable par les tireurs avant l'arrivée du groupe suivant. Cette première série d'exécutions a plus tard été racontée par un chauffeur de la Wehrmacht : « Je ne sais plus si nous sommes arrivés à Ponary le 5 ou le 10 juillet 1941 [...]. Je ne sais plus non plus si c'était le premier ou le deuxième jour de notre séjour ; j'étais en train d'effectuer des vérifications sur les véhicules, quand soudain j'ai vu une colonne d'environ 400 hommes qui arrivaient par la route de Vilnius et entraient dans une forêt d'épicéas. Cette colonne, qui était exclusivement composée d'hommes de 25 à 60 ans, a été conduite vers le bois sous la surveillance de civils lituaniens. Les Lituaniens étaient armés de carabines. Ces gens étaient entièrement habillés et n'avaient emporté que le strict nécessaire. D'après ce dont je peux me souvenir, les gardes portaient des brassards, mais je ne me rappelle plus exactement leur couleur. Il me revient à l'esprit que Hamann et vraisemblablement Hechinger ont suivi cette colonne. Au bout d'une heure environ, Hamann est revenu à notre cantonnement. Il était livide et très nerveux ; il m'a raconté ce qu'il avait vu dans le bois. Hamann m'a dit mot pour mot : “Tu as bien vu passer les Juifs, tout à l'heure, eh bien, il n'y en a plus un seul en vie.” Là-dessus, je lui ai dit que cela ne pouvait pas être vrai. Puis, il m'a déclaré qu'on venait de fusiller tous ces hommes. Et tous ceux qui étaient encore en vie après la fusillade avaient reçu le coup de grâce. Le surlendemain, je crois que c'était l'heure du déjeuner, j'ai de nouveau aperçu un groupe de 400 Juifs qui arrivait de Vilnius par le même chemin et se dirigeait vers ce bois. Ils étaient eux aussi escortés par des civils en armes. Les prisonniers étaient calmes. Je n'ai vu ni femme ni enfant, ni dans le premier ni dans le second groupe.

« Avec plusieurs camarades de notre unité du train, nous avons suivi ce groupe. D'après mes souvenirs, le sous-officier

Riedl, Dietrich, Schroff, Hamann, Locher, Greule, et sans doute quelques autres dont j'ai oublié le nom, étaient avec moi. Nous avons suivi ce groupe sur une distance de 800 à 1 000 mètres, puis nous sommes tombés sur deux grandes sablières. Le chemin que nous avions emprunté passait entre ces deux trous. Les sablières n'étaient pas reliées entre elles mais étaient séparées par le sentier et une sorte de piste. Nous avons dépassé la colonne juste avant les sablières et sommes restés à proximité de l'entrée de l'une d'elles (celle de droite). En ce qui me concerne, je me suis mis à 6 ou 8 mètres de l'entrée de la sablière. Des civils en armes étaient postés à gauche et à droite de l'entrée. Ensuite, les gardes conduisaient ces hommes par petits groupes dans la carrière de droite. Sur le bord, on avait creusé une tranchée que les Juifs devaient emprunter. Cette tranchée était circulaire.

« Elle faisait peut-être 1,50 mètre de profondeur et de largeur. Comme il s'agissait d'un terrain entièrement sablonneux, la tranchée avait été étayée avec des planches. Pendant qu'on conduisait les Juifs par groupes dans la sablière, un vieil homme a hésité et s'est arrêté un instant à l'entrée, puis il a dit en bon allemand : “Qu'est-ce que vous me voulez, je ne suis qu'un pauvre compositeur ?” Alors, les deux civils qui étaient postés

à l'entrée lui ont donné une volée de coups de matraque et il a été littéralement projeté dans la fosse. En peu de temps, tous les Juifs avaient été parqués dans cette tranchée circulaire. Mes camarades et moi, nous nous sommes rapprochés de l'entrée de la carrière. Et nous sommes sûrs et certains d'avoir vu les gardes matraquer les gens qui étaient dans cette tranchée. Ensuite, les civils ont poussé ces hommes 10 par 10 hors de la carrière. Ils avaient déjà le torse nu et la tête enveloppée dans un vêtement.

« Il faut encore que j'ajoute que les prisonniers en route pour le lieu d'exécution devaient former une chaîne en se tenant par le torse. Après avoir mis le premier groupe en joue, on conduisait le suivant sur le lieu d'exécution. Un peloton d'exécution de 10 hommes se tenait sur le bord du chemin, à environ 6 ou 8 mètres du groupe. Puis, autant que je m'en souvienne, un ordre était donné et le peloton fusillait tout le groupe. Ils tiraient par salves si bien que tous les hommes tombaient en même temps à la renverse dans la fosse. En l'espace d'une heure, les 400 Juifs ont tous été fusillés de la même façon. Ils procédaient très rapidement aux exécutions. Tant que quelqu'un bougeait dans la fosse, on tirait encore quelques coups isolés. Cette carrière où l'on abattait ces hommes avait un diamètre de 15 à 20 mètres et devait, à ma connaissance, avoir 5 à 6 mètres de profondeur.

« De l'endroit où nous étions, nous pouvions apercevoir le fond de la fosse ; nous avons constaté que les 400 Juifs (environ) qui avaient été fusillés la veille s'y trouvaient aussi. On les avait recouverts d'un peu de sable. Au-dessus, sur la couche de sable, il y avait trois hommes et une femme, fusillés dans la matinée. Des membres sortaient encore de la couche de sable. Dès que l'on avait abattu une centaine de Juifs, les autres devaient jeter du sable sur les corps. Après avoir passé tout le groupe par les armes, le peloton d'exécution a rangé ses fusils sur le côté.

« J'ai eu alors l'occasion de parler avec l'un de ces hommes. Je lui ai demandé comment il pouvait arriver à faire ça, et je lui ai même dit que ces Juifs ne lui avaient rien fait, à lui.

Sur ce, il m'a répondu : "Oui, c'est ça, après tout ce que nous avons enduré sous le régime des commissaires juifs et russes, après l'entrée des Russes en Lituanie [...], c'est pas difficile." Au cours de la conversation, il m'a raconté que les Russes l'avaient soupçonné d'être un espion. Qu'il aurait été arrêté et traîné dans plusieurs geôles de la GPU, et pourtant il n'était pas coupable. Qu'il n'était qu'un simple chauffeur routier et n'avait jamais fait de mal à personne. Pour le faire passer aux aveux, on lui aurait, entre autres, arraché les ongles. Et que chacun des gardes présents ici, ou un membre de leur famille, avait subi les pires sévices. Ensuite, il m'a raconté qu'un commissaire juif aurait fait irruption dans un appartement, aurait ligoté l'homme et violé la femme sous ses yeux, et qu'ensuite il aurait sauvagement assassiné la femme, lui aurait arraché le cœur, l'aurait fait frire dans la poêle, puis l'aurait mangé. Là-dessus, des camarades m'ont raconté qu'à Vilnius quelqu'un aurait abattu un soldat allemand en tirant du clocher d'une église. Et qu'en représailles 300 à 400 Juifs auraient été à nouveau fusillés dans la sablière. Dans ce contexte, il faut aussi que je mentionne qu'au cours des jours suivants, des colonnes avec presque le même nombre de Juifs passaient sur la route qui menait au bois. Exception faite de ce fameux jour, je n'ai plus mis les pieds sur les lieux d'exécution.

« La seule chose que je puisse dire, c'est que les massacres de Ponary étaient un spectacle atroce. J'ai dit à l'époque : "Que Dieu nous garde, pourvu que nous ne perdions pas la guerre, car si la vengeance s'abat sur nous, les temps seront durs"[2]. »

Ce jour-là, un autre chauffeur allemand de l'unité qui assistait à la même exécution de masse discuta avec le chef des tireurs lituaniens. Ce dernier parlait bien l'allemand. Il avait été professeur dans une école allemande de Königsberg. À peu de chose près, son discours était identique. Le tueur lituanien lui rapporta la torture des ongles retournés et déclara que des

2. Ernst Klee, Willy Dressen, Volker Riess, *Pour eux « c'était le bon temps »*, *op. cit.*, p. 34-37.

membres de leurs familles, parents, frères, sœurs (les tueurs étaient tous des jeunes gens d'environ 25 ans), avaient été capturés à la gare par les bolcheviques. Ils auraient été déportés en Sibérie si les Allemands n'étaient entrés à Vilnius. Le chauffeur allemand exprime dans son témoignage un sérieux doute quant à la véracité de ces récits. « Quand je suis arrivé sur place, un homme en uniforme gris était posté entre les deux fosses ; dès qu'il nous a vus, du bras, il nous a fait signe de nous éloigner. Mais nous avons continué à avancer et je lui ai dit qu'il ne devait pas faire tant de manières, que nous avions déjà tout vu. En me rapprochant, j'ai vu que l'homme en uniforme portait un brassard sombre sur sa manche gauche, sur lequel étaient brodées les initiales “SD”. Puis, un peu à l'écart, j'ai vu une voiture, du type landau, arrêtée et attelée à deux chevaux. Un autre homme du SD était assis sur le siège du cocher, mais je n'ai pas pu l'observer plus longtemps. Dans la voiture, il y avait deux Juifs bien habillés. J'ai eu l'impression qu'il s'agissait de personnalités importantes. C'est ce que j'en ai déduit parce qu'ils avaient l'air intelligent et très soigné, et qu'on n'aurait certainement pas transporté des “Juifs ordinaires” en cabriolet. Les deux Juifs ont dû descendre de voiture ; j'ai remarqué qu'ils tremblaient. Visiblement, ils savaient ce qui se préparait. Le SS qui avait voulu nous chasser tenait un pistolet-mitrailleur. Il a obligé les deux Juifs à s'approcher du bord de la fosse et leur a tiré à tous les deux un coup dans la nuque si bien qu'ils se sont écroulés dans la fosse. Je me souviens même que l'un d'eux tenait un mouchoir et une boîte de savon que l'on a ensuite vus au fond de la fosse.

« Je tiens encore à mentionner que, tous, nous nous sommes demandé ce qui arriverait au cas où nous perdrions la guerre et si nous aurions à payer tout cela un jour[3]. »

La suite nous est connue par le journal de Kazimierz Sakowicz, un journaliste polonais qui habitait Ponary et qui nota, au jour le jour, chaque exécution à laquelle il assista de la fenêtre de

3. *Ibid.*, p. 37-39.

sa maison. La procédure des tueries, ses à-côtés, le nombre de victimes de chaque exécution. Sakowicz a été tué dans les derniers jours précédant la retraite allemande pour un motif inconnu, alors qu'il se rendait à Vilnius à bicyclette. Mesurant l'importance de ses notes, il avait pris soin de déchirer les pages de son journal et de les enterrer à différents endroits de la forêt. Ces pages ont été découvertes et rassemblées après la guerre.

À la date du dimanche 27 juillet 1941, Sakowicz écrit : « Du 8 juillet (date de la première exécution) à la fin du mois, ils ont fusillé chaque jour, à l'exception du dimanche 27 juillet. L'un dans l'autre, en juillet, en l'espace de 10 jours, ils en ont tué en moyenne de 250 à 300 par jour, ce qui fait un total de 4 675. Uniquement des hommes, une seule femme ayant été "ajoutée"[4]. »

Le lundi 2 septembre 1941, cela faisait un mois qu'on avait commencé d'assassiner aussi les femmes et les enfants : « Les exécutions de grosses fournées ont repris. Aujourd'hui, environ 4 000 personnes ont été amenées et abattues par 100 tireurs ivres. La barrière était gardée par une centaine de soldats et de policiers. Cette fois, les victimes ont subi de terribles tortures avant d'être exécutées. Les hommes ont été tués séparément. Les femmes ont dû se mettre en sous-vêtements. Ils avaient apporté beaucoup de choses (fourrures, biens), parce qu'ils pensaient être conduits au ghetto. Le chef de brigade lituanien est allé sur la route dans une fourrure de femme. Il était saoul. Dans la fosse, les cadavres ont été piétinés. Personne n'a enseveli les tués. Beaucoup de blessés se convulsant de douleur et personne pour les achever[5]. »

Un an plus tard, les exécutions continuaient à la même cadence. Jeudi 30 juillet 1942 : « À peu près 150 personnes abattues. La plupart d'entre elles étaient des personnes âgées. Les tireurs se sont plaints d'être très fatigués après "le travail",

4. Kazimierz Sakowicz, *Ponary Diary, 1941-1943, a Bystander's Account of a Mass Murder*, Yitzhak Arad (éd.), New Heaven et Londres, Yale University Press, 2005, p. 13.

5. *Ibid.*, p. 28.

d'avoir mal aux épaules. C'est la raison pour laquelle ils n'ont pas achevé les blessés qui ont été enterrés à moitié vivants[6]. »

À la fin du mois de juillet 1941, la Wehrmacht avait confié les pays Baltes et la Biélorussie occidentale à l'administration civile de l'Ostland. Un conflit opposait depuis lors Hinrich Lohse, le Reichskommissar de l'Ostland, au commandant de l'Einsatzgruppe A, Walter Stahlecker. Bien que Lohse fût un nazi convaincu, il voyait d'un mauvais œil le rythme des exécutions pratiquées à Ponary. C'était pour lui un sacrifice inutile. Cette main-d'œuvre gratuite aurait dû servir aux forces allemandes. Lohse ne pensait pas l'extermination comme une priorité. Il penchait davantage pour une ghettoïsation sur le modèle polonais, et pour la réduction des Juifs en esclavage. Stahlecker se plaignit de l'attitude de Lohse à Berlin dans une lettre datée du 6 août. Il reprochait au Reichskommissar de l'Ostland de ne pas avoir « étudié la possibilité sans précédent d'un traitement radical de la question juive dans les régions de l'Est [...] ». Car si l'extermination devait s'interrompre, « les Juifs poursuivr[aient] ici leur existence parasite continu[ant] à jouer un rôle perturbateur »[7].

Les arguments de Lohse seraient néanmoins pris en compte et un compromis trouvé. Dans la zone d'influence de l'Einsatzgruppe A, les régions rurales seraient vidées de leurs Juifs. Dans les grandes agglomérations, leur marquage serait systématisé, ainsi que leur regroupement dans des ghettos, si possible installés dans les quartiers juifs de ces villes afin de ne pas avoir à déplacer trop de chrétiens.

À Vilnius, le commissaire divisionnaire Hans Hingst, en coordination avec le maire de la ville, avait prévu d'installer le ghetto dans le quartier juif du centre-ville. Déjà surpeuplé, il pouvait difficilement recevoir de nouveaux habitants. Hingst décida d'y faire place nette. Le 31 août, les nazis firent cacher

6. *Ibid.*, p. 49.
7. Richard Rhodes, *Extermination : la machine nazie*, *op. cit.*, p. 162.

des armes dans un immeuble du quartier juif et tirer des coups de feux par deux miliciens lituaniens en civil. Sur la place où se trouvait l'immeuble, des soldats allemands faisaient la queue devant un cinéma. Alertés par les coups de feu, ils voulurent savoir d'où provenaient les tirs. Les deux Lituaniens, descendus leur parler, prétendirent que des Juifs avaient tenté de leur tirer dessus. Deux Juifs habitant l'immeuble furent battus à mort, et le quartier entièrement raflé. Tous ses habitants, 3 700 personnes, furent enfermés dans les cellules de la prison Lukiszki. On décréta un couvre-feu dans tout le quartier juif pendant que Hingst faisait placarder des affiches. Il y était écrit que « des francs-tireurs juifs avaient tiré sur des soldats allemands ».

De la prison Lukiszki, les 3 700 habitants raflés furent envoyés à Ponary. Les hommes devaient s'y rendre à pied. Les femmes et les enfants dans des camions. Ils furent assassinés entre le 31 août et le 2 septembre. Le rapport Jäger[8], dans sa série de bilans détaillés des tueries de l'Einsatzgruppe A du 1er décembre 1941, rend compte des exécutions consécutives à ce qu'il appelle « la grande provocation » : 864 Juifs, 2 019 Juives et 817 enfants exécutés. Le grand tournant avait eu lieu. Si jusqu'alors on avait essentiellement assassiné à Vilnius les hommes en âge de se battre, à partir de la « grande aktion » qui débuta au soir du 31 août, les femmes et les enfants seraient également exterminés.

Pour autant, malgré les rumeurs qui commençaient à se propager, et même si les Juifs de Vilnius vivaient depuis des mois dans la terreur, nul ne pouvait croire que les Juifs étaient ainsi tués sans raison. La version « allemande », celle d'une réinstallation dans un camp de travail situé en forêt de Ponary dominait encore. Le secret serait une première fois éventé quand, le 3 septembre, un médecin juif de Vilnius, Meir Mark Dvorjetsky, tomba sur une femme qui errait pieds nus dans les rues de la ville, les yeux hagards et les cheveux en désordre. Elle était couverte de bandages. La femme s'appelait Sonia. Elle revenait de Ponary. Là-bas, dit-elle au médecin, il n'y avait pas

8. Rapport d'activité de l'Einsatzgruppe A du 1er décembre 1941.

de camp de travail, mais un abattoir pour les humains. Elle lui raconta ce qui lui était arrivé.

Sonia et ses enfants faisaient partie du groupe amené la nuit du 31 août à Ponary. Elle raconta les exécutions, les Juifs qui priaient et imploraient Dieu pour le pardon de leurs fautes avant d'être assassinés, puis comment elle avait été touchée d'une balle et laissée pour morte parmi les cadavres. Elle s'était ensuite dégagée des corps à la faveur de la nuit, puis elle avait rampé hors de la zone d'exécution, s'égratignant aux fils barbelés qui la délimitaient. À demi-morte, elle avait été secourue par une paysanne polonaise qui avait bandé ses blessures. La paysanne lui avait donné un bouquet de fleurs et dit : « Va-t-en d'ici ! Prends ces fleurs avec toi comme si tu étais une paysanne ordinaire afin qu'ils ne sachent pas que tu es juive. » Devant le médecin, elle ôta ses bandages. Dvorjetsky vit un trou putréfié entouré de parasites. Pris de terreur, il s'employa à répercuter l'information auprès de ses coreligionnaires. Il voulut avertir un groupe de Juifs qui devait être envoyé à Ponary. Ils refusèrent de le croire : « Au lieu de nous encourager, de nous consoler, tu viens nous raconter ces histoires d'extermination à dormir debout ! Comment se pourrait-il que les Juifs soient ainsi enlevés et tués[9] ? »

Pendant ce temps les Juifs travaillaient à leur installation dans le ghetto qui fut ouvert la même semaine, le 6 septembre 1941. Les nazis prenaient un plaisir pervers à les faire travailler le samedi, jour sacré du shabbat. Deux ghettos, un grand et un plus petit, furent ouverts et entourés d'une enceinte. 30 000 personnes furent confinées dans le premier ghetto, 10 000 dans le second. La place manquait. Malgré la grande aktion du 31 août, les deux ghettos étaient à nouveau surpeuplés. L'excédent des Juifs qui ne pouvaient être logés, soit 6 000 personnes, devait être liquidé. La marche vers la prison Lukiszki fut une pre-

9. Martin Gilbert, *The Holocaust. A History of the Jews of Europe During the Second World War*, New York (NY), Henry Holt, 1987.

mière épreuve pour ces 6 000 condamnés. Ils furent battus sur tout le chemin à coups de matraques en caoutchouc. Les enfants qui avaient perdu leurs parents dans la foule hurlaient, les vieux trébuchaient, tombaient. Les centaines d'Allemands et de Lituaniens qui les attendaient les accueillirent en les rouant de coups sous une bordée d'injures, s'acharnant à frapper les enfants devant leurs mères en leur jurant une mort imminente.

Les SS confisquèrent d'abord aux prisonniers de Lukiszki leurs biens. On fit circuler de grands seaux dans lesquels les Juifs devaient déposer leur argent et leurs objets de valeur, puis on procéda à leur recensement pour établir des listes de travailleurs qualifiés, de médecins, d'ingénieurs et d'autres professions dont les SS auraient pu tirer avantage. Une fois de plus, Lohse s'était opposé à la décision de Hingst de les envoyer tous à la mort. Il fallait au moins épargner ceux qui pouvaient servir. On envoya ceux-là au ghetto n° 1. Les autres – il ne restait guère que les femmes, les enfants et les plus âgés – furent envoyés à Ponary.

Sima Katz, une institutrice mère de trois enfants, faisait partie du groupe de femmes emmenées dans la forêt de Ponary la nuit du 31 août. Cette nuit-là, ses filles furent assassinées. Elle survécut. « À Lukiszki, on nous a gardées deux jours dehors, puis on nous a mises dans des cellules. On a su que les précédents prisonniers avaient été envoyés à Ponary, mais personne ne songeait qu'ils avaient tous été tués. Nous sommes restées là jusqu'au jeudi. À deux heures du matin, des projecteurs ont soudain illuminé la cour de la prison. On nous a fait monter dans des camions, 50 à 60 femmes par camion. Dans chaque véhicule, il y avait des sentinelles lituaniennes armées. Les camions se sont dirigés vers Ponary. Nous sommes arrivées dans un endroit de collines boisées et on nous y a laissées. Mais nous ne comprenions toujours pas. On nous a fait mettre par rangées de 10 et poussées vers un endroit d'où l'on entendait des tirs. Puis les Lituaniens sont revenus pour une nouvelle fournée. Soudain, la vérité nous a fait l'effet d'un choc électrique. Les femmes se sont répandues en prières pitoyables, offrant aux sentinelles leurs bagues et leurs montres. Certaines se jetaient sur le sol et embrassaient les bottes des sentinelles, d'autres s'arrachaient les cheveux et déchiraient leurs vêtements – en vain. Les Lituaniens ont continué à pousser un groupe après l'autre vers le lieu du massacre.

« Vers midi, quand il a été clair qu'il n'y avait aucun moyen d'échapper à ce destin, les femmes sont tombées dans un état de stupeur. Quand leur tour arrivait, sans plaintes et sans résistance, elles allaient, impuissantes, vers leur mort. Tout à coup, on a vu un groupe d'hommes. Il y avait à leur tête un vieux rabbin, enveloppé dans son châle de prière. En passant près de nous, il nous a crié : “Courage à vous, courage, mon peuple.” Nous nous sommes mises à trembler. Les femmes se sont mises à gémir et même les Lituaniens s'en sont rendu compte. L'un des gardes a couru vers le rabbin et l'a frappé avec la crosse de son fusil.

« Mes filles et moi, nous étions assises par terre. Certaines femmes n'ont pas attendu leur tour et sont sorties des rangs. Les rangs se sont disloqués. Les femmes se sont assises par terre et ont attendu qu'un miracle fasse cesser le carnage. Je n'avais qu'une idée en tête : faire partie des dernières. Notre tour est arrivé à 5 heures et demie. Les gardes ont encerclé les femmes qui restaient. Je sentais la main de ma fille dans la mienne. […] Quand je suis revenue à moi, je me suis sentie écrasée par le poids de nombreux corps. On marchait sur moi et l'odeur âcre d'un produit chimique a empli l'atmosphère. J'ai ouvert les yeux, un jeune homme nous aspergeait de chaux vive. J'étais dans un immense charnier. J'ai retenu ma respiration et j'ai écouté. Des gémissements, des râles et, au-dessus, les rires amusés des Lituaniens. J'aurais voulu être morte pour ne rien entendre. Rien n'avait d'importance. Je ne me suis pas rendu compte que j'étais indemne. Un enfant pleurait, pas très loin de moi. Aucun son ne venait du dessus. Les Lituaniens étaient partis. Les pleurs ont secoué ma stupeur et j'ai rampé vers le son. J'ai trouvé une petite fille de 3 ans, indemne. Je savais que, si je survivais, ce serait grâce à elle. J'ai attendu que la nuit tombe puis, tenant l'enfant dans mes bras, j'ai rampé jusqu'à la surface et me suis dirigée vers la forêt. Très vite, je suis tombée sur cinq autres femmes qui s'en étaient sorties. Nos vêtements étaient maculés de sang et brûlés par la chaux. Certaines n'avaient que leurs sous-vêtements sur elles. Nous nous sommes cachées pendant deux jours dans la forêt. Un paysan est arrivé et a eu si peur qu'il a poussé un drôle de cri et s'est enfui. Mais il n'a pas eu la décence de revenir nous aider. Il a dû croire qu'il avait rencontré des fantômes d'un autre monde[10]. »

Parmi les six personnes connues – toutes des femmes – ayant réchappé aux massacres du 3 septembre 1941, il y avait également Sara Menkes. Après la guerre, elle est allée trouver Abba Kovner, un jeune intellectuel qui avait organisé la résistance juive dans le ghetto de Vilnius, pour lui apprendre ce qui était arrivé à l'une de ses élèves : Serna Morgenstern. Abba Kovner a rapporté comme suit la scène qu'elle lui a décrite : « Elles étaient alignées, on leur ordonnait de se déshabiller, elles étaient seulement vêtues de leurs sous-vêtements, et il y avait cette rangée d'hommes des Einsatzgruppen – et un officier est apparu, il a regardé la queue des femmes puis cette Serna Morgenstern. Elle avait des yeux magnifiques, une grande fille, avec de longs cheveux tressés. Il la regarda intensément pendant un long moment, puis il sourit et dit : "Fais un pas en avant." Elle était abasourdie comme toutes les autres. À cet instant personne ne pleurait, ni ne demandait plus rien, elles devaient être paralysées, et elle-même l'était tellement qu'elle n'a pas fait ce pas en avant et il a répété son ordre et demandé : "Eh ! tu ne veux donc pas vivre ? Tu es si belle. Je t'ai dit de faire un pas en avant." Elle a fait ce pas et il lui a dit : "Quel gâchis de recouvrir de terre une telle beauté. Va, mais ne te retourne pas. La route est de ce côté. Tu la connais. Contente-toi de la suivre." Elle a hésité un instant et puis elle a commencé à marcher. La suite, Sara Menkes me l'a rapportée comme suit : "Nous la regardions avec nos yeux sans savoir s'ils étaient pleins de

10. Cité par Richard Rhodes, *Extermination : la machine nazie*, *op. cit.*, p. 165-166.

terreur ou de jalousie, d'envie aussi, comme elle marchait lentement pas à pas. Et soudain l'officier a dégainé son revolver et lui a tiré une balle dans le dos." »

La majeure partie du ghetto fut « liquidée », les 21 et 22 décembre 1941. Au total, près de 30 000 personnes furent assassinées au cours de ces deux journées. Les tireurs lituaniens avaient en quelque sorte été « titularisés », et un bâtiment installé pour eux dans la forêt afin qu'ils puissent y déjeuner et dormir sur place. Quand il n'y eut plus de Juifs à abattre, des prisonniers soviétiques, des partisans, des convois de Juifs de Macédoine, seraient assassinés à Ponary jusqu'aux toutes dernières heures du conflit.

X

Les « abatteurs » de Ponary

Vilnius, septembre 2008 – Saulius Berzinis, une mémoire juive de la ville – Halina Jankowska, la fille du garde-barrière de Ponary – Le grand trou – Les « abatteurs » lituaniens – Les Allemands ne tiraient pas – Regina Jablonska et ses camarades de classe – Cuisinière pour les « abatteurs » – Avril 1943 : le massacre chaotique du ghetto de Sweiciany – Anatoli Lipinski, le petit accordéoniste chez les tueurs de Ponary.

À Vilnius, où j'arrivai le 29 septembre 2008, il faisait déjà froid et humide. Une brume persistante mélangée à un mauvais crachin qui l'enveloppa pendant plusieurs jours donnait à la cité médiévale un aspect fantomatique. J'étais venu filmer la forêt de Ponary et recueillir des témoignages sur les équipes de tueurs lituaniens. Pour cela, je cherchais à rencontrer ceux qui les avaient côtoyés au plus près. Mon fixeur dans les pays Baltes, Saulius Berzinis, était un réalisateur formé à l'école soviétique. Ces vingt-cinq dernières années, il avait consacré son temps et son travail à l'extermination des Juifs de Lituanie. Saulius, un grand homme mince de 58 ans, à l'allure flegmatique, énigmatique aussi, était obsédé par l'idée de continuer à faire vivre la présence juive de sa ville natale, cette « Jérusalem de Lituanie » dans laquelle il ne restait plus aucun Juif – à part quelques communautés loubavitch (des Juifs russes ou américains) venues s'y installer récemment.

Dans les années 1980, Saulius Berzinis s'était rendu à Amsterdam où devait être projeté l'un de ses films. Il y avait croisé un Juif américain originaire de Lituanie qui avait refusé de lui serrer la main. « Je ne serre pas la main aux Lituaniens. Ils ont assassiné toute ma famille. » Saulius, alors très ignorant des crimes perpétrés par ses concitoyens, était resté sans voix. Il avait voulu savoir ce qui s'était passé. Il s'était plongé dans la culture juive, avait appris le yiddish, avait tout lu, recueilli tous les témoignages possibles, aussi bien auprès de ceux qui avaient survécu, allant à leur rencontre où qu'ils se trouvent dans le monde, que des tueurs. Ceux qui avaient échappé aux échafauds soviétiques, après des années de goulag, étaient rentrés chez eux. Saulius les avait rencontrés et en avait filmé près d'une centaine. Dans le cours de sa longue immersion en eaux troubles, il avait réalisé plusieurs films documentaires dont *Care*, un film de témoignages entièrement en yiddish sur les derniers shtetls de Biélorussie, ou encore *The Lovely Face of the Murderers*, qui compile une première série d'interviews des tueurs.

Pour contribuer à entretenir la mémoire juive de Vilnius, il avait placé son fils cadet dans l'une des deux écoles juives de la ville. Le gamin, qui avait fait sa bar-mitzva, parlait couramment l'hébreu. En cela, et aussi par cette étrange mixture de ténacité et de douceur filtrant de ses yeux bleu pâle, Saulius m'apparut comme un personnage insolite, attachant et passionnant. Nous déambulâmes ensemble dans les rues tristes de l'ancien ghetto récemment rénové pour les tours operators.

Malgré les bâtisses fraîchement repeintes de couleurs vives, donnant à l'ensemble l'apparence d'un village Potemkine, certaines traces, repentirs ensevelis sous des couches de peinture successives, étaient reparues : des inscriptions en yiddish sur les façades des immeubles – enseignes éteintes de commerces disparus ; des bâtiments borgnes laissés à l'abandon. Autant de stigmates témoignant du calvaire des Juifs de Vilnius. Ici, la plus ancienne synagogue, aux fenêtres en ogives recouvertes de planches contreplaquées, utilisée comme dépotoir ; plus loin une petite maison anonyme au milieu d'une cour qui avait, du temps du ghetto, servi de prison et de salle de torture. Ailleurs, une petite statue honore la mémoire du diplomate Chiune Sugihara, le Schindler japonais qui, quand il était consul à Kaunas en 1940, délivra des milliers de visas pour le Japon aux Juifs qui avaient fui la Pologne occupée par les nazis. Le diplomate avait désobéi aux ordres de sa hiérarchie, contrevenu gravement aux accords de partenariat entre l'Allemagne et le Japon. Il fut rayé des cadres du ministère des Affaires étrangères du Japon avant d'être honoré en Israël, se voyant décerner en 1985, un an avant sa mort, le titre de « Juste parmi les Nations » par le Mémorial Yad Vashem de Jérusalem. À Vilnius et à Kaunas, une rue porte désormais son nom.

Le lendemain de mon arrivée, nous nous rendîmes à Ponary. Il pleuvait des cordes. Nous marchâmes sur le sentier emprunté naguère par les condamnés. Nous restâmes un long moment à filmer et à arpenter la large fosse circulaire photographiée en 1941 où l'on voit les victimes alignées, prêtes à être exécutées – celle des premiers témoignages que j'ai cités, celle que Rudashevski, un jeune Juif qui tint un journal au moment des exécutions, appelait « la grande tombe ». D'autres fosses sont encore visibles, mais la plupart, sans jamais avoir été vidées de leurs milliers de cadavres, ont été recouvertes par des installations industrielles. Au pied du mémorial, un massif bloc de granit, des cailloux peints aux couleurs du drapeau lituanien et du drapeau israélien avaient été déposés par les élèves d'une école de Vilnius, formant l'inscription en lituanien de ces quelques mots : « Pour ne pas oublier. »

Entre ce lieu désert, spectral, et la ligne de chemin de fer, se trouve la maison de Halina Jankowska, la fille du garde-barrière qui avait organisé avec les tueurs de Ponary un trafic de vêtements. Les vêtements pillés aux Juifs qu'on avait abattus. La maison du garde-barrière était située en face d'une fosse. Chaque jour, après les exécutions, il avait l'habitude de boire de la vodka avec les tireurs, au passage à niveau. Après le retour des Soviétiques, Maïakichovs, l'un des tireurs, et le principal partenaire du garde-barrière dans ce trafic, fut aperçu devant la grange où les vêtements des dernières victimes étaient entreposés. Arrêté par le NKVD, Maïakichovs dénonça le garde-barrière. Tous deux furent déportés à Krasnoïarsk, en Sibérie. Jankowski y resta cinq ans, après quoi il rentra vivre à Ponary.

Halina, sa fille, habite à quelques dizaines de mètres de l'ancienne maison familiale. D'origine polonaise, elle parle un curieux sabir, miscellanée de russe, de polonais et de lituanien. Elle vit dans des conditions relativement misérables, en face de la maison de son fils aîné avec lequel elle est fâchée depuis des années. L'intérieur est un antre crasseux où règne une puanteur insoutenable. Nous décidons de l'interviewer à l'extérieur, sur le perron, sous la pluie. Halina Jankowska a tout vu, tout entendu, et ce durant toute la période des tueries. Elle avait 10 ou 12 ans. Elle connaît les tueurs par leurs noms. Elle n'éprouve aucune compassion pour les Juifs qui furent assassinés sous ses yeux. L'évocation d'une scène insolite ayant précédé les tueries, la remarque sordide d'un tueur ou d'un membre de sa famille dont le souvenir lui revient en mémoire la font pouffer de rire. Saulius l'appelle « le clown ». Un clown bien singulier qui nous emplit, dès les premiers échanges, mon équipe et moi, d'un profond malaise.

« Dans le groupe des abatteurs, il y avait Chilnikas, un type désagréable qui avait l'habitude de débarquer chez nous et d'interpeller ma mère en criant : "Femme, fais-moi à manger !" Il y avait Maïakichovs, qui était de plus petite taille que les autres, Chviltinilai, Tutchalis (ou Tchutchalis, je ne me souviens plus de son nom exact), Betkunas, et un autre qu'on appelait "Golds" – un Allemand ethnique, je crois. En tout cas, il n'était pas lituanien. C'était un grand, un costaud. L'un d'entre eux a été tué rue Dominikanskaïa en 1944, quand les Russes sont arrivés. Les autres se sont enfuis. J'ai lu dans les journaux que l'un d'entre eux avait vécu sous un faux nom pas loin d'ici. Chaque matin, les ouvriers qui s'occupaient de charger le bois passaient par cette route en carriole. Ils buvaient de l'alcool local. Les abatteurs arrêtaient leur carriole pour en boire quelques rasades avant de se mettre au travail.

– Pourquoi les appelez-vous ainsi ? l'interrompt Saulius.

– "Les abatteurs" ? (Halina Jankowska éclate de rire.) Je sais, dit-elle en reprenant sa respiration entre deux hoquets qui nous laissent pétrifiés, c'est un terme de boucherie. Ce sont les tueurs de chevaux qu'on appelle ainsi... C'était seulement dans ma famille. Ma mère a trouvé ça un jour. Ça nous a fait tellement rire ! Après, on les a toujours appelés ainsi, chez nous. En réalité, c'étaient des meurtriers...

« Je me souviens quand une fois on a chassé plus de 10 000 Juifs d'un coup. La file s'allongeait jusqu'à Dobryy Radi. Comme les policiers ne suffisaient pas pour tous les encadrer, on est allé chercher les abatteurs pour qu'ils aident.

« Les exécutions, je les ai vues de mes propres yeux. On les regardait près de la remise quand elles avaient lieu près du grand trou. J'étais avec Romka, mon frère. Une vache s'était enfuie. Maman était partie avec papa à sa recherche. Avec mon frère et les petits on est restés à la maison. On regardait par la fenêtre, pour voir ce qui se passait. J'ai vu comment ils marchaient sur eux. Il n'y avait pas de regards étrangers là-bas. Les quatre Juifs qu'ils ont sortis du rang, ils étaient très bien habillés, très soignés, parce qu'on leur avait dit qu'on les emmenait au "ghetto" – c'était ce qu'on disait aux Juifs. En vérité, il n'y a jamais eu de ghetto. Le ghetto, c'était là-bas, sur la pelouse. Ils les ont fait s'allonger, et puis ils ont marché dessus. Après ils se sont occupés des quatre-vingts et quelques

personnes qui étaient là. Ils ont mis plus de deux heures à les fusiller. Et les quatre, on les a emportés. On les a amenés là-bas, près des grands trous. C'est là-bas qu'on les a fusillés. Nous, on entendait seulement les coups de feu.

« Les autres fois, c'est quand on faisait paître nos vaches. On ne gênait personne, tout était clôturé. Un jour on y était avec je ne sais plus qui, Rudinski peut-être. Mon pied s'est enfoncé dans quelque chose de mou. J'ai compris que c'était un ventre. Et juste à côté, il y avait aussi un derrière. J'ai immédiatement enlevé mon pied. Les cadavres étaient sous la terre, mais ça débordait tant il y en avait. Comment ne pas les voir ? Il y avait aussi un fossé. Je crois qu'il existe toujours, derrière la route. Il était plein des 5 000 personnes qu'on avait emmenées quelques jours plus tôt. On les avait exécutées dans le fossé. Et aussi dans ce grand trou. Mais il n'existe plus, ce trou ; il a été complètement recouvert. On a recouvert beaucoup de trous par ici.

– Quand les abatteurs, ces Lituaniens, tuaient, est-ce que les Allemands étaient présents ?

– Pas un seul, sauf Golds. Lui, c'est sûr que c'était un Allemand, parce que son comportement était différent de celui des gens de chez nous. Même s'il parlait lituanien, il avait une éducation tout à fait différente. Il n'est jamais entré chez nous. Les autres venaient discuter, manger, boire. Ils venaient et repartaient quand ils voulaient. Lui, il n'est pas entré une seule fois. Personne ne le connaissait, de quelle nationalité était-il ? Golds, c'était Golds ! C'était un Allemand. Peut-être était-ce un chef, mais parmi ceux que je connaissais, c'est Chilnikas qui commandait.

« Quand ils ont emmené les 10 000 personnes, il y en a qui ont réussi à s'échapper, qui ont sauté sur le pont de Litvinov. 64 d'entre eux se sont enfuis. Deux femmes, il me semble, sont mortes à Litvinov, le pont était miné là-bas aussi. Un autre jeune Juif a été chassé pendant que je faisais paître mes vaches…

– Vous avez dit que les abatteurs venaient manger, boire vos produits. C'était la guerre. Des temps difficiles. Comment payaient-ils ?

– Ils payaient en vêtements. Les vêtements des gens. Ils enlevaient les vêtements des gens, les emmenaient dans le village, et les échangeaient contre de la vodka. À part les vêtements, les Juifs avaient aussi de l'or sur eux… Ils devaient les voler, arracher les dents en or de leurs bouches. Les Lituaniens et les Allemands ; tous volaient.

« Il y avait un endroit non loin d'ici qui avait été aménagé pour les abatteurs, une sorte de cabane où ils pouvaient rester dormir. J'y suis entrée un jour qu'il n'y avait personne. C'était très propre. Maman a demandé à l'un d'eux qui s'appelait Jurenas pourquoi il ne restait pas dormir là-bas. Il a répondu qu'il ne voulait pas dormir au milieu des morts. Jurenas, c'était un gars assez normal. Ce n'était pas quelqu'un de dangereux comme Chilnikas. Il y en avait d'autres qui étaient des types bien. Jurenas, Archilnikas… »

« C'étaient des jeunes filles, et on les a jetées dans le trou. Un grand trou, qui était tout à côté de la route par laquelle on les emmenait – le trou en question n'existe plus. Il n'y avait que des femmes, pas un seul homme. On les a sorties une par une de la carriole et on les a fusillées. Une autre fois, on a amené des jeunes du lycée. En voiture, pas comme les Juifs qui venaient à pied. Les mères sont venues pleurer chez nous alors qu'on les exécutait. Pendant une exécution de Juifs, un type qui s'appelait Sienkiewicz est allé ramasser les vêtements et il s'est fait attraper par les abatteurs. Ils l'ont exécuté avec les Juifs. Vous croyez que c'est agréable pour un être humain de voir de telles choses ? »

Un voile a soudain assombri le regard de Halina Jankowska. Elle a cessé de sourire à l'évocation d'une exécution de Polonais. « Vous vous rendez compte ? s'indigne-t-elle, ils ont même fusillé les nôtres ! »

« Comment les exécutions se déroulaient-elles ?

– Très simplement. Près des grands trous, il y avait un hangar. Là où il y a maintenant la maison verte que vous voyez en face. Là, près du hangar, ils enlevaient leurs vêtements. Certains étaient nus, d'autres se couvraient d'un drap. Ils marchaient le long du trou, et c'est là qu'on les tuait.

– De quelle façon les tuait-on ? De quoi vous souvenez-vous ?

– Vous êtes vraiment quelqu'un de bizarre… comment voulez-vous que ça se passe ? Ils prenaient leurs fusils et ils leur tiraient dessus. Lorsqu'il n'y avait pas d'exécutions ou qu'ils traînaient dans le coin, ils n'avaient que des pistolets. Mais quand ils exécutaient, c'était au fusil. Des fusils ordinaires.

– Combien de personnes étaient amenées à la fois ?

– Je ne peux pas vous dire. À l'endroit du petit bois, il y avait un wagon à côté, parce qu'on y prenait des bains. Nous, on était derrière le hangar qui servait de remise pour le blé et l'orge. On était cachés derrière l'atelier et on regardait. Parfois, on grimpait sur le toit et on regardait. Je ne sais pas combien ils en emmenaient à la fois. Ils les emmenaient de l'autre côté du hangar, près du trou, et les exécutaient. C'est tout. Ils tombaient. Une fois ma mère, mon père et mon frère ont dû aller en ville. Ils venaient de sortir les gens du convoi. C'était un grand convoi. Mes parents n'ont pas pu rentrer à la maison. Ils ont dû dormir avec les employés des chemins de fer à la gare, pendant qu'on les emmenait se faire exécuter.

– Comment étaient habillés les tireurs ?

– Normalement. En civil. C'est seulement après qu'ils ont eu des uniformes. Au début non. Ils étaient tous en civil.

– Le fait que toutes les personnes tuées ici étaient juives, comment le compreniez-vous ? Vous étiez très jeune, mais vous ne vous demandiez pas pourquoi on fusillait ces milliers de gens ?

– Quand j'avais 10 ans, je portais déjà du lait à la ville. Quand un Juif marchait sur le trottoir, soit qu'il portait un brassard, soit l'étoile, soit le mot "Jude" [il y a d'abord eu le brassard, puis l'étoile, puis le mot « Jude »], n'importe qui, pas forcément un Allemand, pouvait le pousser sur la route. Et les gens les poussaient. Personne ne s'expliquait rien du tout. C'était comme ça. »

Regina Jablonska est issue d'une famille d'aristocrates polonais désargentés. Depuis l'effondrement de l'Union soviétique et l'indépendance de la Lituanie, elle a rajouté le suffixe « -ya » à son nom et se fait désormais appeler Regina Jablonskaya. Fille unique, née en 1922 à Vilnius, elle y a vécu toute sa vie. Ses parents venaient de s'installer à Ponary quand son père, soupçonné d'activités « antibolchevistes » quelques semaines à peine avant l'arrivée des troupes allemandes, fut arrêté par le NKVD. On avait trouvé un fusil chez eux. Il fut déporté en Russie et vraisemblablement fusillé.

Au lycée de Vilnius, Regina nous dit avoir eu des camarades juives avec lesquelles elle s'entendait très bien. « C'était du temps où mon père était en vie. Le lycée était orienté vers les matières littéraires. J'ai fini le lycée en 1939, et le 1er septembre, la guerre était déclarée. On a fait une photo de classe en souvenir. Toutes les filles l'ont signée. Quand la guerre a éclaté, le lycée a été fermé. Sa directrice est partie en Angleterre. J'ai appris par la suite qu'elle avait édité un livre sur la vie de notre lycée. Il y avait dans le livre la liste des noms de la dernière classe dans laquelle j'ai justement étudié. Il y avait le nom de toutes les élèves, notamment des élèves juives. Et une note précisait qu'elles avaient toutes été fusillées à Ponary. Quand je vois leurs signatures sur ma photo, je n'arrive pas à me faire à l'idée de leur destin. C'étaient de gentilles filles. » Regina Jablonska a conservé la photo parmi d'autres documents de l'époque, dans une petite boîte en fer : un cliché de petit format en noir et blanc sépia présentant une trentaine de filles en cheveux, portant l'uniforme des lycéennes, souriantes, à des années-lumière semble-t-il du cauchemar qui va bientôt s'abattre sur le groupe des trois premiers rangs de gauche, celui des jeunes Juives. L'une d'entre elles essaie de contenir un fou rire. Rien, au premier coup d'œil, ne les distingue de leurs camarades lituaniennes, russes ou polonaises. Regina Jablonska se tient debout, au dernier rang sur la droite. Une frimousse de 17 ans, blonde, jolie. « On était une classe très soudée. On était amies. On ne faisait aucune distinction avec les Juifs. À Vilnius, il y avait de toute façon beaucoup de Juifs. Vous voyez, elles sourient sur la photo.

« Avant que tout cela ne commence, le pouvoir soviétique

avait décidé de créer un lieu pour stocker l'essence. Ils avaient creusé des fosses pour cela. Ce sont devenus des lieux de mort. De grandes fosses pour stocker de l'essence. Ils avaient bétonné une de ces fosses. Les autres n'étaient que des trous dans le sol. Quand les Allemands sont arrivés, nous n'avions pas de transport à Vilnius, nous circulions à pied. Je marchais en compagnie d'une amie quand nous avons rencontré un groupe de Juives. Elles nous ont demandé où se trouvait Ponary. Leurs maris avaient été emmenés pour travailler là-bas. Ça nous a semblé suspect, parce qu'on avait entendu des coups de feu de ce côté-là. Nous leur avons indiqué la route, sans en demander davantage. C'était le début. Après, ça a été tous les jours : des coups de feu, des voitures qui emmenaient des gens. Nous ne voyions pas ce qui s'y passait, on entendait seulement les coups de feu.

– Au début, vous ne compreniez pas qu'on exécutait les gens là-bas ?

– Au début, nous ne le savions pas. Comment aurait-on pu le savoir ? Il n'y avait pas beaucoup de coups de feu. Jamais on n'aurait pu penser que les Allemands utiliseraient ces fosses de telle façon. C'est seulement après qu'on a compris. Quand les bruits ont commencé à courir. Mais tout était entouré de barbelées. Même quand ces fosses ont été creusées, je n'y allais jamais. Pourquoi y serais-je allée ? Et puis, nous avons su. C'étaient des groupes entiers qui étaient chassés. Je me souviens notamment de Pelcher, un médecin juif, un chirurgien il me semble. Quand les gens ont appris qu'il avait été emmené à Ponary, ils sont allés protester pour qu'on le libère. Il était très célèbre. Il n'a cependant pas pu être sauvé. Les bruits ont couru très vite, et on a su qu'ils fusillaient là-bas.

« Commence alors une période qu'il est impossible d'oublier. Un événement s'est produit. Ça s'est passé le soir. De l'autre côté de la voie ferrée, une voiture est arrivée. On a commencé à en sortir des caisses pleines de vodka. Nous avions peur qu'ils rasent Ponary, pour qu'il n'y ait pas de témoins. On se demandait ce qui se tramait. On avait peur qu'ils nous éliminent. On se disait qu'il leur manquait seulement un mobile.

Le tunnel était encore en service à l'époque. Il ne fonctionne plus aujourd'hui. Il s'étendait sur 800 mètres environ. Il y en avait un comme celui-là à Kaunas. Un grand convoi est arrivé. Il y avait des wagons de marchandises mais aussi des gens. On entendait les conversations. Nous habitions à 600 mètres de la voie ferrée.

« Le lendemain matin, à six heures, j'étais déjà prête avec ma pelle à partir au travail. J'entends une fusillade à la mitraillette. "Pop-pop-pop." Mon Dieu, qu'est-ce que c'est ? Ma mère : "Quelque chose ne va pas. Tu devrais rester à la maison aujourd'hui." J'y suis allée quand même. J'arrive et je vois… mon Dieu ! Des chaussures éparpillées, plus loin un homme allongé… Sur la route, il y avait un passage à niveau. On y entendait des cris et des pleurs. Après le passage à niveau, la route mène vers ce que l'on appelait la base. J'étais allée trop loin et je ne pouvais plus revenir. Il y avait des corps partout. J'aurais pu me faire tuer. J'ai décidé de traverser la voie ferrée par le passage à niveau. Là, j'ai vu les agents de la Gestapo, avec leurs casquettes. "Eh ! Où vas-tu ?" Je leur dis et leur montre mon permis de travail. À ce moment-là, je travaillais comme ouvrière à la construction d'une route. "Vas-y !" Je passe devant, et je vois les gens jetés hors du train. J'ai rejoint une amie qui était en compagnie de deux garçons. Elle habitait une maison à deux étages, comme moi, de l'autre côté de la voie. La forêt était encore toute jeune. Les pins étaient petits. On a décidé de passer par là, à quatre pattes, et de traverser par la colline en contournant le convoi. Des gens s'étaient enfuis et ils ont tiré, les balles sont passées juste au-dessus de nos têtes.

« On a réussi à rejoindre la route, mais il y avait des voitures qui passaient, et des coups de feu sans arrêt, "ta-ta-ta-ta-ta !". On est passés par le village. Tous les gens étaient sortis de chez eux, pour écouter. C'était au mois d'avril. C'était le printemps. Il n'y avait pas de feuilles, juste des arbustes. On est montés par la montagne, pour passer du côté de Moypapaz. Et là, trois hommes se ruent sur nous. Des Juifs. Ils nous ont fait peur, et nous leur avons fait peur aussi. Ils nous demandent où se trouve la route pour Vilnius, "il faut qu'on aille au ghetto".

Ils étaient paniqués. On était nous-mêmes effrayés, mais on leur a montré le chemin. Ils sont partis dans cette direction. Les corps de ceux qui avaient tenté de s'enfuir étaient éparpillés partout. Puis ils sont passés en voiture pour les ramasser et les emporter.

« Quand je suis finalement rentrée à la maison, ma mère était folle d'inquiétude. Les coups de feu se sont prolongés toute la journée. Ils sont venus fouiller toutes les maisons, les caves, les greniers, pour vérifier qu'on n'y avait caché personne. Une voisine s'est fait tuer. Elle était partie chercher du bois, elle vivait avec son mari dans une petite maison, et ils l'ont tuée. Ils ont donné au mari je ne sais plus combien de marks en compensation.

« Il y a eu un autre événement. Je ne sais plus si c'était avant ou après celui-ci. Nous ne savions pas d'où venaient les gens qui étaient amenés par le convoi. Certains disaient que ce n'était pas des Lituaniens. Ils étaient arrivés avec toutes leurs affaires. Ils ont dû les jeter sur les quais. Il y avait une route qui n'existe plus. Les Polonais avaient commencé à la construire, puis les Allemands, et même les Russes ont continué à travailler dessus. La route dont je vous parle serpentait comme à Pitiagorsk. Des petits autobus l'empruntaient. Nous avions fait du stop et on est arrivés jusqu'à cette petite route en camion. Là, le camion s'est arrêté. Je me suis demandée pour quelle raison. Alors on a entendu des cris : "Ouh ah ! ouh ah ! ouh ah !" Comme des cris d'animaux, comme si on conduisait du bétail. "Ouh ah ! ouh ah ! ouh ah !" Mais on a vu que c'étaient des hommes. Des Juifs. Il devait y en avoir 5 000. Ils portaient leurs affaires. Autour il y avait des gardes. Vous savez, ils marchaient sans pleurer. Calmement. Peut-être leur avait-on dit qu'on les emmenait travailler ailleurs. S'ils avaient su… Il aurait mieux valu qu'ils essaient de s'enfuir, même au risque de se faire tuer.

– Vous saviez où ils étaient emmenés ?

– Bien sûr qu'on le savait. Cette route menait à Ponary. Où vouliez-vous qu'on les emmène ? Derrière il y avait les charrettes. C'étaient les vieux qu'on emmenait en charrettes. La route était bloquée. On s'est arrêtés, et on a regardé passer les gens. C'était un cauchemar. Il y avait tant de monde, ça ne s'arrêtait jamais. Finalement nous sommes passés. Alors, on a entendu les coups de feu. À cette époque, je travaillais encore à la construction de la route. Commence alors une autre période pour moi, je ne sais pas si je dois vous en parler. Je travaillais comme cuisinière... »

Saulius et moi l'encourageons à poursuivre, car c'est précisément à ce sujet que nous voulons l'entendre. Son histoire, elle l'a racontée à Saulius, mais, devant moi, elle hésite à en parler. Regina Jablonska ne s'est pas contentée d'habiter à proximité des tueries et d'y avoir assisté de loin. Elle fut aussi un rouage de la machine de mort. Un petit, un minuscule rouage. À l'orée de la forêt, dans une maison réquisitionnée par le SD, elle a été embauchée pour travailler à Ponary. À partir de février 1943, elle a fait partie de l'équipe des cuisinières locales qui préparait les repas des tueurs. « Un jour, les Allemands sont arrivés et ont ordonné à une partie des villageois de quitter leurs maisons. Celles qui étaient les plus proches de la base. Ils n'expropriaient pas, ils demandaient seulement de partir. Toutes les maisons qui se trouvaient du même côté de la rue Belavakskaïa ont dû être évacuées. Notre maison était à la limite. Nous ne comprenions pas pourquoi ils nous demandaient de partir. En fait, ils avaient décidé d'y installer leurs collaborateurs. Il y a un agent de la Gestapo, son nom était Krap – il portait un pull-over rouge – qui est entré dans nos maisons pour nous presser de partir. Moi, je lui ai demandé en allemand l'autorisation de rester. Quand il a entendu que je parlais si bien allemand, il m'a dit : “Vous allez travailler pour nous en cuisine.” J'ai commencé à dire que je travaillais à la construction de la route. Il a fait un signe de la main, pour nous faire comprendre que ça ne les concernait pas. Il ordonnait, et il fallait s'exécuter.

« D'autres filles avaient également été sollicitées. Il nous a dit de venir le voir, et on y est allées. Il y en avait une qui était déjà mère. Il leur en fallait quatre. Avec moi on n'était que trois. Ils en ont pris une quatrième, une vieille dame, Mme Kulakovskaïa, qui parlait bien allemand. On n'était que deux aux cuisines à parler allemand, les autres étaient polonaises. Quand nous sommes arrivées, ils nous ont proposé du cognac. L'un d'entre eux nous a dit de nous présenter le lendemain à six heures. Nous y sommes allées. Ils avaient apporté tous les ustensiles nécessaires. Leur chef, c'était un petit Autrichien du nom de Sep. Il n'était déjà plus très jeune. Il nous a expliqué comment faire. Il y avait une pièce réservée aux conserves, une autre au pain. Tout le monde savait ce qu'ils faisaient ici.

« Lorsque je travaillais à la chaussée, on pouvait soit passer par le passage à niveau pour rejoindre la base, soit par un autre accès à partir de la chaussée, à l'endroit où ils fusillaient les gens. C'est par là qu'arrivaient les voitures et qu'ils les faisaient descendre devant le portique. Quand on travaillait à la chaussée, on venait s'y réchauffer. Il y avait aussi une maison à côté du chemin de fer. On y venait aussi se réchauffer quand il faisait froid. Lorsqu'on se réchauffait dans ces maisons, on voyait par les fenêtres comment la voiture arrivait. Il y avait un Allemand à lunettes du nom de Weiss qui était assis devant avec le chauffeur. Il devait être de la Gestapo. Ils ouvraient la portière, les sortaient, les poussaient là-bas, puis on entendait les coups de feu. »

Le Hauptsturmführer Martin Weiss, membre de l'Einsatzkommando 3, était en charge des exécutions de masse en forêt de Ponary. C'est lui qui organisa l'assassinat des 5 000 Juifs du ghetto de Sweiciany, le 5 avril 1943. À cette date, les pays Baltes étaient Judenfrei, et il s'agissait désormais de vider les ghettos se trouvant à la frontière entre la Biélorussie et la Lituanie. Ce massacre, aussi bien mentionné par la fille du garde-barrière que par la cuisinière de Ponary, tourna au chaos. Trop nombreux, mal encadrés par un nombre insuffisant de policiers lituaniens, les Juifs se révoltèrent, d'abord en s'emparant du train qui les amenait à la mort, puis de pistolets et de fusils, parvenant même à tuer des membres du SD et leurs collaborateurs. Comme s'en souvient Regina Jablonska, qui tomba ce jour-là sur des Juifs qui s'enfuyaient par la forêt, une douzaine d'entre eux en réchappa.

Le journaliste polonais Kazimierz Sakowicz a rapporté dans son journal les scènes auxquelles il assista ce jour-là : « Les gens sont poussés hors des wagons, et une première fournée aussitôt conduite à la fosse. Les plus pauvrement vêtus ne sont même pas déshabillés. Ils sont amenés dans la fosse et immédiatement exécutés. [...] C'est le chaos. Des coups de feu, les cris de ceux qui s'enfuient et de ceux qui les traquent. La majorité tente de fuir par la route. Les Lituaniens tirent. Un des policiers tombe, touché par une balle. Ils l'emportent plus loin. Il s'avère qu'un policier qui visait un Juif a touché son collègue. Une femme dans un chandail rouge s'enfuit, suivie par une petite fille. La femme traverse la place dangereusement à découvert devant la gare et tourne dans une petite rue. On entend à ce moment un cri, et derrière elle, le cri de l'enfant : "Maman, Maman." [...] Les cheveux ébouriffés, une femme court en pressant son enfant contre sa poitrine. Un policier se lance à ses trousses et lui frappe la tête avec la crosse de son fusil. La femme s'effondre. Le policier attrape l'enfant par une jambe et le traîne jusqu'à la fosse[1]. » Le lendemain, le terrain était jonché d'une multitude de cadavres. Il fallut plusieurs jours pour les jeter dans la fosse avant de pouvoir les recouvrir d'une couche de terre. Sous la supervision de Weiss[2], ce fut à des policiers juifs du Judenrat de Vilnius d'effectuer cette besogne.

« On a commencé à travailler dans cette cuisine, poursuit Regina Jablonska. Le chef n'était pas pingre. Quand nous rentrions chez nous, il nous préparait une petite boîte avec quelque

1. Kazimierz Sakowicz, *Ponary Diary, 1941-1943*, *op. cit.*, p. 70-81.

2. Martin Weiss a tenté de se faire oublier dans la République fédérale d'Allemagne. Il a travaillé comme déménageur à Ochsenfurt dans les années d'après guerre. Identifié, arrêté, il fut jugé à Würzburg en février 1950. De même qu'August Hering, son acolyte de la « section des affaires juives du département 4 (Gestapo) de la Sécurité à Vilnius », il fut reconnu responsable de la mort de 30 000 Juifs, tous deux furent condamnés à la prison à vie.

chose à manger, ainsi qu'un bout de pain. C'était du luxe. Tout était rationné à l'époque.

« Tous les jours, peut-être une dizaine de ceux qui fusillaient, des Lituaniens, venaient déjeuner. On se demandait, mais où travaille-t-on ? Il y avait aussi Perrot, un Allemand qui devait venir de France. Il nous a embêtées pour qu'on nettoie les toilettes. Il criait : "Polnisches Schwein ! Polnisches Schwein !" (Cochons de Polonais.) C'était horrible ! Il est arrivé qu'ils ne nous payent pas. Alors, je suis allée dans une autre maison. Il y avait plein de gens de l'administration qui étaient assis là. Je leur ai dit : "Il faut que vous nous payiez. – Vous allez recevoir quelque chose, mais pas ce que vous attendez", on m'a répondu. Comme nous avons eu peur !

« Un jour, on nous dit de venir travailler le soir. On arrive au travail. Il y avait beaucoup de patates à éplucher. On a épluché les patates. Le lendemain matin on est revenues les faire cuire et, dans la matinée, on a entendu des coups de feu. Ce ne sont pas des Lituaniens qui sont venus pour le déjeuner, c'étaient des Lettons. La couleur de leurs uniformes était différente. Les Lituaniens avaient un uniforme vert, et ceux-là étaient différents. On s'est demandé ce que des Lettons faisaient là. Ils ont déjeuné. On entendait toujours les coups de feu sur la base. Une balle perdue a même cassé un carreau. Ça nous a fait peur. Les gens ont commencé à dire qu'on fusillait des habitants de Plikhavitchus. Apparemment, les Lituaniens ont refusé d'exécuter d'autres Lituaniens. Du coup ils ont fait venir des Lettons.

– Ces Lituaniens qui venaient déjeuner, ceux qui étaient chargés des exécutions, quelle impression vous faisaient-ils ?

– Quelle impression ? Vous savez, on avait Mme Iouchevskaïa qui était très drôle. Il y en a un qui avait le nez retroussé. Il était grand. Ces hommes n'étaient pas des gringalets. Les Lettons étaient peut-être un peu plus petits. Eux, ils étaient très grands. Celui dont je vous parle, il aimait dire quelque chose en polonais, même s'il ne parlait pas bien. On ne les servait pas à table. On préparait la table à l'avance, puis ils venaient et ils mangeaient. Il y avait aussi des Autrichiens. Leur lieutenant s'appelait Bonka. Il habitait dans cette maison, il y avait une chambre. C'est lui qui les dirigeait. Pendant les fêtes, ça devait être à Noël, leur coutume était de faire un bouquet en forme de cercle. Moi, je devais nettoyer sa chambre. Je passe devant lui un jour, il me retient et me demande : "Reginchen, où est ton Vater ?" Je lui ai dit que mon père avait été déporté, qu'on habitait seules avec ma mère. Il a réfléchi et a dit : "On n'est qu'un tout petit peu mieux que ces bolcheviques." Une autre fois, quand on est arrivées, il y avait un Lituanien en uniforme devant la maison avec plein de bagues aux doigts. Il nous dit : "Je m'ennuie aujourd'hui, il n'y a personne à fusiller."

– Pouviez-vous voir les exécutions depuis la maison où vous travailliez ?

– Non. On ne s'en est même pas approchées. Nous avions trop peur. Nous ne voyions rien, mais on entendait les bruits et les cris. Pendant le déjeuner par exemple quand ils tiraient, quand le vent venait d'ouest, on entendait : "Aïe ! Oïe ! Monsieur…" Mais ce n'était que des bribes qu'on entendait de loin. Et puis des coups de feu, des coups de feu…

« Il y avait du miel artificiel. À peu près un kilo. Ils en mangeaient et nous en coupaient toujours un bout. Ils nous donnaient aussi des petits pois… des conserves. Et aussi à boire. Je ramenais ça à la maison, mais, vous savez, nous avions un petit garçon russe à la maison qui s'occupait de nos chèvres. Et moi je lui donnais tout, sinon il serait mort de faim.

– Combien de temps avez-vous passé en cuisine ?

– Peut-être six mois.

– Comment tout cela s'est-il terminé ?

– J'ai eu l'appendicite. Je suis allée à l'hôpital, et ne suis plus retournée au travail.

– C'était pourtant un bon travail…

– C'est vrai qu'ils nous donnaient de la nourriture. On recevait des cartes de rationnement et de la viande de cheval. On faisait notre propre lait de chèvre. On avait un cochon. Mais on avait peur aussi. »

Saulius décèle des ambiguïtés dans le discours de Regina Jablonska. Bien sûr, chaque fois qu'elle le peut, elle souligne l'horreur de la situation. Mais elle ne semble pas en être réellement consciente. L'horreur apparaît chez elle comme une leçon bien apprise. Elle ne peut s'empêcher de manifester de la sympathie à l'égard de certains tueurs. Quant aux Juifs, si ce n'étaient ses anciennes camarades de classe, elle en parle la plupart du temps sans mentionner le mot, d'une manière toujours quelque peu abstraite, comme les éléments d'un lointain décor, avec lesquels son travail n'aurait eu que peu de rapport. Saulius essaie d'en apprendre davantage, persuadé qu'elle ne nous a pas tout dit. Il lance une dernière salve de questions.

« Où se trouvait la cuisine ?

– La maison existe toujours, même si elle a été transformée depuis. La propriétaire, qui était de la famille Havel, s'appelait Marthe. Elle était un peu plus âgée que nous. Ils ont pensé qu'elle trafiquait quelque chose. Peut-être des documents pour les partisans. Ils l'ont fusillée. Ils ont fusillé le père d'une autre fille parce qu'il publiait un journal, et la grand-mère Katchinskaïa, qui habitait le village de Podielka. Ils ont fusillé toute la famille. Il y a eu beaucoup de cas semblables. C'était un cauchemar.

– Si l'on cherche cette maison, nous sera-t-il possible de la trouver ?

– Oui, mais elle a été consolidée avec du béton. À l'époque, c'était une maison en bois.

– Où se trouve-t-elle ?

– Dans la rue Kadouguio. C'est la maison qui fait l'angle.

– Était-elle dans le périmètre de la base ?

– Non. Personne ne pouvait aller dans la base. Tout était protégé. Derrière cette maison, il y en avait encore une ou deux autres, puis un terrain dégagé, et enfin la base.

– Les tueurs lituaniens, combien de temps mettaient-ils pour revenir du grand trou quand ils venaient déjeuner ? Quelle distance devaient-ils parcourir ? Venaient-ils à pied ?

– Je pense qu'ils venaient à pied. Je ne me suis même pas posée la question. Nous, nous étions à l'intérieur. On ne savait pas comment ils venaient.

– C'était après les exécutions ?

– Certainement. À dire vrai, je ne sais pas… Ils arrivaient, accrochaient les manteaux dans le couloir, et allaient manger. Ceux qui montaient la garde, c'étaient les Autrichiens, par contre ceux qui tuaient, c'étaient des Lituaniens.

– Quelle était leur humeur ?

– Dieu seul le sait. Ils discutaient, mais de quoi ? Un couloir nous séparait. Il y avait l'entrée, puis la chambre où habitait Bonka, et puis notre cuisine. On n'entrait pas quand ils déjeunaient. La nourriture, on la déposait sur la table quand ils n'étaient pas encore arrivés. On faisait des salades, des tourtes, de la viande. Le matin, des femmes amenaient du lait.

– Quand je vous écoute, j'essaie de me mettre à leur place. Quand je rentre par exemple d'un enterrement, je ne peux pas manger. Et, ici, il est question, pour parler crûment, de cervelles explosées, d'entrailles, de bains de sang. Comment peut-on manger après cela ?

– Est-ce qu'ils étaient encore véritablement des êtres humains ? Pour eux, c'était un travail… Quand on y pense… Ils déshabillaient les gens, les fusillaient nus… Les Allemands leur faisaient envoyer de la vodka pour les faire boire. Un soir, on a vu les caisses de vodka, et on s'est demandé ce qui se passait. De la vodka plein les caisses. Quand le convoi est arrivé, il y en avait beaucoup, un convoi entier vous savez. Ils les ont fait boire avant. Je ne sais pas s'ils leur en donnaient pendant le repas. S'ils fusillaient avant ou après. Je ne m'en souviens plus.

– Quelqu'un qui boit, même un peu, cela se remarque, n'est-ce pas ?

– Comme je vous l'ai dit, nous ne les rencontrions pas. Ils arrivaient, ils accrochaient leurs manteaux, et ils entraient dans la salle à manger qui constituait la pièce principale. Il y en avait un, c'était un plaisantin, avec son nez retroussé… Puis ils se sont enfuis. Ils ont pris des bagues et ce genre de choses. Ils volaient d'abord les gens, avant de les tuer.

– Vous avez vu les vêtements des gens tués ?

– Non. Où les aurais-je vus ? Ils se déshabillaient là-bas, je ne sais pas où ils mettaient les vêtements ensuite. On disait que certains en récupéraient chez les gardes.

– Ils vendaient ces vêtements dans le village ?

– Derrière la barrière, il y avait une femme avec un sac. Elle a demandé à ma mère : “Est-ce que je peux vous laisser le sac ? Je passerai le récupérer plus tard.” Ma mère avait dû entendre parler des gens qui prenaient les vêtements des fusillés. Elle lui a dit : “Hors de question, disparais !” Les gens emportaient des choses… Vous savez, les gens ne sont pas parfaits. C’est ce qu’on dit aussi à propos de Jankowski. Il faisait apparemment des magouilles, mais moi je ne pourrais pas l’affirmer. Je n’ai rien vu, je l’ai seulement entendu dire.

– De la cuisine, vous entendiez les coups de feu ?

– Bien sûr qu’on les entendait. Mais on était tellement habituées. Cela n’arrivait pas tous les jours. Mais presque… En fait, c’était rare que ça n’arrive pas.

– Racontez-nous encore le déroulement d’une de vos journées, s’il vous plaît.

– On arrivait le matin. On préparait le thé à tour de rôle. Puis il fallait éplucher les patates ou autre chose. Le matin, il y en avait qui devaient aussi faire le ménage. Un coup, il fallait faire le ménage, un coup préparer la viande. Les Autrichiens venaient prendre leur thé le matin. Quand ils avaient mangé, nous repartions. On ne restait pas jusqu’au soir.

– Les Allemands mangeaient-ils aussi chez vous ?

– Les Allemands ? Non. Peut-être qu’on leur amenait quelque chose à manger. Je ne les ai jamais vus en emporter. Le matin, on leur préparait du thé à base d’herbes, auquel on ajoutait du rhum. Je ne leur portais jamais rien personnellement.

– Les Lituaniens et les Allemands mangeaient-ils ensemble ?

– Séparément. Les autres, je ne sais pas qui les nourrissait. On ne portait même pas la nourriture à Krap, qui habitait dans la maison d’à côté.

– Quand votre journée finissait-elle ?

– À trois ou quatre heures. Cela dépendait s’il manquait une des filles, si l’une d’entre nous était malade.

– Et les coups de feu ? C’était avant ou après le déjeuner ? Le matin ou l’après-midi ?

– J’aurais dû le remarquer, mais il m’est maintenant difficile de m'en souvenir. C'était plutôt le matin. Pas le matin, plutôt en matinée. Quand, par exemple, de gros convois arrivaient, ils commençaient les exécutions à 6 heures du matin. Pendant qu'on travaillait en cuisine, il arrivait qu'ils amènent une ou deux voitures. Ils plaçaient les gens, et puis tiraient dessus à la mitraillette.

– Certains jours il y avait des exécutions et d'autres jours il n'y en avait pas... Mais les tueurs venaient-ils tous les jours ?

– Oui, ils venaient tous les jours. Nous faisions la cuisine tous les jours.

– Où habitaient-ils ?

– Ils arrivaient en voiture. Je ne sais pas d'où on les faisait venir. Seuls les Allemands restaient sur place.

– Vous aviez peur d'eux quand vous les rencontriez ?

– Peur ? Nous avions un sentiment désagréable, sachant qu'ils étaient... Mais il n'y avait pas de contact entre nous, et donc pas de raison d'en avoir peur. Ils n'auraient pu nous tuer que sur ordre de leurs supérieurs. On n'avait pas peur d'eux. Celui avec le nez en trompette était drôle parfois. Je me souviens encore de son visage. Il aimait dire quelque chose en polonais même s'il ne le parlait pas bien. Mme Iouchevskaïa plaisantait toujours avec lui. Les autres, je ne les distinguais pas vraiment. Je n'ai jamais su leurs noms. »

Anatoli Constantinovitch Lipinski est un homme de 78 ans, mince, volubile, portant la moustache et, le jour de notre rencontre, une casquette de cosaque vissée au crâne. Né à Postavy dans une famille russophone, ses parents sont venus s'installer un an après sa naissance à Vilnius, le 1er septembre 1931. « Vilnius était une ville polonaise. Nous habitions au numéro 39 de la rue Zvijinetskaïa, dans un appartement dont le propriétaire, un Juif, s'appelait M. Segal. Lorsque les Allemands sont arrivés, ils ont recensé les Juifs. Au bout de trois ou quatre jours, ils étaient tous inscrits sur des listes. Ils ont dû se rendre dans les postes de police. Ensuite ils ont été obligés de donner leur or et d'autres choses. Puis ils ont été rassemblés par groupes.

Ils devaient porter une étoile cousue à leurs vêtements. Sur leur étoile était écrit le mot "Juif". Ils n'avaient pas le droit de marcher sur les trottoirs, ni celui d'entrer dans aucun magasin. On les obligeait à faire des travaux pénibles, comme transporter des briques… c'était de cette façon qu'ils les humiliaient. Après, ils les ont mis dans le ghetto où ils passaient leur temps à les battre et à les humilier encore davantage, et nous, les pauvres, les familles nombreuses, nous avons occupé les appartements des Juifs. Ils étaient tout meublés. Comme nous étions pauvres, que nous étions cinq enfants dans la famille, on nous a logés dans un grand appartement laissé par des Juifs. J'habitais dans la maison la plus haute de Vilnius. Une maison en pierre à trois étages. C'était au numéro 41 de la rue Zvijinetskaïa (elle s'appelle aujourd'hui rue Vilkumerskaïa), et j'y ai passé toute la guerre. »

Avant guerre, le père d'Anatoli était professeur de musique. Il avait enseigné l'accordéon à son fils qui en jouait parfaitement. À 11 ans, le gamin – il dit avoir intégré la même année un réseau de résistants polonais –, sous l'injonction de ses parents, devait se rendre chaque jour dans la maison voisine de la sienne pour y jouer de l'accordéon contre quelques pièces de monnaie. Dans cette maison, celle d'un certain Otiselius, le chef de la police du quartier Dirginski, se réunissaient en fin de journée les tireurs de la forêt de Ponary. C'était pour eux qu'Anatoli Constantinovitch devait jouer de l'accordéon. « Ils venaient boire de la vodka chez Otiselius. Je n'étais qu'un enfant. On m'a dit qu'il fallait que j'y aille, parce que si je n'y allais pas, quelque chose pourrait arriver à mes parents. Je me souviens que quelqu'un avait refusé d'aller leur chercher de l'eau, ils étaient entrés dans sa maison, et ils avaient frappé toute la famille avec la crosse de leurs fusils. Femmes, hommes, enfants, ils n'épargnaient personne, et ils n'avaient pitié de personne. C'était ceux qui fusillaient à Ponary. Et pas seulement à Ponary, ils fusillaient aussi dans la région.

« Ils parlaient le lituanien et le russe, car parmi eux il y avait des Russes. Ils avaient des brassards rouges avec des cercles blancs à l'intérieur desquels il y avait leur croix. Certains étaient en civil, d'autres portaient des habits allemands qu'on leur avait donnés. Ils avaient aussi un grand habit noir. Tous portaient un brassard au bras gauche. Moi, je leur jouais leurs airs, leurs chansons préférées, eux ils dansaient. Ils me donnaient un peu à manger : une sucrerie, une pomme, du pain pour la maison. Ils aimaient beaucoup se vanter. Une fois qu'ils avaient bu, l'un d'eux disait : "Regarde ce que j'ai récupéré après l'exécution", et il sortait de sa poche plein de montres en or, en argent, qui pendaient sur des chaînes. Le second disait : "Regarde combien j'ai de bagues, je leur ai arraché les doigts !", et un troisième : "Regardez mon petit sachet !" Le sachet était plein de dents en or. Elles avaient été prises sur des cadavres, sur ceux qui avaient été fusillés, peut-être sur les vivants, mais je ne suis pas sûr, je n'étais pas là. Ils se montraient ça. Ils se moquaient : "Une gamine de 15 ans m'a plu, une petite Juive avec de jolies fesses… alors moi je l'ai violée !"

« Quand je racontais ces histoires à la maison, mon père qui était courageux se contenait, mais ma mère et mes sœurs pleuraient chaque fois, parce qu'elles comprenaient quel malheur c'était. J'étais encore petit, mais, dans mon âme, je les détestais. Je devais jouer pour eux car si je n'y allais pas, je punissais ma mère et mon père. Cela dit, ils ne me brimaient pas. Ils me donnaient même à manger des sucreries. Une fois, il y en a un qui m'a apporté des chaussures parce qu'il avait vu que j'étais quasiment pieds nus. Il les avait prises sur quelqu'un, un mort sans doute, et me les a données. Ils disaient que les Juifs ne savaient pas qu'ils allaient être exécutés. On les amenait, on leur ordonnait de s'allonger dans les fosses, et on leur tirait dessus. Puis d'autres venaient les enterrer, et on les tuait à leur tour. Ils les tuaient comme ça, par rangées. Quand, après la guerre, on a déterré les corps, on s'est aperçu qu'ils étaient alignés comme des bûches.

– Avez-vous assisté à ces exhumations ?

– J'y suis allé deux fois après la libération, mais il y avait une telle odeur ! On a fusillé là-bas jusqu'à la fin de la guerre, en 1944. Ces gens ont bien entendu été punis par la suite. Certains ont été tués par les partisans. Kunitski, le chef des partisans polonais, en a tué quelques-uns. Vous savez combien ont été fusillés à Ponary ? Non seulement des Juifs, mais aussi des prisonniers de guerre soviétiques, des Polonais, toutes les nationalités qui étaient contre les Allemands. Un nombre gigantesque de personnes. Quand Vilnius a été libéré, à 14 ans, je me suis enrôlé dans un régiment de jeunes. J'ai combattu les Allemands à Varsovie, à Königsberg, à Berlin. J'ai été décoré dix-sept fois en Union soviétique, en Pologne et en France. Depuis cette époque, je n'ai plus aucun plaisir à jouer de l'accordéon. »

XI

Kamenets-Podolski

Kiev, 16 juillet 2008, l'équipe ukrainienne – Les bases culturelles de la Révolution orange – Les Conseils juifs (Judenrat) – Kamenets-Podolski, aux confins de la Roumanie, de la Hongrie et de l'Ukraine – La Hongrie expulse ses « indésirables » – Le HSSPF Friedrich Jeckeln – Trois jours de boucherie, 23 600 Juifs abattus – Anna Stolyarchuk, rescapée – Les schutzman – Sauvée par des paysannes – Semen Vaisblat, rescapé – 600 enfants juifs jetés vivants dans la fosse – La mine de Dounaïvtsi – Sauvé par une Ukrainienne.

J'arrivai à Borispol, l'aéroport de Kiev, le 16 juillet 2008. Le matériel de tournage que nous avions emporté attira immédiatement l'attention des fonctionnaires de la douane qui demandèrent de fouiller une à une nos malles, exigeant un examen approfondi des autorisations dont j'étais muni, pinaillant sur chaque référence technique auxquelles ils n'entendaient rien. Moi non plus, d'ailleurs. Ces tracasseries administratives étaient tangiblement héritées de plusieurs décennies de bureaucratie soviétique. Olga Sulimenko, la fixeuse, nous attendait, l'équipe et moi, de l'autre côté du cordon qui sépare les voyageurs entrant de ceux venus les attendre. Elle vint se porter à notre secours. Olga parlementa longuement avec le douanier le moins conciliant et parvint, après d'interminables palabres, à nous sortir de là. C'était la première fois que je rencontrais Olga, une journaliste d'une petite trentaine, les cheveux courts, dynamique. Elle nous fit, à Benjamin, le preneur de son, à Nicolas, le cameraman, et à moi-même, une excellente impression.

Dans le parking nous attendait un minibus Mercedes noir sans âge (en tout cas pas moins de 15 ans), au volant duquel se trouvait un chauffeur fruste à la conduite nerveuse, ne parlant pas un mot d'anglais. Il nous conduisit au cœur de Kiev, dans une impasse donnant sur la rue Gonchara où se trouvait la société de location Lumier Film. Munis au départ de Paris de la caméra, des cassettes HD et des équipements de prise de son, nous devions louer le reste. L'assistant technique, employé par la compagnie de location, dont la fonction était de prendre soin du matériel pendant la durée du tournage, nous y attendait. C'était un colosse au crâne rasé, à la barbe longue et droite de biker. Il s'appelait Evgen Emirov.

Genia était originaire de Simféropol, en Crimée, et malgré sa petite trentaine, comme beaucoup de ses compatriotes d'Ukraine orientale, il avait été élevé dans le souvenir nostalgique de l'Union soviétique. Il détestait le gouvernement de Kiev et sa complaisance envers l'héritage des nationalistes pro-nazis, toute chose que j'ignorais avant de poser le pied en Ukraine. Moi-même imprégné de la doxa qui avait entouré la Révolution orange, j'étais loin de soupçonner certains des fondements culturels sur lesquels s'appuyaient les tenants de la révolte du mois de novembre 2004. Depuis Paris, j'avais assisté avec émotion à cet élan de liberté ; leurs ennemis étaient les nôtres : les pro-Russes, les séides du FSB (ex-KGB), qui tenaient le pays d'une main de fer. Ce sont eux qui avaient empoisonné l'opposant Iouchtchenko laissé, après qu'il eut tutoyé la mort, le visage grêlé, défiguré. Je ne tardai pas à comprendre que la réalité était plus complexe. Car ceux que nous applaudissions à l'époque, incarnés par la figure de Viktor Iouchtchenko, devenu depuis président de l'Ukraine, « pro-occidental » déclaré (par opposition aux « pro-Russes »), s'identifiaient à la lutte contre le bolchevisme représentée par l'UPA et la SS Galicia : les nationalistes qui avaient perpétré les pogroms de juin 1941.

La communication entre Genia et moi était difficile, mais, à force de bonne volonté et de la complicité qui s'établit entre nous, nous parvînmes à nous comprendre d'un haussement de sourcil ou d'épaule, ou dans l'usage d'un anglais faisant fi de tout embarras grammatical. Le dernier jour passé à Kiev, Genia nous présenterait Yulia, sa petite amie, une très jolie fille dont le teint mat, la chevelure sauvage et noire, tranchait avec la blondeur (vraie ou supposée) des Ukrainiennes. Yulia, une Juive venue de Russie, dont la famille avait récemment émigré en Allemagne, était une incongruité au milieu de ce champ de ruines.

Quant à Olga, mon enquêtrice, elle aussi d'une grande sensibilité, qui ne pouvait écouter le récit de nos rescapés sans réprimer une larme, elle se révélerait d'un courage et d'une ardeur irréprochables. Elle effectuera un travail remarquable à mes côtés. Mais Olga venait de l'autre camp, ce qui ne manquerait pas de provoquer, entre Genia et elle, quelques frictions. Elle avait pris part aux manifestations de la Révolution orange ; c'était une « pro-occidentale » convaincue. Au fil du voyage, je me rendis compte qu'elle était imprégnée d'un patriotisme qui, bien que respectable, pouvait fâcheusement influencer sa perception. Elle prenait trop vite pour argent comptant les mensonges évidents de quelques-uns de nos témoins, et voulait croire que l'UPA était seulement un mouvement de résistance contre le bolchevisme et le nazisme.

Un jour, nous étions à mi-parcours, en partance pour Simféropol après une semaine d'un voyage éprouvant, sans cesse en mouvement, plongés comme en apnée dans l'horreur, à écouter le récit des rescapés et des témoins, elle me dit une chose qui m'a troublé. C'était à l'aéroport de Borispol ; nous venions d'avoir une conversation sur les collaborations locales, en l'occurrence ukrainiennes. Au bout d'un moment, un air de défi dans le regard, Olga déclara que si elle faisait un film, elle prendrait pour sujet les Conseils juifs, les Judenrat, installés par la SS pour faire la police et administrer la vie quotidienne dans les ghettos.

Ces Conseils juifs ont souvent suscité de terribles accusations. Au procès Eichmann, cette question a même fait l'objet de sévères réquisitoires de la part des juges israéliens. Dans la bouche d'Olga, il y avait la volonté évidente d'une comparaison qui me mit aussitôt mal à l'aise – d'autant plus que, ayant pour elle une amitié réelle, je recevais sa saillie comme une trahison. Ses propos semblaient relever du règlement de comptes. J'étais censé représenter une mémoire juive centrée sur elle-même et indifférente aux souffrances ukrainiennes. Je paraissais pointer sans cesse un doigt accusateur sur son pays. Parlant de son projet de film sur les Judenrat, Olga entendait soulever la question de leur culpabilité. Le rôle des Conseils juifs était selon elle – à dessein ? – ignoré et minoré. En réalité, elle voulait surtout dédouaner la collaboration de ses compatriotes en lui opposant la collaboration prétendue de ces organismes juifs à l'anéantissement de leurs frères.

Je trouvais ces insinuations excessives et injustes. S'il existe certainement des exemples (notamment la figure controversée de Chaïm Rumkowski, le président du Conseil juif du ghetto de Lodz, décrite par Primo Levi[1]), si quelques-uns tentèrent, au détriment des autres, de sauver leur peau, éventuellement de tirer profit d'une situation dont ils n'avaient qu'une vue très partielle, ces comportements représentent une part infime de l'histoire des Judenrat. Les Conseils juifs furent souvent les principaux foyers de la résistance des ghettos. Ils acheminaient des armes, tout en négociant âprement avec les autorités nazies pour retarder l'exécution des uns ou des autres. À Belchatov, les Allemands durent changer par cinq fois la composition du Judenrat, accusé de fomenter des rébellions. À Lviv, son président fut abattu parce qu'il refusait de se plier aux ordres. À Kaunas, le Judenrat et la police juive organisèrent l'exfiltration des jeunes hommes hors du ghetto pour qu'ils rejoignent les partisans dans la forêt. Ce fut également le cas à Bialystok.

Occupant au sein du dispositif nazi une position nécessairement tragique, ils prirent les armes avant chaque liquidation. Beaucoup moururent les armes à la main. Certains eurent droit au peloton d'exécution militaire, non à la fosse.

La remarque d'Olga, soutenue par une concurrence victimaire, m'avait ébranlé, et elle laissa des traces. Néanmoins, le travail

1. Primo Levi, *Les Naufragés et les Rescapés. Quarante ans après Auschwitz*, Paris, Gallimard, « Arcades », 1989, p. 60-69.

reprit comme si de rien n'était. Olga ne rechignait jamais à la tâche, prenant souvent de courageuses initiatives, faisant toujours preuve d'une extrême opiniâtreté. Mais le mal était fait. Rien ne serait plus désormais comme avant entre nous.

Une fois réceptionné le matériel à la société de location, nous fîmes halte, avec Genia, au 49 de la rue Krasnoarmeyskaïa où était installée la production exécutive dirigée par Victoria Bukowski. C'est elle qui employait Olga Sulimenko, et qui avait soigneusement organisé l'agenda de notre séjour. Victoria, une femme élégante d'une cinquantaine d'années, se montra d'emblée chaleureuse et accueillante. Elle parlait un anglais remarquable. Son fils ayant émigré aux États-Unis, elle s'y rendait fréquemment. Nous étudiâmes ensemble les différentes étapes du tournage et le profil des intervenants.

Pendant une pause, je sortis quelques minutes sur le balcon où je contemplai de ce point culminant la capitale inondée du soleil de juillet. Puis je baissai les yeux pour observer les passants, pressés ou nonchalants, qui arpentaient le trottoir. Si la beauté des femmes ne cesse ici de surprendre, tout aussi surprenant est le déséquilibre dans la répartition des sexes. Je m'employai à compter les hommes et les femmes marchant sous le balcon. Environ un homme pour quatre femmes. Une moyenne dans cette rue passante du centre-ville, et qui, je l'apprendrai plus tard, correspond peu ou prou à la moyenne nationale. Les dévastations successives dont l'Ukraine a été l'objet au cours du siècle, l'orgie de sang qui engloutit sous les ères communiste et nazie les hommes de ce pays ne leur ont toujours pas permis de rattraper leur retard démographique.

En fin de journée, Olga nous conduisit à notre logement. Le matériel était au complet, l'équipe franco-ukrainienne également. Le lendemain, nous devions partir de bonne heure à bord du minibus chargé de notre bric-à-brac, empruntant l'autoroute du sud à destination de Kamenets-Podolski. C'est là, dans cette ville frontalière de la Roumanie qu'avait eu lieu l'un des plus massifs massacres de masse perpétrés par l'Einsatzgruppe C.

La « question juive » était confuse quand Friedrich Jeckeln entra avec son cortège de tueurs dans Kamenets-Podolski, jolie cité médiévale juchée sur un piton rocheux que domine la forteresse de Khotyn – un château fortifié du XVIe siècle. Fuyant les persécutions, 35 000 Juifs originaires de Pologne, d'Allemagne, d'Autriche et de Tchécoslovaquie, s'étaient réfugiés en Hongrie avant l'opération Barbarossa. Près de la moitié d'entre eux venaient d'en être expulsés par l'amiral Miklos Horthy. Devenu régent après le renversement de la jeune république communiste de Hongrie, Horthy avait pris le pouvoir en 1919 et installé un État fasciste. Bien qu'elle fût le premier pays d'Europe à mettre en place une législation discriminatoire à l'encontre des Juifs, la Hongrie avait pour réputation d'être moins antisémite que ses proches voisins. Au côté de la Roumanie et de la Bulgarie, elle participait militairement à l'opération Barbarossa ; Horthy entendait profiter du conflit pour faire main basse sur les territoires disputés à ses frontières.

Au début de l'invasion allemande, les troupes hongroises avaient traversé les Carpates et annexé la partie du Piémont située au sud-ouest du Dniestr. Par la suite, les réfugiés juifs de ces régions avaient été recensés puis internés dans des camps où leurs conditions de vie étaient moins inhumaines que dans ceux des pays passés sous domination allemande. Le Bureau national de contrôle des étrangers, tenu par des antisémites convaincus, avait alors proposé un plan d'expulsion des « indésirables ». Il s'agissait de chasser les Juifs étrangers, principalement de Carpato-Ruthénie, une région naguère ukrainienne, en les livrant aux autorités allemandes de Galicie. Une négociation préalable eut lieu entre les officiels hongrois et la Gestapo, après quoi Horthy soumit le décret d'expulsion de ces Juifs « de nationalité douteuse » à son conseil des ministres, qui l'entérina le 12 juillet 1941. Les Juifs ne pouvant attester de la nationalité hongroise, qu'ils fussent de Budapest, de Ruthénie ou des Carpates, seraient raflés, entassés dans des trains de marchandises et remis aux Allemands qui les conduiraient à marche forcée jusqu'à Kamenets-Podolski. Le régime hongrois avait autorisé les Juifs à se munir d'une misérable somme d'argent et de trois jours de provisions.

16 000 Juifs tombèrent ainsi entre les mains de la Wehrmacht qui ne savait qu'en faire. L'armée allemande fit valoir auprès de sa hiérarchie et des autorités hongroises que cet afflux de Juifs engendrait des difficultés considérables, et demanda à ce qu'ils soient renvoyés en Hongrie. Horthy ne voulut rien entendre. Un rapport de l'Einsatzgruppe C, daté du 28 août, rend compte de ces frictions entre les autorités allemandes et hongroises : « Les membres du 10e bataillon de chasseurs hongrois ont expulsé plus de 1 000 Juifs hongrois par le Dniestr vers la Galicie. L'unité spéciale Ternopil les a promptement renvoyés. »

La conférence qui se tint à Vinnitsa le 23 août 1941 avait pour but de résoudre le problème. Le HSSPF Friedrich Jeckeln fut mandaté pour cela. Il se rendit aussitôt à Kamenets-Podolski. Appuyé par ses contingents de tueurs (les hommes de sa compagnie, le bataillon de police 320, des unités de la gendarmerie ukrainienne), Jeckeln entra dans la ville d'Ukraine à la fin du mois d'août. Un peloton de soldats du génie hongrois avait également été envoyé sur place pour prendre part aux opérations. Les Juifs furent avertis qu'ils seraient expulsés de la ville et déplacés vers une destination inconnue. Jeckeln (qui avait pris le commandement des bataillons de l'Einsatzgruppe C, des unités supplétives et de la gendarmerie ukrainienne) ainsi que les soldats hongrois rassemblèrent tous les Juifs qu'ils avaient pu trouver – au total, 23 600 personnes. Ils les firent marcher sur une quinzaine de kilomètres jusqu'à la sortie de la ville où se trouvaient, séparés les uns des autres de quelques mètres, cinq gigantesques cratères d'obus qui feraient office de fosses communes pour les Juifs de la ville et les milliers d'autres déportés de Hongrie. La boucherie dura trois jours pleins, du 27 au 29 août. Les Juifs devaient se déshabiller, selon un rituel déjà bien rodé, avant d'être exécutés à la mitrailleuse, sous les tirs croisés des gendarmes allemands et des soldats hongrois. Mais la plupart furent enterrés vivants. À Vinnitsa, Jeckeln avait promis qu'il en aurait terminé avant le 1er septembre. Il tint parole.

Le massacre de Kamenets-Podolski, par son ampleur démesurée, jamais atteinte jusqu'alors, représente un tournant dans la campagne de destruction des Juifs d'Europe. Dans le rapport d'activité du groupe d'intervention C, en date du 11 septembre 1941, ces « opérations » tiennent en une phrase de conclusion : « À Kamenets-Podolski 23 600 Juifs ont été abattus en trois jours par un kommando du haut dirigeant de la SS et de la Police. » On estime qu'entre 14 000 et 18 000 d'entre eux étaient des réfugiés hongrois. Les autres, des Juifs de la ville ukrainienne. Les autorités hongroises, quand elles apprirent ce qui s'était passé, arrêtèrent immédiatement les déportations par train vers la Galicie. Sept trains déjà remplis de Juifs en passe d'être assassinés furent stoppés et rappelés avant qu'il ne fût trop tard. La Hongrie, pays fasciste et antisémite, ne prit pas l'initiative – contrairement à son voisin roumain – d'organiser l'assassinat de masse de sa population juive. Elle parviendra même jusqu'en 1944 à épargner à ses Juifs l'extermination – même si les Croix fléchées en assassinèrent plusieurs à Budapest. Après cela, la Hongrie, cédant aux exigences de l'Allemagne, finira par livrer ses 440 000 Juifs qui seront tous gazés à Auschwitz-Birkenau, entre le 15 mai et le 9 juillet 1944.

Anna Stepanovna Stolyarchuk, une rescapée de Kamenets-Podolski, a vu les siens disparaître dans les exécutions de la fin du mois d'août. « C'est toute ma famille qui a péri. Les oncles et les tantes, les cousines et les neveux ; en tout une cinquantaine de personnes. Shlomo Navozheny, le frère de mon père qui habitait Zinkov, sa femme – une belle femme – et leurs deux enfants. Tante Sima, la sœur de maman, l'oncle Mendel, un couturier, et leurs quatre enfants ; Eva, qui venait de se marier, Izia, Guenetchka et Ellotchka. Tous sont morts ici, à Kamenets, fusillés en août 1941. Non seulement ma famille, mais aussi tous mes proches. Tous tués[2]. »

Anna Stepanovna habite toujours Kamenets-Podolski, une sorte

2. Entretien avec Anna Stepanovna Stolyarchuk, 22 juillet 2008, Kamenets-Podolski.

de barre HLM située non loin du centre historique de la ville, dans un quartier où les habitants vivent chichement sans être miséreux. C'est une petite femme, au visage presque sans rides, de très beaux yeux clairs, une chevelure parfaitement blanche nouée en chignon. Son petit appartement est remarquablement entretenu. Aux murs, quelques portraits de disparus, et des tableaux – des paysages, des portraits de facture classique, sans originalité : œuvres de son fils, peintre du dimanche, qui habite loin, désormais, en Russie, et ne passe la voir que quelques jours par an. Elle ne s'en plaint pas. Son fils, nous dit-elle, est son trésor, et ses pensées l'accompagnent chaque instant de chaque journée « que Dieu fait ». Prise en charge par le régime soviétique après la guerre, l'orpheline put poursuivre des études. Le prix Staline lui fut décerné, et lui permit de faire carrière dans l'enseignement. « Mon Dieu, c'était 840 roubles ! Tout cet argent représentait pour moi une responsabilité. Il ne fallait pas démériter. Petit à petit, j'ai commencé à m'en sortir. Après mes études, on m'a autorisée à demeurer dans la ville, alors que tout le monde était envoyé en Ukraine occidentale. On m'a laissée ici parce que l'école avait besoin de responsables du komsomol et de pionniers. Je suis devenue enseignante, puis directrice, puis proviseure. »

Anna est assise sur le lit de sa minuscule chambre, pendant que Nicolas, Genia et Benjamin installent le dispositif de tournage au salon. La perspective de se replonger dans ses souvenirs la tétanise. Elle parle de manière peu cohérente, plonge dans un mutisme soudain, se lamente, s'agite, pleure. J'essaie de la rassurer. Je lui dis qu'elle me rappelle une tante polonaise, aujourd'hui décédée. La seule rescapée de ma famille paternelle. « Mon père est comme vous, je lui dis. Il a été orphelin à 5 ans. » Cette révélation la touche au plus profond. Elle en oublie sa propre histoire et me pose une foule de questions sur mon père. Elle me dit : « Ton père et toi, vous êtes comme ma famille. N'oublie pas en rentrant de lui dire que je l'embrasse et que je pense à lui. » Je lui prends la main. Une dernière larme coule lentement le long de sa joue, mais elle est calmée, prête à affronter ses souvenirs, face à la caméra. C'est moi maintenant qui ai la gorge nouée.

La femme qui nous a ouvert la porte, une dame du voisinage qui passe bénévolement s'occuper d'elle, aider au ménage et au repassage, vient nous saluer car elle doit partir. Anna Stepanovna Stolyarchuk est « la Juive » du quartier. La seule de son espèce. Une espèce disparue. Elle dit ne subir aucune forme d'antisémitisme de la part de ses compatriotes. Dans toute la ville, elle est connue et respectée. Rares sont les gens à ne pas avoir des enfants, cousins, neveux – voire eux-mêmes – qui ne l'ont eue comme enseignante ou directrice d'école. Je lui demande pourquoi elle n'a pas tenté de s'installer ailleurs, à la chute de l'Union soviétique. « Je ne peux pas partir. J'ai l'âme ukrainienne. » Elle m'assure aimer ce pays, sa ville natale, ses gens. Le seul qu'elle ne peut pas voir, c'est Yuzek Savitski, « le schutzman » – le gendarme – qui a convoyé sa mère à la mort. « Yuzek a fait dix ans au goulag. Quand il en est sorti, il est revenu habiter par ici. Je le croisais presque chaque jour. Maintenant, il vit à Zinkiv, s'il n'a pas crevé ! »

Quand les Allemands sont entrés pour la première fois à Kamenets-Podolski, Anna était âgée de 14 ans. Elle habitait avec sa famille un shtetl du nom de Zinkiv (ou Zinkov). Le nom de la bourgade existe encore, puisque c'est là qu'habite Savitski, l'ancien gendarme ukrainien, mais elle ne compte plus aucun Juif. « Mon frère était au front, tout près de là, du côté de Vinkivtsi. C'était un beau garçon. Avant la guerre, il était étudiant, et l'un des principaux animateurs du komsomol. Notre famille n'était pas riche, mais solide. Une famille très solide. Mon grand-père, le père de ma mère, chez nous à Zinkiv, dirigeait une magnifique synagogue – l'une des plus belles d'Ukraine. Il était le rabbin de cette synagogue. Un jour, nous avons entendu un bruit épouvantable. Une armada entière d'Allemands entrait à motocycles, roulant à toute vitesse sur toute la largeur de la route. C'était en juillet. À cause de la chaleur, ils avaient roulé les manches de leurs chemises jusqu'aux coudes. Ils portaient des casques sur la tête et faisaient tant de bruit qu'on aurait pu en devenir sourd. Nous nous sommes tous cachés. Ils sont passés à côté du village et sont partis. C'était très tôt le matin. Ils ne nous ont pas touchés. Le soir, ils sont revenus. Cette fois, ils ne se sont pas contentés de traverser le village. Ils entraient dans chaque maison en maîtres, sans tenir compte des personnes âgées ou des plus jeunes. Zinkiv était une bourgade juive. Sa population était, à 99 %, juive. Le reste, c'étaient des Russes, et aussi des Ukrainiens. Partout où ils entraient, les Allemands posaient la même question : "Alles Juden ? Alles Juden ?" Ils ne comprenaient pas qu'ici il n'y avait que des « Juden ». Nous avions peur de répondre quoi que ce soit. Ils sont repartis.

« Une ou deux semaines après, ce sont les schutzman qui se sont présentés. Un département de policiers ukrainiens avait été créé. Il se trouvait là-bas peut-être trois ou quatre Allemands, mais ce sont les schutzman qui faisaient le travail. Les schutzman et les Allemands, quand ils entraient dans les maisons, ils fouillaient tout, jetaient tout, prenaient ce qu'ils pouvaient. Ils attrapaient les hommes et les emmenaient quelque part pour les fusiller. Vous me parlez du mois d'août. Des exécutions du mois d'août. Mais le mois d'août n'évoque rien de particulier pour moi. Car des exécutions, des pogroms et des tueries, il y en avait tout le temps. Il y en a eu tellement qu'il est impossible de se souvenir des dates et du nombre de personnes exécutées. Nous étions horrifiés et en état de choc.

« À côté de chez nous vivait Feiga, une femme qui avait une fille et un petit garçon du nom d'Isaï. Lors d'une de ces rafles, Isaï, qui avait très peur d'être emmené par les Allemands, s'est caché dans une armoire. Les Allemands sont entrés, ils ont fouillé la maison, et ils l'ont trouvé qui se cachait dans l'armoire. Ils l'ont sorti de là en le battant. Devant la maison, je les ai vus lui casser les deux bras. Et puis ils l'ont abattu. Sa mère et sa sœur ont été conduites dans la forêt où elles ont été fusillées. Leurs cadavres sont toujours là-bas, dans la fosse. »

Après les massacres d'août 1941, un ghetto fut créé à Kamenets-Podolski pour y parquer les survivants. Puis un camp de concentration, non loin de là, pour les travailleurs forcés. « En août, ils avaient envoyé tout le monde à la mort.

Ceux qui sont restés ont été emmenés dans le ghetto. Nous y avons vécu dans l'épouvante jusqu'en mai 1942. C'était à l'extérieur de la ville, un endroit où personne n'habitait – il n'y avait là que des remises et des ruines. Nous avons été entassés dans de minuscules gourbis, et ils ont entouré le ghetto de barbelés, ne laissant personne entrer ni sortir. »

À nouveau, Anna est prise de hoquets. Submergée par le chagrin, elle est en larmes. Un souvenir du ghetto lui est revenu en mémoire. Celui de la « belle Rosa ». « Ça s'est passé en hiver. Rosa, c'était une belle fille, peut-être la plus belle fille du ghetto. Les Allemands venaient d'arriver. Chaque fois que les Allemands entraient dans le ghetto, ils prenaient plaisir à maltraiter la belle Rosa. Et un jour, parce qu'elle a probablement résisté – mais qui pouvait résister ? –, ils l'ont sauvagement déshabillée et l'ont promenée nue à travers tout le ghetto. Puis ils se sont arrêtés au centre, et là, ils l'ont humiliée et l'ont fusillée au milieu des habitations, devant tout le monde.

« Mon père a été fusillé en mai 1942. Les schutzman sont entrés, ils l'ont pris, et ils l'ont emmené derrière la maisonnette où nous habitions. J'étais à côté de lui quand c'est arrivé. J'ai couru derrière eux en les suppliant de ne pas le tuer. J'ai crié : “Tuez-moi ! Épargnez mon père !” Un Allemand s'est approché, il m'a attrapée et m'a jetée violemment contre le sol. Il voulait me tuer mais mon père ne l'a pas laissé faire. Il a dit : “Non, c'est moi que vous voulez, alors tuez-moi !” Ils l'ont abattu derrière la maison. Après cela, ce même mois, ils ont décidé de nous anéantir complètement. Ils ont fait irruption dans les masures et les remises où nous habitions. Ils nous ont tous fait sortir en nous battant, puis ils nous ont fait asseoir dehors, par terre, pendant qu'ils fouillaient chaque recoin. Il leur fallait tout le monde. Que personne ne reste en vie ! Après ils nous ont fait marcher en nous poussant comme du bétail sur la route principale qui menait à la forêt de Vinkivtsi. Ils nous pressaient, nous hâtaient. Les vieux, les petits, les malades tombaient et se faisaient frapper à mort. Dans la forêt de Vinkivtsi, il y avait un ravin qui faisait comme une fosse naturelle. C'est là qu'ils avaient prévu de nous assassiner.

« J'étais avec maman. Mon père avait déjà été tué. Ils nous ont dit de sauter dans le ravin. Quand les gens sautaient ou qu'ils étaient poussés dans le ravin, ils leur tiraient dessus. Je ressemblais beaucoup à une fille russe. J'avais les cheveux clairs tressés en nattes et les yeux bleus. Ma mère s'est tournée vers l'un des hommes qui encadraient les victimes. Je pense qu'il était roumain, à cause de son uniforme couleur tabac, et non vert comme celui des Allemands. Elle l'a supplié d'épargner ma vie. L'homme a fait preuve d'humanité et lui a fait comprendre que c'était d'accord. Maman m'a poussée à l'écart, mais moi je ne voulais pas. J'ai dit à l'homme que je ne voulais pas vivre sans maman, que plus personne d'autre n'était encore en vie, qu'il fallait qu'il l'épargne elle aussi. J'ai pris maman par la main et nous sommes toutes les deux sorties du rang. Nous avons vu les gens tomber dans le ravin. Nous les avons vus se faire abattre comme des animaux et recouvrir de terre. D'autres que nous avaient eu la vie sauve. Ils nous ont forcés à marcher encore. Nous avions les pieds en sang. Ils nous ont forcés à marcher jusqu'à la gare de Dounaïvtsi où il y avait un camp de concentration.

« Là-bas, les baraquements servaient naguère à entreposer le blé. Le sol était en ciment. Dans chaque baraquement, il y avait des gens venus d'autres endroits, d'autres villes, beaucoup de gens. Je ne sais pas exactement quand a été organisé ce camp, mais, en mai 1942, il était en plein essor. Il était dirigé par un Allemand sanguinaire du nom de Krause. Le commandant punitif Krause. De petite taille, cheveux roux, plein de tâches de rousseur, et des yeux épouvantables ! Je suis restée là-bas avec maman. Nous dormions sur le sol en ciment. Certains avaient peut-être un peu de paille, mais je ne m'en souviens plus. Chaque matin, on nous alignait avant de nous envoyer aux travaux forcés, petits et vieux. Je n'étais pas la plus petite. Il y avait des enfants plus jeunes que moi. Nous allions surtout travailler à la gare de chemin de fer. Il fallait décharger des wagons, en charger d'autres. Tout ce qui venait d'Ukraine était expédié en Allemagne. Nous chargions même le tchernozem[3]. Les wagons étaient pleins de ce tchernozem ukrainien ! Et aussi des ballots de paille. Je ne crois pas qu'il y ait quoi que ce soit d'Ukraine qui n'ait été exporté par les Allemands. Lorsque les trains arrivaient, nous devions nettoyer les wagons pour eux. Nous étions contents d'y trouver une pelure, ou les restes de leurs repas. Nous étions des esclaves. Même les esclaves vivaient mieux que nous ! Quand ce n'était pas à la gare, on allait aux champs pour ramasser la paille. Et tous les soirs au retour, on nous alignait de nouveau et on vérifiait que chacun était bien rentré.

« Durant cette période, les femmes ukrainiennes nous ont témoigné une grande gentillesse. Lorsqu'on partait travailler, elles sortaient de leurs maisons et nous tiraient par le bras. Les Allemands les repoussaient, elles se battaient avec eux, surtout pour les enfants. Il faut absolument souligner cela, que les femmes ukrainiennes étaient très bonnes à notre égard. Elles s'inquiétaient pour nous, elles nous tiraient vers elles et disaient aux Allemands : “Regardez comme elle est sale et pleine de poux ! Donnez-nous cette fille, je vais la laver !” Parce que nous étions affamés, elles nous glissaient dans la main un morceau de pain ou une pomme de terre. Parfois, cela passait inaperçu, mais, d'autres fois, les Allemands nous les arrachaient des mains.

« Un jour, c'était en été, probablement au mois de juin, alors que nous étions au travail à la gare, une femme est passée près de nous, portant un seau rempli de cerises. J'étais avec d'autres jeunes gens. Nous chargions du blé dans le wagon. Nous crevions de faim. Et cette femme a dit : “Si vous me donnez du blé, je vous donne le seau.” Les deux gars qui travaillaient avec moi lui ont donné du blé et ils ont pris ce seau de cerises. Nous nous sommes jetés dessus. On avait si faim ! Mais il y a partout des provocateurs et des traîtres. Quelqu'un nous a dénoncés à Krause et, en fin de journée, les Allemands et les schutzman ont débarqué à la station de chemin de fer de Dounaïvtsi. Ils nous

3. Terre noire très fertile du centre de l'Ukraine (que l'on trouve aussi en Russie et au Canada), utilisée pour la culture des céréales.

ont fait mettre en rangs, puis ils nous ont demandé qui avait échangé les cerises contre le blé ? “Qui a touché au blé ? On tuera tout le monde si vous ne le dites pas !” Les deux jeunes gens sont sortis du rang et ont dit : “C’est nous qui l’avons fait. Tuez-nous et laissez les autres.” Ils ont été obligés de creuser un trou sur place, au beau milieu de la gare. Ils ont creusé le trou, on les a mis dedans vivants, puis on les a recouverts de terre. Ils ont été enterrés vivants. Pour un seau de cerises !

« Après, nous sommes rentrés au camp où on nous a battus. Puis Krause a encore fait aligner tout le monde. C’était son habitude. Son visage est gravé dans ma mémoire. Je revois tout, encore aujourd’hui : ses tâches de rousseur, ses cheveux roux… Ses sourcils, et même ses yeux étaient roux ! Chaque soir, tout le camp était debout. Il n’y avait pas un soir sans que Krause ne tue quelqu’un. Il tuait, on enlevait le ou les corps, puis nous allions nous coucher. Krause avait un revolver, un Mauser, qu’il portait à la ceinture. Il s’en servait pour tirer sur n’importe qui, quand cela lui chantait. Comment a-t-il pu tuer autant de gens avec une si petite arme ? Je me souviens de Yacha et de sa sœur Khaja. Leurs parents avaient été tués avant qu’on ne les emmène dans ce camp. Krause passait par là et voilà que soudain, sans raison, il a tiré sur Yacha. Khaja était tout près. Quand elle a vu Yacha tomber, elle a laissé échapper un cri. Krause a hurlé : “Qui a crié ?” Il a fait sortir Khaja et l’a également tuée. »

Je n’ai découvert le nom de Krause (ou Kraus) dans le témoignage d’Anna qu’en recevant, un mois après l’entretien, sa traduction écrite. J’étais rentré à Paris, et il était trop tard pour demander des précisions sur le commandant du camp de Dounaïvtsi – très certainement inutiles, la rescapée de Kamenets-Podolski n’en sachant pas davantage. Je remarquai dans la traduction, pour le qualifier, l’emploi du terme « punitif », ce qui laisse penser qu’il appartenait aux Einsatzgruppen, ou tout du moins au SD. Dans les pays de l’Est, les contemporains de l’opération Barbarossa désignent toujours les escadrons de la mort nazis sous la paraphrase de « commandos punitifs ». Il pourrait s’agir de Waldemar Krause, membre de l’Einsatzkommando 4b de l'Einsatzgruppe C à partir de 1943. La localisation géographique peut correspondre, bien que je ne sache pas précisément quelles furent ses fonctions avant 1943. Autre possibilité : Franz Xaver Kraus, membre d'une unité Totenkopf, gardien de camps, notamment dans la région de Gdansk en 1941 – loin de là donc –, sur la mer Baltique. Ce même Kraus a également été envoyé à Auschwitz de 1944 à 1945 pour « liquider » le camp. Il est donc possible qu'entre ces deux affectations il ait dirigé celui de Kamenets-Podolski. Mais Krause étant un patronyme allemand relativement répandu, je ne suis pas parvenu à aller plus loin dans ma tentative de l'identifier.

« Lorsque le froid est venu, en 1942, un hiver froid, très froid, nombreux étaient ceux qui tombaient malades et ne pouvaient plus aller travailler. Alors les Allemands ont décidé d'en finir avec nous. Ils n'avaient plus besoin de ce camp. Qu'est-ce qu'ils ont fait ? Le jour de la révolution d'Octobre, la plus grande fête dans notre pays, le 7 novembre 1942, ils ont sorti tous les prisonniers du camp, et ils les ont fusillés à la gare de Dounaïvtsi.

« Je vous ai parlé de Yuzek Savitski, le schutzman. Avant la guerre, il était dans la même classe que mon frère. Une classe pédagogique de travail en groupe. Yuzek venait à la maison pour étudier avec mon frère. Et maman, en bonne maîtresse de maison, leur préparait à manger, leur portait des collations pendant qu'ils étudiaient. Quand la guerre a éclaté, mon frère, comme tout le reste de la classe, est parti à l'armée. Seul Yuzek est resté. Quand ils ont organisé cette dernière tuerie, c'est Yuzek, qui entre-temps était devenu schutzman, qui nous convoyait. Maman lui a dit : “Yuzek, emmène-moi, mais relâche Ania ! – Je ne peux pas, il a répondu. Je fais mon travail.” Il ne m'a pas relâchée, et maman a été tuée.

« J'étais si petite, si maigre, que lorsqu'ils ont commencé à faire sortir tout le monde de la gare pour être fusillé, j'ai pu me faufiler. J'ai sauté par une petite fenêtre à l'intérieur d'un entrepôt de blé qui se trouvait à côté. J'y suis restée couchée par terre plusieurs jours. Il n'y avait que les souris pour me tenir compagnie. Les souris étaient mes amies. Je mangeais comme elles, en grignotant du blé. Je ne sais pas combien de jours ont passé. Avant qu'ils ne fusillent tout le monde, le camp, jusqu'à la gare, était entouré de trois rangées de barbelés électrifiés. Il était en permanence surveillé. Mais, lorsque le camp a été fermé, il n'y avait plus personne pour le garder. Je me suis dit que je ne pouvais pas rester là éternellement, le chef de l'entrepôt aurait pu venir. Je suis sortie par le toit, j'ai sauté à terre, j'ai grimpé le long de la grille d'entrée qui faisait trois mètres, j'ai sauté de l'autre côté et je suis partie. J'allai à travers les champs. J'essayai de gagner le village de Khodorovtski, où un de nos proches habitait. Je n'y suis pas parvenue. Je ne savais pas où j'allais. Je me cachais le jour dans les bottes de foin et je marchais la nuit. Je ne sais plus ce que j'ai mangé durant ces trois jours. Je me souviens d'un champ de betteraves ; c'est là, au milieu du champ, que je suis tombée inconsciente. Quand je suis revenue à moi, il gelait, et ma robe était collée au sol. Je ne parvenais pas à me dégager ni à l'arracher. À nouveau, j'ai perdu connaissance. »

Quand Anna Stepanovna a repris ses esprits, une femme lui caressait les cheveux. « C'était Olga Vassilievna Savtchouk. Elle passait justement par Tchemyrivtsi avec sa fille et elle a dit : "Je ne te laisserai pas ici, je vais te prendre avec moi." » La paysanne ukrainienne a emmené l'orpheline au village de Kormyltcha, chez elle, où elle habitait avec son mari et leur fille Maria. La femme l'a lavée, épouillée, habillée et nourrie.

Mais le mari d'Olga Vassilievna buvait, et quand il buvait, il pouvait se montrer violent, particulièrement avec sa femme. Il ne voulait pas de l'adolescente juive chez eux. Olga se mit à la recherche d'une autre maison qui accepterait d'héberger Anna. Pendant plusieurs semaines, l'adolescente passa d'un foyer à l'autre, jusqu'à ce que Catherina, une voisine qui n'avait pas d'enfant, acceptât de l'héberger. « J'étais comme un chaton qui passe de main en main. Quand Catherina m'a prise chez elle, elle s'est bien occupée de moi. Elle est devenue comme ma grand-mère. J'ai encore quelque part ici son portrait. » Anna demeurera parmi les paysans ukrainiens, ne révélant à personne qu'elle était juive, participant avec les habitants du village aux travaux des champs. Elle est restée chez la « grand-mère Catherina » jusqu'à la libération. « Maintenant, je suis fatiguée. Je veux me reposer. » Son visage est livide. Nous décidons d'arrêter là l'entretien.

Notre guide dans la région s'appelle Alexander Korolyov. C'est un homme mince dans la cinquantaine, sympathique et timide, qui a dévolu ces vingt dernières années à l'identification des fosses des victimes du NKVD – une entreprise difficilement possible avant l'indépendance du pays. Le père d'Alexander a disparu avant le conflit mondial, sommairement exécuté par les troupes de Lavrenti Beria. Sans raison particulière puisque aux dires d'Alexander il ne s'occupait pas de politique. Il s'était trouvé au mauvais endroit, au mauvais moment. Alexander et moi nous rendons ensemble au cimetière de Kamenets-Podolski sous une pluie torrentielle. À droite du carré chrétien aux tombes fleuries et soigneusement rangées, nous découvrons une friche d'herbes folles parmi lesquelles gît un fatras de pierres tombales en morceaux, tantôt debout mais de travers, tantôt couchées dans l'herbe. Toutes sont gravées d'inscriptions hébraïques. C'est ce qui reste du cimetière juif de Kamenets-Podolski.

Un peu à l'écart, un mémorial rend hommage aux 600 enfants juifs enterrés vivants dans ce cimetière par les nazis et leurs collaborateurs. Leurs parents avaient été tués au début de la campagne d'exécutions entre les mois de juin et août 1941. Les Allemands les avaient confinés plusieurs semaines dans une baraque, avant de les assassiner. Ce n'est pas par pur sadisme qu'ils les tuèrent ainsi. Les enfants furent enterrés vivants parce qu'il était trop pénible à leurs bourreaux de tirer sur des gamins, surtout sur les plus petits.

À Khmelnitski, une ville située à mi-chemin entre Ternopil et Vinnitsa, j'ai rendez-vous avec Semen Aaronovitch Vaisblat, un rescapé juif qui a survécu à l'assassinat des 600 enfants.

Khmelnitski, une ville sans charme, plus urbanisée, industrielle et sinistrée que Kamenets-Podolski, doit son nom à Bogdan Khmelnitski, l'un des principaux héros du roman national ukrainien, et le chef des cosaques qui organisa le soulèvement de 1648 contre la noblesse polonaise. Célébré pour avoir vaincu les armées adverses, fortes de 80 000 hommes, grâce aux troupes d'Ukrainiens et de Tatares rassemblées sous sa bannière, Bogdan Khmelnitski était aussi l'un des plus grands massacreurs de Juifs qu'ait connus le pays. Sous sa domination, les très nombreux pogroms déclenchés par ses cosaques avaient fait près de 100 000 victimes juives. Quand je me rends dans la ville qui porte son nom, ce 24 juillet 2008, je l'identifie avant tout grâce aux archives photographiques que j'ai apportées. Des charniers de cadavres nus, tous sexes confondus (on y aperçoit principalement des femmes et des enfants), jonchant pêle-mêle de gigantesques fosses communes. Des clichés vraisemblablement pris par les Einsatzkommandos, à une date indéterminée.

L'entretien a lieu au centre communautaire juif de la ville, sis au rez-de-chaussée d'un immeuble borgne, dans le renfoncement d'une rue, face à un jardin public. Passé l'entrée dans la pénombre, on débouche sur une grande salle rectangulaire ornée d'un canapé dont la mousse synthétique s'échappe du tissu déchiré, de quelques chaises bancales d'écoliers, d'une table trop grande qui embarrasse la pièce, et dont on ne sait trop à quel usage elle est destinée. Le local miséreux, dépourvu de fenêtres, est éclairé par la lumière fuligineuse d'une ampoule nue. Elle fait apparaître aux murs les vestiges craquelés d'une peinture dont il ne subsiste qu'un souvenir vague. L'ensemble produit une impression de désastre, à la mesure sans doute de ces communautés juives exsangues, qui résistent de façon pathétique à leur disparition définitive d'Ukraine. Semen Aaronovitch nous attend sagement assis sur le canapé. C'est un homme trapu et robuste, au nez épaté, au visage rond surmonté d'une casquette. Il ressemble à un Ukrainien ou à certaines « gueules » du cinéma français. Le Jean Gabin du *Chat* qui partageait l'affiche avec Simone Signoret en 1971. Je l'observe s'asseoir devant le rideau noir[4] des rescapés, face à la caméra. Son air faussement renfrogné est trahi par deux billes bleues pleines de malice. Il demande si nous souhaitons qu'il chante une mélodie hassidique. « J'ai été staroste à la synagogue pendant dix-huit ans. Les hassidim ne chantent que des mélodies. Jamais de paroles. Les soirs de fête, ils chantent jusqu'à trois heures du matin. » Semen Aaronovitch nous dit avoir présidé l'association des rescapés du camp et du ghetto de sa région « pendant douze ans ». Il tient visiblement à ces chants religieux juifs, et insiste pour nous les faire découvrir. Je lui réponds que je l'écouterai chanter avec plaisir quand nous aurons achevé l'entretien.

« La guerre a commencé en 1941. J'avais à l'époque 11 ans. Il fallait évacuer, mais pour aller où ? Des Juifs avaient émigré quelque part au Kazakhstan, mais la plupart se sont contentés

4. Pour filmer les entretiens, j'ai adopté le dispositif suivant : les historiens sont filmés derrière un bureau, ou devant une bibliothèque ; dans un décor, vrai ou fictif, qui les rattache à leur travail ; les témoins locaux sont filmés sur les lieux du crime, en général aux abords des fosses ; les criminels sont filmés chez eux, sans éclairage, sans maquillage ni mise en scène particulière ; les rescapés sont filmés devant un fond noir, du fait qu'il n'y a aucun lieu qui les caractérise ou les identifie (ce sont tous des déracinés), et pour symboliser l'abstraction de la mémoire. Afin de créer un lien particulier entre eux et le spectateur, je les ai placés au centre de l'image. Leur regard, même s'il demeure, comme c'est la norme dans le filmage des entretiens, légèrement oblique, est plus frontal que celui des autres catégories d'intervenants. Sans que le spectateur s'en aperçoive, par le cadrage et le dispositif défini plus haut, j'ai voulu installer une intimité et une écoute spécifiques avec eux.

de partir dans une autre ville. Les Allemands sont arrivés chez nous, je ne me souviens pas quel mois, ils sont venus dans notre district, à Tchemyrivtsi, dans la région de Kamenets-Podolski, selon le découpage d'avant-guerre – maintenant, ce district est intégré à la région de Khmelnitski, mais avant, c'était Kamenets-Podolski. Ils sont entrés une première fois, puis repartis, puis revenus. Ils portaient autour du cou, sur la poitrine, une sorte de médaille qui disait "Dieu est avec nous", mais ils tuaient les gens. C'était ça leur travail. Je me souviens que l'un d'eux nous a dit : "Pourquoi êtes-vous restés ? Pourquoi vous ne vous êtes pas enfuis ? Hitler va tous vous tuer. Vous n'avez pas d'avenir ici." Où aurions-nous pu aller ? Le territoire était déjà totalement occupé. Il n'y avait nulle part où aller. Ils ont commencé à perquisitionner chez les gens, à les obliger à leur livrer leur or et leurs biens les plus précieux. »

Un pogrom éclata à Tchemyrivtsi alors que les Juifs étaient déchus de leurs droits, confinés dans le ghetto, et que commençaient les premières exécutions de masse. De tels pogroms ne furent pas circonscrits aux premiers jours de l'invasion. D'autres, plus localisés, initiés par les seuls habitants de quelques villages et petites villes de l'est, eurent lieu dans les mois qui suivirent. Celui de Jedwabne est l'un des plus connus. Dans cette petite ville de Pologne, qui comptait avant guerre 2 617 Juifs, soit 60 % de la population, la plupart des habitants juifs furent assassinés le 10 juillet 1941, brûlés vif dans une étable. Même après la guerre, en 1946, éclatait à Kielce, toujours en Pologne, un ultime pogrom contre la population juive qui refluait après le conflit mondial. « La plupart des pogroms enregistrés, note Raul Hilberg, se situèrent dans les territoires annexés par l'Union soviétique en 1939-1940, c'est-à-dire dans les régions où il semble que l'hostilité latente contre les Juifs ait eu le plus de force, et où la crainte d'un retour des communistes pesait beaucoup moins qu'ailleurs, car ils n'y avaient exercé leur autorité que depuis à peine deux ans[5]. »

5. Raul Hilberg, *La Destruction des Juifs d'Europe*, *op. cit.*, t. I, p. 558-559.

« 100 personnes furent tuées dans ce pogrom, à Tchemyrivtsi reprend Semen Aaronovitch. Les Allemands n'étaient pas contents. Ils ont arrêté les tueries et on interdit qu'elles se reproduisent. Ils ont dit : "Vous n'avez pas le droit de pratiquer ces pogroms de votre propre chef. C'est à nous de le faire !" J'ai moi-même transporté les morts. Au kolkhoze, je les ai chargés sur une carriole, et on les a emmenés au cimetière juif. On les a enterrés comme il faut. La fosse du cimetière a été recouverte sous le pouvoir soviétique. Ils y ont construit des immeubles. Aujourd'hui, on ne voit plus rien. Il y a juste un bout de cimetière, sinon, partout, ce sont des maisons. Voilà ce qui s'est passé. Je l'ai moi-même vu de mes propres yeux. » Les pogroms du début de l'invasion avaient été fomentés et organisés par les nazis. À partir du moment où ils y avaient mis un terme, ils firent attention à ce que de tels débordements de violence ne puissent plus avoir lieu. Ils interdirent la pratique des assassinats spontanés, qu'ils soient le fait des populations locales ou des membres de leurs propres unités qui agissaient sans ordres.

« Tuer les Juifs, écrit Hilberg, étant admis comme une nécessité historique, le soldat devait le "comprendre" ; et si pour un motif quelconque on lui ordonnait d'aider les SS et la police dans leur travail, il était supposé obéir. Mais s'il tuait un Juif spontanément, de sa volonté personnelle, sans ordre et du seul fait qu'il *avait envie* de tuer, alors il commettait un acte anormal, digne peut-être d'un "Européen oriental" – d'un Roumain par exemple – mais qui compromettait la discipline et le prestige de l'armée allemande[6]. » Dans sa déposition devant le Tribunal de Nuremberg, en 1946, Otto Ohlendorf, le chef de l'Einsatzgruppe D, rapporte : « Toute action individuelle, par quelque homme que ce fût, était interdite. Les kommandos fusillaient selon les pratiques militaires et seulement sur ordre. Il était strictement stipulé d'éviter tout mauvais traitement. Le déshabillage et la confiscation de tout bien personnel

6. *Ibid.*, p. 583.

n'étaient pas permis. La publicité était interdite et, au moment même où l'on remarquait qu'un homme avait éprouvé du plaisir à procéder à une exécution, l'ordre était donné de ne plus le laisser participer à aucune. »

« Un jour, poursuit Semen Aaronovitch Vaisblat, tout le monde a été envoyé à Kamenets-Podolski qui se trouvait à 55 kilomètres de là. Nous avons dû faire le trajet à pied. À Kamenets-Podolski, il y avait deux ghettos, l'un qui était ancien et l'autre nouveau. Le vieux ghetto était à Vokzalna, rue Pryvkzalna. Il était en permanence gardé à l'entrée par deux Allemands qui observaient les allées et venues. Le nouveau ghetto se trouvait rue Souvorov, à Kamenets-Podolski. Là-bas, il y avait des casernes militaires. Ils ont commencé à entasser les Juifs là-dedans. Les Allemands ont réuni les invalides, les enfants, et on a tous été conduits au vieux ghetto. Mon père également, parce que les Polonais, les "petlurovtsi", lui avaient asséné un coup de bouteille sur le genou, et il boitait tout le temps. Je vais vous parler du vieux ghetto, parce que mon père était là-bas. Avant le départ, j'avais réussi à chaparder du pain. Je le lui ai donné, et il l'a aussitôt donné à la grand-mère, à la tante, si bien qu'au bout du compte il n'en restait pas pour lui-même. Je lui ai dit : "Pourquoi tu donnes tout ? Il faut que tu manges !" Mais non. Les Allemands nous donnaient de la viande découpée sur des carcasses de chevaux morts et de la pelure d'orge ou de sarrasin, sans sel, sans rien. Cela partait très vite. Il n'y avait pas assez à manger pour chacun et les gens mouraient chaque jour. On passait notre temps à enlever les morts, parce qu'il n'y avait rien à manger.

« Alors, au ghetto de Kamenets-Podolski, quand les ouvriers revenaient du travail forcé à la caserne, ils faisaient du commerce, s'échangeaient de la nourriture, etc. À l'époque, les Allemands n'entraient pas, il n'y avait que les polizei. Les Allemands ne savaient pas qui était juif, russe ou ukrainien. Mais les polizei, ils savaient. Ce sont eux qui dénonçaient les Juifs, les traquaient, les gardaient et les tourmentaient. Les Allemands, ils n'entraient dans le ghetto que lorsqu'ils devaient tuer les gens. De quoi je me souviens ? Qu'on était mal nourris, que les gens étaient d'une maigreur terrible, et qu'on emmenait tous les jours 500 à 800 personnes se faire tuer. Les gens se faisaient constamment maltraiter. Il y avait aussi au ghetto des Ukrainiens, des non-Juifs comme ce prêtre qui n'y comprenait rien. Il avait été donné par les Ukrainiens qui l'avaient pris pour un Juif. Il a été tué comme les Juifs.

« Je vous ai raconté qu'au ghetto de Kamenets-Podolski, 600 enfants ont été tués. Ils ont été enterrés dans une tombe à part. J'aurais dû me trouver parmi eux. À cette époque, il n'y avait pas encore l'ordre de tuer tous les Juifs. J'étais parmi eux. On nous a jetés dans une cellule de la mort. Dans cette cellule, on avait faim, il n'y avait rien à manger. Tous les enfants pleuraient, c'était un tel malheur qu'on ne peut pas en parler. Il y avait aussi des adultes. Eux aussi pleuraient. Mais qui entendaient ces pleurs ? Personne. En tout cas pas le policier ukrainien qui nous gardait pour s'assurer que personne ne s'enfuie. Nous sommes restés deux semaines dans la cellule de la mort. Déjà, ils prenaient certains d'entre nous pour les tuer. Mais j'ai eu de la chance. Barych, le maire de la ville de Kamenets-Podolski, a donné l'ordre qu'on nous libère, qu'on puisse à nouveau circuler dans le ghetto. Après cela, les Allemands et les polizei ont fait la chasse aux enfants pour les prendre et les tuer. J'ai assisté à cela. Si vous allez à Kamenets-Podolski, vous verrez une tombe spéciale pour les enfants, au cimetière juif. J'aurais dû y être moi aussi. Je m'y rends tous les ans, et chaque fois j'en reviens malade, parce que je sais tout, j'ai tout vu, j'étais là. Je suis un rescapé mais aussi un témoin.

« Quand je suis sorti de la cellule, j'ai retrouvé mon père, dans le ghetto. Dès qu'il m'a vu, il m'a dit : "Débrouille-toi pour te sauver d'ici. Moi, cela m'est égal, car il n'y a rien que je puisse faire, ni nulle part où me cacher. Mais toi, tu dois rester en vie pour raconter ce que tu as vécu. C'est ce qui est arrivé. En sortant de la baraque, j'ai aperçu un Allemand, les manches retroussées, lunettes noires, qui prenait les enfants comme moi, les plus petits également, et qui les jetait dans une voiture. J'ai compris ce qu'il se passait. Ils étaient emmenés à la tuerie. J'ai réussi à lui échapper. Je me suis à nouveau enfui du ghetto. Je n'ai jamais revu mon père. Il fait partie des 85 000 Juifs en terre à Kamenets-Podolski.

« Il y avait une clôture autour du ghetto et, plus bas, un petit canal. Je suis passé à travers la clôture et je suis descendu jusqu'au canal. Un schutzman m'a vu. Il est venu jusqu'à moi. Il a pensé que j'étais russe. "Va-t-en ! Sinon, tu vas te faire tuer." J'avais sur moi un peu d'argent – des marks et de l'argent ukrainien. Au bord de la route, des Ukrainiennes vendaient des pommes. Je suis allé les trouver pour leur demander de m'en vendre une. "Pourquoi je vendrais une pomme à un Juif ?" a dit la première. L'autre a dit : "En quoi cela te regarde ce qu'il est ? Il te donne de l'argent, alors donne-lui une pomme !" J'ai pris la pomme et suis parti. J'étais en guenilles. J'ai pris un bâton et je me suis mis à marcher. J'étais en territoire allemand. Car tout ce qui n'était pas un territoire juif – le ghetto – était un territoire allemand. S'ils m'avaient trouvé là, ils ne m'auraient pas fusillé, ils m'auraient mis en pièces ! J'ai eu peur et j'ai décidé de retourner au ghetto. J'ai aperçu les ouvriers qui rentraient du travail, je me suis mêlé à leur groupe et je suis rentré avec eux. J'ai cherché mon père, mais je ne l'ai pas trouvé. Il avait déjà été tué. Mon frère et ma mère également. Les enfants aussi étaient morts. J'ai vu des parents qui rentraient du travail et qui cherchaient leurs enfants disparus. Les pères, les mères en larmes. Ils pleuraient sur le sort de leur progéniture. Cela ne les a pas fait revenir. Je suis entré dans une baraque et j'ai dormi. Quand je me suis réveillé le lendemain matin, mon oncle, le frère de mon père, qui était blessé, était à mes côtés. Il m'a grondé. "Pourquoi es-tu venu ici ? Va-t-en ! Va là où ton bâton se pose !" Je suis allé à Dounaïvtsi, où il y avait aussi un ghetto, et des mines… »

Le soir de notre arrivée à Kamenets-Podolski, avant d'entrer dans la ville, nous nous sommes arrêtés à la mine de Dounaïvtsi (ou Dounaïvetskaya). Aujourd'hui frappée d'une étoile de David, gravée au fronton du portique en métal, l'entrée de la mine, son unique accès, se trouve au milieu d'une clairière, un peu à l'écart de la route, dans la forêt. 3 500 Juifs y ont été enfermés vivants par les Allemands et les gendarmes ukrainiens qui les ont abandonnés à une mort lente. Durant plusieurs semaines, les habitants du village entendaient jour et nuit les cris des Juifs confinés dans les galeries souterraines de la bourgade. Ils ne firent rien pour leur venir en aide. Les vieux de Dounaïvtsi n'ont pas oublié les hurlements et les râles d'agonie. Les 3 500 Juifs du ghetto, sans exception, sont morts de soif, de faim, ou par asphyxie. Personne n'a jamais plus rouvert les portes de la mine. Elles ont été condamnées et nul ne peut accéder aux galeries.

Lorsque Semen Aaronovitch est parvenu à gagner Dounaïvtsi, c'était juste avant la liquidation du ghetto. Là encore, il est parvenu à échapper à la mort. « Au ghetto de Dounaïvtsi, je suis entré dans une maison, et je me suis caché au grenier. J'y suis resté couché deux semaines, comme ça, à plat ventre ou sur le côté, mais jamais assis car le plafond était trop bas. Il y avait là-bas, couchés avec moi, deux Juifs et une Juive. J'avais très soif. Je suis descendu, j'ai trouvé le propriétaire de la maison et je lui ai dit : "Je vais boire un peu. – Non, il a répondu. Si tu vas boire, tu vas nous dénoncer. – Pourquoi est-ce que je vous dénoncerais ?" Je suis allé dans l'appartement qui était vide. J'ai bu de l'eau, et j'en ai rapporté à mes compagnons d'infortune. Le propriétaire de la maison avait peur, et il était risqué de rester plus longtemps. À quatre heures du matin, nous nous sommes levés et nous sommes enfuis de ce ghetto. Un policier nous a rattrapés. "Où allez-vous ?" Les autres ont essayé de ruser, de lui donner quelque monnaie. Moi, je lui ai dit : "Laisse-moi passer, tonton ! Je veux vivre !" Il m'a dit : "Va-t-en !" Je pensais qu'il allait me tirer dessus et me tuer quand j'aurais le dos tourné. J'ai entendu aboyer les chiens. J'ai couru et je suis entré au village. Là-bas, une paysanne m'a donné des affaires – autant que je puisse en prendre. Elle m'a donné de l'alcool fait maison, des varenyky [sorte de raviolis ukrainiens, à la pomme de terre, fromage blanc, sarrasin, choux]. Je lui ai dit que je n'avais besoin de rien. J'ai passé la nuit chez elle et suis parti plus loin, dans un autre village. »

Semen Aaronovitch aura le même destin qu'Anna et qu'un bon nombre d'orphelins juifs, livrés à eux-mêmes, qui allaient d'un village à l'autre, chassés au bout de quelques jours parce qu'ils étaient juifs, par peur des représailles. Jusqu'à ce qu'une paysanne ukrainienne leur offre l'asile. « J'errai parmi les gens. C'est une Ukrainienne qui m'a sauvé. Son nom est aujourd'hui écrit sur une sorte de passeport, à Yad Vashem. Ses enfants étaient morts, je l'ai aidée en tout. Je me levais le matin à quatre heures pour emmener le bétail. Souvent j'avais peur car des polizei venaient chez elle. Un jour, les Allemands sont entrés. Ils lui ont demandé de leur apporter des œufs. Je comprenais ce qu'ils disaient car l'allemand est très proche du yiddish. Elle ne comprenait pas. J'ai dit : "Donne-lui dix œufs, et en échange ils te donneront un morceau de savon." Mais elle ne bougeait pas, elle ne voulait pas comprendre. Un Allemand a sorti son fouet, et il s'est mis à la fouetter. Il a fini par prendre les œufs, et il est parti sans rien donner en échange. Quand les Hongrois ont battu en retraite, j'étais vêtu d'un pantalon de toile, à la paysanne. J'ai pris deux couvertures, et je les ai apportées à ma maîtresse qui m'a confectionné un costume. J'étais le plus beau gars du village, parce que j'avais déjà un costume ! On a vécu très pauvrement. Je n'ai rien à ajouter. »

Et Semen Aaronovitch Vaisblat se mit à chanter.

XII

Babi Yar

Kiev, septembre 1941 – Paul Blobel prépare la « grande aktion » – Le prétexte de la résistance « rouge » – Babi Yar, un ravin pour engloutir toute la communauté – Ina Evguenieva, 13 ans, habitait rue Babi Yar – Le jour de Yom Kippour – Des tirs incessants, des jours durant – Témoignage d'un tireur – Walter von Reichenau, commandant de la 6e armée – Les 90 enfants de Belaya Tserkov – Les enfants abattus par le groupe d'August Häfner – Les aumôniers de la Wehrmacht – 33 771 Juifs tués les 29 et 30 septembre 1941 – À Babi Yar, on fusille les mardi et vendredi – Le récit de Dina Vasserman.

En Russie soviétique, c'est dans le contexte d'un antisémitisme d'État qu'Evgueni Evtouchenko publia le poème « Babi Yar » au mois de septembre 1961, dans la revue *Literatournaïa Gazeta*. À cette époque, les dirigeants soviétiques empêchaient tout projet de mémorial sur le site du plus grand et du plus célèbre massacre de masse, perpétré par les commandos mobiles de tuerie et leurs collaborateurs. Pour effacer les traces des deux journées d'apocalypse du mois de septembre 1941, une opération du génie civil travaillait au remblaiement des ravins ayant englouti près de 34 000 Juifs. Le premier vers du poème, « Il n'y a pas de monument à Babi Yar », fut interprété comme un défi aux autorités soviétiques, et son auteur accusé d'encourager la haine ethnique.

Le grand compositeur Dmitri Chostakovitch fit preuve d'un courage évident (il n'avait adhéré au PCUS qu'un an auparavant) en s'emparant du poème d'Evtouchenko pour en faire le livret de sa treizième symphonie. Même s'il a dû faire face aux manœuvres du pouvoir, qui tentait par tous les moyens d'empêcher la création de la symphonie dédiée aux victimes du Babi Yar, Chostakovitch – qui n'était pas juif – était intouchable. La première représentation de son œuvre fut donnée le 18 septembre 1962. En dépit d'une absence totale de publicité, la treizième symphonie de Chostakovitch recueillit un succès immédiat. Le compositeur serait néanmoins contraint, dans les représentations suivantes, de modifier le texte du poème en y évacuant la plupart des références à la souffrance juive.

Quoi qu'il en soit, l'œuvre de Chostakovitch contribua à cristalliser, dans toute l'Europe de l'Est, le gigantesque massacre de Kiev comme symbole du martyre des Juifs, au même titre que le camp d'Auschwitz en Europe occidentale. Les ravins comblés et la bretelle d'autoroute construite par-dessus, pour masquer définitivement le stigmate béant du génocide, plaie ouverte au cœur de ce qui était l'une des principales métropoles soviétiques, n'ont jamais réussi à faire oublier l'horreur de l'événement. Sur ce site aujourd'hui aphasique et verdoyant, malgré le monument aux enfants érigé après l'effondrement du bloc soviétique censé honorer la mémoire des martyrs, au milieu d'une matinée blafarde et pluvieuse, je rencontrai Ina Evguenieva, le lendemain de mon arrivée à Kiev. Du dernier étage de son immeuble, l'Ukrainienne avait assisté de bout en bout au massacre, perpétré simultanément aux deux extrémités du gigantesque ravin. Une femme digne, âgée de 80 ans, les cheveux enveloppés dans un fichu, parle avec simplicité, émotion et pudeur du monstrueux spectacle dont elle fut témoin.

Les jours précédant l'entrée des troupes de la Wehrmacht, la Luftwaffe avait lâché une avalanche de bombes sur Kiev, dont les faubourgs avaient été dévorés par les flammes. « Ici, indique d'un geste Ina Evguenieva, il y avait un camp militaire d'été. Les trois divisions, 32, 33, 34, de l'armée soviétique y étaient stationnées. C'était un campement de tentes, qui se trouvait par-là, derrière la route. Nous, les enfants, avant que cela ne commence, nous allions voir le cinéma à ciel ouvert. Et lorsque ça a commencé, les explosions, les incendies, les nôtres se sont retirés. Avant de quitter le campement, ils nous ont dit : “Nous partons, prenez tout ce dont vous avez besoin.” Nous y sommes allés et avons emporté un bureau. Mon frère a pris un casque militaire et l’a mis sur sa tête. Il a revêtu un uniforme mais il n’a pas trouvé de chaussures. Il marchait pieds nus. Tout à coup, des Allemands sont arrivés. Ils étaient à moto et portaient des imperméables luisants. Ils se sont arrêtés et se sont jetés sur mon frère avec leurs armes. Le voisin est accouru : “Monsieur, il ne faut pas, c’est un enfant, il est encore petit.” Il avait 15 ans, mais il était assez grand. Les Allemands ont vu qu’il était pieds nus et ils ont éclaté de rire. Ils l’ont laissé tranquille. Les nôtres s’étaient retirés, cela tonnait de partout. De notre rue, on voyait les incendies ; la ville était illuminée, tout brûlait. On n’allait pas là-bas. Les adultes ne nous laissaient pas y aller, surtout grand-mère. »

La capitale ukrainienne était prise dans un implacable étau : les blindés de von Kleist et de Guderian avaient coupé ses voies d’accès, pilonnant les positions soviétiques, réduisant à néant la résistance des troupes russes – plus de 500 000 hommes massés dans des tranchées creusées aux abords de la ville. Les cohortes de blindés, de l’infanterie, à pied, à bicyclette ou à cheval, les voitures et les side-cars, les machines mobiles de l’artillerie entrèrent dans Kiev le 19 septembre 1941. Ils déblayèrent rapidement les barricades formées par les Soviétiques et prirent leurs quartiers dans les hôtels de Khrechtchatyk, la plus belle avenue de la rive droite du Dniepr.

Les Soviétiques ne s’étaient pas retirés sans avoir piégé les centres stratégiques de la ville. Ils avaient caché des explosifs, des mines et des cocktails Molotov dans les derniers étages de plusieurs bâtiments. Le lendemain de la prise de Kiev par les troupes allemandes, la citadelle où l’état-major de l’artillerie venait de s’installer explosa, tuant un général et son chef d’état-major. Quatre jours plus tard, c’était le tour du quartier général de la Wehrmacht, à l’angle de Khrechtchatyk et de Proznaya. Le feu se répandit sur toute l’avenue. Il fallut plusieurs jours pour venir à bout des flammes. « Les Allemands occupaient Kiev et les nôtres battaient en retraite. Tout bruissait autour, sautait, s'enflammait. Khrechtchatyk brûlait, et nous avions très peur. Nous avions peur de l'arrivée de l'ennemi. Mais grand-mère nous a calmés. Elle nous a dit : "N'ayez pas peur, ils étaient déjà là en 1919, ce sont des gens comme nous." Nous avons écouté grand-mère et nous n'avions plus peur. »

Paul Blobel, à la tête du Sonderkommando 4a basé à Jitomir, entra dans la capitale le 24 septembre, avec deux kommandos de police du régiment Sud et un contingent d'auxiliaires ukrainiens. Un kommando composé d'une cinquantaine d'hommes l'avait précédé, ainsi que le 29e corps d'armée. Le reste de l'Einsatzgruppe C n'arriva qu'un jour après. Blobel préparait déjà la « grande aktion » – la liquidation des Juifs de Kiev. Il venait, pour cela, d'être placé sous le commandement du HSSPF Friedrich Jeckeln, qui, un mois plus tôt, avait fait ses preuves à Kamenets-Podolski en exterminant 23 000 personnes en un temps record. Le 28 septembre, date de l'arrivée de Jeckeln dans la capitale ukrainienne, Blobel envoyait à Berlin un premier rapport pour rendre compte de la situation : « Le 24 septembre, violentes explosions dans les quartiers de la Feldkommandantur ; le feu qui a suivi n'a pas encore été éteint. Incendie au centre de la ville. Destruction d'immeubles de grande valeur. Jusqu'à présent, la lutte contre les incendies est pratiquement demeurée sans effets. On procède à des destructions par mines afin de contrôler les incendies. Les incendies ont lieu dans le voisinage immédiat de ce bureau. […] 670 mines ont été détectées dans les bâtiments, d'après un plan qui a été découvert : tous les immeubles publics et les places sont minés. […] 60 cocktails Molotov et explosifs ont été détectés puis enlevés. Dans le musée Lénine, on a découvert 500 kilos de dynamite qui auraient dû exploser par signal radio […]. Comme cela a été prouvé, les Juifs ont joué un rôle déterminant. On estime à 150 000 le nombre de Juifs vivant ici. […] 1 600 ont été arrêtés dans le courant de la première aktion, et des mesures vont être prises pour contrôler la totalité de la population juive. L'exécution d'au moins 50 000 Juifs est planifiée. L'armée allemande a approuvé ces mesures et réclame une procédure drastique. »

Dans un autre rapport, Blobel, qui reconnaît la présence en ville d'une résistance « rouge » et d'un « bataillon de saboteurs membres du NKVD et du parti communiste », écrit que c'est aux Juifs de payer pour les pertes allemandes et les incendies du centre-ville. Ce genre de prétextes, qui émaillent les rapports des Einsatzgruppen, constituent une énigme : les aktions d'extermination des Juifs leur étant dévolues expressément, en quoi nécessitaient-elles une quelconque justification auprès de Heydrich et du RSHA ? Comme l'écrit Raul Hilberg : « Le sens de ces tentatives de rationalisation apparaît nettement si l'on considère qu'en rendant compte à Heydrich ils n'avaient évidemment nul besoin de donner à leurs actes des motivations raisonnables. C'étaient eux seuls qui voulaient se donner des raisons. Dans la plupart des cas, les rapports invoquent la même justification d'ordre général – c'est-à-dire le péril juif. Sous des formes très variées, la fiction ne cessa de servir et de resservir[1]. » Hilberg fournit de nombreux exemples de ce type de justifications : les 4 500 Juifs de Pinsk exécutés après l'assassinat de deux auxiliaires locaux, les 2 500 Juifs de Minsk fusillés pour avoir répandu des rumeurs, etc. Elles pourraient prêter à sourire si elles n'accompagnaient, dans la réalité, l'assassinat de tant de victimes innocentes.

Ces prétextes, mis en avant dans les rapports précédant les exécutions, sont présentés par les Einsatzgruppen comme autant de mesures d'« autodéfense ». Ils semblent n'avoir d'autre objectif que de masquer le crime de sang-froid en perpétuant l'illusion d'une nécessité martiale ; et de préserver l'image du Juif, ennemi absolu de l'univers fantasmatique du IIIe Reich, qui ne peut qu'exercer une légitime défense préventive contre un ennemi impitoyable. Hilberg cite l'exemple extrême de ce type de justification, donnée lors d'une aktion qui eut lieu près de Mostovoïe, entre le Dniestr et le Bug – le champ d'opérations de l'Einsatzgruppe D. Le SS en charge de la liquidation des Juifs du village les fit se déshabiller et aligner devant une fosse. Puis il leur dit qu'« attendu que c'était la juiverie

1. *Ibid.*, p. 589.

qui avait provoqué la guerre, les Juifs ici rassemblés devaient payer cet acte de leurs vies. Le discours terminé, on fusilla les adultes ; quant aux enfants, on cogna sur eux à coups de crosse, puis on arrosa leurs corps d'essence et on y mit le feu ; certains furent jetés dans les flammes encore vivants[2] ».

Un tel discours rappelle le cadre idéologique du génocide défini par Hitler lui-même devant le Reichstag le 30 janvier 1939 : « Si les financiers internationaux juifs, en Europe et hors de l'Europe, réussissent à plonger les nations dans une nouvelle guerre mondiale, le résultat ne sera pas la bolchevisation du monde et donc la victoire du judaïsme. Le résultat sera l'extermination de la race juive en Europe. » Il s'agissait ici, comme l'indiquent les rapports des Einsatzgruppen, de transformer les victimes en un danger potentiel et permanent, de faire de l'invasion de l'URSS et de l'extermination des Juifs autant de mesures nécessaires dans une lutte à mort ayant pour finalité la survie du peuple allemand. Les chefs des Einsatzgruppen, en égrenant au fil de leurs rapports ces mêmes prétextes, ne font que reformuler la dialectique hitlérienne.

Il fallait, en peu de temps – l'urgence de l'extermination nécessitant rapidité et simultanéité sur les différents champs d'action des Einsatzgruppen, pour un maximum d'efficacité mais aussi pour que la rumeur de leur assassinat ne se répande pas parmi les Juifs –, trouver un terrain à même d'engloutir l'intégralité de la communauté juive de Kiev.

De la même manière qu'il avait su utiliser les vastes fossés créés par les obus à Kamenets-Podolski, Jeckeln comprit rapidement le profit qu'il pourrait tirer du Ravin de la grand-mère, situé dans les faubourgs de la capitale – « Babouchka Yar » ou Babi Yar –, à l'intersection de trois quartiers : Lubkyanovka, Kurenyovka et Syrets. Un gigantesque ravin d'un kilomètre de long, aux pentes abruptes et divisé en deux tranchées, une petite et une plus grande, creusées par des siècles d'érosion au nord-ouest de

2. *Ibid.*, p. 591.

la ville[3]. Tout au fond coulait un mince filet d'eau. On y accédait par la rue Melnikov qui, avant de conduire au ravin, passait par le cimetière juif. Les mesures logistiques et opérationnelles ayant été mises en place avec célérité, Jeckeln et Blobel purent déclencher l'opération. La première étape fut le placardage dans toute la ville de l'annonce du rassemblement des Juifs de Kiev.

J'ai cherché les survivants juifs qui auraient pu témoigner. Il n'en demeurait qu'une seule encore en vie. Elle habitait Moscou. Son mauvais état de santé ne m'a pas permis d'aller la rencontrer. Les témoins ukrainiens se font également rares. Ina Evguieneva est l'une des dernières. Au mois de septembre 1941, elle habitait au n° 1 de la rue Babi Yar, avec vue, du haut du dernier étage de l'immeuble, sur la plus petite tranchée du Ravin de la grand-mère. Je l'ai rencontrée au début du mois de juillet, à l'endroit même où le massacre eut lieu, dans le Babi Yar, devenu un jardin public où les employés de bureaux viennent déjeuner à l'ombre des arbres plantés ces dernières décennies. Les mères y promènent leurs poussettes au milieu des cris d'enfants qui jouent à cache-cache et du gazouillis des oiseaux. Depuis la guerre, Kiev

3. D'après mes observations et les témoignages que j'ai recueillis sur place, j'en suis arrivé à la conclusion que le massacre a eu lieu en deux endroits, peu ou prou aux deux extrémités du ravin.

n'a cessé de s'étendre. Si bien que le Babi Yar, naguère situé à l'extérieur de la ville, est encadré par deux grands axes routiers. C'est aujourd'hui l'un des centres urbains de la capitale.

Ina venait d'avoir 13 ans. Son père était au front, sous l'uniforme soviétique ; sa mère habitait la région de Sverdlovsk. Les enfants (sa sœur aînée de 22 ans, son frère de 15 ans et un neveu de 4 ans) étaient demeurés seuls dans l'appartement de la rue Babi Yar, sous la responsabilité de leurs tantes et de leur grand-mère qui vivaient ensemble non loin de là, au n° 8 de la même rue. La famille possédait un petit potager, de l'autre côté de la chaussée, c'est-à-dire sur les bords mêmes du ravin. « Ma sœur essayait de commander, "faites ceci, faites cela...", on plantait, on déterrait, on faisait pousser du topinambour le long de la clôture. C'est ce topinambour qui nous permettait de survivre. On allait les déterrer, on les épluchait, et on les mangeait. Dans la cave, nous faisions pousser autre chose : des pommes de terre, des carottes, des concombres, des tomates. Il fallait planter et récolter tout cela. Nous étions petits mais nous devions travailler. Il fallait bien vivre. Les Allemands fournissaient des morceaux de mauvais pain au sésame – je ne me souviens plus combien de gramme –, tout luisant, qu'on mangeait avec nos légumes. Et puis, un jour, peu de temps après l'arrivée des Allemands, on a vu les annonces affichées partout dans la ville. Elles étaient écrites en ukrainien et en allemand. Vous connaissez sans doute ces annonces. Elles s'adressaient aux Juifs et leur ordonnaient de se rassembler. » Les hommes des milices ukrainiennes furent chargés de placarder les affiches sur les murs de Kiev, et de répandre le bruit qu'il ne serait fait aucun mal aux Juifs, qu'il s'agissait seulement de « les déplacer » ailleurs, qu'on les y acheminerait en train.

Ces annonces étaient formulées comme suit : « Tous les Juifs de la ville de Kiev et des environs doivent se présenter, le matin du lundi 29 septembre 1941, à huit heures, à l'angle des rues Melnikowski et Dokhturov[4]. Vous devez apporter vos papiers

4. La rédaction de ces annonces ayant été faite à la va-vite par les Einsatzgruppen et leur personnel, les rues qui y sont mentionnées n'existent

d'identité, argent et biens de valeur, ainsi que des vêtements chauds, sous-vêtements, etc. Tout Youpin qui désobéira à cet ordre sera fusillé. Tous les civils pénétrant dans les appartements évacués par les Youpins et pris à piller seront fusillés. »

C'était le jour le plus sacré du calendrier religieux juif. Celui de Yom Kippour, « le grand pardon », un jour férié et jeûné durant lequel les pratiquants se rendent à la synagogue pour assister aux offices et prier. Le cynisme des nazis se manifestait ainsi, ils semblaient prendre un plaisir sadique à marquer les anniversaires soviétiques ou les fêtes religieuses juives en organisant des bains de sang. Les familles se rendirent tôt sur le lieu du rassemblement qui se trouvait à proximité de la gare Lubkyanovka, situation géographique qui rendait une déportation de population par chemin de fer plausible.

Les gens arrivèrent très tôt afin de pouvoir bénéficier d'une place assise dans le train. Il faisait froid en ce matin de la fin septembre, un vent glacial s'était levé. Les gens marchaient en un flux continu le long des rues Tourgueniev, Melnikov et Artem. Très peu d'entre eux avaient entendu parler des persécutions en Pologne. Le secret avait été bien gardé par les nazis, mais également entretenu par les Soviétiques qui n'avaient pas voulu l'ébruiter du temps du pacte germano-soviétique. Le déclenchement de l'opération Barbarossa avait coupé tous les canaux de communication avec la Pologne voisine. Plus aucune information ne filtrait. Les heures passant, de plus en plus de monde rejoignait le point de rassemblement. C'étaient des gens pauvres, principalement des femmes, des enfants et des personnes âgées. Les hommes étaient au front. Les plus aisés avaient fui avant l'entrée des troupes allemandes.

L'atmosphère générale n'était pas à la panique. Des Ukrainiens et des Russes agitaient amicalement les bras du haut des fenêtres pour dire au revoir à leurs amis ou à leurs voisins. Quelques personnes avaient entonné des chants repris par une

---

pas, leur nom ayant été mal traduits. Ici, il s'agit des rues Melnikov et Degtyarev.

partie de la foule. Les effets personnels des uns et des autres étaient empaquetés dans des balluchons de fortune ou de vieilles valises craquelées et cabossées fermées par de la ficelle, ou débordant de charrettes poussées par les enfants qui s'en amusaient. De vieilles femmes en fichu avaient enroulé autour de leur cou des chapelets d'oignons. D'autres se partageaient des tranches de pain afin de ne pas manquer de nourriture pendant le voyage. Après quelques heures passées à attendre dans le froid, les nouveau-nés se mirent à pleurer et une peur diffuse gagna la foule. Lorsque, finalement, sous l'injonction des SS et des milices ukrainiennes en armes elle s'ébranla, marchant maintenant dans la rue Melnikov, l'optimisme des premières heures disparut. Au loin, on entendait des coups de feu et des rafales de mitraillette. L'extermination avait commencé au Babi Yar pendant que, en fin de cortège, les hommes en armes de la SS tiraient sur les retardataires et les récalcitrants. La route empruntée par le cortège fut peu à peu couverte de cadavres.

« Quand nous avons entendu les premiers coups de feu, nous nous sommes précipités pour voir ce qui se passait. Les enfants sont toujours curieux. Nous sommes montés au grenier, et nous avons regardé par une petite lucarne. Nous avons tout vu, de nos propres yeux. C'était quelque chose de terrible. Horrible. Nous apercevions le rassemblement au loin de tous les Juifs de la ville, les colonnes de gens en marche, et ceux qui étaient arrivés au ravin. Nous étions cinq, mais il n'y avait de la place à la fenêtre que pour quatre. On se disputait tout le temps pour savoir qui allait regarder. Sur tout le chemin, les gens avançaient. Les hommes bien sûr étaient tous au front. Il n'y avait que les vieillards, les

femmes et les enfants. Un grand nombre de personnes, un très grand nombre. Impossible de les compter ou de savoir combien on en emmenait. C'était sans fin. Ce qui était aussi sans fin, c'étaient les tirs à l'arme automatique et, de l'autre côté, ceux d'une sorte de mitrailleuse. Cela a duré plusieurs jours comme ça, sans interruption. Lorsqu'on s'endormait à la maison, il y avait tout le temps ces tirs, ces tirs, ces tirs… Impossible de les oublier. De notre maison, on entendait aussi les hurlements et les cris. »

Après 3 kilomètres de marche, la route se rétrécissait au mur d'enceinte du cimetière. À ce niveau, des barbelés et des obstacles antichars, de part et d'autre de la route, encadrés par des rangées de SS et de schutzman ukrainiens, forçaient les victimes à marcher en file serrée pour emprunter le passage étroit qui conduisait directement au comité d'accueil de l'Einsatzgruppe C et d'un contingent de la 6e armée. Des bureaux posés sur le sol, sur un terrain dégagé, entre la rue et le ravin. Les membres de l'Einsatzkommando s'y emparaient des biens apportés par les Juifs et de leurs papiers d'identité. Les objets de valeur étaient stockés d'un côté, et les papiers d'identité jetés de l'autre. Plus loin s'empilaient les vêtements des victimes forcées de se déshabiller. Les ordres étaient hurlés en ukrainien par les hommes d'une unité supplétive locale qui jetaient autour d'eux des coups de matraque pendant que les bergers allemands aboyaient au milieu des hurlements des femmes.

« Les Allemands conduisaient les opérations. Il y avait des SS. Ceux qui tiraient, nous les appelions les "détachements punitifs". Ils portaient une plaque métallique autour du coup. Quelque chose en allemand y était écrit mais je ne pourrais pas dire ce que c'était. Nous avons appris à ce moment-là l'existence de ces troupes. Après cela, lorsque nous voyions cette plaque, nous savions que c'étaient des hommes du détachement punitif et qu'ils étaient capables de choses terribles. Je me souviens aussi d'un homme qui surveillait et qui hurlait en ukrainien. Les autres étaient des polizei et des Allemands en uniforme. »

Après les bureaux de contrôle, les Juifs devaient passer par un étroit couloir formé par deux rangées d'hommes en uniforme tenant des gourdins et des matraques. Ils assénaient des coups sur tous les condamnés empruntant le passage qui les conduisait à la mort en hurlant « Schnell ! Schnell ! ». De là, le visage en sang, ils débouchaient sur un terrain vague. Les miliciens ukrainiens se ruaient sur eux en les frappant et en criant : « Déshabillez-vous ! Plus vite que ça ! »

Ina s'agite en se remémorant ses souvenirs. Son récit devient plus rapide et saccadé. Dans le jardin du Babi Yar, elle indique du doigt un arbre, marquant quelque délimitation ancienne, désormais abstraite, une rangée de bancs placés à l'endroit où se trouvait le terrain vague sur lequel les Juifs devaient se déshabiller : « Avant d'arriver au ravin, il y avait une sorte de plateau, un champ désert sans arbres ni cultures. Seulement quelques buissons le long de la route. C'est là qu'on les forçait à se déshabiller jusqu'à ce qu'ils soient entièrement nus. Sans aucune raison, on les battait, on les couchait par terre, on les battait avec des espèces de fouets en caoutchouc. Je me souviens de ces quatre ou cinq jeunes filles. Elles ne voulaient pas se déshabiller, pour rien au monde. Les Allemands les tiraient, les agrippaient par leurs vêtements, "déshabillez-vous !", et elles n'obéissaient pas. Elles se sont jetées sur les Allemands, elles se battaient presque. Ils ont fusillé ces jeunes filles sur place, tout habillées. Puis elles ont été traînées sur le sable et jetées dans le ravin. D'autres personnes étaient dociles et se déshabillaient presque tranquillement, l'air absent.

« Ce qui m'a frappé à l'époque, c'est que ces Allemands parlaient ukrainien, très bien même, et lorsque je suis rentrée chez moi, j'ai demandé à grand-mère pourquoi ces Allemands parlaient et juraient en ukrainien. Grand-mère m'a dit qu'il y avait une division nazie formée d'Ukrainiens des régions occidentales, de la Galicie. Elle était déjà venue à Kiev. Ces Ukrainiens étaient d'une cruauté sans bornes. Ils prenaient les nouveau-nés par les langes et les secouaient au-dessus du ravin jusqu'à ce qu'ils y tombent. On entendait comment ils criaient en ukrainien. Ce n'est qu'après la guerre que j'ai su qu'on leur avait fait du mal, que leurs familles avaient été victimes du pouvoir soviétique et qu'ils cherchaient à se venger. Mais se venger contre qui ? Ces mioches ? Ces femmes ? Ils n'y étaient pour rien. Ils se sont vengés sur ces gens, sur ces milliers de gens. Ils auraient pu régler leurs comptes entre eux et non contre un peuple paisible qui n'a rien fait de mal.

« Le sort des enfants surtout était terrible. On avait placé les petits, peut-être entre 4 et 8 ans, à l'écart, dans un endroit hermétique qui ressemblait à un poulailler. On les a tués là-dedans. On m'a dit que c'était par le gaz, mais je ne sais pas. Le fait est qu'ils sont tous morts. Quelle cruauté de tuer les enfants ! J'ai des petits-enfants... Et pour empoisonner les enfants comme ça, ou bien les jeter dans le ravin, c'est quelque chose qui est au-delà de la cruauté. Même une chienne peut prendre des chatons sous son aile, les protéger comme si c'étaient les siens. Elle ne laissera personne s'en approcher ou leur faire du mal... Tuer les adultes, c'est déjà horrible, mais les enfants ? Comment est-ce possible ? »

Après le déshabillage, c'était le ravin. De là, on ne voyait pas encore ce qui s'y passait, comment les gens étaient assassinés. Certains étaient alignés sur la crête et tués d'une rafale de mitraillette avant de basculer dans le vide, mais la plupart étaient tués au fond du ravin. Probablement pour gagner du temps et soustraire au regard des victimes suivantes une vision d'épouvante qui les auraient rendues plus difficilement maîtrisables. La méthode d'exécution était une variante de la Sardinenpackung. Elle signait en quelque sorte la supervision du HSSPF Friedrich Jeckeln. Les victimes étaient poussées dans des gorges creusées dans la roche, puis on les forçait à descendre le long d'un large couloir. « Nous avons vu comment on les emmenait par colonnes entières, peut-être 300 personnes, sur un sentier en pente descendant vers le fond. Ils y étaient conduits par des hommes en armes. Les gens marchaient, les malades étaient acheminés sur des charrettes, les enfants dans les bras, et tout le monde allait vers cet endroit. On les poussait, on ne cessait de leur crier dessus. » Là, les schutzman des bataillons de police les obligeaient à s'allonger sur les cadavres encore frais du groupe précédant qu'ils avaient préalablement « tassés » en marchant sur eux. Tous n'étaient pas morts cependant. Les blessés continuaient de se convulser et de gémir. Les tireurs des Einsatzgruppen armés de mitraillettes arrivaient après que les nouvelles victimes se furent allongées. Ils leur tiraient dessus. D'autres passaient derrière, le pistolet à la main pour leur asséner le coup de grâce d'une balle dans la nuque. On entendait les hurlements de chaque groupe qui entrait par le sentier dans le ravin et découvrait quel allait être son destin.

En 1967 à Darmstadt, au procès de onze membres de l'Einsatzkommando 4a, Kurt Werner, l'un des tireurs allemands de la première matinée d'exécution, alors que les sentiers menant au fond du ravin n'étaient pas encore aménagés, a témoigné de la manière dont les Juifs étaient assassinés : « Immédiatement après mon arrivée sur les lieux d'exécutions, j'ai dû descendre au fond de ces gorges avec mes camarades. Il n'a pas fallu attendre longtemps avant que les premiers Juifs soient amenés et descendent la pente. [...] Au fond du gouffre, les tireurs avaient été divisés en trois groupes d'environ 12 hommes. Les Juifs étaient tous conduits en même temps aux pelotons d'exécution. Les suivants devaient s'allonger sur les corps de ceux qui venaient d'être exécutés. Les tireurs se mettaient derrière eux et les abattaient d'une balle dans la nuque. Je me souviens encore aujourd'hui qu'ils étaient saisis d'épouvante dès qu'ils arrivaient au bord de la fosse, et apercevaient les cadavres. Beaucoup d'entre eux, terrifiés, ont commencé à crier. On ne peut pas s'imaginer les nerfs qu'il fallait avoir, en bas, pour faire ce sale travail. C'était atroce [...]. Il a fallu que je passe toute la matinée au fond du ravin. Je devais tirer sans arrêt pendant un certain temps ; ensuite, c'était moi qui remplissais les chargeurs des pistolets-mitrailleurs. Pendant ce temps-là, d'autres camarades étaient affectés au peloton. Vers midi, on nous a fait sortir du gouffre, puis, l'après-midi, il a fallu qu'avec les autres, je conduise les Juifs jusqu'au ravin[5]. »

5. Ernst Klee, Willy Dressen, Volker Riess, *Pour eux « c'était le bon temps »*, *op. cit.*, p. 61-62.

« Les équipes de tueurs changeaient souvent, presque toutes les heures, poursuit Ina Evguenieva. Des brigades venaient remplacer les précédentes. Je n'étais pas très attentive à cela : je ne faisais que regarder ces pauvres gens, les enfants et les vieillards qu'on emmenait sur les plates-formes, les invalides qui ne pouvaient pas marcher, les malades qu'on forçait à rester couchés, à plat ventre sur des charrettes avant de les tirer et de les traîner ensuite jusque dans la fosse. C'est ce qui m'est resté en mémoire, cette charrette, et les malades qui n'étaient plus en état de marcher, ou qui étaient paralysés, ou je ne sais quoi. Le soir, là où les Juifs avaient été forcés de se déshabiller, il y avait un énorme tas de vêtements, de plus de deux mètres de haut. Des piles de manteaux, de menus habits. On les a mis dans des espèces de grands paniers qu'on a chargés dans des camions pour les emporter quelque part. Dans le ravin, les corps couchés étaient recouverts de sable mais on en voyait les contours. À la fin, ils ont créé une sorte de digue en prélevant du sable au fond du ravin. Cela a fait un petit monticule circulaire, et dans le trou central on voyait des taches de sang brunâtres, un liquide sombre comme un lac, tant il y avait eu de gens tués. Ceux qui n'étaient que blessés continuaient de saigner et à travers le sable on voyait ces taches brunâtres et rouges, ce lac de sang et de graisse. » Un rapport de Blobel nous apprend que les vêtements des morts furent répartis en deux tas ; le premier fut donné au NSV (National sozialistische Volkswohlfahrt, l'aide sociale), aux Allemands ethniques d'Ukraine, et l'autre aux « nécessiteux » de la ville de Kiev.

À la fin de la première journée d'exécution, alors que le soleil commençait à décliner, une voiture noire, capote ôtée, s'arrêta à proximité du ravin. Un officier SS, de grande taille, portant beau l'uniforme allemand et tenant une cravache à la main, en descendit. Il s'agissait probablement de Paul Blobel. Un groupe de personnes, parmi lequel se trouvait Dina Pronitcheva, l'une des rares survivantes qui témoignera du massacre au procès de Kiev, après la guerre, attendait en silence. Les commandos de tueries avaient jusqu'à présent épargné ce groupe parce qu'il était composé de demi-Juifs, de Russes ou d'Ukrainiens non juifs. Les exécutions se poursuivaient au fond du ravin, hors de vue du petit groupe. L'officier SS interrogea les schutzman ukrainiens. Quand ils lui expliquèrent pourquoi ce groupe était en vie, Blobel explosa : « Tuez-les tous immédiatement ! Si un seul d'entre eux sort d'ici et se met à parler en ville, pas un Juif ne viendra demain[6] ! »

Un peu à l'écart, des Allemands, sans doute la dernière équipe de tueurs à avoir été réquisitionnée pour le travail d'abattage, prenaient tranquillement le café. À leur côté, qui assistaient aux massacres, se trouvaient des haut gradés de la 6e armée de la Wehrmacht. Elle était commandée par le général Walter von Reichenau, un ancien officier d'état-major de la République de Weimar issu d'une lignée de militaires prussiens. Un nazi convaincu et un antisémite fanatique – très loin des idées reçues ayant encore cours sur l'armée allemande qui serait demeurée étrangère au massacre des Juifs. Peu après le déclenchement de Barbarossa, von Reichenau, dans une circulaire adressée à ses hommes, avait déclaré : « À l'Est, le soldat n'est pas seulement un homme qui combat selon les règles de l'art de la guerre [...], il doit apprécier pleinement la nécessité d'infliger un châtiment à cette race de sous-hommes qu'est la juiverie[7]. »

Le 27 juin 1941, dans la cité ukrainienne de Loutsk, les Allemands qui avaient pris la ville dans le chaos, les flammes et les pogroms avaient découvert dans un château les cadavres de 1 000 Ukrainiens, exécutés par le NKVD au moment de la retraite soviétique. 3 000 prisonniers étaient encore en vie, les hommes de Beria n'ayant pas eu le temps de tous les tuer. Von Reichenau en personne donna l'ordre d'exécuter autant de Juifs qu'il y avait de morts ukrainiens.

Et, nous l'avons vu, c'est la même 6e armée de von Reichenau qui avait utilisé des prisonniers juifs pour ses opérations

6. Richard Rhodes, *Extermination : la machine nazie*, *op. cit.*, p. 209.
7. Cité par Omer Bartov, *L'Armée d'Hitler. La Wehrmacht, les nazis et la guerre*, Hachette Littératures, 1999, p. 186.

de déminage peu avant d'entrer dans Kiev, en les envoyant en repérage sur un terrain suspect, se faire sauter sur les mines.

Le mois précédant les grands massacres de Kiev, von Reichenau avait pris la décision d'assassiner les enfants de Belaya Tserkov, une localité située à 70 kilomètres de la capitale ukrainienne. Au cours de la seconde moitié du mois d'août, l'Obersturmführer August Häfner et son Teilkommando, un détachement du Sonderkommando 4a de Paul Blobel composé de Waffen-SS et de supplétifs ukrainiens, parcouraient la campagne pour assassiner les populations juives résidant principalement dans les shtetls de la région. Ils fusillaient en moyenne une centaine d'hommes et de femmes par jour. L'ordre d'assassiner les enfants n'était pas encore partout appliqué. Sur les six exécutions auxquelles assista par hasard un jeune soldat de la Wehrmacht, Franz Kohler, un opérateur radio de la 295e division d'infanterie qui avait installé son campement à Belaya Tserkov – un village de près de 900 personnes – seuls deux enfants, des garçons, figuraient parmi les victimes.

L'assassinat systématique des enfants nécessitait des ajustements organisationnels et psychologiques. Les « tireurs » n'étaient pas prêts à fusiller quotidiennement d'aussi jeunes victimes, et les chefs des Einsatzkommandos devaient déployer des trésors de conviction pour y parvenir, inoculer l'idée que de tels actes entraient bien dans les prérogatives du service de sécurité du Reich. Le jeune opérateur radio, en suivant le son des coups de feu alors qu'il se promenait seul dans le parc de l'institut, vit les dernières victimes de l'exécution d'une centaine de personnes dans le bois avoisinant. Il demanda ce qu'allaient devenir les enfants de ces gens à l'un des tireurs SS. « C'est pas notre affaire, répondit le SS. Nous, on fusille qu'à partir de 14 ans, jusqu'aux grands-pères. Les enfants, c'est pas notre boulot[8]. »

Ne sachant que faire des enfants, Häfner les avait rassemblés dans une école située aux limites de la ville. Pour préserver ses

8. Guido Knopp, *Les SS. Un avertissement de l'histoire*, *op. cit.*, p. 188.

subordonnés du SD, il prit la décision de les faire exécuter par un peloton de supplétifs ukrainiens. Le 19 août, trois camions emmenaient la plupart des enfants de Belaya Tserkov, laissant environ 90 d'entre eux, pour la plupart en bas âge – le plus âgé n'avait pas 7 ans –, dans la maison isolée. Ceux-là demeurèrent plusieurs jours enfermés sans boire ni manger. Les pleurs des enfants épouvantèrent de jeunes recrues de la division d'infanterie qui alertèrent deux aumôniers de la Wehrmacht – un catholique et un protestant. Les aumôniers, qui avaient aperçu un garde ukrainien devant l'école, pensèrent qu'il s'agissait d'une initiative de quelques supplétifs opérant contre l'avis de leurs supérieurs. Ils adressèrent un rapport aux officiers de la Wehrmacht dans lequel ils se plaignaient qu'un « nombre assez important d'enfants avaient été enfermés, dans des conditions intolérables, dans une maison près de [leurs] quartiers ».

Les soldats allemands étaient maintenant nombreux à tourner autour de la maison. Ils étaient choqués par les conditions dans lesquelles étaient enfermés ces « quatre-vingt-dix enfants entassés dans deux petites pièces, dans un état de saleté inimaginable. On les entendait pleurer depuis les abords de l'école. Certains de ces enfants, presque tous des bébés, étaient totalement épuisés et presque sans vie. Il n'y avait pas de gardes allemands et personne pour s'occuper d'eux, hormis un garde ukrainien armé d'un fusil[9] ». Quant aux aumôniers de l'armée, ils décrivirent dans un second rapport ce qu'ils avaient vu quand ils étaient retournés à la maison : « Les deux pièces dans lesquelles les enfants avaient été placés – il y avait une troisième pièce vide à côté – étaient d'une saleté repoussante. Les enfants gisaient ou étaient assis sur le sol, qui était recouvert de leurs excréments. La plupart des enfants avaient les jambes et le ventre couverts de mouches et certains étaient à moitié nus. Quelques-uns des plus grands (2, 3, 4 ans) grattaient l'enduit des murs pour le manger. […] Les petits enfants, surtout ceux qui n'avaient que quelques mois, pleuraient et hurlaient constamment. Les sol-

9. Cité par Richard Rhodes, *Extermination : la machine nazie*, *op. cit.*, p. 156.

dats qui étaient là étaient, comme nous, bouleversés et indignés devant ce spectacle inimaginable. Dans une autre pièce, accessible par une fenêtre dans une des chambres des enfants, se trouvaient un certain nombre de femmes et d'autres enfants, Juifs apparemment[10]. »

La mansuétude des aumôniers à l'égard des enfants juifs avait ses limites. À la fin de leur rapport, ils demandèrent que cette maison reste au secret, de peur d'entacher la réputation de l'armée allemande. Sous la terrible chaleur du mois d'août, aucun d'eux ne pensa apporter aux enfants déshydratés un peu d'eau. L'un des officiers de la 295e division d'infanterie, le colonel Groscurth, décida d'aller voir ce qui se passait. Bouleversé par le spectacle qu'il découvrit, il alla immédiatement protester auprès d'un membre du Teilkommando de Häfner qui lui répondit que les enfants devaient être exécutés. Groscurth décida de boucler la zone autour de la maison afin d'empêcher l'exécution des enfants. Très vite, l'initiative du colonel de l'armée parvint aux responsables de l'Einsatzkommando 4a. Häfner, gêné par l'ampleur prise par cette affaire, se tourna vers Blobel, qui lui ordonna de liquider les enfants.

« Par qui doivent-ils être exécutés ? demanda Häfner.

– Par la Waffen-SS, répondit Blobel.

– Ce sont des hommes jeunes. Comment pouvons-nous prendre la responsabilité de leur faire tuer des enfants ?

– Prenez vos hommes, alors !

– Ils sont également jeunes. Eux aussi ont des enfants. »

Häfner suggéra que ce soit les Ukrainiens de son peloton qui s'en chargent. Blobel accepta.

Entre-temps, Groscurth avait alerté von Reichenau, le maréchal à la tête de la 6e armée, pensant trouver en son supérieur un soutien de poids. Lui seul avait le pouvoir de s'opposer à la décision du SD. Mais von Reichenau, convaincu de la nécessité d'exterminer les Juifs, approuvait la décision de Blobel. Les enfants seraient exécutés le 22 août. Le rapport indigné que Groscurth lui avait adressé avait mis en rage von Reiche-

10. *Ibid.*

nau. Une phrase, qui mettait sur un pied d'égalité la SS et le NKVD le mit particulièrement hors de lui : « Dans le cas présent, écrivait Groscurth, des mesures contre les femmes et les enfants ont été prises qui ne diffèrent en rien des atrocités perpétrées par l'ennemi et dont les troupes sont informées en permanence. » Von Reichenau envoya à Groscurth une lettre de réprimande. Il exigeait qu'elle fût contresignée par le colonel.

Lors de son jugement, Häfner, qui ne fut condamné en 1973 qu'à une peine de 8 ans de prison par un tribunal allemand, a raconté ce qui arriva ensuite aux 90 enfants de l'école de Belaya Tserkov : « Je suis allé seul dans les bois. La Wehrmacht avait déjà creusé une tombe. On a amené les enfants dans une remorque tirée par un tracteur. Je ne me suis pas occupé de la procédure technique. Les Ukrainiens attendaient en tremblant. On a descendu les enfants de la remorque. On les a alignés le long de la tombe de sorte qu'ils tombent dedans quand on les fusillerait. Les Ukrainiens n'ont visé aucun endroit du corps en particulier. Ils sont tombés dans la fosse. Leurs vagissements étaient indescriptibles. Beaucoup d'enfants ont reçu quatre ou cinq balles avant de mourir. Je n'oublierai jamais cette scène de toute ma vie. Je trouve cela très difficile à supporter. Je me souviens surtout d'une petite fille blonde qui m'a pris la main. Elle aussi a été tuée plus tard. »

La « liquidation » des Juifs de Kiev dura deux jours à un rythme infernal. Certains ajustements organisationnels, comme la mise en place de passerelles ou l'aménagement de sentiers serpentant jusqu'au fond du ravin furent décidés au cours des massacres. Le 1er octobre, quand la grande aktion fut terminée, Blobel fit dynamiter les parois du ravin. Elles s'effondrèrent sur la masse des cadavres qui n'était jusqu'alors recouverte que d'une couche de sable. Le 2 octobre, dans son bref rapport adressé au RSHA de Berlin, Blobel écrit que « le Sonderkommando 4a, avec la collaboration de l'état-major de l'Einsatzgruppe et de deux kommandos de police du régiment sud, a exécuté 33 771 Juifs à Kiev, les 29 et 30 septembre

1941 ». Pour autant, les massacres de Kiev étaient loin d'être terminés. Ils se poursuivraient jusqu'à la fin de la guerre.

« Au début, on tuait tous les jours, se souvient Ina Evguenieva. Et puis, peut-être six mois plus tard, on a commencé à fusiller seulement deux fois par semaine. Les mardi et vendredi. Lorsqu'on fusillait, on n'avait pas le droit de passer ici, le long du ravin, et nous faisions de grands détours, derrière le camp de concentration de Syrets, construit en 1942. Ce n'était pas un grand bâtiment. Au moment de sa construction, on a tendu un filet et trois rangées de barbelés. Les prisonniers de guerre et les Juifs qui étaient dans le camp étaient obligés de travailler en courant. Tous creusaient des tranchées, plantaient des poteaux au pas de course. On leur avait mis un chiffon dans la bouche, et ils suffoquaient en courant. Je me souviens de ce chiffon dans leur bouche. »

Le camp de Syrets donnait directement sur le yar. Deux fois par semaine, ses portes s'ouvraient sur les victimes qu'on faisait descendre dans le ravin avant de les exécuter. Ina vit tout cela. Plusieurs fois par semaine, elle se rendait au bord du ravin pour ramasser les légumes de son potager. « Le ravin longeait la route. Le potager se trouvait sur la droite du ravin, et à gauche de notre maison. Là-bas, nous avions surtout planté des pommes de terre. Pour les ramasser, il fallait demander la permission aux polizei. Ils nous y autorisaient quand on ne fusillait pas. Nous arrachions rapidement les pommes de terre avant de déguerpir. On avait peur de regarder à l'intérieur, c'était interdit, ils montaient la garde. Parfois, on jetait un œil. C'était un lac brunâtre de sang mélangé à de l'eau. Nous pouvions voir le contour des corps. Le niveau montait. Les corps, après des mois d'extermination, montaient jusqu'en haut du ravin.

« Quand il y avait les exécutions, nous étions obligés de passer par le camp de concentration. Chaque fois nous avions peur. Si nous croisions un polizei ou un Allemand, nous évitions son regard. On pouvait se faire tuer sur place, pour un regard ou pour un mot. Les hommes n'avaient aucune valeur. On les tuait comme on tue des mouches. Les polizei étaient les plus hargneux, les plus dangereux. Des rafles étaient souvent organisées. Parfois, pendant que les gens étaient au marché, les Allemands et les polizei cernaient la place et faisaient irruption dans le marché pour rafler les gens. On les faisait monter dans des camions et on les envoyait à la Gestapo. C'était pour le travail forcé en Allemagne. Le soir, il y avait le couvre-feu et on ne pouvait pas sortir.

« Avant la guerre, à l'école, je ne connaissais pas les origines de chacun. Mes amis étaient juifs, tatars ou autre. Nous étions tous des êtres humains, et je ne considérais jamais quelqu'un comme pire ou meilleur. Je ne me posais pas la question de savoir s'il appartenait à un "peuple élu". Outre le fait qu'on allait à l'école à 9 ans, nous étions un peuple arriéré. Les Juifs, on les appelait les "Judas". On entendait des choses comme : "Il paraît que dans la classe il y a des 'Judas', allez, montre-les-moi !" Je ne comprenais pas ce que cela signifiait. Nos voisins étaient d'origine allemande. Pendant la guerre, ils n'ont rien fait de mal. Pourtant, quand le pouvoir soviétique est revenu, on a décidé de les déporter. Le père s'est pendu chez lui. Il ne voulait pas quitter sa maison. Après les Juifs, les nazis ont tué tous ceux qu'ils ont pu attraper : des komsomols, des militaires, des prisonniers de guerre. Et puis les Tsiganes. Quand on était aux champs, les Tsiganes venaient nous voir. Ils jouaient de la musique et dansaient sous le regard de nos gars. Nul ne sait d'où ils venaient dans leurs caravanes. Plus tard, à la fin des fusillades, ils les ont tous tués ici, dans le ravin. En tout, 150 000 personnes ont péri dans ce ravin. Pendant deux ans, nous n'avons pas vécu. Nous n'avons fait qu'exister. »

*

Dina Mironovna Vasserman (Pronitcheva)
Message en direct de l'Enfer[11]

Je m'appelle Dina. Dina Mironovna Vasserman. J'ai grandi dans une famille juive pauvre. On m'a élevée pendant le régime soviétique dans l'esprit internationaliste. Ce n'est donc pas surprenant que je sois tombée amoureuse d'un Russe, Nikolaï Pronitchev. Nous nous sommes mariés et avons vécu ensemble dans l'amour et la joie. C'est comme cela que je suis devenue Dina Mikhaïlovna Pronitcheva. Sur mon passeport, il était écrit que j'étais russe. Nous avons eu deux enfants : un garçon et une fille. Avant que la guerre n'éclate, je travaillais comme actrice au théâtre pour enfants de Kiev. Mon mari a rejoint l'armée soviétique le deuxième jour de la guerre, et je me suis retrouvée seule avec mes deux enfants et ma mère alors âgée et malade.

Les troupes de Hitler ont pris Kiev le 19 septembre 1941, et ont commencé à partir de ce jour à piller et tuer des Juifs. Des histoires terribles sur le traitement infligé aux Juifs circulaient en ville. Nous vivions dans la terreur. Quand j'ai vu des affiches dans les rues ordonnant « à tous les Youpins de la ville de Kiev de se rassembler à Babi Yar » (un endroit que nous ne connaissions absolument pas), j'ai senti que quelque chose de terrible allait arriver. J'ai commencé à trembler.

Pour moi, rien de bon ne nous attendait là-bas. C'est pourquoi j'ai habillé mes enfants, de 3 et 5 ans, j'ai emballé leurs affaires dans un petit sac et je les ai emmenés chez ma belle-mère russe. Ensuite, obéissant à l'ordre, ma mère malade et moi nous sommes dirigées vers Babi Yar.

Il y avait des centaines et des milliers de Juifs qui s'y rendaient. À côté de moi, il y avait un vieux Juif avec une longue barbe blanche. Il portait un tallith (le châle de la prière) et des téfilines (phylactères). Il marmonnait. Il priait exactement de la même façon que mon père quand j'étais petite. Une femme marchait devant moi. Elle portait deux enfants et un troisième était à ses côtés, accroché à sa jupe. Les femmes malades et les gens âgés étaient transportés

11. Joseph Vinokurov, Shimon Kipnis, Nora Levin, *Kniga pamiati* (New York, Brzeziny Memorial Book, 1983), repris *in* Yitzhak Arad (éd.), *Unichtozhenie Evreev SSSR v Gody Nemetskoi Okkupatsii (1941-1944)*, Jerusalem, Yad Vashem, 1991, p. 107-112 (traduit de l'anglais par l'auteur).

sur des charrettes parmi des tas de sacs et de valises. De jeunes enfants pleuraient. Les vieilles personnes qui avaient des difficultés à se déplacer soupiraient et marchaient d'un pas lourd au cours de ce voyage lugubre.

Des maris russes se tenaient aux côtés de leurs femmes juives. Des femmes russes accompagnaient leurs maris juifs. En approchant du Babi Yar, j'ai entendu des tirs et des cris inhumains. J'ai commencé à comprendre ce qu'il se passait mais je n'ai rien dit à ma mère. Quand nous sommes arrivés, on nous a ordonné de remettre nos papiers et nos objets de valeur puis de nous déshabiller. Un Allemand s'est approché de ma mère et a arraché une bague en or qui était à son doigt. Alors seulement à ce moment, ma mère m'a dit : « Dinochka, tu es une Pronitcheva, tu es russe. Tu dois survivre. Cours rejoindre tes enfants. Tu dois vivre pour eux. »

Il était impossible de s'enfuir. Nous étions entourés de fascistes armés de mitraillettes, de policiers ukrainiens et de chiens féroces prêts à nous déchiqueter en lambeaux. Et puis je ne pouvais pas laisser ma mère seule. Je l'ai prise dans mes bras, et j'ai fondu en larmes, incapable dc la quitter. Elle m'a repoussée et a crié : « Dépêche-toi ! » Je suis allée à une table où se tenait un gros officier, je lui ai montré mon passeport et lui ai dit calmement : « Je suis russe. » Il était en train d'étudier mon passeport quand un policier est arrivé et a aboyé : « Ne la crois pas, c'est une Kike, une Youpine. Nous la connaissons… » L'Allemand m'a demandé de m'écarter et d'attendre. J'ai vu des groupes d'hommes, de femmes, d'enfants et de vieilles personnes se déshabiller. On les menait à une fosse ouverte et des soldats les fusillaient. Puis un autre groupe arrivait. J'ai vu cette horreur de mes propres yeux. Et même si je ne me tenais pas près de la fosse, je pouvais entendre les hurlements atroces de ces gens terrifiés, les voix faibles des enfants qui criaient « Maman, maman… ». J'ai vu tout cela mais je ne comprenais pas comment des gens pouvaient en tuer d'autres parce qu'ils étaient juifs. J'en ai déduit que les fascistes n'étaient pas des humains, c'étaient des bêtes sauvages. J'ai vu une jeune femme complètement nue donner le sein à son bébé, nu lui aussi. Quand un policier est venu vers elle, il a pris le bébé et l'a jeté dans la fosse. La mère s'est précipitée après lui. Un fasciste l'a tuée d'un coup de fusil et elle est tombée dans la fosse. Si on me l'avait raconté, je ne l'aurais pas cru. C'est impossible de croire ça.

L'Allemand qui m'avait ordonné d'attendre m'a emmenée voir son

supérieur, lui a donné mon passeport et il a dit : « Cette femme affirme être russe, mais un policier dit qu'elle est juive. » L'officier a regardé mon passeport un moment puis il a dit : « Dina n'est pas un nom russe. Vous êtes juive. Emmenez-la ! »
Un policier m'a dit de me déshabiller et m'a poussée au bord de la fosse où un autre groupe attendait son destin. Mais avant que la fusillade ne commence, j'ai eu tellement peur que je suis tombée dans la fosse. Je suis tombée sur les morts. Au début, je ne comprenais rien : où étais-je ? Comment étais-je arrivée là ? J'ai cru devenir folle. Mais quand des gens ont commencé à tomber sur moi, j'ai retrouvé mes esprits et j'ai tout compris. J'ai palpé mes bras, mes jambes, mon ventre, ma tête. Je n'étais même pas blessée. J'ai fait semblant d'être morte. Je me trouvais au-dessus de gens tués ou blessés. Certains respiraient, d'autres gémissaient. Soudain j'ai entendu un enfant crier « Maman ! ». On aurait dit ma petite fille. J'ai fondu en larmes.
L'exécution continuait et les gens tombaient toujours. Je poussais les corps sur le côté de peur d'être enterrée vivante. Je le faisais de telle sorte que les policiers ne remarquent rien. Tout d'un coup, tout est devenu calme. La nuit tombait. Les Allemands avec les mitraillettes tuaient ceux qui avaient été seulement blessés. J'ai senti quelqu'un au-dessus de moi, il faisait le mort, même si c'était terriblement difficile. Puis on nous a recouverts de terre. J'ai fermé les yeux pour les protéger. Quand tout était complètement noir et calme – mortellement calme si je puis dire – j'ai rouvert les yeux et après m'être assurée qu'il n'y avait personne autour pour me voir, j'ai déblayé la terre au-dessus de moi. J'ai vu la fosse remplie de milliers de morts. J'ai eu peur. Ici et là la terre bougeait – des gens à moitié en vie respiraient.
Je me suis regardée et ça m'a terrifié. Mon maillot de corps était couvert de sang. J'ai essayé de me lever sans succès. Puis je me suis dit : « Dina, lève-toi, cours loin d'ici, nos enfants t'attendent. » Je me suis levée et j'ai couru. Soudain, j'ai entendu un coup de feu et j'ai compris qu'ils m'avaient repérée. Je me suis précipitée par terre et j'ai attendu. Tout est redevenu calme. Toujours par terre, j'ai commencé à bouger vers la colline entourant le ravin. Tout à coup, j'ai senti quelque chose remuer derrière moi. J'ai d'abord eu peur puis j'ai décidé d'attendre un peu. En me retournant tout doucement, j'ai demandé : « Qui êtes-vous ? » La voix délicate et effrayée d'un enfant m'a répondu : « N'ayez pas peur. C'est moi.

Mon prénom est Fima. Mon nom de famille est Schneiderman. J'ai 11 ans. Emmenez-moi avec vous. J'ai très peur du noir. » Je me suis rapproché du garçon. Je l'ai pris dans mes bras et j'ai commencé à pleurer. Il m'a dit : « Ne pleure pas. »
Tout doucement nous avons commencé à bouger ensemble. On a atteint le bord du ravin, soufflé un peu, puis on a continué à grimper, en nous aidant mutuellement. Nous étions déjà en haut de la fosse, debout, prêts à nous enfuir, quand un tir a retenti. On s'est couchés au sol instinctivement. Nous sommes restés sans bouger pendant un moment, nous avions trop peur de parler. Une fois calmée, je me suis rapprochée de Fimochka, je l'ai touché et lui ai murmuré : « Ça va, Fimochka ? » Pas de réponse. Je pouvais sentir ses jambes et ses bras dans le noir. Il ne bougeait pas. Aucun signe de vie. Je me suis un peu relevée pour voir sa figure. Il était allongé les yeux fermés. En essayant de les ouvrir, j'ai compris que le garçon était mort. Sûrement tué par le coup de feu que nous avions entendu. J'ai caressé son visage froid, lui ai dit au revoir et me suis mise debout pour m'enfuir. Une fois sûre d'être assez loin de cet endroit terrible appelé Babi Yar, je décidai de m'approcher d'une maison que je pouvais distinguer dans la nuit. J'ai frappé à une fenêtre en tremblant. Quelques minutes après, une vieille femme endormie a soulevé le rideau et a demandé : « Qui est-ce ? Que voulez-vous ? » Je lui répondis : « Je me suis échappée de Babi Yar. » Alors j'ai entendu sa voix en colère : « Allez-vous-en. Je ne veux rien avoir à faire avec vous ! »
Je suis partie. J'ai couru car le jour commençait à se lever et je savais qu'ils ne devaient pas me trouver là.
Mais je n'avais nulle part où aller. Je me suis dirigée vers une seconde maison et j'ai frappé. La porte s'est ouverte et une vieille dame est apparue sur le perron. Quand elle m'a vue dans mon maillot de corps ensanglanté, elle s'est signée et a reculé.
Elle m'a demandé : « Qui êtes-vous ? D'où venez-vous ? » J'ai répondu : « N'ayez pas peur, madame. Je ne suis pas le diable. Je suis humaine. » Et puis j'ai menti pour la première fois de ma vie : « Je suis ukrainienne. J'ai vu une amie à Babi Yar et me suis échappée. » La vieille dame m'a prise par la main et m'a fait entrer. Ensuite, elle m'a dit de me laver, m'a donné une chemise propre, une jupe et de vieilles chaussures. J'ai eu un choc en me voyant : une véritable Ukrainienne ! Mon hôtesse m'a donné un verre de lait chaud et du pain fait maison, puis elle m'a dit de me

reposer. J'ai mangé à toute vitesse, suis allée voir la vieille femme, l'ai prise dans mes bras, l'ai embrassée avant d'éclater en larmes. Ma sauveuse aussi s'est mise à pleurer. Mais après avoir essuyé ses larmes avec son tablier, elle me dit : « Ma fille, je sais ce que tu es vraiment. Mais nous sommes tous pareils aux yeux de Dieu. Nous n'avons qu'un seul Dieu. Comme je t'ai aidée, mes deux fils me reviendront sains et saufs de la guerre. Mais ma maison n'est pas sûre pour toi. Les chiens de la police maraudent tous les jours ici. Ils cherchent des Juifs. Ces bêtes paient pour avoir des Juifs. Maintenant dors un peu. Je vais te donner des provisions et essayer de contacter des gens. Que Dieu te vienne en aide. »
Je me suis sentie soulagée de voir qu'il y avait encore des gens bons et prêts à aider les autres sur Terre. La femme a préparé mon lit et m'a laissée. J'ai dormi un peu mais pas longtemps. Les images de la veille défilaient devant mes yeux. J'avais l'impression d'entendre des coups de feu, des cris et des enfants pleurer quelque part…
Qui sait où se trouvaient mes enfants ? Est-ce que ma belle-mère avait réussi à les sauver ? Je n'avais pas le temps de réfléchir. Je me rendais compte que la vieille dame pouvait souffrir à cause de moi. Alors j'ai décidé de partir. Je me suis regardée dans une glace et j'ai été terrifiée de voir mes cheveux devenus blancs. « C'est à cause de la nuit dernière », me suis-je dit. Je me suis couvert la figure de suie pour paraître plus âgée, j'ai mis un foulard sur ma tête comme font les Ukrainiennes, j'ai dit au revoir à ma chère hôtesse et suis partie vers Daritsa. Natacha ne m'a pas reconnue tout de suite. Mais après elle a eu peur. Elle m'a dit d'enlever mes habits et de me reposer. Je sentais que quelque chose n'était pas naturel chez elle. Elle avait l'air angoissé. Après que j'eus mangé, elle m'a dit : « Dina, je dois te dire la vérité. Tu ne peux pas rester longtemps ici. Andreï, mon mari, a déserté l'Armée rouge. Il déteste le pouvoir soviétique et les Juifs qui l'ont inventé. J'ai peur qu'il te dénonce. Tu ferais mieux de partir. »
Je suis partie.

XIII

Lubny

Raïsa Sneider avait 8 ans – Les photos de Haehle, attaché à la 6e armée – La marche, le rassemblement, le déshabillage, l'attente – Appolina Petruk, Ukrainienne, a tout vu – L'ère stalinienne, le second piège – Les Juifs ont oublié les rudiments du culte – Le centre juif de Lubny : des survivants qui font profil bas.

Deux semaines après les massacres de Babi Yar, un détachement du Sonderkommando 4a entrait à Lubny, la ville natale du grand écrivain yiddish Cholem Aleichem, située à l'est de Kiev.

Raïsa Sneider était âgée de 8 ans. Elle est née en 1934 d'un mariage mixte. Son père, David Borysovitch Sneider, était juif. Il fut envoyé au front dans les armées soviétiques au tout début du conflit, fait prisonnier et déporté pour le travail forcé en Allemagne. Il survécut. Raïsa, demeurée seule avec sa mère et son frère, se souvient du jour où les Allemands entrèrent en ville : « Nous jouions dans la rue. Ma mère était allée à la rivière pour laver le linge. Les femmes sont accourues pour nous prévenir. Les Allemands étaient entrés à Lubny sans un bruit, par la rivière qui se trouve du côté de Poltava. Nous habitions encore l'appartement loué par mon père, non loin de l'usine où il travaillait. C'était une usine d'alimentation, on y produisait des friandises, du vin, des boissons. Nous sommes allés là-bas, et nous sommes descendus à la grande cave de l'usine où maman nous a dit de nous cacher. Il y avait d'autres personnes, des Juifs également, qui étaient venues avec nous pour s'y cacher. Nous étions tous assis par terre quand, soudain, nous avons entendu des cris qui venaient du dehors. Les Allemands étaient dans la rue. Puis les bruits se sont rapprochés. Ils venaient d'entrer dans l'usine. C'est là que je les ai vus pour la première fois. Ils ont commencé à chasser tout le monde de la cave, pendant que d'autres Allemands se précipitaient dans les ateliers, renversant et jetant par terre les caisses de bonbons et de gâteaux. Les gens n'avaient pas peur et ils ont ramassé les caisses. Après cela, les Allemands ont renvoyé les gens chez eux et tout est redevenu calme pendant quelques jours. Puis, ils ont commencé à rafler les communistes. Ensuite, ils ont affiché sur les murs de la ville l'annonce du rassemblement destiné aux Juifs. Il était écrit que tous les Juifs devaient se présenter sur la grande place, qui s'appelle aujourd'hui la place de Moscou, munis de leurs papiers, de leurs objets de valeur et de leurs affaires. C'est maman qui m'en a parlé, moi, je ne m'en souviens pas. Les gens se sont réunis en pensant qu'on allait les déplacer quelque part, et on les a tous emmenés vers le pont de bois qui traversait la rivière. »

« Les femmes ukrainiennes accouraient pour voir de quelle manière on les emmenait jusqu'au pont. Mais nous, nous n'y sommes pas allés. Nous habitions près du pont, mais maman nous avait interdit de quitter la maison. C'est de l'autre côté de ce pont qu'ils fusillaient. Je ne voyais rien mais j'entendais. Je me souviens des cris et des pleurs. Les enfants pleuraient, les femmes criaient, lorsqu'on les emmenait en bas, vers la rivière. Un peu plus tard, je ne pourrais pas vous dire quand, précisément, car je ne m'en souviens pas, on a entendu des tirs de l'autre côté de la rivière. On tirait sur les gens. Maman est rentrée, en pleurs. Cette nuit-là, le propriétaire qui nous louait l'appartement est venu la trouver et lui a dit : "Prends tes petits juifs et pars de chez moi ! Je ne veux pas être fusillé à cause de tes enfants." Que faire ?

« Plus loin dans la même rue vivait ma grand-mère maternelle. Maman a ramassé quelques affaires, de la nourriture, elle nous a habillés, et nous sommes partis chez la grand-mère. Plus tard, un policier ukrainien qui habitait notre rue est entré chez grand-mère pour nous prévenir. Il a dit : “Cache tes enfants. Demain, il y aura une rafle, on viendra chercher les familles juives pour les tuer.” Maman nous a cachés dans le lac, derrière les roseaux (c'était au mois d'octobre, et il faisait déjà froid, surtout dans l'eau), puis nous avons traversé la rivière, non loin de l'endroit où les Juifs étaient tués. Maman avait une tante de l'autre côté. La nuit, nous avons coupé par les champs, traversé la rivière dans une barque, et maman, qui ne pouvait rester avec mon frère et moi, nous a confiés à cette femme. Elle s'appelait Oustia, elle avait un fils de mon âge. Cette femme nous a cachés. Les Allemands raflaient tous les Juifs de la ville, mais ils n'ont pas trop cherché dans ce village. Maman venait de temps en temps nous rendre visite. Ils ont fusillé les Juifs, les communistes ; un grand nombre de gens y sont passés. Puis tout s'est calmé, maman est venue nous chercher et nous sommes restés avec elle. Les voisins ne nous ont pas dénoncés. Nous avons tous survécu. Ce ne fut malheureusement pas le cas de la famille de mon père. Ma famille juive. À Zasoulié, là où les Juifs ont été tués, ils ont fusillé ma tante, la sœur de mon père. Elle s'appelait Maria, elle avait une fille de 2 ans et un fils de 10 ans. Mon père avait deux autres enfants d'un premier mariage, Fima et Edik. Le premier était né en 1925, et le second en 27. Mes demi-frères et leur mère ont aussi été tués ce jour-là[1]. »

Une série d'une quinzaine de clichés, pris par les nazis, a survécu au chaos de la défaite allemande et à la destruction des preuves. Sur la présentation qu'en fait l'USHMM, on peut lire la légende suivante : « Ces images ont été prises par le photographe militaire Haehle, membre du kommando de propagande 637 rattaché à la 6e armée combattant en Ukraine. Haehle mourut en 1944. Au début des années 1950, sa veuve vendit cette collection de photographies à Frau Schultz, l'épouse du jour-

1. Entretien avec Raïsa Sneider, 20 juillet 2008, Lubny, Ukraine.

naliste berlinois Georg Schultz. Des copies en noir et blanc tirées des originaux couleur furent envoyées en 1961 à Herr Wagner, un procureur qui travaillait au Landgericht de Darmstadt, et qui enquêtait sur les crimes de guerre perpétrés par les Sonderkommandos dans les villes ukrainiennes de Kiev et de Lubny à l'automne 1941. »

Ces images, utilisées ensuite par les tribunaux allemands, ne témoignent pas du massacre des Juifs et des quelques partisans exécutés le 16 octobre 1941 à Lubny, à l'instar d'autres séries – celles de Mizocz ou de Liepaja –, mais des étapes qui l'ont précédé. La marche en file indienne ou par petits groupes vers la rivière, le rassemblement sur le terrain de Zasoulié, le déshabillage, l'attente. On y voit les parents serrer une dernière fois leurs enfants contre eux avant d'en être définitivement séparés, certains désormais du sort que le SD et les gendarmes ukrainiens leur ont réservé. Une série « officielle », aisément identifiable par le cadrage et la qualité très soignée des clichés, et cet indice formel, véritable signature des séries photographiques jointes aux rapports des Einsatzgruppen : le photographe faisant poser les victimes devant l'objectif, la plupart du temps nues ou en sous-vêtements, quelques minutes avant d'être assassinées.

Appolina Petruk est ukrainienne. Enseignante d'anglais dans une école secondaire de Lubny, aujourd'hui retraitée, elle avait le même âge que Raïsa Sneider quand elle assista, alors qu'elle faisait paître ses bêtes, à l'assassinat des Juifs de la ville. Je suis avec elle, à Zasoulié, de l'autre côté de la rivière, sur les lieux mêmes de l'aktion du 16 octobre 1941, au milieu des champs inondés de soleil, au pied du mémorial en forme d'étoile de David peint en bleu et blanc – érigé par les organisations juives – qui surmonte la fosse entourée d'une barricade et couverte d'herbes hautes. Accompagnés du directeur du minuscule centre communautaire juif de la ville, celui-là même qui nous a présenté Raïsa Sneider, un homme aux yeux doux d'une soixantaine d'années, le visage serti d'un collier de barbe blanche, je demande à Appolina, qui a pour l'occasion revêtu son plus beau tailleur, de se tenir près de la fosse. Nous

nous plaçons à l'écart pour la filmer. Je la regarde s'éloigner, dépasser l'endroit où elle était censée s'arrêter, et continuer de marcher droit devant elle à travers champs. Elle ne s'arrête pas de marcher. Nous échangeons des regards sans comprendre ce qui se passe. Je finis par lui courir après, suivi de Genia. Je la rattrape à deux cents mètres de là où nous l'avons vue s'éloigner, je lui saisis le bras. Elle s'arrête sous la pression de ma main, et tourne vers moi un visage éperdu. « Pardon, je ne sais pas ce qui m'est arrivé. Les souvenirs… J'étais de nouveau ce jour d'octobre 1941… »

Doucement, tout en maintenant mon bras autour du sien, nous retournons près de la fosse. Après avoir bu un peu d'eau, elle recouvre ses esprits et commence à raconter : « J'étais justement en face de cet endroit, là où s'est passée la fusillade. J'étais assez loin, à 800 mètres sur une colline, de l'autre côté de la rivière, mais le ciel était clair, et je voyais bien ce qui se passait. J'ai vu les adultes être fusillés. Des témoins disent que les enfants ont été gazés. Moi, je ne l'ai pas vu. Je me souviens seulement d'une fumée noire qui montait dans le ciel. Peut-être était-ce la fumée de ce gaz, mais je ne peux pas l'affirmer. »

« Le commandant de la ville avait donné l'ordre à tous les Juifs de se rassembler sur la grande place. Ils devaient venir

avec leurs enfants, toutes leurs affaires, et tout ce qui leur paraissait nécessaire. On leur avait dit qu'ils seraient réinstallés dans des sortes de réserves où ils bénéficieraient de meilleures conditions de vie. C'est pour cette raison qu'ils se sont tous présentés au lieu de rassemblement. Quand on les a amenés ici, on leur a ordonné de se déshabiller et d'abandonner toutes leurs affaires, tous leurs objets précieux.

« Voilà justement l'endroit où a eu lieu cet événement. Sur cette photo, on voit au loin la fumée s'échapper de la cheminée d'une maison ukrainienne. Le feu, c'est fait pour réchauffer les gens. Le feu des nazis, c'était celui des armes. »

« C'est là qu'on les déshabillait. On prenait leurs biens les plus précieux, leurs meilleurs vêtements. Après, ils envoyaient tout cela en Allemagne. »

« Les gens sont terrifiés. Ils comprennent qu'on les a trompés, qu'on ne leur a pas dit la vérité. On les voit submergés par une tristesse infinie. Ils savent maintenant que ce qui va se produire n'est pas ce qu'on leur avait promis. Ces gens ont été tués. Les adultes, mais aussi les enfants innocents. On voit

ici une mère qui doit se séparer de ses grands enfants, et aussi du plus petit qu'elle tient encore dans ses bras. »

« Les fosses, c'étaient des tranchées creusées à cet endroit pour empêcher le passage des chars. À 11 h 30, nous étions juste en face. Nous avons entendu des tirs et des cris. Ces cris étaient incroyables, impossibles à décrire. Les chiens aboyaient et il y avait ces ordres hurlés en allemand, que l'on entendait à 800 mètres à la ronde. D'où je me trouvais, on entendait tout distinctement. Des tirs de fusil, des tirs à l'arme automatique. Cela faisait comme ça : ta-ta-ta-ta-ta ! et puis les tirs cessaient, et de nouveau des rafales. Ta-ta-ta-ta-ta-ta ! Les tirs éclataient

de manière brutale, s'arrêtaient et recommençaient. Les enfants tombaient tout de suite dans les tranchées, alors que les adultes étaient enterrés là-bas. Quant au temps que cela a pris… une heure et demie environ. Deux heures maximum parce qu'ils ont recouvert les corps avec de la terre. Après, la terre a bougé pendant trois jours. Du sang suintait de la fosse et le sol bougeait. Lorsque le printemps est venu, il y avait beaucoup de neige, et il y eut une grande inondation. Les corps sont remontés à la surface. Beaucoup de gens ont été témoins de cela.

« Je connaissais au moins deux des personnes qui ont été tuées ce jour-là. La directrice de l'usine de produits alimentaires Promkhartkombinat (elle s'appelait Zourina), et son chef comptable. Je me souviens qu'avant la guerre on le conduisait chaque matin à l'usine en calèche. Leurs enfants, leurs proches ont été tués avec eux. Après, les Allemands ont pris leurs biens et leurs appartements. »

Appolina a apporté un bouquet de fleurs. Elle tient à rendre un dernier hommage aux victimes avant que nous ne quittions les lieux du massacre. Nous la regardons marcher jusqu'au mémorial, déposer le bouquet sur la plaque commémorative, joindre les mains devant la poitrine avant de s'incliner en basculant le buste. Un bref moment de recueillement qui fait monter en moi une irrépressible émotion. Puis elle revient vers nous le regard embué. « À cet endroit habitent aujourd'hui des gens paisibles qui profitent de tous les bienfaits et de la beauté de la nature, dit-elle. Pourtant, ce lieu est aussi le sanctuaire de tous ces gens cruellement fusillés par les fascistes. Jusqu'à la fin de nos jours, nous préserverons leur mémoire. »

Après cet entretien qui a eu lieu le matin de bonne heure, l'équipe et moi sommes invités à déjeuner par le responsable de la communauté juive de Lubny. En bordure de la bourgade, entre les fermes et quelques lotissements d'habitations, le centre juif de Lubny, fréquenté par quelques dizaines de membres, ressemble à une grange poussiéreuse, découpée en vastes salles vétustes dégageant une forte odeur de bois ranci. Dans une ambiance chaleureuse mais triste, nous avalons nos tartines de saucisson à l'ail sur des tranches de pain au cumin. À la fin du repas, je discute quelques instants sur le perron avec le directeur du centre, cet homme timide au regard doux qui a accompagné Appolina sur le lieu des exécutions.

La plupart des familles juives installées ici après la guerre, me dit-il, ont désormais quitté le pays, parties pour l'Allemagne, les États-Unis ou Israël. La plupart des membres qui fréquentent le centre sont demi-juifs. Les survivants de l'invasion allemande, sur qui le piège s'est une seconde fois refermé sous l'ère stalinienne, ont dû faire profil bas. Il leur était interdit de revendiquer ou de pratiquer leur religion. « Avec la Perestroïka, puis la chute du Mur, les familles juives de l'ex-URSS ont relevé la tête, se tournant avec enthousiasme vers la religion de leurs aïeux. Un élan renouvelé pour le judaïsme a parcouru ces familles. Mais elles se sont rapidement trouvées désemparées car elles avaient tout oublié. Plus personne ne connaissait la moindre prière, les rudiments du culte. Les Juifs ne savaient plus lire l'hébreu, ni même préparer les plats traditionnels pour le shabbat. » En fin de journée, après avoir filmé le quartier général de la Gestapo locale, bâtiment à l'abandon qui sera bientôt reconverti en une clinique vétérinaire, et d'autres lieux significatifs de la destruction des Juifs de Lubny, dont il ne demeure aucune trace visible, nous reprenons la route vers Kiev.

Dans le rapport n° 132 de l'Einsatzgruppe C en date du 12 novembre 1941, on peut lire : « Une unité du Sonderkommando 4a a été active à Lubny. Sans aucune opposition, elle a exécuté 1 363 Juifs, communistes, partisans, parmi lesquels 53 prisonniers de guerre et quelques franc-tireuses juives. Avant la guerre, Lubny comptait 35 000 habitants dont 14 000 Juifs. Un récent recensement effectué par l'administration municipale a montré que sur une population supposée de 20 000 habitants, seuls 1 500 Juifs ont pu être listés. » Dans ce même rapport, on apprend que le 18 octobre, deux jours après le massacre de Lubny, « 300 malades mentaux juifs de l'asile de fou de Kiev ont été liquidés ». Il est précisé que cette exécution « a représenté un fardeau psychologique particulièrement lourd pour les membres de l'Einsatzkommando 5 en charge de cette opération ».

XIV

L'inquiétant Stepan Farmiga (Galicie)

Glinyani, près de Lviv – Le bastion du nationalisme ukrainien – Stepan Farmiga, dans la SS Viking à 20 ans – La « prophétie » de Moïse – « Les Juifs possédaient beaucoup d'or » – « On a tué jusqu'à 4 000 personnes » – « La terre bougeait comme si elle bouillait » – Un mausolée pour la SS Galicia.

C'est un homme d'aspect repoussant qui nous attend sur le perron de sa maison. Longiligne, voûté, les cheveux gris, sales, le nez aquilin, il regarde en silence la petite équipe de tournage qui vient à sa rencontre. Ses yeux bleus sont profondément enfoncés, le regard est perçant. Son fils, un colosse d'une cinquantaine d'années aux cheveux blonds se tient à l'écart, près du poulailler installé sur le lopin de terre en friche qui entoure la maison. Le fils nous observe de loin, soupçonneux et hostile. Après avoir monté les quelques marches de bois qui mènent au perron, une odeur rance – mélange de crasse et de renfermé – nous assaille dans le vestibule.

Nous sommes à Glinyani, un village à une trentaine de kilomètres de Lviv, au cœur de la Galicie. Une région frontalière de la Pologne qui n'a cessé d'être annexée par les uns et par les autres, au gré des rapports de force et de l'expansionnisme des empires voisins. Elle est aussi le bastion de l'UPA, la matrice du nationalisme ukrainien, de la SS Galicia et des pro-Occidentaux qui ont porté Iouchtchenko au pouvoir. Avant la guerre, le judaïsme ashkénaze rayonnait dans tout le district.

Lviv, la capitale régionale, marquée par son héritage architectural austro-hongrois, comptait 160 000 Juifs. Ils formaient la plus importante communauté de la ville. Elle a été éradiquée. L'acharnement dont firent preuve les troupes de la mort et leurs collaborateurs locaux a atteint ici des sommets dans l'horreur. Signe de cet acharnement, au cœur de la ville, seul bâtiment du ghetto encore debout, une « clinique » où les nouveau-nés juifs étaient assassinés à leur naissance.

La haine des Juifs est encore présente, et l'assimilation du communisme au judaïsme, un ressort idéologique qui perdure. Si l'on superpose la carte des charniers établie par Olga Bogun et son époux – un historien Juif de Lviv, qui travaille depuis de nombreuses années à l'identification des fosses anonymes – à la carte géographique de la province, celle-ci disparaît presque complètement derrière celle des fosses, tant les massacres de masse perpétrés contre la population juive y furent nombreux.

Olga Bogun oriente mes recherches en Galicie. C'est elle qui m'a introduit auprès de Stepan Farmiga, un Ukrainien d'origine tchèque qui réside, aujourd'hui encore, en face de la scierie où ont été assassinés les Juifs du village. Farmiga était membre de la SS Viking. Il échange quelques mots avec les deux Olga, puis il s'avance vers moi. C'est l'épreuve de la poignée de main. Les siennes sont gigantesques : deux serres de rapace, aux doigts épais, se terminant par des ongles longs et biseautés. Je lui serre la main. Un frisson glacé me parcourt l'échine. Il sent mauvais. Dans les campagnes ukrainiennes que nous traversons, la crasse ne se juche pas seulement sur les pires échantillons d'humanité tels que Stepan Farmiga ; elle est partout et rend compte de la misère, de l'état d'abandon dans lequel sont laissés les villages, des régions entières, sans aide matérielle ni assistance du gouvernement.

Nous passons dans la chambre de Farmiga, une pièce carrée dont les fenêtres semblent être restées closes depuis plusieurs années. Les murs autrefois blancs sont, comme partout, tapissés d'icônes naïves aux couleurs criardes : la Vierge Marie, l'Enfant Jésus dans les bras, le Christ et ses apôtres. Pendant que nous installons le matériel, Farmiga, d'une démarche étonnamment agile, féline malgré la lenteur de ses pas, nous tourne autour sans dire un mot. Il ressemble à un animal en cage. Son regard d'aigle, que l'on pourrait croire inamical, révèle en fait autre chose. Il a peur. Peur de nous, peur de ce qu'il pourrait dire. Certainement peur des conséquences. Barbarossa, la dictature soviétique, les exécutions sommaires et le goulag ; tout cela cohabite dans les têtes de ceux qui ont vécu le double joug du nazisme et du stalinisme. Quand Olga Sulimenko est passée le voir avant mon arrivée, Farmiga s'était vanté d'avoir conservé son uniforme SS et de nombreuses photographies de l'époque. Nous lui demandons de nous les montrer. Il marmonne quelque chose d'incompréhensible – avec un fort accent, il parle un sabir composé de plusieurs langues (ukrainien, tchèque, polonais, russe) et de patois locaux que les deux Olga ont un mal fou à comprendre. Il se lève et quitte la pièce.

Au bout d'un moment, Farmiga est de retour. Il nous dit n'avoir jamais porté l'uniforme et n'a rien conservé de cette époque. Son enrôlement dans la SS Viking à 20 ans, après une rapide formation dans un centre local de la SS ? Nous avons dû mal comprendre. Il a travaillé au service des nazis, mais en tant que mécanicien. Ou gardien. Ses réponses sont molles et variables. À Lviv, où il habitait avec ses parents en 1941, il jure n'avoir ni assisté ni participé aux pogroms. Il fournit pourtant à ce sujet des détails étonnants, rapportés, prétend-il, par sa mère, comme la description de cette femme juive, traînée par les cheveux par un nationaliste ukrainien pendant qu'un autre lui donnait des coups de pied avant d'être assassinée. Il raconte cela sans émotion apparente, le visage fermé et l'humeur taciturne.

Les rares fois que son visage s'égaye un peu, c'est lorsqu'il évoque « les Français » dont il garde un bon souvenir (c'est peut-être cela, d'ailleurs, qui l'a convaincu d'accepter l'interview). Chose que j'ignorais, une unité de SS français était basée dans ce village. « Il y avait des Français. Ils gardaient les prisonniers pour l'armée allemande. C'étaient des amis, mais pour ce qui est des noms, je ne m'en souviens pas. Il y en avait près de 3 000. Ici, tout était fait par les Français. Ils détruisaient les maisons juives. On voulait construire un camp pour les prisonniers russes, mais la guerre les en a empêchés et ils ont laissé tomber. Rien n'a été fait. Il y avait aussi des Russes. Des vlassovtsi qui travaillaient pour les Allemands. » Ces Français et ces Russes travaillaient pour une unité SS.

La description qu'il nous en fait correspond, sans qu'il le comprenne d'un point de vue historique, à une formation du SD : « Ils n'étaient pratiquement pas au front, ils étaient davantage en arrière-plan, ils tuaient les gens. Ils tuaient sans pitié, ils avaient le droit de tout faire, tout. Ce n'était pas une unité combattante, ils étaient plutôt sur les arrières, ils traitaient les gens sans aucune pitié. Dès que quelque chose n'allait pas, on fusillait, on fusillait sans poser de questions. C'était une organisation comme ça. Pas comme les Russes, qui interrogeaient et vous gardaient deux ou trois mois en détention. Les Allemands, ils tuaient tout de suite, sans poser de questions. Je travaillais à la milice, je sais comment cela se passait. Les SS étaient plus durs, c'étaient des unités qui étaient actives sur les arrières, pas au front. »

Farmiga en oublie qu'il n'était que mécanicien… Il s'en rend compte. Il s'interrompt, sort à nouveau, revient quelques minutes plus tard. Nous poursuivons. Heureusement, l'homme se répète beaucoup et de manière quasi mécanique. Nous nous engouffrons dans cette brèche. Tirant bénéfice du bégaiement de sa pensée, en ménageant quelques espaces, nous lui posons plusieurs fois les mêmes questions auxquelles il répond chaque fois comme si c'était la première. À force de les reformuler, ses réponses finissent par subir des variations, des ambiguïtés, des contradictions qui laissent peu à peu entrevoir d'autres réalités que celles qu'il veut faire apparaître. J'aborde la question juive. Sans surprise, il associe systématiquement les Juifs à l'argent, ou plutôt à ce qu'il appelle « l'or ». Pourtant, dans les shtetls voisins, les Juifs vivaient très pauvrement.

L'ancien SS tient cependant à nous prouver qu'il n'a rien contre les Juifs. Au contraire. Lui aussi a essayé de sauver des Juifs. Mais il a l'honnêteté de reconnaître ne pas y être parvenu. Avant l'arrivée des Allemands, il avait d'excellentes relations avec eux. « Les Juifs étaient des gens agréables. Si tu avais besoin de quelque chose, tu pouvais aller les trouver et ils te le donnaient, sans te faire payer. Cela faisait pitié de les voir partir. On vivait très bien avec les Juifs. Lorsque nous sommes arrivés de Tchécoslovaquie, en 1933, après être passés par la Pologne, un Juif nous a apporté une vache. Maman voulait le payer mais il a dit : "Non, profitez-en ! Si vous avez quelque chose dont vous n'avez pas besoin, donnez-le-moi en échange." Maman voulait le payer et lui, il disait : "J'ai le temps, je ne vais nulle part, j'ai le temps. Le jour où j'en aurais besoin, je vous le dirai." Il a pris la moitié, une autre moitié plus tard. Ils étaient prêteurs les Juifs. »

Farmiga évoque ensuite l'histoire de la « prophétie juive ». Je l'ai entendue partout en Ukraine, sous différentes versions. Difficile de dire d'où elle vient et comment elle a pu se répandre dans chaque village, émailler chaque témoignage recueilli. L'histoire est la suivante : le jour précédant l'exécution de la population juive d'un village ou d'une ville, le rabbin réunit ses fidèles et leur dit : « Nous avons été maudits par Dieu. Nous devons mourir, c'est notre destin, il faut que vous l'acceptiez. » Cette fable combine plusieurs marqueurs de l'antisémitisme local : le cliché, largement ancré, du « peuple maudit », véhiculé depuis des siècles par l'antijudaïsme chrétien. L'inexorabilité de sa destruction, qui permet de déculpabiliser ceux qui y ont assisté ou participé. Le caractère « magique », étrange et maléfique du judaïsme. La version de Farmiga, bien que légèrement différente, reproduit ces lieux communs : « Ils avaient un livre, déclare-t-il, et ils savaient ce qui allait leur arriver. Ils disaient : nous savons que bientôt un drapeau blanc et une croix noire, le drapeau allemand, sera porté par des hommes venus de l'ouest, et nous serons tous anéantis. Ils le savaient par leur Bible juive où tout cela était écrit et ils le savaient tous. »

Selon toute vraisemblance, Farmiga fait référence à la prophétie du Deutéronome. En réalité, il ne s'agit pas d'un emblème aussi précis que le drapeau nazi, mais de la comparaison de cette nation impitoyable avec un aigle. Dans le texte biblique, Moïse dit à son peuple : « Yahvé fera se lever contre toi une nation venue de loin, de l'extrémité de la terre, comme un aigle qui plane, une nation dont tu n'entendras pas la langue, une nation au visage dur, sans égard pour le vieillard et sans pitié pour l'enfant. Elle mangera le fruit de ton bétail et le fruit de ton sol, jusqu'à ce que tu sois anéanti [...]. Si tu ne veilles pas à pratiquer toutes les paroles de cette Loi qui sont écrites dans ce livre, en craignant ce nom glorieux et terrible, Yahvé, ton Dieu, Yahvé te frappera, toi et ta descendance, de plaies extraordinaires, plaies grandes et tenaces, maladies cruelles et tenaces, il fera revenir chez toi toutes les épidémies d'Égypte que tu redoutais [...], Yahvé les fera toutes monter contre toi, jusqu'à ce que tu sois anéanti. »

Il est très possible qu'en ces temps d'apocalypse, certains rabbins grandis dans la Loi la plus fondamentaliste aient pris la prophétie de Moïse à la lettre. En admettant que les Juifs aient intégré l'imminence de leur destruction, que des sermons se référant au Deutéronome aient été tenus par des rabbins dans la synagogue, il faut dire que les témoignages qui l'attestent ne sont jamais étayés par une source fiable ou un témoignage de première main. Aucun de ceux qui m'ont rapporté cette histoire n'est jamais entré dans une synagogue et, de fait, n'aura pu assister à un tel sermon ; les récits qui rapportent la prophétie émanent toujours de locaux ukrainiens. Cela dit, les réduire à leur seule dimension antisémite serait également faux. Ils traduisent aussi un profond désarroi, un besoin de comprendre et de rationaliser les événements inintelligibles qui se sont déroulés sous leurs yeux. En l'ornant de mysticisme, en faisant des Juifs les auxiliaires messianiques de leur propre anéantissement, le génocide prenait la forme d'une réalisation divine, inscrite et programmée dans le destin du peuple juif. Il n'en restait pas moins que si les Juifs avaient fauté, que s'ils méritaient leur sort, rien n'assurait que les chrétiens n'avaient pas commis des péchés impardonnables. Nul n'était à l'abri du châtiment divin et de son bras vengeur, matérialisé par les troupes de la mort nazies.

Ces préoccupations, émanant des populations locales, on en trouve la trace jusque dans certains rapports nazis, et notamment dans un document de l'OKW du 4 août 1942 concernant la ville de Borissov, cité par Raul Hilberg dans *La Destruction des Juifs d'Europe* : « Les Allemands remarquèrent qu'il se manifestait à Borissov une vague de mysticisme, avec interprétation des rêves, prémonitions et prophéties. La population affirmait désormais : "Les Juifs ont été tués pour leurs péchés, comme les prophètes l'avaient annoncé dans les livres saints. Dans la Sainte Bible, on doit aussi pouvoir trouver quelle sorte de destin nous attend"[1]. »

Farmiga insiste sur le fait que « les Juifs possédaient beaucoup d'or ». « Les Juifs ne travaillaient pas dans les champs, ils avaient des magasins, ils étaient médecins. » Ceux du village auraient ainsi acheté par trois fois leur salut aux Allemands. Quand ils n'ont plus eu « d'or » à donner, ils ont finalement été tués, brûlés vifs dans la synagogue. Quand nous le questionnons sur les exécutions de masse, il affirme d'abord n'en avoir rien su : « J'étais à la guerre, au front, j'avais 18 ans. » Mais, après que nous avons posé plusieurs fois la question, Farmiga admet y avoir assisté : « J'ai vu des fusillades, et, dans la forêt, j'étais avec eux. Il y avait des gens qui pouvaient fusiller, moi, je n'en aurais pas été capable. On les emmenait pas loin d'ici, là où il y a la maison pour les personnes âgées ou déficientes. Ils les conduisaient près de cette maison, à Chopky, un hameau de quelques bâtisses. Ils étaient emmenés par groupes de 100 pour creuser une fosse pour eux-mêmes. Ils transportaient la terre dans le bas de leurs vêtements, cela dépendait. On y envoyait les hommes, et ils creusaient. On les emmenait par groupes de 100. Des quatre côtés il y avait des mitrailleuses allemandes qui les fusillaient. Il y avait aussi des blessés. Ils étaient de la région de Zolotchiv, Przemysl, Glinyani. Il y avait aussi des Juifs de Lviv. On a tué là-bas jusqu'à 4 000 personnes. Après, on obligeait les gens des villages à recouvrir ces Juifs. La terre bougeait comme si elle bouillait, car il y avait des blessés qui agonisaient. Le sang coulait et on a creusé des tranchées pour

1. Raul Hilberg, *La Destruction des Juifs d'Europe*, *op. cit.*, t. I, p. 575.

qu'il s'écoule mieux. Il y avait là-bas des Juifs de Glinyani, Zolotchiv, Przemysl, et une partie des Juifs de Lviv.

« Les enfants étaient tués en premier. Puis les femmes, et ensuite les hommes. Les enfants n'étaient pas déshabillés. On les mettait au-dessus de la fosse, le pistolet sur la nuque. Ils tombaient dans la fosse, et c'est tout. Puis, c'étaient les femmes et ensuite, les hommes. Ils chassaient les gens. Les champs étaient pleins de blé, et parfois les Juifs s'y cachaient. Des gamins le savaient. Ils allaient dans les champs et ils disaient aux femmes juives qui se cachaient : "Couche avec moi sinon je te dénonce aux Allemands." Dans une situation tragique comme celle-là, l'Homme est prêt à tout accepter. Derrière il y avait des polizei et des soldats allemands qui les cherchaient dans les buissons. Lorsqu'ils les trouvaient, ils les faisaient sortir des buissons. Et c'est comme ça qu'un jour ils ont trouvé dans les champs 52 personnes. Ils les ont conduites ici et le lendemain on les a fusillées. Il y avait des femmes, des hommes, des enfants. Ils se déshabillaient, les vêtements dans des tas. Ils se mettaient près de la tranchée et un commandant leur tirait dans la tête. Un tir et dans la fosse, un tir et dans la fosse… »

En dépit d'une mémoire et d'une élocution amphigouriques, certains éléments du récit de l'ancien SS ukrainien sont confondants, comme ce chiffre de « 52 » personnes. Qu'en sait-il s'il n'y a pas assisté, ne les a pas comptées ? Je n'en ai pas la preuve, mais chaque fois que Farmiga prononce « ils », en parlant des Allemands et de leurs collaborateurs, j'entends « nous » : « Les polizei les gardaient et il y avait ce petit… Ce n'était pas un Allemand. Il les fusillait. Je crois qu'il était d'ici mais il parlait bien allemand, comme mon père qui a passé vingt-quatre ans en Allemagne. Il fusillait tout le temps. Quand on emmenait 5 ou 6 personnes, c'étaient les polizei qui fusillaient. Là, tout près de la scierie. Juste devant la grille. Une fois, 42 personnes. Une autre fois, c'étaient 150 personnes, tuées par les Allemands dans la fosse. Ils les tuaient au fur et à mesure, par rangées de 5 ou 10 personnes. Lorsqu'on a fusillé près de 150 personnes, on a obligé les gens du village à venir. On allait chez n'importe qui, on disait : "Toi, tu viens ! Toi aussi !" On les emmenait à cet endroit et on leur disait : "Il faut recouvrir ça. Et que ces vêtements ne restent pas là. Donc, tu prends ça, tu recouvres la fosse, sinon tu subiras le même sort. Tu seras fusillé." Alors les gens les recouvraient.

« Il y avait une maison construite pour la personne qui s'occupait de refermer les tombes. On l'a construite exprès pour lui et il vivait là-bas, là où se trouve la scierie. À l'époque, c'était un grand cimetière juif où on tuait les gens. Tout était là-bas. Lorsqu'on construisait ce bâtiment, les gens déterraient les crânes, avec leurs dents en or. On creusait là-bas, et il y en avait qui disaient : "Oh, je ne travaillerai plus aujourd'hui. – Pourquoi ? – J'ai déjà fait ma journée !" Les dentiers étaient en or car ils avaient tous des magasins, les Juifs. Ce n'étaient pas des gens simples, ils commerçaient, ils avaient des magasins, ils avaient tout, ils ne travaillaient pas dans les champs. Lorsqu'on a construit la scierie, le gardien de nuit n'en pouvait plus de vivre là-bas. Il disait : "La nuit je vois quelque chose qui m'attire, quelque chose comme une statue." Il disait qu'il avait peur de rester là-bas. Il y avait une ferme, construite à côté, au-dessus du cimetière juif, et il courait à la ferme la nuit. Il disait qu'il ne pouvait pas rester là-bas, que quelque chose le tirait, lui criait dessus, car tout cela était construit sur des ossements humains, les corps des gens enterrés là. Et les stèles du cimetière, on les prenait pour la route de Krasne qu'ils réparaient avec ça. Il n'y avait pas de bitume à l'époque. Ces stèles étaient emmenées là-bas, on les cassait et on réparait la route avec. Il y avait beaucoup de stèles.

« Les Allemands patrouillaient partout en voiture. Un Allemand a demandé à mon père de chercher des Juifs qui se cachaient avec sa carriole. Mon père lui a répondu en allemand parce que mon père parlait très bien allemand. Il s'est mis à chercher dans la paille et il les a trouvés. Ces Juifs ont été attrapés tout de suite, mais ils n'ont d'abord pas été fusillés. Ils lavaient les voitures allemandes et, pendant le déjeuner, ils mangeaient de l'herbe le long de la clôture. Ceux qui ne voulaient pas manger étaient fusillés. On les gardait le soir dans la cave de l'école. Quand les Allemands ont arrêté les propriétaires de chevaux, ils les ont mis avec eux dans la cave. Et mon père aussi. Ils ont été forcés de laver les voitures avec les Juifs. Un officier est venu et il a dit : "Relâchez-le ! Qu'il rentre chez lui !" Ils ont relâché mon père, mais pas les autres.

« Près de l'église polonaise, mon père est allé trouver un général pour lui demander de relâcher les nôtres. On les a relâchés, mais on a gardé les Juifs. On avait besoin de vingt ou trente personnes pour les véhicules qui venaient du front. Il fallait les réparer et les laver. Lorsque l'heure du déjeuner arrivait, on les envoyait le long de la clôture et ils se nourrissaient d'herbe, et ceux qui ne voulaient pas l'arracher pour manger étaient tués. Ces Juifs, ils mangeaient l'herbe. Après cela, lorsque cette unité allemande a dû se déplacer vers le front ou vers les lignes arrière, on les a conduits à Oukopysko et on les a fusillés tous ces Juifs. »

Soudain, il se tait, comme s'il venait de faire une belle gaffe. Il se lève d'un bond et quitte de nouveau la pièce. Cette fois, nous le suivons des yeux, et nous comprenons enfin son manège : par la fenêtre derrière mon dos, nous l'apercevons trottiner dans le jardin. Sans que nous l'ayons remarqué auparavant, son fils se tient de l'autre côté des grilles qui séparent la pelouse boueuse du chemin de terre, cherchant à se soustraire à notre vue. Voilà donc ce qui se passait depuis le début : dès que Farmiga se sentait en danger, quand il n'était pas sûr de la bonne réponse à donner, il sortait trouver son fils qui lui disait ce qu'il pouvait dire ou ne pas dire. Chez les Farmiga, l'opportunisme est un mode de vie, sans doute même, pensent-ils, une nécessité. Complaire aux vainqueurs, dont ils me croient aujourd'hui un représentant. Après la SS, Stepan Farmiga réussit à passer à travers les mailles de l'épuration soviétique et intégra la gendarmerie. Farmiga est un archétype de la région et de l'époque. Habitué à mentir, à biaiser, à se vendre au plus offrant pour sauver sa peau, il a échappé aux arrestations, à l'incarcération. Le goulag ne fut pas pour lui. Comme nombre de ses semblables, il a réussi à tirer son épingle du jeu, à slalomer au milieu des ténèbres, à louvoyer entre les pièges que l'histoire plaçait sur son chemin.

À l'entrée de Lviv, Olga Bogun nous indique, au sommet d'une petite colline, le magnifique mausolée d'un blanc immaculé, fraîchement dédié à la SS Galicia. Au pied du mausolée, chacune des tombes est marquée d'une croix, blanche également, gravée du nom, des dates de naissance et de décès des jeunes Ukrainiens morts au combat. Ce sont des deniers publics qui ont financé ce lieu de culte, hommage rendu aux Galiciens de la division SS, quand la plupart des fosses juives sont laissées dans un total abandon. Sur ces dernières, on ne trouvera nul nom de victimes ; aucune recherche n'ayant été entreprise pour restituer leur identité.

XV

Les camions à gaz

Les diverses expérimentations – Concevoir des méthodes pratiques et « humaines » – Confronter le moins possible le bourreau à sa victime – Le gazage s'impose – 1939, un essai à la prison de Brandebourg – Les handicapés, premiers cobayes – Cadavres brûlés, restes écrasés et dispersés – Les camions à gaz sur le front de l'Est – Essai de fosse à gaz dans la forêt de Kazimierz – « Les gens étaient en train de bouillir vivants ».

À Khmelnitski, en Ukraine, j'ai rencontré un homme qui, quand il avait 12 ans, fut interné dans un sanatorium de Petchora où les enfants juifs étaient vidés de leur sang jusqu'à la mort pour transfuser les blessés de la Wehrmacht. Les pays de l'Est furent le laboratoire inépuisable des expérimentations de mise à mort. Tout ou presque, au-delà même de ce que l'esprit humain peut concevoir, fut expérimenté pour venir à bout des populations vouées à la mort par les nazis. La dynamite à Odessa, la mort par étouffement dans les fosses de Vinnitsa, l'assassinat des nouveau-nés du ghetto de Lviv, l'empoisonnement par cyanure, la pendaison, la noyade, l'emmurement, les expérimentations médicales, la décapitation. Et, bien sûr, le gaz létal.

Lors de mon séjour en Ukraine, de nombreux témoins ont évoqué l'emploi du gaz, à partir de septembre 1941, de manière encore expérimentale, aux abords des fosses où les victimes étaient assassinées par fusillades. À Kiev, à Lubny, on a mentionné la présence de tentes sous lesquelles des enfants auraient été gazés. À ce jour, je n'ai pu trouver aucun document permettant de recouper ces déclarations. Je ne puis assurer que ces expériences ont bien eu lieu, même s'il est évident que les nazis testèrent différentes méthodes d'assassinat par le gaz avant d'opter pour une standardisation de son usage dans des camions ou des salles étanches. Si l'on peut douter de l'emploi de ces tentes, a priori insuffisamment hermétiques pour le gazage des enfants de Lubny, des essais effectués sur des cobayes humains ont eu lieu de manière continue pendant plus d'un an, en Allemagne et dans les territoires occupés.

Quand Himmler assista à l'exécution des Juifs de Minsk, à la mi-août 1941, en compagnie de Nebe et de Bach-Zelewski, il prit conscience de la difficulté des tueries et de leur impact sur ses hommes comme sur lui-même. « Avec cette méthode, les groupes d'intervention se heurteraient tôt ou tard aux limites de leurs possibilités de liquidation. [...] Il fallait dessiner et concevoir des stratégies d'extermination suffisamment praticables pour tuer de grands groupes humains sans faire subir une charge importante au personnel chargé de leur mise en œuvre[1]. » Après avoir assisté à l'exécution, Himmler s'arrêta au Wolfsschanze[2] pour s'entretenir avec Hitler de ce sujet. Le Reichsführer, qui se voulait proche de ses hommes, était bien au fait des désordres psychologiques et du chaos émotionnel auxquels étaient sujets les exécuteurs, et il s'en inquiétait. Le conflit s'installant dans la durée, il fallait économiser les balles et assurer un minimum de confort moral aux hommes de la SS et du SD en charge de l'extermination. Ce constat allait dans le sens d'un renforcement des effectifs des unités supplétives constituées de policiers locaux, mais il sembla également nécessaire à Himmler de recourir à des méthodes d'assassinat « plus humaines » qui confrontent le moins possible le bourreau à sa victime.

1. Ralf Ogorreck, *Les Einsatzgruppen*, *op. cit.*, p. 194.
2. « L'antre du loup », nom du quartier général de Hitler pendant l'opération Barbarossa, dans la forêt mazurienne, à proximité de Rastenburg (aujourd'hui Ketrzyn) en Pologne.

Le recours au gaz s'imposa, et s'imposa d'autant plus que d'importants progrès en ce sens avaient été accomplis. August Becker, l'un des chimistes qui travailla à la conception des camions à gaz, en témoignerait après la guerre : « Himmler voulait que les hommes qui seraient rendus disponibles, à la suite de l'interruption de l'euthanasie, et qui, comme moi, étaient des spécialistes du gazage, fussent affectés à des opérations de plus grande envergure à l'Est. La raison invoquée était la suivante : à l'Est, les kommandos des groupes spéciaux se plaignaient de plus en plus fréquemment qu'à la longue les hommes des pelotons d'exécution n'étaient pas de taille à supporter les efforts mentaux et psychiques qu'exigeaient ces exécutions à la chaîne. J'ai appris que des hommes de ces kommandos ont même été internés dans des asiles psychiatriques et qu'il fallait donc trouver un système de mise à mort plus efficace. C'est pour cette raison qu'en décembre 1941, je suis arrivé au RSHA où mon supérieur m'a expliqué la situation et dit que les efforts mentaux et psychiques que devaient fournir les pelotons d'exécution dépassaient les limites du tolérable et que c'était la raison pour laquelle on venait d'entamer les opérations de gazage[3]. »

Bien que ce fût de manière indirecte, Artur Nebe, le chef du groupe B en Biélorussie et en Russie centrale, avait participé, à l'automne 1939, au programme T4 de mise à mort des handicapés mentaux en Allemagne. Dirigé par Viktor Brack, le programme T4 concernait deux catégories de victimes. Il s'agissait d'abord de tuer les enfants, et on utilisa pour cela des barbituriques et de l'opiat administrés par injections, par pilules ou suppositoires. Cette première phase du programme, mise en place grâce à la complicité du personnel médical allemand, concernait au moins 23 cliniques et hôpitaux d'État. Au cours de cette phase, Artur Nebe, alors chef de l'Office central de la police judiciaire, récemment incorporé au RSHA, était chargé de l'approvisionnement du poison administré aux plus jeunes condamnés.

3. Cité par Ernst Klee, Willy Dressen, Volker Riess, *Pour eux « c'était le bon temps »*, *op. cit.*, p. 63-64.

L'assassinat des adultes, très légèrement postérieur à celui des enfants, utilisa des moyens nettement différents. Le bureau central du programme d'extermination des adultes fut installé dans une villa confisquée à un homme d'affaires juif au 4 de la rue Tiergarten à Berlin – l'origine du sigle « T4 ». Des médecins, tous volontaires pour ce travail, y planchaient quotidiennement pour sélectionner, expérimenter et affiner les différents types de procédés létaux qu'ils envisageaient. Comme pour le programme d'extermination des Juifs, leurs activités étaient entourées du plus grand secret. L'usage de drogues ou de barbituriques était trop lent pour venir à bout des adultes, et l'on pencha dans un second temps pour l'oxyde de carbone. Restait à trouver le moyen de son administration. Un premier prototype des futures chambres à gaz fut créé. À la fin de l'année 1939, dans une pièce de l'ancienne prison de Brandebourg, travestie en salle de douche, on expérimenta sur huit cobayes humains l'efficacité de ce gaz incolore et inodore. L'essai fut concluant et le procédé reproduit à l'identique dans cinq autres centres de gazage, en Allemagne et en Autriche.

Parallèlement, le meurtre des handicapés se poursuivait et il fallait trouver le moyen de faire disparaître les corps. On mit en place un système en deux temps. Les cadavres furent d'abord brûlés dans des fours crématoires fonctionnant au mazout, leurs restes écrasés et dispersés par des moulins. Le programme « top secret » d'euthanasie des handicapés du Reich finit par être éventé. Des protestations émanant des instances religieuses d'Allemagne, et notamment du clergé, se firent entendre. Le programme était difficilement justifiable d'un point de vue juridique. Les tribunaux allemands, même s'ils appliquaient avec zèle la législation criminelle et répressive établie par les nazis, ne pouvaient cautionner sans un décret préalable ce qui n'était autre chose qu'un meurtre pur et simple. Le 24 août 1941, Hitler fut contraint d'interrompre le programme T4 qui avait tout de même permis l'assassinat de plus de 70 000 handicapés mentaux. Il se poursuivrait sous d'autres formes jusqu'à la fin de la guerre, par injections mortelles ou surdoses de drogues.

D'autres expériences utilisant des gaz létaux étaient en cours.

« Le rôle que l'on pense dévolu aux Einsatzgruppen a longtemps été l'assassinat exclusif des Juifs, précise l'historien allemand Jürgen Matthäus. Mais notre perception de ce rôle n'a cessé d'évoluer au fil des années. Ce n'est que très récemment que nous avons commencé à comprendre qu'il y avait en réalité toute une série de groupes ciblés par les Einsatzgruppen. Et l'un de ces groupes était les handicapés mentaux. Les Einsatzgruppen et d'autres autorités d'occupation s'employèrent à nettoyer les asiles psychiatriques. Des moyens furent mis en œuvre par les Allemands pour appliquer cette politique. Les camions à gaz constituent l'un de ces moyens. Ajoutons que nombre d'entre eux ont aussi été assassinés dans des exécutions de masse. On peut estimer le nombre de handicapés mentaux exécutés à plusieurs centaines de milliers[4]. » Un prototype de camion à gaz placé sous le commandement de l'Obersturmbannführer Rauch avait été activé dans le camp de Soldau, en Pologne, dès 1940. Il servit au gazage des handicapés mentaux de Poméranie et de Prusse-Orientale. « Le véhicule portant l'inscription “Cafés Kaisers” fonctionnait selon le même principe que les chambres à gaz installées dans les instituts d'euthanasie. Au moyen de tuyaux, on introduisait dans une remorque du CO provenant d'une bombonne de gaz que l'on avait fixée sur le véhicule tracteur. C'était en fait une chambre à gaz montée sur roues[5]. » Mais les bombonnes en acier d'oxyde de carbone utilisées par le Sonderkommando Lange étaient peu adaptées à un usage fréquent et itinérant. Elles étaient encombrantes et leur coût élevé.

Le service II-D (chimie et biologie) du RSHA donna pour consigne de trouver le moyen d'utiliser le monoxyde de carbone des gaz d'échappement du véhicule. Nebe et l'Obersturmbannführer Widmann, docteur en biologie et en chimie, pratiquèrent des essais à Moguilev. Il ne s'agissait pas encore de tuer

4. Entretien avec Jürgen Matthäus, 12 juin 2008, Washington DC, États-Unis.

5. Mathias Beer, « Les camions à gaz : leur mise au point et leur utilisation dans le meurtre des Juifs », *Revue d'histoire de la Shoah*, n° 179, sept.-décembre 2003, p. 103.

les gens (les cobayes humains étaient les pensionnaires d'un asile d'aliénés) à l'intérieur même du camion, mais de relier le pot d'échappement du véhicule à une pièce hermétique à l'aide d'un tuyau. Widmann raconta l'essai auquel il participa dans sa déposition du 11 juillet 1960 : « Nebe avait fait murer la fenêtre d'une des salles de l'hôpital, en laissant deux ouvertures pour le tuyau à gaz [...] à notre arrivée, nous avons commencé par brancher l'un des tuyaux, qui s'était trouvé dans ma voiture. Le branchement est fait sur une automobile. Dans les orifices pratiqués dans la paroi se trouvaient des morceaux de tube sur lesquels on pouvait raccorder aisément les tuyaux [...] Au bout de cinq minutes, Nebe est sorti pour nous dire qu'il n'y avait encore aucun résultat. Au bout de huit minutes, il n'avait toujours pas vu de résultat et il demanda ce qu'il convenait de faire. Nous avons fini par nous convaincre, Nebe et moi, que le moteur du véhicule était trop faible. Nebe a alors raccordé le deuxième tuyau à un camion de transport de troupes de la police de l'ordre. Deux minutes après, les personnes perdaient connaissance. Nous avons encore laissé tourner les deux voitures pendant peut-être dix minutes[6]. »

Cet essai fut filmé. Une poignée de secondes de ce film a été récupérée par les Alliés et insérée dans le film projeté devant les plus hauts dignitaires nazis jugés à Nuremberg. Les conditions de sa découverte sont aujourd'hui perdues. L'historien allemand Jürgen Matthäus m'a dit, sans en être absolument certain, qu'on l'avait retrouvé parmi nombre de documents et de biens pillés aux Juifs chez Artur Nebe, un féru de photographie et de filmage. Il avait aménagé chez lui une chambre noire. Il y passait des journées entières quand il rentrait en permission. Ces quelques secondes, je les ai placées dans mon film.

Nebe fit le compte rendu des essais de Moguilev à Himmler. Quelques jours plus tard, Walter Rauff, un responsable du RSHA, demandait au département des transports de l'Office central de la sécurité du Reich de plancher sur la construction d'un véhicule prenant en compte les résultats des expérimen-

6. *Ibid.*, p. 105.

tations de Nebe et Widmann. Il fallait que son coût fût moins élevé et son utilisation plus pratique que les camions du kommando Lange utilisant des bombonnes d'oxyde de carbone pur. « Il fallut commander séparément les châssis et la carrosserie. Le service II-D fit construire toutes les caisses par la société spécialisée Fahrzeuge Gaubschaft de Berlin-Neukölln. Pour les châssis, ce fut plus difficile ; le RSHA finit par en acheter différents types à plusieurs constructeurs. L'assemblage se fit sous la responsabilité directe du II-D ; les essais pratiques furent du ressort du Kriminaltechnisches Institut (RSHA V-D), dirigé par le Sturmbannführer Oberregierungsrat docteur Heess[7]. »

Widmann, qui était rentré à Berlin, fut employé par Heess au développement de deux séries de camions à gaz. L'utilisation de ces camions étant « geheime Reichssache » (secret d'État) la firme Gaubschat, à qui Heess avait confié la construction des véhicules, ignorait à quel usage ils seraient destinés. De nombreux chimistes et scientifiques du KTI (Kriminaltechnisches Institut), des services II-D3 et II-D3a travaillèrent d'arrache-pied pour faire de ces prototypes, des machines de mort performantes. Après un test, Theodor Leiding, un chimiste du KTI, monta dans l'un des camions muni d'un masque à gaz pour y prélever des échantillons d'air et les faire analyser. Widmann donna sur ce point l'explication suivante : « Le but de cette opération était de déterminer en combien de temps la quantité de CO à l'intérieur de la voiture atteignait 1 %. Dans ces proportions, le CO provoquait en peu de temps une perte de connaissance, puis la mort (troisième stade de l'intoxication par CO). Il ne fallait pas seulement atteindre le premier et le deuxième stade de l'intoxication par CO. Au premier correspondent un engourdissement et des nausées, au deuxième un état d'excitation[8]. »

Les deux séries opérationnelles qui résultèrent de ces ajustements techniques furent d'une part six camions de 2,5 à 3 tonnes pouvant contenir 30 à 40 personnes, et, d'autre part,

7. Raul Hilberg, *La Destruction des Juifs d'Europe*, *op. cit.*, t. I, p. 600.
8. Cité par Mathias Beer, « Les camions à gaz », *art. cit.*, p. 107-108.

des camions de type Saurer, plus lourds (environ 5 tonnes) et d'une contenance deux fois plus importante. Ceux-là pouvaient charger près de 70 personnes. Quand ils furent assemblés aux ateliers du camp de concentration de Sachsenhausen, au début du mois de novembre, Widmann n'était pas présent. Il était à Kiev, et prétendit, lors de son audition de 1960, n'avoir appris ce que le RSHA comptait en faire qu'à son retour. Il pensait ces véhicules destinés au gazage des aliénés. « Quand il découvrit l'emploi qu'on en faisait à l'est, il protesta auprès de Heess, disant qu'on ne pouvait tout de même pas utiliser le dispositif sur des personnes normales. Le docteur Heess lui répondit amicalement : "Tu vois bien que de toute façon c'est fait. Est-ce que par hasard tu voudrais abandonner ?" Le docteur Widmann resta à son poste, et fut promu au grade de Hauptsturmführer[9]. »

Pendant ce temps, les expérimentations se poursuivaient au front et dans les territoires conquis. La contenance des camions à gaz étant limitée, il fallait trouver le moyen de tuer davantage de gens. À Konin, en Pologne occidentale où 3 000 Juifs avaient été abattus dans la forêt de Kazimierz, des essais de « fosse à gaz » eurent lieu à la mi-novembre. En 1945, le vétérinaire Mieczyslav Sekiewicz raconta en détail ce dont il avait été témoin, en tant que « réquisitionné » polonais : « À quatre heures du matin, des hommes de la Gestapo sont entrés dans ma cellule et m'ont dit de me préparer à partir. Ils m'ont mis des menottes et mené à une voiture où se trouvaient deux autres prisonniers, des camarades d'infortune [...]. Nous sommes passés dans le village de Kazimierz Biskoupi et, quand nous sommes entrés dans la forêt, la voiture a tourné à gauche dans un sentier.

« Dans une clairière, il y avait deux fosses. La première, la plus proche du sentier, faisait environ huit mètres de long, six de large, et deux de profondeur. Presque parallèle à celle-ci, à l'autre bout de la clairière [...], il y en avait une seconde de la même profondeur, de six mètres de large sur quinze de

9. Raul Hilberg, *La Destruction des Juifs d'Europe*, *op. cit.*, t. I, p. 600-601.

long. Entre ces deux fosses, il y avait un espace dégagé. [...] Tout autour de la clairière [...] se tenaient des groupes de Juifs, assis ou debout. [...] Dans la foule, il y avait des femmes, des hommes, des enfants, des mères avec leurs enfants dans les bras. Je ne peux pas dire si c'étaient tous des Juifs polonais. On m'a dit plus tard qu'ils venaient de Zagorov. Parmi eux, j'ai reconnu un tailleur et un commerçant de Konin, mais je ne connais pas leurs noms. Le sentier, la clairière et toute la forêt grouillaient d'Allemands. En plus de nous trois qui venions de Konin, il y avait une trentaine de Polonais rassemblés là. Je ne sais pas d'où ils venaient. Au fond de la fosse la plus grande, j'ai vu une couche de chaux. Je ne sais pas quelle épaisseur elle faisait. Il n'y en avait pas dans la plus petite. Les hommes de la Gestapo nous ont prévenus que la forêt était encerclée et étroitement surveillée et que, si nous tentions une évasion, nous recevrions une balle dans la tête. Puis ils ont donné l'ordre aux Juifs assemblés de se déshabiller, d'abord ceux qui se trouvaient près de la grande fosse. Ils donnèrent ensuite aux gens qui étaient nus l'ordre de sauter dans la grande fosse. Je ne pourrais pas vous dire les cris et les larmes. Certains Juifs, presque tous même, sautaient sans qu'on leur dise, d'autres résistaient et se faisaient frapper et pousser dans la fosse. Certaines mères sautaient en tenant leurs enfants, d'autres jetaient leurs enfants dedans ou les jetaient et sautaient derrière eux, d'autres encore les poussaient sur le côté. Il y en avait qui rampaient aux pieds des hommes de la Gestapo et embrassaient leurs bottes, les crosses de leurs fusils et ce genre de choses. On nous a dit d'aller parmi les Juifs ramasser les vêtements et les chaussures. J'ai vu des hommes de la Gestapo venir où nous empilions les montres, les bagues, les bijoux et remplir leurs poches avec. [...] Tout à coup, les hommes de la Gestapo ont donné l'ordre aux Juifs d'arrêter de se déshabiller, car la fosse était pleine. On ne voyait plus que des têtes serrées les unes contre les autres dans la fosse. Les Juifs qui étaient déjà nus ont été jetés sur les têtes de ceux qui étaient entassés dans la fosse. Pendant tout ce temps nous devions ramasser et trier les vêtements, les chaussures, les paquets, la nourriture, les édredons, etc.

« Cela a duré jusqu'à midi, puis un camion est arrivé et s'est arrêté sur le sentier près de la clairière. J'ai remarqué quatre genres de cuves. Les Allemands ont ensuite installé un petit moteur, une pompe probablement, l'ont relié par des tuyaux à l'une des cuves et deux d'entre eux ont apporté les tuyaux qui partaient du moteur jusqu'à la fosse. Ils ont mis le moteur en marche et deux des hommes de la Gestapo ont commencé à verser un liquide sur les Juifs. Je pense que c'était de l'eau, en tout cas, ça en avait l'air. Le tuyau a été, tour à tour, relié aux autres cuves. Apparemment, cela avait pour effet d'éteindre la chaux vive et les gens dans la fosse étaient en train de bouillir vivants. Les hurlements étaient si terribles que nous, qui étions assis près des piles de vêtements, nous sommes mis à déchirer des morceaux d'étoffe pour nous boucher les oreilles. Les cris et les lamentations des Juifs qui attendaient leur perdition se sont joints à ceux qui étaient en train de bouillir dans la fosse. Tout cela a duré peut-être deux heures, peut-être plus. Quand la nuit est tombée, on nous a emmenés le long d'un sentier, jusqu'à la route, à l'orée de la forêt et on nous a arrêtés là[10]. »

Il est vraisemblable, à cause du supplice enduré par les victimes sous les yeux effarés de leurs bourreaux, que de telles expérimentations restèrent sans suite. Quoi qu'il en soit, au mois de novembre, les camions à gaz du RSHA étaient achevés et opérationnels. Ils seraient d'abord expédiés en Pologne et en Serbie. Deux camions furent livrés au camp de Chelmno pour le gazage des Juifs polonais. Ils furent utilisés par le Sonderkommando Lange. À Chelmno, 400 000 Juifs ont été assassinés dans ces camions.

Au front, entre octobre et décembre, trois exemplaires étaient réceptionnés avec leur commandement par chaque Einsatzgruppe. On les gara dans un lieu tenu secret en attendant leur mise en fonction. Paul Blobel, le chef de l'Einsatzkommando 4a en

10. Cité par Theo Richmond, *Konin. One man's quest for a vanished jewish community*, New York (NY), Vintage Books, 1995, p. 478.

Ukraine, prétend en avoir réceptionné un vers le mois d'octobre 1941. Au mois de décembre, quelques jours après la série d'exécutions dirigées par Friedrich Jeckeln, deux camions partis de Berlin arrivaient. Dans sa déposition du 21 décembre 1945, lors de son procès, Jeckeln déclara : « Lorsqu'en décembre 1941, à Lötzen, je fis part verbalement à Himmler de l'exécution d'un ordre concernant la fusillade des Juifs du ghetto de Riga, celui-ci me dit que la fusillade était une opération trop compliquée. L'exécution au fusil nécessitait des gens qui savaient tirer et, de plus, elle avait des effets nuisibles sur ces derniers. C'est pourquoi, ajouta Himmler, il serait bien mieux de liquider les personnes en utilisant des "camions à gaz", qui avaient été mis au point conformément à ses indications[11]. »

À Minsk, Artur Nebe, le chef de l'Einsatzgruppe B, les fit immédiatement fonctionner après livraison. Il est l'un des rares à les avoir utilisés jusqu'à la fin de la guerre. Les Juifs étaient conduits nus ou en linge de corps à l'intérieur, tassés au maximum, hommes, femmes et enfants mêlés. Une fois les portes refermées sur eux, le gaz était envoyé à l'intérieur quand le camion était à l'arrêt. Les victimes frappaient de toutes leurs forces les parois galvanisées, jusqu'à ce que le cœur s'emballe, que les nausées et les vertiges leur fassent perdre connaissance. Le camion roulait alors en direction d'une fosse déjà creusée, et son chargement déversé à l'intérieur. « En tout, précise Jürgen Matthäus, il y avait plus de 20 camions à gaz déployés le long de la frontière soviétique. À Minsk, les massacres commencèrent au début de l'automne 1941 et durèrent jusqu'en 1943. Le camion à gaz constitua l'une des principales méthodes de tuerie en Biélorussie. On n'y massacrait pas seulement les Juifs de la région, mais aussi des partisans capturés par les Allemands et surtout des Juifs déportés d'Europe de l'Ouest ou d'Allemagne. Lorsqu'ils arrivaient dans la région, ils étaient emmenés sur un site préalablement défini, et ils y étaient gazés. Le gaz utilisé était du monoxyde de carbone sortant du pot d'échappement. Celui-ci était relié par un tuyau

11. Cité par Mathias Beer, « Les camions à gaz », *art. cit.*, p. 107-108.

flexible à l'intérieur du camion. Les gens étaient conduits à l'intérieur et le plus grand nombre possible y était entassé, ce qui était censé rentabiliser le procédé. Encore une fois, ça ne marchait pas toujours comme prévu car les victimes mettaient plus de temps à mourir et elles mouraient dans des souffrances atroces. L'idée du camion à gaz était fondée sur l'effet de surprise. Il était important que les victimes ne se doutent pas de ce qui allait leur arriver. On ne disait pas aux gens : "Nous allons vous tuer dans ces camions." On leur disait : "Nous allons vous transporter vers un autre endroit." C'est donc une fois à l'intérieur que les victimes réalisaient la vraie fonction du camion. À l'intérieur, les parois étaient recouvertes d'une couche de métal garantissant son étanchéité de façon à ce que l'air n'entre pas. Plus il y avait de monoxyde de carbone provenant du moteur, plus la mort était rapide. Cela dépendait du moteur du camion. Quand les camions étaient défectueux, la mort était extrêmement lente. »

Mieczyslav Sekiewicz, le vétérinaire polonais qui avait assisté aux essais de fosse à gaz, fut également témoin des premières exécutions de Juifs dans les camions à gaz de Pologne occidentale : « Dans l'après-midi, un véhicule gris sombre qui ressemblait à une ambulance est venu plusieurs fois dans la clairière. Quand on en ouvrait les portes, des cadavres humains, des hommes, des femmes et des enfants, en tombaient. C'étaient encore des Juifs. [...] Les corps qui en tombaient étaient joints entre eux, comme en une embrassade convulsive, dans des positions distordues, des parties du visage arrachées. J'ai vu un homme les dents enfoncées dans la joue d'un autre. Certains avaient le nez arraché, d'autres des doigts. Beaucoup se tenaient les mains en une étreinte convulsive, ils devaient faire partie d'une même famille. On nous a dit de séparer ces cadavres de force. Quand on n'y arrivait pas, il fallait les découper, couper les mains, les jambes et le reste. Il fallait ensuite les mettre dans la petite fosse, tête-bêche, bien serrés. Les membres découpés devaient être placés entre les torses. Pendant que j'étais là, trois couches de cadavres ont été ainsi rangées et il restait encore une voiture à décharger. »

Les chefs de kommandos s'aperçurent que les camions à gaz produisaient l'effet inverse à celui escompté par Himmler. Si le chauffeur appuyait trop fort sur l'accélérateur, les hommes qui avaient la tâche de décharger le camion trouvaient en ouvrant les portes du compartiment des cadavres défigurés, convulsés dans des postures effrayantes, couverts d'excréments. Après plusieurs utilisations, il arrivait aussi, par temps de pluie, qu'ils perdent en étanchéité. Les hommes qui déchargeaient les cadavres étaient alors en proie à de terribles migraines. Lors de son audition au Tribunal de Nuremberg, Otto Ohlendorf, le chef du groupe D, affirma qu'il avait dû, pour toutes ces raisons, stopper leur utilisation :

« Le procureur : Qui fournissait ces véhicules aux Einsatzgruppen ?

Otto Ohlendorf : Les véhicules à gaz (Gaswagen) ne faisaient pas partie du parc des Einsatzgruppen. Ils étaient fournis par un Sonderkommando. Et ce kommando était dirigé par le constructeur de ces véhicules. Ils étaient attribués aux Einsatzgruppen par l'Office central de la sécurité du Reich (Reichssicherheits hauptamt-RSHA). J'ai été informé que les Einsatzkommandos n'aimaient pas utiliser les camions à gaz.

– Pourquoi cela ?

– Parce que l'enterrement de ceux qui étaient à l'intérieur était une épreuve trop pénible pour les membres de l'Einsatzkommando[12]. »

12. USHMM, Beta 5.

XVI

Rumbula

Himmler trouve Stahlecker trop lent – Novembre 1941, Jeckeln vide le ghetto de Riga pour faire place aux Juifs d'Allemagne – La forêt de Rumbula – 3 octobre 2008, Margers Vestermans au Musée juif de Riga – Dans le ghetto à 15 ans – Les prisonniers soviétiques : « On creuse de grandes fosses pour vous » – Les Juifs sionistes de Lettonie – Le Letton Viktor Arajs forme un Sonderkommando – La main-d'œuvre juive est nécessaire à l'effort de guerre – Par -8°C, 10 kilomètres jusqu'à la forêt – 1 000 personnes à l'heure – 3 balles toutes les 7 secondes – Le rapport de Braun, colonel de la Wehrmacht – Couper court aux rumeurs – Les infirmières de la Croix-Rouge complices involontaires ? – « Avec nous, personne n'en sort vivant ».

Friedrich Jeckeln, le boucher de Kamenets-Podolski et de Babi Yar, l'inventeur de la « méthode des sardines » qui, en tant que HSSPF en Ukraine, avait supervisé les activités de l'Einsatzgruppe C, fut muté dans les pays Baltes à la fin du mois d'octobre 1941. Himmler était mécontent du rythme des tueries pratiquées par le groupe A en Lettonie. Stahlecker semblait davantage s'impliquer dans les opérations militaires que dans la liquidation des Juifs. Il avait exécuté moins de la moitié des 66 000 Juifs demeurés en Lettonie au déclenchement de l'offensive Barbarossa. Remplacé par Hans-Adolf Prützman, ce dernier n'avait guère fait mieux. Les Juifs de Lettonie, entassés dans le ghetto de Riga, continuaient d'être utilisés comme esclaves pour travailler à l'effort de guerre des troupes allemandes. Prützman avait cédé aux exigences de Hinrich Lohse, le Reichskommissar de l'Ostland, qui jugeait préférable d'utiliser la main-d'œuvre juive pour le travail obligatoire plutôt que de l'exterminer.

Sur ce point, la logique de l'administration de guerre n'était pas en accord avec celle de la SS. Afin d'accélérer l'extermination des Juifs, Jeckeln reçut un mandat spécial de Himmler, l'autorisant à vider le plus rapidement possible le ghetto de Riga. Contrairement aux chefs du groupe A, il s'était montré d'une redoutable efficacité concernant les Judenaktions qu'il avait supervisées. Il avait fait preuve de qualités organisationnelles et d'un zèle peu communs. Il serait à n'en point douter l'homme de la situation. Lohse et Rosenberg durent s'incliner face à un ordre dont Himmler assurait qu'il le tenait du Führer. Il s'agissait d'en finir avec les Juifs de Lettonie, mais aussi de faire place nette dans le ghetto de Riga qui devait bientôt accueillir des Juifs déportés d'Allemagne qui y seraient parqués avant d'être eux aussi assassinés.

À la mi-novembre 1941, Jeckeln arrivait en train à Riga. Il s'installa dans les quartiers laissés vacants par son prédécesseur dans la Ritterhaus, puis se mit immédiatement à la recherche d'un site d'extermination. Le ghetto, une vaste zone composée de baraques de bois dans lesquels on avait entassé les Juifs, était situé au sud de la capitale. Jeckeln inspecta donc les environs du sud-est. Il ne tarda pas à arrêter son choix sur la forêt de Rumbula. À 8 kilomètres de la ville, la pinède avait l'avantage d'être coincée entre une ligne de chemin de fer (elle permettrait d'acheminer des trains en provenance de Riga et de régions plus lointaines) et les berges du fleuve qui rendait son sol meuble et sablonneux, idéal pour y creuser de larges fosses.

« J'avais 15 ans. On construisait des voies ferroviaires, se souvient Margers Vestermans, un rescapé du ghetto. Au port, on s'occupait du déchargement. Très souvent, on rencontrait des prisonniers de guerre soviétiques, et il n'était pas rare qu'on travaille ensemble. Tout contact était interdit mais on se débrouillait quand même pour communiquer avec eux. Un jour, vers la fin novembre, des prisonniers soviétiques nous ont dit : “On creuse de grandes fosses pour vous.” Cette information, qui s’est immédiatement répandue dans le ghetto, fut accueillie avec la plus grande incrédulité. Nous pensions, et je l’entendais dire autour de moi : “Ah ! Les prisonniers de guerre ne comprennent pas que c’est pour eux que ces fosses sont prévues !” Ils nous avaient avertis mais nous ne pouvions pas le croire, ce qui est logique. Encore une fois, l’imagination nous a manqué. Même si l’on savait déjà que toute la province avait été massacrée, comment imaginer qu’une ville européenne serait bientôt transformée en un gigantesque cimetière ? Est-ce qu’une personne peut croire qu’on oblige ceux qui vont être tués, des civils, des enfants, des femmes, des hommes de tous âges, à s’allonger sur les cadavres encore chauds qui saignent, le visage contre la terre, avec les tireurs marchant sur eux, les fusillant par rangées, les unes après les autres ? Si nous imaginons cette scène, je ne sais pas si le terme d’“apocalypse” n’est pas encore trop faible. L’homme n’est tout simplement pas capable d’y croire[1]. »

Margers Vestermans dirige le Musée juif qui occupe les quatre étages d’un magnifique bâtiment du centre de Riga – une ville riche et splendide, hérissée de clochers et de tourelles. À 83 ans, c’est un homme d’une élégance rare, vêtu d’un costume trois pièces, d’une chemise noire au col pris dans une cravate de soie argentée. Vestermans est fier de l’institution qu’il a créée – même s’il est obligé de sous-louer ponctuellement ses locaux à diverses associations pour équilibrer les comptes. C’est une figure de Riga. Héros de la résistance soviétique, historien de la Shoah en Lettonie, il a consacré sa vie à retrouver les preuves et les documents qui témoignent du génocide des Juifs dans son pays. Nous parcourons ensemble l’exposition permanente. Je m’arrête devant les photos placardées dans une salle qui précède les témoignages du génocide. Elles rendent compte du dynamisme des communautés juives de Let-

1. Entretien avec Margers Vestermans, 3 octobre 2008, au Musée juif de Riga – pour l’ensemble du chapitre.

tonie avant l'invasion allemande. Je suis étonné de ne pas y trouver ces Juifs du shtetl, si misérables, engoncés dans leurs habits noirs, dépareillés et rapiécés ; ces petits commerçants, ces artisans et paysans qui peuplaient les campagnes biélorusses, ukrainiennes ou lituaniennes. Ici, ce sont des jeunes gens bien mis, appartenant aux classes moyennes et supérieures. De jeunes intellectuels, garçons et filles confondus, posant sur des photos de groupes, le visage rayonnant, le cheveu noir et le regard déterminé, intelligent. Là, ils sont rassemblés par dizaines, une banderole bundiste déployée à leurs pieds. Ailleurs, ils posent sous le portrait de Marx ou de Trotski. D'autres photos montrent les jeunesses juives affiliées à des groupes sionistes tels que le Betar – fondé ici, à Riga, en 1923 –, ou l'Hashomer Hatzaïr. On peut lire dans leurs yeux, leur posture, que la Lettonie n'est plus leur pays, et l'Europe un continent pour lequel ils ne nourrissent aucun espoir. La plupart d'entre eux ont émigré en Palestine avant l'opération Barbarossa. Leur niveau d'instruction leur permettait de comprendre les grands bouleversements en cours. Plus loin, des photos montrent les jeunes Juifs de Lettonie occupés à la construction des premiers kibboutzim au sein du Yishouv, puis au travail de la terre sous le soleil de Galilée dans les années 1920-1930. S'ils n'avaient quitté Riga dans les décennies précédant le cataclysme, ils auraient peut-être trouvé le moyen de se procurer des armes, d'entrer en résistance. D'anticiper la catastrophe et d'y faire face.

« La société hébraïque de Lettonie était caractérisée par le sionisme, mais un sionisme divers, parcouru d'orientations politiques très différentes et souvent opposées, explique Vestermans. Il y a donc eu cette poussée migratoire vers la Palestine, dans les premières décennies du XXe siècle. Mais ensuite, dans les années 1930, il n'a plus été possible de partir. Nous étions pris au piège. Nous ne pouvions plus aller nulle part. Aucun pays ne nous aurait accueillis. Ni l'Amérique, ni l'Angleterre, ni la France, personne. L'espoir que les grands pays démocratiques tels que l'Angleterre ou la France protégeraient les pays Baltes a disparu vers 1936, 1937. Nous étions assis là et nous attendions ce qui allait se passer. Il était clair déjà que nous étions coincés entre une Union soviétique assez agressive et une Allemagne qui ne l'était pas moins. Les Juifs se sont posé la question : Hitler ou Staline ? Staline se présentait comme un moindre mal, même si tout le monde comprenait que nous aurions à subir la répression, que nos vies confortables seraient anéanties. Malgré cela, nous avions bon espoir de rester en vie sous une domination soviétique. »

Né dans une famille aisée originaire de Kurzeme, au bord de la Baltique, Margers Vestermans était le cadet de trois enfants. Bien qu'il ait été élevé dans un climat laïc et libéral, détaché de toute pratique religieuse, un rabbin venait chez eux donner aux enfants des cours particuliers d'éducation religieuse. Son père dirigeait une importante entreprise de textile. « C'était une famille intéressante. Mon père se passionnait pour l'art et pour l'histoire. Il passait des nuits entières sans dormir, à lire, ce qui n'était guère répandu dans le milieu des commerçants de l'époque. À la maison, on parlait allemand et yiddish. Mes parents parlaient le russe – parce que, à l'époque du tsar, ils avaient fait leurs études dans une école russe – et le letton. À la maison, il y avait toujours des journaux en trois ou quatre langues. »

Comme dans la plupart des régions d'Europe centrale, l'allemand était la langue noble, identifiée au savoir, à la culture et au niveau social des couches supérieures. C'est pourquoi les enfants de la famille Vestermans furent scolarisés dans des écoles germanophones. « Le début du règne de Hitler a eu des répercussions partout, y compris sur les enfants de Lettonie. Dans les écoles allemandes où l'on faisait nos études, le climat a changé en l'espace de quelques mois. Pratiquement tous les enfants juifs ont dû quitter les écoles allemandes. Moi, je suis allé dans une école juive qui continuait de dispenser ses cours en allemand. Mais parce que les persécutions antisémites se répandaient dans toute l'Allemagne, les écoles hébraïques, les écoles privées également, sont passées de l'allemand au letton. Les bouleversements mondiaux en cours, surtout ceux qui concernaient les Juifs d'Allemagne et d'Europe de l'Est, ne laissaient personne indifférent. L'annexion de l'Autriche, l'annexion des Sudètes en 1938, puis l'occupation de la Tchécoslovaquie en mars 1939 et de la région de Klaipéda, à la frontière lettone, non loin de Liepaja, étaient autant de menaces que nous voyions se rapprocher. Un an après l'entrée de l'armée soviétique, la guerre a éclaté. Le 27 juin, c'est-à-dire cinq à six jours après le début du conflit, les Allemands étaient déjà à Pardaugava. Après la bataille des ponts de la Daugava, le 1er juillet, vers midi, ils sont arrivés à Riga. La nuit, les arrestations des hommes juifs ont commencé. Ils entraient de force dans les appartements… Est-ce qu'ils ont commencé à fusiller les gens dans la forêt de Bikernieki, dès cette première nuit ? Jusqu'à aujourd'hui, on ne peut l'affirmer. Mais le deuxième jour, c'est-à-dire l'après-midi du 2 juillet, avaient lieu les premières fusillades massives. Elles concernaient généralement les hommes jeunes. »

Une autre salle de l'exposition permanente du musée est justement consacrée à l'entrée des troupes allemandes à Riga. Découpé en une série d'images déployées sur plusieurs panneaux, on voit ce film d'archive où des hommes en civil, certains portant le brassard des organisations nationalistes locales, molestent en pleine rue des hommes juifs, traînant l'un d'eux par les cheveux jusqu'à un camion militaire. « Sur les rives de la Daugava, là où les combats avaient eu lieu, il y avait partout du sang et des cadavres. L'après-midi du premier jour, quand les Allemands sont entrés dans le centre-ville, des SS, secondés de volontaires lettons, attrapaient les femmes pour les obliger à nettoyer les trottoirs. Elles devaient laver le sang sur la chaussée avec des brosses à dents. Le troisième jour, le 4 juillet, quand ils ont incendié les synagogues, les gens étaient poussés à l'intérieur pour être brûlés vivants. À ce moment-là, les Allemands n'étaient presque pas visibles. Un rapport de Stahlecker atteste qu'ils faisaient particulièrement attention à ne pas être physiquement impliqués dans ces actions. Il était important, politiquement, de donner l'impression que c'étaient des locaux qui avaient impulsé ces journées de terreur. »

Le premier jour de l'invasion, Walter Stahlecker, qui dirigeait l'Einsatzgruppe A, avait fait la rencontre de Viktor Arajs, un Letton de 31 ans ; un bel homme aux cheveux blonds et aux yeux bleus. Ce fermier avait reçu une formation de policier, passé un diplôme de droit sous l'occupation soviétique et appartenait à la milice nationaliste Perkonkrusts (« Croix gammée » en letton). Stahlecker chargea Arajs de former un Sonderkommando composé de volontaires locaux. Arajs recruta ses hommes parmi la police, la soldatesque lettone et ses camarades de la milice. Rapidement, le Sonderkommando, composé d'environ 300 hommes, s'était mis à rafler les hommes juifs et à les assassiner, au rythme de deux exécutions de masse par semaine, dans la forêt de Bikernieki, à 6 kilomètres au nord-ouest de Riga. Entre juillet et septembre 1941, le kommando Arajs, qui pratiquait ses tueries la nuit, avait assassiné 4 000 Juifs et près de 1 000 communistes. Dès les premières exécutions, ce kommando, qui faisait preuve d'une grande brutalité, avait pris l'habitude, sans doute encouragée par la hiérarchie du SD, de se gorger de schnaps et de vodka avant chaque aktion d'extermination.

« La tâche du groupe d'Arajs était en premier lieu d'arrêter les communistes, et ensuite, bien sûr, les Juifs. Les communistes, on ne pouvait pas les arrêter aussi facilement. Personne ne savait où ils étaient. En revanche, les Juifs, c'était connu. Chaque concierge pouvait, s'il voulait, indiquer à leurs bourreaux où se trouvaient les Juifs. La première nuit, celle du 1er au 2 juillet, un peu après minuit, on a frappé à notre porte. Derrière, ils criaient en letton : "Police, ouvrez !" Nous avons entendu la voix du concierge qui disait : "Ouvrez ! Sinon ils vont enfoncer la porte !" Nous avons été obligés de leur ouvrir. C'étaient des volontaires lettons. Pour une partie d'entre eux ils portaient à leur manche des brassards rouge-blanc-rouge, les couleurs du drapeau letton, et d'autres des brassards blancs. Un officier de la Wehrmacht était avec eux. Ce n'était pas un haut gradé. C'était peut-être même un Unteroffizier. À l'époque on ne connaissait pas bien leurs grades. Les volontaires lettons, bien sûr, sont entrés comme s'ils étaient chez eux, en se moquant, en nous agrippant sans ménagement. Ils nous ont plaqués contre le mur. Nous n'étions pas habillés… ils ont essayé de toucher ma mère et ma sœur. Ma sœur était déjà une grande fille âgée de 18 ans. Ils cherchaient des armes. Ils fouillaient les armoires, jetaient un œil sur les objets qu'ils trouvaient avant de les empocher. Ils volaient tout ce qu'ils pouvaient. L'Allemand, lui, ne faisait rien. Il se contentait de visiter l'appartement, de regarder partout. Nous avions une grande bibliothèque qui s'étendait sur la longueur d'un mur avec des centaines d'ouvrages. Il s'est approché des livres, et il a posé cette question en allemand : "Avez-vous un *Lexikon* de Knaurs ? L'édition d'avant 1933." Nous étions soulagés que cet Allemand veuille voir cette édition datant d'avant l'arrivée au pouvoir de Hitler. Et on a pensé qu'il était antifasciste. Nous lui avons répondu : "Oui, oui, nous l'avons ! Voilà !" Il a dit : "Bien." Il l'a empoché, puis il a regardé autour de lui et il a vu qu'une petite machine à écrire portable était posée sur le bureau. "Ça aussi, je vais l'emporter." Ma sœur a protesté : "Herr Offizier, mais cela nous appartient !" Il se retourne alors vers nous, nous regarde et nous dit en allemand : "Bientôt, vous n'aurez plus besoin de rien. Vous n'aurez plus besoin de rien." Il nous l'a annoncé calmement, avant d'ajouter : "Vous n'avez pas d'avenir. Vous êtes déjà condamnés à mort." Nous pensions encore que la terreur qui sévissait en ville était le seul fait des volontaires lettons. Comme plus tard les prisonniers soviétiques, cet Allemand nous avait mis en garde, mais nous ne comprenions pas ce qu'il voulait dire. Nous n'avons cependant pas tardé à le savoir. »

L'Oberfeldkommandantur fut installée à Riga au deuxième jour de l'occupation. Le bureau principal de la Kommandantur promulgua sans délai un ordre interdisant aux Juifs de faire leurs courses. Ils n'étaient plus autorisés à faire la queue devant les magasins d'alimentation, et donc à s'approvisionner en nourriture. L'ordre du port de l'étoile de David fut délivré plus tard, le 24 juillet. Au début, elle devait être cousue au côté droit, puis à gauche, et puis de nouveau à droite. Riga était soumise à l'autorité militaire de la Wehrmacht. Le 1er septembre, le territoire letton passa sous administration de la Deutsche Zivilverwaltung qui, à son tour, introduisit de nouvelles règles relatives au port de l'étoile de David. Elle devait maintenant être cousue sur le côté gauche des vêtements, ainsi que dans le dos, et il fut interdit aux Juifs de marcher sur les trottoirs. Auparavant, le 23 août, la Feldkommandantur avait promulgué un ordre les obligeant à quitter leurs appartements pour être réinstallés dans le ghetto. Cela signifie que les premiers ordres d'exclusion des Juifs avaient été délivrés par la Wehrmacht. D'autres mesures furent prises, notamment celle concernant le travail forcé. Tous les hommes juifs âgés de 16 à 60 ans devaient se présenter à l'Arbeitsamt des Juifs, sis 161 rue Lacplesa, qui s'occupait d'organiser les brigades de travailleurs forcés.

« Il y avait eu les pogroms menés par les antisémites locaux, poursuit Vestermans. Une terreur chaotique régnait à Riga. Pour autant, il n'était clair pour personne que nous étions destinés à une destruction totale. Ce n'est qu'à partir de la fin juillet, début août, que les premières rumeurs commencèrent à se répandre. On disait que, dans le reste de la province, tout le monde avait été éliminé. Le soir du deuxième jour de l'occupation, Feltruns, un ami de jeunesse de mon père, a frappé à notre porte. Il est entré chez nous avec sa femme. Tous deux étaient déguisés en paysans lettons. Ils étaient venus, en charrette, de Jelgava, une ville située à 40 kilomètres de Riga. Ce Feltruns était un costaud. Un homme de grande taille, très fort. Il s'est isolé dans une pièce de l'appartement avec mon père et ils se sont mis à parler en allemand. Je n'entendais pas grand-chose de ce qu'ils disaient. Mais je l'ai entendu pleurer à voix haute, incapable de contenir ses sanglots. J'étais surpris de voir cet homme, si fort, que je connaissais depuis toujours, verser des larmes sans pouvoir s'arrêter. Mon père disait : "Jacob, ça ne peut pas être vrai !" Ils racontaient comment avait commencé l'élimination physique des Juifs de Jelgava, comment ils avaient tous été tués un par un. Et mon père répétait, incrédule : "Ça ne peut pas être vrai !" Comment est-il possible que des enfants, des femmes soient conduits de force devant un grand trou creusé pour y être fusillés ? Ce n'est pas possible ! Nous savions que les Juifs étaient chassés de leur travail, de leurs appartements, de toute vie sociale au sens le plus large. De là à penser qu'ils seraient raflés puis emmenés devant une fosse où ils seraient fusillés… Nous n'étions pas préparés à cela.

– Pourtant, à ce moment-là, votre frère aîné avait déjà disparu ?

– Oui… Il a été assassiné au mois de juillet, au tout début de l'occupation. Il était encore étudiant au conservatoire, mais il était déjà assez connu. C'était un pianiste extrêmement doué. Il était l'élève du professeur Paul Schubert. Il ne s'intéressait à rien d'autre qu'à la musique. S'il n'avait pas été tué, il serait devenu un très grand musicien. Il a été envoyé au travail forcé. Un jour, quand il rentrait du travail, des volontaires lettons l'ont approché. L'un d'eux le connaissait. Il avait étudié la musique avec lui au conservatoire. Les Lettons l'ont embarqué. Mon frère n'était pas politiquement actif. Un groupe de travailleurs juifs les ont croisés à ce moment-là. Mon frère a eu le temps de leur souffler : "Dites qu'on m'a arrêté." C'est ainsi que, le jour même, nous avons appris qu'il avait été pris. Quelques jours plus tard, un ouvrier russe, un cheminot, est venu nous apporter un petit mot de lui. Je me souviens encore aujourd'hui du nom de cet ouvrier russe. Il s'appelait Smirnof. On était tellement contents d'avoir de ses nouvelles. Mon père a dit : "J'ai encore ma montre, prenez-la. – Merci. Non, a répondu Smirnof. – Peut-être l'argent ? – Non, je ne prends rien." Les hommes juifs qui étaient en prison étaient utilisés pour charger le charbon et pour les travaux pénibles. Tous étaient des membres de l'intelligentsia : médecins, avocats, musiciens comme mon frère. Je connais aujourd'hui les détails parce qu'un homme qui était en cellule avec lui a survécu. Et il a écrit ses mémoires. Et moi, presque par hasard, j'y ai lu le nom du "pianiste Vestermans". Mon frère, quand il était en prison, a pu nous faire parvenir deux messages supplémentaires. Au total, nous avons reçu trois petites lettres par l'intermédiaire de ce cheminot qui s'appelait Smirnof. Je suis même allé chez lui une fois, dans la maison qu'il occupait. Je n'avais que 15 ans, j'étais blond et je ne portais pas l'étoile jaune. Je pouvais passer pour un Aryen. J'étais vêtu de culottes courtes, comme un petit garçon. C'est de lui que nous avons appris que le 15 octobre 1941 tous les Juifs arrêtés avaient été fusillés. Et donc, quand nous avons été envoyés dans le ghetto, nous savions déjà qu'il était mort.

« L'ordre était le suivant : les Juifs devaient quitter leurs appartements au plus tard le 25 octobre. Nous n'étions autorisés à prendre avec nous qu'un minimum d'affaires personnelles. Un matelas, une chaise par personne, une table par famille. Et dans le territoire du ghetto, où, comme on l'a su après, 30 000 personnes sont venues s'installer, il appartenait à chacun de chercher un abri pour lui-même. Il fallait se dépêcher, passer un accord avec les habitants lettons ou russes qui habitaient les taudis de ce quartier pour échanger leurs logements contre les nôtres. Ils ne se faisaient pas prier pour quitter ces baraques en bois et venir occuper les logements des Juifs demeurés vacants, pour la plupart confortables et situés dans les beaux quartiers de Riga. Il était interdit d'utiliser les transports, ce qui n'a guère facilité l'installation des Juifs dans le ghetto. Comme les habitants juifs de Riga ne possédaient pas de chevaux, l'Arbeitsamt des Juifs invitait les jeunes à tirer des charrettes pour aider à transporter les maigres affaires que les gens avaient été autorisés à emporter. Souvent, ces charrettes transportaient aussi les personnes âgées qui avaient du mal à marcher. C'étaient des attelages surchargés, de bric et de broc, où s'entassaient pêle-mêle des paquets, quelques chaises, les matelas et, par-dessus, les personnes âgées. Moi aussi, je me suis porté volontaire. Les jeunes tiraient les charrettes depuis le centre-ville jusqu'au ghetto. Il nous semblait que nous allions vivre affamés et que les conditions de vie y seraient des plus misérables. Mais s'installer dans le ghetto n'était pas sans réconfort. Au moins, on ne viendrait pas chaque nuit pour piller nos maisons, nous humilier ou nous rafler. Le ghetto n'a duré qu'une très courte période. Le portail s'est refermé sur nous le 25 octobre, et le premier grand massacre a eu lieu le 30 novembre. Son existence a donc duré un mois et cinq jours.

« Durant ce court laps de temps, les Juifs ont organisé la vie dans le ghetto. Ils y ont installé une infirmerie, ils ont mis sur pied une police juive et même un tribunal. Ils n'ont pas eu le temps de créer une prison. De toute façon, je pense qu'il n'y aurait eu personne à incarcérer. Ils se préparaient aussi à fonder des écoles, quelque chose de ce genre. Tout était à construire, comme s'il s'agissait d'une vie nouvelle dans laquelle nous tentions de nous investir bon gré, mal gré. Un vaste travail organisationnel était en chantier. Mais le pire, pour les gens, était de faire face à la famine qui ne tarda guère à gagner le ghetto. Tout le monde essayait d'aller travailler en ville. Le mieux, c'était de travailler pour les unités de la Wehrmacht. Il faut dire que, dans ces unités, l'attitude à l'égard des ouvriers juifs était correcte. Bien sûr, on pouvait toujours tomber sur un antisémite qui allait vous tourmenter et vous frapper, qui vous insulterait en vous traitant de tous les noms, mais, en général, cela se passait plutôt bien. Ils nous donnaient de la soupe prélevée dans la marmite des soldats. Il arrivait qu'on puisse également recevoir un morceau de pain, une cigarette ou un mégot.

« Mes parents et ma sœur habitaient le ghetto. Mon frère, comme je l'ai raconté, avait déjà été arrêté et tué. Tous ceux qui étaient autorisés à en sortir, ceux qui avaient la chance de travailler à l'extérieur, essayaient d'y faire entrer de la nourriture et des produits de première nécessité. Mais l'entrée du ghetto était bien gardée et les contrôles étaient stricts. Les gardiens postés devant le portail… Ils obligeaient les femmes à se déshabiller. Ils les faisaient se mettre entièrement nues, alors que les hommes étaient affreusement et systématiquement battus. Je me souviens qu'un homme avait essayé de faire rentrer des feuilles de chou, qu'il avait cachées sous ses vêtements. Ils les ont trouvées, et plusieurs personnes qui se tenaient à côté du portail, rue Jekabpils, ont été tuées sur place. La vie de ghetto venait tout juste de commencer, mais nous comprenions que les temps seraient de plus en plus difficiles. Il commençait à faire froid, et nous nous préparions à un hiver terrible. Si certains avaient pu faire des provisions – un sac de pommes de terre –, ils n'y touchaient pas de peur de ne pas passer l'hiver. » Pour d'autres raisons, rares seraient ceux qui y survivraient. Jeckeln était maintenant à Riga, et le sort des habitants du ghetto scellé.

Les 20 et 21 novembre, 300 prisonniers de guerre soviétiques furent conduits en forêt de Rumbula pour creuser les fosses. Leur emplacement avait été choisi par Jeckeln, assisté de l'Untersturmführer Ernst Hemicker, un spécialiste en travaux publics. Hemicker suggéra qu'on fasse creuser six fosses de 10 mètres de large sur 3 mètres de profondeur. Elles étaient prévues pour contenir 25 000 corps. Selon l'historien letton Andrew Ezergailis[2], elles avaient la forme de pyramides inversées, progressant sous terre par paliers successifs, avec une rampe d'accès sur les côtés. Le SD pouvait compter sur près de 1 700 hommes pour encadrer le parcours de Riga à Rumbula. La garde personnelle de Jeckeln, à peine une douzaine d'hommes du SD allemand, effectuerait les exécutions. Pour l'équipe suppléante, Jeckeln s'adressa aux chauffeurs du parc automobile de la Ritterhaus. Tous refusèrent, preuve qu'il était possible de se soustraire à un tel ordre. Rudolf Lange, un officier de l'Einsatzkommando 2, était chargé de superviser ces recrues et les 300 hommes du kommando Arajs. Arajs, qui sillonnait la campagne depuis juillet pour y fusiller les juifs des villages environnants, était rentré à Riga. Grâce à lui et à ses hommes, la campagne lettonne avait été décrétée Judenfrei. En tout, cela faisait un millier de Lettons (des policiers de la police municipale ou de la police de quartier de Riga, des gardes lettons du ghetto ou des kommandos de supplétifs du SD), et 140 policiers allemands venus de Riga et de Jelgava.

La liquidation du ghetto fut l'objet d'un débat houleux au sein des instances dirigeantes du IIIe Reich. Un conflit opposait Himmler à Rosenberg qui tenait à ce que l'extermination des Juifs de l'Est ne vienne pas amputer la main-d'œuvre nécessaire à l'effort de guerre en supprimant d'un coup la manne des esclaves juifs. Himmler céda sur ce point et accorda à Rosen-

2. Andrew Ezergailis, *The Holocaust in Latvia. 1941-1944*, Riga, The Historical Institute in Latvia, 1996, p. 242.

berg que des hommes de 16 à 60 ans, valides, en bon état, continuent de travailler pour l'armée. Ceux-là seraient provisoirement épargnés, et logés dans une petite partie du ghetto – une section de quatre pâtés de maisons qui avait été entourée de barbelés deux jours avant l'aktion prévue le 30 novembre. 4 000 hommes juifs et près de 500 couturières qualifiées furent relogés dans ce « petit ghetto ».

« Pour la direction allemande du travail, précise Vestermans, cette main-d'œuvre juive était très importante. Il y avait donc un désaccord profond sur cette "liquidation" entre le kommissarischer Oberbürgermeister, la direction civile allemande de Riga chargée de l'approvisionnement en nourriture, et le SD qui encadrait le ghetto. C'était le chaos. La direction civile n'était pas préparée à ce que les ouvriers juifs cessent de travailler aux usines, aux travaux de terrassement des routes, etc. Quand, le 27 novembre, ils ont placardé des affiches pour annoncer que le ghetto serait évacué et qu'ils allaient créer une colonie, les gens ont pensé que les hommes allaient être séparés de leurs familles, qu'ils seraient emmenés et fusillés. Nous ne comprenions pas que c'était tout le contraire, que cette fois ils allaient emmener les femmes et les enfants. Ils avaient assuré que les femmes, les enfants et ceux qui étaient inaptes au travail seraient emmenés dans un autre camp. Ils pouvaient prendre avec eux un bagage n'excédant pas 20 kilos. Le matin du 30 novembre, la file s'étendait d'un bout à l'autre de la rue Ludzas. »

Plutôt que de conduire les Juifs par le train, Jeckeln avait décidé de les faire marcher en longues files indiennes jusqu'aux fosses de Rumbula – soit un peu moins de 10 kilomètres. En dépit de cette économie en matériel et en hommes, des véhicules, une vingtaine de camions et de bus, furent réquisitionnés pour transporter le peloton d'exécution, le personnel d'encadrement et la petite main-d'œuvre locale (de jeunes enfants, des vieillards) qui ramasserait les corps des Juifs abattus en chemin. Le parc de Jeckeln ne suffisant pas, le SD emprunta les véhicules manquants à la ville de Riga et à la police lettone. Dans la salle de conférences de la Ritterhaus, devant les principaux responsables de l'Einsatzgruppe A et des officiers allemands en poste à Riga, Jeckeln fit un discours pour souligner l'importance patriotique de l'exécution qui devait avoir lieu le lendemain. Tout refus d'y participer serait interprété comme une désertion. Certains hauts dirigeants de la SS et de la Police allemande n'avaient reçu aucune affectation spécifique. Jeckeln déclara à leur intention que leur présence sur les lieux du massacre était requise. Ils avaient pour obligation « d'être présents en tant que témoins à l'exécution, afin que personne ne puisse prétendre l'avoir ignorée et ne pas en avoir été complice[3] ».

La nuit précédant le massacre, les gens furent chassés de chez eux sans ménagement. L'hiver était arrivé tôt et il faisait un froid glacial. À partir de 11 heures du soir, on pouvait voir s'entasser la population du ghetto en une ligne serrée sur la rue Ludzas. Les gens restaient debout, en silence. Les plus âgés cherchaient à s'asseoir, mais dès que quelqu'un s'asseyait ou sortait de la queue, il se faisait immédiatement tirer dessus. Et puis, tout d'un coup, vers minuit, un ordre donné par téléphone déclencha l'opération. Les nazis et leurs collaborateurs commencèrent à pousser les gens. La file s'ébranla le long des rues couvertes de verglas. Il était difficile de marcher. La chaussée était glissante comme une patinoire. Si quelqu'un tombait, il était fusillé sur place devant tout le monde. La neige était tombée sur Riga au cours de la nuit et il faisait -8°C. Frida Michelson, une survivante du ghetto, observait de sa fenêtre la file interminable de ces femmes, enfants et vieillards qui marchaient vers leur mort. Elle se souvient qu'un SS allemand s'est mis à tirer comme un possédé avec une mitrailleuse sur la foule. Les gens fauchés tombaient sur le pavé, et leurs corps piétinés par les autres, frappés à coups de crosse de fusils et de fouets. Les policiers criaient : « Plus vite ! Plus vite ! » L'homme qui canardait ainsi les retardataires avec sa mitrailleuse s'appelait Brasch. Volksdeutsch originaire de la Baltique, comptable dans le civil, Brasch avait le grade de Sturmbannführer dans le SD. Pendant qu'il tirait sur la foule, un policier juif du ghetto courut vers lui pour lui demander ce qu'il était en train de faire.

3. *Ibid.*, p. 244.

Brasch lui répondit qu'il avait reçu des instructions précises, et qu'il devait éliminer tous ceux qui ralentissaient la colonne afin que l'horaire fût respecté. Tout avait été minutieusement planifié. Jeckeln avait prévu qu'il faudrait trois heures aux victimes pour parcourir les 10 kilomètres séparant la rue Ludzas de la forêt de Rumbula. Et comme on ne pouvait compter, en hiver, que sur sept heures d'ensoleillement, il était nécessaire que le massacre fût terminé au crépuscule. « Selon le programme élaboré par Jeckeln, commente Vestermans, il fallait une heure pour tuer 1 000 personnes. Les faire venir, les déshabiller, les pousser dans ce genre de corridor que les Allemands appelaient *Schlauch* – les gens devaient passer entre deux rangs de policiers qui les frappaient jusqu'au bout de ce corridor qui débouchait sur les grandes fosses creusées pour eux. »

Depuis la veille, un train en provenance de Berlin demeurait stationné à Skirotava, à mi-chemin entre la gare de Riga et celle de Rumbula. Il contenait un millier de Juifs allemands. Avant l'arrivée des Juifs de Riga, le train fut acheminé à Rumbula et sa cargaison humaine exécutée avec célérité afin de ne pas retarder le programme de la journée. À neuf heures, les Juifs allemands étaient morts. Ce furent les premières victimes de la forêt de Rumbula. Après qu'on eut répandu sur leurs cadavres une couche de terre, les files de victimes lettones commencèrent à arriver. Encadré par une centaine de gardes munis d'armes et de chiens, le premier groupe fut emmené 300 mètres plus loin, dans la forêt, où les attendait une autre centaine d'hommes en armes, dans un périmètre entouré de mitrailleuses qui devaient parer à toute tentative d'évasion. Là, les victimes furent sommées sous une pluie de coups et de hurlements de laisser leurs bagages. Elles devaient se débarrasser de leurs objets de valeur dans une caisse placée à cet endroit. Ensuite, par groupes de 50 personnes, le long d'un corridor plus étroit composé d'une autre centaine de gardes lettons, les victimes devaient se déshabiller au pas de course, sous les coups toujours plus soutenus de leurs bourreaux, puis le corridor se rétrécissait encore jusqu'à ce qu'elles débouchent sur les fosses. On les faisait descendre dans l'une des trois grandes fosses simultanément utilisées pour la Judenaktion, on les forçait à se coucher sur les victimes précédentes, et un des hommes de Jeckeln, marchant sur eux, venait leur tirer une balle dans la nuque. Quand l'un des « tireurs » avait vidé son chargeur, il était immédiatement remplacé par un autre. Il avait le droit de faire une pause avant de reprendre « le travail ».

« Jeckeln avait exigé que les Allemands fussent les seuls tireurs, et il les avait choisis personnellement. Aujourd'hui les noms de ces tireurs allemands sont tous connus. Degenhart, l'adjudant de Jeckeln, a été jugé plus tard, ainsi que deux autres de ces tireurs. Pour ceux-là, c'était une punition. Peu de temps auparavant, ils avaient commis une faute, vraisemblablement un vol, et Jeckeln les avait obligés à laver cette honte dans le sang des Juifs. Au total, il ne s'agissait que de trente tireurs allemands, divisés en plusieurs groupes qui se relayaient les uns les autres. Ceux qui encadraient les victimes étaient des schutzman lettons des 6e et 9e commissariats de police. Après la guerre, plusieurs d'entre eux ont été arrêtés. Lorsqu'ils sont passés en jugement, ils ont raconté qu'ils avaient été réquisitionnés la veille de l'exécution et chargés d'acheminer les colonnes des Juifs à la gare de Rumbula. Ils ont prétendu ne pas savoir qu'ils seraient exécutés et ont déclaré qu'ils pensaient que ces Juifs seraient envoyés par voie ferroviaire dans des camps de travail. Ils s'accusaient mutuellement. Ils disaient : “Mes collègues ont tiré sur la foule, mais pas moi !” » C'étaient de simples policiers. La police montée avait également été mobilisée, ainsi que la police portuaire. En tout, il s'agissait d'à peu près 1 000 personnes. Quant au corridor, il était formé des hommes du kommando Arajs. Ce n'étaient pas les tireurs principaux. Ils tiraient uniquement sur ceux qui essayaient de s'échapper ou qui résistaient. Arajs était lui-même présent. Il était complètement saoul et surveillait ses hommes près des fosses. Au cours de l'été 1941, les Allemands n'auraient pu réaliser les premières exécutions de Juifs sans la participation de la police et des volontaires lettons. Mais, en hiver, ils auraient pu se passer de leur aide et être en nombre suffisant s'ils avaient fait appel à la Wehrmacht. Or, l'armée allemande ne fut pas impliquée dans les massacres de Rumbula. Dans les provinces lettones, dans la campagne, les autorités locales avaient parfois été à l'initiative des tueries, mais à Riga, lors de cette exécution, la Wehrmacht ne fut pas impliquée. Seuls des officiers des plus hauts rangs avaient été convoqués pour assister à l'exécution.

Jeckeln était un peu à l'écart avec Stahlecker, qui avait été rappelé du front de Leningrad, et d'autres responsables allemands, dont Hinrich Lohse, le Reichskommissar de l'Ostland, le plus haut fonctionnaire civil qui, opposé à ces fusillades, avait été en conflit avec Stahlecker au mois d'août. Jeckeln tenait à ce qu'il soit présent, qu'il voie. Les « invités » de Jeckeln supportèrent difficilement le spectacle des exécutions. Lohse faillit s'évanouir. « Il s'est senti mal, il a tourné les talons et il est parti. Quant à Jeckeln, comme à son habitude, il a tenu à tirer sur les Juifs. Il considérait que, puisqu'il avait donné l'ordre aux autres de le faire, il devait montrer l'exemple. C'était ça la morale des assassins. Se débarrasser de la "race juive" était perçu par eux comme une action civilisatrice, et il fallait que le mérite en revienne avant tout aux Allemands[4]. »

Ce jour-là, dans la forêt de Rumbula, 13 000 Juifs furent assassinés. L'exécution avait commencé à 9 heures, et s'était prolongée une heure et demie après le coucher du soleil. Cela signifie que 13 colonnes de 1 000 condamnés chacune, conduites au pas de course depuis Riga, furent divisées, une fois parvenues à Rumbula, en 250 groupes de 50 personnes tuées sans interruption au fond des trois grandes fosses, à raison de 9 victimes par minute. Trois balles tirées dans la nuque de vieillards, d'hommes, d'enfants et de femmes nus, toutes les 7 secondes. Alerté par des éclats de voix et des coups de feu, un militaire allemand qui faisait sa promenade quotidienne à cheval aux abords de la forêt, put observer la scène et témoigner ensuite de ce qu'il avait vu.

« C'était un colonel du nom de Braun. Il était ingénieur en chef et dirigeait la compagnie d'inspection des ponts de

4. Entretien avec Margers Vestermans, déjà cité.

la Wehrmacht. Le quartier général de son unité se trouvait à Königsberg. Quand il arriva sur son cheval à proximité des exécutions, des gardes de la police lettone qui constituaient le cordon de sécurité autour du bataillon de réserve de la Deutsche Polizei lui barrèrent le passage. Qu'est-ce qu'un policier letton pour un officier de la Wehrmacht ? Rien. Le colonel allemand ne se laissa pas impressionner et poursuivit son chemin. Il parvint tout prêt des fosses et vit clairement ce qui se passait. Il était tellement bouleversé quand il rentra à la garnison qu'il ordonna au lieutenant-colonel sous ses ordres de seller son cheval et de lui confirmer ce dont il avait été témoin. Il existe une lettre écrite à sa femme qui décrit ce qu'a vu l'ingénieur Braun. Elle est mentionnée et citée dans plusieurs ouvrages. On a aussi conservé le rapport qu'il écrivit à sa hiérarchie[5]. »

Dans la lettre qu'il adressa à son épouse, un mois après avoir assisté aux meurtres de masse dans la forêt de Rumbula, Braun écrit qu'il n'y a désormais plus de Juifs lettons dans le ghetto de Riga. Ils avaient été remplacés par des Juifs déportés de plusieurs régions d'Allemagne. Braun savait désormais quel serait leur destin : « Combien de temps faudra-t-il avant que ces Juifs soient aussi "transplantés" dans la pinède où j'ai vu, récemment, sur cinq grands charniers, des buttes de terre qui s'affaissaient fortement en leur milieu ? Malgré le froid, une odeur douce et écœurante flottait dans l'air[6]. »

Quant au rapport qu'il écrivit à ses supérieurs hiérarchiques, il finit par atterrir sur le bureau de Wilhelm Canaris, le chef du contre-espionnage de la Wehrmacht. Selon Gerald Fleming ou Richard Rhodes, Canaris, vraisemblablement peu informé des avancées de l'extermination en cours des Juifs de l'Est et choqué par ce qu'il avait lu, transmit le rapport de Braun à Hitler. Celui-ci lui aurait répondu : « Vous vous ramollissez, monsieur ! Il faut bien que je le fasse, car après moi personne ne le fera[7] ! »

5. *Ibid.*
6. Cité par Gerald Fleming, *Hitler and the Final Solution*, *op. cit.*, p. 86.
7. *Ibid.*, p. 85.

Le rapport de Braun à Canaris est un document unique sur les massacres de Rumbula. Braun devint général avant d'être fait prisonnier par les Britanniques. Détenu avec d'autres généraux allemands à Trent Park, un bâtiment universitaire du XVIIIe siècle proche de Londres qui avait été converti pendant le conflit mondial en prison pour les officiers de la Wehrmacht, il fut mis sur écoutes. Les Britanniques avaient truffé le bâtiment de micros afin d'écouter les conversations privées des militaires allemands. « Toutes leurs conversations étaient enregistrées, déchiffrées, analysées, consignées, précise Margers Vestermans. Bien sûr, ces généraux ne savaient pas qu'ils étaient espionnés. Le compte rendu de ces écoutes a récemment fait l'objet d'une volumineuse publication en allemand. Les conversations de Braun y sont également consignées. On peut les lire. Il y raconte ce qu'il a vu à Rumbula. »

Après la première exécution de masse, le ghetto de Riga était jonché de cadavres. Principalement des vieillards et des enfants, abattus par Brasch et les hommes du SD parce qu'ils retardaient les colonnes de condamnés. Vers 14 heures, le kommando Arajs entrait dans le ghetto pour achever les blessés. Ils en profitèrent pour évacuer l'infirmerie où il s'en trouvait une vingtaine. Tous furent abattus en pleine rue d'une balle dans la tête. On laissa aux Juifs le soin de rassembler les corps et de les transporter jusqu'au cimetière où une fosse avait été creusée à la dynamite. Margers Vestermans faisait partie de ceux qui déblayèrent les chaussées :

« Après la première aktion d'extermination, dans la rue Ludzas, il y avait des tas de cadavres. Des enfants. Beaucoup d'enfants et de personnes âgées. Au soir du 30 novembre, ils ont dit que ceux qui se porteraient volontaires pour enlever les cadavres recevraient l'autorisation de retourner dans le grand ghetto pour rejoindre leurs familles. Je me suis porté volontaire. J'avais là-bas encore mon père, ma mère et ma sœur. Avec un camarade de l'école, Juze Goldberg, nous nous sommes mis à ramasser les corps. C'était déjà la pénombre. Le 30 novembre, la nuit tombe vite. Certains étaient munis de charrettes, d'autres de grands traîneaux. Juze et moi avions des luges d'enfants. On a attaché deux de ces luges ensemble. Il aurait été compliqué de transporter des adultes sur de telles luges, car elles étaient très petites, mais nous ramassions les cadavres d'enfants. Ils étaient habillés avec plusieurs couches de vêtements, et très souvent, le sang n'était pas visible. Ils avaient les yeux écarquillés. En les regardant, on aurait pu croire qu'ils étaient vivants. Ces enfants, ils semblaient nous regarder droit dans les yeux. On les emmenait au vieux cimetière juif. Un trou avait été creusé dans le mur du cimetière, du côté de la rue Vilanu. Nous passions par ce trou, longions le mur, puis déchargions les cadavres, comme si c'était du bois. »

La seconde grande aktion destinée à « liquider » les 12 000 Juifs qui résidaient encore dans le ghetto de Riga eut lieu une semaine plus tard, le 8 décembre 1941. Le temps pour Jeckeln de se rendre, le 4 décembre, au quartier général de Prusse-Orientale. Jeckeln répondait à une injonction de Himmler, très mécontent de l'initiative prise par l'Obergruppenführer concernant la liquidation des 1 000 Juifs venus d'Allemagne par le train, et exécutés le 30 novembre à Rumbula. Himmler avait lui-même joint Jeckeln par téléphone ce jour-là pour lui intimer l'ordre de surseoir à l'exécution. Le Reichsführer avait même consigné sa demande dans une note : « Le train de Juifs de Berlin : pas de liquidation[8]. » Quand il apprit que les Juifs allemands avaient été abattus, Himmler avait contacté Jeckeln par radio pour le menacer de punir « les initiatives intempestives et les actes contrevenant aux directives édictées par [lui]-même ou par le RSHA en [son] nom concernant le "traitement" des Juifs déportés dans le territoire de l'Ostland[9] ». Il lui avait donné l'ordre de le rejoindre sur-le-champ à son quartier général.

Pendant ce temps, il fallait contenir l'affolement et de pos-

8. Cité par Christian Gerlach, *Sur la conférence de Wannsee*, Paris, Liana Levi, « Opinion », 1999, p. 33
9. *Ibid.*, p. 34.

sibles révoltes dans le ghetto de Riga. Les rumeurs de l'exécution du 30 novembre n'avaient guère tardé à se diffuser. Le SD, passé maître dans l'art de la désinformation, eut recours à un stratagème pour entretenir l'espoir parmi les survivants. « Le 30 au soir, se souvient Vestermans, quelques Lettons étaient venus nous parler. Ils nous disaient : "Vos familles ont été fusillées." Ils ne se moquaient pas de nous. Ils ne se réjouissaient pas de ce qui s'était passé. Ils s'exprimaient avec compassion. On aurait même dit qu'ils avaient peur. Quelques jours plus tard, certains d'entre nous recevaient des lettres. Des lettres rédigées en yiddish sur des bouts de papiers ou des emballages. Elles étaient écrites et signées par des femmes. Je me souviens d'un de ces mots signé par une Haya – ou Hava –, et destiné à un certain Haïm – ou Abram. Ces petits mots, sans destinataire précis – nous ne savions pas qui était Abram à qui avait écrit cette femme –, disaient : "Nous sommes arrivés à Salaspils, dans le camp. Nous lavons notre linge..."

« À ce moment-là, j'étais incorporé à une équipe qui travaillait à la Bahnhofskommandantur. C'était une bonne équipe. Les soldats qui allaient au front ou qui en revenaient s'y arrêtaient pour qu'on leur donne un repas. Il y avait en permanence de grandes marmites pleines de goulasch allemand et de soupe. Les travailleurs forcés y avaient également droit. Dans cette équipe, où le travail était cependant très dur, nous mangions à notre faim. Il y avait aussi une infirmerie. Les trains amenaient régulièrement des blessés. Là, il y avait des infirmières suisses employées à la Schweizer Rotes Kreuz – la Croix-Rouge. Des médecins de Suisse alémanique et leurs infirmières avaient été envoyés par leur organisme pour soigner les blessés allemands sur le front de l'Est.

« Une des infirmières suisses de la Croix-Rouge a remis un de ces courriers à l'un d'entre nous. La Suisse, un pays neutre ! Et la Croix-Rouge, une respectable institution ! Cette infirmière savait-elle ce qu'elle faisait ? Si c'est bien elle qui a rédigé ce message mensonger, était-elle consciente de ce qu'elle faisait ? Le personnel médical était volontaire pour ce travail. Ils voulaient contribuer à l'effort de guerre allemand au nom de la lutte contre le communisme. Les signaux que nous recevions étaient donc contradictoires et, dans pareille circonstance, l'homme privilégie l'espoir à l'abattement, à un destin qui nous paraissait encore invraisemblable.

« Ce n'est véritablement qu'au printemps, ou plutôt au mois de février, que les survivants du petit ghetto dont je faisais partie ont réellement pris conscience de la vérité. C'est alors que la jeunesse a commencé à rêver de la résistance. C'est là l'une des pages les plus tragiques de l'histoire du ghetto de Riga. En France, et même en Pologne, il était possible de contacter les mouvements de résistance locale. Mais en Lettonie, ni le mouvement de la résistance nationale lettonne ni même celui de la résistance communiste n'existaient encore. Ce ne fut qu'à partir de la fin de l'année 1943 ou de l'été 1944, quand je me suis évadé du camp de Kaiserwald, que j'ai gagné la forêt pour rejoindre les partisans lettons pour lutter avec eux, que de tels groupes se sont structurés. Mais en 1941-1942, les Juifs devaient essayer par eux-mêmes de se procurer des armes, sans véritable espoir de réussite ou d'évasion.

« À partir du mois de févier, il est apparu clairement à tous les rescapés que d'ici à un mois ou un an, peut-être le lendemain, quelqu'un viendrait nous chercher pour nous emmener à Rumbula. Peut-être aurions-nous le temps de tirer un coup de feu avant de mourir. Le reste n'avait pas d'importance. Nous avions perdu nos familles et la vie n'avait plus de valeur. Toujours est-il qu'après l'exécution du 30 novembre, le doute subsistait encore. Le 8 décembre, quand eut lieu la seconde exécution de masse, quand ma famille est partie, il n'y a pas eu de fusillades dans le ghetto. »

L'assassinat de masse fut organisé et perpétré suivant le même dispositif que l'aktion précédente. Jeckeln était rentré de Prusse-Orientale et le supervisa. Ella Medale, une enseignante de 28 ans, faisait partie des condamnés. Elle était blonde et pouvait passer pour une Lettonne. Alors qu'elle ôtait son manteau à l'endroit où les Juifs se déshabillaient, elle reconnut l'un des hommes d'Arajs qui avait plusieurs fois été affecté à la surveillance du ghetto. Elle courut le trouver. « Il était couleur de cendre et pouvait à peine tenir son fusil. Il était apparemment écœuré. Je l'ai attrapé par le bras et l'ai supplié : "Sauvez-moi ! Vous savez que je ne suis pas juive !" Il a marmonné quelque chose d'incompréhensible et m'a montré un groupe de policiers qui avaient l'air de diriger les gardes : "Parlez aux supérieurs !" Je me suis précipitée vers eux. Le chef des tueurs, Arajs, a posé les yeux sur moi. Son visage était défiguré ; il avait l'air d'une bête ; il oscillait d'avant en arrière, complètement saoul. J'ai hurlé : "Je ne suis pas juive !" Je tremblais comme une feuille. Arajs m'a fait signe de partir de la main : "Il n'y a que des Juifs ici ! Aujourd'hui, le sang juif doit couler !"[10]. » Ella Medale survécut au génocide et témoigna après la guerre au procès de Viktor Arajs.

Frida Michelson, une résistante juive du ghetto de Riga, parvint elle aussi à survivre. Elle s'allongea par terre, faisant semblant d'être morte. On jeta les chaussures des victimes sur elle et, à la fin de la journée, son corps était entièrement recouvert d'un volumineux tas de souliers. Demeurée sans bouger, respirant à peine, elle put entendre les conversations qui se tenaient au-dessus d'elle. Quand les 10 000 Juifs furent morts, un groupe de tueurs lettons vint fumer une cigarette à proximité du tas de chaussures. Elle ne perdit pas un mot de ce qu'ils se disaient. « Tout à coup j'ai entendu parler letton, tout près :

– Allez, on se fume une cigarette.
– Du beau travail.
– Très bien organisé.
– Ils ont de l'expérience.
– Laisse faire les Allemands, ils sont bons pour ça !
– J'espère qu'on aura notre part du butin.
– Les Allemands se servent les premiers.
– Il y en a assez pour tout le monde.
– Je suis fatigué. Je rentre chez moi.
– Moi aussi.

10. Cité par Richard Rhodes, *Extermination : la machine nazie*, *op. cit.*, p. 249.

– Au revoir.

Après une pause, j'ai entendu parler allemand :

– Was suchst du dort ? (Qu'est-ce que tu cherches ici ?)

– Une paire de bas pour ma femme.

Tout est resté tranquille pendant un moment. Puis, de la tranchée, un enfant a pleuré : "Maman ! Maman ! Maman !" Des coups de feu. Le silence. Mort. Puis, en allemand, cette tranquille affirmation : "Avec nous, personne ne s'en sort vivant"[11]. »

11. *Ibid.*, p. 249.

XVII

Le camp de Kaiserwald

Rumbula en octobre 2008 – Alexander Bergman au Musée juif de Riga – Une famille aisée – Des soldats allemands magnifiques, qui chantaient – Le ghetto : une impression de sécurité – Le meurtre des policiers juifs du ghetto : écraser la résistance – Un simulacre d'exécution – Le camp de Kaiserwald, catégorie « insoutenable » – Seules règles : ne jamais attirer l'attention, garder les pieds propres.

Je suis allé à Rumbula. Dans un pays qui, à l'instar des autres pays de la région, a comme perdu la mémoire, Rumbula est aujourd'hui connu surtout pour son marché automobile de pièces détachées. On accède au site de l'extermination par une route goudronnée s'échappant sur cent mètres de la nationale à quatre voies qui longe la Daugava (ou Dvina en russe) depuis la sortie de Riga. La route s'arrête à l'entrée de la forêt, devant un chemin de terre encadré de deux blocs de pierre gravés d'inscriptions en letton, en anglais, en russe, où sont assénés le nombre des victimes, les dates et l'hommage ténu des vivants rendus aux morts. Passé les deux blocs de pierre mal taillés, référence implicite autant aux Tables de la loi qu'aux portes de l'enfer, empruntant le chemin de terre qui se faufile entre les jeunes pins et bouleaux aux couleurs ocre de l'automne, on ne tarde pas à déboucher sur une vaste clairière et sur deux grandes fosses recouvertes d'une monumentale dalle de béton. Les autres fosses, de plus petites tailles, sont un peu plus loin sur la gauche où continue de serpenter le chemin de terre. Elles sont installées le long de la ligne de chemin de fer. Des trains de marchandises l'empruntent régulièrement. Un marigot entouré de fougères sépare les deux dernières fosses de la voie ferrée. Quelques dizaines de mètres en face de la plus grande, la première que l'on découvre en prenant le chemin de terre, un fin monolithe de béton gravé à son extrémité d'une étoile de David côtoie une imposante menorah d'environ trois mètres de haut, tissée de lianes entremêlées en fer forgé. À l'écart, sur la gauche, une plaque tardivement posée par les Soviétiques au milieu des années 1980 – à ma connaissance, la seule, de toutes celles qui jonchent le territoire de l'ex-URSS qui mentionne le mot « Juif ». Au pied du chandelier à sept branches dont l'aspect organique et la couleur brunâtre le font ressembler à un arbre torturé ou à un spectre, squelettique comme une sculpture de Giacometti, sont disposés de petits blocs de roche gravés aux noms des quelques victimes sauvées de l'anonymat. Sur certaines d'entre eux, des cailloux ont été déposés comme c'est l'usage dans la tradition hébraïque. Sur les tombes juives, les fleurs sont interdites. On y place des cailloux qui symbolisent la densité de la pensée humaine, de celle que l'on doit à la mémoire des morts. Sur l'un de ces bouts de roche, quatre prénoms. Au-dessus, sur la même pierre, un patronyme : celui de la famille Bergman (ici écrite Bergmani, son orthographe lettonne). Une famille naguère prospère de Riga qui ne compte qu'un seul survivant, l'un des trois fils de Zhan Bergman. Il s'appelle Alexander.

J'attends Alexander Bergman au Musée juif de Riga. C'est jour de shabbat et l'institution est censée fermer ses portes à 17 heures. Margers Vestermans nous a laissé les clefs du musée. L'étage est entièrement vide quand Saulius, les sourcils froncés, me rejoint et me dit qu'il vient de parler à Bergman au téléphone. Le rescapé du ghetto de Riga est fatigué, en mauvaise condition physique. Il ne viendra pas. Je ne peux pas communiquer directement avec lui qui, polyglotte comme le sont les habitants de la région, parle le letton, le russe, le yiddish, l'allemand, mais pas l'anglais. Dans toute l'Union soviétique, le russe était une langue transversale, parlée d'un bout à l'autre de l'empire – l'équivalent de l'anglais en Europe occidentale. Rares sont ceux de la génération de Bergman qui ont appris l'anglais ou le pratiquent. Je décide donc de me rendre chez lui, accompagné de Saulius et d'Inga Lutere, notre interprète. Il nous ouvre la porte sans un sourire. C'est un monsieur âgé de 84 ans, robuste, les épaules larges, le crâne chauve et lisse. Ses yeux sont identiques à ceux de l'enfant de 10 ans assis entre son plus jeune frère et sa mère sur la photo de famille prise peu avant 1941, sauvée du désastre et reproduite dans son autobiographie, parue dans sa traduction russe quelques jours auparavant et intitulée : *Mémoires d'un* Untermensch (Mémoires d'un sous-homme).

Bergman, désormais retraité, épuisé par les épreuves de la vie, marqué d'une sorte de tristesse immanente, était devenu, après la guerre, l'un des plus brillants et des plus talentueux avocats de Riga. Après la chute du Mur, ses enfants sont partis s'installer aux États-Unis. Il vit seul dans son appartement du centre de la capitale. Bien entretenu, il est garni de livres soigneusement rangés dans les rayons d'une vaste bibliothèque murale. Un simple regard permet de comprendre le culte qu'Alexander Bergman voue aux livres, au savoir et à la culture. Il nous fait entrer chez lui sans enthousiasme, après avoir pris soin de nous demander d'ôter nos souliers. Il accepte de discuter un moment avec moi mais refuse l'interview, à plus forte raison s'il doit être filmé.

Nous nous asseyons de part et d'autre d'une large table de bois verni. Il m'explique avoir passé la journée avec les jeunes membres d'une association allemande qu'il a accompagnés à Rumbula. Il est malade, se sent diminué, et cette expédition l'a épuisé, tant physiquement qu'émotionnellement. Il ne veut plus parler ni se déplacer. Le Musée juif de Riga où attend l'équipe de tournage, où nous avons tout préparé pour l'entretien, n'est pas loin. La camionnette de tournage garée juste en bas. Mais Alexander s'obstine et martèle qu'il ne bougera pas de chez lui. Je lui explique à nouveau et en détail le projet de mon film, son ambition. Je lui dis : « Monsieur Bergman, je suis venu de France, de Paris. Je suis venu pour vous. Vous êtes l'un des derniers rescapés des massacres de Riga. Après vous, il n'y en aura plus d'autre. Plus aucun Juif ne pourra témoigner de ce qui s'est passé. » Je lui prends la main et la serre. Il réfléchit, sa main dans la mienne, toujours sans l'ombre d'un sourire, mais le regard adouci. Je sais qu'il hésite, qu'il comprend l'enjeu de ma visite et qu'il ne la prend pas à la légère. Je continue à énumérer mes arguments. Chacun d'entre eux fait mouche. Bien malgré lui, je le vois flancher. « Bon », fait-il, résigné. Il accepte.

Installé dans la salle du Musée juif, entouré de projecteurs, face à notre caméra et devant le drap noir que nous dressons en arrière-plan pour le témoignage des rescapés, Alexander a l'air perdu, mais son humeur s'est éclaircie. Je lui ai offert une boîte de chocolats, apporté un verre d'eau. Il me sourit enfin. Dehors, la nuit est tombée sur Riga et le temps s'est figé.

« Nous étions cinq dans la famille. Mon père, Zhan Bergman, était professeur. Il était économiste et chimiste de formation. Un intellectuel reconnu à Riga. Il a enseigné dans différentes écoles avant de devenir, à partir de 1934, directeur du lycée juif de Riga. Ma mère, Clara, ne travaillait pas. Elle avait suffisamment à faire avec ses trois chenapans. Nous étions trois garçons – le genre de garçons à faire du vélo dans l'appartement. C'était une vraie mère juive. Elle avait reçu une bonne éducation, savait jouer du piano, parlait l'allemand et le français. Le plus âgé de notre fratrie s'appelait Mikhaïl. Il étudiait à l'université pour devenir ingénieur quand la guerre a éclaté. Le plus jeune, le préféré, c'était Daniel. Il ne ressemblait à personne de la famille ; il était blond et il avait les yeux bleus. Moi, j'étais au milieu, entre Mikhaïl et Daniel. Je venais de finir la classe de neuvième quand la guerre a éclaté.

« J'ai une bonne mémoire. Je me souviens en détail du mois de juillet 1941, et des mois qui suivirent. Je pourrais vous raconter ce qui s'est passé jour par jour. Le 1er juillet, les Allemands sont entrés dans Riga. Nous étions dans la cave de l'école que mon père dirigeait autrefois. Nous étions venus nous y réfugier quelques jours auparavant par crainte des bombardements. Je suis le premier à avoir quitté la cave et à être sorti dans la rue. J'ai vu des soldats allemands en rangs. Ils étaient magnifiques. Ils avaient les manches retroussées. Ils étaient bronzés. Ils avaient des armes partout et ils chantaient. Ces chansons me sont restées en tête jusqu'à aujourd'hui. Je ne peux pas les reproduire car je n'ai pas du tout l'oreille musicale. Sur la table du cabinet de mon père, il y avait un écriteau où étaient gravés les mots de Goethe. Ils étaient rédigés en allemand. En russe, cela donne à peu près cela : "Là où l'on chante, tu peux être en paix. Les mauvaises personnes n'ont pas de chanson." J'entendais ces chansons et je me disais que Goethe se trompait. Car même les gens mauvais ont des chansons.

« Ce jour-là, je suis allé retrouver deux camarades de classe au croisement des rues Elizabetas et Lazaretas. C'était près de l'école. Je ne cherchais pas ceux-là précisément, mais n'importe quel camarade d'école avec qui échanger des impressions. Ce qu'ils avaient vu à Riga avait aussi produit chez eux une impression terrible. Parmi nous, il y en avait un qui était né en Allemagne. Quand Hitler était arrivé au pouvoir, il avait émigré en Lettonie. C'était le génie de notre classe. Il nous a proposé de partir à l'Est, de s'enrôler dans l'Armée rouge et de combattre les nazis. On est convenus de se retrouver le lendemain, le 2 juillet, à 11 heures, au même endroit. On n'avait pensé ni à la manière de se vêtir, ni à celle de s'orienter, ni à la nourriture. Le lendemain, je ne me suis pas présenté au rendez-vous. Notre camarade Azeik Azeikovitch non plus. Ari Faintzel, le Juif allemand qui nous avait proposé de nous battre contre les nazis n'a pas renoncé. Il est parti seul à l'Est, comme il l'avait dit, sans nous. Quand par la suite je l'ai revu, il m'a raconté ce qui lui était arrivé : il marchait la nuit et dormait le jour. Il évitait les paysans car il en avait peur. Il était presque arrivé à Pskov quand les Allemands ont fini par le débusquer. Comme il parlait parfaitement leur langue, qu'il avait un certificat de naissance allemand et une histoire à raconter pour expliquer sa présence, ils ne lui ont pas fait de mal ; ils l'ont simplement renvoyé à Riga. Il m'a raconté tout ça la seule fois que nous nous sommes revus. C'était dans le ghetto.

« Trois jours après la rencontre avec mes camarades, le 4 juillet 1941, deux hommes portant un brassard ont emmené mon grand-père. Dans les premiers jours, ces brassards étaient aux couleurs du drapeau letton, puis rapidement ils sont passés au vert, sans qu'on sache pourquoi. Ces deux-là ont expliqué à mon grand-père et à son gendre, le mari de sa fille, qu'ils devaient les suivre. Mon grand-père n'y comprenait rien. Il a demandé : “Pourquoi ?” et “Où ça ?”. Les hommes l'ont frappé. Ils lui ont asséné un coup au visage. Son gendre a lui aussi reçu un coup au visage. Ses lunettes sont tombées et se sont cassées. Lui qui était très myope s'est retrouvé quasiment aveugle. Il n'y avait plus de question à poser. Alors ils les ont emmenés. Je n'ai pas été témoin de cela. C'est ma grand-mère qui me l'a raconté. Ma grand-mère ne cessait de m'en parler quand j'étais avec elle au ghetto. Elle me racontait tous les jours la même chose : comment elle les avait vus par la fenêtre être emmenés en direction du quartier général de la police. Le meurtre de Juifs, les rafles. Ce qui est arrivé à mon grand-père est arrivé le même jour à des centaines d'autres. Tout le monde dans le ghetto racontait la même histoire. Les hommes au brassard entraient dans les appartements, emmenaient les gens, et plus personne ne les revoyait.

« Nous avons déménagé dans le quartier moscovite, c'est-à-dire dans le ghetto, deux jours avant sa fermeture définitive. C'était le 23 octobre 1941. Les portes du ghetto ont dû être fermées, si je me souviens bien, le 25. Bien sûr c'était plutôt naïf, dans la mesure où nous avions assisté aux événements du 4 juillet, lorsque des centaines de Juifs ont été tués, ou ont disparu, mais, à l'époque, nous nous sentions mieux à l'intérieur du ghetto. Nous étions entre nous et nous n'avions pas peur des hommes au brassard. Ils n'y pénétraient pas. Nous avions l'impression d'être en sécurité. Les armées soviétiques battaient en retraite, s'éloignant de Riga, et les Allemands volaient de victoire en victoire, faisant des centaines de milliers de prisonniers soviétiques. La victoire soviétique était très improbable

– je ne parle même pas des Anglais, des Français ou des Américains ; tout cela était loin de nous.

« Nous pensions vivre dans le ghetto jusqu'à la fin de la guerre. Ce qui allait se passer après, nous ne le savions pas, et nous refusions d'envisager le pire. À l'époque, Rumbula n'existait pas pour nous. Je savais que des gens de Riga avaient été emmenés. J'étais aussi au courant, dès le lendemain, que ceux qui ne pouvaient marcher avaient été exécutés. La direction du ghetto avait dépêché des carrioles et des traîneaux dans la rue Moskovskaïa, sur la route de Rumbula pour qu'ils ramassent les corps, qu'ils les enterrent dans l'ancien cimetière juif. Ça, nous le savions. Nous savions aussi que seule une petite partie des gens étaient partis. Et, comme nous ne savions pas où, nous essayions d'être optimistes. Nous nous convainquions qu'ils avaient été emmenés dans un autre endroit. Dans le ghetto, il y avait une "iva" – c'est l'abréviation de l'expression yiddish *iden viden lazei*, sorte de centre d'informations interne. Et on disait que nos femmes, nos enfants et nos vieux étaient partis en direction de Minsk. Ils prétendaient même qu'on les y aurait vus déblayer la neige dans les rues. Un Letton avait reçu une carte postale envoyée par une Juive dont le mari était soi-disant demeuré au ghetto. Nous nourrissions l'illusion qu'il restait un espoir. Tout est devenu clair pour moi le 8 décembre, quand on a emmené ma mère, mon frère, ma grand-mère et les autres membres de ma famille. Ils ont péri dans la seconde exécution de masse. Après cela, plus aucun doute n'était permis. »

Le père d'Alexander survécut à l'exécution du 8 décembre. Il fut envoyé au camp de Kaiserwald, puis dans l'une de ses « filiales », le camp de Balasdam, où les 150 prisonniers travaillaient à la construction d'une digue sur la Daugava (Dvina). Le 2 août 1944, le camp était à son tour « liquidé ». Tous les prisonniers juifs furent envoyés à Rumbula, à l'exception d'une poignée de personnes, dont Tevor Glazer et Zigui Waseman, deux proches de Bergman – le premier devint médecin après la guerre, et le second historien. Dans la voiture qui conduisait Zhan Bergmann à la mort, les condamnés dont il faisait partie se révoltèrent. Ils parvinrent à neutraliser leurs gardes et à s'échapper. Zhan se cassa une jambe en sautant du camion. On le rattrapa. Tous furent rattrapés. Ils eurent droit à un court interrogatoire avant d'être fusillés.

« Après la liquidation du 8 décembre, poursuit Alexander, je suis resté encore un an et huit mois dans le petit ghetto de Riga. Jusqu'en juillet 1943. Des choses épouvantables s'y sont produites. Une de ces choses fut le meurtre des policiers du ghetto. On dit qu'à Varsovie, il y a eu des cas de collaboration active, de comportements violents de la part des policiers juifs. Mais chez nous, rien de tel n'a eu lieu. Les policiers étaient majoritairement de très jeunes gens. Ils avaient l'âge de mon frère aîné, c'est-à-dire trois ans de plus que moi. J'avais à l'époque 16, 17 ans. Eux avaient 19 ou 20 ans. Je me souviens particulièrement de l'un d'eux : Saia Israelovitch. Il était le fils d'une famille très proche de la nôtre. Saia Israelovitch m'a sauvé la vie. Tous les policiers ont été fusillés le 31 octobre 1942. Ils avaient été accusés de n'avoir pas empêché un groupe de Juifs de s'échapper pour rejoindre les partisans. C'est du moins ce qui était écrit sur une affiche placardée dans le ghetto après leur exécution. La vérité, c'est qu'ils représentaient une part très active de la résistance du ghetto de Riga. »

Quand il était au ghetto, Alexander travaillait au service de l'Ordnungspolizei (Orpo). « Ce n'était pas des SS, même si certains d'entre eux étaient présents, mais la "police de l'ordre". Ils étaient chargés de faire la circulation. En un mot, la police ordinaire – même si je n'en ai jamais vu faire la circulation. Je remplissais les tâches les plus basiques qui ne nécessitaient aucune qualification. On coupait le bois, on s'occupait de la cheminée, etc. »

Un jour de l'été 1942, Alexander Bergman fut réquisitionné par le chef de l'Orpo locale et convoyé par un chauffeur allemand à Kaiserwald, le principal camp de concentration de Riga. « En arrivant à Kaiserwald, on a aperçu un petit château, ou plutôt une très belle villa. On m'a fait descendre de la voiture et ordonné de tondre la pelouse du jardin qui l'entourait avec une tondeuse mécanique. Un policier me surveillait. C'était le matin, et il était déjà complètement saoul. Lorsque j'ai eu terminé le travail, il ne restait que ce policier saoul avec moi. Le chauffeur était parti. J'ai fait ce que j'avais à faire, et j'ai remis l'engin de jardinage à sa place. C'est à ce moment-là que le policier allemand est arrivé, le pistolet à la main. De l'autre, il tenait une pelle. Il titubait. Il s'est approché de moi, m'a indiqué avec le canon de son arme la grille vers laquelle je devais aller, et il m'a dit : "Tu vas creuser ta tombe ici." Avec la pelle, il a tracé les contours de la tombe sur le sol et me l'a jetée. Il a dit : "Que ce soit prêt dans une heure, et que ça ne fasse pas moins de 70 centimètres de profondeur." Il a aussi ajouté : "Tous les Juifs meurent en groupe. Toi, tu auras ta propre tombe ici." Alors j'ai commencé à creuser ma tombe. Je ne me souviens plus à quoi j'ai pensé. Je n'avais pas vraiment peur. Il faut croire que j'étais résigné, fatigué aussi par le travail physique que je venais d'effectuer. J'ai certainement eu peur après, mais pas pendant que je creusais la fosse. Je n'ai pas pensé à vendre chèrement ma peau, que la pelle que j'avais dans les mains pouvait aussi être une arme. J'ai fait ce qu'on me demandait de faire et j'ai creusé. Quand le policier est revenu, plus saoul que jamais, il m'a dit : "Allonge-toi !" Alors je me suis allongé dans la fosse. Il a reculé de quelques mètres, puis il m'a jeté un paquet de cigarettes. C'étaient des cigarettes de marque allemande, des Juno. Elles n'existent plus aujourd'hui. Devant la tête que je faisais, l'Allemand est parti dans un fou rire. Non pas un rire, mais littéralement un fou rire ! Grâce à ce paquet, j'ai pu fumer pour la première fois des cigarettes, et non des mégots. De toute la guerre, ça ne m'est arrivé qu'une seule fois. Par la suite, j'ai appris qui logeait dans la villa où j'ai cru vivre mes derniers instants. On m'a dit que Friedrich Jeckeln, le plus grand meurtrier de Juifs en Ukraine et dans les pays Baltes, en était l'occupant quand il habitait Riga. »

Peu de temps après, Alexander Bergman retourna à Kaiserwald. Cette fois pour y être interné. « J'ai été envoyé au camp de Kaiserwald le 17 juillet 1943. À l'époque, selon moi, il y avait trois catégories de camps : les mauvais, les très mauvais et les insoutenables. Bien sûr, on mourait dans chacune de ces catégories, et on y mourait plus ou moins vite. Mais dans celle des “insoutenables”, on ne pouvait durer que très peu de temps. Kaiserwald faisait partie des “insoutenables”. Il s’articulait autour du principe unique que vous y étiez complètement inutiles. On devait vous éliminer comme des poux. Tout était fait pour nous convaincre que nous n’avions aucune valeur. Je n’en donnerai qu’un exemple : lorsque nous revenions du travail, harassant, qui avait lieu à l’extérieur, après avoir attendu des heures au contrôle à l’entrée du camp, la nuit – il était déjà neuf ou dix heures –, nous devions encore araser une colline pour être enfin autorisés à regagner nos baraquements. On travaillait avec des wagonnets. Certains devaient les remplir de terre et de rocaille, moi je devais les pousser. C’était un travail très dur. Sur les côtés, il y avait des SS et des kapos qui nous tapaient dessus avec des bâtons : “Plus vite ! Plus vite !” “Schnell ! Schnell !” “Ale iuch !” en polonais. Une fois la colline arasée, nous devions la reconstruire. Ce travail était donc parfaitement inutile. Il n’avait d’autre but que de nous montrer qui nous étions. Ou plutôt ce que nous étions : rien. Et cela n’est qu’un exemple.

« À Kaiserwald, les journées n’étaient qu’une succession d’événements horribles. L’angoisse commençait dès le réveil, avec la crainte de s’être fait voler son couvre-chef ou ses sabots au cours de la nuit. Car, si c’était le cas, cela signifiait une mort immédiate. La nuit des myriades de poux volaient au-dessus de nous. Des poux, mais aussi des punaises.

« Aux contrôles du matin et du soir, il fallait suivre un rituel militaire. Or, au début, nous n’avions pas reçu de préparation militaire, alors quand on devait saisir son calot et se mettre au garde-à-vous, si certains étaient en retard, en décalage par rapport au groupe, ils se faisaient frapper, parfois tuer. La journée, on nous frappait encore avec des bâtons. C’était ainsi du matin au soir. L’enseignement que m’a donné un vieil Allemand qui est resté au camp pendant des années m’a beaucoup servi. Contrairement à moi qui avais un triangle rouge, ce qui voulait dire que j’étais un prisonnier politique, lui portait un triangle vert. C’était un prisonnier de droit commun. Il n'avait pas l'air d'un meurtrier mais plutôt d'un voleur. C'était un homme intelligent. Une fois, lors de la pause du déjeuner, il nous a rassemblés et nous a dit : "Oubliez les prophéties bibliques, les camps ont leurs propres lois. La première et la plus importante de toutes : ne jamais attirer l'attention sur soi." Il avait raison. Si tu attirais l'attention, tu pouvais au mieux être sûr que ton numéro serait noté, qu'on te donnerait le travail le plus pénible, au pire, s'il s'agissait de quelque chose d'un peu sérieux, que cela te coûterait la vie. "La seconde loi du camp, c'est de garder les pieds propres." Pourquoi était-ce si important ? Si tu ne te débrouillais pas pour toujours avoir les pieds propres, ou si tu ne pouvais pas te procurer de chaussettes, tu te mettais à boiter rapidement. Un prisonnier qui boite attire l'attention sur lui, et c'est le début de la fin. Si j'ai pu survivre à Kaiserwald, c'est pour l'unique raison que je n'y suis resté qu'un peu plus d'un mois. Je n'aurais pas tenu un mois supplémentaire. »

XVIII

Près de Liepaja, la plage de Skede

Edward Anders à New York, 14 juin 2008 – Liepaja, 7 140 Juifs en 1941 – La ville tente de résister – Arajs doit « nettoyer le pays » – Le bus bleu du kommando d'Arajs arrive à Liepaja – Un prénom non juif, Erica – Déclarée allemande, enfant trouvée – Cheveux blonds et yeux bleus : des fils demi-juifs – Une plage de sable blanc sur la Baltique – Des photos volées par David Siwzon – Edward Anders commente les photos – La mise en scène de l'horreur.

Edward Anders, très mince dans son polo bleu nuit, très droit aussi, prend une longue respiration, puis d'une traite : « Au début, seuls les hommes entre 16 et 60 ans étaient tués. Quand un garçon était arrêté, et qu'on s'apercevait qu'il n'avait que 14 ou 15 ans, il était relâché. Les règles étaient strictes. Puis ils ont commencé à tuer les vieilles femmes, les hommes vieux. Les hommes et les femmes inaptes au travail. Les rapports de la police de sécurité de la fin du mois de septembre rendent compte d'une aktion contre les vieilles personnes. Ensuite, ce fut le tour des femmes jeunes. Mais les massacres de plus grande ampleur survinrent au mois de décembre. Il y avait des ordres de Himmler déclarant vouloir réduire de manière drastique le nombre de Juifs. Il y avait eu les massacres de Rumbula, à Riga. En novembre, un peu moins de la moitié des Juifs de Liepaja avaient déjà été exterminés. Cette fois, au mois de décembre, mon tour était venu. » L'histoire, dans son discours, est toujours privilégiée. Les informations sont choisies, assénées avec une grande rigueur. Puis, comme par hasard, aussi par délicatesse, filtre au détour d'une remarque ou d'un récit construit à partir de sa documentation historique, son destin : celui d'un adolescent qui, par miracle, a échappé à la mort.

J'ai rencontré Edward Anders à New York le 14 juin 2008. Après avoir immigré aux États-Unis avec sa mère en 1949, il a mené une brillante carrière scientifique. Il a enseigné la chimie à l'université de Chicago où il s'est spécialisé dans l'étude des météorites et de la roche lunaire. On lui doit notamment la théorie de cette météore qui, en s'écrasant sur la terre, aurait précipité l'extinction des dinosaures. Comme nombre de survivants, Anders s'est jeté dans la vie, regardant toujours de l'avant, menant de front, avec humilité mais détermination, ses travaux scientifiques et la construction d'un foyer familial heureux, typiquement américain. Durant toutes ces années, malgré une activité intense, la reconnaissance de ses pairs et de sa nation d'adoption, la famille, les traumatismes de l'enfance avaient peu à peu resurgi et s'étaient installés en lui comme une musique entêtante. Qui étaient ces gens ? Ceux qui avaient été ses voisins, les « engloutis » de la communauté juive de Liepaja, arrachés à leur ville natale un matin de décembre 1941 ? Ces gens dont il ne subsiste rien, ni mémoire, ni cendres, ni sépulture.

Quand il a pris sa retraite, comme paiement d'une ancienne dette, Edward Anders s'est consacré à l'assassinat des Juifs de Liepaja, amassant au fil des ans une impressionnante base de données, s'échinant avec méthode et patience, à partir de treize sources d'archives différentes, à recouper les informations disparates laissées par les rares survivants et la documentation nazie. À ce jour, il a pu identifier près de 7 000 des 7 140 Juifs disparus de la cité balnéaire de Lettonie. Installé à San Francisco, Edward a accepté de prendre l'avion pour m'accorder une interview qui a lieu dans le magnifique bâtiment de l'annexe culturelle de l'ambassade de France à New York. Située sur la Cinquième Avenue, face à Central Park, elle m'a été prêtée pour la journée. C'était un samedi après-midi du mois de juin. Des trombes d'eau tombaient sur Manhattan. Edward est sorti d'un taxi, accompagné de Joan, son élégante épouse. Le plateau de tournage était prêt. Nous l'avons fait asseoir dans le hall marbré du rez-de-chaussée, derrière la statue de l'angelot aux bras coupés trônant au milieu du dôme central, et dont Valéry Giscard d'Estaing, à l'occasion d'une visite à New York, avait reconnu la facture d'un Michel-Ange. Une bonne affaire pour le Quai d'Orsay qui, tout comme la richissime famille new-yorkaise à qui appartenait ce petit palais du XIXe siècle, ignorait le nom du sculpteur.

Edward Anders est un homme de haute stature, longiligne, au regard bleu intense. Ses gestes sont méticuleux, les mots qu'il choisit, précis. Tout, dans ses attitudes, l'organisation de ses phrases, révèle cet esprit scientifique accordé à un humanisme profond, enraciné dans l'expérience vécue.

Entre les deux guerres, la République de Lettonie, qui avait été reconnue par la SDN, garantissait l'égalité et l'entièreté de leurs droits aux minorités. Sa population était constituée de 75 % de Lettons, 4 % d'Allemands ethniques, 5 % de Juifs – soit 90 000 personnes – et 7 % de Russes. Seul 1,6 % de la population juive a survécu. Chaque communauté avait ses écoles, subventionnées par l'État. Les cours y étaient donnés dans la langue d'origine : letton, allemand, russe ou yiddish. « Il y avait certainement de l'antisémitisme ici et là, reconnaît Edward Anders, mais pas plus que dans certaines régions d'Europe occidentale – pas plus qu'en Suisse, par exemple. La situation était probablement plus favorable dans des pays tels que l'Italie ou la Scandinavie mais, en Lettonie, les Juifs avaient la possibilité de pratiquer leur religion et de recevoir l'éducation qu'ils avaient choisie. À mon avis, les Juifs vivaient trop en vase clos. Il y avait un club de football juif, et toutes sortes d'activités qui ne se pratiquaient qu'au sein de la communauté. Cela avait pour conséquence de rendre très visibles les différences ethniques au sein de la population. Je me suis toujours demandé à quoi pouvait servir un club de football juif… De tels comportements avaient été hérités de la domination de l'Empire russe, au siècle passé, qui distinguait les gens en fonction de leur ethnicité, et pas seulement de la religion. Autrement dit, si vous vous convertissiez au christianisme orthodoxe, vous étiez toujours considéré comme juif[1]. »

Les Lettons sont orthodoxes ou catholiques. À l'est du pays, les Juifs, dont la plupart venaient de contrées situées plus à l'est où ils avaient vécu sous administration polonaise et russe, résidaient pour 50 % d'entre eux dans des shtetls. Ils parlaient le yiddish. C'étaient des artisans ou des petits commerçants. Les Juifs de l'Ouest, comme ceux de Liepaja, sur la côte Baltique, étaient davantage éduqués ; ils parlaient essentiellement l'allemand. C'est là que se concentraient les intellectuels et les industriels les plus aisés, une catégorie sociale à laquelle appartenait la famille d'Anders, né Alperovitch. Son grand-père paternel, Israël, était le gabbai (un diacre) de la plus grande synagogue de la ville, et un homme d'affaires important. Il exportait du grain. Il avait des relations dans le domaine des produits agricoles, partout en Europe et même au-delà. « Il possédait aussi un grand moulin destiné à moudre le grain des fermiers locaux. » Israël mourut en 1930. Son fils lui succéda à la tête de l'entreprise familiale. Quand survint la grande dépression, la famille vit ses revenus fondre et elle traversa une période difficile. « Pendant quelques années nous fûmes vraiment pauvres. Mais la situation s'améliora. La prospérité et le confort revinrent. Mes parents avaient reçu une bonne éducation. Mon père était diplômé d'une école de commerce, et ma mère avait poursuivi des études jusqu'au lycée. Tous leurs espoirs étaient portés sur mon frère et moi. Ils rêvaient que nous entrions à l'université. »

Quand l'armée allemande est entrée à Liepaja, au deuxième jour du conflit, elle mit plus d'une semaine à occuper la ville, rencontrant plus qu'ailleurs la résistance pugnace de l'Armée rouge, mais aussi des ouvriers et de quelques travailleurs juifs qui avaient pris les armes pour défendre la cité. Le 29 juin, la résistance était écrasée. Les combattants, qui n'avaient pas eu le temps de rejoindre les lignes soviétiques, furent liqui-

1. Entretien avec Edward Anders, 14 juin 2008, New York.

dés. « Les Allemands s'installèrent, et je dois dire que l'impression première fut plutôt bonne. Le gouvernement letton ne laissait pas filtrer d'information défavorable à l'Allemagne, si bien que nous ne savions que très peu de chose des persécutions en Pologne depuis 1939. Nous n'avions pas vu qu'un des kommandos (l'Einsatzkommando 2) de l'Einsatzgruppe A était arrivé dès le premier jour, juste derrière les troupes de l'armée. » Les troupes du Kaiser avaient occupé l'ouest de la Lettonie en 1915. Elles y étaient restées trois ans et avaient laissé de bons souvenirs. La courtoisie des Allemands et leur haut degré de civilisation avaient durablement impressionné la population. Mais, en juillet 1941, les choses tourneraient autrement. Dès le premier jour, les SS et les membres des Einsatzgruppen quadrillèrent la ville, tirant sur tous les Juifs qu'ils croisaient, adressant un message de sinistre augure à la population. « Mon jeune cousin était musicien. Il jouait du piano dans un hôtel de la ville. Quand il s'est rendu à son travail, au deuxième jour de l'occupation, des SS se trouvaient dans la salle où il jouait. L'un d'eux, qui a vu qu'il était juif, s'est levé. Il a dégainé son revolver et l'a abattu au milieu de la scène. »

Stahlecker était encore aux commandes de l'Einsatzgruppe A. Né en 1905, diplômé de littérature, il avait été à la tête d'un réseau constitué à Stuttgart autour du SD, avant d'entamer une ascension fulgurante au sein de l'appareil de sécurité nazi. D'abord chef du SD à Stuttgart, il avait été promu chef de la police et du service de sécurité à Vienne en 1938 où il s'occupait des expropriations et de la confiscation des biens. C'est lui qui avait fait venir Eichmann pour organiser l'émigration des Juifs de Vienne. Malgré le caractère répressif de ses fonctions, Stahlecker n'avait pas eu recours à des actions meurtrières. En 1939, il avait été chargé du projet expérimental de la déportation des Juifs de Nisko, en Pologne occupée. Stahlecker faisait partie de ces jeunes diplômés qui, selon les critères nazis, étaient destinés à une brillante carrière au sein de l'appareil de répression du Reich. Il avait tout autant l'expérience des premières politiques antisémites que celle de la gestion d'un territoire occupé. Quand il fut nommé à la tête de l'Einsatzgruppe A, en 1941, il prit en charge la politique d'extermination dans les pays Baltes et dans le nord de la Biélorussie. L'ancien bureaucrate se changea en assassin de masse.

Le 5 juillet, 40 Juifs accusés d'avoir pris les armes contre les forces allemandes durant la semaine de combats étaient conduits dans un parc de la ville avec cinq communistes lettons. Des tranchées avaient été creusées la veille. Un groupe de Juifs fut réquisitionné quelques jours plus tard pour les déterrer. Les responsables de l'exécution considéraient qu'il fallait les enterrer ailleurs. Les corps, qui n'étaient recouverts que d'une fine couche de terre, furent déplacés puis remis en terre dans le cimetière de la ville. « Les Juifs chargés de cette besogne réussirent à fouiller les poches des victimes, à consulter leurs papiers et à relever les noms. C'est ainsi que leur identité, à l'exception de celle de cinq d'entre eux, nous sont aujourd'hui connues. »

Quelques foyers de résistance avaient survécu à l'entrée des Allemands. Des échanges de coups de feu éclatèrent durant la nuit. Un soldat allemand fut blessé, ce qui provoqua en représailles une série de mesures répressives. On annonça qu'un Allemand blessé entraînerait la mort de 100 Juifs. 200 Juifs furent appréhendés et exécutés. « Cela n'était pas suffisant pour le commandant de la marine allemande et son subordonné, qui étaient tous deux antisémites. Ce sont eux qui instaurèrent le port de l'étoile jaune à Liepaja, les heures de couvre-feu pour les Juifs et d'autres restrictions. Le commandant de marine envoya un télégramme à l'amiral de la flotte de la mer Baltique se plaignant que les SS travaillaient trop lentement. Il affirmait qu'à un tel rythme le problème juif ne serait pas résolu avant au moins un an. Il réclama l'envoi de renforts SS et 50 policiers supplémentaires. Sa requête fut approuvée. »

Jusqu'au mois de septembre, les massacres de Juifs furent pratiqués par les kommandos allemands. Les Lettons étaient chargés de leur arrestation et de les conduire sur les lieux de leur exécution. Ils pouvaient les battre mais n'étaient pas autorisés à les tuer. La situation était différente à Riga où des kommandos spéciaux, dont le kommando Arajs, avaient immédiatement été créés et mis au travail. Une annonce réclamant des volontaires avait été diffusée à Riga après l'invasion allemande. Elle ne précisait pas que les volontaires auraient pour mission de tuer les Juifs. Il s'agissait, en langue nazie, de « nettoyer le pays de ses éléments indésirables ». Une centaine de tireurs furent rapidement recrutés et placés sous les ordres d'Arajs. Au mois de juillet, son kommando, qui se déplaçait de ville en ville dans un bus bleu de marque suédoise, avait déjà assassiné près de 2 000 Juifs. Ils réquisitionnaient les unités de police pour les arrestations, mais pratiquaient eux-mêmes les exécutions.

À la fin du mois de juillet, le bus du kommando Arajs entra à Liepaja. « C'était la demande d'effectifs supplémentaires réclamés par le commandant de marine. Quand le kommando Arajs arriva, la chasse aux Juifs commença. J'ai personnellement assisté à l'une de leurs rafles. Ils patrouillaient en ville à bord de véhicules militaires allemands. Je les ai vus arrêter leur camion devant un Juif qui marchait dans la rue. Ils ont examiné ses papiers d'identité et l'ont obligé à monter à l'arrière du camion. Il était évident qu'une exécution allait avoir lieu. Plusieurs membres de ma famille furent assassinés ce jour-là. Le kommando Arajs ne resta que trois ou quatre jours, le temps d'exterminer 1 100 Juifs, une part considérable de la population juive qui n'était, à Liepaja, que d'environ 7 000 personnes. »

Edward Anders venait d'avoir 15 ans. C'était un adolescent intelligent, éduqué, parfaitement à même de comprendre ce qui se passait. Je lui demande à quel moment, précisément, il a su que le génocide des Juifs était en cours.

« J'ai pour la première fois entendu parler des exécutions une semaine après le début de l'occupation. Un voisin, un homme très bien, vint nous voir parce qu'il était révolté que les Allemands tuent les Juifs. Il raconta qu'ils étaient amenés à la prison (cela se produisait parfois en pleine nuit), puis conduits dans un endroit près de la plage ou à côté du stade de football entouré de fortifications datant de l'époque tsariste. Là, on les obligeait à creuser leur tombe, et ils étaient ensuite exécutés. Parfois, les tombes étaient préalablement creusées. Le bruit se répandit à travers la ville. Bien sûr, certains, surtout parmi les collaborateurs, se réjouissaient qu'on assassine les Juifs, mais la majeure partie des habitants était choquée, car les relations entre Juifs et non-Juifs avaient jusqu'alors été excellentes à Liepaja. Je pense que mon père savait déjà ce qui se passait, mais il ne nous a rien dit. Après avoir écouté le récit de notre voisin, il prit conscience que les choses tournaient au pire. Il imagina alors un scénario qui nous mettrait, ma mère, mon frère et moi, à l'abri. Ma mère avait les cheveux blonds, les yeux bleus, un prénom non juif, Erica, et ne ressemblait pas du tout à une Juive. Elle devrait déclarer être une enfant trouvée ; une Allemande abandonnée à la naissance qui avait été éduquée par des parents d'adoption juifs. Cela faisait de mon frère et moi des demi-juifs. Des citoyens de seconde zone, au regard des lois de Nuremberg, mais cela nous épargnerait les exécutions.

« Ma mère prit mon frère, qui était comme elle blond aux yeux bleus, et l'emmena au QG de la police allemande où Kügler venait de prendre ses fonctions[2]. Elle demanda à le voir et lui fit un numéro d'actrice, disant qu'elle avait été adoptée, et qu'elle s'était mariée à un Juif. Elle le supplia de lui venir en aide. Pour le convaincre, elle s'était munie de certaines lettres écrites par une amie chrétienne habitant la Californie et avec laquelle elle avait correspondu dans les années 1930. Dans plusieurs des lettres qu'elle avait apportées, sa destinataire l'encourageait à conserver la foi en Jésus-Christ. Cela impressionna l'Allemand qui lui délivra un document certifiant que mon frère et moi, parce que nous étions désormais demi-juifs, devions être exemptés des lois en vigueur contre les Juifs. Nous pensions désormais, ma mère, mon frère et moi, être hors d'atteinte. Restait cependant un problème de taille : le plan de mon père le laissait sans protection pour lui-même. Un ami letton de la famille lui trouva un travail dans une ferme isolée. Il y

2. Wolfgang Kügler était Untersturmführer dans l'Einsatzkommando 2 de l'Einsatzgruppe A. Arrivé le 11 juillet 1941 à Liepaja pour diriger le SD, il est le principal responsable de la liquidation des Juifs de Liepaja, et supervisa la dernière exécution de masse. Il fut condamné à huit mois de prison après la guerre.

resta quelques mois. Nous ignorions que la guerre se poursuivrait encore quatre ans. Nous pensions que tout allait bientôt rentrer dans l'ordre.

« Au mois de septembre, nous reçûmes une convocation exigeant que nous produisions des certificats prouvant que nous n'appartenions à aucune congrégation juive. À ce propos, j'ai consulté des documents qui montrent que les nazis changèrent plusieurs fois de dispositions concernant les demi-Juifs. À ce moment-là, il avait été décrété que, s'ils appartenaient à une congrégation religieuse, ils devraient être considérés comme des Juifs à part entière. Or, mon frère et moi avions fait notre bar-mitzva, et nous avions jusque-là observé les vacances du calendrier religieux. Nous connaissions deux hommes qui faisaient partie du Conseil juif. Ma mère alla les consulter pour leur demander de l'aide. Le plus vieux prit peur, mais le second, le plus jeune, qui était avocat, eut une brillante idée : il écrivit sur un papier que le père de George et Edward (mon frère et moi) n'appartenait à aucune congrégation juive, ce qui était vrai, mon père ayant quitté la synagogue pour des motifs politiques. Ma mère produisit cette attestation au SD, et cela suffit à alléger les restrictions nous concernant.

« Au mois d'octobre, comme le fermier n'avait plus besoin de ses services, mon père dut revenir à la maison. Notre famille était bien connue en ville et cela impliquait, si nous suivions les règles imposées par l'administration nazie, qu'il aille tous les matins à 7 heures se faire enregistrer pour le travail obligatoire. Or, un certain nombre des travailleurs juifs qui partaient le matin ne rentraient pas le soir. Une sélection avait lieu quotidiennement pour en éliminer certains. Nous décidâmes donc de cacher mon père dans l'appartement. Cela fonctionna quelques semaines, jusqu'au jour où le gardien de l'immeuble, qui avait dû entendre sa voix, le dénonça à la police. Au début du mois de décembre, 10 policiers débarquèrent chez nous. Un seul d'entre eux était allemand. Tous les autres étaient lettons. Ils retournèrent l'appartement dans tous les coins et finirent par le trouver. Mon père fut assassiné une semaine plus tard. Ma mère, qui avait été incarcérée, fut relâchée au bout d'une semaine, à condition de ne dire à personne ce qui lui était arrivé. »

La mort du père avait été un choc, mais le reste de la famille était sauf. Ce répit serait de courte durée. Le 15 décembre, à 4 heures du matin, deux policiers lettons armés de fusils font irruption dans la chambre d'Edward et de son frère cadet. « Habillez-vous ! – Pour aller où ? » demandent les enfants. Après un silence, l'un des policiers, le plus vieux, leur dit : « Je vous suggère de vous habiller chaudement. » Edward fouille dans ses affaires et lui présente l'attestation signée par Kügler. « Cela ne compte pas. Vous êtes sur la liste. » Edward et George s'habillent à la hâte et sortent dans l'aube froide de décembre, escortés par les policiers lettons. Ils marchent quelques mètres dans la rue déserte. Les policiers les font s'arrêter. Ils entrent dans un immeuble, ressortent au bout d'un moment avec des gens qui, au fil des rues, viennent grossir le cortège. À chaque arrêt, Edward et son frère doivent se tenir debout, face au mur. Après deux heures, le groupe a atteint une quarantaine de personnes.

« Sur le chemin, mon frère et moi ne cessions de protester. Exaspéré, le plus jeune policier a menacé de nous tuer en pleine rue, mais le plus âgé l'en a empêché. Certains des Juifs qui étaient avec nous savaient ce qui les attendait. Les autres ne voulaient pas savoir. Il y avait cette femme et ses deux enfants en bas âge qui venaient d'être raflés. Alors que nous marchions dans les rues, elle s'est écriée : “Oh ! J'ai oublié de prendre la photo de votre père !” La pauvre femme n'avait pas compris que dans quelques heures à peine, elle et ses enfants seraient morts. »

Le groupe est conduit à la prison où sont déjà entassés 500 Juifs qui attendent fiévreusement la suite. « Soudain, un policier allemand est entré dans la prison, accompagné de quelques Lettons. On lui avait dit que deux gamins posaient des problèmes, qu'ils prétendaient qu'on n'avait pas le droit de les arrêter. Le policier allemand s'est approché de nous et a demandé : “Qu'est-ce que vous voulez ?” Je lui ai brièvement expliqué la situation, selon le scénario concocté par mes parents. Il nous a observés un moment en balayant de son regard nos cheveux blonds et nos yeux bleus. Puis, tout en reculant de quelques pas vers la porte, il a dit : “Allez-vous-en !” La porte s’est ouverte. Nous étions libres. D’autres purent se sortir de là parce qu’ils travaillaient pour les besoins de l’armée. Un officier de la Wehrmacht a fait irruption dans la prison, l’air très énervé. Il criait : “J’exige qu’on me rende mes Juifs ! J’ai besoin d’eux ! Rendez-moi mes Juifs !” Il parvint ainsi à soustraire quelques personnes à la mort.

« Ma mère, qui savait depuis le début que nous étions emmenés pour être tués, avait tenté de nous rejoindre, mais les policiers n’avaient rien voulu savoir : son nom n’était pas sur la liste. Elle avait à plusieurs reprises voulu entrer dans la prison, mais on l’avait reconnue et elle avait chaque fois été refoulée à l’entrée. Quand nous sommes sortis de la prison, nous l’avons vue en train de parler à un officier du SD, essayant de le persuader de la laisser nous rejoindre à l’intérieur. “Quand vos enfants ont-ils été arrêtés ? demandait le policier. – À quatre heures.” L’homme regarda sa montre. Elle marquait sept heures. “Désolé, mais c’est trop tard.” Heureusement pour nous, il n’était pas trop tard et nous retrouvâmes notre mère qui, en nous voyant, fit tout ce qu’elle put pour ne pas s’effondrer en larmes.

« Avant de quitter la prison, nous avons vu notre grand-mère parmi les gens qu’on emmenait sur la plage pour être assassinés. Nos regards se sont croisés. Elle a fait semblant de ne pas nous reconnaître pour ne pas nous attirer d’ennuis. Elle savait que nous passions pour des demi-Juifs, et elle avait compris qu’on échapperait ainsi au destin qui l’attendait. Elle a tout de même pu nous faire un petit signe avant de disparaître. »

Jeckeln, qui avait été nommé chef suprême de la police de l’Ostland le mois précédent, venait de superviser les massacres de Rumbula quand il fut chargé de l’extermination des Juifs de Liepaja. Les assassinats de masse en forêt de Riga l’avaient probablement épuisé ; il délégua l’organisation des massacres sur la plage de Skede, laissant les mains libres aux superviseurs du SD et aux policiers lettons. C’est sans doute la raison pour laquelle les tueries y furent moins brutales qu'à Riga. Les victimes ne furent pas toutes obligées de se dévêtir complètement, et chacune reçut deux balles. « Pour une raison que j'ignore, les jeunes femmes furent les seules à devoir se déshabiller complètement avant d'être fusillées. Il faut croire que les policiers prenaient plaisir à regarder ces jolies jeunes femmes nues avant qu'elles ne soient assassinées, puisque les femmes plus âgées étaient autorisées à garder leurs sous-vêtements. »

Le lieu de l'extermination avait été choisi quelques semaines auparavant. Une magnifique plage de sable blanc sur la mer Baltique, la plage de Skede, 11 kilomètres après la sortie de la ville. Du temps des Soviétiques, c'était un ancien centre d'entraînement de l'armée, situé à proximité d'une base navale. Des policiers lettons avaient mis plus d'une semaine à préparer le terrain. Ils avaient eux-mêmes creusé les tranchées, une tâche généralement dévolue aux Juifs. Les plus âgés d'entre eux, les moins valides étaient conduits à Skede dans des camions, mais la plus grande partie dut faire le trajet à pied, en marchant péniblement le long des routes verglacées. Deux bataillons de tueurs les attendaient quand ils arrivèrent sur la plage : un allemand, placé sous le commandement de Fritz Dietrich, et un letton – une unité supplétive du SD. Quand le bataillon de la police lettone chargé de l'escorte et de l'encadrement des Juifs était arrivé sur la plage, son lieutenant avait informé ses hommes qu'ils auraient eux aussi à tirer. On répartit les fusils entre les trois pelotons, les Juifs seraient tués à la chaîne, par groupes de 10 personnes. Les 20 premiers tireurs prirent position. On amena le premier groupe qui avait dû préalablement se déshabiller. On plaça les gens face à la mer, de sorte qu'ils tournent le dos aux fusils pointés sur eux. Les coups de feu retentirent sur la grève et les victimes basculèrent dans la longue tranchée creusée derrière eux. L'aktion d'extermination se poursuivit toute la journée et les deux jours suivants. Les vêtements, amassés à quelques mètres de la tranchée, étaient chargés dans des camions et vraisemblablement envoyés en Allemagne. Au terme de ces trois journées de massacres, 2 731 Juifs avaient été exterminés. Les 800 Juifs de Liepaja demeurés en vie furent confinés dans un ghetto.

Il existe une douzaine de photos témoignant des exécutions du 15 décembre 1941. Elles ont été prises par l'Oberscharführer Carl Strott, un membre du SD, qui faisait poser les victimes devant l'objectif de son appareil Minox. Les clichés retracent chaque étape du massacre, jusqu'à cette image ultime montrant les corps inertes allongés pêle-mêle dans la tranchée. Sur les photos précédentes, les corps étaient encore des personnes humaines – exclusivement des femmes et des enfants. Un rapport du Sipo fait mention d'une bande filmée sur les lieux du massacre. Si l'on n'a jamais retrouvé ce film, les photos, grâce au courage d'un travailleur forcé, sont parvenues jusqu'à nous. Quelques semaines après les exécutions, David Siwzon, un électricien juif, était envoyé dans l'appartement de Carl Strott pour y réparer des câbles électriques. La pièce était vide lorsqu'il se mit au travail. Siwzon remarqua un tiroir du bureau à moitié ouvert. Quand il regarda à l'intérieur, il aperçut quatre pellicules de films photographiques. Mû par la curiosité, il déroula le film et en examina le contenu à la lumière. Ce qu'il vit le bouleversa. Il comprit que ces clichés avaient été pris au moment de l'exécution, que leur importance, pour témoigner de l'extermination en cours, était capitale. Il empocha les pellicules, s'arrangea pour en faire faire des copies par un ami, puis simula une panne de courant pour pouvoir revenir dans l'appartement de Strott et replacer les pellicules dans le tiroir. Parce qu'il était trop risqué de conserver les tirages photo sur lui ou dans ses affaires, et parce qu'il pouvait lui aussi disparaître, il décida de les ranger dans une boîte métallique qu'il enterra dans une écurie. Siwzon survécut. À la libération, il déterra les photos et les envoya au service de renseignements de l'armée soviétique. Les clichés ont servi de pièces à conviction au Tribunal de Nuremberg.

J'ai emporté à New York quelques-unes de ces photos, reproduites au format A4. À la fin de l'entretien, je les tends à Edward Anders et lui demande de les commenter. Il les connaît pour les avoir lui-même archivées sur son site internet, parmi plusieurs milliers de documents. Edward Anders les prend en

main, les examine rapidement après les avoir remises dans l'ordre. Un ordre qui, je dois le dire, m'avait jusqu'alors échappé, et qui m'apparaît pour la première fois.

« On aperçoit un certain nombre de policiers lettons sur cette première photo. Celui qui se tient debout à gauche porte un chapeau en fourrure. Il faisait très froid et, malheureusement, la plupart des victimes juives devaient se déshabiller avant d'être fusillées. Au moins, les policiers étaient au chaud. On les voit surveiller un certain nombre de femmes juives. Elles portent toutes des étoiles jaunes sur la poitrine et dans le dos. Comme vous pouvez le voir, elles sont calmes, stoïques. Aucune d'entre elles ne s'arrache les cheveux ni ne hurle. Au fond, à droite, on distingue la carrosserie sombre d'une voiture. Les Allemands ont essayé de faire croire qu'ils n'avaient joué aucun rôle dans ces exécutions, que c'était une vengeance spontanée des Lettons. Or, c'est bien une voiture allemande que l'on voit ici. La police lettonne n'en avait pas, seuls les Allemands possédaient ce type de véhicules. Il s'agit donc d'une indication claire de leur présence. Elle a sans doute échappé au photographe. »

« Voici une scène où des filles juives – elles sont toutes nues sauf une – passent en courant devant les policiers lettons. Les jeunes femmes devaient se déshabiller complètement, les femmes plus âgées et les enfants pouvaient garder leurs sous-vêtements. Leurs vêtements étaient bien sûrs récupérés et utilisés ensuite par d'autres gens. Il y a eu des exécutions dans la campagne où cer-

LES TÉMOINS

1. Volodymyr et Slava Viznyak
Enfants, ils habitaient le quartier juif de Lviv. Ils ont été témoins des pogroms du mois de juin 1941 et des premières Judenaktions du cimetière Yanivsky. Ils résident encore à Lviv aujourd'hui.

2. Juozas Aleksynas
Membre d'une organisation nationaliste lituanienne il a acceuilli à Kaunas les armées allemandes. En 1942, il a été envoyé avec le « 13e bataillon de la milice d'autodéfense » en Biélorussie pour y assassiner les Juifs. Il a passé vingt ans en détention après la guerre. Il réside à une centaine de kilomètres de Vilnius.

3. Leon Wells
L'un des plus célèbres rescapés de Galicie. Après l'assassinat de sa famille, il a été intégré au Sonderkommando 1005 de Lviv, chargé d'exhumer et de brûler les cadavres des fosses du terrain de Piaski. Il a témoigné au procès d'Adolf Eichmann. Leon Wells est décédé à New York le 17 décembre 2009.

4. Halina Jankowska
La fille du garde-barrière qui faisait commerce des vêtements des victimes de Ponary, près de Vilnius, a tout vu, tout entendu. Lorsqu'elle était enfant, sa famille fréquentait les tueurs lituaniens qu'elle surnomme « les abatteurs ». Elle habite encore la forêt de Ponary.

5. Anatoli Constantinovitch Lipinski
À l'âge de 11 ans, ce Lituanien russophone jouait de l'accordéon chez Otiselius, le chef de la police du quartier Dirginski de Vilnius, où se réunissaient en fin de journée les tueurs de Ponary.

6. Regina Jablonska
Après avoir été témoin des exécutions de masse à Vilnius, elle a intégré en février 1943 l'équipe de cuisinières qui préparait les repas des tueurs de Ponary. Elle a assisté aux excavations effectuées par le Sonderkommando 1005. Elle habite aujourd'hui un petit appartement de la capitale lituanienne.

7. Semen Aaronovitch Vaisblat
Il avait 11 ans lorsqu'il échappa à l'assassinat des 600 enfants du cimetière de Kamenets-Podolski, puis à la liquidation du ghetto de Dounaïvtsi, au sud-ouest de l'Ukraine. Il habite toujours la région.

8. Anna Stolyarchuk
Rescapée de Kamenets-Podolski, où 23 600 Juifs furent exécutés dans les derniers jours du mois d'août 1941 par les SS et leurs collaborateurs locaux. Après l'assassinat de ses parents, elle fut recueillie par des paysans ukrainiens.

9. Ina Evguenieva
Elle habitait au n° 1 de la rue Babi Yar. Elle témoigne sur les lieux mêmes du massacre, aujourd'hui transformés en jardin public.

10. Ina Evguenieva (enfant)
L'adolescente de 13 ans a vu, du grenier de son immeuble, les deux journées du massacre. 33 771 Juifs furent assassinés les 29 et 30 septembre 1941 par l'Einsatzgruppe C.

11. Appolina Petruk
La bergère de 8 ans faisait paître ses bêtes quand elle assista, du haut d'une colline, à l'assassinat des Juifs de Lubny, le 16 octobre 1941, par un détachement du Sonderkommando 4a.

12. Margers Vestermans
Rescapé du ghetto de Riga, ancien résistant, historien, il est la mémoire du génocide en Lettonie. Âgé de 84 ans, il dirige le Musée juif de Riga, institution qu'il a lui-même créée.

13. Alexander Bergman
Rescapé de Riga. Sa famille a été assassinée dans la forêt de Rumbula. La liquidation du ghetto de Riga se solda par la mort de 25 000 Juifs, exécutés par l'Einsatzgruppe A, le 30 novembre et le 8 décembre 1941, sous le commandement de Friedrich Jeckeln.

14. Edward Anders
Rescapé de l'exécution du 15 décembre 1941 sur la plage de Skede, près de Liepaja, en Lettonie. En trois jours, 2 731 Juifs y furent assassinés. Anders parviendra à survivre grâce à un faux certificat d'aryanité. Il habite à San Francisco.

15. Sonia Palty
Née dans une famille juive de la classe moyenne de Bucarest, elle a été déportée dans plusieurs camps de Transnistrie. Elle a survécu au plus terrible d'entre eux, celui de Bogdanovca, où les Juifs étaient entassés dans des porcheries avant d'être assassinés. Elle habite à Tel Aviv.

16. Aharon Appelfeld
Né à Czernowitz, il est parvenu à s'échapper d'un camp de Transnistrie quand il avait 9 ans. Il a survécu en se cachant dans les forêts d'Ukraine. Il est aujourd'hui l'un des plus grands écrivains de langue hébraïque.

17. Adolf Wislowski
Il avait 11 ans lorsque les Allemands entrèrent dans Lviv. Il a assisté aux exécutions de la sablière de Piaski, puis aux travaux d'effacement du Sonderkommando 1005. Il habite toujours à proximité des fosses, aujourd'hui recouvertes par la forêt Lysynytchi.

18. Aleks Faitelson
Il était le seul survivant des travailleurs forcés du « fort de la mort », le Fort IX de Kaunas où furent assassinés 80 000 Juifs. Membre du Sonderkommando 1005, il est parvenu à s'évader et à rejoindre la résistance biélorusse. Il est décédé en Israël le 26 mars 2010.

19. Henri Zajdenwergier
Il est le dernier survivant du convoi 73, parti de Drancy, en France, le 15 mai 1944. La plupart des 878 hommes du convoi seront acheminés au Fort IX de Kaunas où ils seront immédiatement exécutés.

20. Nina Lisitsyna et son époux chez eux à Belogorsk
Après l'assassinat de sa famille paternelle au kilomètre 11 de Simféropol, Nina, alors âgée de 5 ans, fit partie des victimes de l'une des dernières exécutions de masse organisée par les nazis en Crimée. Touchée à l'épaule, la fillette parvint à s'extraire de la fosse.

21. Benjamin Ferencz
Diplômé en droit de Harvard, il découvre les rapports des Einsatzgruppen à Berlin, en 1945. Le jeune procureur américain de 27 ans prendra en charge l'accusation au procès des Einsatzgruppen, ajouté *in extremis* par le Tribunal de Nuremberg.

22. Au Musée juif de Riga, l'auteur avec son fixeur Saulius Berzinis, face à Alexander Bergman.

LES EINSATZGRUPPEN

23. Reinhard Heydrich
L'un des plus grands hiérarques nazis. En tant que chef du RSHA, il supervise depuis Berlin les activités des Einsatzgruppen. Il est avec Himmler le principal architecte de « la solution finale de la question juive. » Il meurt de ses blessures le 4 juin 1942, suite à un attentat de la résistance.

24. Erich von dem Bach-Zelewski
L'homologue de Friedrich Jeckeln en Biélorussie est responsable de l'assassinat d'au moins 200 000 personnes. Hospitalisé en 1942 pour cause de dépression, il est ensuite envoyé en Pologne pour réprimer l'insurrection de Varsovie. Condamné à dix ans de prison pour sa participation à la Nuit des longs couteaux, il ne sera jamais inquiété pour ses crimes en tant que HSSPF en Russie centrale. Il meurt en prison en 1972.

25. Karl Jäger
Commandant de l'Einsatzkommando 3 du groupe A, il est l'auteur du fameux « rapport Jäger » qui déclare, le 1er décembre 1941, les États baltes « Judenfrei ». Après la guerre, il disparaît sous une fausse identité. Arrêté et placé en détention, il se suicide avant l'ouverture de son procès en 1959.

26. Friedrich Jeckeln
L'un des plus redoutables tueurs de masse de la Seconde Guerre mondiale. Il chapeaute les activités de la SS et de la police en Ukraine, puis dans les pays Baltes. L'inventeur de la « méthode des sardines » sera exécuté par les Soviétiques à Riga le 3 février 1946.

27. Artur Nebe
Ancien directeur de la police criminelle, il participe au programme d'euthanasie T4 avant de prendre le commandement de l'Einsatzgruppe B. Responsable du meurtre de 45 000 personnes, il est exécuté en 1945 sur ordre de Hitler pour avoir pris part à la tentative d'attentat du 20 juillet 1944.

28. Oskar Dirlewanger
Vétéran de la Première Guerre mondiale, condamné en 1934 pour pédophilie, il dirigea la plus brutale des brigades d'extermination en Biélorussie à partir de 1942.

29. Martin Sandberger
Commandant du Sonderkommando 1a du groupe A, il est nommé en 1943 chef de la Gestapo de Vérone. Il y organise la déportation des Juifs vers le camp d'Auschwitz-Birkenau. Sa condamnation à mort à Nuremberg est commuée en une peine de prison à perpétuité. Libéré en 1954, il est mort dans son lit à l'âge de 98 ans, au mois de mars 2010.

30. Hitler et Ion Antonescu
Hitler reçoit en Allemagne le dictateur roumain. C'est de sa propre initiative qu'Antonescu a organisé le génocide des Juifs de Roumanie. Il est responsable de la mort de 300 000 Juifs et de 15 000 Tsiganes. Condamné à mort par le Tribunal du peuple, il sera fusillé en 1946.

31. Otto Ohlendorf (jeune)
Docteur en droit, économiste, ce cadre du SD prend à 34 ans le commandement de l'Einsatzgruppe D.

32. Otto Rasch à Nuremberg
Titulaire de deux doctorats, le chef de l'Einsatzgruppe C a supervisé l'extermination des Juifs d'Ukraine. C'est sous sa responsabilité directe que sont assassinés les Juifs de Kiev dans le « Ravin de la grand-mère » (Babi Yar). Atteint de la maladie de Parkinson, il décède au cours du procès des Einsatzgruppen le 1er novembre 1948.

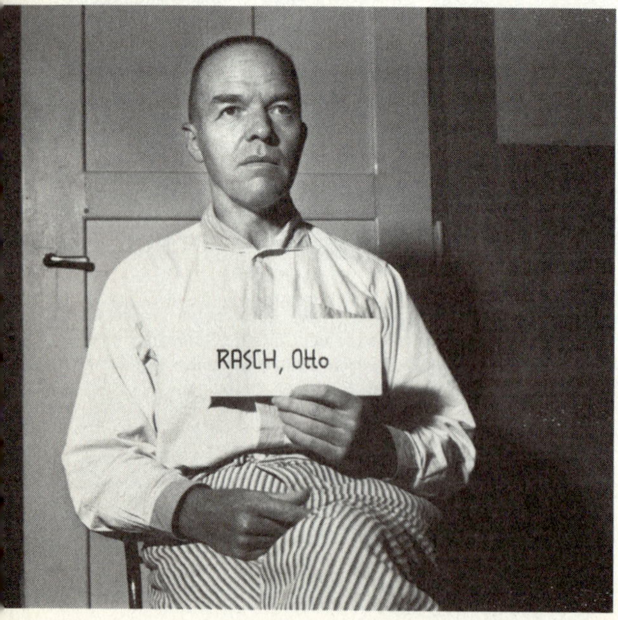

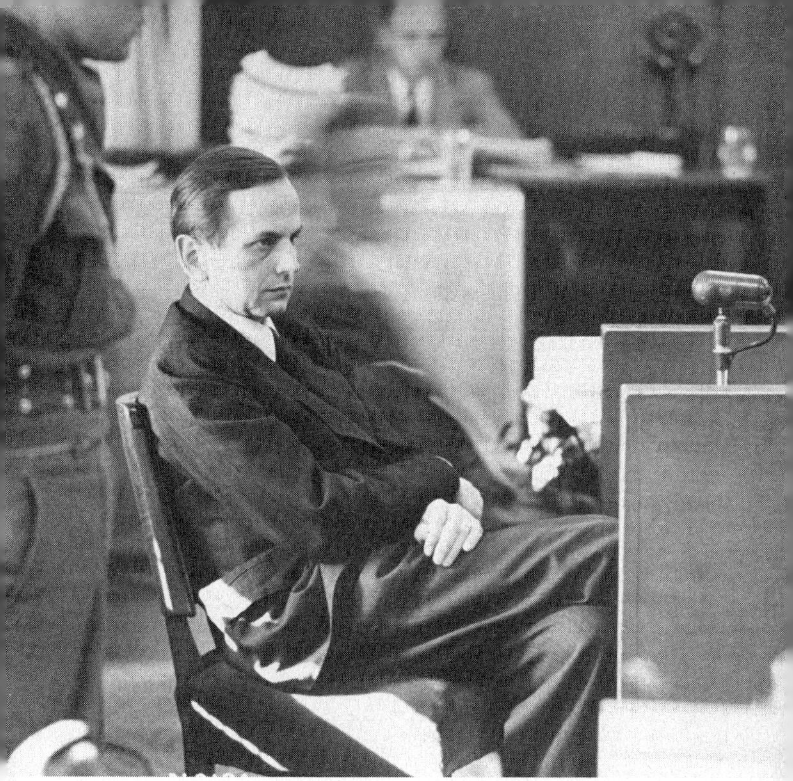

33. Otto Ohlendorf à Nuremberg
Au procès des Einsatzgruppen, il reconnaît avoir fait exécuter 90 000 personnes. Il est exécuté par pendaison le 7 juin 1951.

34. Paul Blobel (jeune)
Ancien architecte, il dirige le Einsatzkommando 4a du groupe C. Il organise avec Jeckeln l'assassinat de 33 771 personnes dans le Babi Yar de Kiev, et, à partir du printemps 1943, les activités du Sonderkommando 1005.

35. Paul Blobel à Nuremberg.
Condamné à mort, il est exécuté par pendaison le 7 juin 1951.

taines filles ont été violées. Rien de tel ne semble être arrivé ici. Il est bien possible que certains policiers lettons aient eu envie de faire ce genre de choses, mais, autant que je sache, cette photo montre qu'ils voulaient surtout regarder ces filles nues. Dans le groupe des trois filles sur la gauche, on dirait que celle du milieu, qui a la tête baissée, est sur le point de s'évanouir. Les deux autres la soutiennent pour l'empêcher de tomber. »

« Vous voyez ici la famille Epstein. La femme qui est penchée en avant – elle est vêtue de blanc, mais vous pouvez voir sa tête et son bras – s'appelle Emma Epstein. À côté d'elle, c'est sa fille de 18 ans, Mia, que l'on a aussi forcée à se déshabiller complètement. Elle essaye de se couvrir du mieux qu'elle peut. Son plus jeune frère est en train de se dévêtir, debout face à elle. Au second plan, on voit des policiers, armés

de fusils. Je pense que la famille Epstein est un exemple particulièrement triste de ce qui est arrivé aux Juifs de la région. Le mari d'Emma Epstein, Haïm Epstein, était banquier. Les Russes l'ont arrêté au début de 1941. Il a été envoyé au goulag, où il est mort, quatre ou cinq mois après sa famille. Bien sûr, il n'a jamais su qu'ils étaient tous morts. Haïm Epstein était l'associé de mon père. »

« Cette photo montre un groupe de cinq femmes. Si vous les regardez de manière superficielle, vous avez l'impression qu'elles posent pour des maillots de bain des années 1910 qui seraient passés de mode. En fait, elles se tiennent là en sous-vêtements. La petite fille tout à fait à gauche s'appelle Sorala Epstein. Elle a 11 ans. Son père était le frère du banquier Epstein. La petite fille se cache derrière sa mère, Rosa Epstein.

Elle est effrayée par la vue des SS avec leurs fouets et leurs appareils photo. Deux de ces SS étaient munis d'un fouet qu'ils utilisaient contre les Juifs qui ne leur obéissaient pas. Je n'ai pas pu trouver les noms des trois autres femmes. Comme vous pouvez le voir, il y a des policiers tout autour. Tous portent un fusil, et il y a des piles de vêtements partout. Le SS qui a pris cette photo leur a probablement dit de poser pour lui. Si des SS, le fouet à la main, vous demandaient de prendre la pose, il valait mieux faire ce qu'ils vous demandaient. Vous alliez mourir de toute façon, mais, au moins, vous n'auriez pas eu à subir la souffrance et l'humiliation de recevoir des coups de fouet. »

« Sur celle-ci, on voit un groupe de personnes parmi lesquelles se trouvent plusieurs enfants, et la mer à l'arrière-plan. Un garçon portant une chemise sombre marche devant. Il regarde sur sa droite en grimaçant. Il a l'air perturbé par ce qu'il voit. Juste derrière lui, il y a une petite fille qui ne veut pas avancer. Elle est retournée, se tenant contre sa mère qui semble vouloir la rassurer. Derrière eux se trouve un jeune garçon qui évite de regarder sur sa droite, et enfin une femme, un bébé dans les bras, qui détourne aussi le regard. Et le bébé, avec la tête appuyée contre sa mère, ne semble pas le moins du monde s'inquiéter de ce qui se passe. Il ne sait pas qu'il sera tué dans quelques minutes. »

« Ce qu'ils étaient en train de voir nous est indiqué par la photo suivante. Ce sont ces 9 femmes alignées qui attendent

d'être fusillées par le peloton se trouvant de l'autre côté de cette fosse qui faisait environ 8 mètres de large. La troisième femme en partant de la gauche a l'air effondré et elle s'appuie contre la femme juste à côté. Elle sait que ce sont les dernières secondes de sa vie. Elles font toutes face à la mer, cette mer qu'elles ont tant aimée. La plage, c'était une des bonnes choses de Liepaja – et d'une certaine façon, il aura sans doute été rassurant pour elles que la dernière image de ce monde, ce soit la mer. »

« C'est donc cette scène que le jeune garçon en chemise sombre a vue. Ces femmes debout au bord de la fosse, prêtes à être fusillées. Et sur la photo suivante, c'est le tour de ce garçon en chemise sombre et du reste du groupe. Maintenant, ils se tiennent tous alignés là. Il y a plusieurs corps au fond de la fosse. Elle faisait 3 mètres de profondeur, il y a donc un

certain nombre de corps les uns sur les autres. Tout à droite, un homme tient quelque chose qui s'avère être un fusil. Il pousse les corps dans la fosse. Et la petite fille que vous avez vue tout à l'heure tournée vers sa mère se tient maintenant debout près d'elle. Elle sera tuée dans quelques secondes. Pourtant, elle ne peut s'empêcher de regarder le policier qui pousse les cadavres dans la fosse. Pendant ces exécutions, si un enfant était en âge de se tenir debout par lui-même, il était traité comme un adulte. Il recevait deux balles. Mais si un enfant ne pouvait pas se tenir seul debout, s'il était trop jeune, alors la mère devait le porter assez haut, à bout de bras. Une balle lui était destinée, l'autre était pour sa mère. »

« Cette photo a sûrement été prise quelques secondes après la précédente. Les Juifs viennent d'être tués. Le garçon en chemise sombre est étendu sur le bord et ne va pas tarder à être poussé dans la fosse. On peut distinguer un petit drapeau entre les policiers et les victimes. En général, ils déplaçaient ce drapeau pour indiquer où elles devaient se tenir. Tout était bien pensé et organisé. »

En filmant Edward Anders commenter les photos du massacre de Liepaja, j'ai immédiatement su qu'une fois la séquence montée, elle représenterait un des temps forts du film. Son enjeu était de taille. Il s'agissait de dénazifier la série de ces clichés par le commentaire du rescapé. La mise en scène de l'horreur dont témoignent ces photos bien cadrées dénote aussi une esthétique du crime de masse. Le regard que porte l'objectif sur ces femmes ou ces enfants nus et à demi nus, prêts à être assassinés, est un regard nazi. Le marqueur le plus évident de leur facture, ce sont ces instantanés où le photographe mandaté par l'Einsatzgruppe fait poser les victimes avant qu'elles ne soient envoyées à l'abattage.

Si la très grande majorité des documents photographiques présents dans mon film ont été pris par les nazis eux-mêmes, il en existe toutefois deux catégories différentes. La première, celle à laquelle appartient la série de Liepaja, mais également celle de Lubny, de Mizocz et d'autres, sont ces clichés « top secrets » mais officiels, joints aux rapports des Einsatzgruppen envoyés au RSHA de Berlin. Le 1er août 1941, Heinrich Müller, le chef de la Gestapo, avait adressé par radio un message aux chefs de kommandos pour leur faire savoir que « le Führer devait dorénavant être informé en permanence du travail des Einsatzgruppen à l'Est », leur demandant de lui fournir du « matériel visuel présentant un intérêt spécial, tel que des photographies »[3].Un photographe professionnel serait missionné par le SD sur le lieu des exécutions pour rendre compte de leur déroulement. Il subsiste peu de clichés de cette nature, les nazis s'étant empressés de les détruire quand ils perdaient la guerre. Ceux qui ont survécu sont des anomalies que l'on doit au courage de quelques-uns, tel l'électricien juif David Siwzon.

L'autre catégorie, ce sont ces photographies – innombrables – prises par les exécuteurs allemands à l'insu de leur hiérarchie. Tous les soldats au front étaient équipés, pour leur usage personnel, de petits appareils de marque Leica. Ils photographiaient tout : les paysages, les villages qu'ils traversaient, faisant, comme leurs homologues officiels, poser les habitants slaves ou juifs et, bien sûr, quand ils y participaient ou qu'ils y assistaient, les exécutions de masse. La hiérarchie SS en était consciente. C'est pourquoi Himmler et Heydrich publièrent, courant août 1941, une circulaire interdisant de prendre des photos sur le lieu des exécutions. Mais les petits bataillons affectés aux missions d'extermination (les Vorkommandos et Teilkommandos) étaient leurs seuls maîtres. Ils ne résistaient pas à l'envie de prendre des clichés. Comme le rappelle Hilberg, le spectacle les fascinait. « Bien des années après y avoir assisté une seule fois, un ancien combattant se souvenait : “Bien qu'il nous fût interdit d'y aller, cela nous attirait magiquement.” Ils regardaient, photographiaient, racontaient dans leurs lettres, et parlaient[4]. » C'est pourquoi, à mon sens, il n'y a pas une exécution de masse qui n'ait été photographiée par eux. Ces photographies souvent floues, mal cadrées, prises à la volée pour fixer la mort en direct, la

3. Richard Rhodes, *Extermination : la machine nazie*, *op. cit.*, p. 146.
4. Raul Hilberg, *La Destruction des Juifs d'Europe*, *op. cit.*, t. I, p. 578.

balle sortant du canon des tueurs, la chute des victimes dans la fosse, constituent une masse presque inépuisable qu'on n'a pas fini de voir resurgir. Au fond des malles ou du grenier d'un vieil Allemand qui décède, dans les archives soviétiques – les libérateurs les ayant saisies en capturant bourreaux et collaborateurs –, ou dans des réseaux parallèles constitués d'anciens et d'aficionados du nazisme qui continuent aujourd'hui encore de les acheter et de se les échanger.

Les photos de Liepaja appartiennent à la catégorie des séries officielles. Elles nous placent derrière l'œil de l'objectif, du point de vue des bourreaux. C'est pourquoi il était nécessaire que la parole d'Anders vienne se substituer au discours nazi pour nous montrer autre chose, que le commun des mortels ne voit pas, et qui avait échappé au regard des tueurs. La présence allemande quasiment imperceptible. L'organisation reconstituée, plan par plan, des techniques de mise à mort. La quasi-simultanéité des actions : les enfants marchant vers leur mort pendant que neuf femmes se tiennent debout, dos à la fosse. Le nom des victimes (la famille Epstein) qui ne sont plus dès lors une matière morte, anonyme, fantômes aux corps nus et interchangeables. Elles portent un nom, véhiculent une histoire, une identité. Arrachés à leur anéantissement, ces clichés témoignent de leur existence et de leur disparition. Un bref instant, un instant seulement, ce sont à nouveau des êtres humains. J'ai superposé au montage ces différents niveaux de lecture, ces discours enchâssés, comme autant de mises en abyme. Anders en train de regarder les photos sans qu'on les voie à l'image ; Anders, filmé de dos, les tenant dans ses mains. Quand elles sont plein cadre, la voix d'Anders hors champ, qui les commente, permet d'en déminer le contenu apparent, nazifiant. J'ai fait en sorte que les photos soient tantôt placées sous nos yeux, sans échappatoire visuelle, tantôt mises à distance. Enfin, il fallait rendre compte de la série. N'étaient les deux photos qui la concluent, celles qui montrent explicitement les cadavres dans la fosse – *la mort des Juifs*, pour reprendre le titre de l'ouvrage que leur a consacré Nadine Fresco[5] –, prises séparément, elles pourraient dire le contraire de ce dont la série, dans son énumération, témoigne en réalité. Isolé, que nous dit par exemple le cliché où ces femmes, ces enfants, dont le garçon en chemise brune, le bébé dans les bras de sa mère, marchent en file indienne sur la plage, la mer en arrière-plan ? Rien. Rien qui ne vienne en soi contrarier l'impression première et fausse : la possibilité d'une famille, en tenue de bain, se rendant à la plage un dimanche. Le noir et blanc photographique ne nous renseignant pas suffisamment sur la saison ou le climat, s'il faisait beau ou pas ce jour-là, s'il s'agit d'une journée d'hiver ou de printemps. La grimace du garçon en chemise brune pourrait seulement indiquer qu'il est ébloui par la lumière du soleil. C'est donc par la série elle-même, par son énonciation, la succession des derniers instants vécus par les victimes que ces clichés font sens. Dans le cours du récit qui la trame, la séquence des photos de Liepaja conclut la première partie du film. Je m'en tiens pour cela à une chronologie qui justifie sa place, mais c'était aussi pour moi le lieu d'une démonstration : après avoir abreuvé le spectateur d'images terribles, de chiffres (les 33 771 victimes des deux journées du massacre de Babi Yar), de témoignages inconcevables, après avoir montré les lieux, décrit la barbarie

5. Peu après la diffusion du documentaire *Einsatzgruppen, les commandos de la mort* sur la chaîne nationale France 2, au mois d'avril 2009, j'étais invité à une présentation par l'Institut d'histoire du temps présent que dirige Christian Ingrao. J'y retrouvai l'historienne Nadine Fresco, rencontrée à une autre occasion des années auparavant. Elle venait de publier un livre dont une partie était consacrée à la série des photographies de Liepaja. Elles y sont d'ailleurs reproduites et commentées. Dans ce chapitre, intitulé « Photographies », après une fine analyse du contexte historique, un décryptage rigoureux des clichés (contrairement à ce que pensait initialement Edward Anders, l'historienne remarque que la petite fille aux cheveux frisés, debout, dos à la fosse parmi les huit autres femmes et enfants, n'est pas visible sur le cliché précédent. Elle serait cachée par les autres, en marche vers la mort, et on n'apercevrait d'elle que ses pieds), Nadine Fresco révèle le lien très personnel qui l'attache à cette série photographique : l'électricien juif qui prit le risque de voler et de reproduire la série, David Siwzon, était son oncle. (Voir Nadine Fresco, *La Mort des Juifs*, Paris, Seuil, 2008.)

et le sadisme, il me fallait concrètement montrer ce que fut l'extermination des Juifs par les commandos mobiles de tuerie. Et c'est la micro-histoire de cette série photographique qui en rend compte de la manière la plus éloquente, implacable. La voix d'Anders, atone et précise, exerce alors un charme particulier sur le spectateur. Malgré l'absence apparente d'émotion, quand elle se superpose aux images, l'émotion fuse de toutes parts. La vérité éclate comme une révélation.

XIX

« Judenfrei »

Edward Anders échappe de justesse à la mort – 1942-1943 : certificats provisoires et courts répits – 1944 : un certificat d'aryanité pour Erica – Le bateau pour l'Allemagne – La diphtérie salvatrice – Edward Anders et Vladimir Bahn se consacrent à la localisation des fosses de Skede – 4 octobre 2008, nuit sur la plage avec Vladimir – Les corps encore sous les pieds – 550 000 tués en 6 mois – Le rapport de Stahlecker en janvier 1942 – Les pays Baltes sont « libres de Juifs ».

Le 15 décembre 1941, Edward Anders avait de justesse échappé à la mort. Pour autant, il était loin d'être sorti d'affaire. La suite est digne d'un roman d'aventures. Au mois de janvier 1942, le passe-droit délivré par Kügler expira. Il fallait maintenant que la mère d'Edward fournisse un certificat de baptême pour prouver qu'elle était chrétienne et qu'elle entame une procédure de divorce, bien que son époux fût mort assassiné. On lui demandait de produire deux témoins qui se porteraient garants de sa bonne foi. Deux femmes Lettones qu'avaient connues les parents d'Edward plusieurs années auparavant, une mère et sa fille, écrivirent des lettres en sa faveur sans exiger aucune contrepartie. Elles risquaient leur vie. Dans leurs lettres, elles affirmaient que la mère d'Edward était bien une enfant trouvée. Quant aux registres des baptêmes, ils avaient été rapatriés en Pologne après l'invasion allemande des pays Baltes. Il fallait écrire à l'église où se trouvait le registre, et réclamer la copie d'un certificat de baptême qui n'existait pas. Les délais de reproduction et d'acheminement en Lettonie étaient de 46 semaines. Le délai écoulé, la mère d'Edward reçut une réponse : par chance, le registre s'était égaré. Elle se rendit au bureau du SD qui lui réclama d'autres documents. Elle en ressortit le passe-droit prorogé de trois mois supplémentaires. Le délai écoulé, elle n'avait toujours aucun document nouveau à produire attestant de son ascendance chrétienne. Erica se rendit une fois encore au commissariat accompagnée de son plus jeune fils et demanda à voir l'officier qui l'avait reçue la première fois. L'homme n'était plus là. Il avait été remplacé par un fonctionnaire qui n'était au courant de rien. La mère d'Edward le noya sous un flot de paroles. L'homme, embarrassé, ne se fit guère prier et prolongea le passe-droit. Le registre des baptêmes était entre-temps réapparu ; il était à Riga, dans les archives d'une église allemande. Erica s'y rendit et demanda à le consulter. Trois femmes nommées Erica avaient été baptisées l'année de sa naissance. L'une d'elle avait reçu le baptême à une date proche de son abandon supposé. Elle en nota la date et rentra à Liepaja. Au commissariat, le fonctionnaire du SD avait une nouvelle fois été remplacé. Ce dernier se montra plus sceptique que le précédent et comprit que le jeu de dupes pouvait encore durer plusieurs années. Erica lui proposa de consulter les registres des écoles pour retrouver le couple censé l'avoir abandonnée, mais l'homme décida de mettre un terme à toutes ces démarches. Il lui dit : « C'est fini. Il n'y aura plus de prolongement du passe-droit. » Edward, sa mère et son jeune frère étaient désormais sans protection et pouvaient être raflés à tout moment. Mais leurs noms, suite aux nombreuses convulsions administratives provoquées par les prolongements du passe-droit, ne figuraient plus sur la liste des survivants juifs de Liepaja, et rien ne leur arriva jusqu'à l'été 1944. Les lignes de la Wehrmacht étaient enfoncées par les troupes soviétiques en Lettonie. Les Allemands battaient en retraite. Les fonctionnaires nazis rentraient précipitamment en Allemagne, emmenant avec eux les collaborateurs lettons qui cherchaient à échapper à la répression soviétique. C'est à ce moment-là qu'Erica se vit délivrer un certificat d'aryanité en bonne et due forme. Il restait cependant à falsifier, pour que tout paraisse conforme, les papiers d'identité. Edward s'en chargea, effaçant les noms à connotations juives qui figuraient sur le passeport de sa mère. Désormais identifiés comme « Allemands ethniques », Erica et ses enfants prirent un bateau qui les déposa en Allemagne, au cœur de la machine de destruction nazie. Edward avait 18 ans et il était en âge de combattre. En tant qu'Aryen volksdeutsch, il était incorporable dans la SS. Fort heureusement, il attrapa la diphtérie et fut hospitalisé pendant deux mois. Cette maladie providentielle lui évita *in extremis* d'être envoyé sur le front de l'Est dans une unité combattante de la SS.

Ces dernières années, Edward Anders s'est consacré à la localisation des fosses de Skede et a mené en parallèle une bataille pour faire ériger un monument commémoratif sur la plage, afin de rectifier les erreurs factuelles du mémorial soviétique – une menora géante (le chandelier à sept branches), couchée sur une dalle de pierre. « Après la guerre, quand Yad Vashem, le grand Mémorial de Jérusalem, collectait documents et témoignages pour créer les listes nominatives des disparus, ma mère et moi avons donné tous les noms que nous connaissions des victimes de Liepaja. Seuls 2 % des Juifs lettons avaient survécu. En 1998, j'appris que Yad Vashem n'avait pu reconstituer qu'une liste d'environ 20 % du total des Juifs assassinés en Lettonie. Je me suis dit que quelque chose devait être fait. J'ai entrepris des recherches, d'abord sur l'histoire de ma famille, puis sur les Juifs de Lettonie. Aux archives de Riga, je suis tombé sur un recensement datant d'août 1941, que les Allemands avaient établi deux mois après le début de l'occupation. Les noms des Juifs, y compris ceux qui seraient ensuite assassinés, figuraient sur ces listes. Je demandai aux organisations juives de m'aider à faire les vérifications et les recherches nécessaires pour compléter celles de Yad Vashem. On me répondit qu'il fallait désormais s'occuper des vivants. Personne n'acceptait de m'aider. J'ai alors embauché un étudiant de 19 ans, je lui ai acheté un ordinateur portable et lui ai demandé de faire des copies des noms et des indications (adresses, profession, etc.) fournies par les listes du recensement, et de me les envoyer par e-mail. Nous avons collecté 5 600 noms. Il en manquait encore près de 1 500. Je me suis rendu au siège de la Croix-Rouge à Genève pour relever leurs données, puis au camp de concentration de Stutthof où des Juifs de Liepaja avaient été déportés[1]. »

Au bout de quelques années, Anders avait retrouvé 95 % des noms des victimes de Liepaja. Il fit plusieurs centaines de copies de ces listes, les rassembla et les brocha sous la forme d'un livre qu'il distribua à ses frais dans les centres d'archives, les musées, aux survivants et aux descendants des victimes. « Cela étant fait, j'ai ensuite pensé qu'il devrait y avoir un lieu public où ces noms seraient inscrits et consultables. J'ai organisé une collecte auprès des survivants et rassemblé suffisamment d'argent pour bâtir un mur des noms au cimetière de Liepaja. Un grand nombre de personnes ne savaient pas ce qu'il était advenu de leurs proches. On me disait : "Ma tante a émigré en Palestine en 1935." Je répondais : "Non. Elle est restée à Liepaja où elle a été tuée." J'étais le porteur de mauvaises nouvelles, mais, pour beaucoup, y compris ceux qui découvraient la mort des membres de leur famille, ce fut un soulagement. »

Restait le problème le plus délicat : celui des fosses, dont nul ne sait exactement où elles se situent, et des corps qui y sont encore enfouis. « L'endroit où eurent lieu les exécutions de masse a été identifié par les Soviétiques en 1945. Ils ont mis au jour cinq ou six fosses, dont la grande tranchée des tueries du mois de décembre. Ils enregistrèrent d'autres informations, comme la largeur et la longueur de la tranchée. Et les choses en restèrent là. » La localisation des fosses finit par se perdre. Aujourd'hui, ce sont les institutions religieuses juives qui s'opposent aux fouilles, parce que, selon la loi rabbinique, on ne

1. Entretien avec Edward Anders, 14 juin 2008, New York.

peut déplacer le corps en terre d'une personne décédée. Toute tentative de fouilles risquerait donc de contrevenir à cette loi. « Quand la Lettonie a gagné son indépendance, on ne savait plus où étaient situées les fosses. Je me suis arrangé pour obtenir une photo satellite de la plage. On y distingue clairement une longue ligne brune, parallèle à la mer. J'ai mesuré sa longueur : elle fait 270 mètres. Les Russes avaient noté 265 mètres. Une mesure très proche de celle que j'ai pu établir. C'est pourquoi je pense qu'il s'agit de la même tranchée. »

Trois mois après ma rencontre avec Edward Anders, je suis en Lettonie, à Riga. Accompagné de Saulius Berzinis et de ma petite équipe de tournage, nous rejoignons Vladimir Bahn, un ancien héros de la « grande guerre patriotique », à Liepaja, au mois d'octobre 2008. Bahn avait rejoint les forces soviétiques en 1942. Il n'apprit qu'en 1945, une fois la Lettonie libérée, que sa famille, parce que juive, avait été assassinée. Il avait ensuite vécu en Russie et fait carrière dans l'armée soviétique. Il en sortit avec le grade de lieutenant-colonel. En 1968, Vladimir Bahn est rentré à Liepaja, où il a dirigé une entreprise de métallurgie. Il commença à s'intéresser au sort des Juifs de sa ville, tout particulièrement aux victimes de la plage de Skede. Après l'indépendance, il rencontra Edward Anders à l'occasion d'une des visites du scientifique américain dans sa ville natale. Anders projetait la construction du mur des noms. Les deux hommes sympathisèrent et décidèrent de collaborer à ce projet.

Nous avions prévu de filmer la plage le matin, et nous étions en retard. Avant de prendre la route, nous nous étions rendus dans la forêt de Rumbula, puis au ghetto juif de Riga. Nous n'étions parvenus à Liepaja qu'en fin de journée, vers 17 heures. Le soleil entamait son déclin. Vladimir nous attendait depuis 11 heures. Il était excédé par notre retard. Nous fûmes accueillis sous une pluie de jurons. Je demeurai stoïque face à la bourrasque, et me confondis en excuses, tout en essayant de calmer le vieil homme pour qui j'éprouvai, malgré un accueil peu amène, une affection instinctive et un profond respect. Au fil des heures que nous passâmes ensemble, il ravalait sa rancune et se montrait sous son meilleur jour. Celui d'un homme doux, affable, intelligent, habité, comme Edward, par sa mission.

Sur la plage déserte de Skede, guidés par Vladimir Bahn et un jeune géographe letton, M. Liepinsh, qui, suivant les instructions d'Edward Anders, a localisé la ligne brune de la photo satellite, nous nous arrêtons pour lire les deux plaques posées par Bahn et Anders en 2006. Elles font face au mémorial soviétique qui jouxte une usine de traitement des eaux.

> Site du Mémorial aux victimes de l'occupation nazie – Ici, sur les dunes de Skede, furent assassinés, de 1941 à 1945, 3 640 Juifs, dont 1 048 enfants, 2 000 prisonniers de guerre soviétiques, 1 000 civils lettons, dont les personnes qui sont venues en aide aux Juifs et aux prisonniers, et celles qui ont résisté à l'occupant.
> NOUS HONORONS LA MÉMOIRE DE NOS PROCHES ET DE TOUTES LES VICTIMES REPOSANT ICI UNIES DANS LA MORT.
> Donation des Juifs de Liepaja, Edward Anders et Vladimir Bahn, 2006.

Les fosses sont censées se trouver plus loin, à une dizaine de minutes de marche du mémorial. Aucun chemin ne permet d'y accéder. Le temps nous manque. La lumière, malgré une journée froide mais ensoleillée, se réduit de minute en minute et il sera bientôt impossible de filmer les quelques plans dont j'ai besoin. Nous décidons de traverser en camionnette la grande plaine de sable parsemée de la végétation herbeuse qui court le long de la plage. À la moitié du chemin, la camionnette s'immobilise. Ses roues patinent dans le sable. Saulius fait vrombir le moteur mais rien n'y fait : nous sommes ensablés. Un dimanche. Il est maintenant 19 heures, et nous ne pouvons joindre personne pour nous dépanner. Pendant que Saulius et le reste de l'équipe s'activent autour de la camionnette, je fais quelques prises avec Nicolas, le chef opérateur, puis j'inspecte les alentours de la tranchée que le géographe m'a indiquée. Des trous ont récemment été creusés. Il y en a partout. M. Liepinsh m'explique que des gens viennent régulièrement fouiller le sol à la recherche d'une dent en or ou d'un diamant que n'auraient pas pris les nazis lors des exécutions. Ces trous semblent avoir été creusés au hasard. Ils n'épousent pas nécessairement le relief formé par la tranchée.

La nuit est tombée. Un vent glacial s'abat sur la plage de dunes blanches. Celui qui souffle sur les clichés du massacre, battant les cheveux et les sous-vêtements des victimes. Après plusieurs heures passées à regarder patiner les roues de la camionnette dans le sable, M. Liepinsh disparaît. Il revient une demi-heure plus tard avec un tracteur conduit par le gardien de l'usine de traitement des eaux située à quelques centaines de mètres de là. Ce dernier n'a pas de permis et rechigne à nous aider. Nous lui offrons une enveloppe de quelques billets pour le motiver. Mais la corde dont il s'est muni rompt à quatre ou cinq reprises au moment du tractage, jusqu'à ce qu'il n'en reste rien. Vladimir, resté dans la voiture (il est aujourd'hui invalide et peut à peine marcher) parvient à joindre l'une de ses connaissances par téléphone à Liepaja. Il viendra nous apporter une nouvelle corde. Les heures passent. La nuit est noire comme le fond d'un puits, sans la moindre lumière, des kilomètres à la ronde. Je fais les cent pas dans le sable humide. Un méchant crachin soutient l'onde marine. Sous mes pas, quelque part, gisent les cadavres. Ceux de la famille Epstein et des Juifs de Liepaja. Immédiatement après la guerre, ce terrain était redevenu un centre d'entraînement de l'armée soviétique. Les corps sont toujours là, sous mes pieds. J'essaie de sentir leur présence sans y parvenir. La corde arrive. Elle se révélera plus solide que celle du gardien de l'usine de traitement des eaux. Il est très tard quand, après avoir remis une enveloppe à chacun de nos aides, nous parvenons à extraire la camionnette de son piège sablonneux. Nous déposons Vladimir chez lui avant de reprendre la route de Riga.

Les six premiers mois du massacre mené par les quatre Einsatzgruppen se sont soldés par un total d'environ 550 000 morts. 550 000 morts, assassinés par 3 000 hommes, en 180 jours. Cela équivaut en moyenne à un Juif tué tous les jours par chaque membre des kommandos. Entre le mois de novembre et la fin de l'année 1941 commencent à affluer au RSHA les rapports des tueries. Le 14 novembre, l'Einsatzgruppe B rapporte un total – incomplet, précise Hilberg – de 45 000 victimes. Au sein de l'Einsatzgruppe C, le kommando 4a fait état au 30 novembre de 59 000 tués, et le kommando 5, dans le rapport du 7 décembre, de 36 000. Le nombre total des victimes de l'Einsatzgruppe D, le plus important, est de 76 000. Pour l'Einsatzgruppe A chargé de l'extermination des Juifs de Liepaja et de Riga, c'est Karl Jäger, l'officier à la tête de l'Einsatzkommando 3, qui, en décembre 1941, adresse à sa hiérarchie un premier bilan des tueries dans les pays Baltes. Peu après avoir organisé l'assassinat de 1 869 hommes, 2 716 femmes et 327 enfants déportés d'Allemagne, exécutés en deux jours dans les fosses du Fort IX de Kaunas, Jäger, depuis l'ancienne capitale lituanienne, déclare le 1er décembre 1941 le chiffre de 136 346 morts pour son seul Einsatzkommando. Il revendique fièrement la participation active de ses hommes dans les massacres (« tous les officiers et les hommes de mon kommando ont pris une part très active aux opérations d'envergure à Kaunas »). Un seul des hommes sous son commandement n'a pu y prendre part « en raison de sa mauvaise santé ». Il affirme que « le problème juif a été résolu, en Lituanie par l'Einsatzkommando 3 ». « Il n'y a plus de Juifs en Lituanie, hormis les travailleurs juifs et leurs familles. » Se plaignant de n'avoir pu mener à terme sa mission exterminatrice, il

ajoute : « J'avais l'intention d'en finir aussi avec ces travailleurs juifs et leurs familles, mais je me suis heurté aux plus vives protestations de l'administration civile et de la Wehrmacht. » Dans un second rapport, daté du 31 janvier 1942, Stahlecker, qui chapeaute toutes les aktions de l'Einsatzgruppe A, informe ses supérieurs que la mission est terminée. C'en est fini des Juifs de la Baltique. Pour preuve, il joint à son rapport une carte où, à côté des noms des trois États baltes et de la Biélorussie, ont été dessinés des cercueils symbolisant les communautés juives disparues. À côté des cercueils, des chiffres reprennent la comptabilité des tueries. Biélorussie : 41 828 morts, Russie du Nord : 3 800 morts, Lituanie : 136 421 morts, Lettonie : 35 258 morts, Estonie : 963 morts. Sur ce même territoire, sous le cercueil estonien, l'auteur du rapport a écrit en caractères gras le mot « Judenfrei ». La région de la Baltique et des provinces avoisinantes sont désormais « libres de Juifs ».

DEUXIÈME PARTIE

« Et votre fumée montera vers le ciel » (1942-1945)

I

Un tueur

Janvier 1942, la mondialisation du conflit – Le génocide s'intensifie – Aleksynas, un tueur lituanien en Biélorussie – 30 septembre 2008, angoisses avant l'entretien – Septembre 1941, le 13e bataillon d'autodéfense – « Assassiner les Juifs partout où l'on passe » – « Ils entraient dans la fosse en silence » – Les Allemands prenaient des photos – Un travail routinier – « Au printemps, il n'y avait plus de Juifs dans les villes de Biélorussie » – Les viols – Vingt ans en Sibérie – « Je lui demanderais pardon ».

Janvier 1942. Alors que l'issue du conflit semblait ne faire aucun doute, le rude hiver russe, au cours duquel la température chute en dessous de 50°C, et les 250 000 hommes envoyés par Staline pour renforcer les troupes soviétiques inversent peu à peu le rapport des forces. Après la contre-offensive soviétique déclenchée le 4 décembre 1941, la Wehrmacht piétine ou se voit obligée de reculer sur plusieurs fronts. Incapables de prendre Moscou, les troupes allemandes demeurent aux portes de la ville, essuyant de lourdes pertes. Confrontés à l'hiver le plus froid qu'ait connu la Russie depuis cent quarante ans, leurs uniformes mal adaptés, l'approvisionnement en nourriture immobilisé, les soldats de la Wehrmacht meurent par milliers. Le général Heinz Guderian, aux commandes du second Panzergruppe, rapportera qu'ils mouraient en allant accomplir leurs besoins naturels. On les retrouvait rigidifiés, l'anus gelé. Dans le Pacifique, l'attaque japonaise sur Pearl Harbor, le 7 décembre 1941, précipite les États-Unis dans le conflit. Le président américain Franklin Roosevelt déclare la guerre aux forces de l'Axe, le lendemain de la destruction de sa flotte par les Zéros japonais.

Le conflit se mondialisant, les Allemands devront se battre sur de nouveaux fronts. La destruction des Juifs d'Europe étant, au fil des mois, devenue l'objectif prioritaire d'Adolf Hitler, le génocide, loin d'être stoppé par la contre-attaque soviétique, s'intensifie. En Biélorussie, foyer de la résistance au nazisme, l'Einsatzgruppe B peine à fournir son quota hebdomadaire de Juifs et de communistes. Les troupes allemandes sont harcelées par de petits groupes de partisans se cachant dans les forêts. En représailles, les villages sont systématiquement rasés et leurs habitants exterminés. Pour prêter main-forte aux Einsatzkommandos, de nouveaux contingents de tueurs lituaniens, lettons ou ukrainiens sont envoyés en Biélorussie.

Juozas Aleksynas, un nationaliste lituanien, était l'un d'entre eux. Je devais le rencontrer le lendemain de mon arrivée à Vilnius, le 29 septembre 2008. C'était la première fois que j'allais être confronté à un authentique et assumé tueur de masse. Il avait accepté d'être filmé et de parler à visage découvert. Saulius Berzinis et Claudja, son assistante, nous accueillirent à l'aéroport. Il faisait nuit, il pleuvait. C'était l'automne. Nous traversâmes la ville dans notre nouvelle camionnette de location. Vilnius me parut triste. Au bout d'un moment, nous parvînmes au milieu d'un no man's land entouré de pinèdes. Saulius s'y gara. La ville avait complètement disparu ; nous n'étions pourtant qu'à quelques minutes à pied du centre. L'hôtel se trouvait là. C'était une sorte de chalet de montagne niché à l'orée d'un décor champêtre. Il ajouta à l'impression irréelle qui flottait partout depuis notre arrivée : Nicolas, Benjamin et moi étions ses seuls clients. Là, nous attendait le repas préparé par Ona, notre productrice exécutive en Lituanie, une demi-Juive qui portait sur son pays un regard mélangé. Ona ne parlait pas très bien l'anglais, à la différence de Saulius qui me posa quelques questions précises afin de tester mes connaissances. On ne s'était encore jamais vus. Mes réponses durent le satisfaire et la confiance s'installa. Il me raconta le travail monumental qu'il avait entrepris sur les bourreaux en tant que réalisateur. Pour cela, il avait interviewé près d'une centaine de tueurs lituaniens, parmi lesquels Juozas Aleksynas, celui que nous allions voir le lendemain matin. Le film était en cours de montage depuis plusieurs années. Mais du fait de l'extrême méticulosité qui le caractérise, de sa difficulté à faire des choix, je compris que Saulius pourrait bien ne jamais le terminer. « L'homme que tu vas voir demain a 95 ans. Il a un cancer de la face, mais il a toute sa tête et son élocution est bonne. Il ne dira pas tout, mais il reconnaît sa participation directe aux crimes de masse. Il répondra assez franchement à tes questions. »

Le repas et la conversation terminés, nous sommes allés nous coucher. Il me fut impossible de trouver le sommeil. J'étais rongé d'angoisse, pétrifié à l'idée de me trouver en face de cet homme qui, 65 ans auparavant, m'aurait mis avec les autres dans la fosse. Je ne dormis pas. Au petit matin, sous la lumière blafarde filtrant à travers les carreaux de la salle commune, je me gavai de café pour tenir le choc. Dans la camionnette, l'homme habitant à une heure de route de la capitale lituanienne, je me confiai à Saulius, lui faisant part de mes doutes et de mes angoisses. Je ne savais tout simplement pas si j'étais capable de mener l'entretien comme il le fallait. « Tu dois mettre un masque, me dit Saulius. Ce que tu fais est important, c'est pour recueillir son témoignage que tu es ici. Des hommes comme lui, il n'en reste plus beaucoup aujourd'hui. Lui-même sera bientôt mort. Pour supporter cette situation, tu dois enfiler le costume impersonnel du journaliste, et te cacher derrière. Ce costume te protégera. » L'homme avait passé dix ans en détention. Sa peine purgée, il avait fait dix ans de plus dans un goulag de Sibérie. Il habitait chez sa sœur, au milieu d'un lotissement à l'architecture néo-corbusienne. Qu'il soit si vieux, résidant ici en toute quiétude, était révoltant. Il avait ôté la vie à des enfants en bas âge, presque chaque jour et pendant plusieurs mois. Je me rangeai néanmoins aux arguments de Saulius : l'homme pouvait bien mourir après l'entretien, mais puisqu'il avait survécu jusqu'à aujourd'hui, il était de mon devoir d'en tirer parti.

Nous garâmes la camionnette dans le parking au pied de la barre d'immeubles et montâmes au quatrième étage. C'est la sœur du milicien, une petite dame aux cheveux gris, le visage hermétique, qui nous ouvrit. Elle nous fit entrer et nous installa au salon après avoir échangé quelques mots avec Saulius. Son frère était encore dans sa chambre ; elle partit l'avertir de notre arrivée. Nico et Ben étaient redescendus chercher le matériel. Assis sur un pouf, j'attendais avec Saulius, le cœur battant. Les murs étaient tapissés des incontournables icônes aux couleurs kitsch et criardes. En balayant la pièce du regard, j'aperçus des albums remplis de photos en noir et blanc posés, certainement à notre intention, sur l'un des canapés. J'en feuilletai un, rapidement. On voyait notre homme, sur les premières pages, à peine 20 ans, photographié en noir et blanc sous plusieurs angles dans son costume de policier lituanien qu'il portait beau, coiffé d'une chapka noire. D'autres clichés le montraient au milieu du kommando, marchant dans la steppe, ou posant dans quelques villages ou casernes de Biélorussie pour des photos de groupe. C'était un homme au regard cristallin, bien charpenté, au physique plutôt avantageux.

Il fut difficile de le reconnaître quand il entra dans la pièce, se déplaçant avec difficulté, arc-bouté sur des béquilles, presque aveugle, presque sourd, le visage bouffi, un cratère noir dévorant sa tempe droite. Il portait, détail incongru, un T-shirt orange vif qui n'aurait pas détonné dans une rave party. L'imaginer jeune, en uniforme, en train de viser des femmes dénudées et des enfants de 4 ans était hors de portée de mon imagination. J'essayais de m'installer dans mon rôle, je n'esquivai pas l'épreuve de la poignée de main. Celle-ci ne m'a laissé aucun souvenir particulier, au contraire de celle échangée avec Farmiga, le tueur supposé de la SS Viking en Galicie.

Installé dans le canapé près des fenêtres, face à la caméra de Nicolas Éprendre, l'homme répond docilement aux questions qu'on lui pose. Il raconte les espions allemands infiltrés dans le mouvement nationaliste de Kaunas dont il était membre, ceux qui donnèrent le coup d'envoi des pogroms aux premiers jours de l'offensive allemande, puis la formation du 13e « bataillon d'autodéfense » : « C'est au mois de décembre que le gouvernement lituanien a promulgué la réglementation permettant de former ces bataillons. Le nôtre n'a été mis sur pied qu'au mois de septembre 1941. Il était composé de soldats lituaniens, de neuf détachements de trois sections chacun. Nous étions dirigés par des soldats allemands. Il y avait aussi des agents de liaison, des grenadiers, etc. J'étais volontaire. Nous étions tous volontaires. Le détachement était composé de vingt personnes. On nous a rassemblés un jeudi. Personne ne nous avait dit ce qu'il faudrait faire avant le départ. C'était un secret militaire. Dès le lendemain, c'était donc un vendredi, on nous a dit de monter dans des camions. Nous avons été envoyés à Minsk. C'est là qu'a commencé pour moi le génocide des Juifs[1]. »

Je regarde l'ancien tueur lituanien, les yeux hagards, rendus vitreux par la cécité. Je l'écoute raconter son engagement dans la « milice d'autodéfense ». Le ton est impavide, monocorde. Aucune émotion ne transparaît. C'est la biographie d'un autre qu'il semble faire. Une chose m'étonne : le terme discordant, pièce rapportée à son récit ; celui de « génocide » (*guenocida*). Un mot emprunté à la langue de l'autre, celle de la victime. Il laisse penser que le criminel a intégré l'horreur de ses crimes. Qu'il traduit l'aveu d'une possible culpabilité. Mais la froideur du discours, l'absence totale d'émotion, jusque dans les détails les plus insupportables, m'empêcheront d'y croire.

Immédiatement après être arrivés en Biélorussie, Juozas Aleksynas et son 13e bataillon s'étaient mis en route. Leur mission : assassiner les Juifs dans toutes les localités qu'ils seraient amenés à traverser. La Biélorussie, foyer de la résistance au nazisme, fut l'objet d'un acharnement impitoyable des Einsatzgruppen et des autres unités sur le terrain. Vider le pays de tous ses Juifs était l'une des missions prioritaires de l'Einsatzgruppe B. C'est pourquoi, lorsque le 13e bataillon lituanien s'était mis à la tâche, la quasi-totalité des hommes

1. Entretien avec Juozas Aleksynas, 30 septembre 2008, Vilnius.

juifs en âge de combattre avait déjà été massacrée. Les autres étaient au front, dans les rangs de l'armée soviétique. « La première fois qu'on nous a dit de tirer sur des Juifs, c'était dans une petite ville dont je ne me souviens plus le nom. Tous les hommes étaient partis à la guerre. Il n'y avait que des vieux, des femmes et des enfants. Après, nous sommes allés tuer les Juifs de Gomel, de Babrovsk, de Slutzk, et d'autres villes. Les Allemands nous conduisaient de village en village, de ville en ville, et chaque fois il fallait tuer les Juifs. La première fois que cela s'est passé, nous étions accompagnés des soldats allemands. C'est un Lituanien du nom de Varnas qui a tué les Juifs du village biélorusse. À Slutzk, nous sommes restés deux jours (la ville appartenait encore aux Polonais), nous avons aussi participé là-bas à une opération contre les partisans russes. »

« En quoi consistait votre "travail" habituel ?

– À tuer des gens.

– Comment cela se passait-il ?

– D'abord, il fallait préparer les fosses. On allait chercher les prisonniers soviétiques enfermés dans les camps à proximité. Ce sont eux qui creusaient les fosses. Les nazis, eux, ils amenaient les Juifs dans des camions militaires. Ensuite, les Juifs entraient dans la fosse et ils se couchaient les uns sur les autres. Les soldats du bataillon se trouvaient à peu près à un pas les uns des autres. Au signal des Allemands, nous tirions sur les Juifs.

– Combien de coups de fusil tiriez-vous ?

– Cela dépendait de la quantité de personnes dans la fosse. S'il y avait peu de Juifs, on pouvait tirer trois balles sur la même personne. C'étaient des balles explosives. Quand on tirait, elles brûlaient les vêtements. Partout il y avait cette odeur de brûlé. Les munitions, on les gardait dans nos poches. Il arrivait qu'à cause des frottements, elles commencent à s'enflammer. Mais ce n'était pas un motif suffisant pour arrêter de tirer. Il fallait tirer.

« On essayait de viser la poitrine et de les tuer d'un coup, pour ne pas les laisser souffrir et qu'ils meurent étouffés sous le poids des autres. Un homme juif nous a montré sa poitrine avec la main. Il voulait qu'on lui tire dessus à cet endroit. Tous les Juifs avaient l'étoile de David cousue dans le dos. Les Juifs étaient très stoïques face à la mort. Ils ne pleuraient ni ne suppliaient jamais. Ils entraient dans la fosse en silence. Ils ne se révoltaient pas pour ne pas être battus. S'ils se révoltaient, on les battait durement, et ils étaient tués au bout du compte. Ils le savaient. C'étaient des familles entières qu'il fallait tuer. Avant l'exécution, ils s'embrassaient entre eux. Ils se couchaient au fond de la fosse, prêts à mourir. Après la fusillade, les nazis versaient du désinfectant sur les cadavres et, ensuite, les prisonniers soviétiques les recouvraient de terre.

– Qui donnait les ordres ?

– Nos supérieurs étaient lituaniens. Je me souviens de mon chef de groupe, il s'appelait Gecevicius. Et eux, ils étaient directement aux ordres des officiers allemands. Ce sont eux qui donnaient les ordres.

– Est-ce que les officiers lituaniens vous ont dit pourquoi vous deviez tuer les Juifs ?

– L'officier Kubiliunas nous a dit que Hitler avait donné l'ordre d'exterminer le peuple Juif. Avant la guerre, ni les Lituaniens ni les Lettons n'avaient jamais tué de Juifs.

– Comment saviez-vous sur quelle victime vous deviez tirer ?

– Chacun visait la victime la plus proche.

– Les Allemands tiraient-ils ?

– Pendant les exécutions, les Allemands encerclaient les fosses mais ils ne tiraient pas. Ils se contentaient de prendre des photos. Ils étaient munis de petits appareils et ils prenaient des photos. Pour eux-mêmes, par amusement. C'étaient des amateurs de photos… Ils ne tiraient que quand quelqu'un essayait de s'enfuir. Après l'exécution, ils marchaient sur les cadavres dans la fosse et donnaient le coup de grâce, quand les victimes n'étaient que blessées. Le carnage fini, ils rentraient dans leur caserne.

– Vous deviez aussi tuer les enfants ?

– Oui, nous devions aussi tuer les enfants. Les plus grands se couchaient avec leurs parents dans la fosse. Les parents serraient leurs enfants de toutes leurs forces dans leurs bras en essayant de les protéger de leurs corps. D'abord, on tirait sur les parents, ensuite sur les enfants. Mais les plus petits… En marchant à quatre pattes, ils essayaient de rejoindre leurs parents déjà morts dans la fosse. C'étaient des scènes atroces. La première fois, c'était terrible à voir. Mais après, c'est devenu un travail routinier. J'allais aux exécutions comme on va à l'usine. Je ne réfléchissais pas. J'étais devenu une machine à tuer. Je faisais cela mécaniquement. Un jour, deux Lituaniens de notre bataillon ont refusé de tirer. Les Allemands les ont mis à l'écart et les ont emmenés quelque part. Je n'ai plus jamais entendu parler d'eux.

« Je me rappelle le jour où nous sommes allés tuer les Juifs dans la forêt de bouleaux. Il y avait quatre voitures militaires chargées de prisonniers russes. Ils ont commencé à creuser les fosses. Les officiers allemands avaient trié les prisonniers russes pour cela. Avant de les mettre au travail, les Allemands leur ont donné à manger des feuilles de chou crues. Les pauvres Russes les ont mangées sans rien laisser, pas même une feuille verte. Quelque temps après, les camions sont arrivés avec leur cargaison de Juifs. Nous les avons tous tués dans les fosses. Après la fusillade, en récompense pour leurs efforts, les officiers allemands ont laissé les prisonniers ramasser les vêtements des Juifs. J'ai vu les prisonniers s'habiller avec leurs vêtements et ramasser la nourriture qu'ils avaient amenée avec eux. Des morceaux de sucre tombaient des vêtements. Il est possible que quelques-uns aient contenu de l'or.

– Si les officiers allemands ont permis aux prisonniers de prendre les vêtements des victimes, on peut penser que les soldats lituaniens ont aussi pu voler des biens aux Juifs.

– Bien sûr qu'ils en ont volé. Un jour à Slutzk, où nous avons passé deux jours de suite, les nazis avaient enfermé dans la synagogue des ingénieurs, des médecins et d'autres appartenant à l'élite des Juifs. Un Lituanien, qui s'appelait Uzas Kazys (il était originaire de Kaunas), ne s'est pas gêné pour prendre de l'argent et des objets de valeur aux Juifs. Il a glissé son casque militaire par le petit guichet de la porte de la maison de culte en réclamant des pièces d'or à ceux qui étaient enfermés. Je l'ai taquiné en lui demandant de me donner une petite pièce. Il m'a répondu qu'il ne pouvait pas parce qu'il devait de l'argent à plusieurs officiers. Quelque temps après, il s'est arrangé avec eux pour quitter le bataillon.

« Les Allemands, ils réclamaient l'or aux Juifs en gage de leur vie, mais ils ne tenaient pas leurs promesses. Quant aux vêtements, je peux dire que les soldats de notre bataillon n'ont pris ni or ni vêtements pendant leur mission en Russie. De toute façon, nous n'aurions pas pu prendre ces vêtements ; ce n'était pas pratique, nous n'avions nulle part où les mettre. Je sais que les domestiques qui travaillaient chez des Juifs à Kaunas ont volé leurs biens et cambriolé leurs maisons. Certains ont tué des Juifs. Ces gens-là sont peut-être devenus millionnaires, mais nous, nous étions seulement occupés à tenir le coup pour survivre et résister au froid de l'hiver russe. Pendant l'hiver, nous sommes restés de garde. Nous n'avons pas tué de Juifs. Au printemps les partisans ont amplifié leur mouvement de résistance. Quand moi et mon ami Cepla Stasys, nous avons été relevés de la garde, nous avons décidé de nous évader et de quitter le bataillon.

– Savez-vous si le bataillon a continué à assassiner les Juifs au printemps ?

– Je ne pense pas. Au printemps, il n'y avait plus de Juifs dans les villes de Biélorussie. »

Aleksynas prétend avoir déserté car ce qu'il faisait était trop pénible. Une affirmation en contradiction avec son insistance à nous faire comprendre la mécanicité de son « travail ». Le fait qu'il ne ressentait plus d'émotion devant la souffrance de ses victimes. Si tel était le cas, pourquoi aurait-il pris le risque de déserter ? Et s'il a bien déserté, était-ce pour les motifs invoqués, ou pour avoir contrevenu à un ordre, volé quelque bien, violé des femmes juives ? La question des viols est l'ultime tabou des bourreaux « repentis » – ou plutôt assumés. Je m'en étais largement rendu compte quand j'avais interrogé des membres de la soldatesque japonaise ayant participé aux massacres de Nankin. Tous ou presque reconnaissent avoir pris part aux meurtres de masse. Aucun aux viols qu'ils ont pourtant sans l'ombre d'un doute commis.

Cela se comprend aisément. Comme Aleksynas, les bourreaux se retranchent derrière la responsabilité collective et l'ordre de leurs supérieurs. Ils insistent toujours, d'une manière ou d'une autre, sur le fait qu'ils n'étaient qu'un rouage des massacres. S'ils n'y avaient pas participé, ils auraient inutilement risqué d'être sanctionnés, sinon tués, et d'autres l'auraient fait à leur place. Il en va tout autrement de la question du viol. Au-delà de l'inavouable, de la honte ressentie par tout homme qui, en temps de paix, admettrait avoir commis un viol (retournés à la vie civile, ils ont pour la plupart retrouvé une famille, des parents, une épouse, des enfants – l'aveu est de ce fait plus difficile encore), l'abus sexuel répond à un désir autant qu'à une décision individuelle. Le criminel le sait bien, et il n'y a pas là de raison impérieuse, échappant à son libre arbitre, derrière laquelle se retrancher. Or, comme à Nankin, les viols, aux abords des fosses, dans les villages pillés et raflés, dans le maelström infernal d'un monde qui a inversé la morale commune la plus élémentaire – en dépit des précautions maniaques et totalement incompréhensibles, pour l'exécutant lambda, prises par les maîtres allemands –, ont bien eu lieu. Les témoignages que j'ai recueillis en ce sens sont légion. Et plus la folie meurtrière, l'alcool, le sadisme gagnaient les bourreaux, plus ils se sont amplifiés. Ce fut assurément le cas en Biélorussie.

Je demandai à Juozas Aleksynas s'il avait violé des femmes juives. Comme attendu, il nia catégoriquement. « Les soldats n'avaient pas le temps de se promener dans les villages. Quand ils avaient fini de tirer, ils repartaient. Je sais que des viols ont été commis au Fort VII de Kaunas, mais pas dans notre bataillon. Les fascistes déshabillaient les prisonniers au Fort VII, et ils les fusillaient à la mitraillette. Ils étaient saouls. Ils assassinaient comme des sauvages. Les prisonniers hurlaient. Les policiers lituaniens, les "futurs fonctionnaires" qui travaillaient pour les nazis, tuaient les Juifs dans les grandes villes. Eux, étaient capables de faire cela, mais pas nous.

– Avez-vous participé à l'extermination des Juifs de Kaunas ?

– Quand je suis rentré à Kaunas, les plus importants massacres de Juifs étaient terminés. J'ai seulement entendu dire que les domestiques et les gars qui travaillaient dans les propriétés appartenant à des Juifs avaient tué des familles entières. Ils les tuaient pour prendre leurs richesses. Les policiers lituaniens entraient chez les Juifs et ils les emmenaient dans la ville de Marijampole, puis ils les tuaient quelque part. Une fois, je les ai vus derrière la clôture du ghetto. Je savais aussi que la police locale transportait les Juifs dans différents endroits pour le travail obligatoire. Moi, je n'ai jamais vu comment ils ont été tués à Ponary, mais à Kaunas, c'était aux forts VII et IX. Je me rappelle bien quand, un jour, j'étais avec le charpentier Grybe Kazys de Panevezys (j'étais son apprenti), la police locale est venue dans son atelier la nuit. J'ai vu les policiers ligoter les mains de mon maître. Ils ont pris d'autres ouvriers aussi. Les policiers les ont mis dans deux camions couverts de bâches et les ont emmenés au Fort IX. Ils les ont tous tués là-bas.

– Savez-vous pourquoi les Juifs ont été tués en Lituanie ?

– Je ne sais pas pourquoi. Avant la guerre, sous le gouvernement d'Antanas Smetona, les Lituaniens et les Juifs s'entendaient bien. Les Juifs étaient de bons commerçants, ils travaillaient dans l'industrie légère. Les Lituaniens étaient agriculteurs. Je ne peux pas vous dire quelle est la source de la haine contre les Juifs. Les Lituaniens n'avaient pas touché un seul Juif avant que les Allemands ne viennent en Lituanie. Je me souviens seulement d'une caricature parue à l'époque dans une revue lituanienne. On voyait Hitler, un balai dans la main, chassant les Juifs de l'Allemagne, et notre ex-président Smetona prenant les Juifs par la barbe et les cachant sous son bras. Les mains sur les hanches, Staline riait en les regardant. C'était une caricature internationale.

« Pendant les premiers jours de la guerre, quand les soldats allemands sont arrivés en Lituanie, ils avaient du mal à communiquer avec les gens du village. Le vieux Juif Irsius voulait aider les soldats allemands à se faire comprendre. Il leur a proposé ses services. Un des soldats allemands l'a regardé avec haine. Il lui a donné un coup de pied en disant : "Youdich, Youdich ! Raus !" Le pauvre Irsius est parti chez lui sans rien dire. Il a ensuite été tué par les policiers lituaniens de mon village, comme quatre autres familles. Parmi elles, il y avait les Zelingeras et les Sarkauskas. C'étaient des gens bien. Ils possédaient un moulin où on fabriquait de l'huile. Leurs enfants travaillaient avec eux. Les policiers connaissaient bien ces Juifs. Pendant la tuerie, personne ne s'est révolté, sauf le père de la famille Sarkauskas, le vieil Irsius dont je vous ai parlé, du village de Gudeliai. Avant de mourir il a dit : "Frères lituaniens, pourquoi nous tuez-vous ?" Aucun policier ne lui a répondu. Le père Irsius avait deux fils et une fille. C'est mon voisin Brusokas, un policier, qui me l'a raconté.

– Savez-vous comment ils ont été tués ?

– Non. J'étais déjà parti pour Minsk. Les policiers les ont tués après mon départ. Les Juifs sont restés en détention un certain temps. Après, ils ont été transportés dans des carrioles à chevaux au village de Balbieriskis. Sur la route, les policiers ont attrapé d'autres Juifs de ce village. Ils les ont tous emmenés et les ont fusillés quelque part.

– Reconnaissez-vous votre culpabilité ?

– Oui, je suis coupable. Mais vous savez aussi qu'en tant que soldat j'étais obligé de faire ce qu'on m'ordonnait. Le tribunal soviétique m'a condamné à dix ans d'emprisonnement. Une fois la peine purgée, ils ne m'ont pas laissé partir. En tout, j'ai passé vingt ans en détention. Les Soviétiques ont exilé beaucoup de Lituaniens en Sibérie. Avant l'arrivée des Allemands, quand ils étaient en Lituanie, les Russes ont essayé de recruter les jeunes dans l'armée. Mais les Lituaniens ne voulaient ni se battre ni travailler pour les Soviétiques, et ils se sont cachés dans les forêts. Les partisans lituaniens, autrement appelés *miskiniai*, ont résisté contre les Soviétiques. Il y avait aussi des partisans rouges appelés *strybai*. Ceux-ci collaboraient avec les Russes. Ils sont responsables de la mort de nombreux partisans lituaniens. Après la guerre ils s'en sont sortis sains et saufs. D'autres, comme moi, se sont engagés dans la police et ont accepté de travailler pour les nazis dans les villes et les villages de Lituanie. Le gouvernement lituanien nous a recrutés et affectés aux bataillons d'autodéfense pour maintenir l'ordre. Je n'ai tué ni des partisans lituaniens ni des partisans russes. J'ai obéi aux ordres de ma hiérarchie, et c'est pour cela que j'ai tué les Juifs en Biélorussie. Comme je vous l'ai déjà dit, au printemps, au mois d'avril, j'ai quitté ce bataillon. J'ai été considéré comme déserteur par la police lituanienne. Beaucoup de soldats lituaniens ont déserté. »

Là encore, le discours d'Aleksynas est peu cohérent. Il prétend avoir quitté le bataillon de tuerie au mois d'avril 1942, mais il aurait continué à travailler au service des Allemands. Il dit : « Après, j'ai été affecté à la surveillance d'un dépôt de médicaments où on faisait travailler les femmes russes. » Par conséquent, s'il a changé d'affectation, l'alternative est la suivante : ou bien le travail était en effet trop pénible et il a demandé une mutation – mutation qui était la plupart du temps accordée à ses collègues allemands –, ou bien on lui aura confié d'autres tâches, car sa mission en Biélorussie était terminée.

« Si l'enfant dont vous avez tué les parents venait frapper à votre porte, que lui diriez-vous ?

– Je ne sais pas. Je lui demanderais pardon. »

II

Le vague à l'âme des bourreaux

Walter Blume commande le Sonderkommando 7a – Minsk, 4 juillet 1941 – Tancé par Artur Nebe – Vitebsk – « Ce n'est pas un travail d'homme ou de soldat » – L'impact des tueries sur le moral des hommes – Turn-over incessant – « La gestion des personnels des Einsatzgruppen », par Christian Ingrao – Le cas Filbert – L'effondrement psychique de Rasch et de Bach-Zelewski – Et retour au front.

Walter Blume, un officier de police, docteur en droit, était âgé d'une trentaine d'années quand il prit le commandement du Sonderkommando 7a (Einsatzgruppe B). Cinq ans plus tard, au procès des Einsatzgruppen à Nuremberg, Blume déclara être devenu malgré lui un assassin de masse. Jamais il n'aurait accepté une telle mission s'il en avait connu la teneur quand il était en formation à Pretzsch. Sur le front, il aurait fait son possible pour éviter l'extermination des Juifs, allant jusqu'à s'opposer aux ordres du Führer. Si, dans le cadre des procès d'après-guerre, l'argumentaire en défense de Blume apparaît des plus classiques, le fait est qu'un différend opposa le chef de bataillon Blume à son supérieur direct, le Brigadeführer Artur Nebe, dans les premiers mois de la campagne exterminatrice.

Arrivé à Minsk le 4 juillet 1941, Blume qui, de sa propre initiative, avait quitté Vilnius avec son kommando le jour précédent, prit ses quartiers dans les locaux désertés par le NKVD. Après son installation dans la capitale biélorusse, il avait été rejoint par Nebe. Ce dernier le réprimanda pour avoir quitté sans autorisation la Lituanie et, surtout, pour n'avoir organisé aucune Judenaktion pendant son trajet entre la Lituanie et la Biélorussie. « Nebe, déclarera Blume, dit qu'il ne lui était pas possible de mentionner un kommando en garnison dans une ville, dans un rapport, sans faire également état d'exécutions de Juifs. On attendait de lui, à Berlin, qu'il s'en occupe activement et il devait me demander d'en faire autant. [...] Il a fait remarquer qu'à Minsk les Juifs avaient mis le feu à leurs maisons quand le commandant local leur avait dit de les évacuer pour les mettre à la disposition des Biélorusses qui n'en avaient plus. Nebe avait vu les incendies le soir de son arrivée. [...] C'était, m'a-t-il dit, un excellent motif pour une action de représailles. [...] Nebe m'a ensuite expliqué qu'il souhaitait, et ordonnait, que des exécutions de Juifs eussent lieu, en représailles à l'incendie des maisons, avant mon départ de Minsk[1]. »

Devant les tergiversations de Blume, ses hommes n'ayant pas été formés pour pratiquer de telles exécutions, Nebe le démit de son commandement. Il le remplaça sur-le-champ par l'un de ses subordonnés, l'Obersturmführer Voltis, « un homme dur et un vrai soldat ». Toujours selon la version de Blume, Voltis, qui ne se fit guère prier, organisa dès le lendemain matin une exécution. Après l'humiliation de s'être fait confisquer son commandement, Blume assista, en tant que simple observateur, à l'assassinat d'une soixantaine de personnes. Peu après, Nebe lui rendait la direction de son kommando qui partit en direction de Vitebsk, au nord-est de Minsk, où la Wehrmacht venait de pénétrer. Il donna l'ordre à Voltis d'organiser la formation du ghetto avec toutes les charges qu'un tel ordre impliquait : la constitution du Conseil juif qui devrait procéder au recensement, au marquage et à l'enrôlement au travail obligatoire. Ensuite, témoigne Blume, « j'ai reçu un message radio très sévère de Nebe par lequel il me demandait un rapport détaillé sur Vitebsk, tout spécialement sur les exécutions de Juifs. [...] J'ai donc donné à Voltis l'ordre de préparer une exécution de

1. Cité par Richard Rhodes, *Extermination : la machine nazie*, *op. cit.*, p. 64.

Juifs en la limitant exclusivement aux hommes d'âge militaire. Un ou deux jours plus tard, les exécutions prévues ont eu lieu en ma présence. Pour autant que je m'en souvienne, environ quatre-vingts hommes sains de corps ont été fusillés de la même manière qu'à Minsk. » C'est-à-dire l'exécution par peloton militaire d'hommes placés successivement par groupes de dix devant une tranchée antichar, chaque homme recevant trois balles tirées de trois fusils différents. « On me demande aujourd'hui ce que j'ai ressenti ce jour-là, je peux juste dire que j'étais complètement déchiré. D'un côté, j'avais les ordres stricts de mon supérieur [...] et, en tant que soldat, je devais obéir. De l'autre, je considérais l'exécution de cet ordre comme quelque chose de cruel et d'humainement impossible. Ma présence même à cette exécution m'en a définitivement convaincu. Je me souviens que je voulais faciliter les choses pour mes hommes, qui éprouvaient certainement les mêmes émotions que moi. Il y avait toujours une pause entre chaque série de dix hommes, le temps qu'on les amène. Pendant ces pauses, je laissai mes hommes s'asseoir et se reposer et je me joignais à eux. Je me rappelle leur avoir dit exactement ces mots à ce moment-là : "Ce n'est pas un travail d'homme ou de soldat allemand de tirer sur des personnes sans défense, mais le Führer l'a ordonné parce qu'il est convaincu que ces hommes nous tireraient dessus s'ils rejoignaient la résistance, ou qu'ils tireraient sur nos camarades. Nous protégeons aussi nos femmes et nos enfants en procédant à ces exécutions. Il faut nous en souvenir en obéissant à cet ordre." J'ai aussi essayé de parler de sujets neutres pour alléger la difficile épreuve morale qu'ils traversaient et les aider à la surmonter. [...] Cette exécution d'hommes sans défense m'a fait une terrible impression. De retour à mon bureau, j'ai été saisi de crampes d'estomac et j'ai vomi. »

Si, dans le contexte des procès d'après-guerre, où chacun tentait d'atténuer sa responsabilité, l'on peut douter des réticences de Blume à appliquer l'ordre du génocide (il s'agissait encore de procéder à l'exécution d'hommes en âge de combattre), son témoignage est cependant important pour comprendre l'impact des tueries sur le moral des hommes. Les pathologies auxquelles ils étaient sujets, qui vont de l'effondrement psychique, dépressions, crises de démence, mutisme, aux manifestations de brutalité, de sadisme, de folie meurtrière les plus extrêmes, allaient s'accentuer au fil des mois, d'autant plus qu'il s'agirait bientôt d'exécuter principalement des femmes et des enfants.

Six mois après les exécutions organisées par Blume, le ghetto de Minsk fut placé sous la responsabilité du Scharführer-SS Ribe. Loin de l'abattement auquel étaient sujets certains de ses camarades au contact de l'assassinat permanent, Ribe développa des comportements sadiques tout aussi significatifs et répandus dans les rangs de la SS et du SD. Hersch Smolar, un résistant du ghetto, en a témoigné dans un mémoire publié après la guerre : « Il était encore plus sadique que ses prédécesseurs. Les Juifs qui s'étaient échappés de Slutzk pour s'installer dans le ghetto de Minsk avaient reconnu en lui l'assassin qui avait été chargé de liquider le ghetto de Slutzk. Les gens l'appelaient “le diable aux yeux blancs”. Ribe ne laissait jamais aucun Juif qu'il rencontrait s'en sortir indemne, sans distinction d'âge et de sexe. Il regardait sa victime de ses yeux globuleux, sa bouche se tordait en un sourire, il pointait soigneusement son pistolet et ne ratait jamais sa cible. C'est Ribe qui avait organisé le “concours de beauté” de jeunes Juives. Il avait sélectionné douze des plus jeunes et des plus belles et leur avait donné l'ordre de parader dans le ghetto, jusqu'à ce qu'elles parviennent au cimetière juif. Là, il les a forcées à se déshabiller et les a tuées l'une après l'autre. La dernière à être tuée fut Lena Neu. Il lui a pris son soutien-gorge et dit avec suffisance : “Ce sera mon souvenir de la jolie Juive”[2]. »

« La question de l'impact de la violence sur le psychisme des acteurs est une question extrêmement importante, commente l'historien Christian Ingrao. Les hiérarques nazis en sont parfaitement conscients, et ce, dès le début de la campagne exterminatrice. Le premier rapport à mentionner ces “tensions psychiques”,

2. Hersch Smolar, *The Minsk Ghetto. Soviet-Jewish Partisans against the Nazis*, New York (NY), Holocaust Library, 1989, p. 46.

provient de Walter Stahlecker, le chef de l'Einsatzgruppe A. Il date de la mi-juillet 1941. On peut penser que certains comportements psychopathiques, et notamment la cruauté dont faisaient preuve certains bourreaux, sont la conséquence d'un syndrome traumatique. En étudiant les témoignages, on trouve souvent un homme, parfaitement identifié par ses camarades, exerçant des pratiques cruelles par pur sadisme. Lorsque l'on parvient à isoler de tels hommes, on s'aperçoit qu'ils ont tous le même profil psychique, et une confrontation maximale et incessante à la violence. Dans certains cas, on arrive à repérer des comportements mélancoliques, crises de larmes, effondrements psychologiques, etc. Les premières exécutions opérées par des novices sont marquées par le vécu le plus transgressif et traumatogène. Les officiers prennent alors conscience de la violence et de son impact sur le psychisme des tueurs. On repère très bien le point origine du traumatisme des bourreaux dans leur discours. Dans leurs descriptions, le moment d'effraction traumatique est toujours décrit sur un mode sensoriel. C'est "j'ai vu", "j'ai senti", "j'ai entendu, j'ai senti le goût, le toucher"... Il s'agit là des signes du trauma au sens freudien et lacanien du terme. On repère très vite dans la documentation le vécu traumatique du faire, du dit, du ressenti. On en a quasiment une image épidémiologique montrant les effondrements nerveux, l'alcoolisme absolument généralisé, la toxicomanie alcoolique, accompagnée de stratégies de soustraction à la violence du génocide. On se fait porter pâle, on dit que tel jour on ne peut pas y aller, que ça on ne veut pas le faire, etc. Autant de stratégies d'évitement qui sont extrêmement importantes. »

À partir de janvier 1942 en effet, le turn-over est incessant au sein des groupes d'intervention. Il n'épargne pas les chefs de kommandos. Paul Blobel, à la tête du Sonderkommando 4a de l'Einsatzgruppe C, a été relevé de ses fonctions dans les premières semaines du mois de janvier. Il est remplacé par un médecin du nom d'Erwin Weinmann, lui-même remplacé six mois plus tard par l'instituteur Eugen Steimle qui, après quelques mois, est à son tour remplacé par Friedrich Schmidt, puis, en 1943, par Theodor Christensen. C'est au cours de cette période que l'Obersturmführer Karl Kretschmer est intégré à ce bataillon. Le Sonderkommando 4a, loin de son premier rayon d'action, dans la région de Kiev, a progressé dans le sillage de l'armée allemande. Il est alors chargé de nettoyer le nord de Stalingrad. Dans une lettre à sa femme, Kretschmer écrit : « Le spectacle des morts (parmi eux des femmes et des enfants) n'est pas particulièrement stimulant. Mais aujourd'hui, nous menons cette guerre pour l'existence ou la non-existence de notre peuple. [...] Étant donné qu'à notre avis, cette guerre est une guerre contre les Juifs, ce sont les Juifs qui sont les premiers à la sentir. En Russie, il n'y a plus de Juifs là où il y a des soldats allemands. Tu peux t'imaginer qu'il va me falloir quelque temps avant que je surmonte cela. [...] Ici, il faut que nous soyons durs, sinon, nous risquons de perdre la guerre. Il n'y a pas de place pour la pitié, sous quelque forme qu'elle soit. Vous, les femmes et les enfants, là-bas au pays, vous n'aurez à escompter ni clémence ni pitié s'il advenait que l'ennemi s'imposât. C'est à cause de cela que nous faisons le ménage partout où c'est nécessaire. À part cela, le Russe est docile, simple et obéissant. Il n'y a plus de Juifs[3]. » Si Kretschmer se contente de justifier ses actes suivant la doxa prescrite par Hitler, Himmler et Heydrich – une idéologie sécuritaire fantasmée par les SS et abreuvée par le discours du haut commandement nazi –, d'autres lettres écrites par Kretschmer à son épouse rendent compte de la difficulté de la tâche accomplie par les tueurs du SD. Il y mentionne des symptômes psychosomatiques : troubles du sommeil (« Je me réveille toujours plus tôt, car jusqu'à présent je n'ai jamais été capable de dormir plus de cinq heures[4] »), dépression (« notre travail exige que nous mangions et buvions bien. Sinon nos nerfs craquent. Votre papa va bien faire attention et garder la mesure. Tout n'est pas bien beau ici. Je préférerais dormir[5] » ; « Si nous

3. Ernst Klee, Willy Dressen, Volker Riess, *Pour eux « c'était le bon temps »*, *op. cit.*, p. 150 et 152.
4. *Ibid.*, p. 153.
5. *Ibid.*, p. 155.

ne nous faisions pas tant de soucis ridicules sur nos activités dans ce pays, ma mission serait formidable et ce serait donc un succès dans la mesure où je peux vous aider. Comme je te l'ai déjà écrit, j'approuve ma dernière mission et je considère qu'elle est juste, même si elle a des conséquences, et l'expression : "penser à des bêtises" est injustifiée. C'est plutôt de la faiblesse que de ne pas pouvoir voir des cadavres humains, et le meilleur moyen de la surmonter est d'y aller souvent. Alors, ça devient une habitude[6] »). Kretschmer finira par être réaffecté à un travail de bureau (« En ce qui concerne les fusillades, je t'ai déjà raconté que, là aussi, je n'ai pas le droit de défaillir. En gros, ils ont déclaré qu'ils avaient enfin obtenu un vrai mec comme directeur administratif, l'ancien ayant été un trouillard. C'est ainsi qu'on juge les gens ici[7] »).

« La gestion des personnels des Einsatzgruppen était confiée, à partir de juin 1941, à un bureau particulier à Berlin, explique Christian Ingrao. Et il est intéressant de noter que, invariablement, le chef du service du personnel est toujours un ancien membre des Einsatzgruppen. Cela implique que le chef du personnel et ses subordonnés sont bien au fait des enjeux et des contraintes du "service" au sein des groupes d'intervention ; c'est-à-dire des questions relatives au trauma, à l'effondrement nerveux, à l'alcoolisme. On sait que Walter Blume, par exemple, essaya de gérer autant que possible ses hommes et de soustraire les plus fragiles au service des Einsatzgruppen[8].

6. *Ibid.*, p. 158.

7. *Ibid.*, p. 154.

8. Condamné à mort à Nuremberg, Blume échappa à la corde et fut remis en liberté. Comparaissant en 1964 en tant que témoin au procès de Hambourg, il déclara : « Lorsque j'ai quitté le kommando, j'ai dit à mes hommes que je les ramènerais tous et qu'ils pouvaient s'adresser à moi à n'importe quel moment. Raison pour laquelle, lorsque je suis revenu au RSHA, j'ai reçu à Berlin la visite d'un certain nombre de membres du kommando qui demandaient à être mutés. Ils se plaignaient de la forme des exécutions qui avaient lieu à l'époque et du fait qu'elles avaient été étendues aux femmes et aux enfants. On me présentait toute la situation d'une telle manière que leur vœu de sortir du kommando était compréhensible. L'un d'eux se plaignit très vivement du chef du kommando, c'est-à-dire de

Il n'en reste pas moins que c'est essentiellement les hommes eux-mêmes qui essayaient de s'y soustraire, et qu'un certain nombre d'accords tacites ont pu être passés. Des témoignages montrent que, lorsque ces hommes allaient voir un médecin SS, ce dernier pouvait se montrer très indulgent. La plupart du temps ils étaient mis à pied, ou en arrêt maladie. S'ensuivaient une mutation et un retour en Allemagne. Il y avait à la fois une sorte de connaissance des contraintes induites par le travail dans les Einsatzgruppen et des complicités permettant aux hommes, quand ils le voulaient, de s'y soustraire. Cela dit, tous n'essayaient pas, loin s'en faut. »

Erwin Schulz, qui commandait l'Einsatzkommando 5 de l'Einsatzgruppe C dirigé par Otto Rasch, demanda à être démis de ses fonctions en septembre 1941. « Les raisons de ma demande, expliquera-t-il à Nuremberg, résident, entre autres, dans les ordres d'intensifier toujours plus l'extermination impitoyable de tout le peuple juif. » Artur Nebe, le chef de l'Einsatzgruppe B en Biélorussie, qui essaya de trouver, par l'emploi du gaz ou de la dynamite, des modes d'extermination « plus humains », le policier rompu aux techniques du meurtre de masse qui réclamait de ses hommes davantage de Judenaktions au début de l'opération Barbarossa, finit également par flancher. Après le suicide de son chauffeur qui ne supportait plus d'assister aux massacres de masse, Nebe demanda à être rapatrié à Berlin. Dans la mémoire allemande, ce meurtrier passe pour un héros de la résistance au nazisme. Conséquence des traumatismes subis au cours de sa carrière criminelle sur le front ? Toujours est-il qu'il a été fusillé sur ordre de Hitler pour avoir participé à l'opération Walkyrie, le complot des généraux du 20 juillet 1944.

Nebe fut remplacé par Erich Naumann à la fin de l'année 1941. Au procès des Einsatzgruppen, ce dernier prétendra avoir contesté l'ordre de l'extermination auprès de Heydrich, parce

Rapp. Ce à quoi on leur demandait de participer dépassait la charge psychique supportable. » (Déposition de Blume au parquet de Hambourg du 21 décembre 1964, vol. XXIV, f. 4505, cité par Ralf Ogorreck, *Les Einsatzgruppen*, *op. cit.*, p. 196.)

que la mission était trop éprouvante. Selon Naumann, Heydrich aurait balayé ses réserves d'un revers de main : « Tous les Juifs, femmes et hommes, tous les Gitans et tous les fonctionnaires communistes tombent sous le coup de l'ordre du Führer. Il n'y a pas de discussion. Cet ordre doit être exécuté[9]. »

Au sein de l'Einsatzgruppe B, Alfred Filbert, un docteur en droit, commandant de l'Einsatzkommando 9 qui avait « nettoyé » Grodno, Vilnius et Vitebsk, souffrit de graves troubles du comportement entre juin et octobre 1941. Il fit une demande de mutation dans une unité combattante de la Waffen-SS, mais elle ne lui fut pas accordée. Rapatrié à Berlin au prétexte d'une affaire de pillage, Filbert fut mis à pied. Après la guerre, alors qu'il était en détention, condamné à perpétuité pour le meurtre de 11 000 personnes en Lituanie et en Biélorussie, le commandant de l'Einsatzkommando 9 fut soumis à l'examen d'un psychiatre britannique, Henry Dicks. La psychose et les traumatismes consécutifs aux massacres de masse ne faisaient aucun doute pour le praticien. Filbert s'était distingué dans son « travail » par une extrême brutalité et une absence totale d'empathie pour ses victimes. Il s'était de surcroît montré menaçant pour qui, parmi ses subordonnés, faisait preuve de mauvaise volonté au cours des exécutions, martelant que « des conséquences sévères [étaient attendues] pour tous ceux qui hésiteraient à participer à la destruction des Juifs[10] ». Pour lui, « tout le monde devait tirer ». Il s'incluait dans le nombre, à titre d'exemple. Le psychiatre britannique qui étudiait son cas écrivit dans son rapport : « Son comportement a été décrit, par certains de ses subordonnés entendus par la cour, comme "sans pitié", face aux objections concernant le déshabillage des femmes, par exemple. Il n'avait non plus aucune considération pour la jeunesse de certains de ses hommes qui devaient prendre part aux exécutions. La cour jugea que Fil-

9. Jugement des Einsatzgruppen, p. 852, cité par Richard Rhodes, *Extermination : la machine nazie*, *op. cit.*, p. 258.

10. Henry V. Dicks, *Licensed Mass Murder : a Socio-Psychological Study of some SS Killers*, New York (NY), Basic Books, 1972, p. 206.

bert se présentait clairement comme l'exécuteur zélé et féroce des politiques du Führer. [...] Filbert avait fait cesser les massacres brutaux des auxiliaires lituaniens, mais pour leur substituer une routine mécanique digne des abattoirs de Chicago, au rythme de cinq cents morts par jour. »

« Comme vous pouvez le constater, résume Christopher Browning, la rotation, et particulièrement parmi les chefs des Einsatzgruppen, s'accélère à partir de 1942. Les personnes occupant ces postes en 1942 ne sont pas nécessairement les mêmes qu'en 1941. Il faut ajouter, d'après les témoignages que nous avons pu recueillir, qu'une fois passé le stress du début, les tueurs ont fini par devenir parfaitement insensibles à ce qu'ils faisaient. À cause de la copieuse quantité d'alcool qu'ils ingéraient, mais aussi parce que c'était devenu une routine, quelque chose de banal pour eux. Certains s'y sont habitués, d'autres ont fini par y prendre plaisir. Je pense que c'est ainsi qu'ils ont développé certaines formes de sadisme : ils inventaient même des moyens de se distraire dans leurs tâches, ils recherchaient une sorte d'excitation transgressive en inventant de nouvelles formes d'humiliation. C'est pourquoi, au fil de l'année 1942, le "sale travail" sera de plus en plus confié aux Hiwi[11], c'est-à-dire que les exécutions de masse seront plus largement pratiquées par les polices locales, et de moins en moins par les Allemands. » De fait, à la fin de l'année 1942, principalement à cause de ces « tensions psychiques », on ne compte plus, dans les bataillons de tueurs, qu'un Allemand pour dix auxiliaires locaux.

Dans son rapport sur l'étude psychiatrique du cas Filbert, le docteur Dicks écrit : « À l'époque où l'Einsatzkommando était arrivé dans la région de Vitebsk, Filbert avait délégué une partie

11. *Hilfswillige*, auxiliaires volontaires, recrutés principalement parmi les populations locales (Ukrainiens, Bélarusses, Lettons, etc.) et des prisonniers soviétiques. Affectés à des tâches subalternes, une partie d'entre eux, pour soulager les bataillons allemands, sera versée aux effectifs des Einsatzgruppen. Ils pratiquent et encadrent les exécutions de masse. En 1943, on estime à 800 000 le nombre de Hiwi travaillant dans les formations de l'armée allemande. Voir également la définition d'André Bayle, *Des Jeux olympiques à la Waffen-SS*, Chevaigné, Éditions du Lore, 2008, p. 543.

des exécutions à une milice civile, recrutée parmi les membres de la population, qui haïssait les Juifs et les Soviétiques. [...] La raison en était apparemment la détérioration du moral de ses propres hommes, qui devaient ingurgiter des rations toujours plus importantes de vodka pour obéir aux ordres d'exécution. Plutôt que de tirer, ils brutalisaient les victimes pour les obliger à sauter vivantes dans la fosse, afin que les irréguliers locaux se chargeassent de les tuer pour eux[12]. » Malgré le doublement des rations de vodka, malgré le renforcement de ses bataillons en supplétifs locaux, Filbert, un assassin au comportement sadique, n'en devait pas moins céder à une dépression qui lui valut son retrait du front. Il s'en ouvrit au psychiatre britannique : « C'était une vraie dépression nerveuse... Comment un homme peut-il montrer qu'il ne peut plus le supporter si ce n'est en s'effondrant nerveusement ? On m'a rabaissé à un rôle de bourreau et d'assassin...

– Quels étaient les symptômes de cette dépression ? demanda Dicks.

– Des tremblements incontrôlables... et des crises de larmes. Je ne riais plus. J'étais si gai autrefois.

– Et ceux qui étaient capables d'accepter les ordres d'extermination, comment pensez-vous que cela leur était possible ?

– Il y en avait beaucoup de ceux-là. La SS était pleine d'hommes mauvais, capables de tout. Il y avait ceux qui disaient : "Le Führer l'ordonne, tout est en ordre", ceux qui ne se posent pas de questions. Dans un autre genre, il y avait ceux dont la devise était simple : "Le matin on tue, le soir on fait la fête." Le troisième groupe, c'étaient ceux qui, comme moi, restaient à l'écart des autres et qu'on accusait d'être de mauvais camarades [...], et puis il y avait encore les jeunes officiers SS, diplômés en droit, qui venaient me voir à Vilnius pour me dire : "Je ne peux pas faire ça" et à qui je devais dire : "Ne le dites pas trop fort !" et que j'affectais au bureau de l'unité. »

Tout aussi surprenant est l'effondrement psychique d'hommes tels qu'Otto Rasch, à la tête de l'Einsatzgruppe C, réputé

12. Henry V. Dicks, *Licensed Mass Murder*, *op. cit.*, p. 207.

pour sa sauvagerie (« il se distinguait par une brutalité sans nom », déclarera à Nuremberg son subordonné Erwin Schulz), et du chef suprême de la SSP en Russie centrale, l'homme de confiance de Himmler, Erich von dem Bach-Zelewski. Christian Ingrao : « Il baigne littéralement dans un océan de sang. Ce sont plusieurs centaines de milliers de victimes qui vont tomber au cours de ses grandes opérations de ratissage des forêts biélorusses. L'opération "Kodbous" du mois de mai 1943, est une opération qui se solde par plus de 15 000 morts, Bach-Zelewski se servant des populations locales pour des entreprises de déminage. Il s'agissait de faire marcher en rangs très serrés les populations des villages sur les champs de mines pour les faire détoner, et laisser ainsi le champ libre au passage des unités allemandes. Bach-Zelewski est l'un des plus grands criminels nazis. De façon assez inexplicable, il parvint à passer au travers d'une extradition en Russie qui lui aurait valu une condamnation à mort, et une exécution quasi certaine. En collaborant avec les juges du Tribunal militaire international de Nuremberg, il réussit à sauver sa tête. Dans le même temps, c'est un homme à la psychologie complexe ; c'est à la fois l'un des seuls nazis dont on puisse dire qu'il était véritablement sanguinaire, et l'un de ceux dont l'effondrement psychique et nerveux de 1942 lui vaudra d'être éloigné du front pendant presque une année. Cette double caractéristique de brute sanguinaire torturée par sa conscience décidera de son destin, au sens où, après être passé entre les gouttes des procès de Nuremberg et des premiers procès menés par les Allemands à partir de la fin des années 1950, Bach-Zelewski va lui-même s'accuser de crimes. Il sera condamné à une quinzaine d'années de prison à Hambourg en 1963-1964, et finira ses jours en prison. »

En février 1942, suite à de graves troubles intestinaux et stomacaux, Bach-Zelewski rentra en Allemagne se faire soigner. Il fut hospitalisé à l'hôpital de la Croix-Rouge de Hohenlychen, à une centaine de kilomètres de Berlin. Il fut pris en charge par le médecin SS Ernst Robert Grawitz. Après une opération des hémorroïdes, son patient ne parvenant pas à recouvrer la santé,

Grawitz conclut que le mal était ailleurs. Selon lui, il était lié au traumatisme des tueries sur le front de l'Est. Dans une lettre adressée au Reichsführer, le médecin SS écrit : « Il est tout à fait évident que le patient, arrivant du front de l'Est, présentait un état très grave d'épuisement général et nerveux. Il souffre tout particulièrement de réminiscences liées aux massacres de Juifs qu'il a lui-même dirigés et à d'autres expériences pénibles vécues à l'Est[13]. » À la question de savoir pourquoi il se trouvait dans un tel état, Bach-Zelewski aurait répondu : « Dieu merci, c'est fini pour moi. Ne savez-vous donc pas ce qui se passe en Russie ? On est en train d'exterminer tout le peuple juif, là-bas. » Pour autant, cette parenthèse médicale n'empêcha nullement le hiérarque nazi de reprendre son travail, une fois rétabli. Deux mois après ses confidences au docteur Grawitz, Erich von dem Bach-Zelewski supervisait de nouveau les massacres en Russie. Au mois d'août 1944, il prendrait en charge la répression du soulèvement de Varsovie.

13. Grawitz à Himmler, 4 mars 1942, NO-600, *in* Wladyslaw Bartoszewski, *Erich von dem Bach. War Crimes in Poland*, Varsovie, Wydawnictwo Zachodnie, 1961, p. 97-99.

III

Opération Reinhardt

Décembre 1941, des populations résiduelles esclavagisées – Tenir compte de l'expérience de l'Est pour l'extermination à l'Ouest – Les camps de Pologne – Premiers essais du Zyklon B, septembre 1941 – Eichmann convoqué par Reinhard Heydrich – Trouver la bonne méthode – 20 janvier 1942, Wannsee, le choix du gazage – De Judenfrei vers Lebensraum – L'assassinat de Reinhard Heydrich – Le plan d'extermination baptisé « opération Reinhardt ».

Au mois de décembre 1941, l'extermination des Juifs en Europe de l'Est est en grande partie accomplie. Il ne reste que des populations résiduelles, esclavagisées, main-d'œuvre corvéable jusqu'à la mort, et de vastes ghettos surpeuplés. Leur liquidation se poursuivra tout au long de l'année 1942. Hitler veut maintenant anéantir les Juifs d'Europe occidentale. Il a déclaré la guerre aux États-Unis le 11 décembre 1941. Or, la ligne de front, à l'exception de l'espace aérien britannique, se situe sur un autre continent, l'Afrique du Nord, laissant ainsi le champ libre à ses troupes de la mort pour achever le travail à l'Est. Il s'agissait là, pour le Führer, d'une occasion historique. Le 12 décembre, le lendemain de la déclaration de guerre lancée depuis le Reichstag, Hitler réunissait une cinquantaine d'hommes, Gauleiter et Reichsleiter – les principaux dirigeants du IIIe Reich –, pour leur exposer ses vues. Il leur fit part de son projet, et demanda à chacun de tout mettre en œuvre pour y parvenir.

Mais il fallait tenir compte de l'expérience exterminatrice déjà pratiquée à l'Est. Hitler pensait qu'il ne pourrait pas utiliser les mêmes méthodes ; les populations civiles d'Europe de l'Ouest ne manqueraient pas de réagir, en France, en Italie, en Belgique, en Hollande, si elles assistaient à de semblables tueries. À ses yeux, les Occidentaux n'étaient pas des sous-hommes et méritaient davantage d'égards. En outre, pour éviter de démoraliser la SS, il serait nécessaire d'utiliser un procédé qui confronte le moins possible le bourreau à sa victime. Toutes les expériences, et notamment les différents procédés de mise à mort par gaz, devraient être systématisées. Les réunions se poursuivirent en petits comités les jours suivants. Hitler y rencontra Philipp Bouhler, qui avait chapeauté le programme T4 d'euthanasie des handicapés mentaux, Heydrich, Himmler, Eichmann, ainsi qu'Alfred Rosenberg, qui administrait les territoires de l'Est. Les populations locales, confrontées à la destruction des Juifs soviétiques, s'étaient révélées tout à la fois terrorisées et apathiques. Il était donc préférable, comme cela avait été le cas pour les Juifs du Reich, de procéder à des déportations, afin de les assassiner plus à l'est. Le lieu de leur extermination apparut comme une évidence. La Pologne, qui avait été le terrain d'essai des campagnes d'assassinats mises en œuvre dès 1940 par les premières formations Einsatzgruppen, à la fois proche et lointaine, bien en retrait de la ligne de front russe, habitée par une population locale docile, sous contrôle et traditionnellement antisémite, serait le territoire idéal pour ce projet. Il fallait d'ailleurs commencer l'extermination sur ce même territoire, les Juifs polonais n'ayant pas encore été anéantis. L'Ostland et le Gouvernement général de Pologne étaient placés sous la responsabilité directe de Globocnik et Frank.

Hans Frank, l'ancien avocat de Hitler, était un antisémite pathologique. Dans le stock de la ZDF, la télévision nationale allemande, j'ai retrouvé l'archive filmée, non datée, de l'un de ses discours, vraisemblablement prononcé avant l'annexion de la Pologne, où, devant un parterre de dignitaires nazis, il éructait dans cette langue si particulière du IIIe Reich, pétrie d'invectives et de néologismes : « Ces espèces de carnassiers au nez crochu, ces messagers de l'anéantissement, ces freluquets pitoyables et ces bateleurs de l'ombre, ces damnées racailles de bâtards ! L'Allemand n'aime pas le Juif, le Juif n'aime pas l'Allemand. Par conséquent, le Juif doit disparaître. » Fin 1939, en tant que gouverneur général de la Pologne, il déclarerait dans un autre discours : « Quel plaisir d'être enfin en mesure de s'attaquer physiquement à la race juive. Plus il y aura de morts, mieux ce sera[1]. » Enfin, devant ses subordonnés à Cracovie, le 16 décembre 1941, soit quatre jours après la réunion des Gauleiter organisée par Hitler : « En ce qui concerne les Juifs – je tiens à vous le dire très ouvertement –, il convient maintenant d'en finir d'une manière ou d'une autre. Le Führer l'a déjà dit : si la judaïcité unie devait encore réussir à provoquer une guerre mondiale, [...] alors le Juif connaîtrait sa fin en Europe. Je vous le demande, convenez avec moi d'abord de cette formule : par principe, nous ne voulons ressentir de la pitié que pour le peuple allemand, et pour personne d'autre dans le monde. [...] Je dois le dire en tant que vieux national-socialiste : si la juiverie en Europe devait survivre à la guerre, alors celle-ci ne représenterait qu'un demi-succès. Je ne vais donc aspirer vis-à-vis des Juifs qu'à une chose : qu'ils disparaissent. Ils doivent disparaître. J'ai engagé des négociations dans le but de les expulser vers l'Est. En janvier aura lieu à Berlin une grande réunion [...]. Cette réunion aura lieu au RSHA chez le SS-Obergruppenführer Heydrich. Dans tous les cas, il y aura une grande migration juive. Mais que doit-il arriver aux Juifs ? [...] Nous ne pouvons fusiller ces 3,5 millions de Juifs, nous ne pouvons pas les empoisonner, mais nous allons pouvoir mettre en place des opérations qui mèneront dans tous les cas au succès de l'extermination, et ce en relation avec les mesures qui sont à discuter au niveau du Reich. [...] Où et comment cela se passera reste l'affaire des institutions que nous devons créer et mettre en place et dont les effets seront portés en temps utile à votre connaissance[2]. »

En Pologne, la concentration dans des camps et l'expérimen-

1. Cité par Christopher Browning, *Nazi Policy, Jewish Workers, German Killers*, Cambridge, New York (NY), Cambridge University Press, 2000, p. 8.
2. Christian Gerlach, *Sur la conférence de Wannsee*, *op. cit.*, p. 65-66.

tation de différents procédés d'extermination au gaz étaient très avancées. Odilo Globocnik, à qui l'on avait confié 92 hommes spécialisés dans les méthodes d'euthanasie, avait poussé loin les méthodes d'assassinat de masse qui devaient se généraliser à partir de 1942. L'essai à l'acide prussique, autrement appelé Zyklon B, sur des prisonniers soviétiques dans les caves du bloc 11 du camp d'Auschwitz, le 3 septembre 1941, s'était révélé concluant. En octobre 1941, les hommes de Globocnik avaient commencé à travailler sur la conception des centres de mise à mort de Chelmno (les internés juifs y seraient tués dans des camions à gaz), et de Belzec, au sud-est de Lublin, destiné à l'ultime liquidation des Juifs de Galicie. Ces deux camps, prototypes efficaces du futur archipel des camps d'extermination de Pologne, furent opérationnels à la mi-décembre 1941.

C'est à cette même période, comme il le raconterait lui-même en 1960 à son procès à Jérusalem, qu'Eichmann fut convoqué par Heydrich : « [Heydrich m'a dit :] “Le Führer a ordonné l'élimination physique des Juifs.” Ce sont ses propres mots. Comme s'il voulait voir quel effet cela me faisait, il a fait une longue pause, ce qui n'était pas du tout dans ses habitudes. Je m'en souviens encore. Au début, je n'ai pas saisi les implications, parce qu'il choisissait ses mots avec tellement de soin. Puis j'ai compris. [...] Il me dit : “Eichmann, allez voir Globocnik à Lublin, le Führer lui a déjà donné des instructions. Allez voir où il en est de son programme. Je crois qu'il utilise des tranchées antichars russes pour exterminer les Juifs.” Comme convenu, je suis allé à Lublin [...] Globocnik a fait venir un certain Sturmbannführer Höfler, qui devait être membre de son état-major. De Lublin, nous sommes allés à..., je ne me souviens plus du nom, je les mélange tous, je ne pourrais pas dire si c'était Treblinka ou un autre endroit[3]. Il y avait des bois, en quelque sorte, que la route traversait, une route nationale polonaise. Sur le côté droit de la route, il y avait une maison ordinaire, c'est là qu'étaient logés les hommes qui y travaillaient.

« Un commissaire de la police de l'ordre nous a accueillis.

3. Il s'agissait du camp de Belzec.

Quelques ouvriers étaient encore là. Le commissaire avait ôté sa veste et remonté ses manches, ce qui m'a étonné. Pour une raison ou pour une autre, il semble qu'il s'était joint au travail. Ils construisaient de petites cabanes de bois, deux, peut-être trois. Elles avaient la taille de cottages de deux ou trois pièces. Höfler a dit au commissaire de m'expliquer l'installation. Alors il a commencé. Il avait, eh bien, mettons, une voix vulgaire, sans raffinement. Il buvait peut-être. Il parlait un dialecte du sud-ouest de l'Allemagne et il m'a dit qu'il avait tout fait bien étanche. Il semble qu'ils allaient adapter un moteur de sous-marin russe, envoyer les gaz d'échappement dans les maisons et qu'à l'intérieur les Juifs seraient empoisonnés. J'ai été horrifié. Je n'ai pas les nerfs assez solides. [...] Je ne peux pas entendre des choses pareilles sans que cela m'affecte. Encore aujourd'hui, quand je vois quelqu'un qui s'est coupé profondément, il faut que je détourne les yeux. Je n'aurais jamais pu être médecin. Je me souviens encore d'avoir imaginé la scène et de m'être mis à trembler, comme si j'avais vécu quelque chose, une expérience terrible [...].

« On m'a ensuite envoyé à Chelmno (Culm) dans le Warthegau. J'ai reçu des ordres de Müller d'aller à Lodz (Litzmannstadt) et de lui faire un rapport sur ce qui se passait là-bas. Il n'en parlait pas de la même façon que Heydrich [...] pas aussi grossièrement. “Une aktion contre les Juifs est en cours là-bas, Eichmann. Allez y jeter un coup d'œil et venez me faire un rapport.” Je suis allé au quartier général de la Gestapo de Lodz [...], et là, on m'a expliqué. C'était une équipe spéciale mise en place par le Reichsführer. Ils m'ont dit exactement où ce Chelmno se trouvait. Voilà ce que j'ai vu : une pièce, peut-être, si je me souviens bien, à peu près cinq fois comme celle-ci. Il y avait des Juifs dedans. Il fallait qu'ils se déshabillent, puis un camion plombé arrivait. On ouvrait les portes, il se garait près d'une sorte de rampe. Les Juifs nus devaient entrer à l'intérieur. On refermait ensuite les portes et le camion repartait. [...] Tout le temps qu'il est resté là, je n'ai pas regardé à l'intérieur. Je ne pouvais pas. Je ne pouvais pas ! Ce que j'ai vu et entendu m'a suffi. Des hurlements. J'étais trop secoué. J'en ai parlé à

Müller dans mon rapport. Il n'en a pas fait grand cas. J'ai suivi le camion en voiture [...] et là, j'ai vu la chose la plus horrible qu'il m'ait été donné de voir de toute ma vie. Il s'est garé près d'une tranchée assez longue. On a ouvert les portes et jeté les cadavres dedans. Les membres étaient aussi souples que s'ils avaient été vivants. Simplement jetés dedans. Je revois encore un civil arracher des dents avec une pince. Alors j'ai foutu le camp. Je suis remonté dans ma voiture et je suis parti. Je n'ai pas dit un mot. Je suis resté là pendant des heures sans dire un mot à mon chauffeur. J'en avais assez. Il fallait que ça cesse. La seule autre chose dont je me souvienne, c'est un médecin en blouse blanche qui voulait que je regarde par un judas les gens qui se trouvaient à l'intérieur du camion. J'ai refusé. Je ne pouvais pas, je n'ai rien pu dire d'autre, il fallait que je sorte de là. À Berlin, j'ai fait mon rapport au Gruppenführer Müller. Je lui ai dit la même chose qu'à vous. Terrible, un enfer. »

Pauvre Eichmann. Comment un homme d'une telle sensibilité a-t-il pu se laisser entraîner, pour utiliser ses propres mots, dans ce « terrible enfer » ? Celui qui fut l'un des principaux architectes de la Solution finale se montrerait à une autre occasion, selon d'autres témoignages que le sien, bien davantage préoccupé par sa tenue vestimentaire que par l'assassinat des enfants juifs auquel il assistait quelques mois plus tard en Biélorussie. Envoyé en inspection à Minsk, il fut invité à assister à la liquidation d'un orphelinat juif. L'exécution était menée par les Einsatzgruppen, assistés de supplétifs lituaniens et biélorusses. Elle a eu lieu le 2 mars 1942 – date de la fête juive de Pourim. « L'opération, écrit Hersch Smolar, le chef de la résistance du ghetto de Minsk, était dirigée par le gouverneur nazi de Biélorussie, le Gauleiter Wilhelm Kube. À ses côtés se tenait un grand officier SS, portant un long manteau de cuir. Les Juifs allemands nous ont appris par la suite que c'était le bras droit de Himmler, Adolf Eichmann. À son signal, les assassins commencèrent à jeter les enfants dans la fosse et à les recouvrir de sable. On les entendait pleurer et hurler de loin dans le ghetto. Les enfants tendaient leurs mains, suppliaient qu'on leur laisse la vie. [...] On a appris, par la police juive, que Eichmann s'était mis à jurer, très en colère, quand du sang avait éclaboussé son manteau. Sur le tas d'enfants mourants, les nazis ont jeté les cadavres de leurs tutrices, la directrice, Fleisher, et le docteur Tshermin[4]. »

La conférence évoquée par Frank dans son discours de Cracovie se tint le 20 janvier 1942, dans une villa du lac de Wannsee, non loin de Berlin. C'est Adolf Eichmann, l'un de ses participants, en plus de Müller, Heydrich et les principaux techniciens de la Solution finale, qui était chargé de l'organiser. Alors que sont épluchés les rapports des Einsatzgruppen qui déclarent Judenfrei la quasi-totalité de l'Europe de l'Est, la déportation des Juifs d'Europe occidentale vers des camps d'extermination par gaz est entérinée. Belzec, Sobibor, Treblinka, puis Auschwitz-Birkenau seront les instruments d'un assassinat de masse plus industrialisé et plus efficace que les kommandos mobiles de tuerie, réduits à des « expédients » ou des « expériences pratiques ». Les techniciens du génocide tablent sur un bilan global de 11 millions de victimes juives. Quant à la teneur des débats, Eichmann les a résumés comme suit à son procès : « Ils ont discuté de ce problème en termes très clairs, pas le langage que j'ai dû utiliser dans le procès-verbal, mais dans des termes sans équivoque, sans mâcher leurs mots. Et mes souvenirs ne seraient pas si précis si je ne me souvenais pas m'être dit à l'époque : Non mais regarde un peu Stuckart, ce bureaucrate toujours si respectueux des lois, toujours si pointilleux. Quel changement ! Le langage n'avait rien à voir avec une quelconque procédure légale. On parlait de meurtre, d'élimination et d'extermination[5]. » Une large partie de la conférence, une fois réglés les problèmes fonctionnels et les objectifs à atteindre, porta sur des problèmes nouveaux que rencontrait l'entreprise d'extermination des Juifs. Que fallait-il faire des demi ou quarts de Juifs ?

D'autres questions se profilaient, qui concernaient plus direc-

4. Hersch Smolar, *The Minsk Ghetto*, *op. cit.*, p. 73-74.
5. Gerald Fleming, *Hitler and the Final Solution*, *op. cit.*, p. 91-92.

tement les territoires de l'Est. Qu'ils soient déclarés Judenfrei n'était qu'une des étapes du grand projet de Lebensraum conceptualisé par Hitler dans *Mein Kampf*. Car le nettoyage des pays de l'Est allait de pair avec un vaste mouvement de colonisation germanique sur ce territoire, et il faudrait à terme, quand la première vague de massacres – celle des Juifs – serait achevée, élargir l'anéantissement à d'autres catégories de populations. Ainsi, à la suite du protocole de Wannsee, des conférences à Prague, à Berlin, permirent d'affiner et de résoudre les problèmes logistiques induits par l'extermination des Juifs de l'Ostland et d'Europe occidentale, comme de définir les étapes ultérieures, en vue de l'avènement du Lebensraum. Himmler avait été directement mandaté par Hitler pour les programmer. Il s'agissait d'expulser et d'exterminer les populations locales non juives. Himmler publia le compte rendu de ce projet le 27 avril 1942, sous l'intitulé « Plan Ost » : « Tous les Juifs et les Gitans devaient être éliminés, ainsi que le quart des Russes. Trente et un millions des habitants de Pologne et d'Union soviétique occidentale devaient être déportés dans le Gouvernement général ou en Sibérie ; quatorze millions seraient germanisés, et les autres seraient conservés pour servir les futurs colons d'origine allemande d'Europe de l'Est et du Tyrol méridional. Le Gouvernement général devait devenir un "gigantesque camp de travail polonais", peuplé par un "réservoir de main-d'œuvre sans qualification". Un document publié à la même époque par la division colonisation de l'Ostministerium évaluait le nombre des personnes prévues pour la déportation à environ cinquante millions, mais suggérait qu'il n'était pas suffisant de réfléchir seulement en termes démographiques et ethniques. Il était important de détruire les Russes en tant que peuple, de les diviser et de les aliéner. Il était essentiel que la majorité des populations restant sur le territoire russe soit de type semi-européen et primitif[6]. »

6. Eric R. Wolf, *Envisioning Power. Ideologies of Dominance and Crisis*, Berkeley (Cal.), University of California Press, 1999, p. 264.

Belzec fonctionna à plein régime à partir du 17 mars 1942. On tuait les gens dans des chambres à gaz, mais aussi par fusillades, tant le rythme d'arrivage des trains en provenance de Galicie était important. Les corps étaient brûlés à l'air libre, dans l'enceinte du camp, répandant sur la ville et les bourgades alentour une odeur pestilentielle. Le camp de Sobibor était alors en construction. À Sobibor, l'extermination débuta au mois de mai. Au mois de juillet à Treblinka.

Le matin du 27 mai, alors qu'il rentrait de sa résidence d'été à Prague, au détour d'une route de campagne, Reinhard Heydrich tomba dans une embuscade tendue par quatre résistants tchèques. Deux d'entre eux avaient été parachutés par l'aviation britannique. La voiture de Heydrich, une Mercedes noire, fut touchée par une grenade, et le chef du RSHA mortellement blessé. Il eut néanmoins le temps de s'extirper de la voiture, de dégainer son arme et de tirer sur ses assaillants, parvenant à en blesser un. Transporté vivant à l'hôpital, Heydrich succombait à ses blessures le 4 juin. Le 8 juin 1942, à Berlin, il avait droit à des funérailles nationales en présence du Führer et du Reichsführer. En une file indienne bien ordonnée, s'étendant à perte de vue, les Berlinois se pressaient pour déposer des couronnes et des gerbes de fleurs au pied du cercueil. La Solution finale était la mission spéciale de Heydrich ; le grand œuvre qui l'aurait fait entrer au panthéon du national-socialisme, au tout premier rang des principaux apôtres de Hitler. C'est sans doute pour cette raison que le plan d'extermination des Juifs d'Europe dans les industries de la mort fut baptisé « opération Reinhardt ».

IV

Biélorussie, 1942

Mars 1942, rapport d'activité des Einsatzgruppen – Les tueurs se sédentarisent – La mission génocidaire est confirmée – La maternité de Vinnitsa – 55 000 Juifs liquidés sans effet négatif sur la capacité de production allemande – Février 1942, la plus brutale des unités d'extermination : la brigade Dirlewanger – Des chasseurs et des braconniers, par Christian Ingrao – Fin de l'été 1942, la Biélorussie est Judenrein – La barbarie s'abat sur les villages russes – 21 juillet 2008, *Requiem pour un massacre* d'Elem Klimov.

« Depuis que les territoires de l'Est sont largement Judenfrei et que les quelques Juifs qui restent pour les travaux les plus urgents ont été mis dans des ghettos, la mission de la police de sécurité et du SD là-bas a consisté à capturer les Juifs qui se cachaient, surtout dans les campagnes. On a arrêté beaucoup de Juifs qui avaient quitté le ghetto sans permission ou ne portaient pas l'étoile juive. À Riga, trois Juifs du Reich, qui s'étaient échappés du ghetto, ont été arrêtés avec d'autres et pendus publiquement dans le ghetto. […] Dans le reste des territoires du front de l'Est, la tâche de la police de sécurité et du SD, en plus des mesures individuelles contre les Juifs, a consisté en des purges générales dans de gros villages. Ainsi, 15 000 Juifs ont été fusillés à Rakov et 1 224 à Artenowsk, de sorte que ces endroits sont maintenant Judenfrei. En Crimée, 1 000 Juifs et Gitans ont été exécutés. » Ce rapport d'activité des Einsatzgruppen, qui date du mois de mars 1942, donne la mesure des liquidations systématiques des ghettos pratiquées durant toute l'année 1942, en Pologne et sur le front de l'Est. « Ces liquidations, commente Christopher Browning, ont débuté à Lodz au mois de janvier 1942, dans le district de Lublin au mois de mars, et elles se poursuivent en Galicie. Bien sûr, de grandes fusillades y avaient eu lieu, et ce dès les premiers jours de l'invasion, mais l'extermination des Juifs de Galicie, à partir de cette "seconde vague", se pratiquera en les déportant et en les assassinant au camp de Belzec, au mois de juin 1942. À partir des mois de juillet et août, c'est le tour du district de Varsovie. L'année 1942 sera de loin la plus meurtrière pour les Juifs de l'Est. »

En 1942, les Einsatzgruppen se sont sédentarisés. Dans chaque district des territoires conquis, ils se sont installés dans les bureaux locaux de la police et des services de renseignement du Reich. Pour autant, leurs missions demeurent identiques. Elles changent d'autant moins que le génocide s'intensifie de l'été 1942 à l'été 1943, se combinant avec des activités de lutte contre les partisans. « À partir de l'été 1942, apparaît ce que Raul Hilberg appelle "la deuxième vague du génocide", précise Christian Ingrao. Il s'agit d'un génocide absolument méthodique, qui suit un plan parfaitement lisible sur la carte, progressant de haut en bas, du nord au sud. Les ghettos sont systématiquement liquidés, avec sélection des populations. Certains hommes sont envoyés dans des camps de concentration pour y travailler, mais la plus grande partie des populations, entre 80 et 90 % de la population des ghettos, est alors exterminée dans de grandes fusillades. Tout cela intervient de la mi-1942 à la mi-1943, et on peut considérer que les communautés juives ont disparu en très grande partie à l'été 1943. À partir de ce moment-là, les victimes des formations militaires allemandes sont surtout des civils soviétiques non juifs. »

Les conflits qui depuis un an éclataient régulièrement entre les administrations locales et les SS prirent un tour décisif en 1942. Wilhelm Kube, le Generalkommissar de Biélorussie, s'était plaint des exterminations menées par les Einsatzgruppen, arguant que la main-d'œuvre juive devait être préservée en temps de guerre. Des voix émanant de la Wehrmacht allaient dans le même sens. Mais, après de nombreux débats et rappels à l'ordre, la mission génocidaire, prioritaire sur tous les autres aspects du conflit, et contre toute logique, finit par l'emporter, même si Himmler concéda comme à regret qu'on laissât en vie un nombre de Juifs réduit au minimum pour continuer de servir l'armée allemande. En Ukraine, les survivants juifs de Vinnitsa furent rassemblés au mois d'avril dans le stade de la ville pour une ultime sélection. Ceux qui portaient la lettre A sur leur permis de travail (tailleurs, maçons, charpentiers) furent séparés du groupe et envoyés dans des petits camps intégrés aux usines et aux chantiers où ils continueraient à travailler pour l'effort de guerre. Les autres, jugés inaptes au travail, en tout 5 000 personnes, femmes, enfants, vieillards, furent acheminés par convois ou à pied sur un terrain situé au nord de la ville pour être assassinés. Sept mois plus tôt, ce sont 10 000 personnes qui avaient été tuées sur ce même terrain.

Alors que ceux qui n'appartenaient pas au petit groupe A s'apprêtaient à vivre leurs derniers instants, un Einsatzkommando s'occupait de « nettoyer » la maternité de l'hôpital. Les femmes venant d'accoucher furent abattues dans la forêt de Pyatnychany. Quant aux nouveau-nés, on les mit dans de grands sacs de jute qui furent jetés du haut des fenêtres de la maternité. Pendant ce temps, parvenu à destination, le groupe acheminé depuis le stade par les auxiliaires ukrainiens découvrait une longue et profonde tranchée au bord de laquelle était assis, les pieds dans le vide, un Ukrainien tenant une mitraillette. Il fumait tranquillement une cigarette. Les Allemands supervisant l'opération se mirent à arracher les bébés et les enfants des bras de leurs mères, au milieu des pleurs et des hurlements. Ils furent conduits près d'une petite fosse carrée, à l'écart de la fosse principale, et massacrés à coups de bâton ou d'une balle dans la nuque. Les petits cadavres furent ensuite jetés dans cette fosse. Sur le terrain principal de l'opération, les adultes étaient obligés de s'allonger dans la fosse, suivant la méthode de la Sardinenpackung, puis assassinés par des rafales de mitraillette.

Quant à Kube, il avait fini par se ranger aux arguments de Himmler. Dans une lettre datée du 31 juillet, il écrit à Hinrich Lohse, son supérieur direct : « Nous avons, au cours des dix dernières semaines, liquidé environ 55 000 Juifs. Dans la région de Minsk, la juiverie a été complètement anéantie sans que l'on ait risqué de manquer de main-d'œuvre. 16 000 Juifs ont été liquidés dans les alentours de Lida, peuplés surtout de Polonais, et 8 000 à Slonim, etc. Dans les environs de Glebokie, les dispositions que nous avions prises en vue de la liquidation des Juifs ont été perturbées ; on vient de nous informer que le groupe d'armée de l'arrière avait empiété sur nos compétences. Les services de l'armée ont liquidé 10 000 Juifs sans prendre contact avec nous, mais, de toute façon, nous avions prévu leur élimination. Les 28 et 29 juillet, nous avons liquidé 10 000 Juifs environ dans la ville de Minsk, dont 6 500 Juifs russes, surtout des vieillards, des femmes et des enfants ; les autres étaient inaptes au travail, ils avaient été expédiés à Minsk sur ordre du Führer en novembre dernier et venaient principalement de Vienne, Brünn, Brême et Berlin.

« La région de Slutzk a également été débarrassée de quelques milliers de Juifs, tout comme les environs de Novogrodek et de Vileika. En ce qui concerne Baranowitschi, 9 000 d'entre eux seront liquidés le mois prochain.

« Dans la ville de Minsk, il reste encore 2 600 Juifs d'Allemagne. Par ailleurs, 6 000 Juifs et Juives russes y sont encore en vie. Au moment où se déroulaient les opérations, ils constituaient la main-d'œuvre des unités qui les employaient. [...] Dans toutes les autres régions, le SD et moi-même, nous avons fixé le nombre de Juifs affectés au service du travail à 800 au maximum, ce nombre pouvant éventuellement être réduit à 500 de sorte qu'une fois les opérations annoncées terminées, il n'en restera plus que 8 600 à Minsk et environ 7 000 dans les 10 régions restantes, y compris les environs de Minsk, qui sont déjà exemptes de Juifs[1]. »

1. Ernst Klee, Willy Dressen, Volker Riess, *Pour eux « c'était le bon temps »*, *op. cit.*, p. 168-169.

C'est en Biélorussie, alors que les Einsatzkommandos du groupe B se consacraient à la chasse aux partisans, par des assauts répressifs contre les populations locales – la Biélorussie n'ayant jamais réellement pu être « pacifiée » –, que fut envoyée, au mois de février 1942, la plus brutale des unités d'extermination jamais créée : la brigade (ou Sonderkommando) Dirlewanger, du nom de son chef, Oskar Dirlewanger, un ancien comptable adepte de la chasse, condamné en 1934 pour pédophilie. De haute taille, très mince, le visage anguleux, des yeux globuleux mi-clos, un front haut, surdimensionné par rapport à l'étroitesse du visage, il porte une petite moustache à la Hitler. De ce visage émane une violence hermétique.

Oskar Dirlewanger s'était distingué au combat pendant la Première Guerre mondiale. Il y fut blessé à six reprises, par balle, baïonnette et sabre. Il avait ensuite obtenu un doctorat en science politique, avant de combattre pendant la guerre d'Espagne dans une unité de la Luftwaffe aux côtés des franquistes. C'est en 1940 que Himmler eut l'idée d'une brigade composée de chasseurs et de braconniers. De tels hommes étaient des spécialistes de la prédation, leurs talents cynégétiques devaient être mis à profit. Hitler en tomba d'accord : au lieu de les laisser croupir en prison, leurs aptitudes seraient utilisées pour la chasse aux Juifs et aux partisans. C'est à son retour d'Espagne que son ami et protecteur dans la SS, Gottlieb Berger, le proposa à Himmler pour diriger la brigade des braconniers. Himmler accepta et Dirlewanger, nommé au grade d'Obersturmführer, fut envoyé au mois de septembre 1940, avec cinquante hommes, dans la région de Lublin, en Pologne annexée.

« Les responsables du RSHA, écrit Christian Ingrao qui a consacré une monographie au Sonderkommando Dirlewanger, avaient décidé de faire de Lublin une grande réserve destinée à accueillir tous les Juifs d'Allemagne et d'Europe occupée[2]. »

2. Christian Ingrao, *Les Chasseurs noirs. La brigade Dirlewanger*, Paris, Perrin, 2006, p. 22.

Les versions divergent sur les activités d'Oskar Dirlewanger dans le district de Lublin, puis en Galicie où il fut également actif au cours de cette période. Si son unité était principalement affectée à la surveillance des prisonniers et travailleurs forcés, il est plus que vraisemblable qu'il commença à traquer les Juifs et les résistants polonais dans les forêts de Lviv. Sa sanglante épopée ne débute réellement qu'en 1942. En Biélorussie, sous le haut commandement de Bach-Zelewski, rentré de convalescence, le kommando Dirlewanger participe à de très nombreuses opérations de ratissage. Contre les partisans, contre les Juifs, et surtout contre la population civile. « Le point d'orgue de cette activité, précise Christian Ingrao, fut constitué par l'action "Fièvre des marais", qui ne concernait plus seulement un secteur particulier, mais bien tout le commissariat général, et qui dura un mois entier[3]. »

En quinze mois d'opérations, le Sonderkommando avait à lui seul assassiné près de 15 000 personnes. Durant l'année qui suivit, son bataillon ne cessa de croître, jusqu'à atteindre près de 1 000 hommes à la fin de la guerre. Ces hommes avaient tous en commun d'être des assassins patentés doublés d'alcooliques invétérés. Ils faisaient preuve, où qu'ils passassent, d'une brutalité et d'une perversité sans nom. Si les premières recrues étaient des braconniers et des chasseurs, la Sondereinheit, renforcée en juillet 1942 par un contingent de 115 braconniers supplémentaires, fut ensuite nourrie de Hiwi locaux ukrainiens, russes, arméniens, puis de droits communs internés dans des camps tels que Dachau, Buchenwald ou Mauthausen. Ceux-là étaient répartis en deux catégories : les « asociaux » – « débiles légers » ou « psychopathes » – et les « criminels professionnels ». L'une des spécialités du Sonderkommando était la liquidation et le nettoyage des ghettos. « Nombre d'opérations auxquelles participèrent les hommes de l'unité s'achevèrent par la dissolution, en de grandes fusillades, des ghettos organisés durant l'été et l'automne 1941 dans toute la Biélorussie. "Hornung" s'acheva par la liquidation du ghetto de Slutzk ; "Fièvre

3. *Ibid.*, p. 31.

des marais", par celle d'une grande partie du ghetto de Baranowitschi. Le ghetto de Lida fut liquidé à l'automne 1942[4]. »

Si Himmler et Bach-Zelewski se montrèrent satisfaits des prouesses meurtrières du kommando, ce n'était pas le cas de tous les responsables nazis sur le terrain, et particulièrement de certains responsables des administrations civiles. Après l'exécution de Kube par sa femme de ménage biélorusse, le 22 septembre 1943, ses services envoyèrent un rapport à Rosenberg, dans lequel ils dénonçaient clairement les méthodes de la brigade Dirlewanger, cela dans le contexte d'une recrudescence sans précédent des activités de la résistance soviétique : « Des lignes de chemin de fer, qui étaient jusqu'alors considérées comme hors de danger, sont aujourd'hui fermées à la circulation. Le trafic avec Vilnius lui-même était de plus en plus obéré par des actes de terrorisme, des mines, etc. [...] À tout cela s'ajoute le traitement psychologique erroné de la population par des unités en opérations de police. C'est ici que le nom de Dirlewanger joue un rôle particulièrement lourd de conséquences, car cet homme, dans la guerre d'anéantissement qu'il mène sans pitié contre une population désarmée, refuse consciemment de prendre en considération toutes les nécessités politiques. Les méthodes mobilisées, dignes de la guerre de Trente Ans, font apparaître les assurances de l'administration civile sur leur souhait d'une collaboration du peuple biélorusse pour un mensonge. Quand des femmes et des enfants sont fusillés en masse ou brûlés vifs, tout cela n'a plus rien à voir avec une conduite humaine de la guerre. Le nombre des villages brûlés lors des grandes actions de ratissage excède celui de ceux brûlés par les bolcheviques[5]. »

À la fin de l'été 1942, la Biélorussie était Judenrein (pure de Juifs). N'ayant plus de Juifs à abattre, les formations SS en activité dans la région, les Sonderkommandos issus du groupe B, les unités Reich, Totenkopf, avec pour tête de proue la Dir-

4. *Ibid.*, p. 33.
5. Cité par Christian Ingrao, *Les Chasseurs noirs*, *op. cit.*, p. 39.

lewanger, se livrèrent à une guerre de « prédation contre la paysannerie locale[6] ». Il s'agissait de fondre sur un village, de l'encercler en coupant toutes les voies d'accès, de piller tout ce que l'on pouvait, de violer des femmes et d'assassiner les habitants jusqu'au dernier. Le village était ensuite incendié, et les survivants brûlés vifs. Les unités répressives allemandes, soudées depuis longtemps par le meurtre de masse, l'alcool et la cruauté, firent de la Biélorussie un enfer. Interrogé après la guerre par une commission d'enquête soviétique, voilà comment Ivan Boranov, un ancien supplétif russe, décrit les activités de la Dirlewanger dans la région de Moguilev : « Ce que je pus comprendre de mon activité pratique, c'est que l'unité spéciale Dirlewanger avait été créée spécialement pour mener des actions de représailles contre les partisans et la population pacifique de Biélorussie. Pendant plus de deux ans, cette unité, sous le commandement de Dirlewanger, des frères Zalski, de Zimmermann, de Ted Jakob et d'autres nazis, a systématiquement mené ces actions de représailles dans les environs de Moguilev, Minsk, Vitebsk et autres lieux. Au cours de ces actions, les habitants pacifiques de localités, de villages et de hameaux furent fusillés, brûlés vifs, pendus. Furent incendiés des maisons d'habitation, des écoles, des hôpitaux, des clubs, des églises et d'autres lieux publics [...] Si mes souvenirs sont bons, plus d'une centaine de localités habitées furent détruites avec leurs habitants[7]. »

Hans-Peter Klausch était un membre de la Dirlewanger. Voici le récit qu'il fit d'une expédition punitive dans un village de la région de Smolensk : « Au cours d'une expédition [...] le village a été encerclé. Personne n'a été autorisé à entrer ou à sortir. Les gens qui se trouvaient dans les champs ont été renvoyés au village. Le lendemain matin, vers six heures, tous les habitants de ce gros village d'environ deux mille cinq cents habitants, les enfants, les femmes, les vieillards, ont été poussés dans quatre ou cinq granges. Puis Dirlewanger est arrivé avec

6. *Ibid.*
7. *Ibid.*, p. 132.

dix hommes, des officiers, etc., et a dit : "Tuez-les immédiatement." Il a posté quatre hommes du SD avec des mitrailleuses devant la grange. On a ouvert les portes. Dirlewanger a dit : "Tir à volonté" et ils se sont mis à tirer dans cette foule d'êtres humains, sans chercher à savoir si des enfants, des femmes, etc., étaient touchés. C'était quelque chose d'horrible. Quand les chargeurs ont été vides, ils en ont mis des nouveaux et cela a recommencé. Les hommes du SD ont arraché la paille des toits et mis le feu aux granges. C'était le spectacle le plus horrible que j'aie vu de ma vie. Les granges brûlaient bien. Personne ne pouvait s'en échapper tant qu'elles ne s'écroulaient pas. Pendant ce temps, Dirlewanger et ses hommes se sont postés avec leurs mitrailleuses russes à une cinquantaine de mètres des granges. À ce moment-là, des gens blessés à divers degrés se sont mis à sortir tout en flammes. Alors ces salauds ont tiré sur ceux qui essayaient de s'échapper, Dirlewanger en tête, jusqu'à ce qu'il ne reste plus personne de vivant. J'ai été témoin de ce que je viens de décrire à quatre ou cinq reprises. Chaque fois, les villages étaient complètement rasés[8]. »

Ces méthodes ont été mises en scène dans le chef-d'œuvre du cinéaste soviétique Elem Klimov, *Viens et regarde* (*Idi i smotri*), dont le titre est emprunté à un verset du Livre des Révélations (chapitre 6) : « Je regardai, et parut un cheval livide. Celui qui le montait se nommait la Mort, et le séjour des morts l'accompagnait. » Réalisé en 1984, le film ne fut diffusé en France que vingt ans plus tard, sous le titre *Requiem pour un massacre*. Il suit l'itinéraire de Florya, un jeune Biélorusse âgé de 15 ans qui rejoint, dans les premières séquences – avant que sa mère, ses deux petites sœurs et la totalité des habitants de son village ne soient fusillés par les nazis –, un groupe de partisans. La première partie du film, éprouvante par la lutte menée contre une nature hostile, le massacre hors champ de la famille du personnage principal, un bombardement de la Luftwaffe, son atmosphère lourde et onirique, se

8. Cité par Richard Rhodes, *Extermination : la machine nazie*, *op. cit.*, p. 289-290.

situe auprès des partisans soviétiques retranchés dans la forêt. Au cours d'une mission, Florya, qui a perdu son groupe, trouve refuge chez une famille de paysans. C'est là, et la séquence occupe toute la seconde partie du film, que fond sur le village une formation punitive allemande du SD, formation qui pourrait être celle d'un Einsatzkommando, ou du Sonderkommando Dirlewanger. Les hommes du SD et leurs supplétifs se livrent à une orgie de sang, d'alcool, de viols, déployant une violence paroxystique. Dans cette séquence filmée en temps réel au steadycam, lourde armature métallique permettant des plans d'une impeccable fluidité, rien n'est épargné au spectateur. L'encerclement du village dans le vrombissement des moteurs de camions, de voitures et de side-cars, l'intrusion des officiers allemands dans les isbas, le rassemblement des villageois, poussés jusqu'à la grange où ils sont ensuite séquestrés, tous âges et tous sexes confondus, le feu mis à la paille du toit, le vacarme des mitrailleuses contre la grange en flammes, les hurlements des suppliciés, les rires et les cris victorieux des bourreaux. La réalisation est d'une telle précision que la fiction semble disparaître devant la reconstitution historique. Le cinéaste pousse le souci du détail jusqu'à utiliser les armes des formations allemandes. Ce sont des balles réelles qui sont tirées, d'authentiques obus qui explosent.

Le film se déroule en 1943. Après la bataille de Stalingrad, à une époque où le front de Biélorussie était devenu poreux, fluctuant au gré de la contre-offensive soviétique, les formations du SD et de la SS qui pratiquaient ces massacres expéditifs contre les civils avaient atteint un pic. Chaque motif que montre le film : l'Allemand traînant par les cheveux une jeune Slave en s'allumant une cigarette – elle sera violée par les supplétifs russes –, le nouveau-né jeté tel un paquet de linge dans la grange en flammes, la brutalité et le cynisme, tout cela je l'ai entendu de la bouche des témoins. Si ce film m'a, nous a tellement frappés, c'est que nous l'avons regardé avec l'équipe de tournage en Ukraine, dans le minibus qui nous conduisait de Kiev à Kamenets-Podolski, le 21 juillet 2008. Je me souviens de cette impression troublante ; les paysages, durant toute la première partie du film, ensevelis sous un déluge d'eau et de boue, parfaitement identiques à ceux que nous traversions sous une même pluie diluvienne. Comme si l'écran, fixé à l'intérieur du minibus, était une fenêtre sur la réalité qui nous entourait.

Avant le générique de fin s'affiche un texte informatif. Il rappelle que 628 villages ont été rasés par les Einsatzgruppen en Biélorussie. Le film terminé, nous nous sommes regardés, Olga, Genia, Nicolas, Benjamin et moi, le regard brouillé, incapables de prononcer un mot. Ce moment fut important. Nous avions passé de longues heures à écouter les récits de cette barbarie. Ils n'avaient que la force fragile des mots et du souvenir. Des récits tellement invraisemblables, hors de portée de notre imagination, qu'ils en revêtaient un caractère abstrait. Grâce à la recréation de Klimov, ces récits, ces mots seraient incarnés comme jamais auparavant, revêtant une signification plus concrète. Lors des interviews ultérieures, ils délivreraient des images et des faits chargés d'un supplément de sang et de douleur.

Il n'y a pas que les Einsatzkommandos et les Chasseurs noirs de l'unité Dirlewanger qui se comportèrent de cette manière en Biélorussie. Ces mêmes actes de barbarie furent perpétrés partout ailleurs sur le front de l'Est. « Lorsque, en 1939, Hitler évoquait la cruauté des Chasseurs noirs, écrit Christian Ingrao, il n'ordonnait pas que ces derniers brûlassent villages et habitants en Biélorussie, mais il acceptait par avance que l'on en arrivât éventuellement là. Il acceptait cette violence supposée intrinsèque à la sauvagerie, l'érigeait en “mal nécessaire”, dicté par les “circonstances” et par un adversaire qui avait lui-même perdu toute humanité, si tant est qu'il en eût jamais été doté. À adversaire inhumain, cruauté nécessaire. […] Ces pratiques, toujours présentées comme typiques des Chasseurs noirs, alors que ces derniers n'en étaient pas toujours les précurseurs, devinrent bel et bien la norme (sur les fronts de l'Est)[9]. » Dans la région de Kamenets-Podolski où nous nous rendions, des vil-

9. Christian Ingrao, *Les Chasseurs noirs*, *op. cit.*, p. 142-143.

lages avaient pareillement été rasés et leurs habitants massacrés. Ce ne sont pas moins de 230 villages qui furent dévastés en Ukraine. Il faisait nuit quand nous arrivâmes. Le lendemain matin, nous avions rendez-vous avec un paysan qui avait assisté à la liquidation, au mois de juillet 1942, d'un des derniers ghettos de la région.

V

Un champ de blé

23 juillet 2008, Kazymyr Vychnevsky à Orynin (Ukraine) – De jeunes arbres – Été 1942, 15 000 Juifs dans une fosse antichar – Le sadisme banalisé – Six chariots remplis de chaussures – 1943, Vychnevsky rejoint l'Armée rouge – La libération d'Auschwitz – Vychnevsky a-t-il sauvé une jeune Juive ? – Un doute grandissant – Le rôle des Ukrainiens – Tensions dans l'équipe du tournage.

« Lorsque le détachement punitif est arrivé, ils se sont tous mis à crier. Il y avait foule, ce n'étaient pas dix personnes, mais sept mille cinq cents ! Il y avait des schutzman, des polizei, mais pas beaucoup d'Allemands[1]. » Kazymyr Vychnevsky lève les jambes le plus haut qu'il peut pour marcher dans la boue noire qui entoure le champ de blé. Une boue impressionnante, qui s'attache aux souliers en les immobilisant au sol, les empaquetant d'une masse gluante, presque solide, dont on ne se défait qu'en les ôtant et en les tapant contre un arbre. Sous la violente pluie qui s'est transformée depuis quelques minutes en crachin s'infiltrant par toutes les fibres de nos vêtements, l'homme, imperturbable dans sa longue et mince silhouette, le visage émacié, agité par un tic nerveux qui l'oblige, de la main droite, à lisser une barbe invisible ou à rajuster sa casquette quand il plonge dans ses souvenirs, poursuit laborieusement sa marche le long du champ de mort, précédé par la caméra qui

1. Entretien avec Kazymyr Vychnevsky, 23 juillet 2008, à Orynin (Ukraine).

tangue au rythme de ses pas. Nicolas la tient comme il peut. Il devance l'ancien paysan ukrainien, marchant à reculons, emmitouflé dans un pare-pluie de plastique transparent vert, les pieds chaussés de bottes en caoutchouc. Un équipement que nous avons acheté le matin même au marché de Kamenets-Podolski, et dont est munie toute l'équipe de tournage.

« On les a fait venir, poursuit Vychnevsky. On les a trompés, on leur a dit qu'ils seraient réinstallés ici, chez nous, à Orynin. Ils sont restés deux semaines à Orynin. Ils venaient dans le village demander du pain, du lait, on leur donnait ce qu'on avait et ce qu'on pouvait. Et puis, on leur a encore menti. On leur a dit de se réunir à l'extérieur du village, que des voitures allaient arriver et qu'on allait les conduire à la gare de Skala et qu'ils rentreraient chez eux en train. C'est comme ça qu'on les a trompés. Ils sont tous allés à l'extérieur du village, là-bas, à la lisière du bosquet. Ils étaient sept mille cinq cents. Avec les enfants, parfois trois, dans les bras, dans les poussettes. Vous voyez, c'étaient des familles entières. Ils ont attendu environ deux heures. S'ils s'étaient enfuis à ce moment-là, la moitié aurait pu se sauver. Mais ils sont restés assis à attendre, jusqu'à l'arrivée du détachement punitif. »

Le paysage ressemble à n'importe quel paysage agreste d'Ukraine. Un champ de blé à perte de vue, le sentier de terre qui le longe et que nous foulons ensemble. L'homme s'arrête. Nous sommes à quelques mètres de l'endroit où eurent lieu les exécutions. C'est maintenant un bosquet d'arbres jeunes, plantés en plein champ. Je l'ai constaté depuis que nous sommes ici : les sites des massacres sont la plupart du temps recouverts de tels arbres, plantés soit par les nazis pour en masquer les traces, soit par les Soviétiques après le conflit pour que la vie continue. Chaque fois qu'au milieu des pâturages traversés, j'aperçois l'un de ces bosquets (et il y en a pratiquement partout), j'ai un pincement au cœur. Car, dans la plupart des cas, ce sont des centaines ou des milliers de cadavres qui sont ensevelis sous la terre fertile de ces breuils artificiels. Sur celui-là eurent lieu deux exécutions de masse. En tout, près de 15 000 personnes assassinées par les nazis et leurs auxiliaires à l'été 1942. La première exécution avait pour cible des Juifs expulsés de Hongrie et de Roumanie. Elle eut lieu au mois de juin. La seconde, quelques semaines plus tard, permit d'exterminer les Juifs de la bourgade du sud de l'Ukraine et de ses environs.

« Lorsque le détachement punitif est arrivé, il était trop tard. Où veux-tu t'enfuir ? C'est fini. On a fait venir les polizei de toute la région. Ils étaient près d'un millier et demi. Nous, on était en train de ramasser les bottes de blé. On se déplaçait partout dans les champs. Il y avait une moissonneuse-batteuse. On était déjà presque arrivés au village quand les Allemands ont fait arrêter les chariots : "Arrêtez-vous, ne bougez pas." On était tout près du village, les chariots à l'arrêt, les chevaux en train de paître. » Avec d'autres, le jeune paysan fut réquisitionné avec sa charrue pour ramasser les cadavres de ceux qui seraient abattus en essayant de s'enfuir. « Ils ont séparé un groupe d'environ 300 personnes, et les ont poussées vers les fosses, une foule de 250 ou 300 personnes ! Avant, il n'y avait pas d'arbres, comme maintenant. Pas un seul. On ne pouvait pas s'enfuir. Maintenant, il serait possible de se cacher dans le massif. Ils ne les ont pas fait venir par la route mais par les champs. Il y avait une route par là. »

La fosse, c'était une vaste tranchée antichar creusée par les Soviétiques. Elle encerclait un complexe militaire qui était en cours de construction avant l'arrivée des Allemands. Le jour précédant l'extermination des Juifs d'Orynin, des pluies diluviennes s'étaient abattues sur la région comme ce matin même, et la tranchée était inondée d'une eau noire, bientôt mélangée du sang de ces 7 000 victimes. De la tranchée, il ne reste rien. Seulement quelques carcasses de chars, ultimes vestiges de la guerre, et un blockhaus allemand, recouverts par les feuillages du bosquet. « À cinq cents mètres, ils ont commencé à laisser tout ce qu'ils avaient. Les enfants étaient dans les herbes, les poussettes, les pièces de monnaie… Ils ont dû tout jeter, leurs photographies, leurs vêtements, tout. On venait ensuite les ramasser. Des photographies, de l'argent, il y en avait partout. Ils sont venus ici, on les a conduits au point central, je veux dire à la fosse. Il y avait une famille, je ne sais pas combien de personnes, six, sept, huit, peut-être. La famille arrive, se déshabille, se déchausse, jusqu'à n'être plus habillée que de sous-vêtements. Presque nus, ils s'approchent de la fosse, le dos tourné aux Allemands. Et derrière eux, il y avait des mitrailleuses. Il y en avait deux. Les Allemands étaient ivres. Ils ont tiré. »

À l'été 1942, l'insensibilité à la souffrance humaine, l'alcoolisme – le doublement des rations de vodka précédant chaque exécution et décrété en haut lieu –, le sadisme, la cruauté banalisée, quotidienne, s'étaient généralisés. « Après qu'ils eurent été tués, une autre famille était amenée près de la fosse. Déshabillée, en sous-vêtements. Les enfants étaient jetés vivants dans l'eau. J'aurais aimé ne jamais avoir à raconter cela. Qu'est-ce qui peut être plus horrible ? Ils venaient tous à tour de rôle. Lorsqu'une partie d'entre eux a été exécutée, on est allés en chercher une autre. On ne les emmenait pas tous d'un coup, mais par groupes de 200 à 300 personnes. Nous, on se tenait avec les chariots, là-bas. Leurs affaires étaient éparpillées sur un très large périmètre. Les schutzman, pendant qu'on attendait là, dans l'herbe haute, comme le blé aujourd'hui, ils ont amené le dernier groupe. Peut-être 300 personnes ont été conduites à la fosse. Une fillette, elle devait avoir 6 ans, a réussi à se détacher du groupe. Elle était en train de ramper dans le champ de trèfles, et elle est parvenue jusqu'à mon chariot, en marchant à quatre pattes. Un schutzman l'a aperçue. Il a couru trouver un Allemand, et cet Allemand est venu tout près de mon chariot, là où se trouvait la petite. Il a sorti son pistolet et l'a tuée d'une balle. Tu vois, à quel point c'était une tragédie terrible !

« Lorsqu'on conduisait le dernier groupe, les gens se sont tous mis à courir. Ils auraient dû s'enfuir tout de suite au lieu de rester là à attendre. Plus d'une centaine a réussi à s'enfuir. (Plus tard, on en a retrouvé qui travaillaient chez nous, dans le village.) Quand ils ont vu ça, les Allemands sont montés dans leurs véhicules et ils ont balayé le champ en tirant avec leurs mitrailleuses. Ils ont tué pas mal de monde. Après, ils ont ordonné aux polizei de venir avec les chariots, de ramasser les tués et de les jeter dans la fosse. Près de chaque chariot, il y avait deux schutzman. On m'a aussi confié deux jeunes. Ils n'étaient pas de chez nous, mais d'un autre village. On a ramassé un homme qui avait été tué, on l'a mis sur mon chariot, et puis un autre, et un autre, et on a continué. Quand je suis arrivé à la fosse, elle était pleine d'eau et de sang. Ça débordait, ça coulait dans le champ, sur près de dix kilomètres en aval. Je me tiens près de la fosse, et je n'arrive pas à soulever les cadavres car je suis tout seul. Les gars ne m'ont pas encore rejoint. Je me dis que je vais attendre qu'ils arrivent, parce qu'il était impossible d'enlever tout seul un corps du chariot. J'attends près de la fosse.

« Les Allemands sont à peu près à vingt-cinq mètres de moi. Six Allemands postés derrière deux mitrailleuses. L'un d'eux me fait un signe. Il me demande de venir. Je m'approche, lui dis “Guten Tag”. Eux, complètement ivres, sont bourrés de schnaps. Ils m'en versent 100 centilitres. J'ai bu. L'Allemand me regarde, puis il me verse encore 100 centilitres. Et puis, derrière la mitrailleuse, à une cinquantaine de mètres, je ne les avais pas remarquées, j'ai vu deux voitures allemandes. Un Allemand qui se trouvait dans l'une d'elles me fait signe de venir. Ils étaient quatre, avec un général. J'y suis allé. Ils avaient mis une couverture par terre, il y avait aussi du schnaps, et ils jouaient aux cartes. Ce général m'a encore versé 100 centilitres. J'ai bu. Il m'a donné une boîte de conserve, la moitié d'une miche de pain, et il m'a demandé en russe (tous les généraux allemands parlaient russe) : “Sais-tu ce que c'est que cette fosse au milieu du champ ?” Il m'a dit qu'ils connaissaient son existence à Berlin. Tu te rends compte ? Quel travail de renseignement ! Ils connaissaient l'existence de cette fosse ! Je commence à lui raconter qu'elle a été creusée par les Russes et qu'elle fait dix mètres de profondeur. Quand la guerre a débuté, les travaux n'étaient pas terminés et elle est restée dans cet état. Des galeries souterraines auraient dû être creusées partout, jusque-là où nous nous tenons. Il y avait beaucoup de sites comme celui-là dans les champs. Je lui ai demandé en allemand si je pouvais partir. Il m'a laissé partir.

« Les chevaux étaient toujours près de la fosse, car il n'y avait personne pour enlever les corps. Et puis, j'en ai vu un autre emmener deux jeunes filles. Où est-ce qu'il les a rattrapées ? Il les fait venir depuis la route, il les place près de la fosse. Elles sont jeunes, elles ont entre 16 et 18 ans. Blanches comme un linge, elles se tiennent debout, elles attendent. L'Allemand qui les a emmenées va voir les autres et se met à boire du schnaps avec ceux qui sont derrière les mitrailleuses. Et les deux filles sont toujours près de la fosse. Où auraient-elles pu s'enfuir ? Elles se tiennent là, les pauvres. Et, tout à coup, cet Allemand se souvient d'elles ! Il n'y va pas lui-même mais dit à un autre d'y aller. Celui-ci prend son pistolet, complètement ivre, et marche vers la fosse. Excuse-moi de dire cela, mais il a donné un coup de pied dans le derrière d'une des filles. Elle est tombée dans l'eau et s'est mise à nager. Il a tiré : "Pan ! pan ! pan !" Il tirait mais n'a pas réussi à la toucher. Il était ivre et il ne l'a pas touchée. Il est reparti. La fille nageait, nageait. Près de la berge, il y avait un très grand buisson d'absinthe. Elle a nagé jusque-là et s'est cachée en dessous, elle s'y est accrochée avec les bras.

« L'autre fille se tenait toujours au même endroit. Peut-être dix minutes plus tard, c'est un troisième Allemand qui y va. Pas celui qui l'a emmenée, un autre. Il arrive au bord de la fosse, la jette dans l'eau, prend son pistolet et tire. Lui non plus ne la touche pas. Puis il revient. La fille a nagé jusqu'à atteindre le buisson d'absinthe. Elles ne pouvaient pas sortir de la fosse toutes seules. Si quelqu'un leur avait donné la main, alors, elles auraient pu, mais là, non. Elles sont restées sous le buisson, jusqu'à la nuit. Quel fut leur sort après cela ? Je l'ignore.

« Je ne suis plus allé chercher les tués dans le champ. Je restais près de la fosse. On a fait venir les autres. Chargez les chaussures ! Six chariots de chaussures ! Tu sais ce que c'est, un chariot ? Alors, six chariots remplis de chaussures ! Il y avait plus de vingt chariots de vêtements. Les poussettes étaient abandonnées dans le champ. Je te le dis : les schutzman étaient dix fois pires que les Allemands. Je n'ai pas vu d'horreurs pareilles, même au front. Tuer des petits enfants, comment est-ce possible ? Quand les enfants tentaient de s'enfuir, les schutzman arrivaient par-derrière et les tuaient. Personne ne pouvait s'en sortir. On pouvait discuter avec un Allemand, pas avec un schutzman. On a amené toutes les affaires au kolkhoze et tous les responsables, tous ces polizei les ont prises. Ils ont gardé pour eux le meilleur, et tout ce qui ne leur était pas utile, ils l'ont donné aux gens du village. »

En 1943, lorsque le front a basculé en faveur des Soviétiques, Kazymyr Vychnevsky a rejoint l'Armée rouge. Avec sa compagnie, il serait alors tombé sur une unité allemande, coupée de son régiment ou de sa base. Son groupe les aurait faits prisonniers. S'agissait-il de membres du SD, de la SS, ou d'une unité régulière de la Wehrmacht ? Difficile à dire. Lui-même l'ignore. Il affirme les avoir abattus à la mitraillette. « J'étais devenu mitrailleur. Ils étaient devant moi, les bras levés. Mes camarades me disaient : "Qu'est-ce que tu fais ?" Et moi je leur répondais : "Je sais ce que je fais. Ils tuaient des petits enfants. Regarde-les maintenant ; ils lèvent les bras." J'ai tiré. J'ai vengé tous ces gens. »

Progressant avec son régiment vers Berlin, Kazymyr Vychnevsky a libéré le camp d'Auschwitz dans les derniers jours du mois de janvier 1945. « Lorsque nous sommes entrés dans le camp, nous avons trouvé dix-huit ballots de laine ; en fait des cheveux humains. Ils ne les faisaient pas brûler, ils les récupéraient après avoir coupé les cheveux des prisonniers. Je ne sais pas ce qu'ils avaient l'intention d'en faire, mais je me souviens qu'il y avait dix-huit ballots. Nous avons trouvé trois fours où ils faisaient brûler les gens. Les plus faibles étaient sélectionnés. On leur enlevait leurs vêtements en échange de pyjamas en papier. D'abord on les faisait se laver, puis on leur remettait ces vêtements. Puis, ils passaient dans un immeuble de trois étages, où il y avait un plancher qui brille comme un miroir. Ils rentraient à cinquante personnes là-dedans puis on les tuait. Ils ne savaient pas ce qui les attendait. On a brûlé là-bas deux millions et demi de personnes. Et nous, on a libéré les vivants. Il y avait 148 000 personnes, mais aussi 48 000 SS, des troupes d'élite, tu comprends ? On les a tous amenés à Leningrad, Moscou, partout où ils nous ont bombardés. Dans le camp, parmi les prisonniers, il n'y avait pas de Russes. Tous avaient été anéantis. Il n'y avait que des étrangers, beaucoup de Français, des femmes, des hommes. Il y avait un Français qui savait parler ukrainien. Son bras était déformé, il faisait une sorte de zigzag.

“Qu’est-ce que tu as ?” on lui a demandé. Il nous a dit qu’on lui avait cassé le bras à deux endroits. Sa jambe également. À Oswiecim [Auschwitz], ils faisaient des expériences sur les gens. Ils lui avaient cassé le bras et la jambe pour savoir s’il se rétablirait sans aide médicale. Il y avait aussi deux hommes qui avaient été castrés. Ils faisaient toutes sortes d’expériences. Leur imagination était sans limites. On a vu le commandant du camp. On lui a demandé pourquoi il avait torturé ces gens. Il a répondu : “J’avais des ordres de Berlin, je devais obéir.” »

Je n’ai pas de doute sur la véracité du récit de Kazymyr Vychnevsky. Je savais avant de le rencontrer qu’il s’était engagé dans l’armée soviétique, qu’il avait été l’un des libérateurs du camp d’Auschwitz. Certains détails ne s’inventent pas. Recoupés par des documents en sa possession, ils l’attestent sans l’ombre d’un doute. Mais il y a autre chose. Lorsqu’il fut réquisitionné pour charger les cadavres abattus autour de la fosse, le paysan ukrainien prétend avoir sauvé la vie d’une jeune femme juive. Il l’avait dit à Olga lors du repérage. Quand je lui demande de me raconter cet épisode, voici le récit qu’il me fait : « On met dans le chariot une jeune fille, et je m’aperçois qu’elle est vivante ! Je lui dis de se tenir tranquille, de ne pas bouger. Je suis né en 22, et elle était née en 24. Les schutzman marchent derrière le chariot, et moi, je réfléchis, je me demande : “Comment la sauver ?” Si tu étais attrapé en train d’aider quelqu’un, alors tu étais fusillé sur-le-champ. Je dis aux schutzman : “Les gars, allez fumer. Moi, je vais plus bas faire boire les chevaux. Mais il n’y avait absolument pas d’eau là-bas ! Je pensais descendre en bas pour la faire tomber du chariot, vivante. Comment aurais-je pu conduire une personne vivante vers la fosse ! Je suis allé plus bas, je l’ai fait descendre du chariot. La balle lui avait juste écorché le cuir chevelu. J’ai enlevé mon maillot de corps, lui ai fait un bandage à la tête, serré, pour que le sang ne s’écoule pas. Elle ne portait qu’une robe, rien d’autre. Après le bandage, j’ai vu non loin de là du blé qui n’était pas encore fauché. Je lui dis : “Cache-toi dans le blé, et va par-là, tout au bout. Restes-y jusqu’au soir, pour que personne ne puisse te voir.” Je lui ai donné mon sac, approvisionné pour la journée au champ. Il y avait du pain, du lait et quelques œufs à l'intérieur. Je lui donne le sac et je lui ai dit : "Va jusqu'à la rivière, traverse-la. Ne t'aventure pas dans les grands villages. Si tu suis mes conseils, peut-être parviendras-tu à rentrer chez toi."

« Elle est allée jusqu'en Transcarpatie, elle a réussi à rejoindre sa tante. En 46, quand tout a été terminé, elle est revenue me voir. Elle m'a apporté un superbe costume de l'étranger, un rasoir électrique, du savon, une boîte de bonbons, toutes sortes de choses. Elle est restée chez moi quatre jours. Dans la journée, je l'ai conduite au cimetière. Elle est venue près de la fosse et s'est mise à pleurer. Elle pleure et je lui dis : "Pourquoi pleures-tu ?" Elle me répond : "Je pleure parce que je suis restée en vie." »

Le récit est touchant, émouvant même. J'ai de toutes mes forces envie de le croire. Après l'entretien, le soleil est revenu, la gadoue durcit peu à peu sur le sentier de terre. Je vais de nouveau trouver le paysan qui discute avec Alexander Korolyov. Je demande à Vychnevsky le nom de la jeune femme qu'il a sauvée. Il ne s'en souvient pas. Je lui dis que si des témoignages, et notamment celui de cette femme, en supposant qu'elle soit encore en vie, corroboraient ses dires, il pourrait être reconnu par le Mémorial Yad Vashem de Jérusalem comme « Juste parmi les Nations ». Je le vois embarrassé. Il me répond ne pas chercher les honneurs, ni même une compensation financière pour ce qu'il a fait. Je lui pose deux ou trois questions supplémentaires, des précisions concernant le sauvetage de la jeune femme juive. Ses réponses demeurent vagues.

Plusieurs jours durant, je vais ressasser tout cela, gagné au fil de mes réflexions par un doute grandissant. Vychnevsky s'est présenté à nous en homme simple, mais également en héros anonyme et courageux. Pourtant, quand je repense à l'histoire de la jeune Juive, je me dis que certaines choses ne collent pas. D'abord, il n'a rien dit sur les conditions de sa « réquisition ». Pour ce genre de travail, les locaux n'étaient pas obligés d'accepter. Les schutzman ukrainiens allaient trouver les paysans du village, leurs compatriotes, qui, s'ils y trouvaient quelque chose à gagner, acceptaient de les suivre. S'ils refusaient, rien ne leur arrivait. Les schutzman allaient en trouver d'autres. Ils étaient volontaires. Quant aux risques pris pour avoir sauvé une Juive sur le terrain du massacre, ils paraissent inconsidérés. Là, en effet, il jouait sa vie. En tentant de me remémorer la configuration du lieu, le nombre de policiers, d'Allemands, de gendarmes locaux, bien qu'ils fussent tous ivres, je vois mal un paysan transportant une femme laissée pour morte dans son chariot s'extraire sans encombre du terrain, fermement gardé et surveillé. Plus je me remémore le récit de Vychnevsky, plus le soupçon m'envahit. Comment est-il possible que lui, qui semble avoir une mémoire d'éléphant, ait ainsi oublié le nom de la jeune femme ? Que tout contact avec elle ait été rompu, bien qu'ils se soient retrouvés après la guerre et qu'il l'ait invitée à loger chez lui plusieurs jours ? Cette femme a-t-elle réellement existé ? Et si c'est le cas, que nous a-t-il caché à son sujet ? Je finis par me convaincre que rien n'est clair ni réellement cohérent. Quelques jours plus tard, à Lviv, je fais d'abord part de mes doutes à Genia. Il n'est pas surpris. Il pense que l'homme nous a menti. « Peut-être que cette fille a existé, mais il l'a sûrement violée. » Consterné par l'hypothèse de Genia, assénée avec un aplomb et une conviction perturbante, je me tourne vers Olga. « Je ne crois pas à son histoire », je lui dis.

Les tensions entre Olga et moi sont ravivées par ma perplexité. Elle me la reproche avec véhémence, me réprimande en m'accusant de ne voir que les pires aspects de son pays. Pourquoi suis-je incapable de croire spontanément à la bonté de ses concitoyens ? Au courage dont certains ont fait preuve au cœur de l'enfer ? « Je sais que les Juifs qui ont survécu doivent leur vie à de simples paysans. Qu'ils ont été courageux et humains. Mais là, il y a trop de zones d'ombre. J'aimerais y croire mais je n'y arrive pas. » Plus tard, le même jour, nous sommes dans le centre-ville de Lviv. Nous prenons un petit déjeuner à la terrasse d'un café qui borde sur sa droite le majestueux bâtiment de l'Opéra à l'architecture austro-hongroise. Olga explose. Elle ne comprend pas le sens de mes questions pendant les entretiens. « Pourquoi poses-tu toutes ces questions ? Quelle importance de savoir combien il y avait de tueurs, s'ils étaient allemands ou ukrainiens, s'il y avait un arbre à cet endroit, si les témoins se tenaient là ou ailleurs ? » Dans les recensions que je transcris dans ce livre, j'ai évacué la plupart des questions posées aux intervenants. Il est vrai que je les épuisais, leur demandant toujours plus de précisions pour me représenter au mieux la situation qu'ils me décrivaient, mais aussi pour les recouper avec les rapports, documents, résumés historiques, chronologiques, géographiques que j'avais apportés. « À quoi ça sert ? » insiste Olga. J'essaie de lui expliquer. Je lui dis que cela m'est nécessaire, que cela me permet de visualiser ce qui s'est passé. J'ajoute qu'elle est journaliste, elle devrait comprendre.

Ce qu'Olga me reproche en réalité, et sur quoi je ne réponds pas au cours de ce dialogue agité, c'est la défiance qu'elle constate chez moi devant le récit des Ukrainiens. Elle a raison, mais c'est une nécessité quasiment hygiénique. Je lui fais remarquer que la plupart de nos témoins prétendent avoir sauvé des Juifs. Je lui dis croire certains d'entre eux, mais, dans la mesure où ils sont incapables de me présenter des preuves objectives, il est hors de question que j'utilise cette partie de leurs témoignages dans le film. L'Ukraine, comme l'ensemble du territoire soviétique envahi par les nazis, a été jetée par eux dans une gigantesque « zone grise », une zone dont personne n'est sorti indemne, où chacun, tour à tour, a pu être un bourreau et un héros, où le bien, le mal, l'instinct de survie, la cupidité, la haine, la veulerie, la pitié, l'indifférence, se sont mélangés dans une farandole trouble. Comment trier le vrai du faux ? La mémoire authentique du souvenir reconstruit, arrangé à la convenance du locuteur ? Mes doutes, je les tais devant Olga, pressé que je suis d'en finir avec le tournage en Ukraine. Je les tais car je veux pouvoir encore compter sur son aide, les derniers jours qu'il nous reste. Et puis, même si ces conversations me laissent un mauvais goût dans la bouche, même si je trouve ses remarques désagréables, j'aime Olga et je ne veux pas l'accabler. Elle pense que le but de mon séjour est de clouer son pays au pilori. Elle se trompe. Mais il est vrai qu'à ce moment du tournage un dégoût profond s'est installé en moi. Je n'ai qu'une hâte, c'est rentrer à Paris, dormir enfin, et laisser tout cela un moment derrière moi.

VI

Transnistrie

Paul Celan, de Czernowitz, *Fugue de mort* – 750 000 Juifs en Roumanie – Septembre 1940, Ion Antonescu promulgue des lois antisémites – 28 juin 2008 à Jérusalem, Aharon Appelfeld, de Czernowitz, seul rescapé – Été 1941, déportation vers l'Einsatzgruppe D – Tués ou refoulés par Ohlendorf – Camps de transit en Bessarabie et Bucovine – Aharon Appelfeld se cache dans les bois – 30 juin 2008, Tel Aviv, Sonia Palty, de Bucarest – La chronique de Matatias Carp, *Cartea Neagra* – Gogleatza, chef du camp de Vigoda – Les « marches de la mort » vers la Transnistrie – Bogdanovca : « Où l'on met 200 cochons, on peut bien mettre 2 000 Juifs ! » – Les Tsiganes – Novembre 1943, Ion Antonescu autorise le retour des Juifs en Roumanie – La vie reprend à Bucarest – Où Sonia Palty croise ses bourreaux.

Paul Celan fut pour moi une révélation. J'avais lu l'essentiel de sa poésie quand j'étais étudiant en lettres. Je connaissais les grandes lignes de sa biographie. Le poète germanophone de Czernowitz (de son vrai nom, Paul Antschel), ses parents assassinés par les Roumains en Transnistrie, le rescapé qui s'est suicidé en se jetant dans la Seine l'année de ma naissance. Je l'avais lu comme on lit les poèmes ésotériques de Mallarmé, Yves Bonnefoy ou René Char, à l'aide d'outils rhétoriques, étymologiques et stylistiques. J'avais essayé d'en comprendre le pouls si particulier, haché, fait de parataxes et de mots-phrases, de recenser et comprendre les isotopies naturalistes, les figures de styles – ce genre de choses. Et, bien sûr, je n'y avais rien compris. J'étais passé à côté car je ne cherchais pas au bon endroit. Seule *Todesfuge*, la *Fugue de la mort*, évoquait une réalité que je pressentais concrète. « Tes cheveux d'or Margarete/Tes cheveux cendre Sulamith. »

À mon retour d'Ukraine, délesté de toute grille de lecture analytique, j'ai relu Celan. Sans autre bagage que l'immédiateté de la lecture, sans prisme, filtre ou viatique pour la parasiter. Une lecture brute, que je m'administrai comme une punition. La moindre ellipse, le rejet le plus saugrenu, déconstruction phrastique, citation des éléments de la nature, tout devint clair et limpide.

> Oui.
> Cyclones, chaos, tour-
> billons de particules, il restait
> le temps, restait,
> d'essayer auprès de la pierre – elle
> fut hospitalière, elle
> ne coupait pas la parole.
> Ah la chance que nous avions[1]

Le vers, le mot, l'absence du mot me remuaient au plus profond, jusqu'aux larmes. Rien qui ne fût plus concret désormais, plus explicite, plus vrai que la poésie de Paul Celan. Il restituait ce qui restait des morts, c'est-à-dire presque rien, il décrivait l'Ukraine que j'avais sillonnée d'est en ouest, du nord au sud, avec cette même douleur, cette même contrariété à voir la nature, naturellement belle, trempée dans le sang ; à jamais brouillée. L'impossibilité, l'impensable autant que le fait ; il y a tout cela chez Paul Celan. Parfois l'espoir. Plutôt la surprise (ou du cynisme ?).

> Ainsi donc,
> il y a encore des temples debout. Une
> étoile

1. Paul Celan, *Strette*, in *Choix de poèmes réunis par l'auteur*, Paris, Gallimard, « Poésie », 1998, p. 163.

à bien encore de la lumière.
Rien,
rien n'est perdu[2].

Le plus souvent, c'est le désarroi, la rage froide. Le désespoir sous une lumière crue.

Personne ne nous repétrira de terre et de limon,
personne ne bénira notre poussière.
Personne[3].

J'ai compris Celan. Pas un de ses vers qui ne racontât le génocide des Juifs. Primo Levi m'avait enseigné Auschwitz, Celan l'extermination des Juifs de l'Est. Le crime et la disparition. Des années après, je reconstruisais sa langue à travers les champs de décombres, dans l'intimité de nos chassés-croisés, par-delà sa mort, par-delà les morts. Et, il me sembla que Paul Celan ne parlait plus qu'à moi seul.

À travers les champs de décombres, ici,
par la mer de laîches, aujourd'hui,
elle passe, notre
route du bronze.
Je suis couché là et te parle,
un doigt
écorché vif[4].

Aharon Appelfeld, l'un des plus grands écrivains de langue hébraïque, est également originaire de Czernowitz. Ils habitaient dans la même rue. À Czernowitz, la capitale de la Bucovine – une ancienne province austro-hongroise, partiellement annexée par l'URSS en juin 1940 dans la foulée du pacte Molotov-Ribbentrop –, les Juifs, très assimilés, étaient majoritairement

2. *Ibid.*, p. 167.
3. Paul Celan, « Psaume », in *La Rose de personne*, Paris, Seuil, « Points nº 1652 », 2002, p. 37.
4. Paul Celan, « Sibérien », *ibid.*, p. 77.

germanophones. Aharon Appelfeld a écrit et publié une quarantaine de livres, principalement des romans et des nouvelles qui sont traduits dans le monde entier. Le plus célèbre, *Histoire d'une vie*, un livre magnifique, raconte son enfance en Bucovine, sa famille de la bourgeoisie juive et cultivée, ses grands-parents pieux, le souvenir idyllique de la nature, jusqu'à sa déportation à l'âge de 8 ans, puis sa difficile intégration quand, orphelin, il émigre après la guerre dans le foyer juif de Palestine. C'est en s'échappant d'un camp de Transnistrie que l'enfant apeuré, trouvant refuge dans les forêts avoisinantes, a échappé au destin des 350 000 Juifs assassinés par les autorités roumaines.

La Roumanie constitue un cas à part dans l'histoire du génocide des Juifs d'Europe. En septembre 1940, quand le général Ion Antonescu accède au pouvoir grâce au soutien de la Garde de fer, un parti ultranationaliste prônant l'alliance avec Hitler, il s'empresse de promulguer des lois antisémites afin d'exclure les Juifs de la vie économique, politique et associative – ils sont même exclus des associations sportives et de sourds-muets. Son régime, plus zélé que les nazis eux-mêmes, s'emploiera seul, en partenariat avec l'Allemagne mais sans son aide, à exterminer ce qui était la troisième communauté juive d'Europe, forte de 750 000 personnes. À partir du déclenchement de l'opération Barbarossa, Antonescu, qui reprend aux Soviétiques les régions contestées (Bessarabie et Bucovine), fait massacrer les Juifs dans de terribles pogroms, le plus connu étant celui de Iasi, les déportant ensuite (ainsi que les Tsiganes, à partir de 1942) en Transnistrie, une région frontalière de l'Ukraine – large bande de terre enclavée entre le Bug et le Dniestr – où ils sont entassés dans des camps et assassinés dans des conditions cauchemardesques, plus barbares encore que les pratiques des Einsatzgruppen.

« Ce n'étaient pas des camps tels que celui d'Auschwitz, précise Appelfeld, mais des camps où on envoyait les Juifs pour qu'ils y meurent de faim, de froid, où on les tuait de toutes les manières possibles[5]. » Aharon Appelfeld me reçoit dans la maison qu'il habite à la sortie de Jérusalem. Le visage rond,

5. Entretien avec Aharon Appelfeld, 29 juin 2008, Mevasseret Zion, Israël.

l'apparence modeste, il parle comme il écrit, d'une voix douce et lente, dans une langue – qu'elle soit l'hébreu, l'anglais, l'allemand, le yiddish, le ruthène ou autre – toujours la même : la sienne. Une langue qui fait largement place au silence, égrenant des phrases courtes, épurées à l'extrême, sur lesquelles l'émotion vient se poser comme par incidence. « Ma mère a été tuée au tout début de la guerre. Mes cousins, mes oncles, mes tantes ont disparu. On les a envoyés quelque part. Qui peut savoir où ? De quelle manière ils sont morts ? Peut-être du typhus, peut-être de la faim. J'ai été séparé de mon père que j'ai cru mort. Je l'ai retrouvé quinze ans après. C'était un miracle. Il a habité avec moi, ici à Jérusalem. Il m'a beaucoup apporté, beaucoup appris. Mais on avait été séparés pendant si longtemps, il me traitait toujours comme un enfant. »

Entre la fin du mois de juillet et le début du mois d'août 1941, des dizaines de milliers de Juifs de Bessarabie et de Bucovine sont poussés par la gendarmerie roumaine de l'autre côté du Dniestr où campe l'Einsatzgruppe D qui attend que la 11e armée, à laquelle il est rattaché, atteigne le Caucase. Les Allemands et leurs supplétifs ukrainiens en exécutent quelques milliers, puis, ne sachant que faire des autres, les refoulent à l'intérieur du territoire roumain. « Un total de 27 000 Juifs environ ont été renvoyés sur le territoire roumain, et 1 265, en majorité des jeunes, ont été abattus », écrit Ohlendorf dans son rapport du 29 août. Le gouvernement d'Antonescu fait ouvrir deux grands camps de transit en Bessarabie et en Bucovine, d'abord pour y assassiner les Juifs considérés comme étrangers. Ils sont rapidement fermés au profit des camps transnistriens. 145 000 Juifs y seront déportés au cours de l'automne 1941. La Transnistrie devient alors, comme l'a qualifiée l'historien américain Alexander Dallin, « la poubelle ethnique » de la Roumanie.

Parmi les 150 000 Juifs de Bessarabie et de Bucovine arrivés à l'automne 1941 en Transnistrie (en 1943, seulement 50 000 d'entre eux seront encore en vie), il y avait le petit Aharon Appelfeld. Le camp dans lequel il est interné était situé à la frontière ukrainienne, tout près de la ligne de front. « J'y ai surtout vu des Ukrainiens. J'ai aussi vu des Allemands. Ils étaient partout dans leurs tanks. Mais, pour moi, ils n'ont jamais existé. Je parle du point de vue de l'enfant que j'étais. Je les diabolisais. Ces créatures n'appartenaient pas à mon univers. Je n'ai jamais cherché à les comprendre. Les tueurs ukrainiens, les soldats et les assassins allemands sont pour moi des démons, je ne peux pas les considérer comme des êtres humains. Les démons n'ont qu'une seule dimension, le mal. Ils sont terrifiants, ils sont mauvais. Les démons n'entrent pas dans le champ de l'humanité. Or, je ne m'intéresse qu'aux êtres humains. »

L'enfant parvient à s'échapper du camp. Comme d'autres orphelins juifs, il se cachera jusqu'à la fin de la guerre dans les forêts d'Ukraine, errant parmi les bois, trouvant refuge, au hasard, chez des paysans. « J'ai eu de la chance, j'avais 8 ans et demi, j'étais très blond, je parlais assez bien ukrainien et ça m'a sauvé. Je pouvais passer pour un Ukrainien. Je me souviens qu'après m'être échappé du camp, quand je me suis retrouvé seul, je me demandais souvent : "Qu'est-ce qui ne va pas chez moi ? Pourquoi les gens cherchent-ils à me tuer ? Mon visage est-il différent ? Mon corps est-il différent ? Est-ce que ce sont mes cheveux ? Est-ce que je sens mauvais ? Qu'est-ce qui ne va pas chez moi ? Cette question n'était pas théorique. C'était une question existentielle. La nature fut pour moi un refuge. C'était un abri, c'était la paix. Les arbres ne risquent pas de vous tuer. Ils ne vous tirent pas dessus et vous pouvez être en sécurité parmi eux. Et quand, au milieu de cette nature, vous rencontrez quelqu'un qui vous traite comme un être humain, alors c'est magnifique ! Parce qu'à l'extérieur, hors de la nature, hors des bois, il y avait des humains qui étaient de véritables animaux sauvages. Il était donc préférable d'être dans la nature. Ces années ont forgé ma vie. Elles m'ont donné les outils nécessaires pour devenir écrivain. Ce furent quatre années terribles, mais aussi riches d'enseignements pour l'enfant que j'étais. Parce que partout ailleurs régnait le danger, il me fallait être très attentif. Épier, écouter. Cela a fait de moi un enfant observateur. J'ai beaucoup appris sur les êtres humains. C'est ainsi que je suis devenu un écrivain juif. Un "écrivain juif", cela signifie pour moi un écrivain universel. Parce que les Juifs ont été au contact de tant de gens, de tant de peuples, de tant de cultures différentes. Les Juifs sont des créatures qui ont passé leur temps à absorber énormément de choses. Ils n'en sont pas forcément conscients, mais les Juifs en savent beaucoup, et il y a beaucoup à apprendre de leur expérience. »

C'est aussi en Israël que j'ai retrouvé Sonia Palty, en juin 2008. Née en 1928 dans une famille de la classe moyenne de Bucarest, elle fut déportée par la gendarmerie roumaine dans le plus terrible des camps transnistriens, celui de Bogdanovca, où les Juifs étaient entassés par milliers dans les anciennes porcheries kolkhoziennes, fusillés quotidiennement ou brûlés vifs. Avant cela, jusqu'à l'arrivée au pouvoir d'Antonescu, qui a précédé de moins d'un an le début du conflit, Sonia Palty vivait une enfance heureuse. Son père était directeur de la filiale roumaine des studios américains Warner Bros. Fille unique, elle était élevée par sa mère, ses deux tantes et sa grand-mère, les quatre femmes habitant le foyer familial. Bien que son grand-père maternel fût rabbin, Sonia était scolarisée dans une école catholique. « Mes parents croyaient dans l'amour des hommes, pas dans l'amour de Dieu. Pendant cinq ans, jusqu'à ce que le régime fasciste de Roumanie interdise aux Juifs l'accès aux écoles d'État et aux écoles catholiques, j'étais élève à l'école Saint-Joseph. Mes parents m'ont ensuite placée dans une institution anglaise, puis, après la rupture des relations diplomatiques avec l'Angleterre, dans une école juive de Bucarest[6]. »

Avec l'exclusion des Juifs de la société, le père de Sonia se trouve privé de son emploi. À 14 ans, l'adolescente prend conscience de son judaïsme, elle comprend que la situation est en train de changer pour la communauté juive de Roumanie. « Quand j'étais élève à Saint-Joseph, j'avais des copines chrétiennes. Je pensais qu'être juive, c'était un détail. Nous lisions les mêmes livres, apprenions les mêmes choses, fréquentions les mêmes personnes. Un peu plus tard, quand je partais le matin à l'école juive, ma grand-mère me disait : “Si on te parle,

6. Entretien avec Sonia Palty, 30 juin 2008, Tel Aviv.

tu ne réponds pas. Si on te dit 'sale juive !' dans la rue, tu fais comme si tu n'avais pas entendu." Un jour, mon père est rentré chez nous paniqué. "Antonescu, qui a des relations d'amitié avec Hitler, a décidé de se débarrasser de tous les Juifs de Roumanie, en Moldavie, dans tout le pays, mais pas à Bucarest." »

En juin 1941, organisé par les autorités roumaines et allemandes, un pogrom auquel prend part la population civile eut lieu à Iasi, la capitale de la Moldavie. La rumeur avait couru que des Juifs tiraient sur l'armée, ce qui servit de prétexte au déclenchement des massacres. Du 28 juin au 6 juillet 1941, un déchaînement de violence meurtrière s'abat sur la ville. Les Juifs sont chassés de leurs maisons, battus à mort en pleine rue, les habitations pillées. 5 000 à 6 000 personnes, essentiellement des hommes, sont rassemblées dans la préfecture de police. « Tout au long de la journée du dimanche et jusqu'à la tombée de la nuit, écrit l'avocat et historien juif du génocide roumain Matatias Carp, les Juifs entassés dans l'immense cour de la préfecture sont frappés et torturés avec une sauvagerie inouïe. Près du tiers d'entre eux sont massacrés sur place. Cette tuerie, perpétrée à l'aide de mitrailleuses, de fusils automatiques, de carabines et de revolvers, s'est déroulée en présence de toutes les autorités supérieures, militaires et civiles, qui avaient théoriquement pour tâche de veiller à la protec-

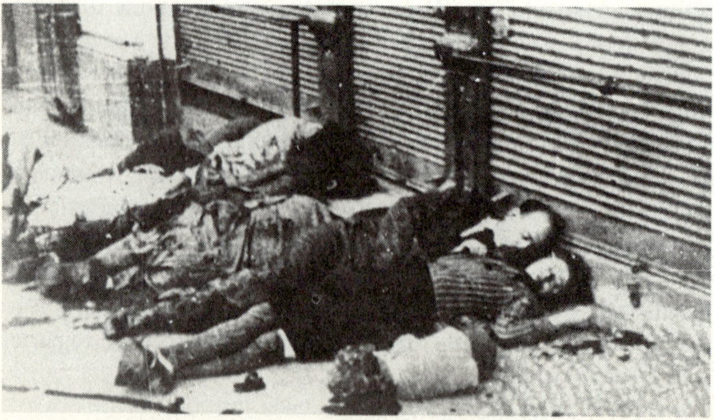

tion des citoyens, du commandant de division au préfet du département, jusqu'au dernier des gendarmes ou des commissaires de police. De très nombreux autres Juifs furent tués, ce dimanche-là, dans leurs maisons, dans les cours, dans les caves où ils avaient trouvé refuge ou dans les rues, ces massacres allant se poursuivre jusqu'au mardi[7]. » Le pogrom de Iasi fait près de 14 000 victimes.

Les survivants, environ 4 500 personnes, sont convoyés sous une volée de coups vers la gare et parqués dans deux trains de marchandises aux wagons plombés. La présence des Allemands n'empêche pas une très grande désorganisation dans les méthodes

de tueries et l'appareillage de ces « trains de la mort ». Sous une chaleur torride, les Juifs sont dépouillés de tout ce qu'ils ont sur eux, y compris leurs vêtements, puis entassés dans les trains. Les portes des wagons sont verrouillées, les convois s'ébranlent, roulant au hasard, sans destination précise. Après une vingtaine de kilomètres effectués en douze heures, le convoi s'arrête, les gendarmes et la soldatesque roumaine, aidés par des Tsiganes réquisitionnés, déchargent les cadavres par cen-

7. Matatias Carp, *Cartea Neagra. Le livre noir de la destruction des Juifs de Roumanie. 1940-1944*, Paris, Denoël, 2009, p. 191.

taines. Partout sur le passage des trains de la mort, à Podul Iloaiei, Târgu Frumos, Mircesti, Sabaoani, les corps sont déchargés, traînés comme des pièces de boucherie, entassés sur des charrettes, puis jetés dans des fosses communes. Les deux tiers des déportés sont morts au cours du trajet.

Dans le même temps, les villages juifs sont pillés et leurs habitants massacrés. Tel est le sort du village où, aux premiers jours du déclenchement des tueries, la mère d'Aharon Appelfeld fut assassinée. Même si les violences sont plus sporadiques et moins meurtrières, notamment lors du soulèvement de la Garde de fer[8], des pogroms ont également lieu, entre les mois de septembre 1941 et janvier 1942, à Bucarest pourtant épargnée jusqu'alors par les massacres de masse. « À la morgue, écrit Raul Hilberg, les tronçons de corps n'avaient plus rien d'humain, et à l'abattoir municipal on trouva des cadavres suspendus à des crochets comme des carcasses de bétail. Un témoin vit une fillette de 5 ans pendue par les pieds comme un veau, le corps ensanglanté. On devait identifier 118 Juifs morts[9]. » Le père de Sonia Palty avait été intégré à un groupe de travailleurs forcés de 72 personnes assignées à la réfection des routes. « Le 17 septembre, à 3 heures du matin, un inspecteur de police accompagné de deux policiers sont venus nous arrêter. J'avais 14 ans et 3 mois. » La grand-mère de Sonia, malade et alitée, est *in extremis* épargnée par la rafle grâce à l'intervention du docteur Nicolescu – qui soigne également le général Antonescu. Le reste de la famille est conduit dans une école du centre-ville. Derrière les grilles, « de l'autre côté de la rue Svinsilor, les gens regardaient les Juifs qu'on allait envoyer à la mort ». Au bout d'une semaine, la soixantaine de

8. Le 20 janvier 1941, la Garde de fer se rebella contre le général Antonescu qu'elle avait porté au pouvoir. Trois jours durant, des combats armés eurent lieu dans les rues de Bucarest. La tentative de putsch fut matée et réprimée. Entre-temps, les hommes de la Garde de fer s'étaient rués sur le quartier juif, « incendiant les synagogues, saccageant les magasins et dévastant les appartements », écrit Raul Hilberg (*La Destruction des Juifs d'Europe*, *op. cit.*, t. II, p. 1414).

9. *Ibid.*, p. 1415.

personnes enfermées avec Sonia dans cette école sont emmenées dans des camions à la gare de Bucarest Nord. Là, on les fait monter dans des wagons à bestiaux où d'autres Juifs sont déjà confinés. « Nous étions 212 personnes, la plupart des enfants, des femmes et des vieux. Les hommes qui étaient là avaient été accusés de ne pas travailler correctement. Mon père ne cessait de répéter : "Ce n'est pas vrai ! C'est une erreur ! Je n'ai pas cessé de travailler du matin au soir, je n'ai pas raté un seul jour ! C'est une erreur !" »

Le train s'ébranle et commence son voyage en direction du Dniestr. En temps normal, le train aurait parcouru cette distance en une semaine. Celui-ci en mettra trois avant de parvenir à destination. Dans le train, un gendarme roumain donne deux bassines aux captifs : « Celle-là, c'est pour l'urine, dans l'autre il y a de l'eau pour que vous puissiez boire. » « Bien sûr, commente Sonia, dès la première nuit tout le monde s'est trompé de bassine, parce qu'il n'y avait pas de lumière. Chaque matin, nous avions un quart d'heure pour descendre sous le wagon et faire nos besoins. Ce fut le premier choc. On y passait les uns après les autres, dans la honte, sous les hurlements d'un gendarme qui criait : "Vite ! Vite ! Jude ! Plus vite ! Jude ! Jude ! Montez !" Il demandait ensuite qu'on lui donne de l'argent contre un bout de pain. » Le train est arrivé à Odessa. Par chance, les autorités de la ville ne voulaient pas de ces Juifs, et le train fit plusieurs fois des allers-retours entre Odessa et une ferme située à cinq kilomètres de la ville portuaire. C'était quelques jours avant que l'armée roumaine et l'Einsatzgruppe D n'y perpètrent ce qui serait l'un des massacres les plus massifs et les plus brutaux de l'histoire du génocide.

Le 23 octobre, après que des partisans russes ont pulvérisé l'état-major des armées roumaines, faisant une quarantaine de morts, 10 000 Juifs d'Odessa sont raflés en représailles, emmenés hors de la ville et abattus au fusil-mitrailleur. Deux jours plus tard, sur l'ordre direct d'Antonescu, plusieurs milliers d'autres sont enfermés à Dalni, en banlieue d'Odessa, dans des granges que les Roumains font sauter à la dynamite. Pendant ce temps, plus nombreuses encore qu'à Minsk ou Kharkov, des potences sont installées aux réverbères, aux balcons, partout où il est possible de dresser des gibets. Au bout de quelques jours, il n'y a plus une rue, un bâtiment, un square, où que se porte le regard, où l'on ne voie des pendus par dizaines, par centaines. La ville entière est hérissée d'échafauds. En quelques jours, ce ne sont pas moins de 25 000 personnes qui sont assassinées. Les survivants, 32 643 Juifs, transportés par train ou à pied au camp de Berezovca, au nord de la Transnistrie, sont livrés aux Allemands qui les exécutent en quelques mois.

Sonia avait échappé au sort des Juifs d'Odessa. Son train s'arrêta à Vigoda, un ancien sovkhoze soviétique converti par les Roumains en ferme agricole et en camp de travailleurs forcés. « Le directeur de la ferme, un ingénieur agronome, était un fasciste, plus fasciste encore qu'Antonescu qui l'avait envoyé diriger le camp pour le punir, parce que c'était un légionnaire. » L'homme, qui s'appelait Gogleatza, avait en effet soutenu la rébellion de la Garde de fer. « Vigoda fut notre premier rendez-vous avec la mort. Nous étions 18 dans la chambre que j'occupais. Le lendemain de notre arrivée, au matin, avec mon ami Fritz Winter, nous sommes allés voir où nous étions. Nous sommes tombés sur un champ trouble. La terre y avait été retournée, et elle faisait des vagues. La terre bougeait. Quand on a voulu marcher dessus, un paysan, un Russe originaire de Moldavie qui parlait roumain, a crié : “Non ! Ne marchez pas là ! Il y a des mines partout !” On lui a demandé des explications. Il nous a dit que des survivants du grand massacre d'Odessa, entre 12 000 et 14 000 Juifs, des femmes, des vieux, des enfants, avaient été mitraillés à cet endroit. La terre qui était sous nos pieds recouvrait la fosse où gisaient leurs cadavres. Sous l'effet de la chaleur, car il faisait très chaud, les corps avaient enflé et faisaient bouger la terre. “Ils ont été tués dans la fosse, nous dit l'homme. La terre bouge parce qu'il y en a qui sont peut-être vivants, ou alors c'est à cause de la chaleur.” »

À Vigoda, Sonia était encore avec ses parents. Elle travailla comme les autres aux champs, de 6 heures du matin à 18 heures. Quand elle était élève à Bucarest, elle avait suivi un cours d'aide-soignante. Elle s'improvisa infirmière. À la fin de chaque journée de travail, à l'aide d'une maigre réserve de médicaments, d'un bistouri et d'autres instruments de fortune, elle prodiguait ses soins à ceux qui s'étaient blessés au travail où qui étaient tombés malades. « J'ai pu sauver des doigts, des pieds, j'ai pratiqué des opérations que je n'aurais pas pensé, à 14 ans, être capable de faire. Pour me remercier, j'avais droit chaque jour à deux portions de pain et de soupe. J'allais les partager avec mes parents qui étaient tombés malades. Mon père avait fait un infarctus, ma mère avait la fièvre et des maux de tête. Cela a duré deux mois. Pendant ce temps-là, la nuit, Gogleatza, le directeur du camp, se faisait livrer des filles qu'il violait. Un jour il a demandé à trois filles de notre groupe de venir faire le ménage dans ses appartements. Elles ne sont rentrées que tard dans la nuit. L'une d'elle avait été jetée dans la cour. Elle avait bien sûr été violée, et elle était brûlée partout sur le corps. Gogleatza n'avait pas dû trouver les autres à son goût. On ne les avait pas touchées. Nous sommes allées la ramasser et je l'ai soignée. Elle m'a demandé de couper ses beaux cheveux blonds très courts. Elle ne voulait plus connaître d'hommes, ne jamais plus connaître le plaisir avec un homme. Gogleatza avait demandé au corps de garde, c'est-à-dire à tous les gendarmes présents dans le camp, de lui passer dessus. Ils l'ont violée à tour de rôle. Cette fille s'appelait Maria, c'était une vraie beauté. Elle a survécu. Elle habite aux États-Unis. Elle n'est plus jamais retournée en Roumanie. »

Sonia Palty fut envoyée dans d'autres camps de Transnistrie. Elle connaîtra un court répit dans celui d'Alexandrovka, dirigé par un ingénieur agronome du nom de Vassiliu, un homme aimable, qui les traite avec humanité. C'est la première fois depuis que le groupe a quitté Bucarest. « Quand on est arrivés, il nous a dit : "Bienvenue, messieurs-dames !" On était surpris ! Comment ? Il ne nous appelle pas Juden ? Il ne nous traite pas de "sales juifs" ? » Les hommes allaient en journée faire les vendanges, et les femmes s'occupaient du tri. Les paysans ukrainiens des alentours étaient souvent attentifs et serviables, leur donnant quelques aliments quand ils se trouvaient sur le passage des travailleurs forcés. « À Noël, mon oncle, le mari de ma tante paternelle, est venu jusqu'en Transnistrie. Il était à notre recherche. C'était un homme de 44 ans, un chrétien, qui était le fils d'un sénateur roumain, officier dans l'armée et avocat. Il faisait moins 30 degrés ; un froid terrible. Il a parcouru la Transnistrie pendant deux semaines, de ghetto en ghetto, avant de nous trouver. Il avait apporté avec lui des vêtements chauds, de la nourriture. C'était le lendemain de Noël, le 26 décembre. Il a donné à notre groupe – douze personnes – tout ce qu'il avait. Mais dans ce froid, au cours de ses recherches, il avait attrapé une pneumonie, et il était très sérieusement malade. Il a été transporté à l'hôpital, on lui a enlevé un poumon. Il est mort quelques jours plus tard. Paul Vertolasi, mon oncle, est mort pour avoir voulu nous sauver. »

Le 27 décembre, par moins 40, Sonia et son groupe étaient à nouveau dirigés vers un train à bestiaux, qui fit route vers Bogdanovca. Il mit deux mois avant d'y parvenir. « Pendant ces deux mois, nous n'avons pas une seule fois eu l'occasion de nous laver. Personne ne nous a donné ne serait-ce qu'un peu d'eau pour nous laver. Nous étions couverts de parasites. Ils nous dévoraient la peau. Nous étions sales, nous sentions mauvais. Tout le monde était malade. En échange d'un morceau de pain, nous étions obligés chaque jour de donner aux gendarmes roumains un pull-over, une chemise, une paire de chaussures. Pour survivre, on a fini par donner tout ce qu'on avait. On parlait à Dieu. On lui demandait : "Que veux-tu de nous ? Pourquoi nous tournes-tu le dos ? Comment peux-tu laisser nos enfants mourir de faim ? Ne vois-tu pas la misère dans laquelle nous sommes ?" Notre train est arrivé à la gare de Vradievka. De là, on nous a fait marcher, marcher… Des jours entiers, dans ce froid terrible. On avait peu de vêtements, mais on se couvrait de tout ce qu'on possédait encore, avec plusieurs couches de vêtements pour ne pas crever de froid au milieu de la tempête de neige. Beaucoup de mes amis sont morts pendant cette marche forcée. Neru Goldberg est mort dans mes bras. Il n'avait que 22 ans. Plus on s'approchait de Bogdanovca, plus les paysans que nous croisions nous faisaient des signes menaçants, ils disaient : “Kaputt Juden ! Kaputt ! Bogdanovca ! Kaputt !” »

La plupart des 150 000 Juifs de Bessarabie et de Bucovine déportés en Transnistrie à partir de l’automne 1941 y sont acheminés à pied, dans des marches où le taux de mortalité est très élevé. Les gens mouraient d’épuisement, de froid, de malnutrition, mais aussi par balle. De petites unités militaires roumaines précédaient les colonnes de Juifs pour creuser des fosses le long du chemin qu’ils empruntaient. Les retardataires, principalement des enfants, des malades et des vieillards, étaient abattus par les gendarmes ou les militaires roumains, puis jetés dans ces fosses communes. Des ordres avaient été donnés en ce sens. Tous les cinq kilomètres, les colonnes de Juifs croisaient les fosses. Elles étaient remplies et recouvertes après leur passage. Des paysans qui assistaient à la marche des interminables colonnes de suppliciés achetaient pour une bouchée de pain un Juif aux gendarmes roumains qui les escortaient. Le Juif était abattu sur-le-champ et dépouillé. Le paysan repartait avec les vêtements de la victime. Le sang des morts était utilisé pour graisser les essieux des charrettes.

Le camp de Bogdanovca, destination finale de Sonia Palty, avait été ouvert peu de temps auparavant. Il était placé sous la responsabilité de deux fonctionnaires roumains, sanguinaires et sans scrupules : le préfet du district de Golta, le lieutenant-colonel Modest Isopescu, et son sous-préfet, un avocat du nom d’Aristide Padure. « Isopescu [...] organisa trois enclos primitifs : Bogdanovca, Dumanovca et Acmecetca, écrit Raul Hilberg. Ces points de rassemblement, consistant en maisons à demi détruites, en étables et en porcheries, reçurent 70 000 Juifs. La tuberculose, le typhus et la dysenterie devinrent endémiques et la sous-alimentation était la règle. Au camp de Bogdanovca, le plus important, les massacres débutèrent le 21 décembre. Pour commencer, on entassa entre 4 000 et 5 000 infirmes et malades dans des granges au toit de chaume, on arrosa d’essence et on mit le feu. Les incendies n’étaient pas encore éteints qu’on menait des groupes de 300 à 400 Juifs dans les bois pour les fusiller au bord d’un ravin, agenouillés et complètement nus dans le vent glacé. L'opération ne s'interrompit que pour les festivités de Noël et s'acheva le 30 décembre avec un bilan de 43 000 morts. À Dumanovca, il y eut environ 18 000 tués aux mois de janvier et février 1942 ; et 4 000 à Acmecetca, où Isopescu prenait plaisir à torturer et à photographier ses victimes[10]. » À Petchora, les milliers d'orphelins juifs, abandonnés sans nourriture, n'avaient plus que la peau sur les os. Les habitants du ghetto – il s'agissait davantage de ghettos que de camps de concentration –, pour s'alimenter, se nourrissaient de racines, d'écorces et d'herbe. On y a constaté des cas de cannibalisme ; les internés, pour survivre, n'ayant d'autre choix que de se nourrir de la chair des cadavres. À Vapniarca, un autre camp de Transnistrie réservé aux prisonniers politiques juifs et aux jeunes célibataires, « s'exerça une politique nutritionnelle unique en son genre. Les détenus étaient régulièrement nourris de 400 grammes d'une espèce de pois chiche (*tathyrus savitus*) que les agronomes soviétiques réservaient aux cochons, cuits avec de l'eau et du sel et mélangés à 200 grammes d'orge, à quoi on ajoutait 20 % de bouillie de paille. Le menu était immuable. Il occasionnait des crampes musculaires, une démarche instable, des troubles artériels dans les jambes, la paralysie et l'incapacité de travailler. Un tiers des Juifs environ moururent, et la plupart de ceux qui restaient furent tués[11]. »

À Bogdanovca, les gens étaient logés dans des porcheries, sortes de hangars de tôle au toit en forme de bulbe. Le complexe agricole avait été prévu pour contenir 7 000 porcs. 11 000 personnes y étaient déjà entassées quand Sonia arriva. À ce propos, le directeur du camp avait une formule, qu'il répétait à l'envi : « Là où l'on met 200 cochons, on peut bien mettre 2 000 Juifs ! »

« Quand nous sommes arrivés à Bogdanovca, on nous a jetés dans ces porcheries. Il n'y avait pas de fenêtres, pas de portes, et il y faisait aussi froid qu'à l'extérieur. Nous étions 14 personnes à prendre place dans une petite partie de la porcherie

10. Raul Hilberg, *La Destruction des Juifs d'Europe*, *op. cit.*, t. I, p. 674-675.

11. *Ibid.*, t. II, p. 1444.

quand un policier ukrainien est entré, habillé comme un SS. C'était un soldat de l'armée de Vlassov. À la main, il tenait un bâton, et il a commencé à nous battre en nous criant dessus. "Juden ! Vous apportez le typhus !" Il a frappé ma mère sur le dos. J'ai plongé pour m'interposer, j'ai reçu un coup et je suis tombée par terre. Je suis restée inconsciente. Je me souviens du rêve que j'ai fait à ce moment-là, un rêve extraordinaire : j'étais chez moi et je mangeais un poulet qui sortait du four, doré, rôti comme il faut ! Mes compagnons ont compris que si je restais ainsi inconsciente, allongée dans le froid, j'allais mourir. Ils m'ont relevée et forcée à marcher dehors. Ce jour-là, ils m'ont sauvé la vie. Le lendemain matin, les survivants des 67 000 Juifs de Bucovine, de Bessarabie, d'Odessa, de Nicolaïev, qui avaient été assassinés un par un l'année précédente, nous ont rejoints. Le crime exécuté par les gendarmes roumains avait été commandité par Modest Isopescu, un colonel de l'armée roumaine, et Aristide Padure, le sous-préfet du district de Golta. Chaque jour, ils ont assassiné entre 500 et 1 500 personnes. Ceux qu'ils n'avaient pas tués à la mitraillette, ils les ont mis dans de grands hangars auxquels ils ont mis le feu. Ils ont brûlé les gens vivants. »

Entre la fin de l'année 1941 et les premiers mois de l'année 1942, le long du Bug, trois massacres d'une très grande ampleur avaient été organisés à Bogdanovca, Dumanovca et Acmecetca. Il semblerait qu'Antonescu ne soit pas impliqué dans ces tueries initiées par Modest Isopescu et par des officiers allemands qui se trouvaient de l'autre côté du fleuve. Après une épidémie de typhus, craignant la contamination, ils avaient demandé au préfet du district de Golta de régler le problème. 75 000 Juifs furent assassinés dans les trois camps par les Roumains et les Ukrainiens. 200 Juifs furent ensuite chargés de brûler les cadavres. 152 d'entre eux seront à leur tour exécutés. « Des témoins racontent que plusieurs petites rivières de sang, le sang des victimes exécutées par balle, étaient devenues des affluents du Dniestr, coulant vers le fleuve pendant des jours, rapporte Radu Ioanid, un historien du génocide roumain. Les tueurs étaient des gendarmes roumains, des gendarmes ukrainiens sous commandement roumain et des Allemands ethniques qui habitaient les nombreuses colonies de la région. En fait, il s'agissait d'Ukrainiens d'origine allemande qui s'étaient enrôlés dans la SS et avaient formé un Sonderkommando[12]. »

De l'autre côté du Bug, les kommandos d'extermination nazis et des forces de l'armée régulière allemande étaient eux aussi occupés à assassiner en masse les Juifs qui ne cessaient d'affluer des provinces conquises. Souvent, les Juifs étaient envoyés d'une rive à l'autre ; les Roumains et les Allemands prétendant chacun que la tâche d'exécuter les massacres leur revenait. Cela créait des tensions diplomatiques entre les deux pays. « Ces tensions ont atteint un pic, précise Radu Ioanid, lorsque Antonescu a voulu obtenir de l'armement allemand pour sa ligne de front – et aussi pour reconquérir la Transylvanie du Nord –, et que Hitler a refusé. De plus, le nonce apostolique, le représentant de l'Église catholique en Roumanie, qui avait parcouru la Transnistrie, déclarait à son retour que la situation n'était pas acceptable.

« D'autres voix commençaient à se faire entendre. La reine mère avait fait savoir à Antonescu que si l'on continuait d'assassiner les Juifs, elle quitterait le pays avec son fils. » La Roumanie ayant rompu ses relations diplomatiques avec les États-Unis en leur déclarant la guerre, c'est l'ambassadeur de Suisse à Bucarest qui, devenu en quelque sorte l'émissaire des Alliés, se chargea de dire au chef d'État roumain que s'il poursuivait les massacres, il risquait de lourdes conséquences. Même l'Einsatzgruppe D, actif sur la rive ukrainienne, et qui observait de loin ce que faisaient les Roumains, se montra choqué de la manière dont étaient menées les exécutions. Ses chefs écrivirent plusieurs fois aux autorités roumaines, disant que s'il était louable d'exterminer les Juifs, il fallait au moins enterrer les corps et ne pas laisser les cadavres au milieu des routes. Ils s'indignaient aussi que les exécutions fussent pratiquées de manière si barbare et si peu organisée. Les Allemands voyaient d'un très mauvais œil les pratiques de corruption généralisée, de pillage, les « ventes » de Juifs aux locaux, arguant que « le

12. Entretien avec Radu Ioanid, 27 mai 2008, Paris, France.

commerce d'objets et de vêtements prélevés sur les morts provoquait des épidémies », et que tout cela « détériorait l'image de l'alliance germano-roumaine ». Le rapport n° 64 de l'Einsatzgruppe D du mois d'août mentionne ce genre de griefs : « Les exécutions et les viols sont quotidiens. Aucune des plaintes adressées aux officiers roumains n'a été prise en compte. »

« Le lendemain de notre arrivée à Bogdanovca, poursuit Sonia Palty, les gens du ghetto, les survivants de Bucovine, de Bessarabie, d'Odessa, de Nicolaïev, sont venus nous voir. Parmi eux, il y avait Esther Gelbelman. J'avais 14 ans et demi, elle avait un an de plus que moi. Esther a vu une adolescente qui avait presque son âge, elle m'a prise par la main et m'a dit : "Viens avec moi, je vais te montrer où sont ma mère et mes frères." Je ne voyais pas ce qu'elle voulait dire. On a marché ensemble dans le froid jusqu'aux rives du Bug qui étaient couvertes de neige. Elle m'a montré la neige : "Tu vois là-bas ? Regarde bien. Ces pieds, ces mains qui sortent de la neige, ce sont ceux de milliers de Juifs assassinés par les Roumains !" Je ne pourrais pas dire que ce fut un choc. Cela dépassait l'entendement ; je ne comprenais pas ce que je voyais. Pendant la nuit, elle m'a raconté comment ils avaient tué sa mère sous ses yeux, son frère aîné âgé de 22 ans et son frère jumeau, qui n'avait que 14 ans. Ils l'ont épargnée parce qu'elle était plus grande, plus forte, et qu'ils avaient besoin de bras pour travailler. Elle m'a accompagnée le mois et demi où nous sommes restés à Bogdanovca. Un jour, quand je passais par la cour de la ferme, j'ai posé le pied sur ce qui ressemblait à un tas de cendres. Esther m'a attrapé le bras, m'a tirée de toutes ses forces en criant : "Qu'est-ce que tu fais ! Tu ne vois pas ce que c'est ? Ce sont mes frères, mes amis, ils ont été brûlés ici !" »

J'ai essayé de rencontrer Esther Gelbelman. Elle habite Tel Aviv ; Sonia et elle sont demeurées proches. Ne pouvant communiquer avec la rescapée par téléphone depuis Paris, je l'avais fait appeler par mon père qui lui parla en yiddish. Cela fut long et pénible. Au fil de leur conversation, je voyais le visage de mon père blêmir. Esther hurlait de douleur dans le combiné, elle pleurait, disait revivre chaque nuit le meurtre de sa famille, l'horreur de Bogdanovca. Elle avait témoigné pour Yad Vashem quelques années auparavant et cet entretien avait rouvert les plaies du passé, l'empêchant depuis de trouver le sommeil. Elle vivait seule, sans ressources, loin de son fils unique qui ne venait que rarement lui rendre visite. Elle n'avait pas de mot assez dur contre le gouvernement israélien qui laissait les rescapés vieillir dans la misère. Après une demi-heure de conversation, elle demanda à réfléchir. Mon père l'a rappelée une semaine plus tard, quelques jours avant mon départ pour Israël. Ce fut peu ou prou la même conversation. Des cris, des pleurs, et le visage désemparé de mon père. À la fin, elle avait fini par accepter de me recevoir pour un motif inattendu : elle aimait la voix de mon père. Au pied de son immeuble, quelques semaines plus tard, je la faisais appeler par notre guide israélien. Elle avait encore changé d'avis et refusait maintenant de me recevoir. Il lui était impossible de parler de la Transnistrie. C'était sans appel. Je dus renoncer.

Dans les semaines qui ont suivi son internement à Bogdanovca, Sonia a vu mourir ses compagnons les uns après les autres. Ses talents d'infirmière étaient chaque jour sollicités. Mais ils furent insuffisants à endiguer la mortalité dans son groupe. « J'ai pris l'habitude de fermer les yeux de tous ces gens, morts de froid, de faim, ou sous les coups. » Il y eut d'abord la mort d'Esther Abramovitch, une fillette de 9 ans. « Ses doigts étaient des morceaux de glace. Sa mère me suppliait de la sauver, son père était recroquevillé dans un coin. Il pleurait. Comment sauver une petite fille de 9 ans mourant de faim et de froid ? Elle est morte dans mes bras. » Puis ce fut un bébé de 2 ans, puis le vieux Majdenberg. « Il était âgé de 70 ans, et ne mangeait rien de ce qu'on lui trouvait parce que ce n'était pas casher. Il disait : “Demain, c'est Pessah”, ou “Aujourd'hui, c'est Rosh Hashana, l'heure de la prière”... Pendant cinq mois il n'a mangé que cent cinquante grammes de pain par jour, avec un ou deux verres d'eau. Mon père ne cessait de se lamenter en prenant Dieu à partie, il criait : “Toi, le père des Juifs, le père de tous les hommes, où es-tu ? Que fais-tu ?" Je me disputais avec lui à cause de cela. Dieu ? Il n'y avait pas de Dieu. Pas pour nous. »

Bien que le régime roumain n'ait promulgué aucune législation anti-Tsiganes à proprement parler, les Roms commencèrent à être déportés et exécutés du mois de mai au mois de septembre 1942. Le 17 mai, le sous-secrétaire d'État à l'Intérieur, le général C.Z. Vassiliu, avait signé un décret rendant obligatoire leur recensement, qu'ils fussent nomades ou sédentarisés. C'est ce cadre légal qui permit aux autorités la déportation de 25 000 Tsiganes (sur une population globale d'environ 300 000) vers la Transnistrie. La moitié était des nomades, et l'autre moitié, selon les autorités roumaines, avait eu affaire à la justice. Ils étaient censés représenter « une menace pour l'ordre public ». En réalité, ces personnes avaient été arrêtées de façon totalement arbitraire. Au printemps 1942, Sonia Palty fut témoin d'un massacre de Tsiganes dans les eaux du Bug : « C'était après le camp de Bogdanovca, je travaillais avec mon père dans un hôpital de Golta. Le sous-préfet du district est venu, il nous a rassemblés et nous a dit que les Allemands demandaient qu'on leur envoie des Juifs de Roumanie. Tout le monde savait que les Allemands tuaient les Juifs immédiatement. Nous avions peur. Le sous-préfet Padure nous a tous fait sortir du ghetto, et nous avons marché jusqu'au Bug qui était tout près. Là, à cent mètres de nous, nous avons aperçu un grand groupe de Tsiganes. Padure a décidé de commencer par les Tsiganes, de les envoyer sur l'autre rive où se trouvaient les Allemands. Ils étaient venus avec des charrettes pleines de femmes, d'enfants et de vieillards. Parce que leurs chevaux avaient été confisqués par le gouvernement, c'étaient les hommes qui tiraient eux-mêmes ces charrettes. Les Allemands et les Roumains ont fait un pont sur le Bug, c'est-à-dire qu'avec des câbles reliés à une manivelle ils faisaient traverser une quinzaine de personnes sur une planche de bois d'une rive à l'autre.

« Les femmes tenaient les bébés dans leurs bras. Quand elles sont arrivées au milieu du Bug, elles ont jeté leurs enfants dans la

rivière, puis se sont elles-mêmes jetées à l'eau. Les hommes – les pères, les époux, les frères –, qui étaient restés sur la berge, de notre côté de la rivière, se sont mis à hurler. Ils ont voulu plonger dans la rivière pour les sauver. Mais il était trop tard. Les gendarmes roumains leur ont tiré dessus à l'arme automatique. Ils sont morts. Le reste de leur groupe a ensuite été envoyé de l'autre côté, chez les Allemands. Cela a duré tout l'après-midi. Le soir, nous, les Juifs, étions toujours sur la berge à attendre notre tour. Padure a dit : “Je suis trop fatigué pour continuer. Rentrez au ghetto, je verrai demain ce que je vais faire de vous !” Nous sommes rentrés au ghetto. Nous aurions pu nous réjouir car nous avions provisoirement échappé à la mort, mais ce n'était pas possible ; une partie de nous était encore avec ces femmes et ces enfants dans les eaux du Bug. »

L'assassinat en masse des Tsiganes de Roumanie fut interrompu par les autorités roumaines. Leur déportation avait provoqué un scandale qui ébranla jusqu'aux plus hautes instances du régime. « Ces 25 000 Tsiganes déportés en Transnistrie, explique Radu Ioanid, avaient des fils, des époux, des parents dans l'armée roumaine. Ils étaient sur la ligne de front, défendant la Roumanie les armes à la main. Quand ces soldats rentraient chez eux en permission, qu'ils rendaient visite à leur famille, ils trouvaient des appartements vides. Ils apprenaient que leurs proches avaient été déportés, allaient s'en plaindre à leurs supérieurs et on leur accordait de nouvelles permissions pour leur permettre de retrouver leur famille. Bien sûr, ils ne la retrouvaient que très rarement, ces familles ayant été déportées en Transnistrie et souvent tuées. On a rapporté des cas incroyables de mauvais traitements subis par les Tsiganes en Transnistrie. Des viols d'enfants par les policiers ukrainiens, des cas de cannibalisme. Tout cela a été stoppé par les autorités roumaines, non pas du fait de ces atrocités, mais tout simplement parce que cette situation créait des difficultés administratives invraisemblables[13]. »

À l'automne 1942, Antonescu commence à sentir le vent tourner. Les armées de l'Allemagne nazie et leurs partenaires ne progressent plus que difficilement en Russie, et les Alliés multiplient les contre-offensives. Le chef de l'Église orthodoxe de Transylvanie, pourtant antisémite, convainc Antonescu d'ajourner les déportations prévues pour le printemps 1943. Mihai Antonescu, le Premier ministre du général Ion Antonescu (avec lequel il n'a aucun lien de parenté), avait accepté de livrer ce qui restait des Juifs de Roumanie aux Allemands, afin qu'ils soient exterminés au camp de Belzec. Les tensions entre Ribbentrop et Mihai Antonescu, entre l'Allemagne nazie et le régime fasciste de Roumanie, d'une manière plus générale, avaient atteint leur apogée. Le général Ion Antonescu ralentit le rythme des déportations, donna des directives pour que cessent les assassinats et que les Juifs soient mieux traités. Il commença même à rapatrier certains internés des camps de Transnistrie. Après la défaite de Stalingrad, la destruction des Juifs de Roumanie est stoppée. Ion Antonescu n'aura alors de cesse de chercher à se rapprocher des Alliés, et particulièrement des Anglo-Américains, afin de se trouver du bon côté quand la guerre sera terminée, et surtout d'éviter que la Roumanie ne tombe sous le joug de l'Union soviétique. Ses démarches furent vaines[14], mais les Juifs ayant survécu aux massacres organisés par les autorités roumaines échappèrent à la mort.

13. *Ibid.*

14. En mars 1944, les Soviétiques pénètrent en Roumanie. Ion Antonescu est arrêté le 23 août sur ordre du roi Mihai, qui dissout le gouvernement. Le lendemain, la Roumanie déclare la guerre à l'Allemagne et se range aux côtés des Alliés. Les deux Antonescu, Ion et son Premier ministre Mihai, sont arrêtés. Livrés aux autorités soviétiques, ils sont jugés par le Tribunal du peuple de Bucarest et reconnus coupables de la mort de 700 000 Roumains (militaires et civils), dont plus de 300 000 Juifs roumains et ukrainiens. Tous deux sont fusillés. Quant au général Corneliu Calotescu, le gouverneur de Bucovine, et au colonel Modest Isopescu, le sanguinaire préfet du district de Golta, ils sont condamnés à mort après la guerre. En 1946, leur condamnation sera commuée en travaux forcés à perpétuité.

Un Juif de Bucarest, Matatias Carp, a écrit la chronique, au jour le jour, de l'extermination des Juifs de Roumanie. Quand Ion Antonescu prend le pouvoir, Carp, qui est alors avocat (et un remarquable pianiste à ses heures), comprend que le pire est possible. Dès les premières discriminations, il s'organise de manière à collecter et à écrire, « à chaud », le récit documenté du génocide roumain qui commence. Au péril de sa vie, l'avocat s'infiltre le dimanche dans les bureaux des administrations roumaines pour copier les documents officiels qui prouvent le génocide en cours. Il est même « parvenu à obtenir une clef du ministère en graissant la patte du gardien : il s'y rendait le dimanche, quand le bâtiment était vide, pour recopier des archives[15] », racontera sa femme Ella. Matatias Carp fouille, saisit, copie des rapports de gendarmerie, des procès-verbaux, des photographies et d'autres documents. Rapidement, son entreprise est connue d'un petit cercle d'amis et de soutiens – parmi lesquels des officiers allemands de la Wehrmacht en poste à Bucarest. Il reçoit nombre de témoignages, mémoires, statistiques, qu'il décrypte et qu'il archive, tout en écrivant le soir, en historien du présent, le récit détaillé des exactions et des tueries, toujours à partir de sources fiables et recoupées – le pogrom de Iasi, celui de Bucarest, les trains de la mort, les camps et les ghettos de Transnistrie, les méthodes d'exécution, jusqu'aux pendaisons individuelles, pourvu qu'un document les rapporte, qu'ils aient lieu à Moguilev ou Krasnopolsk, qu'ils soient de gigantesques assassinats de masse ou des meurtres de personnes. À titre d'exemple, en date du 24 décembre 1942, Carp écrit : « À Krasnopolsk, trois enfants, qui avaient réussi à échapper à la première "action de liquidation" en se cachant, sont retrouvés et assassinés la veille de Noël, ainsi que l'avait promis l'officier allemand. C'est leur oncle qui devra creuser leurs tombes[16]. »

Au fil de ses démarches et des quatre années que dure la rédaction de ces chroniques quotidiennes, un livre apparaît, un

15. Matatias Carp, *Cartea Neagra*, *op. cit.*, p. 26.
16. *Ibid.*, p. 603.

livre « de sang et de larmes, écrit avec des larmes et du sang », tel que Carp le qualifiera lui-même. Il l'intitule *Cartea Neagra*, le « Livre noir »[17]. Après la guerre, de 1946 à 1948, Matatias Carp publie en trois volumes son récit et la documentation sur laquelle il s'est appuyé. Interdite par les autorités soviétiques, l'œuvre subira un destin chaotique. Considérée par Raul Hilberg comme un « chef-d'œuvre », *Cartea Neagra* est un document inestimable, le plus précis, le plus documenté, mais aussi l'un des plus habités de l'histoire du génocide. « Morceau bouleversant d'histoire immédiate, l'ouvrage [...] fait partie des rares documents de tout premier ordre sur la Shoah à avoir été publié au lendemain de la guerre », écrit sa traductrice française et préfacière, l'historienne Alexandra Laignel-Lavastine. Un an après s'être installé avec sa famille en Israël, Matatias Carp meurt d'un cancer du poumon en 1953. Il faudra attendre plus d'un demi-siècle pour que son travail soit enfin reconnu et largement diffusé.

En novembre 1943, par des intermédiaires, les parents de Sonia Palty avaient obtenu, contre des milliers de lei versés à un fonctionnaire de Bucarest, de ne pas être livrés aux Allemands. Cela fut néanmoins sans effet car le 28 novembre, un miracle se produisait : l'ordre d'Antonescu autorisant les Juifs à rentrer en Roumanie. « Nous sommes rentrés dans des trains réguliers. C'étaient des wagons individuels, pas des wagons à bestiaux. Chacun était muni d'un billet. » À Bucarest, la famille retrouve son appartement. La vie reprend son cours. Sonia, qui a l'impression de sortir d'un long cauchemar, demeure hébétée par la paisible réalité de la capitale roumaine. Elle est invitée par d'anciennes camarades de classe de l'école Saint-Joseph à fêter son retour chez l'une d'entre elles. Sonia s'y rend. « Elles étaient très élégantes avec leurs souliers neufs, leurs bas, leurs jupes. Elles ressemblaient aux figures de mode des magazines. Elles me demandaient : “C'était comment la Transnistrie ?”

17. À ne pas confondre avec celui d'Ilya Ehrenbourg et Vassili Grossman (*Le Livre noir*, Actes Sud, 1999).

comme si je rentrais de vacances. J'étais assise dans un fauteuil. J'ai commencé à raconter. Les enfants avaient le ventre gonflé, les gens mouraient de faim, de froid. Je leur ai dit que, là-bas, nous n'avions pas de noms. En Transnistrie, on ne m'appelait que "sale juive". D'ailleurs, ce n'était pas faux ! J'étais juive et j'étais sale. Une à une, mes copines se sont levées pour aller manger et boire quelque chose au buffet. Elles ne voulaient pas savoir, elles ne voulaient rien entendre. Quelqu'un a mis de la musique pour couper court à mon récit, et elles se sont mises à danser. J'étais seule dans mon coin. Toute seule. J'ai pris le manteau que m'avait laissé ma mère et je suis sortie. C'était un soir de décembre. J'ai regardé le ciel, et je me suis dit : "Pour la première fois, je suis seule." Aujourd'hui encore, les Roumains ne veulent pas entendre parler de la Transnistrie, de ces 400 000 Juifs assassinés. Il s'agit de 400 000 personnes ! Pour eux, le peuple roumain est un peuple humain, hospitalier ; un peuple bon. Et moi, je peux leur dire : "Oui, c'est vrai, nous avons croisé des gens qui étaient humains. Mais la plupart se sont comportés comme des animaux. Ils n'ont pas vu en moi une adolescente qui ressemblait à leur fille, ils n'ont vu qu'une 'sale juive' qui devait mourir." »

Après la guerre, à 17 ans et demi, Sonia s'est mariée. Elle a eu son premier enfant à 19 ans. Une fille qu'elle a appelée Michaëlla. Devenue journaliste, elle s'est un temps fondue dans la Roumanie socialiste. Durant les années d'après-guerre, elle a essayé d'écrire des articles sur la Transnistrie. Ils furent tous refusés par la rédaction communiste de son journal. On ne devait pas parler de cela. Un jour, alors qu'elle était invitée, en tant que journaliste, à couvrir une conférence de presse du ministre de l'Agriculture, elle est tombée nez à nez avec Gogleatza, le tortionnaire du camp de Vigoda. Il était toujours ingénieur agronome. C'était désormais un fonctionnaire exemplaire de la République socialiste. Il n'avait subi aucune sanction pour ce qu'il avait fait. « Quand je suis rentrée à la rédaction de mon journal, je suis allée voir mon rédacteur en chef, Nicolae Belu, et je lui ai expliqué qui était Gogleatza. Il m'a dit :

“Fais-moi une note.” J’ai écrit cette note. Bien entendu, elle a été mise au placard. »

Sonia fit une demande d’émigration en Israël. Quelques années plus tard, elle fut autorisée à quitter la Roumanie avec sa famille. Elle s’installa à Tel Aviv. « Quand je suis arrivée en Israël, j’ai eu l’impression de trouver une grande famille – une famille de survivants. C’étaient des rescapés de Pologne, de Hongrie, de Tchécoslovaquie. Chacun avait son histoire. Il était facile de se comprendre, nous n’avions pas besoin d’en parler. Des années après, lors d’un congrès du Parti communiste roumain, Ceaucescu a cité en exemple l’humanisme roumain, ce peuple admirable qui avait sauvé les Juifs des fascistes allemands ! Mon sang n’a fait qu’un tour. Jusqu’à ce moment-là, je n’avais jamais écrit sur ce qui s’était passé, sur ce que j’avais vécu. À mon mari, à mes enfants, je n’avais rien dit. Ça a été le déclic. Je me suis mise à écrire mon premier livre sur l’Holocauste roumain. Ce n’est qu’en 2004 que la Roumanie a reconnu ses crimes. Jusqu’à cette date, je n’ai fait qu’écrire sur la Transnistrie. Dans un journal de langue roumaine, ici, en Israël, j’ai rédigé 136 articles sur le génocide roumain. Il fallait que les gens sachent, que les Roumains admettent la vérité. Vous comprenez, dans mes bras sont morts tant de gens que, jusqu’à aujourd’hui, il m’est impossible de ne pas parler de mes proches. »

L’entretien terminé, Sonia Palty et son époux nous invitent, l’équipe et moi, à un copieux petit-déjeuner dans la cuisine. Gâteaux, croissants, café, fruits débordent presque de la grande table où ils sont disposés. Sonia est une femme pudique, chaleureuse, maternelle. Elle était très émue au cours de l’entretien. Ses magnifiques yeux bleus se sont voilés plus d’une fois, et elle a refoulé bien des sanglots qui roulaient dans sa gorge. Comme sortie d’une séance d’hypnose, je la vois peu à peu recouvrer sa joie de vivre. Car Sonia est fondamentalement optimiste. Elle est animée par cette même force de vie qui caractérise tous les rescapés que j’ai rencontrés. Lorsque nous discutons ensemble de la Transnistrie autour d’un café chaud, car je ne peux pas passer à autre chose, elle en parle maintenant de manière plus détachée. Je comprends alors l'importance des rituels de tournage, la disposition du décor sur fond noir, ma voix qui les oblige à sonder les remugles enfouis de la mémoire, les convoquant à cette transe étrange et délicate dans laquelle le présent vient se mêler au passé. Elle me raconte les bordels à disposition des gendarmes roumains, les esclaves sexuelles juives, à peine sorties de l'enfance, en permanence violées, martyrisées, massacrées.

Avant que nous ne repartions, elle me livrera cet ultime épisode du désastre transnistrien : c'était lors de la marche forcée, lorsqu'elle et son groupe cheminaient vers le camp de Bogdanovca. La colonne avançait péniblement sous la tempête de neige, égrenant les cadavres sur son chemin. Devant elle marchaient une mère et sa fille de 10 ans et, à côté, un gendarme qui les escortait, le fusil sanglé à l'épaule. Sonia avait entendu le gendarme s'adresser à la jeune mère. Il disait : « J'ai une fille du même âge. Donne-moi son manteau ! » La mère et sa fille devaient être issues d'un milieu aisé ; le col du petit manteau convoité était en fourrure. La mère n'avait peut-être pas entendu, ou ne sut pas comment réagir. Au bout d'un moment, elle bafouilla des paroles indistinctes, mais il était trop tard. Le gendarme avait saisi son arme, et, avec la crosse de son fusil, il asséna un violent coup derrière la tête de l'enfant. La fillette tomba dans la neige, face contre terre, le crâne ouvert. Elle était morte. Son sang n'avait pas fini de rougir la neige que l'homme ôtait son manteau sous les hurlements de sa mère. En 1943, quand Sonia était descendue du train qui la ramenait chez elle, libre à nouveau, elle avait été pétrifiée en apercevant le même gendarme qui, sur le quai de la gare, assurait le maintien de l'ordre. Une barrette supplémentaire ornait son épaule ; il avait pris du galon. Sonia se dirigea vers le gendarme qui la dévisageait avec morgue. Elle s'arrêta devant lui, et vit son visage soudain s'assombrir ; il l'avait reconnue. « J'espère que le manteau allait bien à votre fille », fit-elle. L'homme demeura un instant silencieux. Puis il dit : « Il était trop petit. »

VII

Katyn

Fin 1942, liquider les 500 000 Juifs de Palestine ? – Février 1943 : Paulus vaincu à Stalingrad – Le tournant de la guerre – Müller envoie Blobel se former à la crémation – Printemps 1943 : à Katyn, 4 000 officiers polonais massacrés par les Soviétiques – Effacer les traces du génocide devient urgent – Le Sonderkommando 1005 – Une opération gigantesque – Corps brûlés, os broyés – Les bûchers de la forêt de Rumbula – « En 1970, ça puait encore ».

En 1942, un Einsatzgruppe basé à Athènes était prêt à fondre dans le sillage de l'Afrikakorps d'Erwin Rommel qui, en Afrique du Nord, volait de victoire en victoire. Sa mission : liquider les 500 000 Juifs de Palestine. L'Einsatzgruppe était vraisemblablement équipé de camions à gaz, puisqu'il était dirigé par Walter Rauff, l'un des ingénieurs allemands ayant œuvré à leur conception. Des unités supplétives locales, en plus d'une division SS musulmane formée en Bosnie et d'une légion arabe intégrée à la Wehrmacht, avaient été mises sur pied pour l'assister. Même si quelques centaines de Juifs tunisiens furent assassinés suivant les méthodes qui avaient fait leurs preuves sur le front russe, l'Einsatzgruppe ne quitta jamais Athènes, Rommel se repliant en Tunisie après le débarquement allié du 8 novembre 1942.

L'Afrikakorps devait ensuite enchaîner les défaites militaires, au grand dam du Grand Mufti de Jérusalem, Hadj Amin al-Husseini, qui avait noué des liens étroits avec le Führer et encouragé l'extermination des Juifs au Moyen-Orient. Dans ses Mémoires, Husseini rapporte un entretien qu'il eut avec Hitler dans les premiers mois de l'opération Barbarossa : « La condition fondamentale que nous avons posée aux Allemands pour notre coopération était d'avoir les mains libres dans l'éradication de tous les Juifs, jusqu'au dernier, en Palestine et dans le monde arabe. J'ai demandé à Hitler qu'il me donne son engagement explicite pour nous permettre de résoudre le problème juif d'une façon conforme aux méthodes scientifiques inventées par l'Allemagne pour son traitement des Juifs. J'obtins la réponse suivante : "Les Juifs sont à vous"[1]. » Le 1er mars 1944, Hadj Amin al-Husseini n'avait en rien changé d'opinion. En dépit des revers de l'armée allemande, dans une allocution radiophonique diffusée sur Radio Berlin, il exhortait le peuple allemand à poursuivre l'extermination des Juifs : « Tuez les Juifs partout où vous les trouverez. Cela plaît à Dieu, à l'histoire et à la religion. Cela sauve votre honneur. Dieu est avec vous. [...] [L]es Allemands n'ont jamais causé de tort à aucun musulman, et ils combattent à nouveau contre notre ennemi commun [...]. Mais surtout, ils ont définitivement résolu le problème juif. Ces liens, notamment ce dernier point, font que notre amitié avec l'Allemagne n'a rien de provisoire ou de conditionnel, mais est permanente et durable, fondée sur un intérêt commun. »

Sur le front de l'Est, au cours de l'été 1942, la 6e armée de Friedrich Paulus se lançait à la conquête de Stalingrad. Une offensive capitale censée précipiter la défaite soviétique. La bataille allait en effet changer le cours du conflit, mais dans le sens inverse à celui prévu par Hitler et l'état-major allemand. Quelques jours après le débarquement allié en Afrique du Nord, surpris par l'hiver russe et l'opiniâtreté des soldats soviétiques se battant avec acharnement dans les ruines fumantes de la ville, la 6e armée était encerclée par les contingents envoyés en renfort par Staline, coupée de ses arrières et

1. Cité par Antoine Vitkine, *Mein Kampf. Histoire d'un livre*, Paris, Flammarion, « Enquête », 2009, p. 251.

de toute possibilité de ravitaillement. Après la capitulation de l'armée de Paulus, le 2 février 1943, même si Hitler se refusait de l'envisager, les généraux allemands commencèrent à comprendre qu'ils pouvaient perdre la guerre. Alors que les revers militaires allaient se succéder, une mission prévaudrait sur toutes les autres : achever coûte que coûte l'extermination des Juifs en Europe. C'était l'héritage que Hitler entendait léguer à l'humanité et aux générations futures. À Berchtesgaden, il avait confié à Himmler que « l'extermination des Juifs, quels que soient les remous que cela provoquerait dans les trois ou quatre mois à venir, devait être poursuivie sans pitié, jusqu'à la fin[2] ». C'est pourquoi, en dépit des défaites, des besoins de main-d'œuvre nécessaire pour redoubler l'effort de guerre, la déportation et l'extermination des Juifs dans les camps de la mort seraient, jusqu'à la toute fin du conflit, menées avec une délirante opiniâtreté.

En Ukraine, Otto Rasch avait été remplacé par Max Thomas à la tête de l'Einsatzgruppe C. Ce médecin de formation, un géant de près de deux mètres, un ami intime de Heydrich, arrivait tout juste de Paris où il avait dirigé la Gestapo. Sa mutation était une sanction administrative. En conspirant avec Eugène Deloncle, le fondateur de la Cagoule, l'organisation fasciste française qui avait commis des attentats et des assassinats politiques sous le Front populaire, Thomas avait cherché à soulever la population contre les Juifs et à provoquer un pogrom à Paris. La première étape de son projet consistait dans le dynamitage des synagogues parisiennes. Le plan avait tourné au fiasco. La bombe qui avait explosé devant la synagogue de la rue de la Victoire avait grièvement blessé deux militaires allemands se trouvant là par hasard. « Des criminels français, agissant de connivence avec la Geheime Staatspolizei de Paris, se sont livrés à des actes terroristes qui, tout en étant préjudiciables au prestige de l'armée allemande dans les régions occupées, ont provoqué des dommages corporels graves à deux militaires de la Wehrmacht », disait le rapport envoyé

2. Gerald Fleming, *Hitler and the Final Solution*, *op. cit.*, p. 20-21.

à Berlin par le général von Stülpnagel. « Étant donné qu'il a été formellement établi que l'Obersturmführer-SS Sommer, qui a fourni les explosifs, avait agi sur l'ordre de l'Obersturmbannführer-SS Knochen, tous deux étant au courant de l'affaire, de même que le Brigadeführer-SS Thomas, chef responsable de la GSP de Paris, une sanction administrative s'impose[3]. »

Max Thomas fut invité à demander lui-même sa réaffectation. Il fut envoyé à Kiev. Là, il rencontra Paul Blobel, le commandant du Sonderkommando 4a, l'un des auteurs du massacre de Babi Yar. Dès leur première entrevue, Max Thomas constata un profond désordre psychologique chez son subordonné. Encore peu de temps auparavant, l'Obersturmbannführer Albert Hartl, un prêtre catholique qui avait officié au RSHA avant d'être intégré en janvier 1942 à l'Einsatzgruppe C, avait entendu Blobel, assis à côté de lui en voiture, se vanter des massacres qu'il avait supervisés dans le Ravin de la grand-mère : « À un moment, la voiture longeait un long ravin, j'ai remarqué que la terre bougeait bizarrement. Des mottes de terre s'élevaient en l'air, comme propulsées du sol, et il y avait de la fumée. C'était comme un volcan endormi, comme s'il y avait de la lave sous la surface de la terre. Blobel rit et fit un grand geste embrassant tout le ravin, le ravin de Babi Yar : "Voici où reposent mes trente mille Juifs." Avec le dégel, les gaz qui s'échappaient des corps en décomposition remontaient à la surface en faisant des bulles[4]. »

Quelques mois plus tard, quand Thomas fit la rencontre de Blobel, ce dernier n'était plus que l'ombre de lui-même. Depuis longtemps alcoolique et instable, en proie à la dépression, il finit par s'effondrer psychiquement et physiquement. Il fut hospitalisé à Kiev et révoqué de la SS. Blobel passa six mois en convalescence. Au mois de mai 1942, il était convoqué à Ber-

3. Cité par Alain Desroches, *La Gestapo. Atrocités et secrets de l'inquisition nazie*, Paris, Éditions De Vecchi, 1972, p. 360.

4. Cité par Richard Rhodes, *Extermination : la machine nazie*, *op. cit.*, p. 300, d'après Guitta Sereny, *Au fond des ténèbres. De l'euthanasie à l'assassinat de masse, un examen de conscience*, Paris, Denoël, 1993.

lin par Heydrich. C'était quelques jours avant l'exécution de ce dernier par des résistants tchèques. « Alors comme ça, lui dit Heydrich, vous avez mal au ventre ? Vous êtes un mou. Vous êtes devenu pédé. On ne peut plus vous envoyer que dans les magasins de porcelaine. Je vais vous enfoncer le nez bien profond. Présentez-vous chez le Gruppenführer Müller[5]. » À la fin du mois de juin 1942 (Heydrich était mort), Blobel se rendit à la convocation de Müller, le chef de la Gestapo. « Le Gruppenführer Müller m'a confié la tâche d'effacer les traces des exécutions effectuées par les Einsatzgruppen à l'Est. Mes ordres étaient de faire mes rapports en personne aux généraux en chef de la police de la sécurité et du SD, de faire passer oralement l'ordre de Müller et d'en superviser l'exécution. Cet ordre était top secret et le Gruppenführer décréta que, en considération du secret absolu dont cette mission devait faire l'objet, aucune correspondance écrite ne serait autorisée[6]. »

Blobel partit se former au camp de Chelmno où l'attendaient des montagnes de cadavres. Il devait trouver le meilleur moyen de les faire disparaître. Blobel essaya la dynamite, toutes sortes de combustibles incendiaires, les bûches placées entre les corps inertes, l'essence, les moulins à os pour réduire les restes à l'état de poussière. Tout cela servit en premier lieu aux responsables des camps d'extermination de Belzec, Sobibor et Treblinka, qui ne savaient plus quoi faire des cadavres amoncelés ou enterrés dans des conditions telles que les camps eux-mêmes en devenaient toxiques. Blobel, en dépit de ses accès de folie et de dépression, était un nazi obéissant, pugnace et inventif. Il persévéra dans ses expérimentations, perfectionnant les techniques d'empilement des corps pour un rendement le plus efficace possible. Il arrêta ses expériences sur des charniers de forme pyramidale, entrelardés de bûches et arrosés d'un liquide inflammable. Puis, il se rendit à Kiev pour répercuter l'ordre de Müller auprès de Max Thomas. Ce dernier lui

5. Audition de Paul Blobel, Jugement des EZG, Nuremberg War Crimes Trial, 1948, Washington DC, p. 1618.

6. *Ibid.*

rit au nez. Il ne croyait pas possible qu'on pût exécuter un tel ordre. La SS avait bien d'autres chats à fouetter et Thomas ne voyait pas la nécessité d'une telle débauche de moyens humains et techniques, alors même que la guerre se poursuivait. Incrédule, il demanda confirmation de cet ordre au Reichsführer en personne. L'hiver se profilait. Il fallait anticiper les pénuries de carburant qu'on ne pouvait dilapider en incendiant des centaines de milliers de cadavres. De plus, en Union soviétique, le sol allait geler, rendant impossibles les excavations pendant plusieurs mois. Le projet d'effacement des traces fut interrompu. C'est alors que survint la découverte de Katyn.

Au printemps 1943, dans une forêt située à quelques kilomètres de Smolensk, la forêt de Katyn, l'armée allemande découvrit un charnier contenant les dépouilles de 4 000 officiers polonais. D'après les expertises balistiques et médico-légales d'une équipe scientifique dépêchée sur place par la Croix-Rouge, on put établir qu'ils avaient été assassinés trois ans plus tôt, au cours de l'hiver 1940. Chaque victime avait reçu une balle dans le crâne. Les fouilles furent filmées, et l'affaire fit les gros titres du monde entier. Hitler et Staline se renvoyèrent la responsabilité du massacre ; le Reich profitant de la situation pour dénoncer la barbarie judéo-bolchevique et déclencher une énième et violente campagne antisémite. Bien que les élites de l'armée polonaise aient été exécutées par le NKVD, le tollé que déclencha cette découverte fut interprété par Hitler et les responsables de la Solution finale comme un message d'alerte. C'était le signe que, devant une possible défaite, il devenait urgent d'effacer les traces des massacres perpétrés en Union soviétique. Himmler relança aussitôt la mission que Heydrich avait assignée à Blobel, formant à la hâte un kommando qu'il plaça sous son commandement, le Sonderkommando 1005. C'est sous ce nom de code que commenceraient, partout où avaient eu lieu les exécutions de masse, l'exhumation et la crémation des corps sur l'ensemble des territoires occupés à l'Est. « Les Allemands ont vivement protesté contre leur mise en accusation à Katyn, commente l'historien britannique Martin Dean, mais cela les a également alertés sur la nécessité de garder leurs propres activités secrètes, d'où ce contraste entre leur propagande autour de Katyn et la réalité de leurs actes. C'est donc à l'été 1943 qu'ils utilisèrent les informations données par les Einsatzgruppen pour essayer de retrouver le plus de fosses possible et de détruire toutes les preuves de leur existence. Cela allait du broyage des os à l'incinération des corps. C'était une gigantesque opération. Ils n'ont pas pu retrouver tous les sites, mais ils ont fait le maximum pour cacher leurs traces. Dans l'éventualité de la paix, il était impératif que ces massacres ne soient pas révélés et utilisés contre eux[7]. »

À Riga où, dans les fosses de la forêt de Rumbula, étaient ensevelis près de 100 000 cadavres, l'avocat Alexander Bergman, seul rescapé de sa famille, fut le témoin des débuts de l'opération : « Je suis arrivé au camp de Kaiserwald en juillet 1943. C'était l'époque de ce qu'on appelle la bataille de Koursk, où l'Allemagne a subi une grande défaite. La défaite de Stalingrad avait un impact local. Celle de la région de Koursk fut beaucoup plus importante. Selon moi, les chefs de la SS ont été les premiers à comprendre que la guerre était perdue. C'est pour cela qu'il était pour eux impératif de détruire les preuves ; non seulement les gens, c'est-à-dire les corps des Juifs et des autres, mais aussi les preuves. Avant, ils ne s'en étaient pas préoccupés. Hitler avait promis un État qui durerait mille ans. Si les Juifs meurent, qu'ils disparaissent, on les aura oubliés d'ici à quelques générations. Qui se souvient aujourd'hui des croisades ? On les étudie d'un point de vue historique, mais personne n'y pense comme une tragédie. Le sort de la guerre basculait en défaveur des Allemands. Il fallait rouvrir les fosses, déterrer les cadavres et les brûler pour qu'il ne reste rien. Ils ont créé un kommando qui ne s'occupait que de ça.

« Ce kommando, ils le désignaient sous le terme "Stützpunkt". Stützpunkt veut dire en allemand "site de défense", ou quelque chose comme ça. Et qui allait déterrer les corps ?

7. Entretien avec Martin Dean, déjà cité.

Les Juifs bien sûr ! C'est ainsi qu'a commencé cette horrible histoire, semblable à la roulette russe. Car si vous étiez intégré à un tel groupe de travail, vous pouviez vous considérer comme mort. Cela signifiait qu'on allait vous envoyer à Rumbula. Que vous y passeriez une semaine ou dix jours à déterrer les cadavres, puis qu'on vous tuerait pour vous brûler également, qu'ils remplaceraient votre groupe par un autre qui poursuivrait le travail. Ça se passait pendant le contrôle du soir. Le Rapportführer, comme on l'appelait, celui à qui les officiers du camp rendaient leurs rapports sur le nombre de prisonniers en activité, le nombre de malades, etc., faisait son choix parmi ceux qui s'étaient rendus coupables de quelque chose. Leur numéro était noté, et au matin on leur disait qu'ils étaient affectés à un nouveau travail. On les embarquait dans des camions et on ne les revoyait jamais. Nous ne voyions pas comment cela se passait, on voyait seulement partir nos camarades. Une fois, on était alignés par rangées de cinq, le Rapportführer s'est approché de nous. Soit parce qu'il n'avait pas assez de numéros sur sa liste, soit parce qu'il avait décidé de faire autrement ce jour-là, il a désigné le rang à ma gauche, puis le rang qui était à ma droite. Pourquoi a-t-il épargné celui dans lequel je me trouvais ? Nul ne le sait. Ce n'est assurément pas parce qu'il avait pour nous une affection particulière ; il ne nous connaissait pas. Si mon rang avait été choisi, je ne serais pas avec vous aujourd'hui pour vous en parler. » La plupart du temps, les Juifs chargés de déterrer et de brûler les cadavres étaient recrutés localement, dans des camps voisins des sites où les massacres avaient eu lieu. Mais la liquidation régulière de ces kommandos, dans des régions où il ne restait que très peu de Juifs, rendait difficile l'approvisionnement en main-d'œuvre, nécessairement provisoire. Höss, le commandant du camp d'Auschwitz, se souviendra après la guerre qu'il devait sans cesse fournir des Juifs au Sonderkommando 1005.

À Vilnius, Halina Jankowska, la fille du garde-barrière de Ponary, qui riait de bon cœur en appelant les miliciens lituaniens chargés des tueries « les abatteurs », se souvient de l'odeur qui a soudain envahi la forêt quand a débuté l'opération 1005 : « Un jour, nous sommes allés avec mon père à Kijunai. Il devait en ramener de la pâte, de la farine. Il en faisait commerce. Au retour, il s'est écrié : "La maison brûle !" Quand on est arrivés, on s'est rendu compte que ce n'était pas notre maison. Ils mettaient les cadavres en décomposition en triangle, ils les allumaient par en dessous (ils en mettaient moins sur le dessus) après avoir placé la dynamite. Les corps explosaient et brûlaient. C'étaient les Juifs qui faisaient cela. Je vous ai montré le trou. Ils étaient assis là. En tout, 64 personnes : 4 femmes et 60 hommes. Ils vivaient tous dans ce trou. Ils ne faisaient rien d'autre que brûler les cadavres. Les SS, les agents de la Gestapo les y obligeaient. Il y avait une telle puanteur là où ils entassaient les corps. Nous avons dû vivre avec cette puanteur… Elle est restée longtemps par ici. En 1970, je n'habitais plus Ponary, mais j'y venais en vacances. Quand c'était calme le soir, la puanteur revenait. Maintenant, on ne sent plus rien, mais à l'époque, ça puait encore.

« On ne brûlait pas seulement les Juifs, on brûlait tout le monde. Souvent, les Juifs étaient remplacés. On voyait quand ils amenaient les nouveaux par la route. Ils étaient amenés à pied. Les Lituaniens, eux, venaient en voiture couverte. Mais au bout d'un moment, il n'y avait plus de Lituaniens ; que des Allemands de la Gestapo. C'est eux qui surveillaient et pourchassaient les Juifs quand ils essayaient de s'enfuir. En avril 1944, les Juifs ont creusé un fossé et ils se sont échappés. Je ne sais pas combien ont été rattrapés. Nous, on ne les voyait pas. Ils avaient mis des clôtures autour des trous. Ils ne laissaient même pas paître nos vaches par là-bas. Nous les faisions paître près du portail. De là, nous pouvions seulement voir ceux qu'ils persécutaient. Un jour, je suis allée voir les trous. Je faisais paître les vaches. Il n'y avait personne. Je suis allée voir où ils habitaient. J'étais bête. On aurait pu me tuer aussi. Je n'ai pas vu de cendres à l'intérieur. Je ne sais pas si c'est la vérité, mais on disait que les Allemands envoyaient les cendres chez eux pour les utiliser comme engrais. Pendant qu'ils brûlaient les corps, il y avait encore des exécutions. Un petit nombre de personnes à chaque fois.

« Une fois, là-bas, quand on vivait à Garodinsk, sur la colline, on a vu une voiture arriver. Dedans, il n'y avait que des femmes et des enfants. Je me souviens qu'il y avait deux fillettes. Je les ai vues enlever leurs robes rouges. Elles avaient le même âge que moi à l'époque. Elles ont enlevé leurs robes et leurs slips, et les ont jetés à la tête des agents de la Gestapo. Quand on les a brûlées, c'était la Gestapo qui s'occupait des exécutions, plus les Lituaniens. Ensuite, ils ont disparu je ne sais où. Ils ont dû s'enfuir. »

VIII

Les bûchers

Le feu brûlait en permanence à Ponary – Des Juifs s'évadent – La puanteur arrête même les chiens – Des kommandos spécialisés – Le Brandmeister s'occupe du brasier, le Zähler tient le décompte – Tel Aviv, 30 juin 2008, Aleks Faitelson, évadé de Kaunas – Raflé, résistant, repris – Au Fort IX, dans le kommando qui exhume, compte et brûle – « Aujourd'hui, j'ai brûlé mon oncle » – Évasion – Les dessins d'Anatoli Garnik, soldat russe – 30 septembre 2008, avec Saulius Berzinis sur le « champ de bataille » du Fort IX.

« Les gens disaient qu'il y avait comme en permanence un feu qui brûlait à Ponary », se souvient avec effroi Regina Jablonska, l'employée aux cuisines des tueurs lituaniens. « Il y avait de la fumée dans le ciel. Il y avait de la fumée partout. Au début, nous ne savions pas ce qui se passait. Mais il y avait cette fumée, et une odeur d'os brûlé. La fumée était bleue. Pendant que nous étions en cuisine, des Juifs sont venus nous demander des aliments. Dans la fosse en béton, en effet, ils avaient installé un groupe de Juifs qui devait déterrer les corps, les arroser d'essence et les brûler. Quelques-uns venaient donc accompagnés de gardes nous demander des aliments. On leur donnait du pain, du saucisson, des choses à manger. Comme il y avait un local où on entreposait les miches, quand ils venaient là pour couper du bois, on en profitait pour leur donner du pain. Nous avions peur aussi.

– Ils avaient faim ?

– Vous pensez qu'on les nourrissait à leur faim ? En tout cas, ils prenaient ce qu'on leur donnait.

– Quand ils venaient vous demander des aliments, vous arrivait-il de discuter avec eux ?

– Non. La cuisine et l'entrepôt étaient à part. Ils venaient et repartaient. Ils ne passaient pas par la cuisine. On n'avait pas l'occasion de discuter. S'ils venaient couper du bois, on leur laissait du pain sur place. On ne le leur remettait pas en main propre.

– Vous saviez ce qu'ils faisaient ?

– Bien sûr ! À ce moment-là, on le savait déjà.

– Comment pouviez-vous le deviner ? Ils auraient pu y faire autre chose.

– Qui aurait pu le faire à part eux ? On les a installés dans la fosse, et ils s'occupaient de ça. Ça sentait mauvais. Les flammes montaient haut dans le ciel, les gens disaient que c'était Ponary qui brûlait. C'était clair. Les gens ne sont pas bêtes.

– C'était un travail terrible pour ces Juifs…

– Terrible… En plus, ils habitaient dans cette fosse. Les Russes n'avaient bétonné qu'un seul trou. Ils n'avaient pas eu le temps de faire les autres, lorsque les Allemands sont arrivés. Ils voulaient en faire un lieu pour stocker l'essence.

« Tous les matins, nous devions préparer du thé chaud dans lequel on versait du rhum. C'était pour les gardes, pour qu'ils se réchauffent. Et, un matin, lorsque nous sommes arrivées, mon Dieu ! Quel désordre on a trouvé ! On a su que, la nuit, les Juifs s'étaient évadés. Quand ils déterraient les corps, il y avait encore des richesses sur les cadavres, certains avaient leurs dents en or, d'autres des bagues. Les Juifs les ramassaient et les donnaient à leurs gardes autrichiens. Par ailleurs, ils avaient creusé un tunnel. Ils transportaient le sable dans leurs poches. C'est pour cela qu'ils payaient les gardes, pour qu'ils ferment les yeux. Mais ils avaient très peu de chances d'en sortir vivants. Toutes les maisons alentour, celles dont on nous avait fait partir, étaient habitées par des Allemands. Le chemin de fer était gardé, et des mines y avaient été posées. En plus de cela, dans toute une partie de Ponary, il y avait des entrepôts d'armes, qui étaient aussi gardés. Je ne sais pas combien ont été rattrapés et fusillés. Seuls deux ont réussi à s'échapper. Par la suite l'un d'entre eux est revenu à Mitinka, et il nous a tout raconté. »

Ces deux hommes s'appelaient Zaidl et Dugin. Des semaines durant, leur kommando de travailleurs forcés creusa patiemment un tunnel débouchant de l'autre côté des barbelés. Des dizaines de Juifs parvinrent à s'évader. Ils furent abattus ou capturés, pendant que les bergers allemands, dressés pour tuer, étaient lancés aux trousses des deux rescapés. « Nous étions tellement à bout de forces, dira plus tard Dugin, que les chiens nous rattrapèrent. Nous étions sûrs de mourir sous leurs crocs. Mais soudain, ils se mirent à gémir en tournant en rond autour de nous, d'un gémissement de terreur, à trembler et à se coucher. Nous sentions si fort la mort, puisque nous pataugions depuis des semaines dans les fosses, que notre puanteur arrêtait même les chiens[1]. » Tous ceux qui avaient été capturés furent exécutés.

Au sein des kommandos, chacun avait une fonction bien définie. Le Brandmeister entretenait les brasiers. Le Zähler, autrement dit le « compteur », était chargé de lister le nombre de cadavres qui étaient, selon un procédé méthodique, placés au

1. Cité par Claude Lanzmann, *Le Lièvre de Patagonie*, Paris, Gallimard, 2009, p. 442.

milieu des bûches puis arrosés d'un produit explosif ou inflammable, différent selon les régions. Témoins privilégiés du génocide, les kommandos de travailleurs forcés étaient régulièrement exécutés puis remplacés. Sur les sites de l'opération 1005, parce qu'ils n'avaient désormais plus de famille à protéger, les Juifs tentèrent partout de se révolter ou de s'échapper. Aleks Faitelson fut l'un d'entre eux.

Je le rencontrai dans sa maison de retraite, un vaste complexe d'habitations et de services médicaux à Givataim, en banlieue de Tel Aviv, à la fin du mois de juin 2008. Son fils Yakov, un homme discret d'une cinquantaine d'années, nous guidait à travers les spacieuses salles communes, jusque dans une aile de l'hospice où les résidents épargnés par les tourments de la vieillesse pouvaient jouir de modestes mais confortables appartements particuliers. Aleks en occupait un avec son épouse. L'homme nous fit, quand nous l'aperçûmes, une forte impression. Il se tenait dans l'encadrement d'une porte, très droit, le bouton du col de chemise ouvert dégageant un cou puissant, le crâne lisse et l'œil perçant, bien que délavé par l'âge. Il n'était pas grand, mais produisait une impression de force qui le rendait imposant. Yakov me dit en anglais que son père était très affaibli[2]. Il était déjà tard, je ne devrais pas l'interviewer longuement. Sans perdre un instant, nous nous mîmes en quête d'une pièce inoccupée. Après une rapide investigation, nous arrêtâmes notre choix sur une gigantesque salle polyvalente, située dans un bâtiment donnant sur le jardin, calme, à l'écart des animations prodiguées aux retraités. L'installation du fond noir et du matériel prit du temps.

Aleks nous avait proposé de faire l'entretien en lituanien, en russe, en yiddish ou en hébreu. Je n'avais pas réfléchi à la question sur le moment, et répondu du tac au tac « en hébreu ». Je ne parle pas cette langue, mais je partais du principe qu'il est toujours préférable d'interviewer les gens dans la langue qu'ils utilisent le plus couramment. J'ai regretté ma décision. J'aurais évidemment dû l'interviewer en yiddish. Une langue

2. Aleks Faitelson est décédé le 26 mars 2010.

si belle, en voie d'extinction, parlée avant la guerre par toutes les communautés juives d'Europe centrale, et qui m'apparaît aujourd'hui dramatiquement absente de mon film.

Pour l'interprétariat de l'hébreu, j'avais fait appel aux services de Michaël Whal, un Français qui travaille à l'ambassade de France. Michaël m'avait déjà assisté sur un précédent film. Quand l'interview débuta, la nuit était tombée. Âgé de 86 ans, Aleks Faitelson parlait très lentement, difficilement. D'une voix éraillée, il revint d'abord sur son enfance à Kaunas, sa ville natale. Son père, issu d'une famille ouvrière, était boulanger. Il se retrouva sans emploi quand Aleks était adolescent : « J'ai dû quitter le lycée, et je suis allé travailler pour aider la famille. Après l'arrivée des Russes, j'ai occupé un emploi de bureau dans une usine de textile. On ne peut pas dire que la situation se soit détériorée à cause de l'arrivée des Soviétiques, car la plupart des Juifs n'étaient pas riches. Les Russes n'avaient pas de biens à confisquer. Les jeunes se sont donc accommodés de la présence russe. On pouvait étudier gratuitement. Cela n'a pas duré.

« Quand les Allemands ont déclenché la guerre, j'avais 18 ans. Les Lituaniens ont établi leur gouvernement à l'arrivée des Allemands, et, le 10 juillet 1941, sans y être obligés, ils ont décrété que tous les Juifs devaient porter l'étoile jaune. En Allemagne, ce décret n'a été promulgué qu'en septembre. En Lituanie, ce sont les Lituaniens qui tuaient les Juifs. D'abord, il y a eu les pogroms, des meurtres en pleine rue. Le massacre le plus connu qui eut lieu à Kaunas est celui du garage Lietukis, où 70 personnes ont été massacrées. Ils volaient les meubles et les affaires des Juifs, prenaient possession des appartements des Juifs assassinés. Ils ne s'intéressaient pas à leur destin.

« Puis, quand les Allemands ont pris les rênes, les Lituaniens n'ont plus été autorisés à tuer sans leur accord. Je décris tout cela dans mes livres[3]. » Aleks Faitelson a en effet écrit de nombreux ouvrages où il raconte ce qu'il a vécu. Il y fait aussi œuvre d'historien, allant lui-même à la recherche des

3. Entretien avec Aleks Faitelson, 30 juin 2008, Tel Aviv.

documents nazis attestant le calvaire vécu par les siens. Préfacé par Simone Veil dans sa traduction française, son livre le plus connu s'intitule *Courage dans la tourmente en Lituanie*[4]. Dès la constitution du ghetto de Kaunas, Aleks se lia avec la résistance de l'AK (Armia Krajoura). Il y fut très actif, volant des armes aux Allemands qu'il transmettait à l'organisation du ghetto chargée d'exfiltrer des combattants vers les forêts. Le 27 octobre 1941, Aleks Faitelson fut arrêté avec ses parents par des policiers lituaniens, et conduit, sous prétexte d'un « recensement », sur la place Demokratu. Depuis plusieurs jours, la rumeur courait dans le grand ghetto que des prisonniers soviétiques creusaient des fosses au Fort IX. « Le Fort IX, c'était l'une des forteresses qui entouraient la ville de Kaunas. Elles avaient été construites à l'époque des tsars pour défendre la ville contre les Allemands. C'était une sorte de prison pour les criminels. Quand les Allemands sont arrivés, ils ont envoyé les Juifs à la mort depuis le Fort IX. Avec l'aide des Lituaniens, plus de 90 % des habitants juifs de Lituanie ont été massacrés. Au Fort IX, ils ne furent pas les seuls à être assassinés. Il y eut aussi des Juifs d'Autriche, de Tchéquie, de France, d'Allemagne et d'autres pays. Je n'ai pas vu comment ils étaient assassinés, mais j'ai vu les documents trouvés sur les victimes… »

Lors de la rafle précédant le massacre du 29 octobre 1941, Aleks échappera de justesse à la mort. Pas ses parents : « J'étais dans le même rang qu'eux. La Gestapo passait rang après rang pour décider qui allait mourir et qui allait vivre. Les Allemands m'ont sorti du rang et jeté sur le côté. Ils avaient décidé que mes parents allaient mourir, et moi vivre. Ce fut le cas dans beaucoup de familles. Ceux qui n'avaient pas été sortis du rang ont été transférés au petit ghetto où ils passèrent la nuit. Au petit matin, on les a fait partir en direction du Fort IX. On les a fait sortir par groupes de 100 personnes sur ce que nous appelions "le terrain de la mort". Des fosses avaient été préparées. On les a assassinés en leur tirant dessus. » Les parents

4. Aleks Faitelson, *Courage dans la tourmente en Lituanie, 1941-1945. Mémoires du ghetto de Kovno*, Paris, L'Harmattan, 2000.

d'Aleks font partie des 9 200 victimes de la grande aktion organisée par Karl Jäger, le commandant de l'Einsatzkommando 3a. « Ceux qui pratiquaient ces exécutions étaient tous lituaniens. Par la suite, les Allemands ont profité de leur savoir-faire, et ils les ont envoyés assassiner les Juifs en Biélorussie. Même s'il est impossible de savoir précisément combien de Juifs ont été assassinés au Fort IX (il existe des documents, comme ce rapport présenté au procès d'Eichmann, qui déclare "55 000 Juifs [envoyés] pour extermination au Fort IX" [il s'agit du rapport Jäger]), on s'accorde sur le chiffre de 80 000.

« En octobre 1943, en tant que résistant, j'ai été envoyé avec un large groupe pour monter une base de partisans en dehors de la ville, à côté de la frontière de Grodno. Sur le chemin, nous avons été arrêtés par les policiers lituaniens. Ils m'ont remis à la Gestapo. Après m'avoir torturé, on m'a transféré le 18 novembre 1943 au Fort IX, le "fort de la mort". Stahlecker était le commandant de la Gestapo dans les pays Baltes. Kaunas, la Lituanie étaient placées sous sa responsabilité. C'est lui qui donnait l'ordre aux Lituaniens de massacrer les Juifs. C'est également lui qui a donné l'ordre d'exhumer les corps des fosses quand les Allemands ont compris qu'ils allaient perdre la guerre et qu'ils devraient s'expliquer sur ce qu'ils avaient fait. Quand j'ai été détenu au Fort IX, j'ai été placé dans un kommando qui devait exhumer les cadavres, les compter et les brûler. »

Le groupe fut tout d'abord réquisitionné pour dresser une enceinte autour du vaste terrain où se trouvaient les fosses. Il fallait empêcher le voisinage de voir ce qui se passait. Le matériel nécessaire aux excavations arriva par camions. Du bois, des produits chimiques, de l'essence, du goudron, ainsi que de gros véhicules de terrassement. Ils furent utilisés, une fois les barricades posées, pour déblayer la terre autour du fort, et faire apparaître les fosses communes. Des prisonniers de guerre soviétiques participaient également aux excavations. Le groupe, composé de 64 personnes, fut divisé en trois. Munis de crochets de fer, les hommes du premier groupe devaient extraire les cadavres et les aligner au sol. Le deuxième groupe les tirait jusqu'à l'énorme bûcher dont les flammes dépassaient de loin l'enceinte créée pour masquer les activités du kommando. Les corps étaient empilés par le troisième groupe, par couches successives, mêlés à des bûches et arrosés d'essence.

Dès la première semaine, les Juifs se révoltèrent. Ils furent violemment matés et durent reprendre le travail. « Au début, j'ai exhumé les corps des fosses. Je les transportais jusqu'au bûcher sur des brancards. On se levait à 6 heures du matin. On était enchaînés. On marchait avec des fers aux jambes. Puis, on nous conduisait à ce que les Allemands appelaient "le champ de bataille". C'est là que les gens avaient été assassinés, là où se trouvaient les charniers. Avant de les brûler, il y avait des gens qui examinaient les corps, au cas où ils porteraient encore des objets de valeur comme des dents en or. On les leur retirait, on les mettait dans une boîte qui était donnée en fin de journée à un agent de la Gestapo. Il y avait aussi le Zähler, celui qui comptait les cadavres. Dans un livre, il devait noter la date et le nombre de corps incinérés pendant la journée, puis il donnait son rapport au préposé de la Gestapo. Il était médecin avant la guerre. C'était ça la journée de travail. Le soir, on nous enlevait les chaînes. »

Travaillant au milieu d'une puanteur infernale, les ouvriers du « champ de bataille » pouvaient comprendre, en découvrant les cadavres, dans quelles circonstances ils avaient été assassinés. Certains étaient nus, d'autres habillés. Parmi ceux qui étaient habillés, il y en avait qui possédaient encore leurs papiers d'identité. En fouillant leurs poches, les prisonniers découvraient leur nationalité. La plupart étaient des Juifs du Reich. Presque tous possédaient un document attestant qu'ils avaient été recrutés pour « travailler à l'Est ». Ils avaient dû résister et refuser de se dévêtir. Les corps étaient méconnaissables mais, sur leurs visages, on pouvait voir ceux qui étaient morts sur le coup, et ceux qui, seulement blessés, avaient succombé étouffés dans la fosse. D'autres encore avaient le crâne ouvert ; ils étaient morts en recevant des coups. « On trouvait des mères qui étaient mortes en serrant leurs enfants. Les Allemands les appelaient *puppen*, "poupées". Parmi les victimes il y avait sûrement mes parents. Mais les reconnaître était impossible. Un ami à moi, après le travail, m'a appelé et m'a donné une carte d'identité. C'était celle de son oncle. Il m'a dit : “Aujourd'hui, j'ai brûlé mon oncle.” J'imaginais avoir sûrement brûlé mes parents, sans le savoir et sans les reconnaître.

« Pendant tout ce temps je ne pensais qu'au moyen de m'enfuir. Mais comment ? Il fallait donner sa chance à tout le monde car nous étions au cœur d'un épisode invraisemblable de l'histoire. C'était notre responsabilité d'en témoigner. J'ai commencé par rassembler des amis auxquels je pouvais faire confiance, puis j'ai pris contact avec les autres cellules. En plus de celle où je me trouvais, il y avait quatre autres cellules. Il n'était pas possible de parler avec tout le monde. Avec une perceuse, il fallait faire des trous dans la porte qui se trouvait au bout d'un tunnel pour la démonter. Nous avons réussi. Pour franchir la muraille en béton de six mètres qui entourait le fort, l'un de mes amis a fabriqué une échelle composée de trois parties, chacune faisait deux mètres. Quand tout a été prêt, nous avons déterminé l'endroit. Nous avons travaillé sans que les Allemands s'en aperçoivent.

« La nuit prévue pour notre évasion, j'ai reçu un message selon lequel des partisans avaient été capturés. La sortie était restée ouverte. On aurait pu s'enfuir, mais pour cela il aurait fallu laisser la plupart des camarades derrière nous. Notre conscience nous en a empêchés. J'ai décidé d'attendre encore quelques jours. Après deux ou trois jours, il s'est mis à neiger. La neige ne fondait pas, mais nous ne pouvions plus attendre. Cette nuit-là, le 25 décembre 1943, nous nous sommes évadés du fort selon le plan prévu. J'ai emmené mes amis, ceux de la résistance, en tout quatorze personnes. Les autres n'étaient pas au courant. L'idée était de rejoindre le ghetto et, de là, les partisans. Je voulais emmener tout le monde, mais les prisonniers de guerre soviétiques avaient peur du ghetto. Ils disaient : “À quoi bon sortir d'une prison pour en trouver une autre ?” Je ne pouvais pas leur dire que la résistance nous aiderait. Il fallait disparaître la nuit même. »

Aleks et ses compagnons empruntèrent un réseau de galeries souterraines qui les amena au-delà des murs de la forteresse.

C'est en suivant ces galeries qu'ils purent s'évader. Se frayant un chemin dans la nuit, ils parvinrent jusqu'au ghetto. Il était encore gardé. Profitant d'une rotation, ils entrèrent en ordre dispersé. Aleks avait donné à chacun l'adresse d'un camarade de la résistance, un jeune policier juif du ghetto. « Quand je suis arrivé à l'appartement de mon ami, j'ai frappé à sa fenêtre. J'ai entendu : “Qui est-ce ?” Je ne voulais pas dire mon nom car on ne m'aurait pas cru. J'ai répondu que j'étais en mission. “Quelle heure est-il ?” Je n'avais pas de montre. Sur mon chemin, j'avais entendu les chants de minuit, alors j'ai dit : “Il est minuit et demi.” La porte s'est ouverte et je suis entré. De là, j'ai réussi à rejoindre un groupe de partisans. Sur les trente-sept camarades qui avaient réussi à s'évader, cinq ont été tués en se faisant attraper. Les autres ont été capturés.

« Dans la résistance juive, j'ai participé à de nombreuses missions. L'une des plus intéressantes était celle de la forêt de Nalibuk, en Biélorussie. Je devais prendre contact avec les partisans en lien avec Moscou. Les avions qui transportaient les armes ne les parachutaient pas près de nous, mais du côté allemand. Il fallait leur préciser nos positions. Là, j'ai retrouvé un ami du Fort IX. C'était un soldat soviétique. Il s'appelait Anatoli Garnik. Avec d'autres, on l'a envoyé rejoindre une base de partisans russes, pour qu'il gagne Moscou et raconte ce qu'il avait vu. Il a rejoint les partisans. Eux, n'avaient pas confiance en ces nouveaux venus, et ils les ont longuement interrogés. Le jour même, alors qu'Anatoli était sur le point de partir en Russie par avion, les Allemands ont attaqué. Les Russes ont cru que Garnik et ses camarades avaient trahi. Les gardiens russes ont demandé en criant ce qu'il fallait faire d'eux. Leur général a répondu : “Tuez-les !” Garnik a compris et il a essayé de s'enfuir. Il a été abattu. En 1964, j'ai retrouvé le dossier de son interrogatoire, celui dans lequel il raconte son histoire. Sur la première page, il est écrit : “Tué comme traître en essayant de s'évader.” Anatoli avait beaucoup de talent. Il dessinait. Une heure avant notre évasion du Fort IX, l'un de mes hommes était venu en courant me dire qu'Anatoli demandait s'il pou-

Sur l'un, une journée de travail…

vait accrocher une image sur le mur de notre cellule. “Anatoli a fait le dessin d'une journée de travail au champ de bataille.” Je suis allé le voir. Je ne savais pas qu'il était si doué. C'était une heure avant l'évasion. Quand il était interrogé, peu avant d'être exécuté par les Soviétiques, il a fait encore quatre dessins. Mais ceux dessinés au Fort IX, sont les plus extraordinaires.

Après la gucrre, je suis allé à Moscou. J'ai retrouvé sa famille. Et, quand ils ont émigré en Israël, il y a dix ans, je leur ai

Sur celui-là, on aperçoit la personne qui était chargée de noter le nombre de corps (le Zähler).

Et ici on voit le soldat, les mains dans les poches, qui supervise le “travail”.

offert l’un de mes livres. J’y décrivais précisément ce que je viens de vous raconter. »

Yakov, qui était resté avec nous le temps de l’entretien, me demanda poliment de l’interrompre. Aleks Faitelson était épuisé. L’effort d’anamnèse, qui avait duré près de deux heures, semblait l’avoir plongé dans un état catatonique. Quand il fut rentré chez lui, alors que nous remballions le matériel, Yakov m’apprit qu’un cinéaste lituanien était venu interviewer Aleks environ deux ans auparavant. Il me dit son nom, mais j’étais pris dans mes pensées et l’écoutai d’une oreille distraite. Je ne le retins pas. Je ne le découvris que cinq mois plus tard quand, en fin de journée, sous le froid mordant de la fin septembre, au pied du Fort IX de Kaunas, Saulius Berzinis s’écria : « C’était moi ! » Nous avions pris du retard sur le planning (c’était perpétuellement le cas sur le tournage dans les pays Baltes), et le fort, qui a été transformé en musée, était fermé. La nuit commençait à tomber. Nous avions tout juste le temps de faire quelques prises de vues sous la lumière rosée du crépuscule. Le « champ de bataille », aujourd’hui un vaste terrain couvert d’une pelouse, et la monumentale statue aux morts, impressionnant assemblage de deux troncs d’arbres géants et granitiques en forme de V (quand on s’en approche, on s’aperçoit qu’il s'agit d'un amas, gravé dans la roche, de corps suppliciés, de visages tordus par la douleur et le martyre). Entre la statue et les fortifications, une série de plaques commémoratives. Serge Klarsfeld et l'Association des filles et des fils de déportés juifs de France en ont fait poser une à la mémoire des 900 Français du convoi 73. Saulius, toujours optimiste dans ses démarches, était parti à l'autre bout du site où se trouvait le petit bâtiment administratif du fort, pour essayer de convaincre le gardien de nous laisser filmer à l'intérieur. Pendant ce temps, profitant de la dernière heure de la journée, nous filmions le fort sous tous les angles. L'enceinte de briques rouges, « de six mètres de haut », surmontée d'une rangée de barbelés, les portes de bois massif ou les tourelles aux toits de tuiles pyramidaux. Le Fort IX est beaucoup plus petit que je ne me l'étais imaginé.

Quand Saulius revint, la nuit était tombée, et le froid plus mordant que jamais. Il était accompagné d'une femme entre deux âges au visage affable. Sans dire un mot, elle nous ouvrit la porte et alluma l'électricité. Nous avions carte blanche et pouvions filmer l'intérieur du fort le temps que nous le souhaitions. Elle nous laissa les clefs. Passé le mur d'enceinte, nous débouchâmes dans une première cour, au milieu de laquelle trônait l'impressionnant canon que j'avais déjà vu sur des photographies d'époque. C'était là qu'étaient rassemblées les victimes. Un grand nombre d'entre elles ont été exécutées à cet endroit. Nous traversâmes une seconde cour, un peu plus grande que la précédente, pénétrâmes à l'intérieur du fort, dont une partie était sous terre, puis nous longeâmes le couloir principal où se trouvaient les cellules. Il n'y en avait pas plus de six, de tailles différentes, meublées de châlits qui ont été conservés, de reliques laissées par les prisonniers. Nous n'eûmes aucune difficulté à retrouver la cellule dans laquelle Aleks avait naguère été emprisonné. D'autres alcôves, transformées en salles d'exposition, présentaient des panneaux de photographies, plans et témoignages divers du site d'extermination, mais aussi du ghetto de Kaunas. Le fort était à nous ; nous tournâmes sans discontinuer pendant plusieurs heures, avides de ne rien perdre de l'occasion unique qui nous était donnée. La moindre portion de couloir, les imposantes grilles ouvrant sur les geôles, variant les éclairages et les prises de vues. Puis, après avoir pris un escalier, nous découvrîmes un labyrinthe de galeries souterraines, certaines abruptes sur plusieurs dizaines de mètres, se croisant et s'enchâssant les unes les autres. Le visage de Saulius s'illumina. « C'est par ce souterrain qu'Aleks et ses amis se sont évadés ! » Saulius était déjà venu de très nombreuses fois au Fort IX, et l'avait également filmé. Pourtant, jamais il n'avait eu accès aux galeries, pensant même qu'elles avaient pu être bouchées depuis la guerre. Nous reconstituâmes, après nous être perdus à maintes reprises, le parcours emprunté par Aleks et ses camarades, le filmant en caméra subjective.

Je ne sais plus quelle heure il était lorsque nous en eûmes fini, encore moins quand nous fûmes de retour à Vilnius. La nuit était noire et l'aube proche.

IX

Le Sonderkommando 1005 (Lviv)

Les travaux du père Patrick Desbois – Le portrait du père Desbois par Romain Icard – 28 juillet 2008, l'Ukrainien Adolf Wislowski sur le « terrain de sable » – Automne 1943 : des juifs pour vider 59 fosses – Les exécutions se poursuivent – On brûlait nuit et jour – « Vous savez, ce qui est étonnant, c'est que l'homme s'habitue. » – Novembre 1943, insurrection du ghetto de Lviv – Les oiseaux ne sont jamais revenus – Leon Wells, *Pour que la terre se souvienne* (*Death Brigade*) – Sauvé par une famille polonaise – Déterrer, brûler 1 500 corps par jour.

Sur le site de Babi Yar, à Kiev, les travailleurs forcés parvinrent à s'enfuir parce que l'un d'eux, de manière totalement incompréhensible, avait découvert, sur l'un des 25 000 cadavres qu'ils avaient déterrés, les clefs de leur geôle. Dans la forêt de Lysynytchi près de Lviv, en Galicie, des Juifs parvinrent également à s'évader.

Adolf Wislowski, un Ukrainien qui n'avait que 11 ans lorsque entrèrent les troupes allemandes, en juin 1941, habitait en bordure de la forêt. Il y habite encore, seul au milieu de ses poules. Il a assisté aux exécutions de ce vaste site d'extermination, puis aux opérations du Sonderkommando 1005. J'avais repéré Adolf dans le film réalisé par Romain Icard pour France 3 consacré au père Patrick Desbois, ce prêtre catholique, aujourd'hui en charge des relations de l'épiscopat avec le judaïsme, qui tente de retrouver, partout où eurent lieu les massacres de Juifs, les fosses n'ayant jamais été identifiées ou répertoriées. Comme nous n'avions trouvé aucun témoin des massacres, ni des excavations de la forêt de Lviv, je fournis le nom d'Adolf à Olga avant qu'elle ne parte en repérage. Elle le retrouva sans mal et le convainquit de témoigner à nouveau.

Quand j'ai commencé à travailler à l'écriture du film, bien avant les repérages et les tournages, j'étais entré en relation avec Patrick Desbois. Je voulais qu'il occupe une place dans le documentaire, sous la forme d'un entretien, ou en filmant son travail en Ukraine. Je l'aurais intégré à la conclusion du film. À ce moment-là, je ne savais pas que Romain Icard préparait un portrait de lui. Patrick Desbois fut longtemps injoignable. Il ne répondait jamais à mes courriels. Je parvins cependant, après bien des tentatives, à obtenir un rendez-vous. Notre entrevue se révéla peu concluante. Pendant près d'un an, je persévérai néanmoins, tentant de le convaincre, soutenant que mon film serait sans rapport avec celui qui était en cours de réalisation. Pierre-Philippe Preux, un jeune historien travaillant dans les bureaux de son association, était mon allié. Nous avions sympathisé, et il fit tout son possible pour que le prêtre catholique adhère à mon projet. Sans succès.

Après une année de démarches infructueuses, Pierre-Philippe Preux me faisait la proposition suivante : je lui avais parlé des problèmes de financement qui nous obligeaient à reconsidérer le budget des tournages, et peut-être à en annuler certains. Il m'apprit que l'équipe de Desbois avait filmé et stocké environ 700 témoignages recueillis sur place. Je pouvais les acheter au mètre, les utiliser comme des rushes, comme de l'archive. Je sautai sur l'occasion et acceptai la proposition du jeune historien. À ce moment-là, sans d'ailleurs savoir pourquoi, j'avais une peur panique de me rendre en Ukraine. Après quelques semaines, le père Desbois me faisait savoir qu'il refusait de me céder les droits de ses entretiens filmés, même contre rémunération. Ce refus et l'échec de mes tentatives de le convaincre d'apparaître dans le film furent une chance. Il eut été impossible de réaliser un tel film sans me rendre en Ukraine. Je le compris, comme une évidence absolue, le jour même de mon arrivée à Kiev. De même que les travaux du père Desbois lui-même et la figure qu'il représente aujourd'hui n'y auraient pas eu leur place, à moins de céder sur la forme et les objectifs initiaux du film. Contre toute attente, j'obtenais, peut-être une semaine après le refus de Patrick Desbois, une contribution substantielle de la Fondation pour la mémoire de la Shoah qui débloquait, pour un temps du moins, toutes nos difficultés de financement. Il n'était plus question de remettre en cause le moindre tournage.

Adolf Wislowski avait gardé un bon souvenir de sa rencontre avec le père Patrick Desbois. Nous en discutâmes sur le chemin qui nous conduisait à la forêt. Adolf était un petit homme à l'aspect étrange et sympathique. Portant une moustache et un inamovible chapeau, partie intégrante de sa physionomie, il clopinait sur le sentier de terre, appuyé sur une canne. Je remarquai en y pénétrant que les arbres de cette forêt n'avaient pas plus d'une soixantaine d'années. Ils avaient été plantés par les Soviétiques après la guerre pour recouvrir les charniers du « terrain de sable ». Même si aucune trace visible ne subsiste des massacres, quelque chose de sinistre s'en dégage. Une atmosphère étouffante, malgré le plein soleil de midi et les quelques promeneurs ignorants de ce qui avait eu lieu ici. De fait, aucune indication, aucune inscription, plaque commémorative ou monument funéraire n'indique que 90 000 personnes y ont été assassinées. Rien pour témoigner de l'un des plus importants sites de tueries en Ukraine. Adolf était obsédé par le projet d'un monument aux morts dans la forêt de Lysynytchi. Il écrivait sans relâche aux organisations juives, aux autorités ukrainiennes, allemandes, polonaises, même italiennes, pour les convaincre de le financer. Les organisations juives projetaient d'y établir un monument, mais aucune d'entre elles n'avait répondu aux lettres d'Adolf.

« Cela a commencé par les tirs dans la forêt. Personne ne savait ce qui se passait. Les enfants sont curieux, vous savez, alors je suis allé voir. Avec un camarade, nous sommes montés dans un arbre pour observer sans être vus. Les Allemands poussaient les gens, les forçaient à se déshabiller, et puis ils les emmenaient plus loin et on entendait les tirs. Quand ils nous ont aperçus dans l'arbre, ils nous ont tiré dessus. On s'est sauvés. Les parents nous ont grondés : "Tu vas te faire tuer toi aussi !" Ce jour-là, je n'ai pas vu comment on fusillait les gens, seulement comment on les préparait, comment on les déshabillait. On les emmenait un peu plus loin. On entendait les tirs. Environ deux fois par semaine, on pouvait entendre ces tirs. Quand on voyait creuser les fosses, on savait qu'une aktion allait suivre. Je me souviens de beaucoup de choses, parce que, quand nous allions en ville (j'allais à l'école), nous passions par ici et je voyais comment, en contrebas, au cimetière Lytchakiv, on emmenait les gens dans des camions ouverts. Cela durait toute la journée. On les voyait assis, tassés dans les véhicules, et les Allemands se tenant sur quatre côtés. Celui qui se levait recevait un coup sur la tête. Ils restaient assis, accroupis dans les véhicules. Ils devaient s'arrêter là-bas, en haut, là où on extrayait du sable. Ils étaient encore habillés. C'est ce que j'ai vu. Puis les soldats tiraient sur eux, et ils tombaient dans la fosse. C'étaient les prisonniers russes passés du côté allemand qui tiraient. Ils avaient leurs uniformes, parfois c'étaient les mêmes que ceux des Allemands, mais, dans tous les cas, ils portaient au bras le sigle de la ROA [Russkaya Osvoboditel'naya Armiya] du général Vlassov. Il y avait aussi la police ukrainienne. Quand ils faisaient descendre les victimes des voitures, il y en avait qui ne voulaient pas, qui se rebellaient. Alors ils leur donnaient des coups de pied, les tiraient par la peau du cou. Les gens comprenaient à ce moment-là qu'ils allaient à la mort. Les Allemands qui les rassemblaient ici avaient des chiens. Quand les exécutions avaient lieu, il y avait plein d'Allemands, des dizaines, des centaines peut-être. Ils restaient là, debout, à surveiller. Les gens hurlaient, les chiens aboyaient. Certains couraient pour s'enfuir. Ils étaient tués plus loin. Les Allemands ordonnaient aux paysans qui avaient un cheval de ramener les corps. C'étaient des massacres à ciel ouvert, ils avaient lieu en plein jour. Tout le monde pouvait les voir, même si ce n'était pas autorisé. Je me souviens qu'un jour, à l'église, lors de l'office, le prêtre a dit : "Prions pour ceux qui vont mourir." C'était très courageux de sa part. L'église était tout près. Il a prié et il a dit : "Prions pour ceux qui vont à la mort." C'est la vérité historique.

« Les exécutions, elles n'ont réellement commencé ici qu'à l'automne 1942. D'abord de manière sporadique : elles s'arrêtaient une semaine ou deux, puis, de nouveau, des victimes étaient amenées et fusillées. On fusillait aussi les malades mentaux, des handicapés, des personnes âgées. Puis les exécutions sont devenues plus fréquentes, plus régulières, une, deux, même trois fois par semaine. Cela dépendait des aktions à Lviv, des sélections au ghetto et au camp de concentration de Janowska. On les amenait aussi par train. Je ne l'ai pas vu personnellement, mais c'est ce qu'on disait. On les faisait venir ici de toute la région[1]. »

Comme Kazymyr Vychnevsky, le paysan d'Orynin, le père d'Adolf a été réquisitionné par les Allemands pour ramasser les cadavres de ceux qui avaient essayé de s'enfuir autour des fosses. Cela s'est visiblement produit plus d'une fois : « Quand ils tuaient les gens, ils allaient chercher ceux d'entre nous qui possédaient des chevaux et ils leur disaient d'aller ramasser les corps dans le champ. Un homme de la Gestapo est venu chez nous. Il était en armes et portait son casque sous le bras. Il a crié en allemand, il voulait qu'on lui donne des chevaux et des carrioles. Parfois, il venait même la nuit. Il ordonnait à mon père de préparer l'attelage. Mon père l'a fait et il est parti avec l'Allemand. Au retour, il m'a dit qu'il y avait des cadavres partout et qu'on lui avait dit de les enlever. Les cadavres étaient dans le champ parce que, à l'époque, il y avait des champs autour des fosses, c'était un grand terrain à découvert. C'est là qu'étaient abattus les Juifs quand ils essayaient de s'enfuir. Une nuit, on a frappé à la fenêtre de notre maison. C'était un Juif de la maison où un propriétaire terrien les cachait. Le pro-

1. Entretien avec Adolf Wislowski, 28 juillet 2008, Lviv.

priétaire a dû partir, je ne sais pas ce qui lui est arrivé, et ces Juifs venaient la nuit pour chaparder ou réclamer de la nourriture. L'homme connaissait mon père. Il l'appelait "Kaciek" [diminutif de Kazimir]. Mon père est allé chercher un bout de pain mais ma mère l'en a empêché : "Tu n'es pas seul ! Tu as une femme et deux enfants !" L'homme est reparti sans qu'on lui ait rien donné. Il faut dire que, quelques semaines auparavant, à Novozaliznytchna, on avait pendu trois personnes. Sur leur poitrine on avait suspendu une pancarte où il était écrit : "Pour avoir donné à manger aux Juifs". »

Adolf a été témoin de l'opération 1005. « C'était à la fin de la guerre. Lorsque le front a commencé à basculer à l'ouest, ils ont fait venir un groupe de Juifs. Ils étaient entourés de barbelés, on leur a construit un abri. Ils sortaient ceux qui se trouvaient dans les fosses et ils les brûlaient. Dans cette forêt, il n'y avait pas moins de 59 fosses ! C'était vers l'automne 1943, et cela a duré jusqu'au début 1944. Le front était à Ternopil. C'est après avoir ouvert devant le monde entier les fosses de Katyn qu'ils ont décidé cela. Ils déterraient et brûlaient les cadavres jour et nuit, tant il y en avait. Pendant ce temps, les exécutions se poursuivaient. Ils continuaient à faire venir des gens et à les fusiller, même si c'était plus rare. Marcher sur la route alors qu'on assassine… On a du mal à passer à côté d'un abattoir, alors ici, avec tous ces gens tués et brûlés ! Nous habitions à cinq cents mètres de là. Lorsque le vent venait de ce côté, on entendait les tirs, et même les cris. On avait peur qu'à la fin, ils nous mettent dans la fosse, parce que nous étions témoins de ce qu'ils avaient fait. Nous vivions au jour le jour. Et lorsque les crémations ont commencé, quelle puanteur ! Car ces cadavres étaient là depuis deux ou trois ans. C'était une telle puanteur et la fumée montait si haut (ils versaient quelque chose là-dessus, pour que ça brûle mieux) que nous allions nous réfugier loin dans les champs. Vous savez, il est même difficile de dire ce que c'était. Imaginez-vous vivre ici, lorsque sans arrêt, année après année, on fusille, et puis on brûle les gens ! Ils sortaient les cadavres et ils en faisaient deux gros tas qu'ils incendiaient en même temps. L'été, on ne les voyait pas, mais l'hiver, les flammes montaient plus haut. Là où nous sommes assis, à cet endroit même, il y avait une sorte de petit camp de concentration entouré de fils de fer barbelés et de miradors. Les Juifs habitaient dans des baraquements. Les autres baraques du camp étaient occupées par les Allemands. Là-bas [Adolf nous indique un endroit situé à une dizaine de mètres], il y avait des latrines et cette machine à broyer les os. Les os qui ne brûlaient pas, ils étaient mis dedans. Elle fonctionnait si bien qu'il n'y avait plus aucune trace de rien après cela. Ensuite, ils mettaient les cendres dans des sacs et ils les emportaient quelque part.

« Il y avait à Lviv une grande division italienne. Un état-major, une caserne, et même des hôpitaux italiens. Ils étaient très gentils. Les Allemands étaient des bandits, des assassins. Ils nous faisaient peur, mais pas les Italiens. Nous étions jeunes et quand on se promenait en ville, on croisait parfois les soldats italiens. Ils nous appelaient "bambini" et nous donnaient des bonbons. Quand le front a basculé, les Italiens sont passés dans le camp américain. Alors les Allemands, qui étaient avant cela leurs alliés, leur ont ordonné de rendre les armes. Un jour, les gens qui habitent près d'ici ont dit : "Ils emmènent les Italiens au terrain de sable !" – cet endroit s'appelait précisément "la carrière Vyselska". J'ai voulu voir ce qui allait leur arriver. Je suis monté dans un arbre, et j'ai vu d'en haut comment on les conduisait, avec leurs calots à plume, leurs manteaux courts. Les Allemands ne les ont pas déshabillés comme les Juifs avant de les fusiller.

« Les Juifs qui s'occupaient de brûler les corps, je les voyais, en passant sur le chemin de Terebovlia. Ils prenaient de l'eau au puits, plusieurs dizaines de litres. Ils se servaient d'une énorme casserole, un bâton attaché au bout pour la tenir. Les Allemands les surveillaient. Et, quand je revenais de la ville, je voyais les Allemands laver leurs bottes à ce même puits. Elles étaient pleines de sang, du sang qui coulait partout. Vous savez, ce qui est étonnant, c'est que l'homme s'habitue. On voit arriver les camions. Les hommes, les femmes, les enfants être battus, assassinés, et on ne réagit plus. J'allais à l'école, les autres au travail. Tout cela finissait par devenir normal, par faire partie du quotidien. C'est ce qui est étonnant chez l'être humain. La nuit, c'était comme en plein jour. Parce qu'ils travaillaient aussi la nuit. Il y avait de puissants projecteurs qui éclairaient le terrain. Et le feu des bûchers produisait aussi de la lumière. De la route, comme je vous l'ai dit, on pouvait voir quelqu'un verser un liquide dessus, de l'essence ou du gasoil. Quand ils versaient ce liquide, cela faisait de grandes flammes.

« À la fin, les Juifs se sont révoltés. Quand les Allemands ont commencé à liquider le ghetto de Lviv, nous avons entendu des tirs dans la ville. La police ukrainienne nous a dit que les Juifs avaient trouvé des armes et qu'ils se battaient. Cela a duré un jour ou deux. Ensuite, c'est un pompier polonais qui me l'a raconté, les Allemands ont fait venir les pompiers de la ville au ghetto et ils leur ont donné l'ordre de mettre le feu aux maisons des insurgés. Il y avait des corps dans la rue. D'autres étaient suspendus aux barbelés. Je les ai vus de la fenêtre du tramway. Comment les Juifs s'étaient-ils procuré des armes ? Je l'ignore. La résistance polonaise était forte à l'époque. Sans doute les Juifs ont-ils trouvé le moyen d'entrer en relation avec elle, parce qu'ils ont même utilisé des grenades. Les Polonais, ce sont les Anglais qui leur fournissaient les armes. Ils les parachutaient par avions. »

Le lendemain de l'insurrection du ghetto de Lviv, le 20 novembre 1943, le dernier kommando juif est parvenu à s'évader. « Ici, au terrain de sable, les Juifs ont réussi à s'enfuir. D'après ce que je sais, ils ne se sont pas battus. Lorsqu'ils ont vu qu'il ne restait qu'une fosse à vider, ils ont compris que c'était la fin, qu'ils seraient abattus après avoir brûlé les derniers cadavres. Je crois qu'ils corrompaient leurs gardiens allemands en leur donnant secrètement les richesses trouvées sur les cadavres. L'un de ceux qui est parvenu à s'échapper a raconté qu'un soir il a apporté une paire de bottes à l'un des gardes SS. Quand celui-ci s'est baissé pour les essayer, l'autre lui a asséné un coup sur la tête. C'est comme ça qu'ils se sont enfuis. C'est aussi pour cela que des témoins ont survécu, et qu'ils ont pu raconter. Car, au ghetto, il n'est resté personne pour raconter. Je n'ai nulle part entendu qu'il y avait des témoins de l'insurrection. Ils ont tout rasé. Comment aurait-il pu y avoir des témoins ? »

Lors de la postproduction, parcourant l'intégralité du film sur la console de mixage, une chose me frappa quand je visionnai les images filmées des sites de l'opération 1005. La forêt de Rumbula à Riga, celle de Ponary à Vilnius, la forêt de Lysynytchi à Lviv. Ce qui frappait, c'était leur incroyable silence. Elles avaient été filmées à des saisons différentes ; à l'automne, au printemps, en été. Pourtant, aucun son n'y était perceptible. Pas le moindre chant ou gazouillis d'oiseau, même lointain. Aucun grillon, aucune sauterelle, rien. Cela gênait bien sûr Georges Lafitte, le mixeur son. Il me demanda si je souhaitais sonoriser les séquences en les illustrant par des ambiances de sonothèques. Le public télé n'aime pas le silence ; les directeurs de programmes non plus. J'acceptai sans trop réfléchir, même s'il me déplaisait pour ce film de recourir aux artifices de la profession. C'était une erreur. Car les laisser telles quelles, sans ajouter le plus petit son, eût été non seulement respecter la réalité, mais aussi tellement plus riche de sens. La nature perpétue et entretient ses atavismes. Quand je suis allé visiter le camp d'Auschwitz, j'ai été surpris par le nombre de corbeaux qui virevoltent en permanence autour de la rampe de Birkenau. Ces charognards étaient déjà là quand fonctionnaient les chambres à gaz et les fours crématoires. Pendant des années, Auschwitz-Birkenau fut pour eux un inépuisable garde-manger. C'est pourquoi ils n'ont jamais quitté l'endroit. Ils continuent de survoler le camp, de tournoyer en bancs serrés ; sinistres volutes noires et mortifères. Indifférents au renouvellement des générations, ils planent au-dessus du camp dans l'espoir de se sustenter aux cadavres des victimes disparues depuis soixante-cinq ans. C'est l'inverse qui s'est produit sur les sites de l'opération 1005. Les coups de feu, les salves de mitraillettes tirées presque chaque jour ont dû faire déguerpir les volatiles qui avaient élu domicile dans ces forêts. Ils y revenaient mécaniquement, d'instinct, après chaque fusillade. Mais, quand il y eut les flammes et l'essence, les bombes au phosphore, les bûchers brûlant sans discontinuer des mois entiers, incendiant le ciel et la forêt, et les coups de feu qui étaient encore tirés régulièrement, imprévisiblement, les oiseaux, comme la plupart des habitants de ces forêts les ont quittées. Ils ne sont jamais revenus.

Leon Wells, né Weliczker dans la petite ville de Stojanow, près de Lviv, faisait partie du kommando qui incinéra les cadavres sur le terrain de sable de Piaski, aujourd'hui recouvert par la forêt de Lysynytchi. Il est l'un de ceux qui parvint à s'échapper. Il a écrit plusieurs ouvrages, traduits dans de nombreuses langues. Le plus célèbre, d'abord publié en polonais au lendemain du conflit mondial, puis traduit en anglais et édité aux États-Unis (il resta pendant des années le plus lu et le plus diffusé des témoignages écrits par un rescapé), s'intitule *Death Brigade*[2]. En 1961, Wells s'est rendu à Jérusalem pour témoigner au procès d'Adolf Eichmann. Il y a raconté l'assassinat de sa famille, l'internement au camp de Janowska, puis son expérience au sein du Sonderkommando 1005.

« Quand, le premier jour, le 15 juin 1943, on m'a conduit à la tente qui se trouvait non loin du camp de concentration, j'ai refusé de travailler. Je me fichais de savoir s'ils me tueraient ou non. La question n'était plus de survivre, mais de souffrir le moins possible. Ils m'ont battu et jeté avec les autres sous la tente. J'étais l'un des plus jeunes. J'avais 18 ans. » Leon Wells, paralysé du côté droit suite à une récente attaque cérébrale, s'exprime avec peine. Le vieux monsieur, grand et robuste, fait tout son possible pour articuler convenablement et se faire entendre, poussant à l'excès une voix caverneuse. Nous nous trouvons dans l'appartement qu'il occupe avec son épouse Frieda. Il est situé dans l'un des derniers étages d'un immeuble résidentiel du New Jersey, au milieu d'un quartier sans charme, principalement habité par la communauté coréenne. Derrière les grandes vitres qui bordent l'appartement sur sa

2. Leon Wells, *Pour que la terre se souvienne*, Paris, Albin Michel, 1962.

longueur s'étend la baie de New York, au-delà de laquelle on aperçoit la « skyline » en dents de scie.

Julian, le fils de Frieda et Leon Wells, un avocat de mon âge avec lequel j'ai sympathisé avant que ne commence l'entretien, est resté pour y assister. Si ce n'était ce fort accent slave qu'il a gardé toute sa vie, passée pour l'essentiel aux États-Unis, rien ne laisse penser que Leon Wells a vécu et surmonté de telles épreuves. C'est un homme bon, d'une grande modestie, apparemment serein, qui insiste avant toute chose sur le courage des Polonais qui ont sauvé des Juifs. C'est cela que je dois d'abord retenir de ces événements, martèle-t-il. L'humanité au cœur des ténèbres. Il doit lui-même le salut à une famille polonaise, à un homme qui, après que Wells se fut évadé du kommando, le recueillit et le cacha jusqu'à la fin de la guerre. En plus de Leon, cette famille hébergeait d'autres adolescents. En tout, 22 personnes, cachées dans la cave de la maison. Le fils cadet des Kalwinski, à peu près du même âge que Leon, jaloux des jeunes intrus, se sentant délaissé par ses parents, avait fini par constituer un risque en ces temps troubles de dénonciations et de règlements de comptes. Son père, craignant qu'il ne les dénonce, l'éloigna en l'envoyant travailler dans une lointaine province. Quand, après la guerre, le jeune homme émigra aux États-Unis, Leon et Frieda s'occupèrent de lui comme d'un frère, lui trouvant un appartement à New York, subvenant à ses besoins, y compris financièrement. Musicien talentueux mais fauché, il se maria avec une Juive américaine. « Il aurait pu être heureux », me dira Frieda. Mais on ne guérit pas de son enfance ; l'adolescent perturbé était devenu un adulte tourmenté. Il enchaîna les dépressions. Il décéda mystérieusement dans les années 1980. On le retrouva mort dans son bureau, la tête posée sur le clavier de l'ordinateur, sans qu'on pût déterminer s'il s'agissait d'un suicide ou d'un arrêt cardiaque.

« Parce que j'étais le plus jeune, poursuit Wells, les nazis m'assignèrent à l'entretien des tentes. J'en profitai pour prendre des notes. Je savais que, si je m'en sortais, j'écrirais ce que j'avais vécu dans un livre. J'avais un crayon et du papier. Je notai le nombre exact des corps incinérés, le nombre des gens abattus pendant le travail de crémation (les exécutions se poursuivaient), les dents en or qu'il fallait récupérer sur les morts, etc. Cela m'a aidé. » Le livre qu'il écrivit est en effet, sur ces différents points, d'une grande précision. Il y décrit les attributions fixées à chaque membre du kommando, le temps de consumation des corps, la quantité d'huile nécessaire. « Les nazis savaient où étaient les fosses. Ce n'était pas à nous de les trouver. Ils connaissaient leur emplacement, et le nombre de corps dans chacune d'elle. Ils avaient tout noté, tout répertorié. Dans un premier temps, on a excavé les fosses du terrain de sable près du camp de Janowska. Après, nous nous sommes occupés de celles qui se trouvaient dans la forêt de Lysynytchi. Nous déterrions et brûlions chaque jour entre 1 000 et 1 500 corps. À la fin, on pouvait en brûler 2 000 par jour. Au camp de Janowska, on avait surtout affaire aux gardes ukrainiens. Mais là, pendant les cinq mois que je passai à faire ce travail, il n'y avait que des Allemands. Des membres du SD. Il y en avait deux groupes : le premier était chargé de nous surveiller, et le second – il n'était pas là tout le temps – venait fusiller les gens. Ils utilisaient des mitrailleuses. Ils arrivaient le matin et repartaient le soir. Ils ne passaient pas la nuit sur place, comme ceux du premier groupe. Nous savions que nous finirions dans les bûchers. La seule question était quand ? Il était évident qu'une fois le travail achevé, parce qu'ils n'auraient plus besoin de nous pour travailler, nous serions tous liquidés. Cela n'avait pas d'importance. Mourir n'avait plus d'importance. Nous préférions mourir plutôt que d'être battus. »

Après la guerre, en raison de sa notoriété, et parce qu'il était l'un des rares survivants, non seulement de l'opération 1005, mais de tous les Juifs de Galicie, Leon Wells fut sollicité pour témoigner aux procès de plusieurs criminels nazis. En 1946 à Stuttgart, il témoigna à celui du commandant en second du camp de Janowska, un homme d'une extrême cruauté qui jouait au ball-trap sur les prisonniers du camp, tirant sur ceux qui passaient devant lui, par simple jeu. Peu après, il se rendit en Pologne où était jugé un autre de ses tortionnaires. Après son témoignage, rentrant à son hôtel, il découvrit, qui l'attendaient assises sur le lit de sa chambre, deux femmes. « Monsieur Wells, dit la plus âgée, vous n'avez donc pas de cœur ? Je suis sa mère. Et elle, c'est ma fille. Êtes-vous à ce point indifférent aux sentiments d'une mère ? Avez-vous pensé à l'état dans lequel se trouverait votre mère si vous étiez à la place de mon fils ? » « Ma mère, commente Leon, avait été tuée par lui ou par quelqu'un comme lui. Pourtant, je ne pouvais les mettre à la porte. Il s'agissait d'une mère et d'une sœur, j'avais de la compassion pour elles. Calmement, je lui ai répondu que je ne faisais que mon devoir, que partout où on me demanderait de témoigner des crimes dont j'avais été témoin, j'irais. Il était de la responsabilité des sociétés humaines de juger ces gens. Que pouvais-je dire d'autre ? Jusqu'à aujourd'hui, je ne peux m'empêcher de penser à elles… »

X

Leon Wells au procès Eichmann (deuxième journée d'audience)

2 mai 1961, Jérusalem – Eichmann était le supérieur de Blobel – Décembre 1942, dans le Judenlager de Lviv – Liquidation du ghetto : Wells seul survivant de sa famille – En musique vers le camp de Janowska – Survivre pour témoigner – 15 juin 1943, Wells dans la Brigade de la mort – Rouvrir toutes les tombes – Le 182e corps manque : celui du témoin Wells – Les corps des tueurs ukrainiens sur le dessus de la fosse – La tombe des savants polonais – 19 novembre 1943, l'évasion – Tués par les partisans polonais – Huit cachettes seulement à Lviv.

2 mai 1961, Jérusalem

« Président du tribunal : Je déclare ouverte la 23e séance de ce procès.

Dr Servatius (avocat d'Adolf Eichmann) : Votre Honneur, Président du tribunal, puis-je exprimer une réserve sur l'audition du témoin à la barre ? Le témoignage a sûrement beaucoup de sens du point de vue de son importance historique. Mais il n'est pas pertinent pour une enquête judiciaire puisqu'il n'a aucun rapport avec la responsabilité de l'accusé. De plus, je dirais que ces faits ont déjà été énoncés et prouvés ici par ces documents, d'autres témoins et le rapport de police. Il y a donc redondance. De ce fait, le témoignage ne devrait pas être soumis au tribunal, sauf si le procureur général indique des faits importants qui n'ont pas encore été mis en avant. Le procureur général a fait brièvement référence à ce que le témoin va raconter, c'est-à-dire l'opération 1005 du commandant Blobel, une opération dont le but était d'effacer toute trace de la campagne d'extermination. Ce qui pourrait avoir de l'importance, c'est de savoir dans quelle mesure il y avait un lien entre l'accusé et Blobel dans cette campagne. La tâche du commandant Blobel et l'exécution de telles tâches peuvent être considérées comme exactes.

Le procureur général : Avec la permission de la Cour, j'ai jusqu'à présent prouvé que l'Allemagne nazie décida à un certain stade de détruire physiquement tous les Juifs se trouvant dans les zones qu'elle occupait et contrôlait. J'ai démontré que l'homme responsable de la mise en application de cet ordre était Heydrich, et que Heydrich, pour sa part, a nommé l'accusé. Ceci a déjà été établi. En conséquence, l'accusation maintient que tout ce qui a été fait pour exterminer les Juifs suite à cette décision est pertinent. L'accusé sera tenu comme responsable de tout cela et devra si possible en répondre. Deuxièmement, nous avons montré que la Galicie de l'Est est devenue une région du Gouvernement général. Nous avons prouvé qu'à la conférence de Wannsee il a été décidé que la mise en œuvre de la Solution finale dans cette région était du ressort du Bureau central de sécurité du Reich, et du chef du département juif, Adolf Eichmann. Ceci est extrêmement pertinent. C'est ce dont nous l'accusons. Une partie des millions de Juifs étaient les 500 000 de Galicie. Nous l'accusons de cela et je dois le prouver. C'est pour cette raison que nous devons entendre le témoignage de M. Wells. Troisièmement, nous avons soutenu qu'il y avait une conspiration criminelle entre l'accusé et d'autres pour exterminer la race juive et nous avons en ce sens constamment formulé la mise en accusation "ensemble avec d'autres". Nous soutenons qu'il était possible de se trouver à Berlin et d'être responsable de l'extermination des Juifs de Lviv, si l'action était faite en raison de cette conspiration. Ceci était en rapport avec l'extermination. En ce qui concerne la dissimulation des traces, notre thèse est que l'accusé était le supérieur hiérarchique de Blobel – dont, d'ailleurs, la défense a exagéré le rang ; il n'était rien de plus qu'un colonel SS. La Cour trouvera cela dans le document qui a déjà été soumis,

T/84, qui est le rapport de Wisliceny. Nous justifierons cela – la connexion entre Eichmann et Blobel, en charge de l'opération Einsatzkommando 1005 – au moyen de trois documents. En conséquence, tout ce que le témoin a déjà dit et aussi les faits qu'il est sur le point de relater sont des plus pertinents et je demande la permission de poursuivre le témoignage.

Président du tribunal : Nous pensons que le témoignage du témoin Wells est pertinent et en rapport avec le sujet du procès. Il reste à déterminer la responsabilité personnelle de l'accusé dans les actes énoncés dans la mise en accusation. À ce sujet, l'accusation doit d'abord prouver que tous ces actes ont été perpétrés et, deuxièmement, la responsabilité de l'accusé. En accord avec la procédure d'un procès criminel, il est impossible d'éliminer les litiges au moyen d'accord entre les deux parties. Néanmoins, nous supposons que l'accusation prendra note de la déclaration de la défense comme quoi elle ne contestera pas l'un ou l'autre fait par rapport au contexte général des événements, et limitera l'étendue du témoignage.

Procureur général : Docteur Wells, s'il vous plaît.

Président du tribunal : Docteur Wells, vous êtes toujours sous serment.

Témoin Wells : Oui, monsieur.

Président du tribunal : Vous pouvez vous asseoir.

Témoin Wells : Merci.

Procureur général : Docteur Wells, vous êtes arrivé à Stojanow un lundi avant Yom Kippour. Est-ce exact ?

Témoin Wells : Oui.

Q : Les rues de Stojanow étaient désertes ?

R : Oui.

Q : Vous êtes allé dans l'appartement de vos grands-parents ?

R : Oui.

Q : Vous êtes passé devant la maison de votre oncle Yaakov ?

R : Oui.

Q : Et vous avez décidé de vous renseigner là-bas ?

R : Oui.

Q : Vous êtes entré dans la maison ?

R : Oui.

Q : Et qu'avez-vous remarqué ?

R : J'ai vu mon grand-père, mon oncle et ma tante assis à la table. Je n'ai pas eu le moindre doute sur ce qui s'était passé. Ils étaient les seuls survivants de ma famille.

Q : Votre grand-père a dit : "Oui, mon garçon, nous sommes les derniers ici" ?

R : Oui.

Q : Vous avez demandé à votre grand-père s'il avait reçu une lettre de Lviv ?

R : Oui.

Q : Et il a répondu par l'affirmative ?

R : Oui.

Q : Ensuite vous lui avez demandé quand il l'avait reçue ?

R : Oui.

Q : Et qu'a-t-il répondu ?

R : Il a répondu que la veille de l'opération à Stojanow, les enfants, c'est-à-dire mes quatre sœurs, étaient assises en train de pleurer ma mère et que le jour d'après elles étaient emmenées à pied à Radziechow pour être envoyées définitivement à Belzec.

Q : Et c'est à ce moment-là que vous avez appris que votre mère n'était plus là ?

R : Elle fut prise pendant la grande opération en août 1942 à Lviv.

Q : Qu'avez-vous fait quand vous l'avez su ?

R : Je me suis tranché les veines, pour me suicider.

Président du tribunal : Il a tenté de se suicider.

Procureur général : Comment vous a-t-on sauvé ?

Témoin Wells : J'ai été sauvé par un voisin, un docteur de la maison d'à côté, et par mon oncle. Pour eux, aucun de nous n'avait le droit de se suicider car peut-être que l'on serait les derniers à porter le nom de notre famille entière et pouvoir dire ce qu'il s'était passé ici.

Q : C'est ce que votre oncle vous a dit, votre oncle Yaakov ?

R : Oui, c'était mon oncle Yaakov.

Q : Bien. Des Juifs se sont de nouveau aventurés dans les rues de Stojanow…

R : Ils ne s'aventuraient pas vraiment dans les rues car il

ne restait plus alors que 30 Juifs sur une population de plus d'un millier de familles.

Q : Combien en restait-il ?

R : 30.

Q : Un matin, vous avez entendu que quelque chose se préparait ?

R : Oui.

Q : Qu'est-ce que c'était ?

R : C'était la liquidation finale des Juifs, rendre Stojanow et sa population judenrein (vidé, nettoyé des Juifs) et aussi le quartier.

Q : Vous avez vu cette "aktion" ?

R : Je ne vois pas à quelle action vous faites référence ; il y en a eu plusieurs.

Q : Parlons de celle que vous avez vue.

R : Quelques jours après Yom Kippour, je suis parti pour Radziechow qui est à dix kilomètres à l'ouest de Stojanow. Là-bas il y avait toujours un ghetto juif, donc j'y suis allé et je me fichais de cette opération ou même de la vie. J'ai trouvé un endroit délabré en dehors du ghetto et j'ai vécu là un moment ; pendant ce temps il y avait aussi la liquidation finale de Stojanow ; et la première liquidation de Radziechow commençait.

Q : Votre grand-père et votre oncle Yaakov, quand ont-ils été liquidés ?

R : Mon grand-père a été liquidé fin décembre avec mon oncle Yaakov, sa femme et leurs deux enfants.

Q : Et vos sœurs ?

R : Mes sœurs ont été liquidées le vendredi précédant Yom Kippour ; chacune de mes quatre sœurs et ma grand-mère, mes deux tantes et mes huit cousines ont été prises à ce moment-là – elles ont marché pieds nus de Stojanow vers Radziechow. Là-bas, elles sont restées dans la gare pendant deux jours et deux nuits sans aucune nourriture – ma plus jeune sœur avait 7 ans à cette époque – et ensuite on les a entassées dans des wagons et envoyées à Belzec.

Q : Quand elles sont arrivées là-bas, avaient-elles des vêtements ?

R : On les a fait se déshabiller quand on les a mises dans les wagons.

Q : Vous êtes retourné à Lviv le 20 décembre 1942 ?

R : C'est cela. J'ai décidé que, quoi qu'il arrive à mon père et à mes 2 frères, au moins je serais avec eux et j'arrêterais de me cacher.

Q : Comment êtes-vous entré dans le ghetto ?

R : Au début, je ne savais même pas où le ghetto se trouvait, car quand j'étais parti, environ cinq mois plus tôt, il y avait toujours une grande communauté juive. Mais, à ce moment-là, le ghetto ne représentait plus que quelques rues. J'ai sauté par-dessus l'enceinte.

Q : Vous avez sauté par-dessus l'enceinte ?

R : Par-dessus l'enceinte et je suis rentré.

Q : Vous avez vu votre frère Yaakov ?

R : Non, j'ai été arrêté le jour d'après.

Q : Je sais que vous avez été arrêté et vous vous êtes échappé.

R : J'ai trouvé mon frère dans la rue.

Q : Et où vous a-t-il amené ?

R : Dans un sous-sol où il vivait avec mon autre frère et une femme qui était mentalement déficiente.

Q : Votre père était-il toujours vivant ?

R : Non, il a disparu pendant l'opération des 18-19 octobre à Lviv.

Q : Quand aviez-vous vu votre père pour la dernière fois ?

R : Je l'ai vu en juin quand je suis parti pour Stojanow.

Q : Vous lui aviez parlé ?

R : Je lui avais parlé. Je lui avais demandé quoi faire, s'il fallait rester ou partir.

Q : Que vous a-t-il dit ?

R : C'était la première fois que je voyais mon père pleurer et il a dit : "Je ne sais pas quoi te dire. Il y a un moment où un père ne peut plus conseiller ses enfants. Si je te dis quelque chose et qu'il s'avère que j'ai tort, je me sentirai coupable, et si je te dis autre chose, tu devras en porter la responsabilité."

Q : Revenons à votre retour à Lviv. Quand vous avez vu vos

frères en face de vous, vous avez senti qu'ils avaient besoin de vous. Que leur avez-vous dit ?

R : Je suis entré, j'ai cassé la dernière chaise, j'ai fait chauffer de l'eau ; nous nous sommes lavés, je les ai lavés, j'ai demandé à quelqu'un de leur couper les cheveux car ils s'étaient complètement laissés aller. Mon plus jeune frère avait alors 13 ans. Ils avaient vendu le dernier objet de la maison – ils avaient pris ce qu'il restait et avaient acheté du chocolat car ils se fichaient de tout désormais. Ils pensaient qu'ils avaient encore quelques jours à vivre… ils devaient vendre et manger à leur faim pour une fois. Alors je leur ai fabriqué une cachette et, le jour d'après, je suis sorti chercher du travail pour pouvoir rester dans le ghetto.

Q : Combien de Juifs étaient à Lviv à ce moment-là ?

R : Environ 15 000.

Q : Un jour le ghetto a été renommé ?

R : Sous Grzymek, le capitaine SS Grzymek, qui a remplacé Heinrich, le ghetto a été renommé "05Julag, Judenlager".

Q : Un nouvel ordre a été délivré au sujet du travail, n'est-ce pas ?

R : Oui.

Q : Quel était-il ?

R : L'ordre était que seuls les gens qui travaillaient pouvaient rester. Les sans-emploi étaient embarqués. On ne pouvait plus demeurer nulle part en famille, et on a dû déménager vers d'autres endroits où ils nous ont dit d'aller. Ils avaient une liste complète de ceux qui étaient déplacés. Ils avaient aménagé un certain nombre d'endroits pour que ces gens s'y installent.

Q : Quel a été l'effet de ce nouvel ordre ? L'effet moral sur les habitants du ghetto ?

R : L'effet moral sur les habitants du ghetto a été la panique. Nous avons commencé à nous cacher partout. Ils effectuaient des inspections deux fois par jour. Ils insistaient beaucoup sur le terme de "propreté"… chaque endroit devait être fouillé et vérifié. Ils inspectaient la propreté, mais cela voulait dire qu'à chaque endroit ils pouvaient découvrir quelqu'un. Cela voulait aussi dire qu'une personne qui tombait malade ne pouvait pas rester cachée allongée dans son lit une journée. Une panique terrible s'est répandue. Il y a eu encore plus de malades qu'avant.

Q : Que faisaient-ils aux malades ?

R : Ils les emmenaient dans des camions pour les fusiller.

Q : À la fin de février, vos deux frères sont atteints de fièvre typhoïde et de dysenterie. Est-ce correct ? Qu'avez-vous fait ?

R : J'ai fabriqué une cachette pour eux. Il fallait que je la fasse de toute façon. Dans cette cache, j'ai aménagé un espace pour qu'ils puissent s'allonger. Je m'occupais d'eux quand je rentrais le soir, et ce jusqu'à la liquidation.

Q : Vous travailliez à ce moment-là ?

R : Oui.

Q : Où ça ?

R : Je nettoyais les canaux de la ville.

Q : Qu'est-il arrivé la nuit du 31 mai au 1er juin ?

R : Quelle année ?

Q : 1943.

R : 60 camions sont arrivés avec les SS et ils ont commencé la liquidation finale du ghetto juif… qui était, à l'exception du camp de Janowska, un des derniers endroits où il y avait des Juifs… Nous sommes montés dans des camions, derrière le camp de concentration de Janowska. De minute en minute, ils amenaient toujours plus de camions jusqu'à ce que nous soyons tous rassemblés là – 8 000 personnes. Ça ne servait à rien de se cacher dans le ghetto car dès qu'ils découvraient que quelqu'un se cachait dans un bâtiment, ils y mettaient le feu ; tout le ghetto était en feu.

Q : Vous étiez avec votre frère Yaakov ?

R : J'étais avec mes deux frères, Yaakov et Aaron.

Q : Et d'autres gens, tous Juifs ?

R : Oui.

Q : Vous vous rappelez d'un homme qui tentait de rassurer sa petite fille ?

R : Oui, il y avait beaucoup de cas comme celui-là. Il y avait sans cesse ce type de problème entre les pères et leurs jeunes enfants, les mères et leurs jeunes enfants. Ce père, qui se trouvait près de moi, essayait de calmer sa petite fille qui avait peur. Il lui disait à quel point se serait merveilleux, que bientôt ils seraient ensemble au paradis avec leur mère et ses amis, qu'elle ne serait plus jamais seule…

Q : Ensuite, un tir a retenti…

R : Je ne comprends pas…

Q : Vous vous souvenez de ce qui est arrivé à cette petite fille ? Son nom était Rachel, je crois.

R : Oui.

Q : Que s'est-il passé ?

R : Ils ont tué une femme près de moi ; ses intestins ont jailli sur la petite fille assise là, à moitié endormie (elle avait passé toute la nuit debout). Tout le monde s'est levé, les enfants ont commencé à crier et à courir. On ne pouvait pas les retenir. Ils ont été tués sur place. Heinrich et Wilhaus étaient les plus actifs à cet endroit. Ils avaient des chiens avec eux.

Q : Oui, nous en venons à Wilhaus. Vers 10 heures, Wilhaus est arrivé. Avec qui est-il arrivé ?

R : Avec Heinrich – et de gros chiens cette fois.

Q : Que vous a dit Wilhaus ?

R : Il a dit que tout le monde allait travailler et qu'on devait rester calmes ; il a commencé à nous répartir par groupes d'âge ; d'abord ceux de plus de 60 ans, puis ceux de moins de 10 ans ; ceux de plus de 50 ans, ceux de 14 ans et plus. Mon frère…

Q : Que signifiait cette ségrégation ? Qu'est-il arrivé à ceux dont on ne voulait pas ?

R : Ils restaient à leur place – les autres devaient avancer et ils ont été emmenés.

Q : Que leur est-il arrivé ?

R : Je l'ai découvert deux jours plus tard. Ils ont été fusillés et ensuite brûlés par nous. Mon frère a tenté de fuir mais il a été tué. Je suis resté seul avec mon second frère. Quand on est arrivés au dernier groupe, comme il était plus jeune que moi d'un an et demi seulement, nous avons marché ensemble. On nous a ensuite séparés et il a été dans le groupe des fusillés. Moi, j'ai été ramené au camp de concentration de Janowska avec une centaine d'autres choisis parmi les 8 000…

Q : Vous avez vu votre frère sur cette route ?

R : Oui.

Q : Maintenant vous marchez vers le camp de Janowska ?

R : On marchait, au rythme de la musique jouée par un grand orchestre.

Q : Quel orchestre ?

R : On avait, dans le camp de concentration et aussi dans le Julag (camp juif), un orchestre qui jouait tous les matins et tous les soirs, quand nous allions travailler et quand on rentrait et aussi quand les gens étaient emmenés pour se faire fusiller, l'orchestre jouait. Il était constitué de prisonniers juifs du camp et a compté jusqu'à 60 musiciens.

Q : Qui a ordonné que cet orchestre soit formé et qu'il joue ?

R : Je crois qu'en général c'était plus qu'un simple ordre donné par une seule personne car il y en avait un dans le Julag – et aussi, plus tard, dans la Brigade de la mort. Au camp de concentration, il y avait plusieurs chefs. Partout un orchestre était formé. Je ne pense donc pas qu'il s'agisse d'une idée personnelle venant de Wilhaus ou d'un autre.

Q : Docteur Wells, avant de continuer, dites-moi – après avoir vu mourir votre famille entière, vous êtes de retour au camp de Janowska –, comment pouviez-vous le supporter ? Comment pouviez-vous survivre ? D'où tiriez-vous la force de continuer ?

R : C'était une affaire de responsabilité, le fait que quelqu'un devait rester pour témoigner au monde du projet des nazis de tuer tous les Juifs – nous avions donc d'une certaine façon la responsabilité de combattre ce projet en restant vivants. Vous le verrez tout à l'heure, aucun d'entre nous n'attachait de l'importance à ce que ce soit lui ou un autre qui survive ; c'était toujours : que tout le monde meure pourvu qu'un seul en réchappe. Nous voulions avant tout qu'il y en ait un qui survive, au moins un qui se sorte de là.

Q : Le 15 juin 1943, 40 personnes ont été sorties du camp de Janowska, soi-disant pour construire des routes. Vous étiez parmi elles ?

R : Oui.

Q : Mais ce n'était pas pour construire des routes, c'était la Brigade de la mort, le Sonderkommando 1005.

R : Oui.

Q : Quelle était la mission de ce kommando spécial ?

R : Nous devions effacer toutes les traces des meurtres de Juifs par les nazis.

Q : Quelle était votre tâche ?

R : Nous avions la tâche de rouvrir toutes les tombes où il y avait les cadavres de gens tués lors des trois dernières années, d'exhumer les corps, de les empiler sur plusieurs rangées et de les brûler ; de broyer les os, de récupérer les objets de valeur dans les cendres comme les dents en or, les anneaux, etc. Après le concassage des os nous jetions les cendres de sorte qu'elles disparaissent, on refermait les tombes avec de la terre et on semait des graines, afin que personne ne puisse identifier l'emplacement des tombes… En plus de cela arrivaient de nouvelles personnes – de nouvelles victimes ; déshabillées à l'avance, elles étaient exécutées là, et nous devions aussi brûler leurs corps.

Q : Il y avait aussi un Brandmeister – pompier en chef –, que faisait-il ?

R : Il y avait différentes sections : il y avait un, puis plus tard deux Brandmeister, deux Zähler (compteurs), un commandant des cendres, des porteurs, des fossoyeurs et également des nettoyeurs. Le Brandmeister était responsable du feu. Quand ils entassaient les corps en formant une pyramide, qui comprenait parfois jusqu'à 2 000 corps, quelqu'un devait veiller à ce que le feu ne s'éteigne pas ; c'était le travail du Brandmeister, tandis que le Zähler tenait le compte du nombre de corps brûlés pour vérifier avec la liste originale du nombre de tués, car lorsque nous découvrions une fosse, il nous arrivait de rechercher parfois des heures durant un seul corps enterré un peu plus loin… il y avait en effet une liste exacte du nombre de personnes tuées. Donc le Zähler comptabilisait le nombre de corps exhumés puis brûlés de chaque tombe.

Q : Et le soir, un rapport était remis au lieutenant – est-ce exact ?

R : Oui, au lieutenant Scherlack et, en son absence, au capitaine Rauch.

Q : Sous quelle forme était ce rapport ?

R : Le rapport était rédigé au crayon sur du papier. Nous n'avions plus rien d'autre sur nous. On interdisait à quiconque de mentionner le nombre de personnes incinérées, et le Zähler lui-même devait l'oublier... De sorte que, si le capitaine ou le lieutenant demandait le lendemain : "Combien ont été brûlés hier ?", le Zähler ne pouvait plus indiquer le nombre. Il devait répondre : "J'ai oublié."

Q : Combien d'heures travailliez-vous à brûler des corps comme ça ? Combien d'heures par jour ?

R : 8 heures certains jours, parfois 10 heures ; mais en général c'étaient des journées de 8 heures car la police de protection (Schutzpolizei) et les hommes du SD (Sicherheitsdienst – service de la sécurité) étaient avec nous toute la journée. Quand ils arrêtaient de travailler – nous pouvions rentrer.

Q : Étiez-vous nourris pendant votre travail ? Aviez-vous de la nourriture ?

R : Nous avions beaucoup de nourriture.

Q : Où mangiez-vous ? Parmi les corps ?

R : Sur les corps.

Q : Directement sur les corps ?

R : Oui, sur les corps.

Q : Vous souvenez-vous du 21 mai ? Cette année-là, des pierres tombales du cimetière juif sont arrivées – le cimetière juif de Lviv. Vous vous en souvenez ?

R : Ce n'était pas le 21 mai.

Q : 21 juin. Excusez-moi – 21 juin 1943.

R : Des pierres tombales sont arrivées, on les a pesées et nous avons mis en place une plate-forme sur laquelle brûlaient les corps et la colonne de cendres.

Q : Quel était le travail du... non – laissons cela. Vous m'avez dit que vous récoltiez l'or, etc., pouvez-vous donner à la Cour une idée de la quantité chaque jour ?

R : Certains jours il y avait 8 à 10 kilos d'or, quand il provenait seulement des corps. Mais quand ils amenaient de nouvelles personnes – 2 000 ou 1 500 personnes par exemple – la quantité d'or, d'anneaux et d'argent était bien plus importante.

Q : Comment se déroulait l'exécution de ceux qui arrivaient devant les feux ?

R : Cela dépendait. Une fois, seulement 200 ou 300 personnes arrivaient, d'autres fois c'était 1 500, 2 000, voire 2 500 personnes. Par exemple, le 26 août 1943, 24 jeunes filles sont arrivées du camp de concentration. Elles avaient passé la nuit avec les SS. Quand on leur avait dit qu'elles passeraient la nuit avec les SS, certaines filles avaient tenté de s'enfuir. Elles avaient été directement amenées aux bûchers. Là, elles étaient debout dans les camions. Les camions ont reculé vers les bûchers. Elles se tenaient au bord, à l'arrière. Chacune d'elles a reçu un coup de feu dans la nuque puis a été jetée directement dans les flammes.

Q : Qui leur tirait dessus ?

R : Un des SS, toujours – la personne disponible ce matin-là.

« Le mardi 29 juin, 275 personnes sont arrivées et ont été exécutées à la mitrailleuse par groupes de 25. Après que les 25 premières victimes furent descendues dans la fosse et fusillées, les 25 suivantes étaient obligées de faire de même… L'exécution de ces 275 personnes nous a permis de comprendre une chose que nous avions constatée auparavant : dans quelques tombes, il semblait que les victimes n'avaient pas été tuées par balles, leurs bouches étaient ouvertes, la langue dehors… comme si elles avaient suffoqué. Ces personnes avaient été enterrées vivantes, car lorsque nous sommes venus brûler les corps, nous avons constaté que certains d'entre eux n'étaient que légèrement blessés par la mitrailleuse : ils ont été légèrement blessés, sont tombés et ont été enterrés sous les corps des suivants… De même, cette nuit-là, nous avons pris un corps pour le jeter dans le feu : au dernier moment la personne a hurlé, parce qu'elle était encore vivante…

Q : Puis les commandants vous ont donné des crochets ?

R : Oui.

Q : De l'essence et du pétrole ?

R : De l'essence, du pétrole et du bois, du bois et un broyeur.

Q : Et il fallait être très méticuleux et très efficace dans votre travail pour qu'il ne reste rien des corps ?

R : Oui, il fallait vérifier qu'il ne reste pas de cheveux, de bouts d'os, ou même de bouts de papier par terre. Tout devait être brûlé.

Président du tribunal : Qu'appelez-vous “broyeur” ?

Témoin Wells : C'était de grosses boules de métal à l'intérieur d'une machine à ciment qui tournait. On y rentrait les os par un côté et quand ces boules étaient…

Q : Les os des corps ?

R : Les boules de métal broyaient les os. D'abord ils étaient brûlés dans le feu et certaines parties du corps étaient réduites en cendres. Ces cendres étaient tamisées une deuxième fois. Les tamis ressemblaient à ceux que l'on utilise pour tamiser la farine. Et ce qui restait dans les tamis était mis dans le broyeur. Il en ressortait de l'or et du platine. On les ramassait et on les remettait de nouveau dans le broyeur. Un an et un mois plus tard, j'ai découvert la fosse où ils ont cherché le 182e corps qui aurait dû se trouver là.

Q : Je n'ai pas compris votre dernière réponse, docteur Wells.

R : C'était en juillet, ou à la fin de juin 1943. J'ai ouvert la tombe où j'aurais dû être enterré l'année d'avant, quand je me suis échappé du groupe de ces 182 autres personnes.

Q : Je vois.

R : Et ils ont cherché le corps manquant, nous avons cherché deux jours environ.

Q : Qui avait la liste des corps ?

R : Je ne sais pas exactement, mais il y en avait toujours une. Souvent, c'était un des hommes du SD qui déterminait l'emplacement exact de la fosse… on y allait et on nous disait qu'il fallait faire six pas à droite, sud, est, etc. On mesurait et on commençait à creuser. Le nombre de gens censés être dans la fosse était aussi inscrit.

Q : Et ils savaient le nombre exact de corps ?

R : Le nombre exact. Et il fallait que ce nombre corresponde à celui du Zähler.

Q : Quand vous alliez travailler le matin et que vous rentriez le soir, vous dites qu'il fallait chanter ?

R : Nous devions composer des chansons et chanter tandis que nous allions travailler ; le Brandmeister marchait devant et il était vêtu comme un diable ; il avait un uniforme spécial et un crochet à la main. Nous marchions derrière lui et nous chantions. Plus tard nous avons été accompagnés par un orchestre qui jouait pendant que nous chantions et nous accompagnait dans notre marche pour le travail…

Q : Certaines fois, des personnes de la brigade reconnaissaient les corps de leurs proches ?

R : Oui. Même plus ; je me souviens d'un M. Brill – il avait la quarantaine à cette époque… On l'a emmené dans le camp de concentration, dans la Brigade de la mort ; il était avec ses deux filles, une de 16 ans et une de 18. Elles ont été tuées et il a été placé dans la Brigade de la mort, et une heure plus tard, il a dû les brûler lui-même alors qu'elles étaient encore chaudes.

Q : Continuons. Vous vous souvenez du mardi 29 juin ?

R : Oui, j'ai raconté, ces 275…

Q : Maintenant dites-moi – comment vivait-on dans une telle brigade ?

R : Normalement, on devait être remplacé après 8 ou 10 jours – on devait être tués et un autre groupe arrivait ; donc quand le SD visitait notre brigade, et qu'ils nous demandaient depuis combien de temps on travaillait là, il nous était interdit de dire que cela faisait plus de 6, 8 ou 10 jours – pas plus…

Q : Mais votre responsable savait que vous étiez là depuis bien plus longtemps… ?

R : Oui, il le savait.

Q : Pourquoi vous épargnait-il ?

R : Tout d'abord, il avait de plus en plus de mal à renouveler les équipes de travail – car nous étions les derniers Juifs dans la ville, et même dans le camp de concentration. Deuxièmement, il rencontrait beaucoup de problèmes : tous les trois jours, ils avaient l'habitude de fusiller des groupes de victimes avant notre arrivée et le travail n'avançait pas. Donc il a décidé que pour bien faire son travail, il fallait qu'il nous garde un peu plus longtemps que ce qui était prévu.

Q : Cela allait à l'encontre des ordres ?

R : Oui. Il nous disait de nous taire, c'était un secret entre nous.

Q : Ensuite vous êtes allés dans un autre endroit, en septembre je crois. Est-ce correct ?

R : Fin septembre, je suis allé à Krzywicki – au bout de la rue Lyczakowska. Encore une fois, les hommes du SD savaient exactement où se trouvaient les fosses. Et ici, les premières fosses que nous avons ouvertes étaient celles des gens tués la première semaine rue Pelczynska.

Q : Quelle rue avez-vous dit ?

R : Ils ont été tués rue Pelczynska.

Q : Et il y avait des Polonais parmi ces gens ?

R : Dans l'une des fosses, nous avons déterré des Polonais et sur le dessus de certaines fosses il y avait... les "Black Corps". C'étaient les membres de la milice ukrainienne qui avait participé au massacre. Ils étaient souvent tués et enterrés sur le dessus des fosses avec leurs uniformes.

Q : Vous avez trouvé une fosse où le Pr Bartel[1] et d'autres éminents Polonais étaient enterrés ?

R : Oui, c'était la veille de Yom Kippour, le 8 octobre, un vendredi soir – pas la veille de Yom Kippour, mais la nuit de Yom Kippour, le 8 octobre. On nous a menés rue Wulka à Lviv et nous avons sorti 38 corps. Dont celui du Pr Bartel.

Q : Comment saviez-vous que c'était son corps ?

R : Parce que le jour d'après, quand nous avons mis les corps sur le grand bûcher pour les brûler, nous avons découvert qu'ils étaient enterrés avec leurs vêtements et leurs papiers. On a découvert leurs noms par leurs pièces d'identité.

Q : Pr Bartel, Dr Ostrowski... et d'autres.

R : Oui.

Q : Des gens importants ?

R : Les 38 étaient des gens importants. Ils portaient tous des smokings noirs, car ils avaient dû se rendre à une grande réception ou un dîner. Tous avec des cravates noires et des

1. L'ancien Premier ministre polonais Kazimierz Bartel dirigeait une chaise à l'université polytechnique de Lviv. Le 2 juillet 1941, il fut arrêté par les Einsatzgruppen et exécuté, avec une trentaine des professeurs d'université, dans la nuit du 3 au 4 juillet.

chemises blanches, en smoking. Complètement habillés pour un grand dîner.

Q : Des noms connus dans toute la Pologne. La crème de la société polonaise.

Président du tribunal : Qui était le Pr Bartel ?

Témoin Wells : Le Pr Bartel était un des grands mathématiciens de ce monde. il avait été le Premier ministre de la Pologne à cette époque, et c'était le doyen de Polytechnique à Lviv.

Procureur général : Maintenant, Yom Kippour, 9 octobre.

Témoin Wells : Ces 38 corps ont été brûlés sur le bûcher avec plus de 200 autres.

Q : Vous avez jeûné à Yom Kippour ?

R : Oui, la plupart d'entre nous. Un grand pourcentage, plus de 50 personnes ont jeûné assidûment.

Q : Et vous avez jeûné ce Yom Kippour tout en brûlant ces corps ?

R : Oui, une bonne partie d'entre nous.

Q : Le 25 octobre, qu'est-il arrivé ce matin-là ?

R : Normalement, quand ils amenaient de nouvelles victimes, ils faisaient un appel en disant qu'il y aurait un raid aérien et que nous devions rester dans nos baraquements. Mais ce matin-là, ils nous ont réveillés à 4 heures, 6 hommes du SD : le sergent-chef Yadliko, le sergent-chef Mozaiko, le capitaine Ulmer, le sous-lieutenant Scherlocki, le capitaine Rauch et le caporal Reiss sont arrivés à 4 heures ce matin-là. Certains avaient l'air d'avoir bu, car ils étaient presque saouls. Ils nous ont emmenés sur la route pour nous tenir éloignés pendant la journée, ils disaient qu'il se passait quelque chose que l'on ne devait pas voir.

Q : Oui ?

R : Et ce jour-là, près de 2 000 personnes, l'avant-dernier groupe venant du camp de Janowska, ont été amenées là pour être liquidées. À ce moment-là dans le camp, c'était le lieutenant Warzog qui était responsable. Le matin, ils ont ramené de nouveaux vêtements au camp et tout le monde a été habillé pour l'hiver car ils devaient aller travailler dans le froid.

Q : Où teniez-vous les réunions secrètes dans lesquelles vous parliez de vous échapper ?

R : On avait tout le temps des plans pour s'échapper, et on avait ces réunions secrètes mais… parce que… il y avait toujours des Juifs dans le camp. La mère et la fiancée de notre contremaître étaient toujours dans le camp. Elles n'avaient pas encore été fusillées. Nous avions peur qu'en faisant quelque chose – et nos chances étaient très minces –, ces gens soient tués par notre faute. Nos plans sont devenus d'actualité après la liquidation finale du camp de Janowska, en novembre… le 18 novembre 1943, c'était la liquidation finale du camp de Janowska. Et, le 19 novembre, nous avons commencé notre soulèvement.

Q : Dites-moi : à quoi ressemble le massacre de 2 000 personnes ?

R : Pour rendre les choses un peu plus claires, j'aimerais décrire le lieu – comment la Brigade de la mort a été construite, pour que vous voyiez… une zone fermée d'un rayon d'environ deux miles – ce qui fait à peu près six kilomètres de diamètre – et sur chaque côté était accrochée une grande pancarte interdisant de pénétrer dans cette zone, surveillée par des tireurs d'élite et sous le commandement du général Katzmann. Il signait ces pancartes.

On nous attribuait en général un ravin. Il y avait des collines tout autour de nous et en haut se tenait un garde, et la petite tente où nous vivions était aussi entourée de fils barbelés. Dans le ravin, il y avait la plate-forme pour le feu et la colonne de cendres – tout le travail se faisait dans le ravin. Mais même au fond de ce ravin, on pouvait voir le feu à plusieurs kilomètres quand on l'allumait. Au moment de la révolte, nous étions déjà 118 et nous étions gardés par 120 Schupos (police de sécurité) du 23e bataillon qui avait ses quartiers généraux à Ternopil. Ils ont amené ces 2 000 personnes par camions en haut des collines, 50 personnes par camion – parfois 40 à 50. Ils descendaient et devaient retirer leurs lunettes, leurs chaussures, leurs chaussettes ; ils faisaient une trentaine de mètres et devaient retirer leurs vêtements ; ensuite ils allaient vers le centre… pour qu'on n'ait pas à les porter trop longtemps pour les jeter dans le feu ; et là, ils s'alignaient et étaient fusillés à la mitraillette. La plupart mouraient…

Q : Qui tirait ?

R : En général les hommes du SD.

Q : Il n'y avait pas tellement de gardes par rapport à ces 2 000 personnes. Pourquoi tous ces gens qui allaient se faire exécuter – pourquoi n'essayaient-ils pas au moins de s'en prendre à leurs assassins avant d'être tués.

R : Tout d'abord, ces 2 000 personnes n'étaient pas toutes ensemble – ils les amenaient par groupes de 40, 35 ou 50, les fusillaient, et puis le camion suivant arrivait avec 40 autres personnes… Il y avait beaucoup de gardes en proportion de chaque groupe, pas en proportion des 2 000. Deuxièmement, au début, on avait toujours un proche à perdre, une famille dont on s'inquiétait… à cette époque, en 1943, plus personne ne se souciait de rien – on était toujours un des derniers, on avait perdu tout le monde. Pour ces gens, les tortures étaient plus réelles que leur propre mort, car la vie n'avait plus aucun sens pour eux…

Q : Vous voulez dire qu'ils voulaient mourir sans se faire torturer ?

R : Pour en finir. Car, dans certains cas, quand ils amenaient des femmes et des enfants, les femmes jetaient très souvent leurs enfants dans le feu et sautaient ensuite – avant même qu'ils n'aient le temps de tirer… un jour, une mère est arrivée avec son enfant, quand elle s'est déshabillée, elle a craché à la figure d'un garde – ils ont pris l'enfant, lui ont fracassé la tête contre un arbre et l'ont jeté au feu, et ils ont pendu la mère par les pieds… en voyant cela, les autres femmes se sont dit : “À quoi bon…” C'est arrivé quelques fois – surtout le refus des mères de déshabiller leurs enfants.

Président du tribunal : Vous dites que la mère a été pendue par les pieds ?

Témoin Wells : Avec la tête en bas.

Procureur général : Ça a été le seul cas ?

Témoin Wells : Non – il y en a eu plein d'autres…

Q : Vous vous souvenez de Kessler ?

R : Oui – c'était un des “corps vivants”.

Q : Qu'étaient les “corps vivants” ?

R : Comme je l'ai déjà dit, certains n'étaient pas directement tués – ils tombaient à cause de la blessure et sous la pression des autres. Parfois ils pensaient pouvoir s'échapper en tombant et en simulant leur mort ; mais en général, quand ils venaient nombreux, il y avait un grand pourcentage de gens qui étaient toujours en vie après l'exécution. L'un d'eux était un homme de Ternopil du nom de Kessler. Son groupe faisait partie des 2 000 personnes du camp.

Et nous, quand on voyait qu'il y avait autant de gens restés en vie, on déposait du sucre et des vêtements de travail pour qu'ils puissent s'échapper la nuit. Il y en avait beaucoup, mais seul Kessler a réussi à s'échapper. Malheureusement, il a été rattrapé et ramené le lendemain. On l'a torturé, on lui a promis un tas de choses, mais il n'a jamais dit qui l'avait aidé et il a été brûlé le jour d'après.

Q : Avec la permission de la Cour, je vais devoir écourter votre témoignage, monsieur Wells. Venons-en au moment où vous vous êtes échappé. Dites à la Cour comment vous vous êtes enfui et comment vous avez survécu ?

R : Après la liquidation finale du camp de Janowska le 19 novembre 1943, nous sentions que nos actions ne pouvaient plus porter préjudice à qui que ce soit, que plus personne n'en souffrirait, que cela ne provoquerait la mort de personne d'autre que nous. Cette nuit-là, nous avons décidé de nous enfuir. À cause du froid à cette époque de l'année, on faisait des feux pour les Schupos devant notre camp pour qu'ils se réchauffent tout en nous surveillant. Pendant des semaines, nous avons bruyamment chanté, et l'orchestre jouait de telle façon qu'ils puissent penser qu'on était heureux. En fait on s'est arrangés pour que l'orchestre et le reste des gens chantent cette nuit-là pour couvrir les bruits qui auraient lieu lors de notre soulèvement. Cela devait aussi couvrir les cris d'un Schupo ou d'un homme du SD. Cette nuit, nous avons décidé qu'un certain groupe de personnes et aussi les musiciens resteraient jusqu'à la dernière minute et seraient tués pour nous couvrir. Ils ont tous accepté de bonne grâce car personne n'avait plus aucun intérêt à vivre. Notre seule préoccupation était que l'un d'entre nous survive pour dire au monde ce qui s'était passé ici. Comme, ce jour-là, beaucoup de vêtements des gens liquidés du camp de concentration sont arrivés, toutes les bottes et les habits étaient entassés dans nos tentes pour être livrés aux SD le lendemain. Ils devaient décider où les expédier. Mais certains Schupos voulaient des bottes et des chaussures pour eux-mêmes. Ils nous ont donc demandé de leur en apporter une paire parce qu'aucun d'eux n'avait le droit d'y toucher. Deux d'entre nous devaient sortir par une petite porte avec du bois pour entretenir le feu d'un des Schupos. On devait amener une paire de bottes pour l'un d'entre eux. Celui qui s'occupait de ça devait laisser tomber les bottes et le Schupo devait les ramasser rapidement pour ne pas se faire voir en train de voler.

Président du tribunal : Très bien, docteur Wells, je suis désolé mais nous ne pouvons pas entrer autant dans les détails.

Procureur général : Vous pourriez être plus bref ?

Témoin Wells : On a tranché la gorge de ces deux hommes. Quand il s'est penché pour ramasser les chaussures, l'un de nous a essayé de l'étrangler. Mais il était trop faible et le Schupo a crié. Les autres Schupos ont commencé à courir et ils ont tiré avant même de comprendre ce qu'il se passait. Nous étions sortis et on a commencé à courir. Pas tous, certains voulaient mourir là.

Q : Ceux qui avaient refusé de venir avec vous ?

R : Oui. Un homme, Yehuda Goldberg, c'était un ancien légionnaire polonais – il était dans la résistance ; il a dit : “Pourquoi continuerais-je à vivre ? J'ai perdu ma femme, mes sept enfants. Je veux mourir ici où ils sont enterrés.” Il s'est même déshabillé et s'est allongé en attendant qu'ils viennent le tuer.

Q : Maintenant, ma dernière question, docteur Wells : pouvez-vous donner à la Cour une approximation du nombre de corps que votre brigade a brûlés ?

R : Quelques centaines de milliers.

Q : Combien ont été exécutés devant les bûchers, approximativement ?

R : Environ 30 000 pendant que j'y étais. C'était après la liquidation car il n'y avait plus de Juifs.

Q : Quand avez-vous appris que ce kommando était un kommando spécial ?

R : Quand j'étais là-bas, car chaque fois qu'un ordre arrivait, c'était du Sonderkommando 1005.

Q : Ma dernière question : je crois avoir omis de dire à la Cour, lors de votre présentation d'hier, que vous étiez un scientifique qui a été récompensé cette année. Est-ce correct ?

R : J'ai reçu le Grand Prix international de l'ingénieur ayant le plus contribué aux progrès cinématographiques et optiques de l'année 1960. C'était au Congrès international à Mar del Plata en Argentine.

Q : Vous savez combien de Juifs ont survécu à la guerre à Lviv ?

R : Deux semaines après la libération, on nous a recensés – 212 hommes à Lviv. Ils n'étaient pas tous de la ville ; ils venaient aussi des villes voisines.

Juge Halevi : Docteur Wells, vous avez dit que, lorsque les nazis sont entrés en Russie, il y avait 150 000 Juifs à Lviv.

Témoin Wells : Oui.

Q : Combien de Polonais résidaient à Lviv, ou de résidents locaux non juifs ?

R : Il y en avait environ 420 000 à cette époque.

Q : Quand vous avez cherché un endroit pour échapper à l'extermination, est-ce que les Polonais vous ont accueilli chez eux ?

R : En général, non seulement les Polonais ne nous aidaient pas à nous cacher, mais ils participaient, et quand des gens de la Brigade de la mort se sont sauvés dans les bois, très peu survécurent car beaucoup ont été tués par des partisans polonais.

Q : Je ne comprends pas – les Polonais ont "participé" à quoi ?

R : Il y avait un groupe de partisans polonais qui combattaient les Allemands, mais il y avait un groupe similaire au même moment qui était contre les Juifs.

Procureur général : Si vous me permettez, Votre Honneur,

cette question est délicate, il y avait plusieurs forces parmi les partisans – peut-être que l'on devrait demander au témoin d'identifier de quelle force il parle – si vous permettez.

Témoin Wells : Je savais qu'il y avait plusieurs courants partisans, certains nous aidaient, mais d'autres étaient contre nous. Je ne pourrais pas dire de quelle association politique il s'agissait, car je connaissais seulement un groupe près de Lviv dans les bois, près de Stry. Et je sais une chose, c'est que les groupes de partisans s'affrontaient entre eux, la situation n'était pas claire et, à l'époque, je ne pouvais... j'ai découvert, après la guerre, que certaines personnes étaient cachées par des partisans qui appartenaient à une organisation politique, mais à l'époque je l'ignorais.

Juge Halevi : Je ne faisais pas tant référence aux partisans qu'aux citoyens ordinaires. Docteur Wells, savez-vous combien de Juifs ont été sauvés à Lviv par des citoyens polonais ?

Témoin Wells : Il y avait huit endroits à Lviv, huit endroits où les Polonais habitaient et cachaient des Juifs. Deux d'entre eux cachaient plus d'une vingtaine de personnes et les autres en cachaient une ou deux. Mais il y avait huit endroits seulement. Par exemple, il y a eu une situation tragique où deux semaines avant la Libération, un docteur a révélé...

Président du tribunal : Docteur Wells, veuillez répondre à la question.

Juge Halevi : Aviez-vous beaucoup de chances de trouver un endroit où vous cacher dans la ville de Lviv ou était-ce dangereux de demander refuge hors du ghetto ?

Témoin Wells : C'était dangereux, car nous avions toute la population contre nous. C'était pratiquement impossible de trouver refuge où que ce soit.

Procureur général : Si je pouvais simplement clarifier cela, est-ce que la majorité de la population non juive de Lviv était polonaise ou ukrainienne ?

Témoin Wells : C'était égal. Je suppose que les Polonais représentaient environ 30 % de la population de Lviv.

Président du tribunal : 30 % de Polonais, environ 30 % d'Ukrainiens et 35 % de Juifs ?

Témoin Wells : Oui.

Q : Vous nous avez donné les dates précises des différents événements. Comment vous en souvenez-vous ?

R : J'ai tenu un journal pendant toute la guerre et, à la Libération, il a été remis – le journal original – au docteur Friedman, alors président de la Commission historique, le premier jour après la guerre. C'était le journal entier.

Q : Et vous l'aviez toujours gardé avec vous ?

R : Oui, oui.

Q : Il n'a jamais été découvert par les Allemands ?

R : Jamais. Nous avions même des pistolets quand nous sommes entrés dans la Brigade de la mort. Parce que nous nous en fichions d'être pris et tués. Si on croyait en quelque chose, on le faisait.

Q : Quelle était la zone sur laquelle s'étendait l'action de la Brigade de la mort.

R : Ça allait de Stanislawa, qui est environ à 180 kilomètres, je crois, à Lviv. En Galicie de l'Est.

Président du tribunal : Merci, docteur Wells, ceci conclut votre témoignage. »

XI

« Pour que ça brûle mieux »

La mise en scène des petits chiens en peluche, une métaphore explicite – À Minsk, ce sont les prisonniers soviétiques qui effacent les traces – 13 octobre 2008, aux environs de Munich, le SS Lukas Reiter, Allemand de Hongrie – Certains avaient 15 ans – Les véhicules à gaz – Représailles : 180 Juifs brûlés vifs – Contradictions, confusion : dissimulation et refoulement – Bombes au phosphore « pour que ça brûle mieux ».

Au cours des visionnages d'archives, je suis tombé sur des images étranges et perturbantes. La première fois que je les ai vues, j'ai ressenti comme un vertige. Je pense que Kristine, la documentaliste, a ressenti la même chose. Pas de cadavres, pas de charnier, pas d'exécutions d'enfants sur celles-ci. Mais une cruauté méthodique, un charme noir en émanaient ; elles me parurent plus choquantes encore que ces photos explicites auxquelles mon œil avait fini par s'habituer. Au début, je n'ai pas compris ce que je voyais. C'était une séquence muette, en couleur, filmée en temps réel. Elle présentait un petit gibet de bois clair auquel étaient suspendues trois potences. Au bout de chaque corde, pendus par le cou, trois petits chiens en peluche, deux blancs et un noir, sous lesquels, par jour de beau temps, avait été rassemblé un amas de petit bois. Sous un autre angle, après une coupe, apparaissait un homme en culotte courte et chemise bleue. Son visage était hors champ. On voyait ses mains gratter une allumette, puis allumer le petit bois. L'œil de la caméra observait ensuite grandir les flammes du bûcher, lécher les pattes puis le corps des peluches. L'archive était courte mais, du fait de son insistance, de l'immobilité du cadre et de l'absence de contrechamp, elle semblait interminable.

Au bout d'un moment, les chiens en peluche, embrasés sous l'effet des flammes qui montaient de plus en plus haut, puis carbonisés, se détachaient de la potence et tombaient dans le feu qui finissait de les consumer. De temps à autre, une main entrait dans le champ pour l'alimenter en petit bois ou pour replacer les « corps » au centre du foyer. À la fin, les chiens en peluche n'étaient plus que de petites masses informes et charbonneuses mélangées au bois calciné. La dernière partie du film était saccadée ; les plans courts, pris sous plusieurs angles, toujours fixés sur le gibet et le brasier sous lui, se succédaient à un rythme frénétique. Soigneusement mis en scène, il se dégageait de ce simulacre d'exécution un mystère angoissant, doublé d'une jouissance malsaine.

En demandant des explications à l'archiviste de Hambourg qui nous avait envoyé ces images, nous apprîmes qu'elles avaient été tournées par un jeune soldat allemand, un cameraman travaillant pour la propagande nazie, expédié en 1941 sur le front de l'Est pour filmer la guerre. C'est lui qui avait pris, dans les premières semaines de l'opération Barbarossa, les célèbres images en noir et blanc des pendus juifs de Minsk,

pour lui-même, sans l'accord de ses supérieurs, et que j'ai montées dans le premier quart de mon film. Rentré chez lui à Breslau en 1942, après un an en Union soviétique, sa petite sœur, dont on aperçoit fugitivement les pieds dans l'archive – socquettes blanches et sandales de cuir bleu –, lui avait dit ne plus aimer ses jouets. Le cameraman allemand lui proposa de s'en débarrasser. Il imagina cette mise en scène macabre et la filma de bout en bout. Les images des petits chiens, une métaphore explicite, rendent compte des pathologies subies par les bourreaux, du traumatisme ressenti par ces hommes confrontés à l'assassinat permanent. Également d'un sadisme évident. Elles sont une sorte de concentré historique qui traduit l'entreprise des nazis : assassiner, purifier, faire disparaître les corps. Aussitôt après les avoir visionnées, je décidai de les intégrer *in extenso* au film.

Lorsque Ilya Ehrenbourg (auteur, avec Vassili Grossman, du célèbre *Livre noir*) entra dans le camp de Trostenëts au mois de juillet 1944 comme correspondant de guerre, quatre heures seulement après les premiers chars soviétiques, les SS étaient partis à la hâte, laissant derrière eux des monceaux de cadavres qui n'avaient pas pu être incinérés. « Des centaines de cadavres entassés comme du bois, [...] une montagne de restes humains exhumés et prêts à être incinérés [...]. Tout cela eut sur moi un effet terrifiant, surréel. Une énorme quantité de crânes – des milliers – amassés dans le camp. En face, des monceaux de cadavres bien ordonnés, mais qu'ils n'avaient pas eu le temps de brûler[1]. » À Minsk, ce sont les prisonniers soviétiques qui étaient forcés de déterrer et de brûler les cadavres. Lukas Reiter, aujourd'hui âgé de 84 ans, était l'un des SS qui surveillaient le kommando de prisonniers de l'opération 1005. Il habite Gerstetten, paisible village de campagne, à mi-chemin de Munich et Stuttgart, à quelques kilomètres à l'ouest de l'autoroute A7. Un village peuplé d'anciens nazis. Nous sortions de chez Mat-

1. Cité par Antonella Salomoni, *L'Union soviétique et la Shoah*, Paris, La Découverte, 2008, p. 230.

thias Techert, un ancien camarade de quatre ans son cadet, affecté comme lui à Minsk quand, avec Jean-Christoph Caron, nous sommes allés le trouver munis de nos caméras cachées.

Même s'ils ne se fréquentaient plus beaucoup, les deux anciens Waffen-SS habitent tous deux la bourgade, séparés l'un de l'autre par quelques pâtés de maisons. Reiter avait refusé de nous recevoir, vraisemblablement sous la pression de sa femme. Quelques jours auparavant, Jean-Christoph avait parlé à son épouse par téléphone. Elle lui avait confié que son mari faisait encore des cauchemars suite à son expérience sur le front de l'Est. Elle lui avait assuré que Reiter n'avait jamais rien fait de mal ni tué personne. Elle ajouta que son époux avait tout oublié, et qu'il ne souhaitait pas s'exprimer sur cette période de sa vie. En dépit de ce refus, nous sommes quand même allés sonner à sa porte. Il habitait dans cette allée pavillonnaire une coquette villa entourée d'un jardin.

C'était l'automne, en milieu d'après-midi. Non loin de là, des feuilles mortes étaient brûlées, répandant sur le voisinage une fumée blanche et une odeur piquante. La porte s'ouvrit sur un homme solidement charpenté, vêtu d'un polo et d'un pantalon beiges. La mâchoire carrée, les cheveux blancs coiffés en arrière, il portait des lunettes à fines montures dorées. Il paraissait en forme et n'avait pas l'air si âgé. Il nous toisa d'un regard mi-méfiant, mi-curieux. Sans lui laisser le temps de trancher, Christoph le submergea sous un flot de paroles, lui expliquant que nous venions de passer quelques heures en compagnie de Techert, citant plusieurs noms de personnes qui avaient appartenu à sa compagnie. Anton Kaesermann, Joseph Kaiser et quelques autres, dont le prétendu grand-père de Christoph.

« Mon grand-père est mort des suites de ses blessures de guerre. Mon cousin et moi, on rencontre des kameraden à travers toute l'Allemagne ; des camarades qui étaient en Biélorussie, et à l'Est en général. On se trouvait à dix minutes de chez vous, alors je me suis dit que si vous aviez une demi-heure à nous consacrer… » Reiter est un Volksdeutsch de Hongrie. Il a intégré la SS au début de la guerre, avant d'être envoyé au camp de Trostenëts, à Minsk. Il avait 18 ans. En 1968, il fut appelé à témoigner aux procès de Coblence. Il commence par s'en plaindre. Nous sommes toujours sur le pas de sa porte. Nous y resterons tout le temps de notre conversation. L'entretien avec Matthias Techert n'avait pas donné grand-chose. Techert s'était répandu en anecdotes qui lui donnaient le beau rôle. « Il nous a dit qu'il n'était là-bas qu'un simple garde, et qu'il cherchait du bois pour les bûchers en 1944, quand avaient lieu les crémations », résume Christoph. « Non, dit Reiter d'une moue dédaigneuse, il ne cherchait pas du bois[2]. » Nous n'en saurons pas davantage sur le véritable rôle joué par Techert à Trostenëts. Reiter nous montre sa main droite. Il y manque un doigt : « Je l'ai perdu là-bas. En 1944, au moment de la retraite, j'ai été blessé par l'explosion d'un obus. Je vis encore aujourd'hui avec un éclat logé dans la tête.

– Techert avait 15 ans quand il est arrivé en Biélorussie. Était-il normal que les SS fussent si jeunes ?

– À la fin, c'était comme ça. Ils arrivaient très jeunes chez nous. Ils me faisaient de la peine. Les derniers mois, on a même reçu la Jeunesse hitlérienne. Ils l'envoyaient partout, et eux, les *Hitlerjunge*, ils en étaient enchantés.

– Mon grand-père, poursuit Jean-Christoph, était un membre des Einsatzgruppen. Vous les avez rencontrés ?

– Oui… les Einsatzgruppen, c'était le SD, le Service de sécurité. Vous savez, je vais vous dire : là-bas, on avait un officier SS ; c'était un membre du SD (il a certainement connu votre grand-père). Et lui, il nous a dit : "Les gars, vous êtes encore très jeunes. Je vous donne juste un conseil : ne vous en prenez pas à des personnes innocentes, sinon, vous allez le regretter toute votre vie."

– Donc, même si on était du SD, on pouvait dire : "Non, ça, je ne suis pas obligé de le faire" ?

– Il fallait faire ce qu'ils disaient de faire. Mais, nous, nous ne l'avons pas fait. Vous savez, à Trostenëts, où le front a reculé, un de mes amis a reçu l'ordre avec d'autres camarades de liquider un baraquement où il y avait des Juifs – c'étaient

2. Entretien avec Lukas Reiter, 13 octobre 2008, aux environs de Munich.

des Juifs autrichiens. Il ne voulait pas le faire. Je lui ai dit : “Vous n’avez qu’à faire semblant. Faites comme si vous les mettiez dans la grange, mettez le feu à la grange et tirez dessus comme des malades.” Pour que ceux qui nous observent se disent : “Voilà qui est fait !” En réalité, on a laissé partir les Juifs. J’ai entendu dire qu’ils étaient rentrés chez eux, à Vienne.

– En effet, c’était très courageux de votre part, monsieur Reiter. Mon grand-père m’a parlé de plusieurs fosses… À Moguilev, à Trostenëts… vous en avez entendu parler ?

– Oui, en fait, ils ont exterminé les Juifs, et ils les ont jetés nus dans ces fosses. Une fois là-dedans, ils ont mis de la terre par-dessus et hop, terminé !

– Vous deviez ensuite les déterrer, c’est bien ça ?

– Non, nous, on n’avait rien à voir avec ça. Ce sont des Russes condamnés à mort qui le faisaient. C’est eux qui effectuaient ces tâches. On leur a construit un bunker sous la terre pour qu’ils aient un abri. Ils dormaient là-dedans. Nous, on devait juste les surveiller. On était là pour monter la garde. »

Le calme, la morgue et le cynisme avec lesquels s’exprime l’ancien Waffen-SS sont sidérants. Pendant que Jean-Christoph conduit l’entretien en allemand (il le fait avec une méthode et un brio travestis en feinte candeur), j’essaie de me concentrer sur le cadrage à l’aveugle de la caméra fixée dans le bouton de ma chemise. Christoph évoque les Gaswagen, les camions à gaz :

« Ils ont joué un rôle à ce moment-là ?

– Les véhicules à gaz ? Oui, ils ont joué un rôle. C’était la police de sûreté [Sicherheitspolizei] qui les commandait. La première fois, quand les véhicules à gaz sont arrivés, on les a vus ouvrir les portes et sortir les morts.

– S’agissait-il de Juifs de Minsk – de Biélorussie – ou des Juifs du Reich ?

– Des Juifs et des Russes condamnés à mort.

– Et, pendant que vous étiez là-bas, il y avait des Einsatzgruppen sur place ?

– Oui, oui, il y en avait. Comme vous le disiez, ils ont enterré les Juifs dans ces fosses. 3 000 à 4 000 personnes ont été fusillées, ou tuées d’une autre manière.

– Les véhicules à gaz, ils étaient seulement utilisés en ville ou aussi dans le camp de Trostenëts ?

– Ils étaient dans la ville. Je ne sais pas où exactement.

– Ça veut donc dire que tout un chacun pouvait les voir ? Je croyais que les véhicules à gaz étaient utilisés un peu à l'écart, pour qu'on ne les voie pas.

– C'étaient des véhicules fermés. On mettait les condamnés dedans, puis on laissait tourner le moteur.

– Ça se pratiquait en plein Minsk ?

– Là où ils les chopaient, ils les foutaient dedans et les exterminaient. Puis, on les sortait du véhicule, près du terrain de sport, on les brûlait et c'était terminé. Vous savez, nous étions si jeunes. Il faut vivre cela pour comprendre ce que c'est. Et puis, c'était la guerre. Je vais vous raconter une chose : à Minsk se trouvait le bureau central [Hauptdienststelle]. Moi, à l'époque, en 1943, j'étais en permission. À mon retour, on m'a dit : "On a enterré 100 des nôtres." Et moi : "Ah bon ? Que s'est-il passé ?" En fait, les Juifs qui travaillaient chez nous, ils avaient mis des explosifs dans un poêle en faïence, et un détonateur à retardement. Pendant le repas, au moment où la plupart étaient en train de manger – car on se faisait servir, des jeunes filles russes nous servaient le repas –, ça a explosé. Je n'étais pas présent, j'étais en permission. Quand je suis revenu, de nombreux camarades n'étaient plus là. Minsk, c'était une grande ville, mais ils n'ont d'abord rien entrepris pour rechercher les coupables. Pourtant, ils savaient parfaitement qui avait fait ça. Ils ont laissé passer quelques mois, puis ils ont bouclé toute la ville ; plus personne ne pouvait ni entrer ni sortir. Ensuite, ils ont fait une razzia, ils ont cherché partout, et ils les ont trouvés. Ils les ont tous trouvés. Il y avait des femmes parmi eux, des Juives. Ils les ont amenés avec leurs enfants – il y avait des enfants – et ils ont été brûlés vifs. Cette affaire, elle a ensuite été jugée à Coblence. L'avocat général disait : "Monsieur Reiter, ne me dites pas que vous ne savez rien. Nous avons reçu tous les documents vous concernant du Service de la sécurité du Reich [Reichssicherheitshauptant]. Tout est là. Nous savons que vous étiez présent."

– Est-ce qu'on brûlait vraiment les gens vivants ?

– Oui, ils ont été brûlés vifs. À ce moment-là, il y avait ces aktions avec les Juifs qui étaient déjà morts, ceux qu'ils déterraient. Ils faisaient cela pour que personne ne puisse les découvrir. Donc, ils ont dû se mettre nus, et on a placé des troncs d'arbres sous eux. Ils étaient attachés nus et ils ont été brûlés. C'était leur punition. 180 d'entre eux sont morts comme ça. Ce n'était pas beau à voir. Après, j'ai vidé une bouteille de cognac. Et ensuite, une bouteille de vodka. Je voulais mourir. Je n'en pouvais plus. Après tout ce qu'on avait vu, on tombait si bas. On s'effondrait nerveusement, c'était épouvantable.

– Le fait d'être brûlé vif, cela représentait une punition spécifique ?

– Oui, c'était la punition pour ce qu'ils avaient fait.

– L'attentat à l'explosif ?

– C'est ça.

– Vous dites que vous n'avez tué personne, mais vous étiez un Waffen-SS. On devait certainement vous ordonner de tirer…

– Oui, on nous demandait tout le temps de tirer.

– Vous avez donc tiré sur des gens ?

– Oui… Enfin, c'était seulement pendant des opérations. Mais moi, ce n'était pas mon travail.

– Quel était votre travail à Trostenëts ?

– À Trostenëts, c'est comme je le disais, je surveillais les Russes qui travaillaient. Les Juifs aussi, ils travaillaient là. En fait, ils ne vivaient pas mal du tout. Ce n'est qu'à la fin qu'ils devaient être exterminés. Et nous, comme je vous l'ai raconté, nous ne l'avons pas fait.

– On vous a donné l'ordre de les tuer ?

– Oui.

– Quand ?

– C'était en 1944.

– Ah oui, l'histoire de la grange ?

– Oui, oui, c'était en 1944, quand les Russes sont arrivés. On ne les a pas exterminés. Ils sont restés prisonniers plusieurs années en Russie. En tout cas ceux qui ont survécu. Parce qu'il y avait aussi des vieillards parmi eux, et de ravissantes jeunes femmes. Ben oui, il faut le dire, hein ! On leur amenait du pain ou autre chose pour qu'ils aient à manger. »

À l'évidence, Reiter ne sait plus trop où il en est. Il se contredit sans cesse, prétend n'avoir jamais tué tout en étant obligé de tirer, raconte des anecdotes arrivées à des camarades quand, selon toute évidence, il faisait partie du groupe. Ces contradictions, je les ai constatées chez chacun de nos anciens Waffen-SS. Elles s'expliquent à mon sens, non pas seulement par une volonté de dissimuler leurs crimes à autrui, mais aussi par un refoulement, un effort irraisonné pour se les masquer à eux-mêmes. Conscients d'avoir participé ou assisté aux massacres, ils n'en sont pas moins nostalgiques de cette époque, de leur jeunesse, de la franche camaraderie qui les soudait, de la fierté d'avoir appartenu à une unité d'élite au service de la grandeur du Reich. Leur véritable regret, la honte qu'ils ressentent, c'est d'avoir perdu la guerre. Christoph continue de poser des questions sur l'opération 1005. Matthias Techert, le matin même, a mentionné l'utilisation de bombes au phosphore. Reiter s'en souvient également :

« Les bombes au phosphore, elles étaient mises dans le bûcher, pour que ça brûle mieux. Après, il ne restait rien. Même les cendres, elles étaient écrasées pour que personne ne puisse trouver quoi que ce soit. Et d'ailleurs, personne n'a rien retrouvé, là-bas.

– Vous y avez personnellement assisté ?

– J'ai tout vu. Ils déterraient les cadavres, ils les transportaient là-haut, sur le bûcher. Celui qui dirigeait l'opération, c'était un gars de Francfort. Quand il y est retourné après la guerre, il a travaillé aux abattoirs.

– Je croyais que cela se faisait de manière plus discrète, l'excavation des cadavres, les bûchers…

– C'était top secret. Toute la zone était bouclée. Personne ne pouvait y accéder, ou en sortir. Tout était bouclé.

– Mais vous, vous avez pu y assister.

– Nous, on était assis là et on devait surveiller les prisonniers et ceux qui faisaient ça. En fait, ils pouvaient se déplacer librement, puisqu'ils travaillaient là. Et le soir, quand leur journée de travail était terminée, ils retournaient dans le bunker et ils recevaient un bon repas. Ce n'est qu'à la fin qu'on les a liquidés. On a rusé, comme cela : un jour, on leur a dit qu'ils allaient être libérés. Ils devaient signer des documents, les papiers pour leur libération. Je me souviens d'un médecin, un Russe, il m'a dit : "Jamais on ne sera libérés." Il parlait bien l'allemand. "Jamais on ne sera libérés. Car, avec tout ce que nous savons, ce n'est pas possible qu'ils nous libèrent." Ces Russes avaient été condamnés à mort, et ils étaient volontaires pour ce travail. Alors on leur a dit, parce qu'ils étaient volontaires, qu'ils seraient libérés. Qu'on allait leur remettre leurs papiers de libération [Entlassungspapiere]. Puis, on leur a fait prendre un bain. Comme ça, au moins, ils étaient propres ! Et, après, vous savez où on les a envoyés ?

– Je ne sais pas… à l'Est ?

– Non. Dans le camion à gaz. À la fin, ils ont tous dû y entrer. Aucun n'a été libéré. »

XII

Une enfant de 5 ans (Simféropol)

19 juillet 2008, Nina Lisitsyna, père juif, mère ukrainienne – Au kilomètre 11 : 10 000 Juifs assassinés en décembre 1941 – La Crimée, ce n'est pas l'Ukraine – Minorités de religion juive : les Karaïtes épargnés, les Krimchaks liquidés – Sauvée par le père Nicolaï – Dénoncée à 5 ans – Dans la fosse avec les morts – Sauvée par une famille ukrainienne – La retraite allemande, les Tatars antisoviétiques égorgent les Russes – Nina ne veut pas de la réhabilitation des nationalistes ukrainiens.

Nina Lisitsyna habite Belogorsk, à une trentaine de kilomètres de Simféropol. La route que nous empruntons pour nous y rendre passe par le « kilomètre 11 ». Au 11e kilomètre à la sortie de la capitale criméenne, Otto Ohlendorf, flanqué d'une milice de tueurs tatars, avait fait assassiner les Juifs de la ville, plus de 10 000 personnes, entre le 9 et le 13 décembre 1941. Des plots de béton (certains gisent au sol, les autres, qu'on distingue à peine, sont mangés par les herbes) tracent les contours incertains d'une vaste fosse au milieu des champs de blé qui s'étendent, à flanc de colline, jusqu'à la ligne d'horizon. Deux plaques commémoratives, l'une écrite en hébreu, récemment installée par les organisations juives, l'autre en russe, datant de l'ère soviétique, marquent l'endroit où les condamnés ont été conduits à l'aube, dans des camions, pour être exécutés ici.

Il règne une ambiance étrange en Crimée, décalée nettement par rapport à celle du reste de l'Ukraine – et particulièrement de l'Ukraine occidentale. La pauvreté des campagnes alentour déborde sur la ville de Simféropol aux trottoirs accidentés, aux routes de bitume craquelées qui finissent en chemins sablonneux, aux grands ensembles cubiques datant des années 1970, depuis longtemps gagnés par l'insalubrité. Tout ici, jusqu'à la vodka et au vin raisiné, spécialité de la presqu'île méridionale, bat au pouls de l'âme russe. Jamais on n'y entend parler ukrainien. Seulement russe. Notre camionnette arrive à Belogorsk en fin de matinée. C'est un ancien kolkhoze – probablement le village le plus pauvre que nous traversons au cours de mon séjour en Ukraine. On y croise surtout des personnes âgées. Des babouchkas courbées, les cheveux pris dans un fichu, marchant lentement le long des chemins de terre sillonnant le petit bourg écrasé par le soleil de juillet. Parfois, le ronronnement d'un tracteur vient rappeler que le XXe siècle est aussi passé à Belogorsk.

Nina habite au deuxième étage d'un immeuble à la façade dangereusement lézardée, planté au pied d'un volumineux tas de détritus. Des enfants à moitié vêtus jouent au football autour de la décharge. Au deuxième, la porte s'ouvre sur la belle-fille de Nina. L'accueil est immédiatement chaleureux. La jeune femme, qui tient un bébé dans les bras, m'invite d'un geste à passer au salon, juste en face de la porte d'entrée. Nina y trône avec majesté, engoncée dans un vaste fauteuil près de la fenêtre de la pièce minuscule, toute en longueur, ornée de tapisseries chamarrées et de mosaïques orientales. Dès qu'elle m'aperçoit, son visage s'illumine, comme si j'étais le fils prodigue rentré d'un long voyage. Elle m'accueille avec fougue, elle me serre contre elle jusqu'à m'étouffer. C'est une femme corpulente, les cheveux bouclés teints en jaune, les lèvres peintes de rouge écarlate.

Malgré le poids des ans, il y a encore quelque chose en elle de l'enfant qui s'est sortie de la fosse aux morts, une nuit du printemps 1944. Ses grands yeux pétillent, ils sont tour à tour sévères et tendres. Il y a aussi du désespoir en eux. Nina a récemment connu de graves problèmes de santé. Elle ne peut se déplacer sans l'aide de son frêle mari, ancien juriste dans un goulag de Sibérie. Pendant vingt ans, il a administré l'aile réservée aux cannibales. Voilà une réalité que je découvre, énième séquelle monstrueuse de ce conflit. Au cours du terrible hiver 1942, des unités soviétiques coupées de tout approvisionnement n'ont eu d'autre choix pour survivre que de manger les cadavres jonchant les plaines gelées de Russie. Passé le traumatisme de l'interdit, le tabou brisé avait engendré d'effroyables effets psychologiques. Et des conséquences inattendues. Dans le contexte particulier de cette boucherie inhumaine, de la perte générale des repères, l'anthropophagie était devenue une pratique alimentaire. J'ignorais qu'elle avait perduré dans l'URSS d'après-guerre. L'entretien terminé, l'époux de Nina me racontera, autour d'un innommable cognac, l'histoire de cet ancien soldat de l'Armée rouge qui avait assassiné l'un de ses fils. L'infanticide accompli, toute la famille, parents et enfants, s'étaient partagé sa chair.

Nina est demi-juive. Je l'observe discuter en russe avec Olga. Elle se plaint de sa mauvaise santé, de son traitement médicamenteux et de ses fréquentes visites à l'hôpital. Elle se plaint aussi du président Iouchtchenko, de cette Ukraine « pro-occidentale » qu'elle vomit. Nina se déclare soviétique. Interrompant soudain sa conversation, elle me dévisage avec passion. Elle dit : « Toi, tu as une tête de Juif ! » Et son visage s'illumine. Puis elle me serre à nouveau contre son opulente poitrine, des larmes dans les yeux, comme le faisait feu ma grand-tante polonaise, seule rescapée de la famille paternelle. Elle ne pouvait s'empêcher de me pincer la joue, accompagnant ce geste d'une phrase en yiddish, *mein shein zissé cop*. Depuis combien de temps Nina n'a-t-elle pas vu un Juif ? Toute la famille de son père a été engloutie quand elle n'avait que 3 ans. Quant aux survivants, ils se sont comme elle fondus dans le monolithe artificiel du Grand Peuple socialiste. Plusieurs fois elle s'interrompt pour me fixer de son regard ambre, intempestive, en répétant : « Toi, tu as une tête de Juif ! »

Toute la famille est réunie. Les deux garçons et leurs épouses attendent avec les petits-enfants dans la pièce voisine. Ils sont venus soutenir la bouba. Ici, c'est Nina qui porte la culotte. Son mari ne fait pas le poids devant la matriarche au tempérament volcanique. Je la vois reprendre sa respiration, devenue difficile à cause de la bouffée de souvenirs qui la submerge. Elle se prépare à parler comme un athlète avant la course. Ses traits se sont durcis. Elle commence : « Je suis née à Simféropol le 8 avril 1939. Mon père était juif, et ma mère ukrainienne. C'était une famille aimante. Mes parents se sont rencontrés à l'école, pendant leurs études. Personne, ni du côté ukrainien ni du côté juif, ne s'est opposé à leur union. Ils ont fait un bon mariage. Un mariage d'amour. Côté juif, il y avait mon grand-père, David Mayerovitch Kizilstein, et ma grand-mère, Rosalia Abramovna Kizilstein. Ils sont morts tragiquement en 1941. Les Allemands étaient entrés le 1er novembre à Simféropol. Dans les derniers jours du mois de novembre, il y avait partout des annonces affichées dans les rues, disant aux Juifs de se réunir sur une place de la ville avec leurs affaires, leurs objets de valeur, parce qu'il était écrit qu'on allait les déplacer vers un autre lieu d'habitation. Ma mère était médecin dans un hôpital militaire. Nous les avons accompagnés au lieu de rassemblement. C'était l'école de médecine de Simféropol. Grand-père Mayer me portait dans ses bras. Lorsqu'ils ont passé les grilles de l'école de médecine, mon grand-père ukrainien, qui était venu avec ma mère, a demandé à un Allemand s'il pouvait me garder. Il était juriste et médecin, il connaissait le grec et l'allemand. On avait commencé par exterminer les Juifs "purs". Rien n'était encore prévu pour les demi-Juifs et le gardien SS a accepté de me laisser partir[1]. »

Un rapport d'activité de la mi-novembre 1941 décrit la progression des kommandos de l'Einsatzgruppe D vers la Crimée. Il définit clairement leur objectif : « Deux kommandos sont assignés à la Crimée. Pour ce qui est du kommando progressant en

1. Entretien avec Nina Lisitsyna, 19 juillet 2008, Simféropol.

direction du nord du Caucase, le problème juif est résolu. Les villes de Mariopol et Taganrog sont libres de Juifs. Dans les villes de Crimée, les aktions sont en préparation. » Peu après, début décembre, alors que se prépare l'aktion du kilomètre 11 qui verra disparaître la communauté juive de Simféropol, un cas d'école fait débat dans les instances nazies en charge de l'extermination des Juifs de Crimée. Il s'agit de trancher sur la judaïté « raciale » des Karaïtes et des Krimchaks, deux groupes pratiquant la religion juive et vivant au milieu des minorités tatare et mongole de Crimée. « Les Karaïtes, précise Hilberg, étaient une secte schismatique qui pratiquait le judaïsme depuis douze cents ans, mais en dehors de la tradition talmudique et rabbinique. [...] On en trouvait des groupes de quelques centaines ou quelques milliers à Vilnius en Lituanie, à Halicz en Galicie, et en Crimée. [...] Les autres, connus sous le nom de Krimchaks, constituaient en Crimée une vieille et solide communauté de plusieurs milliers de personnes. Ceux-là adhéraient pleinement au judaïsme rabbinique, mais avaient des origines suffisamment complexes pour qu'on pût légitimement supposer dans leur ascendance de nombreuses unions avec les autochtones, et même penser qu'ils provenaient en partie des Khazars, peuple d'Asie centrale installé dans la région et converti au judaïsme au Moyen Âge[2]. »

Cette controverse, à la fois pointue et absurde, qui devait déterminer le degré de judaïté « raciale » des Karaïtes et des Krimchaks, est évoquée dans le rapport 142 du 5 décembre 1941 : « Pendant le recensement des Juifs, la question des habitants non juifs de foi juive devait être clarifiée quand la question des Karaïtes et des Krimchaks était débattue. Les faits suivants sont établis : si l'on s'en tient à leur propre témoignage, les Karaïtes n'ont rien de commun avec les Juifs, si ce n'est leur religion. Ils se disent originaires d'un groupe de Mongols qui vivait dans des temps reculés autour de la mer Noire. Les Karaïtes avaient, contrairement aux Juifs, l'entièreté de leurs droits civiques au

2. Raul Hilberg, *La Destruction des Juifs d'Europe*, *op. cit.*, t. I, p. 659-660.

temps du tsar, ce qui les remplit de fierté encore aujourd'hui. Selon les déclarations des Juifs, les Krimchaks sont des Juifs ayant immigré d'Italie il y a environ quatre cents ans. Ils arrivèrent en Crimée et adoptèrent la langue tatare comme langue commune. Les Krimchaks eux-mêmes affirment qu'ils sont une branche du peuple tatare. On peut supposer que ces deux explications sont vraies. Il y a des immigrés juifs venus d'Italie qui, au cours des siècles, se sont mariés avec des Tatares et ont adopté leur langue. Néanmoins, ils ont conservé leur foi. » Le débat fut rapidement tranché : les Karaïtes seraient épargnés et les Krimchaks exterminés. Le 22 décembre, le rapport n° 149 fait le bilan des tueries à Simféropol, et dans d'autres villes de Crimée : « Simféropol, Eupatoria, Alouchta, Karassoubazar, Kertch et Feodossia, et les autres districts de Crimée occidentale sont libres de Juifs. Du 16 novembre au 15 décembre 1941, 17 645 Juifs, 2 504 Krimchaks, 824 Tsiganes et 212 communistes et partisans ont été abattus. Au total, 75 881 personnes ont été exécutées. »

La famille paternelle de Nina est incluse dans ce bilan. « Ils ont été fusillés, à différentes époques. Tous les Kizilstein. Des Juifs “purs”. Plus de 10 personnes. » Simféropol ayant été déclarée Judenfrei, le SD décide d'en finir avec les enfants issus de mariages mixtes. Nina, qui avait pu échapper à la grande vague d'exécutions du début de l'hiver 1941, est pourchassée. Elle avait 3 ans. « En décembre, les Allemands ont affiché une annonce exigeant que les femmes russes remettent à la Gestapo les enfants qu'elles avaient eus avec des Juifs. J'avais un demi-frère, Vova Kizilstein, que mon père avait eu avec une Russe. Vovotchka avait quatre mois de plus que moi. Sa mère n'a pas voulu l'abandonner. Les mères et les grands-mères ne pouvaient pas se résoudre à livrer leurs enfants. La mère de Vova est morte avec lui. Elle est entrée dans la “machine de mort” [camion à gaz] qui venait d'arriver. Mes grands-parents m'ont prise chez eux et m'ont cachée un moment, changeant plusieurs fois d'appartement. Ils étaient en lien avec des résistants. Ils m'ont placée chez un prêtre, le père Nicolaï, qui officiait à l'église du cimetière. Là-bas se trouvait déjà douze ou treize, peut-être quinze personnes. Des femmes et des enfants juifs. Le père Nicolaï nous cachait dans sa cave. Il nous a tous baptisés, moi y compris. Pendant un an je suis restée dans la cave. Mon grand-père et ma grand-mère venaient me rendre visite. On mangeait ce qu'on pouvait. J'avais un chaton… Et puis un jour, ma marraine, qui était noble, m'a envoyée chez sa tante, Sofia Perovskaïa, une très vieille dame qui m'a elle aussi cachée dans sa cave. J'y suis restée peu de temps car elle ne pouvait pas me garder.

« En décembre 1942, les Allemands ont demandé aux Russes et aux Ukrainiens de se rendre à la Kommandantur pour y être recensés. Mon grand-père est allé se faire enregistrer. Il avait détruit mon acte de naissance et m'a déclarée comme sa fille. Ma mère se cachait ailleurs à ce moment-là. Elle avait peur d'être envoyée en Allemagne pour travailler. Quand il s'est présenté à la Kommandantur, mon grand-père a été sollicité pour travailler auprès de la Gestapo comme traducteur. Comment aurait-il pu ? Il m'aimait beaucoup. Il aimait les Juifs et tous les gens, quelle que soit leur origine. Il a décliné leur offre et il a été engagé comme chauffagiste. Pendant ce temps, j'étais incessamment déplacée d'un endroit à l'autre, le temps que grand-père m'obtienne un acte de naissance où n'apparaîtrait pas mon ascendance juive. Ma mère avait un soupirant autrefois, avant la guerre. Il s'appelait Tokoulov. C'était un Ossète. Ils sont allés ensemble à la préfecture pour déclarer que j'étais leur enfant. Le policier arménien qui les a accueillis a dit qu'il n'y avait que des Géorgiens en Géorgie, et qu'ils n'avaient par conséquent pas à fournir d'autres documents pour justifier ma race. Il leur a délivré un certificat de naissance au nom de Nina Tokoulova. Il y était écrit que j'étais une enfant illégitime, de nationalité géorgienne. Mais j'étais très brune, avec des cheveux bouclés, et je crois qu'il était facile, en me voyant, de comprendre que j'avais du sang juif. C'est pourquoi la famille de ma mère a continué à me cacher dans les caves des appartements qu'ils louaient.

« En 1943, le père Nicolaï qui m'avait caché pendant un

an a été arrêté par les Allemands parce qu'il avait sauvé des Juifs. Ils l'ont pendu en soutane à la grille de son église – il a ensuite été reconnu comme "Juste parmi les Nations" par le Mémorial Yad Vashem.

« Grand-père et grand-mère ont loué un appartement au numéro 5, passage Slujebny, à Simféropol. Cela devait être le cinquième appartement qu'ils louaient depuis le début de la guerre. C'était en 1943, et nous pensions être bientôt libérés par nos frères russes. Cependant, il fallait continuer d'être prudents et je restais cachée dans la cave de mes grands-parents avec mon chaton. C'était un chaton très sauvage… Mes grands-parents avaient pour voisin le propriétaire de l'appartement. Un jour, il m'a vue. Il a vu mes cheveux noirs et bouclés et il est allé me dénoncer. Trois hommes, deux Tatars et un Allemand de la Gestapo, sont venus me chercher – l'un de ces trois hommes, un Tatar, a plus tard été arrêté et jugé, en 1974, à Simféropol avec huit autres collaborateurs. Ce jour-là, j'ai été sauvée par l'intervention de Serguey Ivanovytch Kouznetsov qui avait été incorporé dans la police. C'était un homme bien. Nous le connaissions. Il a dit : "C'est une famille géorgienne. Il n'y a pas de Youpins ici !" Mais le 13 mars 1944, ce fut quand même mon tour. J'étais malade. J'avais attrapé la tuberculose à force de rester dans des caves. J'étais presque mourante. Je toussais. Nos forces étaient à Perekop, et l'URSS presque entièrement libérée. Un homme de la Gestapo est entré dans notre appartement et m'a trouvée. Il m'a attrapée par le pull et m'a emmenée au sovkhoze Krazny où on fusillait encore. »

Les exécutions de masse furent pratiquées jusqu'aux dernières heures de l'occupation nazie. Avec d'autres personnes raflées le même jour, commissaires politiques ou identifiés comme tels, Juifs, partisans, officiers et prisonniers de l'Armée rouge, Nina, une fillette de 5 ans, est alignée devant une fosse pour être fusillée. « J'étais à côté d'une femme en noir qui tenait son enfant dans les bras. Il y avait beaucoup de monde, mais je ne saurais dire exactement combien nous étions. » Selon la plaque posée par les Soviétiques sur la fosse devant laquelle

elle se tenait debout, prête à recevoir la balle fatidique, une fosse comme il y en a tant, juste en face d'une ferme où jouent trois gamines ukrainiennes de l'âge qu'avait Nina en 1944, plusieurs dizaines de personnes ont été abattues ce jour-là. Nina est l'unique survivante de cette ultime aktion d'extermination des environs de Simféropol. Ce qu'il advint ensuite tient du miracle. Touchée à l'épaule par un tireur tatar, ensevelie sous les cadavres, elle est laissée pour morte dans la fosse. Le massacre avait eu lieu en plein après-midi. Nina reprit connaissance à la nuit tombée. « Je ne me souviens de rien. Je suis incapable de dire combien d'heures je suis restée dans la fosse, sous le tas de cadavres. Je ne me souviens pas non plus comment je me suis sortie de là. J'ai marché dans la nuit, couverte de sang, jusqu'à une maison. J'ai frappé à la fenêtre. Dans cette maison habitait la famille Kournossenko. Ils sont sortis et m'ont regardée. "D'où viens-tu ? De là-bas ?" et ils ont indiqué l'endroit où j'avais été laissée pour morte. "Oui", j'ai répondu. Immédiatement, ils se sont mis à me laver à l'eau chaude. Il était difficile d'effacer le sang qui couvrait ma peau. Ils savaient que les Allemands, avant de s'enfuir, allaient raser le village et leur maison afin de ne laisser aucun témoin de ce qui s'était passé. C'étaient des gens bien. Ils m'ont demandé si j'avais encore de la famille. J'ai dit : "Oui. Mon grand-père. Il habite au 5 passage Slujebny." Ils m'ont cachée dans une brouette, m'ont recouverte de linge, et on est allés ensemble chercher grand-père. Après, on a rejoint les partisans. »

Comme partout ailleurs, la retraite allemande plonge Simféropol dans le chaos. Avant de partir, les Allemands procèdent à une dernière série de représailles et de massacres. Ils font exploser plusieurs bâtiments du centre-ville. Au cours des quarante-huit heures qui suivent le départ des troupes allemandes et qui précèdent l'entrée des Soviétiques dans la ville, les collaborateurs tatars se déchaînent contre la population. « Il y a eu ce jour-là un massacre de masse à Simféropol. Les Tatars égorgeaient les Russes, parce qu'ils étaient soupçonnés d'être de mèche avec les partisans. Ils ont égorgé toute une famille non loin d'ici ; une petite fille, le garçon, le grand-père et la grand-mère qui étaient à peine âgés d'une cinquantaine d'années, ainsi que leur fille. Son mari n'était pas là. Il avait rejoint les partisans. Ma grand-mère me tenait par la main. Elle m'a dit : "Regarde Nina ce que font les Tatars. Tu le raconteras à tes enfants et aux enfants de tes enfants." Je me souviens des corps allongés par terre, la gorge tranchée en diagonale. Il y avait très peu de sang qui coulait. Ils ont égorgé tout le monde, les salauds ! Tous les enfants qui jouaient avec moi… »

Quand les Russes entrent dans la ville, ils ne font pas de détail. Il n'y a pas d'enquêtes pour déterminer précisément, parmi la population tatare, qui a collaboré avec les occupants nazis ou commis les massacres relatés par Nina. Elles auront lieu plus tard. Indistinctement, sur simple dénonciation, les Tatars sont arrêtés, puis sommairement exécutés ou envoyés dans les goulags de Russie. Les grands-parents de Nina emménageront ainsi dans l'appartement d'une famille de déportés tatars, comme naguère les habitants des pays de l'Est avaient pu bénéficier des logements laissés vacants par les Juifs assassinés. Dans les mois et les années qui suivirent la retraite allemande, la justice soviétique se montra souvent brutale et aveugle. Cruel retournement de l'histoire. Mais comment juger cela ?

Nina, elle, n'éprouve aucune compassion pour la population tatare, durement réprimée par les Soviétiques. Elle assume préférer la vengeance à la justice. Les crimes commis étaient au-delà du jugement humain, au-delà même de l'idée de justice. « Quand ont commencé les excavations, mon grand-père est allé au kilomètre 11 pour tenter d'identifier les Kizilstein parmi les morts, mais c'était impossible, tant les cadavres étaient dans un état de décomposition avancée. La Commission extraordinaire nous a fourni un document avec les noms de nos disparus. Il y avait ceux de Kizilstein Zina, Kizilstein Jora, Kizilstein Ziama, et ainsi de suite, recopiés d'après une liste faite par les Allemands. Quand on a ouvert les fosses des enfants qui étaient comme moi issus de mariages mixtes, ils avaient les mains liées avec du fil barbelé. C'était pour les empêcher de se sortir de la fosse, si certains d'entre eux avaient survécu.

« Ma mère s'est remariée, et encore une fois avec un Juif !

Ils m'ont donné un petit frère. J'ai pris le nom de cet homme, car il était pour moi un second père. Je me suis appelée Nina Rouvimovna. Sa famille avait été exterminée, tout comme celle de mon père. Il a combattu les nazis entre 1941 et 1945. Il a reçu des décorations pour cela. Après la guerre il est devenu chef de la police routière, ici, en Crimée. C'était mon deuxième père. Il est enterré à Saky. Mon frère est parti vivre en Israël. Il y est mort. Jusqu'à ce jour, je ne sais pas dans quelles conditions. On m'a aussi proposé de partir en Israël. Mais je ne sais rien de ce pays, ce n'est pas ma terre. Ma terre, c'est ici, et c'est ici que je veux être enterrée. Même quand j'étais dans le Nord, quand mon mari servait dans l'armée, que j'étais si malade, je ne désirais qu'une chose : revenir en Crimée. Mourir en Crimée. »

Nina sort épuisée de l'entretien, les cheveux en bataille, les traits tirés et les yeux humides. Soudain, un voile assombrit son regard. Une discussion animée s'engage en russe avec Olga, dont je suis exclu. L'époux de Nina, qui nous a rejoints une fois la caméra coupée, quitte le salon et revient les bras chargés de dossiers et de documents. Je demande à Olga ce qui se passe : « Elle pense que tu ne la crois pas. Que tu ne crois pas son histoire. » Nina me tend les certificats de Yad Vashem. Le père Nicolaï, la famille Kournossenko déclarés Justes parmi les Nations, la liste nominative des Kizilstein assassinés, le certificat de la pension qu'elle touche des Allemands et d'autres documents. « Pourquoi demandez-vous si nous vous croyons ? » Elle m'explique qu'il y a quelque temps, un jeune homme « d'Ukraine occidentale qui vit en Crimée » est venu l'interviewer. Il a passé plusieurs jours avec elle, confrontant son récit à des dates que Nina ne connaissait pas, insinuant qu'elle avait falsifié son témoignage. Qu'elle mentait. « Il est resté quelques jours chez moi. Presque une semaine. Pour me tourmenter. Il m'a poussée jusqu'à la crise. J'ai fini par lui demander de partir. » Son mari intervient : « Tout ce qu'elle a dit est la vérité. Les Allemands sont venus ici faire toutes les vérifications pour la pension. C'est étayé par les documents. Il y a eu des vérifications précises en 1998. Certaines choses sont passées par les tribunaux car elle a été blessée et elle a été reconnue invalide de première catégorie en raison de sa blessure. Une expertise médico-légale. » Je lui prends les mains. Je lui assure que je la crois. Sans l'ombre d'un doute. Que je savais son histoire depuis la visite du père Desbois qui l'avait interviewée quelques années auparavant, que son récit correspond en tout point à la réalité historique, dans les dates, dans les faits. Je lui dis que j'ai accompli un long voyage pour elle, pour la rencontrer, pour l'écouter, et non pour la piéger ou l'humilier. Son visage s'adoucit. Les larmes de colère qui avaient embué son regard disparaissent. Elle me serre à nouveau contre elle.

« Bon. Remballez votre matériel ! Nous allons boire et manger. »

Au salon, les enfants de Nina apportent les collations. Pain noir, saucisson à l'ail, tartines variées, café, cognac et vin raisiné.

La conversation revient rapidement sur les années de guerre. Sur l'héritage de la guerre. Nina ne décolère pas contre le pouvoir « pro-occidental » qui réhabilite les collaborateurs nazis et les mouvements nationalistes ayant naguère perpétré les pogroms et fourni les contingents de tueurs.

« Comment peuvent-ils m'expliquer que les gens de l'UPA sont des libérateurs ? Roman Choukhevitch[3] m'aurait libérée ? Iouchtchenko, quand il est allé en Israël… Ils ne l'ont pas laissé parler longtemps, le salaud ! Les Juifs l'ont chassé de là-bas, ce Iouchtchenko. J'ai été tellement contente ! Bravo mes Juifs !

– Tous les traîtres sont maintenant des héros nationaux, approuve sa belle-fille.

– Les Américains vont créer une base ici et nous asservir.

3. Sous le pseudonyme de Taras Tchouprounka, Roman Choukhevitch, l'un des fondateurs de l'OUN de Stepan Bandera, fut commandant en second du 201e bataillon de schutzmannschaft (brigade *Nachtigall*), plus tard incorporé à la 14e division SS ukrainienne Galicia. Ces unités participèrent aux exécutions de masse et à la chasse aux partisans. Choukhevitch combattit les communistes jusqu'en 1950. Il se fit tuer en dégoupillant sa dernière grenade. Peu avant la célébration en Ukraine du 65e anniversaire de la création de l'UPA, le président Iouchtchenko lui a rendu hommage en honorant son fils d'une visite et en affirmant la volonté gouvernementale de lui élever un monument à Lviv.

Ils vont tout nous prendre, notre pétrole et notre pain. Alors que l'Ukraine vit encore sous le nuage radioactif de Tchernobyl… Les Russes ne les laisseront pas faire. Poutine a promis qu'il ne les laisserait pas faire. »

Son mari l'interrompt : « C'est tout ? Parce qu'on n'en peut plus de ta logorrhée !

– Quoi ? Ce que je dis n'est pas vrai ? Est-ce que je suis trop idiote ou inculte pour ne pas comprendre ce qui se passe ? Je dis ce que je pense et c'est la vérité. Je n'ai rien ajouté de superflu. »

XIII

La débâcle

Les fours crématoires à plein régime, jusqu'à la fin – Henri Zajdenwergier dans le convoi 73 parti de Drancy le 15 mai 1944 – 10 juin 2008, Paris, Henri Zajdenwergier – Le convoi pour Auschwitz continue jusqu'à Kaunas – Des wagons vont jusqu'en Estonie – Construire l'aérodrome de Tallin – 3 000 survivants à fond de cale jusqu'à Dantzig – André Bayle, engagé dans la Waffen-SS en mars 1943 – *Des Jeux olympiques à la Waffen-SS* – Une interview sous surveillance – La SS : une excellente formation, une franche camaraderie, de bons souvenirs – La barbarie des Lettons.

Alors que l'Allemagne reculait sur tous les fronts, les chambres à gaz et les crématoriums d'Auschwitz-Birkenau fonctionnaient à plein régime. Les Juifs de Salonique, des Pays-Bas, de France, de Hongrie continuaient d'y être déportés et gazés. Cependant, quelques convois d'Europe occidentale, comme naguère les Juifs du Reich, étaient encore expédiés à l'Est. Tel fut le destin du convoi 73, parti de Drancy le 15 mai 1944. Un cas unique dans l'histoire de la déportation des Juifs de France. Jusqu'à ce jour, le fait que la plupart des 878 hommes, répartis dans 15 wagons à bestiaux, ont été envoyés au Fort IX de Kaunas demeure inexplicable. Henri Zajdenwergier, un Français de 82 ans, en est le dernier rescapé. Avec cette voix si particulière, à la fois douce et rocailleuse, cet accent parigot si rare désormais, il me rappelle mon grand-père maternel. Il y a entre eux des ressemblances autant générationnelles que culturelles.

Nathan Blatter, mon grand-père, décédé il y a quelques années, avait eu une chance inouïe pendant la guerre. Né à Paris, de nationalité française, il avait été mobilisé en 1940 et avait fait la campagne de France sans jamais tirer le moindre coup de feu. Il avait été fait prisonnier, puis envoyé dans un stalag agricole, près de Nuremberg, au cœur du dispositif nazi. Il allait y rester jusqu'à la Libération. Le travail n'y était pas exténuant, et la vie à la ferme agréable. Il en avait gardé un bon souvenir. Il s'était même pris d'affection pour une des vaches dont il s'occupait. Il l'avait nommée Frida. Son histoire est celle qu'a racontée Henri Verneuil dans *La Vache et le Prisonnier*, avec Fernandel dans le rôle-titre. Il n'apprit la disparition de sa belle-famille, et le sort des 76 000 Juifs déportés de France, qu'une fois rentré à Paris, après la capitulation allemande.

Même s'il a échappé à la mort, Henri Zajdenwergier a eu moins de chance. Ses parents étaient arrivés en France en 1927. Conçu en Pologne, il est né à Nancy. Sa mère, décédée en le mettant au monde, le laisse fils unique. Henri grandit à Metz, avec son père et sa grand-mère qui parlaient le yiddish. « Pour une petite ville de province, la communauté juive y était très importante. Quand ma famille s'y est installée, ma grand-mère, qui ne parlait pas un mot de français, a dit : “Là où on parle allemand, on arrivera toujours à se débrouiller.” Donc, on y est restés jusqu'à la guerre. » Les Zajdenwergier n'échappèrent pas aux exodes engendrés par la défaite française et les premiers temps de l'occupation allemande. Ils quittèrent Metz pour Angoulême. Mais, la ville de Charente, passée en zone occupée, connaissait peu de temps après ses premières rafles. « Mon père, comme beaucoup d'autres, avait commis l'erreur de se faire recenser. On l'avait fait parce qu'on avait confiance. Mon père n'aurait jamais accepté de se trouver en marge de la légalité. Il a donc fait recenser toute la famille. J'avais aussi une tante qui était mariée, et un oncle. Le 8 octobre 1942, il y a donc eu cette rafle à Angoulême. Nous avons tous été emmenés par la police française. On nous a mis dans une grande salle. C'était la salle des fêtes, elle servait pour les concerts philharmoniques. On est restés sur des paillasses, par terre. On attendait de savoir quel serait notre sort. Au bout de quelques jours, des policiers en civil sont arrivés. C'était la police française, mais il y avait également des policiers allemands. Ils ont demandé que les Juifs français sortent des rangs. Mon père a levé mon bras, et il a crié : "Mon fils est français !" Effectivement, moi, j'étais français. Sur toute la famille, il n'y avait qu'une cousine germaine de 2 ans et demi et moi-même qui étions français. Je ne voulais pas bouger, je voulais rester avec mon père et ma grand-mère, je ne voulais pas les quitter. Mon père m'a poussé dehors[1]. » La cousine d'Henri fut arrachée des bras de sa mère et placée dans une famille chrétienne qui s'occupa d'elle. Les autres ont été déportés.

Se déplaçant sans cesse d'une ville, d'un hébergement temporaire à l'autre, Henri Zajdenwergier sera finalement arrêté à Poitiers par la Gestapo en février 1944 et jeté en prison. « Au bout de trois mois, j'ai été envoyé à Drancy. C'était le 9 mai, et le 15 je partais par le convoi 73 qui avait ceci de particulier qu'il était uniquement constitué d'hommes et d'adolescents. Certains s'étaient même portés volontaires pour faire partie de ce convoi, parce que nous étions censés devoir travailler pour la compagnie Todt – Todt, c'était le « Bouygues » allemand de l'époque, une grosse entreprise allemande. C'est ce qu'on nous a fait croire, et le fait qu'il n'y ait ni femmes ni enfants nous a rassurés. On a cru pouvoir espérer un meilleur sort que les autres. On ne savait pas exactement ce qui se passait à ce moment-là. J'étais sans nouvelles de ma famille depuis plus d'un an et demi. On se doutait bien que quelque chose de tragique était survenu.

« Le 15 mai, nous avons été emmenés à Bobigny dans un bus de la RATP – qui ne s'appelait pas encore ainsi. À Bobigny, on nous a fait monter dans des wagons, et nous sommes partis. Il faisait tellement chaud ! Évidemment, c'étaient des wagons à bestiaux. Je ne me rappelle plus combien nous étions dans ces wagons, mais on y était entassés. Il y avait une tinette très haut dans un coin, avec de la paille autour. Ça sentait mauvais.

1. Entretien avec Henri Zajdenwergier, 10 juin 2008, Paris, France.

On a voyagé dans des conditions épouvantables. Trois jours après, nous sommes arrivés à Kaunas. Quand on lit l'historique des convois de déportés écrit par Serge Klarsfeld, on peut voir que notre convoi était destiné à Auschwitz. On n'a jamais compris ce qui s'était passé, pour quelle raison nous avons été envoyés en Lituanie. Il a dû y avoir une erreur quelque part. On a su que nous étions à Kaunas parce qu'il y en avait qui regardaient à travers les petits vasistas, en haut des wagons à bestiaux, et ils ont lu le nom de la ville sur une pancarte. Le train était arrêté, il faisait des manœuvres. Il reculait, il avançait, on sentait qu'on détachait des wagons. Et, d'une façon tout à fait aléatoire, je me suis retrouvé dans la partie du train qui a continué sur l'Estonie. Tous ceux qui sont restés à Kaunas ont été envoyés au Fort IX où ils ont immédiatement été exécutés. Au Fort IX, dans la pièce où ils étaient rassemblés avant d'être fusillés, ils ont inscrit leurs noms sur un mur. Avec le dos d'une cuiller, ou ce qu'ils avaient pu trouver comme ustensiles, ils ont gravé toutes sortes d'inscriptions. "Paris", des dates de départ. En gros, ils ont marqué "Nous sommes 900 Français". J'ai moi-même vu ces inscriptions quand je suis allé visiter le fort en 1995. »

Au Fort IX, le mur a été recouvert d'une plaque de verre. Les inscriptions sont bien visibles. J'y ai lu « Nous sommes 900 Français », mais aussi « 14 mai 1944 », la date ou la veille de leur déportation, quelques patronymes juifs, et, en effet, un nombre sidérant de « Paris ». Ces hommes, ces adolescents, étaient pour la plupart des Parisiens. Et ils étaient amoureux de la capitale. Leur identité, davantage même que leur judaïsme (on ne trouve que peu d'étoiles de David sur le mur), c'était Paris. Ils ont voulu l'affirmer une dernière fois avant de mourir. Étrangers ou nés de familles étrangères, il était émouvant de lire, en ce lieu sinistre et lointain, le nom de la Ville lumière, une ville à laquelle ils s'étaient identifiés et qu'ils ont jeté sur la roche comme un ultime cri d'amour et de liberté. Les autres wagons du convoi, notamment celui qui transportait Henri Zajdenwergier, continuèrent leur route jusqu'en Estonie. Le plus nordique des États baltes avait rapidement été déclaré

Judenfrei par les Allemands. Les Juifs y étaient peu nombreux lorsque le pays fut entièrement occupé, au mois d'octobre 1941. L'Estonie était tombée tardivement aux mains des Allemands, et la plupart des Juifs avaient eu le temps de se réfugier derrière les lignes soviétiques. L'Einsatzgruppe A déclarera, au début de 1942, n'y avoir exterminé qu'un millier de Juifs.

« Cette partie du train, celle dans laquelle je me trouvais, poursuit Henri Zajdenwergier, a donc continué jusqu'à Tallin, qui s'appelait Reval du temps des Allemands. Nous y sommes arrivés le lendemain, le 18 ou le 19 mai 1944. Là, j'ai été enfermé dans la prison de Patarei. Nous y sommes restés une dizaine de jours. Sur un convoi qui comptait exactement 878 hommes, nous n'étions plus que 300. Nous étions gardés par des Allemands et des Estoniens. Je crois qu'ils ne savaient pas trop quoi faire de nous. Après, on nous a envoyés dans une caserne désaffectée, et j'ai été intégré à un kommando qui devait travailler sur l'aérodrome. C'était le mois de juin, et il faisait chaud. On a travaillé très dur. La nuit tombait tard, le jour se levait de bonne heure. Les journées étaient longues, on ne pouvait pas dormir. C'est pour ça qu'aujourd'hui encore j'ai en horreur les journées longues quand arrive l'été. L'aérodrome, c'était un aérodrome militaire. Là, il n'y avait que des Allemands. C'est la Luftwaffe qui nous surveillait, et eux, ils étaient encadrés par des SS. D'autres camarades avaient été affectés à un kommando qui travaillait dans la forêt. Ils partaient le matin, et quand ils rentraient le soir, leur groupe était en partie amputé, parce que des déportés avaient été descendus sur place, là-bas, dans la forêt. Mettons que, s'il en partait cinquante le matin, il n'en rentrait qu'une trentaine le soir. Ils les abattaient dans la forêt, et les jetaient dans des fosses communes. Chaque jour, des gens disparaissaient de cette manière. Ils avaient sans doute besoin de nous pour le travail, parce qu'il fallait terminer les pistes. Toujours est-il que j'ai eu cette chance, avec tous ceux qui étaient dans ce kommando, de travailler sur l'aérodrome. »

Fin août, les Allemands, laminés par l'offensive soviétique, évacuent la Baltique. Henri et les derniers survivants de son groupe sont confinés à fond de cale, parmi 3 000 déportés juifs, sur un cargo camouflé aux couleurs de la Croix-Rouge qui appareille à destination du port de Dantzig (aujourd'hui Gdansk en Pologne). De là, on les fait marcher jusqu'au camp de Stutthof. Henri y est interné. « On n'avait pas de costume rayé, on n'était pas non plus tatoués. Il n'y a qu'à Auschwitz-Birkenau qu'ils ont tatoué les prisonniers. Je portais des vêtements de bric et de broc. On a assisté à des pendaisons. Des prisonniers qui s'étaient jetés sur les barbelés ou qui avaient essayé de s'évader. Elles étaient précédées d'un simulacre de justice : on était à l'appel, une sentence était prononcée et le gars était pendu. Il restait pendu toute la journée, pour l'exemple. On passait devant et c'est le soir qu'on le détachait. D'autres se faisaient frapper en public. Moi, j'ai échappé à tout ça. J'étais dans un kommando qui travaillait en forêt. Le climat était rude, le travail également. Il y avait parmi nous un boxeur juif ; il est parti comme une mouche au bout de quinze jours. Un corps d'athlète réclame beaucoup plus que celui de quelqu'un comme moi, qui, sans être malingre, n'avait rien d'un fort des halles. Au moment des privations, mon corps exigeait moins que celui de ce boxeur que j'ai vu mourir en moins de deux semaines. Les baraques étaient si humides que, quand le froid est venu, je suis tombé malade. J'ai néanmoins survécu dans ce camp jusqu'en janvier 1945. »

Comme Henri Zajdenwergier, André Bayle est français. Son itinéraire est bien différent de celui du rescapé du convoi 73. Lui s'est engagé dans la Waffen-SS le 15 mars 1943 pour défendre l'Europe contre « les Rouges et les Anglo-Américains ». Né en 1926 à Marseille, ancien trapéziste issu d'une famille de sportifs, André Bayle a eu très tôt la révélation du nazisme. Son éblouissement date de 1936, lorsque, âgé de 10 ans, il se rendit à Berlin accompagné de ses parents pour assister aux Jeux olympiques : « En arrivant là-bas, j'ai trouvé un pays en ordre. En France, c'était le désordre absolu. On faisait brûler les kiosques à journaux, il y avait la grève générale, le Front populaire… Alors qu'en Allemagne c'était l'ordre, le calme.

Il y avait les Jeunesses hitlériennes qui venaient porter vos bagages, quand on arrivait à la gare. J'ai trouvé l'ambiance formidable ! » Son engagement dans la SS suivra le sabordage de la marine française du mois de novembre 1942. Une trahison pour lui qui voulait devenir marin.

Le 15 mars, après avoir rempli les formalités nécessaires, André Bayle passe deux jours dans la caserne de Clignancourt, puis part pour Cernay, en Alsace, d'où il est expédié en Galicie. Il sillonne ensuite l'Ukraine sous l'uniforme allemand, aux premières loges de la débâcle. Il se fait remarquer au combat, ce qui lui vaudra d'être décoré de la Croix de fer de 2e classe. Il a raconté son engagement dans la SS et son combat sur le front de l'Est dans un ouvrage de bonne facture, publié à compte d'auteur avec l'aide d'un éditeur ami, intitulé *Des Jeux olympiques à la Waffen-SS*. Un récit apologétique, plein de « vitalité » et de morceaux d'héroïsme épique. Son style rappelle celui de *La Campagne de Russie* de Léon Degrelle, l'ouvrage de référence dans ce domaine. Bayle passera quelque temps en prison à la Libération, puis partira quelques années vivre en RFA où il fera du renseignement pour les services français.

André Bayle est le premier nazi que je rencontrai. J'étais encore dans la préparation du tournage. À ce moment-là, il n'était pas question de caméra cachée, et j'ai dû mentir un peu pour l'amadouer. Je lui dis que le documentaire porterait sur l'opération Barbarossa. Dans ce cadre, je cherchais à interviewer les héros méconnus qui, du côté allemand, s'étaient battus sur le front de l'Est. J'avais du mal à le comprendre par téléphone, son élocution était difficile et son accent méridional fort prononcé. La SS fut la grande affaire d'André Bayle. C'est peu de dire qu'il ne renie rien. « Mon seul regret, me dit-il, c'est que nous ayons perdu la guerre ! » Après la Libération, il a été de toutes les associations françaises et européennes d'anciens Waffen-SS, et a continué d'animer un cercle appelé « Histoire et tradition », réunissant d'anciens combattants de son espèce et de jeunes zélateurs. Plusieurs fois soupçonné d'avoir profané des tombes juives, son groupuscule demeure sous la surveillance des RG de la région, avec lesquels Bayle m'a confié entretenir par ailleurs d'excellentes relations.

Ravi qu'on s'intéresse à lui, à son engagement, à sa jeunesse, il accepta dès que je le lui proposai de me recevoir, malgré les réticences de son épouse. « Venez vite, conclut-il, car je suis malade et je vais bientôt mourir. » Quelques jours avant ma visite (il habitait Sausset-les-Pins, entre Nice et Marseille), je l'appelai pour lui rappeler ma venue sous quelques jours. Je tombai sur son fils. Il m'apprit que son père avait dû se faire hospitaliser. Il se montra pessimiste sur son état de santé. Il me dit qu'il était peu probable qu'il se rétablisse. Il était désolé que notre rencontre n'ait pas lieu – son père y tenait tellement – et me demanda, à tout hasard, de rappeler la semaine suivante, ce que je fis. C'est André Bayle qui décrocha. La voix claire, survolté, il était fin prêt pour l'interview. « Les médecins ont fait des miracles ! Je me porte comme un charme. » Je ne savais trop si je devais m'en réjouir ou le déplorer. Je n'avais pas encore d'équipe de tournage. J'emportai ma petite caméra, une vieille Panasonic 3CCD, et nous prîmes le TGV avec Christiane, mon assistante, jusqu'à Marseille, puis une micheline fatiguée qui nous conduisit jusqu'à la petite ville des Alpes-Maritimes. On se demandait, avec Christiane, quelle serait la réaction de Bayle en nous voyant. Mon assistante est à moitié indienne, et j'ai le teint mat. Recevoir deux métèques ne devait pas être dans les habitudes de l'ancien SS. C'était le début de l'été, et il faisait déjà chaud quand nous arrivâmes à Sausset-les-Pins. Bayle nous avait expliqué comment nous rendre chez lui depuis la gare. Nous trouvâmes son immeuble après quelques minutes de marche dans les rues désertes de ce milieu d'après-midi. Au pied de la barre de standing des années 1970, en plein soleil, un homme faisait semblant de lire un journal. D'une cinquantaine d'années, les lèvres minces et le visage patibulaire, il nous toisa derrière ses lunettes quand nous passâmes devant lui. J'en remarquai un autre qui se tenait sur le trottoir d'en face. Des camarades de l'association néonazie de Bayle, venus monter la garde.

Dans sa jeunesse, Bayle était bel homme. Sur la page de

garde de son livre, il a reproduit une photo de l'époque. Les cheveux blonds, les yeux bleus, le visage carré, bien droit dans son magnifique uniforme SS ; un stéréotype de l'idéal aryen. Un vieux monsieur souriant, aux yeux très bleus, nous ouvrit la porte. Tassé mais encore bien conservé, il était plein d'énergie en dépit de ses récents problèmes de santé. Il nous invita à entrer. Il était seul chez lui. L'appartement, propre et bien rangé, était un petit musée à la gloire de la SS. La statuette d'un aigle au regard farouche, symbole de l'Allemagne nazie, trônait au sommet d'une bibliothèque garnie d'objets sans équivoque. Comme cette volumineuse assiette sur laquelle étaient peints en noir les deux S du sigle qui avait marqué sa jeunesse, toute sa vie. « J'ai un *Mein Kampf* de l'époque. Vous savez qu'ils en distribuaient à tous les jeunes couples ? C'est un couple d'Allemands qui me l'a offert. Un jour ils me l'ont apporté et ils m'ont dit : "Tiens, emporte ça en souvenir." »

J'installai rapidement la caméra dans le salon, et nous pûmes commencer l'entretien. « Je me suis engagé le 15 mars 1943. On a eu une formation très longue. La première fois que je suis allé au front c'était en juillet 1944. On n'était pas de la chair à canon, on était vraiment instruits à 100 %, comme les Allemands, il n'y avait pas de distinguo. On recevait le même traitement, qu'on soit bosniaque, grec ou portugais. Il y avait toutes les nationalités possibles. Le Bosniaque avait le fez à tête de mort. Je les ai vus quand j'étais à l'école des sous-officiers de la Waffen-SS de Posen, en Pologne. Je passe dans un couloir avec une fenêtre qui donnait sur le gymnase et je vois tous les gars qui étaient accroupis. Je croyais que c'était un exercice physique. "Qu'est-ce qu'ils font comme exercice ?" je demande à un copain. Il me dit : "Tu vois pas que ce sont des musulmans ? Ils prient !" Je savais pas qu'il y avait des musulmans. Ils avaient le fez noir avec la tête de mort et l'aigle. Il y avait toutes les nationalités. On a eu une formation extraordinaire jusqu'au dernier moment, jusqu'à ce que le bataillon soit constitué. On a fait encore un examen, près de Prague, et pendant trois jours comme ça, on a tiré avec les avions et tout le bordel. On nous a pas envoyés au front comme des vanu-pieds ! On avait un équipement parfait, on était traités de la même façon que tout le monde, quoi ! » André Bayle n'a pas de mot assez fort pour caractériser la grandeur allemande, le combat héroïque mené par les SS, sa fierté d'en avoir fait partie. Il a beaucoup circulé sur la ligne de front. « Parce que les Waffen-SS, c'étaient les pompiers du front. Partout où il y avait un trou, une brèche, on envoyait immédiatement une unité SS pour reboucher le trou. C'est comme ça qu'on a été envoyés dans les Carpates, pour boucher le trou. Et la Wehrmacht, ils étaient très contents quand arrivaient les SS ! Parce qu'on avait une formation différente et un armement beaucoup plus sophistiqué. » Sans surprise, Bayle est négationniste. Il dit n'avoir jamais croisé un seul Juif en Ukraine – et pour cause, tous avaient été exterminés avant qu'il n'arrive. Il en conclut qu'il n'y a jamais eu de massacres en Union soviétique, mis à part ceux perpétrés par le NKVD. Les déportations ? « Aller prendre des types à Bordeaux et les tuer au fin fond de la Pologne alors qu'on pouvait le faire sur place, non mais franchement ! Qui peut imaginer une chose pareille ? » Les camps d'extermination, les chambres à gaz, il n'en croit pas un mot. Seuls les fours crématoires ont existé, parce que « les fours crématoires, c'est un truc rigolo, mais ça fait partie de la culture allemande. On incinère beaucoup là-bas. En France aussi, maintenant, on en a ».

Pendant un long moment, je laisse Bayle prendre ses aises, raconter ses faits d'armes : sa compagnie tombée sous le feu ennemi au sud de l'Ukraine, ou la mort de Peyron, l'officier français qu'il remplacera à la tête de son groupe. « J'étais le seul gradé alors que j'étais un des plus jeunes, on avait tous entre 18 et 20 ans. C'est moi qui ai pris le commandement et c'était normal pour tout le monde, personne n'a discuté. “C'est Bayle qui prend le commandement !” ils ont dit. Personne n'a discuté. C'était comme ça que ça fonctionnait, et toujours par petites unités. C'est ce que je discutais souvent avec les officiers français, je disais : “Les Allemands, ils ont appliqué la technique des Français dans les colonies, comme en Indochine ou en Algérie. Des postes isolés, mais en liaison constante.”

Pendant qu'on était dans le no man's land, à un moment donné, il y avait des chars allemands derrière nous qui n'avaient pas eu le temps d'intervenir. Un commandant de chars arrive et il demande : "Qui est-ce qui commande, ici ?" Je dis : "C'est moi." Il m'a félicité : "Vous avez atteint l'objectif." Je ne savais même pas qu'on avait atteint l'objectif ! Les chars, on n'en a pas eu besoin, finalement. C'était très libéral comme fonctionnement. » Bayle est intarissable sur la franche camaraderie qui unissait les combattants sur le terrain. Il insiste notamment sur la diversité des nationalités qui composaient les unités SS. Je lui demande des précisions. Les Hiwi ? « Les Hiwi, c'étaient les aides volontaires, des prisonniers russes qui nous avaient rejoints. On leur mettait un brassard "Deutsche Wehrmacht" et ils portaient des caisses de munitions ou de ravitaillement. Mais si un soldat allemand tombait, ils se précipitaient sur l'arme et ils se jetaient dans le combat. Les Russes volontaires, il y en avait 10 % environ par division. Ça fait du monde ! Quand je dis les Russes, c'est au sens large. Ça pouvait aussi bien être des Ukrainiens, des Biélorusses, des Baltes. Il y avait des divisions lettones, françaises, estoniennes, lituaniennes. Il y avait quarante nationalités différentes dans la SS ! Un truc qui est difficile à faire comprendre aux gens, c'était cette intégration totale, qu'on soit français, letton ou flamand. En vivant ensemble, et surtout en combattant ensemble, vous arrivez à faire un amalgame vraiment costaud ! On a vécu l'Europe. La véritable Europe, pas celle qu'on nous vend aujourd'hui. On portait l'écusson à cause des lois internationales, mais autrement, c'était pas la peine. On était tous pareils, traités de la même façon ! »

À proximité de Kiev, alors que le IIIe Reich était en débandade sur tous les fronts, André Bayle a attrapé une dysenterie amibienne. Hospitalisé pendant quatre mois à l'hôpital de Könitz, il croise un membre des Einsatzgruppen. « À l'hôpital, des gars me disent : "Là-bas, il y a un SS, tu devrais aller le voir." Je me suis approché du gars, mais il n'a pas voulu assurer le contact avec moi. Il m'a dit : "Je suis dans les Einsatzgruppen." Je dis : "Moi je m'en fous de ce que tu fais. On peut discuter, non ? – Non, pas question." Eux, ils étaient chargés des sales besognes, comme on dit. Les Einsatzgruppen, c'était, si vous voulez, les tueurs de service. Même si moi je ne les ai jamais vus en action. Ils étaient pas fiers. Mais des choses comme ça, ça se trouve dans tous les pays du monde.

– Quelles choses ?

– Eh bien, tuer des gens ! Je suppose qu'ils leur donnaient pas l'hostie à ceux qu'ils attrapaient ! »

Quand, sorti de l'hôpital, André Bayle retourna au front, il ne s'agissait plus désormais de colmater des trous : la débâcle était partout. Il reconnaît avoir assisté alors à des exactions : « Les plus terribles, c'étaient les Baltes. Les Lettons, les Lituaniens et les Estoniens, eux, c'étaient des assassins. Nous étions en pleine déroute et on rencontre un groupe de Lettons. Tout le monde était dispersé. En pleine tempête de neige, on essayait de rejoindre la Baltique à pied. C'était difficile. On n'avait pas de carte, on n'avait rien. Avec des Lettons qu'on croise sur la route, on se groupe ensemble, et comme j'étais le plus gradé, c'est moi qui ai pris le commandement. Je me dis : "Tiens, tu vas mettre deux Lettons en éclaireurs, comme ça ils parlent russe, et s'il se passe quelque chose, ça facilitera les contacts." Au bout d'un moment, effectivement, les deux éclaireurs me font signe qu'il se passe quelque chose : ils étaient tombés sur un groupe de Russes qui avaient fait prisonniers d'autres Lettons de leur compagnie, justement, dont un commandant. Quand on est arrivés, on a vu que les Russes étaient en train de les dépouiller. C'était classique, ça faisait partie du jeu, dépouiller l'ennemi. On a demandé aux Lettons de chez nous de crier à leurs copains prisonniers des Russes de se coucher au moment où ils leur feraient des signes. Et c'est ce qui s'est passé, ils leur ont fait un signe et les Lettons qui étaient prisonniers se sont couchés. Les Russes ont été surpris. Moi, mon intention, c'était de les faire prisonniers, j'ai dit : "Même si on est en déroute, les prisonniers, ce sera toujours une monnaie d'échange." Mais les Lettons, ils ont tué tous les Russes qui étaient là, en les achevant à la barbare. Ces types-là, ils aiguisaient leurs baïonnettes avec leurs pelles, la petite pelle de tranchée, pour mieux taillader l'ennemi, vous vous rendez compte ?

– Comment ont-ils fait pour les tuer ?

– Au fusil !

– Ils les ont mis en rang ?

– En rang, non, en vrac ! Pas besoin de les mettre en rang : ils étaient tous dispersés, les Russes. Ils se sont dispersés quand ils ont vu arriver cette furia ! Aucun des Russes n'a survécu.

– Ils sont tous morts ?

– Celui qui était blessé, ils le tuaient. Nous, on l'a jamais fait. Un blessé, c'était un blessé, et russe ou pas russe on s'en foutait ! Je veux dire, on le traitait de la même façon. Sur le front, c'est pas les types qui sont à l'attaque qui "s'occupent" des blessés, parce que si tout le monde s'occupait des blessés, il y aurait plus de combat… Il y en a qui s'occupaient de dézinguer les prisonniers. Il y avait des troupes pour ça. Ils étaient derrière ceux qui attaquent, ils passaient derrière pour tuer les prisonniers, ça c'est vrai. C'était la guerre. Il faut pas croire pour autant que les Russes, c'étaient des enfants de chœur. Vous savez, chez eux, il y avait du cannibalisme. Les tribus d'Asie, ces gars, ils bouffaient les cœurs et les foies des soldats. Ça n'a pas été diffusé, parce que l'armée ne voulait pas affoler la population. Les gens n'auraient pas voulu savoir qu'en plus de s'être fait tuer, leur fils s'était fait bouffer ! Et donc, on n'en a rien su ici. Moi, je l'ai vu : ils dépeçaient carrément les corps des soldats, comme des bestiaux. »

Après deux heures éreintantes en compagnie d'André Bayle, à écouter ses récits du front et son éloge ininterrompu de la SS, nous prenons congé. Un homme faisait toujours le guet au pied de son immeuble. Ce n'était pas celui que nous avions vu en entrant, mais il y avait entre eux un air de famille. Après cela, je n'ai plus jamais eu de nouvelles d'André Bayle.

XIV

Un champ de ruines

Le chaos après la retraite allemande – La terre brûlée – 22 juillet 2008, Kamenets-Podolski, Anna Stolyarchuk – Les unités renvoyées à l'Ouest – La division Das Reich, massacres de Tulle et d'Oradour-sur-Glane – Novembre 1944, Himmler ordonne l'arrêt des massacres – La bataille de Berlin, la mort de Hitler – Que restait-il du nazisme en 1945 ?

La retraite allemande engendre un chaos jamais atteint à l'Est. La SS et le SD pratiquent la politique de la terre brûlée, incendiant et massacrant tout ce qui se trouve sur leur passage. « Mon Dieu, vous ne pouvez pas imaginer comment ils nous faisaient souffrir ! Ce n'étaient plus des hommes, c'étaient des bêtes ; ils entraient dans n'importe quelle maison, ils prenaient tout », se souvient Anna Stolyarchuk, la rescapée de Kamenets-Podolski. « Au printemps 1944, nous n'avions ni radio ni journaux, nous avons entendu que l'Armée rouge, l'armée soviétique arrivait et chassait les Allemands. J'habitais encore à Kormyltcha (non loin de Kamenets-Podolski), avec Maria Savtchouk, la fille d'Olga Vassilievna, la paysanne ukrainienne qui m'avait recueillie quand j'avais perdu conscience au milieu du champ de betteraves. Je me cachais chez elle. “Maria, je lui ai dit, peut-être y a-t-il des résistants quelque part ? Cherchons-les, je veux rejoindre les partisans !” Nous les avons cherchés, mais il n'y avait pas de forêt par chez nous. Nous ne les avons pas trouvés. Soudain, des soldats débarquent avec une étoile rouge. Lorsque j'ai vu cette étoile sur leur uniforme, j'ai perdu connaissance. Le soldat est entré et je lui dis : "Vous êtes soviétiques ? – Oui, je suis soviétique, il a répondu. Les Allemands ne vous feront plus souffrir." Il se trompait. Après ce jour, la ville est repassée quatre fois aux mains des Allemands. À Kormyltcha, tantôt les Soviétiques entraient, tantôt ils partaient, tantôt c'étaient les Allemands. Et alors que les Allemands étaient sur le point de revenir, une nouvelle fois – notre village était près de l'autoroute –, la grand-mère a dit : "Ne reste pas ici ! Va chez ta copine à la sortie du village, parce que si les Allemands te trouvent, ils te tueront." Ils sont arrivés au village, et sont entrés dans notre maison. Mon Dieu ! Grand-mère avait des poules, et ils l'ont obligée à tuer toutes les poules, à cuire toute la nuit le pain pour eux. La grand-mère, elle n'était plus jeune, elle disait : "Laissez-moi au moins une poule !" À cause de ce qu'elle a dit, ils ont battu la petite vieille, pour rien. Ils lui donnaient des coups sur la tête. Ils étaient aux abois, à l'agonie, des gens anormaux. Nous avions une remise contenant des tonneaux de choucroute, comme chez tous les paysans. Comme ils ne pouvaient pas les prendre, ils ont fait en sorte que personne ne puisse en manger. Ils sont montés sur les tonneaux de choucroute, et ils ont fait leurs besoins dedans. Ils faisaient n'importe quoi, tout ce qui leur passait par la tête. Ils étaient démoralisés, ils tiraient sur n'importe qui. Ce n'étaient plus que des bandits, des bêtes sauvages ! »

Raïsa Sneider, demi-juive et rescapée de Lubny, à l'est de Kiev, se souvient que les Allemands incendiaient les isbas lorsqu'ils battaient en retraite. « Et lorsque ces maisons brûlaient, les toits explosaient comme des armes lourdes. Le ciel était rouge. Ils étaient terrifiants lors de la retraite !

« Ils sont entrés en silence à Lubny. Les gens n'avaient pas peur, on les percevait différemment désormais. Ils n'étaient plus invincibles. Mais lorsque les nôtres ont commencé à les chasser, je me souviens qu'une grande voiture est venue jusqu'à notre maison. C'étaient les Allemands avec leurs chiens. Ils étaient perdus. La maison de grand-mère avait un grand perron. Quand grand-mère est sortie, les Allemands étaient là, assis sur un banc. Derrière la rivière, le village de Pesky était en feu. Tout flambait, ça se voyait de loin. Grand-mère a dit : “Kamrat, qu’est-ce que c’est que ça ?” L’Allemand l’a regardée et il a répondu : “Mutter, c’est notre camarade qui a jeté un mégot, et tout a pris feu !” De l’autre côté de la rivière, c’étaient les nôtres qui brûlaient. »

Au printemps 1944, pour contrer l’offensive anglo-américaine, des unités SS opérant à l’Est sont basculées sur le front d’Europe occidentale. Ces unités, socialisées par la violence et le meurtre de masse, commettent partout sur leur passage, en Belgique, en Italie, en Grèce, en Hollande, en France, le type de massacres qu’elles perpétraient quotidiennement en Ukraine et en Biélorussie. C’est notamment le cas de la division Das Reich, jusqu’alors active dans la région de Minsk. C’est elle qui commet les massacres de Tulle et d’Oradour-sur-Glane, quelques jours après le débarquement de Normandie. La division Reich (appelée Das Reich à partir de 1943), qui déplora de lourdes pertes dans la bataille de Koursk, avait participé aux opérations d’extermination de l’Einsatzgruppe B, comme en témoigne le rapport d’activité daté du 23 septembre 1941 : « Une vaste aktion anti-juive a été menée au village de Lahoysk. Au cours de cette aktion, 920 Juifs ont été exécutés grâce au soutien de la division SS “Reich”. Le village doit maintenant être considéré “libre de Juifs”. » Arrivée en France au mois de mai, Das Reich pratiquera des exécutions sommaires, pillages, incendies et des actes de torture dans chaque ville et village qu’elle sera amenée à traverser. Frayssinet-le-Gélat, Lacapelle-Marival, Figeac, Lunan, Saint-Félix, puis Tulle, le 9 juin. Suite à une opération des FTP dans cette ville, un détachement de la division, des membres de la Sipo et du SD semèrent la terreur dans la petite cité corrézienne. Les résistants avaient quitté les lieux. Les Allemands pendirent 99 personnes en place publique, et en déportèrent 149 à Dachau. Le lendemain, en Haute-Vienne, la 3ᵉ compagnie du 4ᵉ SS Panzerregiment Der Führer de la 2ᵉ SS Panzerdivision Das Reich entrait à Oradour-sur-Glane, un bourg de 1 500 âmes. Les SS forcèrent l’entrée des maisons, en firent sortir les habitants qu’ils rassemblèrent avec ceux des hameaux voisins sur la place du village. Les hommes furent abattus à la mitraillette. Les blessés, sur lesquels sont jetés des ballots de paille, sont brûlés vifs. Quant aux femmes et aux enfants, ils furent enfermés à l'intérieur de l'église dans laquelle les nazis placèrent des gaz asphyxiants et des explosifs. Puis ils mirent le feu à l'église. Le carnage fait 662 victimes. Seule une femme, Marguerite Rouffranche, en a miraculeusement réchappé. La méthode était caractéristique du type de massacres perpétrés en Biélorussie. Des Oradour-sur-Glane, il y en aura à Marzabotto, près de Bologne – un massacre perpétré au début du mois d'octobre 1944 par le 16e Panzergrenadier-SS Reichsführer – à Grizzana, à Vado di Monzuno, à Chenogne en Belgique, à Texel en Hollande, et dans bien d'autres localités.

Les camps de Pologne qui avaient achevé leur mission exterminatrice (Belzec, Treblinka, Sobibor) avaient été fermés et démantelés, mais Auschwitz-Birkenau était toujours en activité. En novembre 1944, Himmler, qui ne doutait de rien, pensant pactiser avec les Alliés et, du même coup, sauver sa tête, ordonna que cessent les massacres. Cela fut fait dans la plus grande improvisation. Devant la progression des Russes, les SS préposés à l'encadrement des camps eurent tout juste le temps de dynamiter les preuves du génocide, en premier lieu les chambres à gaz. Ils emmenèrent les Juifs qui n'avaient pas pu être exterminés dans des « marches de la mort » au cours desquelles un grand nombre de prisonniers juifs périrent de froid, de faim, d'épuisement, ou sous les coups de leurs bourreaux.

Henri Zajdenwergier était parmi eux quand fut évacué le camp de Stutthof, au mois de janvier 1945. « Les Allemands nous ont évacués, et ce furent les "marches de la mort", comme dans les autres camps. Nous sommes partis de Stutthof, nous avons contourné Dantzig parce qu'on ne nous faisait pas passer par les agglomérations ni les villages, pour qu'on ne nous voie pas, et on a marché vers le nord-ouest, jusqu'à Ruben. Au départ, dans la colonne, nous étions à peu près 1 500. En arrivant à Ruben, nous n'étions plus que 1 000. Sur la route, ceux qui n'arrivaient pas à suivre, ils les abattaient. Ils tombaient dans le fossé, et ils étaient laissés là. Je mangeais de la neige, j'avais les pieds enveloppés dans du gros papier ciment, et on marchait avec ça. Pendant tout ce temps, j'étais demeuré sous la protection d'un monsieur plus âgé que moi. Il s'appelait Maurice Tatelbaum, je l'avais connu au camp de Poitiers. Comme je n'avais que 16 ans, que je n'étais pas particulièrement mûr, je me suis entièrement mis sous son aile. Ce monsieur, il avait lui-même un fils un peu plus âgé que moi. Il l'avait eu avec une chrétienne avec laquelle il s'était marié. Son fils n'avait pas été inquiété. De Poitiers à Ruben, je restai collé à lui. Je pratiquais la politique de l'autruche, essayant de ne pas savoir ce qui se passerait le lendemain. Je vivais à courte vue, au jour le jour. J'étais peureux, et pendant ces marches interminables (on a dû faire entre 150 et 170 kilomètres à pied), je le suivais aveuglément. Je me disais : "Encore une minute de passée, et je suis toujours en vie, c'est l'essentiel." À Ruben, nous sommes arrivés dans un camp satellite. C'était un ancien camp de jeunesse, il y avait des baraquements et nous sommes restés là. Nous ne travaillions pas.

« Un matin, comme tous les matins, les SS nous font sortir pour l'appel. Mon ami me dit "Henri, on ne bouge pas, je sens dans leurs voix que quelque chose se passe. Ils ne se comportent pas comme d'habitude, ils ont l'air plus affolés, moins hargneux." Alors, nous n'avons pas bougé. Les SS ne sont même pas entrés dans les baraquements pour vérifier si tout le monde était sorti. Et ils sont partis avec les déportés qui malheureusement, eux, étaient sortis. Je suis resté avec mon ami Maurice Tatelbaum, et je suis tombé d'inanition. Quand je suis revenu à moi, les Russes étaient là. C'étaient les troupes de choc. Après, les officiers supérieurs qui les encadraient sont arrivés. Un officier russe est venu vers moi et m'a demandé où étaient les Juifs. J'ai dit qu'il n'y avait plus que nous. J'ai été emmené dans un hôpital de campagne, derrière les lignes. Pour la première fois, j'ai été séparé de mon ami. J'avais une telle affection pour lui que j'en avais les larmes aux yeux. Je l'ai retrouvé à Paris, mais nous nous sommes rapidement perdus de vue.

« Je suis resté un mois dans cet hôpital. J'ai attrapé la dysenterie, parce que quand les troupes de choc étaient arrivées, les soldats nous avaient donné du jambon. Ils croyaient bien faire. On s'était jetés sur la nourriture, et on a tous attrapé la dysenterie. Le typhus, pour certains. L'officier supérieur soviétique passait beaucoup de temps avec moi. Je crois qu'il était dans les services psychologiques de l'armée. Il a commencé à faire sa propagande, à me travailler au corps en me vantant les mérites du régime communiste. Il me disait : "Ce n'est pas la peine que tu rentres en France, tu ne retrouveras pas tes parents. Si tu as des compétences, tu peux avoir un brillant avenir chez nous." Il était juif, et nous parlions en yiddish. Je ne voulais pas le heurter, mais je lui ai dit que je tenais à rentrer en France. "D'abord, la France, c'est mon pays, et puis je veux retrouver ma famille, j'espère que je vais la retrouver, tout au moins en partie." On s'est quittés en bons termes. Il venait me voir de temps en temps à l'hôpital. Il me donnait du chocolat. »

La bataille de Berlin devait sonner le glas du nazisme. Anéanti par un déluge de bombes, le IIIe Reich, destiné à demeurer mille ans, n'était plus qu'un champ de ruines. Quand Hitler, reclus dans son bunker, apprit que Himmler tentait de négocier avec les Américains, il explosa et le démit sur-le-champ de ses fonctions. Le plus fidèle de ses valets l'avait trahi ! Cela n'eut guère de conséquence ; pour l'un comme pour l'autre, il était trop tard. Joukov, qui avait mis à genoux la Wehrmacht à Stalingrad, était entré dans Berlin. Le 25 avril, les troupes américaines et soviétiques effectuaient leur jonction sur l'Elbe, dans la ville de Torgau. Cinq jours plus tard, le 30 avril 1945, après son mariage avec Eva Braun, Hitler se donnait la mort. Son cadavre et celui de son épouse furent brûlés suivant ses dernières volontés devant l'entrée du bunker. Quand, le 7 mai, l'Allemagne capitula sans condition, Himmler, en fuite, était toujours introuvable. Accompagné de sa femme et de leurs deux enfants, d'Otto Ohlendorf et de quelques criminels nazis, il était parvenu à la frontière du Danemark. Au milieu du désordre de la défaite allemande, des barrages routiers et du va-et-vient des convois militaires alliés, le Reichsführer fut obligé de rebrousser chemin. Il finit par être arrêté entre Brême et Hambourg, à un check point de l'armée britannique. On ne connaissait pas encore son identité. La moustache rasée, un bandeau recouvrant son œil gauche, il voyageait sous le nom d'emprunt de Heinrich Hitzinger. Longuement interrogé au centre de Lüneburg, il fut démasqué et placé en détention. Là, échappant à la surveillance de ses geôliers, il parvint à croquer une capsule de cyanure. Heinrich Himmler mourut à 23 heures, le 23 mai 1945.

Moins de deux ans auparavant, le 4 octobre 1943, à Posen, devant un parterre composé de ses plus proches lieutenants, ses Gruppenführer, Himmler s'échinait encore à justifier, pendant plus de trois heures, les dévastations à l'Est, la volonté d'asservissement des peuples soumis à la domination du Reich et surtout, longuement, l'extermination des Juifs : « Je veux aborder un autre sujet très délicat ici, devant vous, en toute franchise. Entre nous, pour une fois, nous devrions pouvoir en parler franchement, mais en public, nous nous tairons toujours. [...] Je veux parler de l'évacuation des Juifs, bien sûr, de l'extermination du peuple juif. C'est une chose facile à dire : "Le peuple juif sera exterminé." [...] Pour sûr, c'est dans notre programme, élimination des Juifs, extermination, c'est pareil. Et les voilà qu'ils viennent tous, ces quatre-vingts millions de bons Allemands, et chacun a son bon Juif. C'est sûr, les autres sont des porcs, mais celui-ci est un Juif de première classe. De tous ceux qui parlent ainsi, pas un n'a vu ce que c'était, pas un ne l'a vécu. La plupart d'entre vous savent ce que c'est que voir cent cadavres allongés côte à côte, d'en voir cinq cents, d'en voir mille. Avoir vécu cela et, hormis certaines faiblesses humaines, être restés corrects, cela nous a rendus forts. Ceci est une page glorieuse de notre histoire [...]. Nous savons les difficultés que nous aurions eues si, aujourd'hui, avec les raids aériens, les souffrances et les privations de la guerre, nous avions les Juifs partout, dans chaque ville, pour agir comme saboteurs, agitateurs et provocateurs clandestins. Nous serions probablement dans la même situation qu'en 1916 et 1917, si les Juifs étaient encore accrochés au peuple allemand. Les richesses qu'ils possédaient, nous les avons prises. J'ai donné des ordres stricts, que l'Obergruppenführer-SS Pohl a été chargé de faire exécuter, que toutes ces richesses soient, bien sûr, remises au Reich. Nous n'avons rien pris pour nous. Les individus qui ont désobéi seront punis, conformément aux ordres que j'ai émis dès le début : quiconque prendra ne serait-ce qu'un mark est un homme mort. Un certain nombre de SS, très peu, ont violé cet ordre et ce sera la mort pour eux, sans pitié. Nous avions le droit moral, le devoir envers notre propre peuple de tuer ces gens qui voulaient nous tuer. [...] Nous pouvons dire que nous avons accompli cette tâche écrasante par amour pour notre peuple. Et ce faisant, nous n'avons dégradé ni notre être intérieur, ni notre âme, ni notre nature[1]. »

En 1945, que restait-il de la folle aventure du nazisme en Europe ? Rien, sinon cela ; le projet démentiel prophétisé naguère au Reichstag par Hitler, et mené à terme par ses troupes de la mort. Tout comme Himmler, son âme damnée, le Führer était parfaitement conscient de l'œuvre accomplie. Et ce fut, jusqu'aux derniers instants, sa plus grande fierté. Dans son testament, rédigé le 2 avril 1945, quatre semaines avant de se donner la mort, Hitler écrit : « Dans un monde où l'ordre moral est de plus en plus contaminé par le poison juif, un peuple immunisé contre lui finira par recouvrer sa supériorité. De ce point de vue, une gratitude éternelle sera due au national-socialisme parce que j'ai exterminé les Juifs, en Allemagne et en Europe centrale. »

1. Cité par Richard Rhodes, *Extermination : la machine nazie*, *op. cit.*, p. 308-309.

XV

L'heure des comptes

Les tribunaux soviétiques – Kharkov, 15 décembre 1943, le premier tribunal – 26 janvier 1946 à Riga, le procès de Friedrich Jeckeln – À Kiev, le procès des nazis – Dina Pronitcheva, rescapée de Babi Yar, n'est pas autorisée à déclarer qu'elle est juive – Les douze procès de Nuremberg – Benjamin Ferencz découvre des « rapports d'activité » des Einsatzgruppen – 9 juin 2008, New Rochelle, Benjamin Ferencz raconte le procès de septembre 1947 – Le « génocide » défini par Rafael Lemkin – L'obéissance aux ordres – Otto Ohlendorf plaide la légitime défense – Les peines commuées pour rétablir la paix civile – 200 procès seulement.

Après la capitulation vient l'heure des comptes. En Union soviétique, les tribunaux qui jugent les bourreaux et leurs collaborateurs interviennent immédiatement après la guerre. L'un des tout premiers se tient à Kharkov, le 15 décembre 1943, dès la libération de la ville par l'Armée rouge. Ouvert à un large public, fortement médiatisé, il fait comparaître des criminels de second plan, un capitaine du service de contre-espionnage militaire en poste dans un camp d'internement, un lieutenant des SS membre de la police de sécurité du Reich et un collaborateur russe[1]. L'assassinat de 23 000 Juifs par les commandos de la mort en décembre 1941 sera l'un des temps forts du procès, sans toutefois que le mot « Juif » y soit jamais prononcé – la néga-

1. Antonella Salomoni, *L'Union soviétique et la Shoah*, *op. cit.*, p. 161.

tion des spécificités ethniques au sein de l'URSS, à plus forte raison du « particularisme » juif, était déjà à l'œuvre. L'écrivain Alexeï Tolstoï, qui couvrait le procès pour la *Pravda*, assista à l'exhumation des corps : « J'étais présent pendant l'excavation de ces fosses épouvantables et je peux témoigner de la réalité de l'homicide, comme aussi du fait qu'il a été exécuté avec un raffinement extrême dans le but d'infliger aux victimes les tourments les plus atroces. Ces 23 000 personnes ont d'abord été enfermées dans des baraquements sans lumière et sans chauffage et, pendant deux semaines, dans le froid glacial du mois de décembre, elles n'ont reçu aucune nourriture. Beaucoup ont perdu la raison. Puis, par groupes de 500, elles ont dû longuement cheminer sur la route carrossable, jusqu'à un ravin sombre et encaissé, où elles ont été fusillées au bord d'une fosse encore pleine de cadavres non enterrés. Quand les soldats de l'Armée rouge ont remué avec leurs pelles ces cadavres livides et à moitié nus de femmes, d'enfants et de vieillards aux visages corrodés, ils ont trouvé dans la terre noire des jouets, des ballons et des poupées[2]. » Au terme du procès, les trois prévenus sont condamnés à mort, puis exécutés par pendaison.

Quand le territoire soviétique est totalement libéré, les procès tels que celui de Kharkov se multiplient. À Riga, en janvier 1946, celui de Friedrich Jeckeln, le chef suprême de la police et de la SS dans les pays Baltes, l'un des pires criminels nazis, sera l'un des plus marquants. Margers Vestermans, le fondateur et directeur du Musée juif de Riga, venait de retrouver la liberté. Après la liquidation du ghetto, il était parvenu à rejoindre les partisans dans la forêt. Vestermans avait lutté à leurs côtés jusqu'à la capitulation allemande. « Quand la guerre a été finie, je suis sorti de la forêt et j'ai tout de suite été arrêté par les Soviétiques. "Tu n'as aucun document sur toi. Tu nous parles du ghetto, des camps de concentration et des partisans, mais tu n'as rien pour le prouver." Ils m'ont incarcéré à Talsi, une ville de province. Je n'y suis pas resté longtemps. Dès les premiers jours de ma libération, j'ai constaté que l'attitude à l'égard des Juifs qui avaient survécu

2. *Ibid.*, p. 163.

était ouvertement hostile. Nous étions bien informés sur les massacres de masse organisés par Staline en 1937, sur la terreur, sur la mort de millions de gens. À l'époque, nous ne connaissions pas encore le mot “goulag”, mais on connaissait l'existence de ces camps. On savait beaucoup de choses. Pourtant, rien ne pouvait entamer notre patriotisme soviétique. L'Armée rouge, sans en être consciente et probablement sans le vouloir, avait permis à une minuscule partie du peuple juif de survivre. Cela, même aujourd'hui, je n'ai pas l'intention de l'oublier.

« À Riga, on ne parlait que du procès de Jeckeln. Il allait être jugé. Jeckeln, je l'avais aperçu une fois dans le ghetto, au moment de la liquidation. Nous nous cachions rue Ludzas. Quand il a été entièrement vidé, des SS sont entrés dans le ghetto. Un groupe de Juifs allemands venait d'être embarqué dans les bus bleus de la ville – ceux qu'utilisait le kommando Arajs pour les amener à Rumbula. Entouré de haut gradés en uniforme, j'ai remarqué un homme qui marchait en tête dans la rue principale. Je ne savais pas alors s'il s'agissait de Jeckeln ou de Lange. Il a regardé sa montre, et il a dit en allemand : “Il est une heure. L'exécution doit être finie.” Sa façon de bouger, de marcher, l'expression de son visage, tout indiquait que c'était lui le chef. J'ai appris que c'était Friedrich Jeckeln. Plus tard, quand je l'ai revu dans le box des accusés, ce n'était plus le même homme. »

Le procès de l'Obergruppenführer-SS, jugé parmi d'autres criminels nazis, débute le 26 janvier 1946 à Riga. C'est en effet un homme méconnaissable qui décline son identité à la barre. Amaigri, les joues creuses et le cheveu ras, le regard apeuré, il n'a plus rien du chef orgueilleux qui se pavanait au milieu de ses subordonnés dans le ghetto, ni de l'homme qui avait amassé un entrepôt entier d'objets précieux, volés à ses victimes, qu'il triait de longues heures dans son bureau de la Ritterhaus. Son procès est expédié en une semaine. « Il était clairement visible que ce procès ne se passait pas conformément aux lois internationales, concède Margers Vestermans. C'était un tribunal de guerre. Son dénouement et son jugement étaient a priori connus. C'était jugé d'avance. Nous trouvions cela naturel. De quelle preuve supplémentaire aurions-nous eu besoin ? Tout le monde savait qu'il avait non seulement été l'auteur des massacres de Rumbula, mais aussi de celui de Babi Yar. Il avait organisé en Ukraine du Sud et en Russie du Sud les plus grandes exécutions de Juifs. S'il y avait eu une quelconque tentative de rassembler des preuves, cela aurait été mal perçu. Nous l'aurions interprété comme une manifestation d'irrespect à l'égard des victimes. J'ajoute que Jeckeln n'avait pas seulement tué des Juifs ; c'était aussi un tueur de Biélorusses, un tueur d'Ukrainiens et un tueur de Lettons. Au cours d'une expédition punitive à Kurzeme, quand j'étais chez les partisans, à Zlekas, en décembre 1944, il avait fait incendier trois exploitations de paysans lettons dans lesquelles s'étaient réfugiés de nombreux fugitifs de Riga. Les paysans, presque 100 personnes, ont été emmenés dans la forêt et fusillés. Ils étaient soupçonnés d'avoir aidé les partisans.

« Pour sa défense, Jeckeln disait qu'il n'avait pas eu le choix. C'était la guerre, il devait exécuter les ordres. Il prétendait n'être qu'un soldat parmi d'autres. Il n'a pas dit : “C'était ma conviction, j'ai agi de cette façon parce que c'est en cela que je croyais.” Il a même soumis une demande d'amnistie au Conseil suprême de l'URSS – il faudrait la publier –, pour qu'on lui laisse la vie, pour qu'il rachète ses fautes. Dans ce cas, combien de centaines de milliers de vies aurait-il dû racheter ? Je ne vois pas comment il pensait faire cela. Cette demande d'amnistie, dans laquelle Jeckeln implorait qu'on épargne sa vie, constitue pour moi le plus grand échec idéologique du nazisme. La dernière fois que j'ai vu Jeckeln, c'était sur la place de la Victoire, au moment de sa pendaison publique, le 3 février 1946. Je ne vais pas cacher que nous y sommes allés en groupe. Nous étions tous d'anciens prisonniers. Nous avons applaudi, nous avons crié, nous avons pleuré. Pour nous, c'était un grand jour. Enfin, justice était rendue ! C'était notre revanche. Quand le soldat soviétique a passé la corde au cou de Jeckeln, son dernier mouvement a été de bouger la tête dans tous les sens, pour prolonger sa vie de quelques instants. Il voulait vivre ! Son comportement au tribunal en a témoigné. »

J'ai vu la pendaison de Jeckeln. Elle a été filmée par la propagande soviétique. C'est une séquence tout à fait étonnante, en noir et blanc, de très mauvaise qualité. Devant une rangée de soldats soviétiques, les portes du fourgon militaire amenant les condamnés sont ouvertes sur la place enneigée. On les fait descendre chacun leur tour, encadrés par deux soldats qui les tiennent fermement de chaque côté, les empêchant presque de marcher. Là, quatre voitures militaires dépourvues de toit, laissent apparaître les plates-formes sur lesquelles on fait asseoir les condamnés. Sur un autre plan, au bout de la grande place, émergeant au loin d'une foule compacte, une rangée de potences les attend. Les condamnés sont vêtus de costumes militaires, ils se laissent mener par leurs gardes soviétiques comme des automates déjà rigidifiés. Les voitures où sont maintenant assis deux par deux les sept criminels (Jeckeln semble être l'avant-dernier, en haut de l'image), toujours encadrés par les militaires soviétiques, debout à l'arrière des véhicules, s'ébrouent lentement. La rangée des soldats qui se tenait aux portes du fourgon suit le cortège, marchant au pas dans la neige, de manière quelque peu désordonnée. Au second plan, sur le trajet des voitures qui conduisent les condamnés à l'échafaud, la foule apparaît soudain, hystérique. Des enfants accourent, se rapprochant du convoi, pour assister à la procession. On entend des rires, des applaudissements. Les véhicules, en marche arrière, arrivent sous les sept cordes attachées à une même poutre de bois. Les condamnés doivent se lever. Les gardes leur passent rapidement la tête dans le nœud coulant, puis les voitures démarrent, très lentement. Le sol de la plate-forme arrière se dérobe alors sous leurs pieds ; ils se balancent l'instant d'après au bout des sept cordes arrimées à l'échafaud, chacun à un rythme différent, dans une atmosphère de bocal. Tout le long de l'archive, un commentaire en letton déclame le texte suivant : « La sentence a été accueillie dans la liesse générale. Ces meurtriers fascistes n'ont cessé d'assassiner par milliers les fils et les filles de notre Nation. Ils ont couvert notre terre de forêts d'échafauds. Le temps est venu que les bourreaux aient eux aussi la corde au cou ! Le glas de leurs actes honteux a sonné ! Que la peste brune du fascisme soit pour toujours éradiquée ! Qu'il ne soit plus jamais une menace contre les peuples soviétiques épris de liberté ! »

Au même moment, à Kiev, un autre tribunal juge les crimes commis par les nazis dans la capitale ukrainienne. La jeune comédienne Dina Pronitcheva, l'une des rares survivantes des massacres de Babi Yar, debout, parlant dans un micro placé devant elle, face aux juges soviétiques, raconte son calvaire. La salle est comble. Un silence épouvanté accueille le témoignage qu'elle a rédigé sur des feuilles de papier posées sur un pupitre et qu'elle lit d'une voix forte : « Ils ne nous ont pas déshabillés parce qu'il faisait déjà sombre. Ils nous ont amenés jusqu'au bord du ravin. On pouvait à peine tenir debout. Ils ont commencé à tirer. J'ai fermé les yeux, j'ai serré les poings. J'ai tendu tous mes muscles et je me suis jetée dans la fosse. Il m'a semblé que ma chute durait une éternité. Je suis tombée sur les corps. Certains n'étaient que blessés. Quelque temps après, la fusillade s'est arrêtée et j'ai entendu les Allemands descendre dans le ravin, et tirer sur tous ceux qui suffoquaient. Ils avaient des lampes torches pour repérer ceux qui étaient encore vivants. Je suis restée allongée. Je me suis efforcée de ne pas bouger pour ne pas me faire repérer. J'ai pensé que ma fin était arrivée. J'ai attendu en silence. Ils ont commencé à recouvrir les corps avec de la terre. J'étais toute couverte de terre et j'avais l'impression d'étouffer. J'avais peur de bouger. Il ne me restait que quelques bouffées d'air à prendre avant de perdre le souffle. J'aurais préféré être tuée par balle plutôt que de mourir étouffée. J'ai commencé à bouger. Je ne savais pas qu'il faisait maintenant nuit noire. J'ai retrouvé le souffle et j'ai déblayé de la main gauche la terre qui était sur moi. Après avoir pris quelques bouffées d'air, utilisant mes dernières forces, je suis sortie de sous la terre. Il faisait nuit mais il était dangereux de se mouvoir car les Allemands éclairaient le fond du ravin depuis la crête. Ils continuaient de tirer sur les blessés et ils auraient pu me toucher. C'est pour cela qu'il me fallait faire très attention. J'ai réussi à ramper jusqu'aux parois du ravin, et, au prix d'un effort surhumain, j'ai réussi à me sortir de là. » Dina Pronitcheva ne sera pas autorisée à déclarer devant le tribunal qu'elle est juive. Il n'y avait plus désormais en URSS que des victimes soviétiques. À l'Est, ces procès se poursuivront sur plusieurs décennies, jusque dans les années 1980.

En Europe occidentale, ce sont les Alliés qui jugent les criminels nazis. Quand débutent les procès de Nuremberg, en 1945, dans la ville où avaient été décrétées les lois raciales du IIIe Reich, il n'était pas prévu que l'un d'eux fût consacré aux Einsatzgruppen. Après le jugement des vingt-quatre plus hauts dirigeants tombés aux mains des Alliés, le Tribunal de Nuremberg, à la demande du jeune procureur américain Benjamin Ferencz, ajouta *in extremis* le procès de quelques officiers.

Juif new-yorkais d'origine hongroise et roumaine, diplômé en droit de l'université Harvard, Benjamin Ferencz avait combattu pendant trois ans dans l'armée américaine. C'est avec le grade de sergent dans l'infanterie qu'il participa au débarquement de Normandie. À l'issue du conflit, il devait être nommé colonel, mais préféra retourner à la vie civile et travailler pour le Tribunal international. À l'époque, peu nombreux étaient les juristes au fait de la législation du crime contre l'humanité. Ferencz, qui avait été l'assistant de Rafael Lemkin, était l'un d'entre eux. Transféré au quartier général de la 3e armée de George Patton, sa première mission fut d'enquêter sur les crimes du nazisme. On était en train de découvrir la réalité des camps de concentration et d'extermination. L'armée américaine, incrédule, avait du mal à comprendre ce qui s'y était passé. On n'avait jamais rien vu de tel.

Ferencz fut envoyé à Buchenwald pour inspecter le camp et ramener la documentation demeurée sur place. « C'était un chaos sans nom. Les prisonniers couraient dans tous les sens, les SS tentaient de fuir par la forêt, il y avait des cadavres partout. Les prisonniers qui n'étaient pas en train d'agoniser poursuivaient leurs geôliers et les tuaient quand ils les attrapaient. Je tentais, dans les bureaux du camp, de rassembler les documents qui me permettraient de répondre à ces questions : qui étaient les prisonniers de ce camp ? Par quel type de transports avaient-ils été conduits ici ? Qui étaient les officiers responsables ? La plupart des internés étaient morts ou mourants. La vermine, la dysenterie, le choléra, toutes sortes de maladies régnaient là. Un crématorium continuait de diffuser une odeur insoutenable. J'ai parlé à des prisonniers. Je voulais qu'ils m'expliquent comment se passaient les sélections, qui était immédiatement exécuté et pourquoi, le nom des officiers SS, etc.[3]. »

Après son enquête au camp de Buchenwald, Ferencz rentra à son quartier général. Il écrivit un long rapport sur ce qu'il avait pu voir dans le camp, et ce qu'il avait compris de son fonctionnement. Il fut ensuite envoyé pour des missions identiques dans les camps de Matthausen, Dachau, Gusen, et d'autres encore. Les rapports qu'il écrivait étaient joints aux dossiers d'instruction et utilisés par le tribunal militaire. « À ce moment-là, je n'avais qu'un désir : quitter l'Allemagne et ne jamais revenir. Je suis rentré à New York dans l'intention de retrouver une vie normale. Dès mon retour, j'ai été contacté par le Pentagone qui me demandait de me présenter à Washington pour un entretien. J'y suis allé. Là-bas, on m'a proposé de retourner en Allemagne et de poursuivre le type de travail que j'y avais déjà effectué. Le procès de Hermann Göring et compagnie se poursuivait, mais les États-Unis avaient décidé d'en ajouter d'autres. Pour eux, les vingt-quatre prévenus en cours de jugement ne permettaient pas de présenter une image globale de ce qui s'était passé, de comprendre comment un pays comme l'Allemagne s'était engagé à ce point dans la criminalité de masse. Je finis par me laisser persuader, et retournai en Allemagne. »

Arrivé à Berlin, on fournit au juriste américain un bureau et une cinquantaine de subordonnés. Son équipe commença à éplucher tous les documents qu'ils pouvaient collecter. C'est ainsi qu'après avoir vidé les caisses d'archives du ministère des Affaires étrangères et d'autres administrations du Reich, Ferencz découvrit des piles de dossiers portant la mention « Rapport d'activité top secret sur le front de l'Est ». Les rapports des

3. Entretien avec Benjamin Ferencz, 9 juin 2008, New Rochelle, États-Unis.

Einsatzgruppen. Le jeune magistrat parlait parfaitement l'allemand. Il en prit quelques exemplaires et les lut. Il en fut horrifié. « Je numérotai les rapports (rapport n° 1, rapport n° 2, n° 3, etc.), et, avec une petite calculatrice, j'essayai de faire la comptabilité des massacres qui y étaient consignés. Ce n'était pas toujours possible, car lorsqu'il était écrit "la ville est libre de Juifs", cela pouvait être une centaine ou des milliers. Quand j'atteignis sur ma calculatrice le chiffre d'un million, je décidai d'arrêter. Les preuves étaient suffisantes. » Ferencz porta trois de ces rapports à Telford Taylor, le procureur général du Tribunal de Nuremberg. Il lui expliqua de quoi il s'agissait. « Nous devons faire passer ces hommes en jugement », ajouta-t-il. – Ça ne fait pas partie du programme. On n'a ni le budget ni le personnel pour cela, objecta le procureur. – Ce ne sera pas utile. Toutes les preuves dont nous avons besoin, nous les tenons là, entre nos mains. » Taylor réfléchit un instant, puis il demanda : « Pouvez-vous vous occuper de cela en plus de vos tâches actuelles ? – Bien sûr ! » Et le procès fut ajouté aux autres. Le procureur général Taylor en confia la responsabilité à Ferencz. Il n'avait jamais participé à un procès criminel, mais il fut nommé, par défaut, procureur général. Il avait 27 ans.

Quand je suis allé le trouver, dans sa villa de New Rochelle, non loin de New York, j'étais accompagné de mon équipe américaine ; Stanley Staniski à l'image et Robert Sullivan au son. Deux routards du documentaire, âgés d'une cinquantaine d'années. Ils habitent Washington DC. Nous avions plusieurs fois travaillé ensemble et développé, au fil des tournages, des relations d'amitié et une vraie complicité. Benjamin Ferencz nous avait demandé de nous présenter chez lui tôt le matin. Il nous attendait devant sa villa, sur la pelouse du jardin, nous engloutissant d'emblée sous une avalanche de paroles, de boutades et de railleries. Petit, un visage intelligent et malicieux, un humour désopilant, Benjamin Ferencz était doté d'une énergie exceptionnelle pour un homme de 87 ans. Il nous fit entrer chez lui, nous présenta sa discrète épouse, me dit tout le bien qu'il pensait de Paris où il avait plusieurs fois séjourné, puis partit se changer. Il revint rapidement, élégamment vêtu d'un costume sombre et d'une cravate rouge, fin prêt pour l'entretien. Nous le fîmes asseoir sur une chaise pendant que nous finissions d'installer le matériel de tournage dans son bureau, un capharnaüm où s'entassaient dossiers, livres et papiers de toute sorte. On voyait bien qu'il tentait d'y mettre bon ordre, mais la pièce était tout simplement trop petite pour ce qu'elle était censée contenir. Pendant ce temps, Ferencz nous fixait de ses yeux intenses et bleus. Cela ne dura pas. Il était incapable de demeurer silencieux, ne serait-ce qu'une minute. Son tempérament bouillonnant l'obligeait sans cesse à se lever, à bouger ou à lancer une plaisanterie. Cela ne facilitait pas les réglages de prise de son ou la disposition du cadre, mais face à un tel personnage, nous n'étions pas de taille. Il n'écoutait de toute façon aucune de nos directives.

Au bout d'un moment, tout fut prêt pour l'entretien. L'œil continuant de friser derrière ses lunettes, il entama son récit, grave mais sans affectation. Le récit fondateur de sa vie, puisqu'il n'avait eu de cesse par la suite de travailler et d'écrire sur la notion de crime contre l'humanité, la législation qui fut bâtie et l'application de cette dernière – il serait à ce titre l'un des créateurs de la Cour pénale internationale. « Nous avions la liste. Nous savions qui ils étaient. Nous avions saisi près de dix millions de documents nazis. Nous avions mis la main sur leurs dossiers. Nous avons immédiatement fait suivre ces informations dans les camps de prisonniers de guerre : “Que toutes les personnes figurant sur la liste soient signalées auprès des quartiers généraux.” On a sélectionné quelques cas à titre d'exemple pour montrer au monde, sans l'ombre d'un doute, ce qui s'était passé, et pour faire comparaître quelques-uns de ceux qui étaient responsables de ces crimes. » Parmi les chefs des Einsatzgruppen, Einsatzkommandos, et les autres responsables sur le terrain de l'extermination des Juifs de l'Est, un certain nombre, pour diverses raisons, avaient disparu. Odilo Globocnik s'était suicidé le 31 mai 1945 dans un camp britannique ; Hans Frank, le gouverneur général de l'Ostland, et Alfred Rosenberg avaient été condamnés à mort à Nuremberg et pendus en 1946 ; Franz Walter Stahlecker, le bourreau de l'Einsatzgruppe A dans les pays Baltes, était mort le 23 mars 1942 dans un attentat des partisans estoniens ; Artur Nebe, de l'Einsatzgruppe B, avait été fusillé sur ordre de Hitler au printemps 1945 pour avoir trempé dans le complot des généraux du 20 juillet 1944 ; Heinrich Müller, le chef de la Gestapo, s'était volatilisé ; Joachim Hamann, de l'Einsatzkommando 3, sous la responsabilité duquel était placé le kommando Arajs en Lettonie, était mort au mois de juillet 1945 ; Max Thomas, le remplaçant à la tête de l'Einsatzgruppe C d'Otto Rasch en Ukraine, s'était suicidé ; Oskar Dirlewanger, passé à tabac plusieurs nuits durant par ses gardiens dans le camp d'Altshausen, était mort le 7 juin 1945 des suites de ses blessures.

Le procès des Einsatzgruppen, le neuvième des douze procès de Nuremberg, débuta le 15 septembre 1947. « Pour une raison ridicule, nous avions limité le nombre des accusés à 24. Deux d'entre eux avaient disparu des débats, l'un étant mort et l'autre s'étant suicidé. La raison pour laquelle nous n'avions que 22 ou 24 accusés[4] sur 3 000 tueurs de masse, c'est qu'il n'y avait pas

4. Brigadeführer-SS Heinz Jost, commandant de l'Einsatzgruppe A ; Brigadeführer-SS Erich Naumann, commandant de l'Einsatzguppe B ; Brigadeführer-SS Otto Ohlendorf, commandant de l'Einsatzgruppe D ; Brigadeführer-SS Otto Rasch, commandant de l'Einsatzgruppe C ; Standartenführer SS Ernst Biberstein, Einsatzkommando 6 ; Standartenführer-SS Paul Blobel, Sonderkommando 4a ; Obersturmbannführer SS Werner Braune, Einsatzkommando 11b ; Standartenführer SS Walter Blume, Sonderkommando 7a ; Standartenführer SS Lothar Fendler, responsable en chef du Sonderkommando 4b ; Oberscharführer SS Matthies Graf, officier de l'Einsatzkommando 6 ; Obersturmbannführer SS Walter Haensch, Sonderkommando 4b ; Sturmbannführer SS Emil Haussmann, Einsatzkommando 12 ; Sturmbannführer SS Waldemar Klingelhöfer, Vorkommando Moscou ; Obersturmbannführer SS Gustav Nosske, Einsatzkommando 12 ; Obersturmbannführer SS Adolf Ott, Einsatzkommando 7b ; Sturmbannführer SS Waldemar von Radetzky, responsable en chef du Sonderkommando 4a ; Haupsturmführer SS Felix Rühl, officier du Sonderkommando 10b ; Standartenführer SS Martin Sandberger, Sonderkommando 1a ; Brigadeführer SS Erwin Schulz, Einsatzkommando 5 ; Standartenführer SS Willy Seibert, responsable en chef de l'Einsatzgruppe D ; Brigadeführer SS Franz Six, Vorkommando Moscou ; Standartenführer SS Eugen Steimle, Sonderkommando 7a et 4a ; Obersturmbannführer SS Eduard Strauch, Einsatzkommando 2.

assez de sièges dans la salle. La plupart avaient des doctorats, il y avait aussi beaucoup d'avocats, il y en avait même un qui avait deux doctorats : docteur-docteur Rasch, de l'Einsatzgruppe C. J'ai pris un plaisir particulier à le faire passer en jugement. »

Pour la première fois dans un tribunal, Benjamin Ferencz employa le mot « génocide » afin de qualifier les crimes commis par les accusés. Il ne s'agissait pas encore d'une qualification juridique, mais le terme, qui clarifiait l'étendue et les implications sans précédent du crime, allait marquer le droit criminel des tribunaux internationaux créés à la suite de Nuremberg. « "Génocide" était un mot de Rafael Lemkin. Lemkin était avocat, il avait fui la Pologne pour immigrer aux États-Unis. La totalité de sa famille avait été assassinée, et il était parti du principe qu'il devait y avoir un terme pour caractériser cela. Il disait : « Ces gens ne connaissaient pas ma famille, ils les ont assassinés à cause de leur race, parce qu'ils étaient juifs. » Dans ma présentation, j'ai repris la définition de Lemkin. C'était la première fois qu'elle était citée devant une cour de justice. Une notion qui définissait justement les crimes des Einsatzgruppen qui avaient reçu l'ordre d'assassiner tous les Juifs. La notion de "crime contre l'humanité" était déjà connue. Il était clair pour tout le monde que, même en temps de guerre, les actes qu'il recouvrait étaient considérés comme criminels. Le génocide est un crime contre l'humanité, mais, en lui donnant ce nom, en le définissant avec précision, j'attirais l'attention du public et lui faisais percevoir une réalité qu'il n'avait pas jusqu'alors envisagée. » Sur la manière de mener les débats, Ferencz avait mûrement réfléchi. Les dossiers d'accusation reposeraient tout entiers sur les rapports journaliers, préalablement authentifiés et analysés. Aucun témoin ne serait sollicité. « J'aurais pu faire appel à des milliers de déportés qui auraient tous juré que les accusés avaient assassiné leur mère. J'ai dit non ; les témoins ne sont pas fiables. Je n'en ai pas besoin. Je vais les faire condamner à partir des documents qu'ils ont eux-mêmes rédigés. En les y confrontant, je pourrai jouer les uns contre les autres. Cela a parfaitement fonctionné. »

Les prévenus sont assis serrés côte à côte sur deux bancs placés l'un derrière l'autre. À l'ouverture du procès, présidé par le juge Michael Musmanno, on demande à chacun s'il plaidera « coupable » ou « non coupable ». Sur les 23 accusés présents[5], aucun ne se déclare coupable. « Ce qui était patent, dit Benjamin Ferencz, et ce fut notre plus grande déception, c'était l'absence totale de la moindre expression de remords de leur part. Aucun n'a demandé pardon, ou dit qu'il était désolé. Ce qu'ils avaient fait, ils l'avaient fait parce qu'ils pensaient que c'était juste. » À voir les archives filmées du procès, deux des accusés se distinguent par leur allure. Le « docteur-docteur » Otto Rasch, le Brigadeführer naguère à la tête de l'Einsatzgruppe C dont le bras et la main droite sont agités de tremblements frénétiques, et Paul Blobel, du Sonderkommando 4a. Ce dernier, autrefois glabre, le visage presque maladif, est méconnaissable. Complètement chauve désormais, il a considérablement forci et arbore une barbe touffue le faisant ressembler à un prêtre orthodoxe. Avec Jeckeln, exécuté peu auparavant à Riga, Blobel et Rasch étaient les principaux responsables du massacre de Babi Yar.

« L'avocat de Rasch est venu me trouver, continue Benjamin Ferencz. Bien sûr, Rasch ne comparaissait pas pour sa responsabilité dans le massacre de Babi Yar. À ce moment-là, nous savions seulement, d'après ses rapports, qu'il était actif dans la région de Kiev. Son avocat m'a dit : “Nous devons abandonner le dossier contre Rasch. – Pourquoi cela ? – Parce qu'il est malade et qu'il ne pourra pas survivre à un procès. – Qu'est-ce qu'il a ?” L'avocat m'a répondu qu'il avait la maladie de Parkinson. “Qu'est-ce que la maladie de Parkinson ?” Il a dit qu'il tremblait tout le temps. Je lui ai fait remarquer que si j'avais tué autant de personnes que lui, je tremblerais tout autant. Il est mort. Je ne sais pas comment il aurait évolué, mais j'ai pensé que c'était bien ainsi : une justice immédiate.

5. Emil Haussmann, le 24e prévenu, un Sturmbannführer de l'Einsatzkommando 12, s'est suicidé dans sa cellule.

Blobel, un général SS, était son subordonné. Après Stalingrad, les nazis avaient craint qu'on ne découvre un jour leur crime, et Blobel avait été celui qui tenta d'en effacer les traces en faisant déterrer les cadavres, et en les faisant disparaître. Cela ne l'a pas aidé. » Blobel, un alcoolique notoire à la psychologie instable, fut incapable de qualifier et d'expliquer ses actes au tribunal. Il déclara seulement que l'abus d'alcool l'avait aidé à surmonter sa culpabilité.

« Le profil psychologique des accusés était assez semblable, poursuit Ferencz, mais leurs lignes de défense étaient très différentes. Certains mentaient de manière éhontée, scandaleuse ; en gros ils disaient : "Comment ? C'est la première fois que j'entends dire que des Juifs ont été tués !" D'autres disaient qu'ils ne faisaient qu'obéir aux ordres de leurs supérieurs. C'était le discours standard. D'autres encore affirmaient qu'ils n'étaient pas là. J'ai ainsi pu jouer les uns contre les autres et montrer que les preuves qu'ils présentaient à la cour n'étaient qu'un tas de mensonges. Mais leur mentalité était la même. C'étaient des nazis fanatiques et loyaux, qui croyaient en ce qu'ils faisaient. » Tous se retranchaient derrière la responsabilité collective, l'ordre reçu et le caractère « légal » de leur mission, dans le contexte de l'Allemagne hitlérienne. Par conséquent, parce qu'ils étaient des fonctionnaires de l'État, parce qu'ils étaient des soldats en guerre, il n'avait pas été question pour eux de s'y soustraire. Les juges de Nuremberg s'employèrent donc à tester chez les accusés les limites de la notion de « l'ordre reçu », qu'ils présentaient comme intangible.

« Le juge Musmanno : Supposons que vous ayez reçu l'ordre direct de Hitler d'exécuter le chef de l'Einsatzgruppe. Auriez-vous exécuté cet ordre ?

Willy Seibert : Non, je ne l'aurais pas fait.

Musmanno : Bien. Dans ce cas, supposons que vous ayez reçu l'ordre d'abattre un Juif âgé de 12 ans. L'auriez-vous abattu ?

Seibert : Je ne peux pas répondre à cela.

Musmanno : Cela ne vous pose aucun problème d'affirmer que vous auriez refusé d'abattre Ohlendorf, mais vous hésitez à dire que vous auriez refusé de tirer sur un enfant de 12 ans. Peut-on conclure qu'Ohlendorf représentait quelque chose pour vous, mais pas un Juif âgé de 12 ans, si ce n'est l'abstraction inhumaine d'ôter la vie à un enfant innocent ?

Seibert : Ce n'est pas ce que je voulais dire.

Musmanno : Bien, envisageons maintenant que votre officier supérieur vous dise que la situation est telle que le seul moyen d'en sortir serait pour vous d'assassiner vos parents. C'est un ordre. L'auriez-vous fait ou non ?

Seibert : Non, Monsieur le Président. Je ne l'aurais pas fait.

Musmanno : Il y a donc des ordres émis par votre chef auxquels vous auriez désobéi ?

Seibert : Il est inhumain de demander à un fils d'exécuter ses parents. Je n'aurais pas obéi à un tel ordre.

Musmanno : Imaginons que l'ordre consiste à assassiner les parents de quelqu'un d'autre, disons, un Juif et sa femme. Il est attesté sans l'ombre d'un doute qu'ils n'ont commis aucun crime. La seule chose qui est attestée est qu'ils sont juifs et que vous avez reçu cet ordre. Auriez-vous tiré sur ces parents ?

Seibert : Votre honneur, je n'aurais pas tiré sur ces parents.

Musmanno : D'accord. Par conséquent, l'ordre du Führer d'assassiner sans distinction tous les Juifs n'avait pas, si je vous suis bien, à être obéi par les soldats allemands[6]. »

La figure d'Otto Ohlendorf, le chef de l'Einsatzgruppe D, allait plus que toute autre se distinguer au cours des débats. Ohlendorf avait déjà comparu comme témoin le 3 janvier 1946, au procès principal de Göring, Hess, Speer, Dönitz, Keitel, Jodl et les autres. Il avait fait preuve d'une certaine honnêteté dans ses propos. Il n'avait pas nié ce qu'il avait fait, ni le nombre des victimes qu'on pouvait imputer à l'Einsatzgruppe qu'il dirigeait. Assis aux côtés de Blobel, Sandberger, Strauch, von Radetzky, Braune et consorts, il apparut dans ce cadre nouveau

6. Cité par Hilary Earl, *The Nuremberg Einsatzgruppen-SS Trial, 1945-1958. Atrocity, Law, and History*, Cambridge, New York (NY), Cambridge University Press, 2009, p. 247-249.

comme l'interlocuteur principal, le seul capable de mener la défense du groupe et d'expliquer le fonctionnement des commandos mobiles de tuerie. Le juge Musmanno, qui présidait les débats, et le procureur Ferencz, aux interrogatoires précis et incisifs, le sollicitèrent tout particulièrement.

Voici ce qu'il déclara sur la procédure des tueries :

« Ohlendorf : Les exécutions que je commandais devaient être effectuées d'une balle dans la nuque. Afin que les commandants et les hommes des bataillons puissent les effectuer par la voie militaire, au travers d'un ordre donné, et qu'ils n'aient de ce fait pas à prendre de décisions personnelles. Ils agissaient uniquement sur ordre. Je savais d'autre part que, lors d'exécutions individuelles, les maltraitances provoquées par l'agitation des esprits ne pouvaient être évitées. Si les victimes étaient averties trop tôt de leur exécution, elles ne pouvaient pas résister à la pression nerveuse. En outre, il m'est apparu insupportable que certains chefs ou membres de bataillons soient obligés de prendre eux-mêmes la décision d'effectuer un grand nombre de tueries. La police d'État [Staatspolizei] et la police judiciaire [Kriminalpolizei] fournissaient la plupart des personnels chargés des dossiers [Sachbearbeiter], alors que la Waffen-SS et la police de l'ordre [Ordnungspolizei – Orpo] fournissaient les équipes[7]... »

Et sur le bilan des tueries qu'il a supervisées :

« Ohlendorf : Je n'avais pas la possibilité de vérifier le nombre des meurtres. Nosske, par exemple, pouvait parfois se trouver à une distance de 200 à 250 kilomètres de l'endroit où je me trouvais moi-même. Je ne peux donc que répéter ce que je dis ici depuis maintenant deux ans et demi : si mes souvenirs sont bons, le chiffre annoncé par les Einsatzkommandos du groupe D était de 90 000. Combien parmi eux ont réellement été tués, je ne pourrais pas vraiment le dire...

Ferencz : Monsieur le Président, veuillez prendre note du fait qu'Otto Ohlendorf déclare le nombre de tués par l'Ein-

7. Procès de Nuremberg, 29 septembre 1948, USSHMM, Beta 5 886, NARA.

satzgruppe D, quand il en était responsable, à 90 000. Il arrive à cette conclusion d'après les rapports.

Ohlendorf : Je crois que je ne suis pas entièrement d'accord avec cette affirmation, Monsieur le Président. Dans le sens où, comme je le disais, il a été signalé que 90 000 avaient été tués. Or, je ne peux pas affirmer que ces 90 000 ont réellement été tués, et encore moins qui l'ont été par l'Einsatzgruppe. Parce que je sais que les Einsatzgruppen, ou plutôt les Einsatzkommandos, ont également signalé des événements extérieurs[8]... »

Pour Benjamin Ferencz, les interrogatoires du chef du groupe D furent déterminants : « La meilleure justification de leurs actes a été livrée par Otto Ohlendorf. Docteur Ohlendorf : un homme intelligent, père de cinq enfants, et un général SS plutôt honnête. Il nous expliqua le motif de ses actions, et c'est très important pour comprendre l'état d'esprit d'un tueur de masse. Si vous voulez arrêter des tueurs de masse, vous devez savoir ce qui les motive, comment ils fonctionnent. Et Ohlendorf était l'homme idéal pour me l'enseigner. J'ai beaucoup appris de lui, et les juges également. Il était le parfait exemple du type d'homme qui avait fait cela. Il expliqua qu'il l'aurait fait de la même manière si c'était à refaire. Il pensait que le Führer en savait plus que lui et que si c'était nécessaire pour la sécurité de l'Allemagne, il le ferait encore. Pour justifier ces crimes, il disait : "C'était de la légitime défense. – Que voulez-vous dire par 'légitime défense' ? Personne n'a attaqué l'Allemagne. C'est l'Allemagne qui a attaqué la Pologne, la Russie, la France, la Belgique, la Hollande, la Norvège. De quelle légitime défense parlez-vous ? – C'est-à-dire que je savais, que nous savions, que l'Union soviétique avait l'intention de nous attaquer. Par conséquent, il fallait que nous agissions en premier pour prévenir cette attaque contre nous. – Pourquoi avoir tué tous les Juifs ? – Tout le monde savait que les Juifs étaient favorables aux bolcheviques. Nous avons donc dû les tuer eux aussi. – Et pourquoi avoir tué tous les enfants ? – Si nous tuons les

8. USHMM Beta 5.

parents, les enfants grandiront en devenant eux aussi des ennemis du Reich. Et comme nous voulions une sécurité durable pour notre pays, nous avons également tué les enfants." Il disait cela comme s'il était parfaitement logique de tuer des centaines de milliers de petits enfants ! »

Le système de défense d'Ohlendorf reposait sur l'acte légal en droit de la « légitime défense ». C'est ainsi qu'il justifia l'assassinat des enfants juifs et tsiganes. Un raisonnement qui, sans être inédit, n'est apparu que tardivement dans le discours nazi. Il y a donc fort à parier que l'argumentaire a été construit a posteriori, autrement dit après qu'a été émis puis exécuté l'ordre du génocide. Himmler l'a ouvertement invoqué, nous l'avons vu, au cours d'une conférence devant les Reichsleiter et les Gauleiter, au début du mois d'octobre 1943 : « Tout ce que je vais dire ici, je vais vous demander de l'entendre, mais de n'en jamais parler. Nous en arrivons à la question de savoir ce que l'on fait des femmes et des enfants. Là encore, j'ai pris une décision claire. Je ne vois pas comment je pourrais éradiquer les hommes, c'est-à-dire les tuer ou les faire tuer, tout en laissant leurs enfants grandir, pour qu'ils se vengent plus tard sur nos fils et nos petits-fils. Cette décision, il fallait la prendre pour faire en sorte que ce peuple disparaisse de la surface de la terre. Cette mission a été la plus éprouvante que nous ayons jamais eue à remplir. Je crois pouvoir dire sans me tromper que cela s'est fait sans que nos hommes et nos officiers en pâtissent dans leur âme et leur esprit. C'était pourtant un danger bien réel. Il n'y a qu'un pas entre ces deux écueils : devenir une brute, un être sans cœur et sans respect pour la vie humaine ou au contraire s'affaiblir et plonger dans la dépression nerveuse[9]. »

« Voilà donc la justification qu'Ohlendorf a fourni au Tribunal, poursuit Ferencz. Bien sûr, nous avons entendu sa défense. Le procureur général Telford Taylor l'a prise en compte. Moi, également. Et, dans le jugement final, nous avons établi qu'elle était absolument infondée. L'attaque préventive contre un autre

9. Cité par Richard Rhodes, *Extermination : la machine nazie*, *op. cit.*, p. 310-311.

pays ne pouvait en rien justifier des meurtres de masse d'une telle échelle. À quoi ressemblerait le monde si chacun, chaque gouvernement disait : "Je crains que nous soyons attaqués par un pays étranger, nous devons donc l'attaquer en premier et tuer tous nos ennemis potentiels, présents et à venir" ? Ce serait le chaos et un bain de sang permanent. Sa défense fut balayée, et Ohlendorf ainsi que treize autres accusés ont été condamnés à la mort par pendaison. Il était père de cinq enfants et comme il était honnête homme, je n'ai pas voulu qu'il pense que mon investissement dans ce procès, parce que je suis juif, était une vengeance personnelle, ou le moyen d'en tirer une gloire personnelle… et cela devant un général SS qui a exterminé 90 000 Juifs ! Je me suis dit qu'après tout c'était un être humain, qu'il avait une famille, cinq enfants, et qu'il voudrait peut-être que je transmette un message à sa femme. Alors, je me suis rendu dans le quartier des condamnés à mort qui se trouvait sous la salle d'audience. On prenait un petit ascenseur pour s'y rendre. Là, il y avait plusieurs cellules. On l'a amené dans une cellule plus petite, avec un mur de verre épais percé de quelques trous. Je lui ai dit en allemand : « Ohlendorf… (on l'avait condamné à la pendaison, nous savions tous deux que c'était un homme mort), y a-t-il quelque chose que je peux faire pour vous ? » C'était un geste humain, non un acte de clémence. Seulement un geste humain. Je pensais qu'il allait dire : "Dites à ma femme et à mes enfants que je les aime, que je suis désolé", ou quelque chose comme ça. Mais il a dit : "Vous, les Juifs d'Amérique, vous allez souffrir pour ça !" Il me menaçait. Je lui ai dit en anglais : "Au revoir, monsieur Ohlendorf." J'ai tourné les talons et je suis sorti. Quand j'ai revu Ohlendorf, c'était sur une photographie au bout d'une corde et puis dans son cercueil. Ce sont les seuls mots que j'ai échangés avec lui ou avec aucun autre accusé. »

Sur les vingt-quatre chefs des Einsatzgruppen jugés à Nuremberg, deux sont condamnés à la prison à vie, six à des peines plus légères, quatorze à la mort par pendaison. Seuls quatre d'entre eux seront effectivement exécutés : Paul Blobel, Werner Braune, Erich Naumann et Otto Ohlendorf. Les dix autres condamnations à mort sont commuées en peines de prison à perpétuité. En 1958, tous sont remis en liberté.

« Pourquoi les peines sont-elles commuées à Nuremberg, s'interroge l'historien Christian Ingrao ? Parce que les Américains, à partir de 1947-1948, ont l'intérêt bien compris de compter sur une Allemagne alliée, forte, et fermement ancrée dans le camp occidental face à la guerre froide qui se dessine. Or, l'opinion allemande est extrêmement sensible à la question de la justice, de ces tribunaux d'après-guerre perçus comme des procès de vainqueurs. L'imaginaire de sortie de guerre de 1945 est ici assimilé à celui de 1918. Des procès de criminels de guerre, il y en avait eu à Leipzig, après la Première Guerre mondiale. Peu ou prou, l'opinion allemande est extrêmement travaillée par des courants conservateurs qui voient dans les procès de Nuremberg des procès de vainqueurs qui n'entendent traiter que de la culpabilité allemande. Or, les Américains veulent éviter une sortie de guerre “à la 1918”. Ils vont donc mettre en place une politique d'application des peines extrêmement libérale. De ce fait, des individus tels que Sandberger, qui ont été condamnés à mort, voient leur peine commuée en une condamnation à perpétuité, qui se réduit finalement à cinq ans d'emprisonnement ! Sandberger est sorti de prison en 1954. Il n'a fait que six ans de prison, lui qui avait été condamné à la corde[10]. »

Quant aux 3 000 membres des bataillons de tireurs, ils ne furent que très rarement inquiétés. Ils n'ont pas pu être identifiés ; les listes nominatives de la composition des bataillons ayant disparu de la documentation allemande recueillie par les Alliés. « En effet, reconnaît Benjamin Ferencz, il n'est rien arrivé aux milliers de tireurs. Rien non plus aux commandants que nous n'avions pas en détention, car, d'un point de vue pratique, nous ne pouvions pas rester en Allemagne pour continuer à les traquer. » Le chancelier de la République fédérale d'Allemagne Konrad Adenauer était très soucieux de rétablir la paix civile dans son pays. Pour cela, il fallait faire table rase

10. Sandberger est mort dans son lit en 2010. Il avait près de 100 ans.

du passé. C'était d'ailleurs la tendance dans l'Europe d'après-guerre. Il fallait reconstruire le pays, et la population entière était sollicitée. « On ne jette pas l'eau sale quand on n'a pas d'eau propre pour la remplacer[11] », disait le chancelier. La loi dite « 131 » de 1952 permit dans un premier temps aux anciens fonctionnaires nazis et aux membres de la Gestapo de réintégrer la fonction publique. Elle fut suivie, très peu de temps après, d'une loi d'amnistie. Selon toute logique, les 3 000 tueurs des bataillons Einsatzgruppen furent réintégrés à leurs corps d'origine : la police et la gendarmerie. Dans les années 1960-1970 parmi les agents de la circulation, les enquêteurs de la police criminelle ou les fonctionnaires du ministère de l'Intérieur de République fédérale se trouvaient les hommes qui avaient opéré au sein des commandos de la mort nazis. « Même si, en 1965, le Bundestag annula le délai de prescription de vingt ans pour meurtre, note le journaliste Guido Knopp, infatigable pourfendeur de la bonne conscience allemande, il n'en confirma pas moins en 1960 la prescription pour l'homicide volontaire, et, en 1968, pour la complicité de meurtre. [...] Si Eichmann avait été traduit devant les tribunaux allemands et non devant ceux d'Israël, sans doute n'eût-il pas été condamné[12]. »

Les choses ne devaient pourtant pas en rester là. Après une série de procès dans les années 1950 en RFA, d'autres procédures, au cours de la décennie suivante, s'intéresseraient à nouveau aux crimes des Einsatzgruppen. « Plusieurs années après les procès de Nuremberg, se souvient Benjamin Ferencz, les Allemands, suite à des provocations – je n'entrerai pas dans les détails – ont mis en place le Zentralstelle, un bureau central pour la poursuite et la condamnation des criminels nazis. Je sais que les responsables de ce bureau étaient des gens bien. Nous leur avons donné les dossiers de tous les rapports des Einsatzgruppen en notre possession, nous avons transmis ces dossiers à leur bureau et au ministère public, et ils ont entamé un certain nombre de poursuites. » Le Zentralstelle de Ludwigs-

11. Guido Knopp, *Les SS. Un avertissement de l'histoire*, *op. cit.*, p. 405.
12. *Ibid.*

burg se chargea avec opiniâtreté de la poursuite des criminels nazis, et particulièrement des membres des Einsatzgruppen. Là encore, malgré la volonté réelle des juges allemands de faire comparaître les bourreaux passés entre les mailles de la justice internationale et en dépit des preuves accumulées contre eux, très peu de poursuites furent suivies d'une condamnation. « Les officiers plus subalternes, précise Christian Ingrao, ont été inquiétés, énormément interrogés, parfois mis en examen, mais il ne faut pas s'étonner que relativement peu d'enquêtes aient débouché sur un procès ; les Allemands avaient opéré le choix fondamental de poursuivre sans encourir le risque d'accusation de rétroactivité. Donc, on n'opère des poursuites que pour les seuls chefs d'accusation de meurtre et complicité de meurtre. Le crime de guerre, le crime contre l'humanité étant absents du droit allemand des années 1930, ils ne sont pas considérés comme des chefs d'accusation pertinents. » Sur plus de 100 000 procédures pénales engagées, seulement 6 500 seront suivies de condamnations – et, dans la plupart des cas, à des peines courtes. Si le meurtre était le plus souvent prouvé, la responsabilité individuelle qui aurait permis de condamner leurs auteurs plus lourdement se révéla, pour les motifs énoncés par Christian Ingrao, plus difficile à démontrer.

L'écrasante majorité des criminels convoqués par les tribunaux ouest-allemands n'y comparurent qu'en tant que simples témoins. Sur les 6 500 personnes condamnées à l'issue des procès de Heilbronn, de Coblence, de Francfort, de Hambourg, de Stuttgart, on ne compte que 12 condamnations à mort et 163 à la réclusion perpétuelle. Karl Jäger, qui déclarait les États baltes Judenfrei au début de 1942, se suicide le 22 juin 1959 dans sa cellule de la prison de Hohenasperg. Otto Bradfisch, de l'Einsatzkommando 8, condamné à treize ans de réclusion en 1961, en purgera six. August Häfner, de l'Einsatzkommando 4a, qui fit exécuter les enfants de Belaya Tserkov, est condamné à huit ans de prison en 1976.

Le parcours d'Erich von dem Bach-Zelewski, le chef de la SSP en Biélorussie et Russie centrale, est plus sinueux et singulier. Arrêté, puis auditionné à Nuremberg, il commença par fanfaronner, déclarant n'avoir jamais pris part à la moindre exécution de masse. Au psychiatre américain Leon Goldensohn, qui interrogeait les chefs nazis en détention, il déclara même en 1946 : « Aujourd'hui encore, avec le recul, quand je me demande ce que j'aurais dû faire, je dois répondre qu'il valait mieux que quelques types honnêtes comme moi aient de l'influence au sein des SS et empêchent ainsi des saloperies[13]. » Il prétendait même avoir « sauvé au moins dix mille Juifs en les envoyant dans les marais du Pripet ». On ignorait alors le véritable rôle qu'il avait joué dans la SS. Il ne fut pas jugé à Nuremberg et remis en liberté. Ce n'est qu'en 1951 qu'il fut condamné par une cour de justice allemande à dix ans de travaux forcés. Il avouera la même année avoir fourni la capsule de cyanure avec laquelle Göring s'était suicidé. Bach-Zelewski, qui devait se rendre de lui-même à la prison pour purger sa peine, ne s'y présenta pas. Il ne fut pas recherché. Les années suivantes, il aurait travaillé comme veilleur de nuit dans un hôtel, sous son véritable nom. En 1961, il comparaissait de nouveau devant une cour de justice. Au terme de deux procès, il fut condamné pour avoir fait assassiner un SA pendant la Nuit des longs couteaux du 29 juin 1934, puis pour le meurtre de trois communistes, un an auparavant. Jamais il ne fut jugé pour ses crimes de masse en Biélorussie, bien qu'il les eût lui-même avoués et reconnus. Il est mort le 8 mars 1972, des suites d'une maladie, dans l'hôpital de la prison de Munich-Harlach.

Comme tant d'autres, Albert Hartl, de l'Einsatzgruppe C, à qui Blobel montrait crânement le Babi Yar où reposaient « ses 30 000 Juifs » au début de l'année 1942, ne fut jamais inquiété.

Sur les 3 000 membres des Einsatzgruppen responsables de l'assassinat de millions de personnes dont 1 500 000 Juifs, seuls 200 eurent à répondre de leurs actes devant une cour de justice.

13. Leon Goldensohn, *Les Entretiens de Nuremberg. Un psychiatre face aux criminels de guerre nazis*, Paris, Flammarion, « Champs/Histoire », 2009, p. 485.

XVI

Personne ne bénira notre poussière[1]

Août 1941, Staline autorise la création du Comité antifasciste juif – Ilya Ehrenbourg et Vassili Grossman rassemblent documents et témoignages pour un « livre noir » – Septembre 1944, publications partielles – Mai 1948, Staline dissout le CAJ, fait assassiner son président et interdit le « livre noir » – 1989, chute du Mur, le *Livre noir* paraît enfin en russe – 27 juillet 2008, à Lviv, manifestation en l'honneur de la SS Galicia – Ivanovytch, de la SS Galicia, décoré par le gouvernement Iouchtchenko – Une statue pour Petlioura dont la devise était : « Mort aux Juifs et aux communistes ! » – Un pays cimetière – Les pays Baltes entrent dans l'UE sans reconsidérer leur responsabilité – Distorsion de l'histoire – 12 octobre 2008, à Kirchberg, Dailide, ancien policier lituanien – Les Roumains, premiers responsables des massacres en Roumanie – La Pologne fait son examen de conscience – En Russie, lieux de mémoire et intérêts politiques – La culture yiddish à jamais disparue.

En Union soviétique, *a fortiori* dans la Russie de Staline, l'émotion que souleva le génocide à l'issue du conflit mondial fut de courte durée. Elle n'excéda pas deux ans. Les difficultés rencontrées par la publication russe du *Livre noir* d'Ehrenbourg et Grossman sont à cet égard significatives. C'est Albert Einstein qui eut le premier l'idée de ce « monument aux Juifs exterminés et à ceux qui avaient par miracle survécu », comme l'a quali-

1. Paul Celan, « Psaume », in *La Rose de personne*, *op. cit.*, p. 37.

fié Solomon Mikhoels, le président du Comité antifasciste juif (CAJ). En août 1941, au début de l'invasion allemande, Staline avait autorisé la création de ce comité constitué d'intellectuels juifs. Tout au long du conflit, le CAJ s'employa à alerter le monde sur le sort des Juifs de l'Est et à chercher des soutiens à l'Union soviétique dans sa guerre contre le nazisme. Lors d'une visite aux États-Unis des dirigeants du CAJ, en 1942, le célèbre physicien suggérait l'élaboration de ce « livre noir consacré exclusivement aux atrocités commises par les Allemands contre la population juive[2] ». C'est aux écrivains Ilya Ehrenbourg et Vassili Grossman, tous deux juifs et soviétiques convaincus, tous deux reporters de guerre embarqués dans les troupes de l'Armée rouge à la reconquête du territoire, que sera confiée cette mission. Grossman avait déjà publié plusieurs articles qui rendaient compte de la disparition des Juifs d'Ukraine. S'il avait pu rencontrer quelques rares rescapés sur la route qui le conduirait jusqu'à Berlin, il fut consterné de constater que, dans nombre de localités à majorité juive, il ne restait plus personne capable de témoigner. Aucun n'avait survécu. « Où étaient passés plusieurs centaines de milliers de Juifs, d'enfants et de vieillards ? Où étaient passées ces millions de personnes qui, trois ans auparavant, vivaient en paix aux côtés des Ukrainiens, travaillant sur cette terre[3] ? » s'interroge l'auteur de *Vie et Destin* dans l'un de ses articles.

Alors que se poursuivait le génocide, les deux auteurs commencèrent à rassembler la documentation nazie trouvée dans les régions libérées par les Soviétiques, des journaux intimes, des lettres de condamnés, des comptes rendus d'interrogatoires. Ils dépêchèrent sur place une quarantaine d'enquêteurs, journalistes et écrivains, qui récoltèrent les déclarations des rescapés et des témoins. Eux-mêmes avaient été aux premières loges de la dévastation et purent raconter ce qu'ils avaient vu. Il en

2. Ilya Ehrenbourg et Vassili Grossman, *Le Livre noir. Textes et témoignages*, Arles, Solin/Actes Sud, 1995, p. 19.

3. *Ukrayne on yidn. L'Ukraine sans Juifs*, cité par Antonella Salomoni, *L'Union soviétique et la Shoah*, *op. cit.*, p. 176-177.

résulterait, après un gigantesque travail de sélection, de synthèse et d'écriture, un monument de plus de 1 000 pages, divisé en parties par situations géographiques (Ukraine, Biélorussie, Lettonie, Lituanie, camps d'extermination, etc.), subdivisées elles-mêmes en sous-chapitres centrés sur les plus importants massacres de masse (Babi Yar, Berditchev – lieu de naissance de Vassili Grossman –, Minsk, Ponary, etc.), qui rassemblait témoignages, documents et articles, en grande partie rédigés par Ehrenbourg et Grossman.

Voici comment les auteurs, dont la collaboration ne fut pas sans heurts ni dissensions, définissaient la conception et la finalité du projet en septembre 1944, dans un mémorandum adressé à l'Académie des sciences. Conscients d'un raidissement du pouvoir central sur le « particularisme » juif, on y remarquera le souci de satisfaire au mythe de l'unité des peuples soviétiques : « *Le Livre noir* doit présenter un panorama de la féroce extermination de millions d'êtres humains perpétrée par les fascistes. L'ouvrage inclura des récits de survivants juifs et de témoins des brutalités ; des ordres allemands, ainsi que les comptes rendus et les dépositions des bourreaux ; des Mémoires et des journaux de victimes ayant réussi à se cacher. La profondeur de la tragédie ne doit pas être illustrée par des actes officiels ou des procès-verbaux, mais par des récits vivants. Il est extrêmement important de montrer la solidarité de la population soviétique et les actes d'héroïsme des Russes, Biélorusses, Ukrainiens et Polonais qui ont porté secours à des Juifs. Ces récits contribueront à guérir d'atroces blessures et renforceront l'idée de l'amitié entre les peuples. Il est nécessaire de faire voir que les Juifs sont morts avec courage, de mettre en relief tous les cas de résistance passive, ainsi que les organisations clandestines dans les ghettos, les évasions et les révoltes, les Juifs partisans qui ont échappé à la mort et se sont vengés des assassins de leurs propres familles[4]. »

Le Livre noir fut d'abord présenté sous forme de fragments dans la revue *Znamia*, dès 1944, puis partiellement publié en

4. Antonella Salomoni, *ibid.*, p. 168-169.

1946 en Roumanie et mis sous presse en russe la même année. Mais en 1948, date à laquelle l'ouvrage aurait dû être édité, agrémenté d'une préface d'Albert Einstein, le CAJ fut dissous par Staline, les châssis de composition du livre détruits, ses épreuves confisquées. La propagande soviétique lui reprochait de faire la part belle aux seules victimes juives, et de laisser penser que « les Allemands combattaient l'URSS dans le seul but d'exterminer les Juifs[5] ». Le livre fut interdit. Un an plus tard, Solomon Mikhoels, le président du CAJ, était assassiné par la police politique de Staline, et les autres dirigeants traînés devant les tribunaux. L'antisémitisme d'État venait de s'abattre sur la Russie stalinienne, annonçant par ces procès ceux du « complot des blouses blanches[6] ». Le « nationalisme juif » des auteurs et des promoteurs du livre fut dénoncé. Les magistrats firent valoir que le nombre des victimes juives était négligeable au regard des 27 millions de morts soviétiques. Ils exprimaient par ailleurs un sérieux doute quant au chiffre de 6 millions de morts, accusant aussi les dirigeants du CAJ de projeter la création d'une république juive en Crimée.

De plus, contrairement à ce que laissait entendre le mémorandum rédigé pour l'Académie des sciences, le livre abordait largement la question des collaborations locales, un sujet tabou dans l'URSS d'après-guerre. Tous les dirigeants du CAJ furent condamnés à mort et exécutés d'une balle dans la nuque en 1952 – triste réminiscence des méthodes de tuerie pratiquée aussi bien par le NKVD que par les Einsatzgruppen. Plus de

5. Cité par Ilya Altman, *in* Ilya Ehrenbourg et Vassili Grossman, *Le Livre noir*, *op. cit.*, p. 30.

6. Après avoir voté la création de l'État d'Israël en 1948, pensant qu'il serait un allié de l'URSS, Staline voit une telle perspective disparaître rapidement. En 1952, il prétend avoir mis au jour un complot « américano-sioniste » dont les agents seraient des médecins juifs. Une centaine d'entre eux, dont Miron Vovsi, le médecin personnel de Staline, sont arrêtés, torturés et déportés dans un goulag. L'Occident s'indigne, Israël rappelle son ambassadeur, rompant ses relations diplomatiques avec l'URSS. La campagne antisémite gagne rapidement l'ensemble du bloc de l'Est. Un an plus tard, à la mort de Staline, Lavrenti Beria met un terme aux arrestations. Un communiqué fera savoir que le complot des médecins n'a jamais existé.

450 intellectuels et artistes juifs disparaissaient l'année suivante, cette campagne meurtrière ne s'arrêtant qu'en 1953, avec la mort du dictateur.

Il faudrait attendre 1989 et la chute du mur de Berlin pour que soit enfin édité *Le Livre noir* en langue russe. Dès lors, dans la foulée de l'autorisation de sortie accordée à plus d'un million de Juifs soviétiques au tout début des années 1990, la Russie allait réexaminer son passé et, en réhabilitant le martyre des Juifs, en réécrivant pour partie son histoire (oui, « la grande guerre patriotique » avait aussi été menée pour sauver les Juifs), faire du génocide une arme politique contre ses anciennes républiques qui, depuis leur indépendance, renouaient avec l'héritage nationaliste. Sur le champ de bataille de l'opération Barbarossa, dans ces pays naguère déclarés Judenrein par les génocidaires nazis, les choses avaient évolué différemment depuis l'effondrement de l'URSS.

C'est à Lviv que s'acheva le tournage en Ukraine. L'avant-veille de mon retour à Paris, nous n'avions plus grand-chose d'autre à faire que filmer des plans de la ville. L'équipe s'était disloquée, chacun de nous vaquant de son côté à des occupations plus ou moins touristiques. Malgré ses qualités architecturales, j'avais ressenti un profond malaise en arrivant à Lviv. Il ne me quitterait pas, s'attisant au contraire au fil des jours. Le musée consacré aux nationalistes de l'UPA, véritable fierté locale, les mausolées immaculés élevés à la mémoire des combattants de la SS Galicia, la rue portant le nom de Stepan Bandera, tout cela contribuait à me rendre l'atmosphère de la cité galicienne étouffante. À tort ou à raison, j'y percevais une haine sourde, s'affichant de manière diffuse mais non moins claire à l'encontre des Soviétiques, bien sûr, mais aussi des Juifs. Le 27 juillet 2008, en fin d'après-midi, je me promenai seul quand je tombai, tout au long de l'enfilade de places le long de l'avenue Svoboda, sur une foule compacte, rassemblée là, tous âges et sexes confondus, portant des T-shirts, des banderoles et des drapeaux de différentes couleurs (bleu et jaune, ou rouge et noir) agrémentés de sigles que je ne me préoccupai pas d'identifier. Une grande scène avait été installée sur la place de l'Opéra. Des groupes de musiciens locaux s'y produisaient dans une ambiance festive, a priori bon enfant.

Je ne m'attardai pas et allai en fin de journée boire un café sur l'une des terrasses de la belle place Rynok. Je croisai sur mon chemin des visages étonnamment patibulaires, qui paraissaient me dévisager avec hostilité. Ils allaient et venaient autour de la manifestation qui ne cessait de prendre de l'ampleur. Le fond de l'air était électrique. Quand je m'assis en terrasse, deux hommes à une table voisine me hélèrent en ukrainien sur un ton à l'évidence inamical. Je leur demandai en anglais ce qu'ils me voulaient. La tension monta d'un cran. L'un d'eux, le plus véhément, continua de s'adresser à moi en éructant des paroles inintelligibles. Il cherchait ostensiblement la bagarre. C'était un colosse et je ne voyais pas pourquoi, sans rien comprendre à ses vociférations, je me serais frotté à lui. Je décidai de changer de place. C'est à ce moment que mon téléphone portable sonna. C'était Olga. « Tu as vu la manifestation ? – Oui, de quoi s'agit-il ? – C'est en l'honneur de l'UPA et de la SS Galicia… » La manifestation, intitulée « Soirée du requiem », financée, produite, organisée par la municipalité, en partenariat avec la télévision locale, rendait hommage aux soldats ukrainiens morts durant la Seconde Guerre mondiale. Les couleurs que je n'avais pas su identifier étaient celles de l'organisation au trident et de la division SS ukrainiennes, conjointement célébrées. Il m'aurait suffi d'être davantage attentif aux affiches placardées un peu partout en ville pour le comprendre. Il y avait celles, largement majoritaires, figurant un milicien de l'UPA et un autre sous l'uniforme SS, qui disaient en gros « Contre le bolchevisme, contre le nazisme ». Elles mettaient l'accent sur la dimension indépendantiste et non affiliée de ces organisations. Un mythe autant qu'une mystification. D'autres représentaient un milicien écrasant sous son pied gauche la faucille et le marteau, et sous le droit la svastika – de la même veine que les précédentes. Une troisième série, minoritaire mais non moins visible, plus objective en somme, revendiquait clairement la croix gammée.

Olga, qui s'était faufilée dans la foule, était allée à la rencontre d'un contingent d'anciens de la SS Galicia portant l'uniforme ou des vestes ornées de médailles et de décorations diverses. Elle parla un moment avec eux afin d'arracher leur accord pour une ultime interview que nous tournerions le lendemain. Deux d'entre eux acceptèrent. Je ne pouvais cependant m'en contenter. Cette manifestation était tellement invraisemblable qu'il fallait la filmer. Le temps de rassembler l'équipe de tournage et un matériel le plus léger possible, la nuit était tombée depuis longtemps et la foule de l'après-midi plus clairsemée. Il nous parut trop risqué de filmer avec la caméra. Nous avions rapidement compris que nous n'étions pas les bienvenus. Nous décidâmes d'utiliser l'appareil photo de Nicolas, suffisamment sophistiqué pour enregistrer plusieurs minutes de film, de jour comme de nuit, et nous nous mêlâmes à la foule. Nous filmâmes tout ce que nous pûmes sous les regards d'abord suspicieux, puis excédés des vigiles qui encadraient ce qui tournait au concert folklorique. Des nervis en treillis étaient plantés de part et d'autre de l'estrade des musiciens, tenant à bout de bras les étendards des organisations nationalistes. Genia fut notre garde du corps. Sans lui, nous nous serions probablement fait lyncher. Les organisateurs redoutaient les journalistes étrangers. Plusieurs fois ils nous demandèrent avec une fermeté de plus en plus menaçante de quitter les lieux. La foule n'était pas en reste et nous assassinait du regard. Au bout d'un moment, un attroupement peu rassurant s'était formé autour de nous. Nous finîmes par déguerpir, prenant soin de semer d'éventuels poursuivants en nous perdant dans les venelles aux abords de l'avenue.

Nous ne pouvions faire, le jour précédant le retour à Paris, qu'une seule des deux interviews des anciens de la SS Galicia. Je décidai que nous irions voir chez lui Mykhaylo Ivanovytch, un homme de 75 ans, engagé volontaire dans la division SS ukrainienne formée au début de l'année 1943. La SS Galicia – contrairement aux bataillons Nachtigall et Roland[7], qui

7. Nachtigall et Roland furent dissouts après trois mois d'activité, les SS craignant que les membres de l'UPA, Stepan Bandera s'étant révélé

furent opérationnels au tout début de Barbarossa –, essentiellement composée de membres de l'UPA (les partisans de Stepan Bandera), ne prit pas part à l'extermination des Juifs. Il n'y en avait plus quand la division entra en activité au début de l'année 1944, et les exactions qu'elle commit en Slovaquie, en Yougoslavie et en Autriche (les trois fronts sur lesquels elle fut envoyée) ne sont pas à ce jour authentifiées. Pour la plupart, les Galiciens versés dans cette unité combattante de la Waffen-SS étaient de très jeunes nationalistes (25 000 environ), une chair à canon utile aux troupes allemandes en pleine débâcle qui la sacrifièrent à Brody, en juillet, pour couvrir leurs arrières.

C'est dans l'immeuble hautement insalubre d'une cité de la banlieue de Lviv, très abusivement baptisée Santa Barbara, que nous reçoit l'ancien Waffen-SS ukrainien. Il nous accueille chez lui, un petit appartement crasseux envahi de cafards, le calot de milicien incliné sur le crâne, une veste grise sertie de nombreuses décorations, en chantant la devise de son régiment. Un hymne à Himmler : « Je le jure devant Dieu, avec mon commandant, je combattrai le bolchevisme jusqu'à ma dernière heure, jusqu'au dernier soupir… » Sa déférence à l'égard du chef de la SS est intacte ; il se souvient avec émotion que Himmler était présent lors de la prestation de serment de son régiment à Neuenhammer. L'homme est volubile, et plutôt sympathique. Rien à voir avec un spécimen tel que Farmiga, cet ancien de la SS Viking qui m'avait fait une épouvantable impression dans la région de Kamenets-Podolski. S'il ne renie rien, bien au contraire – la SS Galicia fait la fierté de l'Ukraine actuelle –, Hoyanuk Mykhaylo Ivanovytch a la conscience et les mains propres. Il n'a vraisemblablement participé à aucun massacre de civils ou de partisans, et il a fait dix ans de goulag en Sibérie, après que son régiment eut été décimé par les Russes. « Ils nous ont encerclés du nord de Brody à Ternopil. Les nôtres se sont battus aux côtés du 13e corps d'armée alle-

ingérable et de plus en plus hostile à l'occupation allemande, n'ayant pu obtenir d'eux la direction d'un État ukrainien fasciste et indépendant, finissent par se retourner contre eux.

mand. Les Allemands étaient déjà très affaiblis ; nous n'avions plus les chars ni l'aviation pour nous couvrir. Les Russes nous ont anéantis. Il y a eu entre 3 500 et 4 000 tués dans nos rangs. C'est là que se trouve maintenant notre cimetière, sur le mont Jbyr, à Yasynov. Vous pouvez y aller, si vous avez le temps. Ce n'est pas loin. Nous l'avons fait baptiser dimanche dernier. » Pour un homme tel qu'Ivanovytch, la morale de l'époque, s'il en est une, demeure insaisissable ; la symétrie NKVD/SS ou Beria/Himmler est totale. Les Soviétiques ont gagné. Cela aurait pu être les Allemands. Il a payé le prix de son engagement, il n'y a rien de plus à ajouter.

En fin d'entretien, je lâche : « Pourtant, vous saviez ce qui était arrivé aux Juifs. Vous n'avez pas craint d'être assimilé à ces criminels en vous engageant dans la SS ? » Pour appuyer ma question, je jette sur la table, sous ses yeux, une série de photographies de charniers, monceaux de cadavres dénudés dans une des fosses de la région. Ivanovytch est embarrassé, mais pas déstabilisé. « Oui, je sais, dit-il, les Allemands faisaient cela. Ils déshabillaient et ils tuaient les Juifs. Ça s'est passé en 1941 et en 1942. Les membres de la SS Galicia, nous étions très jeunes à l'époque. Nous avions entre 15 et 20 ans. Je me souviens qu'on les a vus se faire emmener à la gare de Kolomya, mais que pouvions-nous faire ? Les Allemands savaient que les Juifs avaient de l'argent et qu'ils s'enrichissaient facilement. Ils les ont tués pour prendre leurs biens. Les Tsiganes aussi ont été tués. Cela n'a servi à rien. Vous savez, les Juifs qui sont partis avant l'arrivée des Allemands ont eu de la chance, ils ont pu s'enfuir à l'Est. Mais parmi ceux qui ont survécu ici, beaucoup ont été cachés en Ukraine par l'UPA. Bon… c'est vrai, il y en a qui les cachaient par intérêt. Ils prenaient leurs dollars, et puis ils allaient les dénoncer. Il y avait des salopards, je ne le nie pas. »

Pendant le temps de l'entretien, je ne cessai de me demander d'où provenaient les décorations épinglées à la veste du SS. Il me semblait peu vraisemblable qu'elles fussent d'époque. Il eût été difficile de les conserver au goulag ou sous la domination soviétique. Avant de partir, je les examinai d'un peu plus près et constatai qu'elles portaient des indications de date très récentes : 2004, 2007… Ces médailles, en remerciement du « service rendu à la nation », lui avaient été décernées par le gouvernement de Viktor Iouchtchenko. Le chef d'État ukrainien, le héros de la Révolution orange demeuré au pouvoir jusqu'en février 2010, n'a jamais raté une occasion de rendre hommage aux héros de la SS ukrainienne ou aux personnalités les plus outrancièrement antisémites du pays et, d'une manière générale, à toutes ses composantes nationalistes et pro-nazies. La liste est longue et son inventaire fastidieux. Rappelons à titre d'exemple que Iouchtchenko demandait en 2007 d'accélérer les mesures pour ériger à Lviv un monument à la gloire de Roman Choukhevitch, l'ancien chef nazi puis commandant de l'UPA, et pour aménager à Kiev un parc en l'honneur de l'organisation nationaliste ; qu'Anatoli Kinakh, son Premier ministre d'alors, a déclaré que « la SS Galicia fait partie intégrante de l'histoire de l'indépendance ukrainienne », et que les anciens de la division SS, dans plusieurs communes, dont Ivano-Frankovsk où furent exécutés 7 000 Juifs par l'Einsatzgruppe C et les miliciens ukrainiens, ont désormais des droits égaux aux vétérans de l'Armée soviétique. Seule la Douma a protesté.

Ajoutons que les manifestations qui célèbrent la SS en Ukraine ne se cantonnent pas à la Galicie : en 2007, ce ne furent pas moins de 100 000 pro-nazis qui manifestèrent dans la capitale, avec la bénédiction des autorités. Autre exemple : l'inauguration en 2006, à l'angle de la rue Volodimerska et de l'avenue Taras-Chevtchenko, d'une statue à la gloire de l'ataman (général en chef) Petlioura, commandant de l'armée nationale et chef d'un éphémère gouvernement indépendant dans les années 1918-1920. Un héros du nationalisme ukrainien. Sa devise était « Mort aux Juifs et aux communistes ! ». Petlioura tint parole, notamment en cautionnant près d'un millier de pogroms au cours de cette période. Des pogroms qui firent de 30 000 à 100 000 victimes et provoquèrent l'exode de 200 000 Juifs à l'étranger. « Parfois, les cosaques de Petlioura avaient obligé les mères à tendre elles-mêmes leurs bébés au couteau : le cou était scié et le petit corps dégoulinant de sang laissé dans les bras de la mère qu'on éventrait quelques instants après […].

Des Juifs nus ont été pendus par les mains au plafond d'une chambre où brûlait un feu de bois. Les soldats jouaient à qui taillerait d'un seul coup la plus large tranche de chair, puis on faisait griller ces morceaux de viande et on les présentait à la bouche des suppliciés. On en a forcé à manger leurs vêtements avant de les tuer. À un vieillard qu'on a rasé, on a fait manger sa barbe, puis on l'a saigné quand on se fut bien amusé à le regarder [...]. On a coupé des bras, des jambes, des lèvres, on a crevé des yeux, on a éventré des femmes enceintes – et si, dans les maisons, on n'exécutait guère qu'à l'arme blanche, dans les rues on tirait avec le fusil et à la mitrailleuse sur les fuyards qui sautaient par les fenêtres [...]. De 1917 à 1920, ce fut, selon les plus basses évaluations, l'assassinat de cent mille personnes toutes innocentes [...]. L'ataman Petlioura a toléré et encouragé ces exécutions sommaires en masse. Il n'a élevé que d'anodines réserves, et après coup, pour la galerie. Il a déclaré que les pogroms étaient nécessaires pour entretenir un bon esprit dans son armée. Aux survivants d'un assassinat collectif, il a dit : on a eu tort de vous laisser en vie[8]. »

Petlioura fut assassiné à Paris en 1926 par Samuel Schwartzbard, un Juif ukrainien dont la famille avait été massacrée dans l'un de ces pogroms[9]. Au mois de mai 2009, trois ans après l'inauguration de la statue de Petlioura à Kiev, Iouchtchenko en personne se rendait à un concert célébrant le 130e anniversaire de la naissance du grand homme. Même au sujet de l'Holodomor, la Grande Famine orchestrée par le NKVD en 1932-1933, l'attitude de Kiev paraît verser dans une concurrence victimaire aux connotations ambiguës. Depuis 2008, la date du 12 juin com-

8. Henri Barbusse, *Faits divers*, 1928, cité par Alain Guérin, *Le Général gris*, *op. cit.*, p. 134.

9. L'intellectuel juif Bernard Lecache, qui assistait comme chroniqueur judiciaire au procès de Schwartzbard, déclencha une campagne de soutien au jeune Juif ukrainien. Il milita ardemment pour son acquittement, et créa la « Ligue contre les pogroms » qui reçut le soutien de Léon Blum, de Maxime Gorki et d'Albert Einstein. C'est en très grande partie grâce à Lecache que Schwartzbard fut acquitté du meurtre de Petlioura. Après le procès, la ligue créée par Lecache prenait le nom de LICA (Ligue contre l'antisémitisme), puis de LICRA (Ligue contre le racisme et l'antisémitisme).

mémore par une loi ce sinistre événement de l'histoire ukrainienne. Rien de plus naturel, si ce n'était l'intitulé de ladite loi, qui déclare dans son article 1 que « le quatrième samedi de novembre est désigné "Jour commémoratif de la famine et du génocide ukrainiens" (Holodomor) ». On est en droit de s'interroger sur l'ajout du terme « génocide » censé définir et qualifier le crime commis par les Soviétiques. Il s'agit de ne pas accorder aux seuls Juifs ce « privilège ». « Viktor Iouchtchenko s'échine pour que la Grande Famine soit reconnue comme un génocide. Ce faisant, il ne se contente pas de suggérer une équivalence entre la catastrophe provoquée par Staline, qui coûta la vie à près de six millions de personnes, mais qui ne concerne pas que des citoyens ukrainiens, et l'Holocauste, écrit l'historien Omer Bartov. Depuis que l'Ukraine a obtenu l'indépendance en 1991, une tendance nouvelle peut être observée. Aujourd'hui, les héros du nationalisme et de la libération de l'Ukraine, qui avaient été réprimés par les communistes, peuvent ressusciter. Qu'ils aient activement participé aux exécutions de masse des Juifs n'est pas le problème de leurs supporters. L'ancienne Galicie de l'Est fait l'expérience d'une renaissance mémorielle. Mais il ne s'agit que de la mémoire nationale ukrainienne. Alors que de nouveaux mémoriaux, toujours plus nombreux, honorant la lutte des Ukrainiens pour leur libération sont érigés, tout ce qui témoigne de la vie juive est relégué aux oubliettes. Leurs cimetières sont devenus des marchés, les synagogues des dépôts à ordures, les fosses communes laissées à l'abandon, si bien que les ossements des victimes remontent à la surface à chaque dégel. Alors même que disparaissent les dernières traces de vie et de culture juives, resurgissent les discours antisémites, les Juifs étant blâmés pour les souffrances infligées aux Ukrainiens, pour la Grande Famine des années 1930, pour l'assassinat des héros du nationalisme par les Soviétiques et pour la corruption des régimes post-soviétiques. [...] Il s'agit, intentionnellement, d'une distorsion et d'un effacement de l'histoire[10]. »

10. Omer Bartov, « Trouver – ou effacer – les Juifs d'Ukraine », *Haaretz*, 16 octobre 2007.

Avant la guerre, l'Ukraine était composée d'une mosaïque de communautés. Y résidaient côte à côte Ukrainiens, Juifs, Arméniens, Polonais, Russes, Tsiganes. Le conflit a fait table rase de cette diversité. Aujourd'hui, l'Ukraine est un pays ethniquement homogène, et c'est sur cette homogénéité retrouvée, réinventée, pourrait-on dire, que le nationalisme a pu s'épanouir. Dès lors, la haine des Juifs s'y exprime ouvertement, libérée de la contrainte d'un pouvoir extérieur et despotique (l'Union soviétique), des faits historiques et du sentiment de culpabilité. Régulièrement surgissent documents et allégations blâmant les Juifs ou incitant à des violences contre eux, à l'instar de cet opuscule de huit pages signé d'une obscure « Communauté orthodoxe d'Odessa ». Apparu en décembre 2007, il appelait à organiser des pogroms contre les Juifs. D'autres brochures et ouvrages du même type se sont retrouvés librement sur les présentoirs du Salon international du livre de Kiev. Tout cela galvanise des sentiments antijuifs en constante progression. Selon une étude effectuée auprès de 1 800 personnes par le Fonds juif d'Ukraine, le pourcentage des personnes interrogées souhaitant qu'il n'y ait pas de Juifs en Ukraine est passé, entre 1994 et 2006, de 26 % à 36 %[11].

Mais les traces du génocide sont tenaces. Les occulter totalement demeure une gageure. Apparaissant de manière toujours inattendue, elles ne cessent de se rappeler au souvenir des Ukrainiens. En juin 2007, au cours de travaux de construction d'un centre d'affaire près de Netichine, dans l'ouest du pays, on découvrait à un mètre sous terre une fosse contenant les restes d'une soixantaine de femmes et d'enfants, des douilles et les fragments d'une Thora. À Gvozdovka, à 300 kilomètres de Kiev, ce sont plusieurs milliers de corps que les ouvriers travaillant sur la conduite de gaz du village mettaient au jour au mois de mai de la même année. Depuis, d'autres fosses ont été découvertes dans plusieurs régions d'Ukraine. On en découvre chaque année depuis soixante-cinq ans. De mauvais souvenirs à l'inévitable rémanence : le pays entier est un gigantesque cimetière.

11. « L'antisémitisme toujours d'actualité », *Le Monde*, 13-14 janvier 2008.

Les hommages et les soutiens aux franges les plus nationalistes ne sont pas le seul apanage de l'Ukraine. Ils sont tout autant, sinon plus importants dans les trois pays Baltes. Particulièrement en Estonie, où les manifestations pro-nazies font partie du folklore local. Rappelons que l'Estonie fut le premier des pays à avoir été déclaré « Judenfrei » par les autorités du Reich, et que 94,8 % de la population juive de Lituanie a été exterminée par les Lituaniens eux-mêmes. Or, contrairement à l'Ukraine, qui poursuit les pourparlers préalables à son intégration, les pays Baltes font aujourd'hui partie de l'Union européenne. Pour Ephraïm Zuroff, actuel directeur du Centre Simon-Wiesenthal à Jérusalem et responsable de l'opération « Last Chance », l'ultime chance de faire comparaître les criminels et collaborateurs nazis connus devant une cour de justice a été manquée : « La pire des choses, d'un point de vue mémoriel, c'est que ces trois pays aient été intégrés à l'Union européenne avant de s'être confrontés à leur passé. Une fois dans l'UE et l'OTAN, il n'y avait plus de pressions possibles les obligeant à considérer leur responsabilité, et encore moins à ce qu'ils jugent leurs criminels. Là-bas, le temps joue contre nous, et nous sommes sur le point d'avoir perdu la bataille[12]. » S'il est impossible dans les pays de l'Est de nier purement et simplement la Shoah (il existe dans chaque famille des vieilles personnes qui peuvent témoigner de l'extermination des Juifs), Ephraïm Zuroff s'inquiète davantage des effets de la réécriture et de la « distorsion » de l'histoire, aussi bien dans les pays Baltes qu'en Ukraine ou en Croatie[13] : « Le processus de "dis-

12. Entretien avec Ephraïm Zuroff, Jérusalem, 29 juin 2008.

13. Ce sont les nationalistes croates, les Oustachis d'Ante Pavelic, qui ont pratiqué l'extermination des Juifs de Yougoslavie. À partir du printemps 1941, Pavelic est installé par Hitler à la tête d'un régime fantoche à la solde de l'occupant. Ses Oustachis engagent immédiatement une impitoyable politique d'« épuration ethnique ». Ils massacrent les orthodoxes et convertissent de force les Serbes. Les réfractaires sont assassinés au même titre que les Juifs, les Tsiganes et les communistes croates. On estime que 550 000 Serbes, 20 000 Croates, 90 000 Bosniaques, 60 000 Juifs, 50 000 Monténégrins, 40 000 Tsiganes et 30 000 Slovènes furent victimes du régime des Oustachis. Profondément catholique, Pavelic sera pris en charge

torsion" historique à l'œuvre dans ces pays est bien plus dangereux que la négation de l'Holocauste. Car, aussi abominable que soit le négationnisme, force est de constater qu'il a totalement échoué. Personne ne prend plus de telles allégations au sérieux. Aucune société occidentale n'en a de près ou de loin subi l'influence, en tout cas jusqu'à aujourd'hui. En revanche, nul n'a prêté la moindre attention à la manière dont les pays de l'Est de l'ère post-soviétique réécrivaient l'histoire et diffusaient des mensonges concernant leur propre implication dans le génocide. La tendance la plus affirmée est de faire accroire que la Shoah fut pratiquée par les Allemands et les Autrichiens, et que les populations locales n'y ont pris aucune part, qu'elles n'ont aucune responsabilité dans ce qui s'est passé. C'est une tendance forte. Par ailleurs, l'argumentation nazie selon laquelle ce sont les Juifs qui ont déclenché la guerre est encore largement admise. Il sera désormais très difficile de faire machine arrière. Cette réécriture est particulièrement évidente à travers les manuels d'histoire de collège et de lycée, et aussi par le fait qu'aucun criminel ne soit plus jugé dans ces pays. En Lituanie par exemple, il est bien plus facile d'organiser une cérémonie tournant en dérision l'Holocauste que de juger d'anciens génocidaires.

« De ce point de vue, le cas d'Aleksandras Lileikis est un bon exemple. Lorsque Lileikis est rentré en Lituanie, au lieu de le mettre en prison son pays en a fait un héros national. En accédant à la démocratie, la Lituanie, mais c'est également vrai des autres pays de la région, aurait dû se demander s'il était préférable de faire de quelqu'un comme Lileikis un héros, ou d'examiner objectivement ses crimes. La Lituanie n'a rien appris de son histoire, et aucun pays d'Europe occidentale, ni même Israël, ne l'a encouragée à faire le seul choix qui aurait été acceptable[14]. » Lileikis était le chef de la Saugumas de Vil-

---

à l'issue du conflit mondial par les réseaux du Vatican de Pie XII, ce qui lui permettra de fuir en Argentine. Après deux tentatives d'assassinat, vraisemblablement organisées par les services de Tito, Pavelic quitte l'Argentine pour l'Espagne. Il meurt à Madrid en 1959 des suites de ses blessures.

14. Entretien avec Ephraïm Zuroff, déjà cité.

nius, la police de sécurité lituanienne aux ordres, entre 1941 et 1944, de la Sipo et du SD dont dépendaient les formations Einsatzgruppen. Si la Saugumas ne pratiquait pas les exécutions de masse, elle avait la charge de la surveillance des ghettos de Kaunas et de Vilnius. Elle organisait la chasse aux Juifs qui s'en évadaient et la répression des partisans polonais ou communistes. De 1945 à 1955, date à laquelle il a obtenu la nationalité américaine, l'ancien policier lituanien a fait du renseignement en Allemagne pour la CIA qui n'ignorait rien de ses activités pendant la guerre. Devenu citoyen américain, il coula des jours tranquilles aux États-Unis, en compagnie d'autres membres de la Saugumas. Quand les médias commencèrent, au début des années 1990, à lui demander des explications, Lileikis, inlassablement, leur répondait : « Apportez-moi des preuves ! » Après plusieurs années d'investigation, les enquêteurs américains lui présentèrent un document signé de sa main prouvant qu'il avait fait exécuter la jeune Gita Kaplan et sa fille de 6 ans. En 1996, les preuves accumulées par le procureur Michael Mukasey et les organisations juives eurent raison de sa citoyenneté. Aleksandras Lileikis fut expulsé en Lituanie, les tribunaux américains n'étant pas habilités à le juger. La Lituanie s'était engagée à le faire comparaître. Le procès, incessamment repoussé, n'eut jamais lieu. Lileikis mourut chez lui en 2000, à l'âge de 93 ans, sans avoir été jugé.

Algimantas Dailide, l'un de ses subordonnés à Vilnius, se trouvait dans une situation comparable lorsque je faisais mon enquête. Au mois d'octobre 1941, ce policier lituanien avait fait arrêter douze Juifs – six hommes et six femmes – qui s'étaient échappés du ghetto. Ils avaient ensuite été emmenés à Ponary et assassinés. Après la guerre, Dailide avait immigré aux États-Unis et obtenu la nationalité américaine en falsifiant sa biographie. Dans la demande de naturalisation qu'il avait adressée aux services de l'immigration en 1955, il passait sous silence son appartenance à la Saugumas. Dailide était néanmoins rattrapé par son passé dans les années 1990, le rapport consignant l'arrestation des douze personnes exécutées à Ponary, signé de sa main et transmis à son chef, Aleksandras Lileikis, ayant été retrouvé et authentifié. L'ancien policier lituanien se voyait obligé de justifier ses fausses déclarations aux services de l'immigration américain qui ouvrirent une enquête. En 2004, son appartenance à la Saugumas était établie. Dailide fut poursuivi et une procédure de dénaturalisation engagée. Il choisit de fuir les États-Unis. Du Canada, où il était entré illégalement, il gagna l'Allemagne et s'y installa. Il y réside actuellement. En 2005, il fut condamné par contumace pour crime de guerre à Vilnius. Mais, contre toute attente, le tribunal lituanien renonçait à son incarcération – en raison de l'état de santé de son épouse.

Lorsque je le rencontrai chez lui, dans son appartement de Kirchberg, l'une de ces bourgades de la région de Dresde où se sont établis d'anciens nazis, Algimantas Dailide occupait la neuvième position sur la liste du Centre Simon-Wiesenthal des criminels les plus recherchés. Il y a depuis gagné quelques places, notamment du fait de l'arrestation de John Demjanjuk[15] et du vraisemblable décès d'Alois Brunner[16]. Dans cette niche juridique qui le rend ni expulsable ni apte à être jugé en Allemagne, Dailide poursuit une paisible retraite. Seuls quelques journalistes mal intentionnés, tels ceux du quotidien israélien

15. Surnommé « Ivan le Terrible », cet ancien gardien de camps ukrainien à Treblinka, Maïdanek, Auschwitz, réfugié sous une fausse identité aux États-Unis, a longtemps échappé à la justice. Condamné une première fois à mort en Israël, son cas s'était soldé en appel par un non-lieu en 1993, les preuves ayant été jugées insuffisantes par la Cour suprême israélienne. Expulsé des États-Unis en 2009, il a été expédié en Allemagne où il sera jugé pour son rôle dans le meurtre de 30 000 Juifs.

16. Celui qui dirigea le camp de Drancy, le représentant d'Eichmann en France qui a fait déporter 37 000 Juifs autrichiens et 43 000 Juifs de Salonique vers les camps de la mort, l'un des responsables de premier plan de la Solution finale et de la déportation des enfants d'Izieu, a été accueilli par la Syrie dans les années 1950 où il a vécu sous le nom de Georg Fischer, travaillant au service du gouvernement de Damas. Un mandat d'arrêt international délivré par Interpol et plusieurs tentatives d'enlèvement par les services israéliens (Brunner perd un œil et des doigts en ouvrant une enveloppe piégée envoyée par le Mossad) ne permettront pas de l'arrêter et de le faire passer en jugement. Il a été condamné en France par contumace à la prison à vie en mars 2001. Si plusieurs témoignages ont pu affirmer qu'il était encore en vie au début du XXIe siècle, il serait désormais mort et enterré dans le cimetière chrétien de Damas.

Haaretz, viennent le déranger de temps à autre. L'homme a toujours clamé son innocence, et répond sans sourciller aux questions des journalistes, ne risquant plus désormais de comparaître devant une cour de justice, fût-elle lituanienne – il ne s'est pas rendu à son procès. C'est pourquoi il accepta de me recevoir. Notre entretien fut long et âpre. Je ne lui laissai pas le temps de reprendre son souffle, l'abreuvant de questions directes, parfois brutales. Il ne se laissa que rarement déstabiliser. Quand cela se produisait, il bafouillait, finissait par noyer le poisson dans des explications fumeuses, ou faisait mine de ne pas comprendre. En fin d'entretien, il se réfugia dans le silence. Tout du long il se montra d'une invraisemblable mauvaise foi, faisant preuve d'une pugnacité étonnante pour un homme de 87 ans. Rusé, armé d'un aplomb hors du commun, il ne lâcha rien, quand bien même il n'opposait aux preuves que je lui soumettais (je m'étais muni de tous les documents attestant sa culpabilité) que des mensonges qui auraient paru risibles en d'autres circonstances.

Quand je lui présentai le rapport d'arrestation – document qui a envoyé à la mort une douzaine d'innocents –, il reconnut son écriture, mais déclara qu'il avait été abusé par sa naïveté. Ce rapport, il ne l'avait pas rédigé. Il s'était contenté de le recopier et de le mettre en forme, sans savoir de quoi il s'agissait. Sa signature ? Son collègue, celui qui avait établi la liste, était analphabète (ce qui, en soi, peut paraître contradictoire). L'homme était incapable de le signer ou de l'antidater lui-même. « Ces gens n'étaient pas très éduqués. C'étaient juste de simples gardiens à l'entrée du bâtiment. Ils ne savaient pas écrire comme il faut. Donc, ils m'ont demandé de le faire. Si j'avais su avant, je ne l'aurais pas signé. Si j'avais su… mais je ne savais rien à ce moment-là[17]. » Dailide prétendit ignorer de bout en bout ce qui se passait en Lituanie quand il était policier à Vilnius. Élève de l'école des gardes forestiers jusqu'en juin 1941, c'est par hasard qu'il se serait retrouvé membre de

17. Entretien avec Algimantas Dailide, 12 octobre 2008, Kirchberg, Allemagne.

la Saugumas, un corps de police selon lui parfaitement anodin. « Mais, objectai-je, si la Saugumas n'était pas une organisation criminelle, pourquoi avoir menti aux services de l'immigration américains lorsque vous êtes venu vous installer aux États-Unis ? » Dailide pensait seulement qu'il valait mieux ne pas parler de la guerre. Sur les exécutions de Ponary, il affirme n'en avoir entendu l'écho que bien plus tard :

« 70 000 Juifs ont été tués à Ponary, et cela ne vous dit rien ? Vous ignoriez donc les conséquences de votre signature sur ce papier ?

– Comment l'aurais-je su ?

– Vous n'étiez pas au courant ?

– Nein. Non ! Attendez une minute... Il y avait plein de gens qui ne savaient pas, car, officiellement, il n'y avait pas de presse, pas de radio par lesquelles vous pouviez vous renseigner...

– C'était à Vilnius.

– Attendez, attendez, laissez-moi finir...

– Que signifiait pour vous le mot "ghetto" ? La Saugumas était responsable de la surveillance du ghetto. Vous n'avez pas fait le rapprochement entre son existence et la persécution des Juifs ?

– Vous êtes jeune, vous ne vous rendez pas compte qu'avant on n'avait pas accès à l'information comme maintenant.

– Votre cas date du mois d'octobre 1941.

– 1941, oui.

– Au cours de l'été 1941, plusieurs milliers de personnes ont été assassinées. Elles ont marché à travers toute la ville jusqu'à Ponary qui est à huit kilomètres de Vilnius, et vous ne le saviez pas ? Je suis allé à Vilnius, j'ai parlé aux gens, tout le monde savait ; vous étiez dans la police et vous n'étiez pas au courant ?

– Ces gens ne savaient pas, ils l'ont lu plus tard.

– Ils ont vu les gens marcher vers la forêt, ils ont entendu les coups de feu. Ils habitaient là. Ils y habitent toujours. Ces gens n'aiment pas particulièrement les Juifs, mais ils peuvent en témoigner.

– Eux, ils y étaient, pas moi. Vous savez, Vilnius n'est pas un village, c'est une grande ville…

– D'après ce que j'en ai vu, Vilnius n'est pas une grande ville. Un policier aux ordres des SS pouvait-il ignorer ce qui se passait dans son propre quartier ?

– Je… j'ai entendu dire que des gens ont été exécutés, mais c'est tout ce que je sais. »

Enfermé dans son système de défense, Dailide finira par tenir des propos négationnistes, arguant que les Juifs dont les noms sont sur la liste étaient en réalité vivants après la guerre. On lui reprochait des assassinats qui n'avaient jamais eu lieu ; il se dit victime d'un complot des organisations juives. « Celui-là, Mark Shapiro… il y a des documents qui prouvent qu'il était vivant après la guerre. Les Juifs qui étaient encore là, ils ont été transférés dans le ghetto de Riga. Ce Shapiro est parti à Riga et ensuite en Allemagne. Il n'est pas mort comme vous le dites. » Avant de quitter Dailide, je lui fais remarquer que, s'il est innocent, il aurait dû défendre sa cause en se rendant au procès de Vilnius. C'est devant un tribunal, et non devant moi, qu'il aurait le plus utilement fait valoir ses arguments.

En Roumanie, où entre 350 000 et 400 000 Juifs furent assassinés, la reconnaissance des crimes commis sous le régime fasciste d'Antonescu progresse lentement. À la chute du communisme, la négation du génocide était totale. Dominée par un très puissant courant négationniste, la Roumanie avait vu fleurir au cours de la décennie suivante des monuments et des statues à la gloire ou à l'effigie du général Ion Antonescu. Les Juifs y étaient toujours assimilés aux « bolchevistes » et identifiés au despotisme soviétique. Le Parti communiste roumain d'avant la guerre était selon eux une organisation juive. Graduellement, à force de pressions internationales, en particulier menées par les organisations juives, quelques progrès ont été accomplis. Au début des années 1990, la situation était devenue inconfortable pour les autorités roumaines qui refusaient toujours de reconnaître le génocide. Elles finirent par accepter qu'une commission internationale, dirigée par le Prix Nobel de la paix d'origine roumaine Elie Wiesel, établisse les responsabilités à partir d'enquêtes historiques. Des historiens américains, israéliens, roumains, allemands, français participèrent aux recherches et à la rédaction des conclusions de la commission. Elles furent sans appel : les Roumains étaient les premiers responsables des massacres perpétrés sur leur territoire. Dans le rapport entériné par l'ex-président Iliescu, puis par l'actuel président de la Roumanie, Trajan Basescu, le génocide roumain est officiellement reconnu. Les monuments à la gloire d'Antonescu ont été démontés ou renommés, et les livres scolaires commencent à instruire les élèves sur la réalité historique. Le pouvoir politique et ses représentants hésitent désormais à affirmer publiquement qu'il ne s'est rien passé en Roumanie. Seuls les extrémistes, principalement le Parti de la Grande Roumanie, perpétuent un discours négationniste. Reste qu'au sein de la population, malgré des progrès trop souvent confinés à la sphère politique, l'antisémitisme – une tradition fort ancienne et bien ancrée en Roumanie – demeure élevé, et les tendances nationalistes puissamment enracinées. Une haine antisémite pourtant devenue sans objet. Dans ce pays qui comptait la troisième plus importante communauté juive d'Europe, il ne reste qu'à peine 6 000 Juifs, pour la plupart des rescapés très âgés qui auront bientôt tous disparu.

Seule véritable lueur d'espoir dans ce paysage trouble, le cas de la Pologne. C'est peu de dire que la Pologne, qui abritait avant guerre une population juive de 3 millions de personnes dont il ne reste pas de survivants, où furent construits les camps d'extermination nazis, jouit d'une réputation antijuive encore très forte de nos jours. Cette réputation n'est pas usurpée. Le film de Claude Lanzmann, *Shoah*, en donnait encore une image accablante au milieu des années 1980. Or, la Pologne est probablement le seul pays de la région qui a engagé son aggiornamento. Un examen de conscience qu'il y a tout lieu de penser sincère et durable. Dans ce pays épuré – comme l'Ukraine – de ses anciennes minorités, amputé de ses deux grands pôles culturels qu'étaient Wilno (Vilnius) et Lwow (Lviv) – annexés à l'Union soviétique au lendemain de la Seconde Guerre mondiale –, deux histoires se sont longtemps opposées. Il y a bien une Pologne de forte tradition antisémite qui a encadré le conflit de ses pogroms, celui de Jedwbane en 1941, celui de Kielce en 1946 (c'est-à-dire dans l'immédiat après-guerre, alors même que les Juifs polonais avaient été anéantis) ; une Pologne qui a assisté avec indifférence à l'extermination des Juifs dans les camps de la mort et qui a occulté sous le communisme le génocide et sa part de mémoire juive ; une Pologne qui n'hésita pas à instrumentaliser politiquement l'antisémitisme jusqu'au pic de 1968 quand, pour mater la contestation étudiante, Gomulka fit resurgir l'éternel bouc émissaire et expulsa ce qui restait des Juifs de Pologne ; la Pologne du carmel d'Auschwitz, signe, en 1985, que la concurrence des mémoires, le mépris du martyre juif et la revendication du seul héritage catholique étaient loin d'être abolis.

Pourtant, il existe une autre histoire polonaise qui n'est pas moins vraie. Celle des rois philosémites des XIVe et XVe siècles, Casimir III et IV, qui invitèrent les Juifs à s'installer en Pologne, leur accordant des droits qu'aucun autre pays d'Europe ne leur avait jusqu'alors donnés, celle d'une coexistence relativement paisible entre Juifs et Polonais, vieille de mille ans. Une Pologne qui vit s'épanouir la culture juive ashkénaze, le hassidisme, la musique klezmer et la langue yiddish ; des auteurs, des scientifiques, des musiciens ; une diaspora juive à nulle autre pareille qui fournit tant de grands hommes au XXe siècle, et la quasi-totalité de ses élites à l'État d'Israël. Rappelons également que la résistance au nazisme y fut massive et que, au contraire des pays Baltes, de l'Ukraine, de la Biélorussie, de la Roumanie, de la Croatie, et même de la Russie, la Pologne ne fournit aucun contingent de tueurs à l'occupant allemand. C'est là une différence fondamentale avec les autres pays de la région. Les Polonais ne tirèrent pas sur des civils désarmés. De nombreux polonais dénoncèrent des Juifs et collaborèrent à leur assassinat, mais ils le firent à titre individuel, non au sein d'une organisation structurée. Pour des raisons idéologiques, les nazis n'avaient pas choisi de former des kommandos de tuerie polonais, ou de s'appuyer sur une police de sécurité locale.

Quand la Pologne accéda à la démocratie en août 1989, les archives furent ouvertes. L'historien américain d'origine polonaise Tomasz Gross, qui travaillait sur ces archives, publia en 2000 un ouvrage sur le pogrom de Jedwbane (1941). Sa traduction en polonais déclencha un tollé et le premier grand débat, à la fois historique et démocratique, sur la question. Un an plus tard, le président Kwasniewski présentait des excuses officielles à la communauté juive de Pologne. L'événement engagea un début d'examen de conscience, rendu d'autant plus difficile que les Polonais se percevaient avant tout comme un peuple victime du nazisme, au moins à part égale avec les Juifs. Ces progrès se sont poursuivis avec les commémorations du soixantième anniversaire de l'insurrection de Varsovie et l'intégration de la Pologne à l'Europe en 2004, jusqu'au sursaut nationaliste des législatives de 2005 et la victoire des conservateurs du PiS (*Prawo i Sprawiedliwosc* : Droit et Justice), qui forma une coalition dont les franges les plus extrémistes ont multiplié les déclarations nationalistes et antisémites.

Deux ans plus tard, en 2007, la coalition éclatait et la Plateforme civique des libéraux de Donald Tusk remportait les élections. Depuis, la réhabilitation de la Shoah s'est affirmée, les Polonais revendiquant l'héritage juif de leur pays, même si la concurrence des mémoires perdure : en effet, les Polonais déplorent que l'insurrection du ghetto de Varsovie de 1943 soit plus connue à l'étranger que celle de la ville au mois d'août 1944, et le massacre de Katyn demeure, dans la mémoire collective polonaise, un élément plus structurant que le génocide juif. Cependant, le festival de musique du Yiddishland à Cracovie, lieu mythique et symbolique du passé juif de Pologne autant que de sa disparition, attire chaque été une foule de jeunes gens. La Pologne est également le seul pays de la région à s'être lancé dans la construction d'un grand musée d'histoire juive. Situé en face du monument aux morts du ghetto de Varsovie, le musée, qui sera aussi le troisième plus grand centre mémoriel consacré à l'Holocauste, devrait être achevé en 2011. Dans ce pays de forte tradition catholique, la personnalité de Jean-Paul II, qui n'eut de cesse d'œuvrer au dialogue judéo-catholique, n'est sans doute pas étrangère à ce climat apaisé. Enfin, sur la question des commémorations – un révélateur essentiel –, la Pologne est allée bien plus loin que les anciennes « démocraties populaires ». Elle se situe aujourd'hui à un niveau presque comparable aux pays d'Europe occidentale. Le 19 avril 2008, les commémorations du soixante-cinquième anniversaire du soulèvement du ghetto de Varsovie ont été l'occasion de sceller, à l'initiative du gouvernement du président Lech Kaczynski[18], des retrouvailles symboliques entre Juifs et Polonais. Elles eurent lieu avec une solennité sans précédent ; la volonté affichée des autorités et des organisateurs étant que chacun, Juifs et Polonais, se reconnaisse et s'identifie à cet événement présenté comme intrinsèquement lié à l'histoire du pays. Shimon Peres, le président israélien, lui-même né en Pologne, et dont le grand-père fut brûlé vif dans l'incendie de la synagogue de Vichneva (aujourd'hui en Biélorussie), en était l'invité d'honneur. Ces dernières années, les visites officielles des chefs d'État israéliens et polonais et les initiatives culturelles entre les deux pays se sont considérablement intensifiées. De part et d'autre, on affirme vouloir travailler ensemble à l'élaboration d'un avenir commun. C'était le sens des paroles de Shimon Peres, qui déclara à l'occasion des commémorations de l'insurrection du ghetto de Varsovie être « venu en Pologne au nom des morts et des vivants pour renouer les liens anciens et regarder l'histoire dans les yeux. Je suis venu d'un nouvel Israël dans une nouvelle Pologne qui s'intègre à l'Europe ». Il conclut en affirmant que la Pologne était aujourd'hui le meilleur ami d'Israël en Europe. Des déclarations impensables seulement quelques années auparavant.

Superficiellement, un constat similaire pourrait être établi en Russie. Après des décennies d'occultation, le pays veut

18. Le président Kaczinski est mort le 10 avril 2010. L'avion qui le transportait, ainsi que son épouse et une délégation – dont plusieurs membres du gouvernement – s'est écrasé à Smolensk, où il se rendait pour les commémorations du massacre de Katyn.

faire figure de bon élève. Il revendique aujourd'hui le sauvetage des derniers Juifs d'Europe, et ne cesse de mettre en avant les sacrifices considérables consentis dans le conflit qui l'a opposé au nazisme. Les lieux de mémoire s'y multiplient, et les échanges avec Israël, qui compte une très forte communauté russe ayant conservé des liens étroits avec la mère patrie, sont significatifs. Il est cependant évident que la réhabilitation de la Shoah n'est pas que sincère ou innocente. Elle sert opportunément des calculs politiques et géostratégiques pour lesquels le génocide n'est qu'un levier au service d'autres intérêts – essentiellement russes. La Russie a beau jeu, s'appuyant sur son importante diaspora linguistique en Ukraine et dans les pays Baltes, d'y dénoncer la négation de la Shoah et la prégnance du « fascisme ». Il s'agit avant tout d'exercer une pression permanente sur ses anciennes républiques dont le strabisme occidental exaspère Moscou. Dans un contexte où les conflits diplomatiques, politiques, territoriaux n'ont cessé de se multiplier, l'instrumentalisation de la Shoah permet à la Russie de discréditer ces nouveaux États aux yeux de l'Occident, autant qu'entretenir, grâce aux minorités russophones, culturellement et politiquement acquises, les braises d'une contestation permanente dans ces pays.

Or, derrière la façade, les bandes néo-nazies prospèrent et se radicalisent, abreuvant les médias en faits divers horribles à propos desquels le pouvoir russe ne s'exprime guère. Les jeunes néo-nazis de l'Union slave, qui sèment la terreur les week-ends à Moscou et dans d'autres métropoles de la Russie européenne, se livrent à de véritables chasses à l'homme, visant des personnes issues des minorités orientales de l'ancien empire soviétique. Ouzbeks, Tadjiks, Arméniens et Tchétchènes sont enlevés au hasard, bâillonnés, attachés, conduits dans une forêt, puis égorgés ou abattus d'une balle dans la nuque. Leurs corps sont ensuite jetés dans des fosses préalablement creusées. Des méthodes qui rappellent, cruelle ironie, celles des commandos mobiles de tueries ; les ennemis ontologiques contre lesquelles la Russie s'était battue. Ces assassinats sont parfois filmés et mis en ligne sur Internet. « Jusqu'en 1999, les agressions racistes se limitaient à des coups pour dire aux immigrés de rentrer chez eux. Désormais, les attaques se font au couteau avec l'objectif de tuer. Les agresseurs savent très bien manier l'arme blanche. N'importe qui n'est pas capable d'égorger d'un seul coup de couteau, comme les autopsies l'ont déjà montré », explique Dmitri Doubrovski, sociologue à l'université Smolny de Saint-Pétersbourg[19]. Cent huit crimes racistes ont été dénombrés en 2008 en Russie, dont vingt à Saint-Pétersbourg. Quant aux autorités, elles sont dans le déni. Le comité d'enquête de Saint-Pétersbourg chargé de l'expertise judiciaire de l'agression d'un jeune Kirghiz par une trentaine d'individus criant « Mort aux métèques », le 15 février 2009, n'a constaté « aucun signe d'extrémisme ou de haine nationaliste chez les agresseurs »[20].

Au tournant de la première décennie du XXIe siècle, ce bref état des lieux n'est guère réjouissant. Quoi qu'il en soit, après plusieurs décennies de dictature soviétique, balançant entre insouciance, culpabilité et concurrence victimaire, les pays de l'Est, qui furent aux premiers rangs de la tragédie du XXe siècle, n'en renaissent pas moins à la vie. L'avenir, s'il n'est pas nécessairement radieux, vaudra toujours mieux que le siècle révolu. Pour la première fois, ces pays sont seuls maîtres de leur destin. Quant aux Juifs, qui peuplèrent pendant des siècles les plaines d'Ukraine, les cités baltes ou les campagnes biélorusses, la culture yiddish, riche et vivante avant la déflagration de juin 1941, ses paysans, ses artisans, ses ouvriers, ses poètes, eux, ont à jamais disparu.

19. *In* Emmanuel Grynszpan, « Le visage banal du crime raciste », *Le Temps* (Genève), 7 septembre 2009.
20. *Ibid.*

Post-scriptum

Septembre 2008, l'Union européenne reçoit l'Ukraine – Un article dans *Le Monde* – Vives réactions – Dernier tournage annulé – Rupture avec Olga et l'équipe ukrainienne – Faut-il heurter les Ukrainiens ? – Les traducteurs des pays de l'Est n'ont pas tout traduit – Avril 2009, la diffusion du film – Octobre 2009, Edward et Joan Anders à Berlin, la fragilité de la vie.

Au début du mois de septembre 2008, dans la foulée des représailles menées par la Russie du président Medvedev et de son Premier ministre Vladimir Poutine en Ossétie du Sud[1], une rencontre avait lieu à Paris entre les dirigeants français et ukrainiens, prélude à une future intégration de l'ancienne république soviétique à l'Union européenne. À l'issue de la rencontre, la France, qui occupait la présidence tournante de l'Europe, publiait un communiqué revendiquant des « valeurs » et « une histoire communes » avec l'Ukraine. Une main avenante, tendue à la future adhésion de ce pays hautement stratégique. Je venais de rentrer de Kiev, de mon voyage dans les

1. Cette province de la Géorgie, à majorité russophone, réclame son indépendance et en appelle à la protection du « grand frère russe ». Après plus de quinze ans de conflits sporadiques ayant fait plus de 2 000 victimes, les Ossètes du Sud se prononcent à 90 % pour l'indépendance lors d'un référendum en 2006. Le gouvernement du président géorgien Saakachvili, pensant obtenir le soutien des Occidentaux, réagit en attaquant la Russie dans la nuit du 7 août 2008. La riposte est immédiate et brutale. L'armée russe entre en Géorgie, avant de se retirer sous la pression internationale.

zones marécageuses de l'histoire ukrainienne. Je pensais à ce que m'avait dit Ephraïm Zuroff quelques mois plus tôt au sujet de l'intégration des pays Baltes, je pensais aux mausolées de la SS Galicia, au roman national qui célèbre les assassins de l'UPA, je pensais aux sépultures juives aveugles et mornes, aux champs de décombres. Je pensais que les Européens, et tout particulièrement la France, ne savaient pas de quoi ils parlaient. Le soir même, j'écrivais en une heure un article incisif où je reprenais les termes du communiqué pour interroger les « valeurs communes » que nous partagions avec l'Ukraine. J'y rappelai les pogroms et la figure de Bandera, aujourd'hui un héros national, j'y racontai la manifestation de Lviv à laquelle j'avais assisté, le fossé qui sépare culturellement, politiquement, linguistiquement, des régions aussi dissemblables, antagonistes, que sont la Galicie et la Crimée, le silence autour de la campagne génocidaire, la participation des nationalistes à la curée de sang dont Kiev revendiquait crânement l'héritage. Le déni des faits et de l'histoire. J'envoyai mon texte au quotidien *Le Monde* qui le publia presque aussitôt[2]. J'admets que, avec le recul, l'article, rédigé sous le coup d'une colère froide, aurait probablement gagné à davantage de modération. Cependant, même si son style est discutable, n'ayant fait que rapporter ce qui est communément admis par les historiens et ce que j'avais observé sur place, sans mentir ni exagérer, à part quelques adjectifs peut-être, une ou deux formulations inutilement équivoques, je n'y retrancherais rien.

Dès sa publication, je constatai très concrètement la formidable puissance de frappe du média Internet, capable d'abolir la temporalité et les frontières : en quelques heures à peine, il avait été traduit en russe et en ukrainien, jeté sur la Toile, reproduit par de nombreux sites, blogs et autres forums en ligne, faisant en temps réel le tour de l'Ukraine, vraisemblablement de toute l'Europe de l'Est, déclenchant un déluge de réactions. J'avais

2. Michaël Prazan, « L'Ukraine, pays européen ? Pas évident », *Le Monde*, 16 septembre 2008.

mis en garde l'Europe et la France sur la perception erronée des « valeurs communes » exaltées par son communiqué, sur le risque d'une intégration ignorante du poids de l'histoire, de la mémoire et de la vérité ; les Ukrainiens furent les seuls à me lire et à s'en émouvoir. Dès le lendemain, je recevais les premiers e-mails de protestation. Leur nombre ne cessa de croître, inondant au fil des jours mes boîtes aux lettres, qu'elles fussent métalliques ou électroniques. Ces réactions émanaient de citoyens ukrainiens et d'associations « pro-occidentales ». Pendant deux mois, je récoltai une moyenne de trois lettres et courriels par jour. Certains se réduisaient à l'essentiel (« *You're a fucking writer. Die !* »), d'autres s'étalaient sur plusieurs pages qui contestaient en les reprenant point par point mes arguments. Dans une lettre de six pages à en-tête frappées des couleurs nationales et du trident, tapées serré, j'appris que Stepan Bandera n'avait eu de cesse de se battre contre les nazis et de sauver des Juifs, ou que les participants de la manifestation à laquelle j'avais assisté à Lviv étaient des figurants grimés pour le tournage d'un film de cinéma. J'étais trop stupide ou trop ignorant pour m'en être rendu compte. Ou alors, j'étais mal intentionné – c'est-à-dire que je mentais. La lettre à laquelle je me réfère ici a été adressée au *Monde*. Je n'étais pas censé la lire. Son auteure s'y plaignait qu'un si respectable journal pût collaborer à l'entreprise de mystification et « de propagande » dont j'étais le flagrant instrument. Oui, « de propagande », car les réactions qui m'étaient adressées, ou que reçut le courrier des lecteurs du journal contenaient deux invariants en conclusion : 1) j'étais « anti-ukrainien », 2) j'étais payé par le FSB (les services de renseignements russes) : un homme de paille, un prête-nom dénué de libre arbitre et d'objectivité, un agent flou à la solde du Kremlin, missionné comme sous-marin en Occident pour déstabiliser l'entreprise démocratique d'une Ukraine au passé irréprochable et injustement calomniée. Comme si la critique ne pouvait émaner d'un esprit libre. Comme si elle était nécessairement la manifestation d'un complot pernicieux. Partant de ce postulat, il était impossible à mes détracteurs de concevoir que la critique fût vraie, et cela en disait long à mon sens sur les efforts dont devait encore faire preuve l'Ukraine pour parvenir à la démocratie. Non dans ses lois ou sa pratique, mais dans ses mentalités. Je fus sidéré de constater, parmi toutes les réactions qui me sont parvenues, qu'aucune n'accordait la moindre considération à mes arguments. Je pensais que peut-être l'une d'entre elles, tout en me reprochant le ton acerbe de l'article, aurait questionné certaines ambiguïtés émaillant le discours officiel que je dénonçais. Qu'un dialogue se serait noué. On m'aurait dit : « Je ne suis pas d'accord avec vous, mais il y a dans ce que vous écrivez matière à réflexion. » Non, rien de semblable. Ce ne fut qu'un rejet en bloc, total, sans nuance, pétri de haine et de déni.

L'article du *Monde* me valut une célébrité inattendue : pendant plusieurs semaines, je fus la personnalité étrangère la plus honnie en Ukraine. Je n'en demandais pas tant, et ce ne fut pas forcément agréable, mais j'assumai ma prise de position, renonçant, après avoir répondu les premiers jours à mes contempteurs ukrainiens, à tenter de convaincre de ma bonne foi ou à me justifier. Cette brutale popularité eut pour moi des conséquences concrètes et personnelles puisque Olga, ma fixeuse, et, avec elle, la production audiovisuelle qui m'avait assisté en Ukraine adressèrent à mon producteur parisien un e-mail qui déclarait en deux phrases lapidaires rompre tout contact avec moi. Un ultime tournage était prévu en Transnistrie, il fut annulé *sine die*. Peu après, tandis que j'étais en tournage en Lituanie, Yuriy Kochubey, l'ambassadeur d'Ukraine en France, publiait dans ces mêmes pages du *Monde* une réponse à mon papier d'humeur. Averti par un ami, je ne pus le lire sur le site internet du quotidien que quelques jours plus tard. Sobrement intitulée « Ne cédez pas à la propagande de Moscou ! »[3], la réponse de l'ambassadeur reprenait la plupart de mes doléances pour les mettre à bas. Pour autant, aucune des répliques qu'il formulait ne me sembla faire mouche. Il me reprochait par exemple de citer les célébrations de la SS Galicia (SS Halytchyna) à Lviv, et de passer sous silence « l'existence

3. Yuriy Kochubey, « Ne cédez pas à la propagande de Moscou ! », *Le Monde*, 1er octobre 2008.

de la division SS Charlemagne en France ». Sauf que la France n'élève pas de magnifiques mausolées aux anciens SS français, ni ne leur rend des hommages officiels. Quant à l'UPA, dont l'ambassadeur prétend qu'elle résista contre le nazisme, je rappelle que les partisans de Bandera ont surtout pratiqué jusqu'en 1954 une épuration ethnique en Galicie, afin de nettoyer ce territoire disputé par la Pologne. Après sa chasse aux Juifs dans les forêts, l'UPA profita du chaos de la guerre pour assassiner et mettre en fuite autant de Polonais qu'elle pouvait. Voici ce qu'écrit Leon Wells, obligé de se cacher pour lui échapper dans les derniers jours de l'année 1943, au sujet de l'UPA : « Ils ne combattaient pas les Allemands. Leur but était d'arriver à prouver à une prochaine "Conférence de la paix" qu'ils représentaient la majorité absolue dans ce pays. Pour cela, il leur fallait éliminer le maximum de Polonais. Ils enlevaient donc les plus influents et, après les avoir torturés, ils exposaient leurs cadavres déchiquetés pour que les autres comprennent qu'ils avaient intérêts à fuir. Les Juifs avaient encore plus peur des "Banderovsty" [*sic* : les partisans de Bandera] que des SS, car, étant de la région, les Ukrainiens les dépistaient très facilement. Dans les bois, il fallait se méfier d'eux. [...] On comprendra donc quelle fut mon indignation, lorsque, en janvier 1960, j'ai lu dans les pages politiques d'un très important hebdomadaire américain que Bandera[4], cet assassin, était un héros, un "combattant de l'anticommunisme" ! Selon l'auteur de l'article, il avait été abattu à Munich où il vivait. N'est-il pas naturel qu'il ait trouvé refuge dans la ville qui avait vu les débuts de Hitler ? Le journaliste, passant ses meurtres sous silence, ne parlait que de son "combat contre le communisme"[5]. »

Un fonctionnaire du Quai d'Orsay m'a également écrit pour me tancer. Dans son message électronique, il affirmait que ma

4. Le dernier geste politique de Viktor Iouchtchenko, battu à l'élection présidentielle de la fin janvier 2010, fut de décerner à titre posthume le titre de « héros de la nation » à Stepan Bandera, quelques jours avant les célébrations du 65e anniversaire de la libération du camp d'Auschwitz.

5. Leon W. Wells, *Pour que la terre se souvienne*, *op. cit.*, p. 282-283.

démarche était contre-productive, qu'il n'était pas nécessaire de heurter de telle manière la sensibilité des Ukrainiens, leurs efforts pour la démocratie et l'intégration européenne. Seul un dialogue amical et constructif parviendrait à leur faire entendre les réserves que je formulais (et sur lesquelles il émettait des doutes). Peut-être le haut fonctionnaire avait-il raison. Le temps le dira. D'une certaine manière, je comprends la fébrilité des Ukrainiens et leur repli farouche autour des signes identitaires qui leur permirent de recouvrer, après tant de tragédies, un semblant de fierté nationale. Manipulés, asservis, et plus encore massacrés par les Soviétiques que par les nazis, il leur fallait, après l'effondrement de l'URSS, trouver une voie médiane à même de construire un roman national débarrassé des influences étrangères. Il n'est donc pas étonnant que ces signes identitaires, cette fierté, aient été placés dans le mythe combattant des miliciens de Bandera. Au fond, la France n'avait pas fait autre chose au sortir du conflit en façonnant le mythe d'une France résistante contre l'occupant allemand. La suite appartient à la politique, à la diplomatie, si toutefois l'honnêteté et la lucidité qui ne s'accommodent d'aucune complaisance ni distorsion de l'histoire accompagnent bien ce dialogue. Sans quoi le temps, loin de régler le problème, n'aura d'autre effet que la pérennisation du récit tronqué auquel s'identifie l'Ukraine d'aujourd'hui.

Le nationalisme en cours dans les pays de l'Est ne fut pas sans effet quand je passai au montage. Initialement prévu pour être un 90 mn, j'avais obtenu de France 2 de doubler la durée du film. Il s'agissait maintenant de deux épisodes de 90 mn, étant admis qu'il m'était absolument impossible, au vu de la chronologie poursuivie, de la masse d'archives, d'entretiens et de tournages collectés, de m'en tenir au format initialement prévu. Mais les délais, eux, n'avaient pas doublé (le budget non plus) ; aussi, pour finir en temps voulu, je travaillai simultanément avec deux monteurs différents, en charge chacun d'un épisode, dans deux salles de montage contiguës entre lesquelles je circulai incessamment et quotidiennement pendant plus de deux mois. Le montage du premier film était dévolu à Christian Girié, briscard du documentaire et vieux complice avec lequel j'avais fait le montage de mes films précédents, le second à Nathalie Triniac, une excellente monteuse de mon âge qui avait commencé sa carrière professionnelle dans la finance. Le rythme des montages fut âpre et soutenu, mais le travail que j'avais effectué en amont était tel qu'ils ne présentèrent pas de défi ni de sacrifice majeur. En revanche, les entretiens en lituanien, letton et ukrainien se révélèrent un casse-tête sans fin. Nous avions confié les traductions à des interprètes locaux recommandés par les ambassades de chacun de ces pays en France. Alors que nous étions sur le point d'achever le montage du documentaire, nous nous sommes rendu compte que certains intervenants parlaient longuement à l'image, quand nous ne disposions que d'une seule phrase pour couvrir leurs discours en français. Ça ne collait pas. Je convoquai les traducteurs en salle de montage, car il était devenu clair que les traductions écrites étaient incomplètes. Sur le banc de montage, nous leur demandâmes de traduire à nouveau les entretiens sélectionnés, mot à mot, et cela pendant des après-midi entiers. Nous ne tardâmes pas à déceler, par rapport aux textes qu'ils nous avaient initialement fournis, de très nombreuses ellipses, passages non traduits et autres figures d'atténuation. Les phrases les plus dérangeantes d'un collaborateur avaient été délibérément oubliées ou simplifiées, d'autres humanisées par des adjectifs et des exclamations traduisant la stupeur et la pitié (« c'était horrible ! » ; « les pauvres ! », etc.) qui étaient absents de son discours. Les traducteurs, soucieux de présenter une image favorable de leur pays devant un public étranger, avaient délibérément interprété, édulcoré, parfois déformé leurs témoignages. Nous avions cru le film achevé, mais la veille de la postproduction (la phase finale de fabrication du film qui entérine toutes les étapes précédentes et après laquelle il est impossible de faire machine arrière), Christian Girié et moi, assistés de Georgi Chepelev, un jeune historien russe parfaitement bilingue et plus objectif que les traducteurs locaux, étions jusqu'à une heure avancée de la nuit en train de reprendre pour la quatrième ou la cinquième fois quelque passage demeuré litigieux. Un peu plus tard, en lisant *Le Lièvre de Patagonie*, les Mémoires de Claude Lanzmann, je m'amusai de constater que le réalisateur de *Shoah* avait rencontré les mêmes difficultés avec ses traducteurs polonais.

La première diffusion du film sur France 2, au mois d'avril 2009, recueillit un succès critique et de très bons scores d'audience. Les responsables de France 2 et moi-même en fûmes surpris, au vu de la difficulté du sujet, des images, des témoignages, et de la lassitude supposée du public pour les sujets relatifs à la Shoah. Le film a depuis été édité en DVD, il poursuit son parcours dans les festivals ou les chaînes de télévision d'autres pays. Reste que l'expérience de sa réalisation demeurera longtemps en moi, vraisemblablement pour toujours. Je savais dans quoi je mettais les pieds avant même de me lancer dans le sujet. Je ne me réveille plus le matin, comme au cours du tournage et des mois qui ont suivi, m'imaginant sous les autres, dans la fosse, mais il n'est pas un jour sans que, d'une manière ou d'une autre, les lieux que j'ai traversés, les récits entendus et les personnes que j'ai rencontrées, les souffrances des victimes, la cruauté des bourreaux, ne viennent, toujours par surprise, me hanter ou me saisir d'effroi. C'est un maigre prix à payer. Un prix que je ne regrette nullement et qui, au contraire, approfondit mon regard sur le monde, le nuançant, je crois, et davantage que par le passé, d'humanité et d'inquiétude.

Écrivant cela, je ne veux pas laisser penser que je serais une victime, une sorte de rescapé par délégation. Si ma famille a bien été assassinée au cours de ces événements, je n'ai pas le sentiment d'en avoir jamais souffert dans mon quotidien ou dans ma vie personnelle. Les victimes, ce sont ceux qui, comme l'écrit Primo Levi, ont vu les yeux de la Gorgone. Eux, ne sont pas revenus d'entre les morts pour témoigner. Ce sont ensuite les rescapés, que j'ai croisés aux États-Unis, en Israël et à l'est de l'Europe. Je suis demeuré en contact avec la plupart d'entre eux. Avec Sonia Palty, avec Henri Zajdenwergier, avec Vladimir Bahn, avec Leon Wells. Et, il n'y a pas de semaine sans que je n'échange quelques mots par e-mails avec

Edward Anders, le miraculé de la plage de Skede, à Liepaja. Les épreuves qu'ils ont traversées ont fait de ces hommes, de ces femmes, des êtres d'exception. Au-delà de leur invraisemblable réussite professionnelle et personnelle, qui ne cesse de me surprendre, il y a chez eux davantage de bonté, de bienveillance et de pudeur que chez le commun des mortels. Comme si le malheur effroyable qui leur a tout enlevé, famille, pays, jeunesse, leur avait en échange accordé un surcroît d'humanité. Après la diffusion du film, j'ai eu la chance de revoir deux d'entre eux. Leon Wells à Paris, invité à un colloque au mois de mai 2009, après un second accident cérébral auquel il a une fois de plus survécu[6]. Et mon ami Edward Anders.

C'était un samedi d'octobre. Nous nous étions donné rendez-vous à Berlin. Edward et Joan, son épouse, étaient venus me rejoindre à mon hôtel. Ce samedi 3 octobre, dans une ville spectrale, secouée par de puissantes bourrasques de vent, l'Allemagne célébrait les vingt ans de sa réunification. Les magasins étaient fermés et ce quartier entier de Berlin-Ouest était désert. Comme l'était le restaurant de l'hôtel où nous nous sommes installés, à une table où, pendant plus de deux heures, nous avons discuté à bâtons rompus, touchant à peine aux plats que nous avions commandés pour la forme, en tribut au droit que nous prenions à occuper notre table, au milieu de ce restaurant vide, dans un Berlin irréel, sans vie, baignant dans une sorte de clair-obscur où les averses portées par de gros nuages aux contours comme noircis au fusain succédaient aux éclaircies éblouissantes. Je les attendais dehors, devant la porte de l'hôtel quand je les avais aperçus de loin, marchant lentement, non pas l'un contre l'autre mais l'un avec l'autre, la longiligne silhouette d'Edward, courbée sous le poids d'un petit sac à dos de toile beige, devançant Joan, à peine plus petite que lui et tout aussi mince. Deux frêles et lumineuses silhouettes. Je leur avais raconté les épisodes du tournage qu'ils ne connais-

6. Leon Wells est décédé quelques mois après notre rencontre à Paris le 17 décembre 2009.

saient pas. Les caméras cachées, les villages de la campagne allemande peuplés de vieux Waffen-SS. Je les avais vus captivés. Edward m'avait raconté ses récents déboires dans le projet de construction du mur des noms sur la plage de Skede, à Liepaja, sur les lieux où la famille Epstein avait été assassinée, où son père avait été assassiné. Il avait apporté avec lui des photos, de la documentation. Il se raccrochait à ce projet comme si sa vie continuait de se jouer, encore et toujours, sur cette plage de sable blanc. Joan écoutait, intervenant parfois, posant une question, m'observant avec la passion de ses beaux yeux tristes, toujours discrète mais non moins présente, intelligente. Nous avions discuté de choses importantes et rares comme d'autres qui l'étaient moins. Edward me raconta le petit accident qui lui avait valu une brève hospitalisation au cours du trajet trop long qui les avait conduits de San Francisco à Berlin. À travers cet épisode qu'il raconta avec une extrême pudeur, un extrême détachement, comme une péripétie, il y avait de la gravité, car se jouait là la fragilité de la vie, la fragilité de sa vie désormais, et ils le savaient tous deux, et ils comprenaient que je le savais aussi. Je les trouvais affaiblis. Ils s'exprimaient le souffle court et la voix chevrotante désormais, et je percevais une lassitude que je ne leur avais pas vue à peine deux ans auparavant, lors de notre rencontre à l'antenne culturelle de l'ambassade de France sur la Cinquième Avenue, à New York. Le décalage horaire, la fatigue d'un voyage de plus de vingt heures sans doute. Mais la fragilité de la vie.

Tandis qu'Edward me parlait, que Joan m'observait, je ne cessai d'y penser, le cœur serré, étreint par l'angoisse de leur disparition, de ce temps barbare et inhumain, et de tout ce qui disparaîtrait avec eux. Leur rencontre dans l'Amérique des années d'après-guerre autour de leur passion pour la musique, le témoignage vivant de ce conflit abominable. Le génocide. L'Amérique, l'Allemagne, l'Europe, le siècle. Et cette douceur, cette humanité sans concession, pure, absolument pure, qu'ils incarnent tous deux. Le couple admirable qu'ils forment. J'en avais les larmes aux yeux, mais tentais de ne rien laisser paraître. Au bout de deux heures, un silence s'était installé. Nous étions épuisés, aphones, ravagés par nos émotions. Nous sentîmes tous trois que le moment était venu de nous séparer. Il était possible qu'on ne se revoie plus. Il était possible que ce fût la dernière fois, même s'il y aurait encore des échanges par e-mails, des coups de téléphone peut-être. Mais les revoir était suspendu au bon vouloir du fil ténu de nos vies. Une ultime émotion nous traversa quand nous nous serrâmes la main devant l'entrée de mon hôtel, avant de nous séparer. Je ne les regardai pas s'éloigner dans la rue vide de ce Berlin déserté de toute vie humaine, par politesse, m'obligeant à cette délicatesse surannée de ce temps révolu, de ce monde perdu, disparu, qu'ils incarnaient tous deux, m'obligeant à feindre que notre séparation n'était pas importante, que nous nous retrouverions forcément bientôt, un jour prochain, au mépris du temps qui passe et de la fragilité de la vie.

Composition des Einsatzgruppen

Einsatzgruppe A	Walter Stahlecker, puis Heinz Jost
Sonderkommando 1a	Martin Sandberger
Sonderkommando 1b	Erich Ehrlinger, puis Eduard Strauch
Einsatzkommando 2	Rudolf Batz, puis Eduard Strauch, puis Rudolf Lange
Einsatzkommando 3	Karl Jäger, Martin Weiss
Einsatzgruppe B	Artur Nebe, Erich Naumann
Sonderkommando 7a	Walter Blume, Eugen Steimle, puis Albert Rapp
Sonderkommando 7b	Günter Rausch, Adolf Ott, puis Albert Rapp
Sonderkommando 7c	Wilhelm Bock
Einsatzkommando 8	Otto Bradfisch, Heinz Richter, puis Erich Isselhorst, puis Hans Schindhelm
Einsatzkommando 9	Alfred Filbert, Oswald Schäfer, puis Wilhelm Wiebens
Vorkommando Moscou	Franz Six, Waldemar Klingelhöfer
Einsatzgruppe C	Otto Rasch, Max Thomas
Einsatzkommando 4a	Paul Blobel, Erwin Weinmann, puis Eugen Steimle, puis Friedrich Schmidt, puis Theodor Christensen
Einsatzkommando 4b	Günter Herrmann, Lothar Fendler, puis Werner Braune, puis Walter Haensch
Einsatzkommando 5	Erwin Schulz, August Meier
Einsatzkommando 6	Erhard Kröger, Robert Mohr, puis Ernst Biberstein

Einsatzgruppe D	Otto Ohlendorf, Walter Bierkamp
Einsatzkommando 10a	Heinz Seetzen, Kurt Christmann
Einsatzkommando 10b	Alois Persterer
Einsatzkommando 11a	Paul Zapp
Einsatzkommando 11b	Bruno Müller, Werner Braune, puis Erwin Schulz
Einsatzkommando 12	Gustav Nosske, Erich Müller

Ouvrages de référence

LIVRES

Angrick, Andrej, *Besatzungspolitik und Massenmord. Die Einsatzgruppe D in der südlichen Sowjetunion, 1941-1943*, Hambourg, Hamburger Edition, 2003.

Arad, Yitzhak (éd.), *Unichtozhenie Evreev SSSR v Gody Nemetskoi Okkupatsii (1941-1944)*, Jérusalem, Yad Vashem, 1991.

Arad, Yitzhak, Krakowski, Shmuel, Spector, Shmuel, *Einsatzgruppen Reports*, New York (NY), Holocaust Library, 1989.

Bartoszewski, Wladyslaw, *Erich von dem Bach. War Crimes in Poland*, Varsovie, Wydawnictwo Zachodnie, 1961.

Bartov, Omer, *L'Armée d'Hitler. La Wehrmacht, les nazis et la guerre*, Paris, Hachette Littératures, 1999.

Breitman, Richard, *The Architect of Genocide. Himmler and the Final Solution*, New York (NY), Alfred A. Knopf, 1991.

Browning, Christopher R., *Ordinary Men. Reserve Police Battalion 101 and the Final Solution in Poland*, New York (NY), Harper Collins, 1992 ; en français : *Des hommes ordinaires. Le 101e bataillon de réserve de la police allemande et la Solution finale en Pologne*, trad. de l'anglais par Elie Barnavi, Paris, Les Belles Lettres, « Histoire », 1994, rééd. Paris, Tallandier, « Texto », 2007.

Browning, Christopher R. (dir.), *Les Origines de la Solution finale. L'évolution de la politique antijuive des nazis (septembre 1939-mars 1942)*, trad. de l'anglais par Jacqueline Carnaud et Bernard Frumer, Paris, Les Belles Lettres, « Histoire », 2007.

Browning, Christopher R., *Nazi Policy, Jewish Workers, German Killers*, Cambridge, New York (NY), Cambridge University Press, 2000.

Bubnys, Arunas, *The Holocaust in Lithuania between 1941 and 1944*, Vilnius, Dalia Kuodyté, 2005.

Büchler, Yehoshua, « Kommandostab Reichsführer-SS : Himmler's Personal Murder Brigades in 1941 », in *The Final Solution*, vol. II, Westport, Meckler, 1989.

Carp, Matatias, *Cartea Neagra. Le livre noir de la destruction des Juifs de Roumanie. 1940-1944*, Paris, Denoël, 2009.

Dean, Martin, *Collaboration in the Holocaust. Crimes of the Local Police in Belorussia and Ukraine, 1941-44*, New York (NY), St. Martin's Press/USHMM, 2000.

Desbois, Patrick (père), *Porteur de mémoire*, Neuilly-sur-Seine, Michel Lafon, 2007.

Desroches, Alain, *La Gestapo. Atrocités et secrets de l'inquisition nazie*, Paris, Éditions De Vecchi, 1972.

Dicks, Henry V., *Licensed Mass Murder : a Socio-Psychological Study of some SS Killers*, New York (NY), Basic Books, 1972.

Earl, Hilary, *The Nuremberg Einsatzgruppen-SS Trial, 1945-1958. Atrocity, Law, and History*, Cambridge, New York (NY), Cambridge University Press, 2009.

Ehrenbourg, Ilya, et Grossman, Vassili, *Le Livre noir. Textes et témoignages*, Arles, Solin/Actes Sud, 1995.

El Kenz, David (dir.), *Le Massacre, objet d'histoire*, Paris, Gallimard, « Folio/Histoire », 2005.

Ezergailis, Andrew, *The Holocaust in Latvia 1941-1944*, Riga, The Historical Institute in Latvia, 1996.

Ferencz, Benjamin, *Planethood. The Key to Your Survival and Prosperity*, Coos Bay (Oregon), Vision Books, 1991.

Fleming, Gerald, *Hitler and the Final Solution*, Berkeley (Cal.), University of California Press, 1984.

Fischer, George, *Soviet Opposition to Stalin. A Case of Study in World War II*, Cambridge (Mass.), Harvard University Press, 1952.

Friedländer, Saul, *L'Allemagne nazie et les Juifs. Les années d'extermination, 1939-1945*, Paris, Seuil, 2008.

Fresco, Nadine, *La Mort des Juifs*, Paris, Seuil, « La librairie du XXIe siècle », 2008.

Gerlach, Christian, *Kalkulierte Morde. Die deutsche Wirtschafts- und Vernichtungspolitik in Weissrussland*, Hambourg, Hamburger Edition, 2000.

Gerlach, Christian, *Sur la conférence de Wannsee*, Paris, Liana Levi, « Opinion », 1999.

Gilbert, Martin, *The Holocaust. A History of the Jews of Europe During the Second World War*, New York (NY), Henry Holt, 1987.

Guérin, Alain, *Le Général gris*, Paris, Julliard, 1968.

Goldensohn, Leon, *Les Entretiens de Nuremberg. Un psychiatre face aux criminels de guerre nazis*, Paris, Flammarion, « Champs/Histoire », 2009.

Goldhagen, Daniel J., *Les Bourreaux volontaires de Hitler. Les Allemands ordinaires et l'Holocauste*, Paris, Seuil, « Points, n° 467 », 1998.

Hilberg, Raul, *La Destruction des Juifs d'Europe*, Paris, Gallimard, « Folio/Histoire », nouvelle édition augmentée et définitive, 2006, 3 tomes.

Husson, Édouard, *Heydrich et la Solution finale*, Paris, Perrin, 2008.

Ingrao, Christian, *Les Chasseurs noirs. La brigade Dirlewanger*, Paris, Perrin, 2006.

Klee, Ernst, Dressen, Willy, Riess, Volker, *Pour eux « c'était le bon temps ». La vie ordinaire des bourreaux nazis*, Paris, Plon, 1990.

Knopp, Guido, *Les SS. Un avertissement de l'histoire*, Paris, Presses de la Cité, 2006.

Meyrowitz, Henri, *La Répression par les tribunaux allemands des crimes contre l'humanité et de l'appartenance à une organisation criminelle, en application de la loi n° 10 du Conseil de contrôle allié*, Paris, LGDJ, 1960.

Ogorreck, Ralf, *Einsatzgruppen. Les groupes d'intervention et la « genèse de la solution finale »*, Paris, Calmann-Lévy, 2007.

Plasseraud, Yves, Minczeles, Henri, *Lituanie juive. 1918-1940*, Paris, Autrement, « Mémoires », 2006.

Pohl, Dieter, *Nationalsozialistische Judenverfolgung in Ostgalizien, 1941-1944 : Organisation und Durchführung eines staatlichen Massenverbrechens*, Munich, Oldenburg, 1996.

Richmond, Theo, *Konin. One man's quest for a vanished jewish community*, New York (NY), Vintage Books, 1995.

Rhodes, Richard, *Extermination : la machine nazie. Einsatzgruppen, à l'Est, 1941-1943*, Paris, Autrement, 2004.

Sémelin, Jacques, *Purifier et détruire. Usages politiques des massacres et génocides*, Paris, Seuil, « La couleur des idées », 2005.

Rubenstein, Joshua, Altman, Ilya, *The Unknown Black Book. The Holocaust in the German-Occupied Soviet Territories*, Bloomington (Ind.), Indiana University Press, 2007.

Salomoni, Antonella, *L'Union soviétique et la Shoah*, Paris, La Découverte, 2008.

Smith, Bradley F., *Heinrich Himmler. A Nazi in the Making. 1900-1926*, Stanford (Cal.), Hoover Institution Press, 1971.

Smolar, Hersch, *The Minsk Ghetto. Soviet-Jewish Partisans against the Nazis*, New York (NY), Holocaust Library, 1989.

Vitkine, Antoine, *Mein Kampf. Histoire d'un livre*, Paris, Flammarion, « Enquête », 2009.

Werth, Alexander, *Russia at War. 1941-1945*, New York (NY), Basic Books, 1999.

Wolf, Eric R., *Envisioning Power. Ideologies of Dominance and Crisis*, Berkeley (Cal.), University of California Press, 1999.

Articles

Beer, Mathias, « Les camions à gaz : leur mise au point et leur utilisation dans le meurtre des Juifs », *Revue d'histoire de la Shoah*, n° 179, sept.-décembre 2003.

Bartov, Omer, « Trouver – ou effacer – les Juifs d'Ukraine », *Haaretz*, 16 octobre 2007.

« L'antisémitisme toujours d'actualité », *Le Monde*, dimanche 13-lundi 14 janvier 2008.

Grynszpan, Emmanuel, « Le visage banal du crime raciste », *Le Temps* (Genève), 7 septembre 2009.

Ingrao, Christian, « Conquérir, aménager, exterminer. Recherches récentes sur la Shoah », *Annales EHSS*, n° 2, mars-avril 2003.

Matthäus, Jürgen, « L'opération Barbarossa et le génocide des Juifs », *in* Christopher Browning (dir.), *Les Origines de la Solution finale*, Paris, Les Belles Lettres, 2007.

Solchany, Jean, « *Les Bienveillantes* ou l'histoire à l'épreuve de la fiction », *Revue d'histoire moderne et contemporaine*, n° 54-3, 2007-3.

Weill, Nicolas, « Une nouvelle génération d'historiens allemands a multiplié les champs d'études sur la Shoah », *Le Monde*, 22 avril 2005.

Wieder, Thomas, « L'autre face de la Shoah », *Le Monde*, 2 novembre 2007 (à propos du dernier ouvrage de Christopher Browning).

Témoignages

Anders, Edward, *From Darkness to Light*, Burlingame (Cal.), Anders Press, 2008.

Bahn, Vladimir, *My Life. Latvia-USSR-Latvia*, publié par l'auteur, 2008.

Bayle, André, *Des Jeux olympiques à la Waffen-SS*, Chevaigné, Éditions du Lore, 2008.

Desbois, Patrick (père), *Porteur de mémoire*, Neuilly-sur-Seine, Michel Lafon, 2007.

Faitelson, Aleks, *Courage dans la tourmente en Lituanie, 1941-1945*, Paris, L'Harmattan, 2000.

Palty, Sonia, « Jews ! Cross the Dniester ! », *in* Felicia (Steigman) Carmelly, *Shattered ! 50 Years of Silence. History and Voices of the Tragedy in Romania and Transnistria*, Toronto, Abbeyfield Publishers, 1997.

Sakowicz, Kazimierz, *Ponary Diary, 1941-1943, a Bystander's Account of a Mass Murder*, Yitzhak Arad (éd.), New Heaven et Londres, Yale University Press, 2005.

Wells, Léon W., *Pour que la terre se souvienne*, Paris, Albin Michel, 1962.

Œuvres littéraires

Appelfeld, Aharon, *Histoire d'une vie*, Paris, Éditions de l'Olivier, 2004.

Celan, Paul, *Choix de poèmes réunis par l'auteur*, Paris, Gallimard, « Poésie », 1998.

Celan, Paul, *La Rose de personne*, Paris, Seuil, « Points, n° 1652 », 2002.

Grossman, Vassili, *Vie et Destin*, Paris, Le Livre de Poche, 2005.

Lanzmann, Claude, *Le Lièvre de Patagonie*, Paris, Gallimard, 2009.

Levi, Primo, *Les Naufragés et les Rescapés. Quarante ans après Auschwitz*, Paris, Gallimard, « Arcades », 1989.

Littell, Jonathan, *Les Bienveillantes*, Paris, Gallimard, 2007.

Malaparte, Curzio, *Kaputt*, Paris, Gallimard, « Folio », 1972.

Remerciements

Je remercie toutes les personnes, rescapés, témoins, historiens, équipes techniques, dont les noms sont cités dans ce livre. Je remercie tout particulièrement Michel Rotman et Marie-Hélène Ranc, les producteurs de *Einsatzgruppen, les commandos de la mort*, Annette Wieviorka, pour son amitié et son soutien, Tal Bruttman et Kristine Sniedze pour leurs relectures, Patrick Rotman, dont l'amitié et les conseils nourrissent mon travail depuis de nombreuses années.

Index

Table

DEUXIÈME PARTIE

« Et votre fumée montera vers le ciel »
(1942-1945)

Du même auteur

Une tradition de la haine
Figures autour de l'extrême droite
(avec Tristan Mendès France)
Paris-Méditerranée, 1999

La Maladie n° 9
Berg International, 2001

Les Fanatiques
Histoire de l'Armée rouge japonaise
Seuil, 2002

L'Écriture génocidaire,
l'antisémitisme en style et discours
Calmann-Lévy, 2005

Pierre Goldman
Le frère de l'ombre
Seuil, 2005

Roger Garaudy, itinéraire d'une négation
(avec Adrien Minard)
Calmann-Lévy, 2007

La Maîtresse de Charles Baudelaire
roman
Plon, 2007

Le Massacre de Nankin, entre mémoire et oubli
Denoël, 2007

Une histoire du terrorisme
1945-2011
(avec la collaboration de Christiane Ratiney)
Flammarion, 2012

ŒUVRES AUDIOVISUELLES

Japon, les années rouges
Kuiv Production-Arte, 2002

L'Assassinat de Pierre Goldman
Kuiv Production-France 3, 2006

Nankin, la mémoire et l'oubli
Les Poissons volants ; Rosen Films-France 5, 2007

Le Dernier combat d'Ariel Sharon
Kuiv Production-Arte, 2008

Einsatzgruppen, les commandos de la mort
Kuiv Production-France 2, 2009
Édition double DVD, FTD, 2009

Le procès d'Adolf Eichmann
Kuiv Productions-France 2, 2011

Série documentaire :
Une histoire du terrorisme
Film 1 : Les Années de libération (1945-1970) ;
Film 2 : Les Années de poudre (1970-1989) ;
Film 3 : Les Années jihad (1989-2011)
Doc en Stock, INA, France 3, 2011

RÉALISATION : NORD COMPO À VILLENEUVE-D'ASCQ
IMPRESSION : NORMANDIE ROTO IMPRESSION S.A.S. À LONRAI
DÉPÔT LÉGAL : JUIN 2012. N° 108 142 (121722)
Imprimé en France

Collection Points Histoire

H243. Art et Société au Moyen Âge, *par Georges Duby*
H244. L'Expédition d'Égypte 1798-1801, *par Henry Laurens*
H245. L'Affaire Dreyfus, *Collectif Histoire*
H246. La Société allemande sous le IIIe Reich
par Pierre Ayçoberry
H247. La Ville en France au Moyen Âge
par André Chédeville, Jacques Le Goff et Jacques Rossiaud
H248. Histoire de l'industrie en France
du XVIe siècle à nos jours, *par Denis Woronoff*
H249. La Ville des Temps modernes
sous la direction d'Emmanuel Le Roy Ladurie
H250. Contre-Révolution, Révolution et Nation
par Jean-Clément Martin
H251. Israël. De Moïse aux accords d'Oslo
par la revue « L'Histoire »
H252. Une histoire des médias des origines à nos jours
par Jean-Noël Jeanneney
H253. Les Prêtres de l'ancienne Égypte, *par Serge Sauneron*
H254. Histoire de l'Allemagne, des origines à nos jours
par Joseph Rovan
H255. La Ville de l'âge industriel
sous la direction de Maurice Agulhon
H256. La France politique, XIXe-XXe siècle, *par Michel Winock*
H257. La Tragédie soviétique, *par Martin Malia*
H258. Histoire des pratiques de santé
par Georges Vigarello
H259. Les Historiens et le Temps, *par Jean Leduc*
H260. Histoire de la vie privée
1. De l'Empire romain à l'an mil
par Philippe Ariès et Georges Duby

H261. Histoire de la vie privée
2. De l'Europe féodale à la Renaissance
par Philippe Ariès et Georges Duby
H262. Histoire de la vie privée
3. De la Renaissance aux Lumières
par Philippe Ariès et Georges Duby
H263. Histoire de la vie privée
4. De la Révolution à la Grande Guerre
par Philippe Ariès et Georges Duby
H264. Histoire de la vie privée
5. De la Première Guerre mondiale à nos jours
par Philippe Ariès et Georges Duby
H265. Problèmes de la guerre en Grèce ancienne
sous la direction de Jean-Pierre Vernant
H266. Un siècle d'école républicaine
par Jean-Michel Gaillard
H267. L'Homme grec
Collectif sous la direction de Jean-Pierre Vernant
H268. Les Origines culturelles de la Révolution française
par Roger Chartier
H269. Les Palestiniens, *par Xavier Baron*
H270. Histoire du viol, *par Georges Vigarello*
H272. Histoire de la France
L'Espace français, *sous la direction*
de André Burguière et Jacques Revel
H273. Histoire de la France
Héritages, *sous la direction*
de André Burguière et Jacques Revel
H274. Histoire de la France
Choix culturels et Mémoire, *sous la direction*
de André Burguière et Jacques Revel
H275. Histoire de la France
La Longue Durée de l'État, *sous la direction*
de André Burguière et Jacques Revel
H276. Histoire de la France
Les Conflits, *sous la direction*
de André Burguière et Jacques Revel
H277. Le Roman du quotidien, *par Anne-Marie Thiesse*
H278. La France du XIXe siècle, *par Francis Démier*
H279. Le Pays cathare, *sous la direction de Jacques Berlioz*
H280. Fascisme, Nazisme, Autoritarisme
par Philippe Burrin
H281. La France des années noires, tome 1
sous la direction de Jean-Pierre Azéma
et François Bédarida

H282. La France des années noires, tome 2
sous la direction de Jean-Pierre Azéma et François Bédarida
H283. Croyances et Cultures dans la France d'Ancien Régime
par François Lebrun
H284. La République des instituteurs
par Jacques Ozouf et Mona Ozouf
H285. Banque et Affaires dans le monde romain
par Jean Andreau
H286. L'Opinion française sous Vichy, *par Pierre Laborie*
H287. La Vie de saint Augustin, *par Peter Brown*
H288. Le XIXe siècle et l'Histoire, *par François Hartog*
H289. Religion et Société en Europe, *par René Rémond*
H290. Christianisme et Société en France au XIXe siècle
par Gérard Cholvy
H291. Les Intellectuels en Europe au XIXe
par Christophe Charle
H292. Naissance et Affirmation d'une culture nationale
par Françoise Mélonio
H293. Histoire de la France religieuse
Collectif sous la direction de Philippe Joutard
H294. La Ville aujourd'hui, *sous la direction de Marcel Roncayolo*
H295. Les Non-conformistes des années trente
par Jean-Louis Loubet del Bayle
H296. La Création des identités nationales
par Anne-Marie Thiesse
H297. Histoire de la lecture dans le monde occidental
Collectif sous la direction de Guglielmo Cavallo et Roger Chartier
H298. La Société romaine, *Paul Veyne*
H299. Histoire du continent européen
par Jean-Michel Gaillard, Anthony Rowley
H300. Histoire de la Méditerranée
par Jean Carpentier (dir.), François Lebrun
H301. Religion, Modernité et Culture au Royaume-Uni et en France
par Jean Baubérot, Séverine Mathieu
H302. Europe et Islam, par Franco Cardini
H303. Histoire du suffrage universel en France.
Le Vote et la Vertu. 1848-2000, *par Alain Garrigou*
H304. Histoire juive de la révolution à l'État d'Israël
Faits et documents, *par Renée Neher-Bernheim*
H305. L'Homme romain
Collectif sous la direction d'Andrea Giardina
H306. Une histoire du Diable, par Robert Muchembled

H307. Histoire des agricultures du monde
par Marcel Mazoyer et Laurence Roudart
H308. Le Nettoyage ethnique.
Documents historiques sur une idéologie serbe
par Mirko D. Grmek, Marc Gjidara et Neven Simac
H309. Guerre sainte, jihad, croisade, *par Jean Flori*
H310. La Renaissance européenne, *par Peter Burke*
H311. L'Homme de la Renaissance
Collectif sous la direction d'Eugenio Garin
H312. Philosophie des sciences historiques,
textes réunis et présentés, *par Marcel Gauchet*
H313. L'Absolutisme en France, *par Fanny Cosandey et Robert Descimon*
H314. Le Monde d'Ulysse, *par Moses I. Finley*
H315. Histoire des juifs sépharades, *par Esther Benbassa et Aron Rodrigue*
H316. La Société et le Sacré dans l'Antiquité tardive
par Peter Brown
H317. Les Cultures politiques en France
sous la direction de Serge Berstein
H318. Géopolitique du XVIe siècle
par Jean-Michel Sallmann
H319. Les Relations internationales
2. De la guerre de Trente Ans ans à la guerre de succession d'Espagne, *par Claire Gantet*
H320. Des traités : de Rastadt à la chute de Napoléon
par Jean-Pierre Bois
H323. De Nuremberg à la fin du XXe siècle
(tome 6, Nouvelle histoire des relations internationales/inédit), *par Frank Attar*
H324. Histoire du visuel au XXe siècle, *par Laurent Gervereau*
H325. La Dérive fasciste. Doriot, Déat, Bergery. 1933-1945
par Philippe Burrin
H326. L'Origine des Aztèques, par Christian Duverger
H327. Histoire politique du monde hellénistique
par Edouard Will
H328. Le Saint Empire romain germanique, *par Francis Rapp*
H329. Sparte, histoire politique et sociale
jusqu'à la conquête romaine, *par Edmond Lévy*
H330. La Guerre censurée, *par Frédéric Rousseau*
H331. À la guerre, *par Paul Fussel*
H332. Les Français des années troubles, *par Pierre Laborie*
H333. Histoire de la papauté, *par Yves-Marie Hilaire*
H334. Pouvoir et Persuasion dans l'Antiquité tardive
par Peter Brown
H336. Penser la Grande Guerre, *par Antoine Prost et Jay Winter*

H337. Paris libre 1871, *par Jacques Rougerie*
H338. Napoléon. De la mythologie à l'histoire
par Nathalie Petiteau
H339. Histoire de l'enfance, tome 1
par Dominique Julia et Egle Becchi
H340. Histoire de l'enfance, tome 2
par Dominique Julia, Egle Becchi
H341. Une histoire de l'édition à l'époque contemporaine
XIXe-XXe siècle, *par Elisabeth Parinet*
H342. Les enjeux de l'histoire culturelle, *par Philippe Poirrier*
H343. Le Monde des révolutions en Amérique
et en Europe à la fin du XVIIIe siècle, *par Jacques Solé*
H345. Histoire culturelle de la France, tome 3,
par Antoine de Baecque et Françoise Mélonio
H346. Histoire culturelle de la France, tome 4,
par Jean-Pierre Rioux et Jean-François Sirinelli
H347. L'État chez lui, l'Église chez elle
par Jean-Paul Scot
H348. La Résistance française : une histoire périlleuse
par Laurent Douzou
H349. Histoire culturelle de la France, tome 2,
par Jean-Pierre Rioux & Jean-François Sirinelli
H350. La France et les Juifs de 1789 à nos jours
par Michel Winock
H351. Historiographie de la guerre d'Algérie,
par Raphaëlle Branche
H352. L'Armée de Vichy, *par Robert O. Paxton*
H353. La Guerre froide 1917-1991, *par André Fontaine*
H354. Le Modèle politique français, *par Pierre Rosanvallon*
H355. Les Origines religieuses de la Révolution française
par Dale Van Kley
H356. Une histoire du Chat, *par Laurence Bobis*
H357. À la recherche du Moyen Âge, *par Jacques Le Goff*
H358. Les Quatre Parties du monde, *par Serge Gruzinski*
H359. Histoire des peurs alimentaires, *par Madeleine Ferrières*
H360. Le Grand Voyage de l'Obélisque, *par Robert Solé*
H361. La Vie à en mourir. Lettres de fusillés 1941-1944
par Guy Krivopissko
H362. Bleu. Histoire d'une couleur, *par Michel Pastoureau*
H363. Mitterrand, une histoire de Français, *par Jean Lacouture*
H364. Le Siècle des intellectuels, *par Michel Winock*
H365. Histoire des paysans français
par Emmanuel Le Roy Ladurie
H366. La Plus Vieille Cuisine du monde, *par Jean Bottéro*
H367. Histoire de la France politique 1. Le Moyen Âge
par Philippe Contamine

H368. Histoire de la France politique 2.
La Monarchie, entre Renaissance et Révolution
par Joël Cornette
H369. Histoire de la France politique 3.
L'Invention de la démocratie
par Serge Berstein, Michel Winock
H370. Histoire de la France politique 4.
La République recommencée
par Serge Berstein, Michel Winock
H371. Le Fascisme en action, *par Robert O. Paxton*
H372. Louis XIV. Les Stratégies de la gloire, *par Peter Burke*
H373. Ressentiment et Apocalypse, *par Philippe Burrin*
H374. Jésuites. Une multibiographie, t. 1, Les Conquérants
par Jean Lacouture
H375. Jésuites. Une multibiographie, t. 2, Les Revenants
par Jean Lacouture
H376. Sexe et pouvoir à Rome, *par Paul Veyne*
H377. Le Petit Livre des couleurs
par Michel Pastoureau & Dominique Simonnet
H378. Les Droites aujourd'hui, *René Rémond*
H379. Les Chamanes de la Préhistoire
par Jean Clottes & David Lewis-Williams
H380. Chronologie du XXe siècle, *par Bernard Phan*
H381. S'amuser au Moyen Âge, *par Jean Verdon*
H382. La Conversion d'Hermann le Juif, *par Jean-Claude Schmitt*
H383. Une histoire de pirates, *par Jean-Pierre Moreau*
H384. Histoire de la beauté, *par Georges Vigarello*
H385. Chronologie du Moyen Âge, *par Michel Zimmermann*
H386. L'Étoffe du diable, *par Michel Pastoureau*
H387. La Bataille de Paris, *par Jean-Luc Einaudi*
H388. 1515 et les grandes dates de l'histoire de France
par Alain Corbin
H389. Les Origines intellectuelles du IIIe Reich,
par George L. Mosse
H390. La Légende de Napoléon, *par Sudhir Hazareesingh*
H391. La Prostitution à Paris au XIXe siècle
par Alexandre Parent-Duchatelet
H392. La Guérilla du Che, *par Régis Debray*
H393. L'Orgasme et l'Occident, *par Robert Muchembled*
H394. *Mon* histoire des femmes, *par Michelle Perrot*
H395. La Reine scélérate, *par Chantal Thomas*
H396. La Pierre de Rosette, *par Robert Solé et Dominique Valbelle*
H397. Mal et modernité, *par Jorge Semprun*
H398. Mémorial de Sainte-Hélène, t. 1
par Emmanuel de Las Cases

H399. Mémorial de Sainte-Hélène, t. 2
par Emmanuel de Las Cases
H400. Le Siècle des communismes, *Collectif*
H401. Histoire de la Bretagne et des Bretons, t. 1
par Joël Cornette
H402. Histoire de la Bretagne et des Bretons, t. 2
par Joël Cornette
H403. Héros et merveilles du Moyen Âge, *par Jacques Le Goff*
H404. Les Templiers, *par Alain Demurger*
H405. La Suisse, l'or et les morts, *par Jean Ziegler*
H406. Chronologie de la Rome antique, *par Yann Rivière*
H407. Les Fondations de l'islam, *par Alfred-Louis de Prémare*
H408. Rois et reines de France, *par Bernard Phan*
H409. Histoire de la décolonisation, *par Bernard Droz*
H410. L'Égypte, passion française, *par Robert Solé*
H411. Les Druides, *par Jean-Louis Brunaux*
H412. Chronologie de la France au XXe siècle, *par Bernard Phan*
H413. Brève histoire du fascisme, *par Renzo De Felice*
H414. La Guerre du Rif
par Vincent Courcelle-Labrousse, Nicolas Marmié
H415. Histoires grecques, *par Maurice Sartre*
H416. Les Origines de la solution finale
par Christopher R. Browning
H417. Batailles, *par Hervé Drevillon*
H418. Les Juifs américains, *par André Kaspi*
H419. 2 000 ans d'histoire gourmande, *par Patrice Gélinet*
H420. Nourritures canailles, *par Madeleine Ferrières*
H421. La Croix et le Croissant, *par Richard Fletcher*
H422. Bagnards, *par Marion F. Godfroy*
H423. Chronologie de la Seconde Guerre mondiale
par Bernard Phan
H424. Pierre Mendès France, *par Jean Lacouture*
H425. La Vie sexuelle à Rome, *par Géraldine Puccini-Delbey*
H426. Chronologie de la Grèce antique, *par Paulin Ismard*
H427. Histoire des révolutions, *par Martin Malia*
H428. Histoire de la Prusse, *par Michel Kerautret*
H429. Histoire du débarquement en Normandie
par Olivier Wieviorka
H430. Les Voix de la liberté, *par Michel Winock*
H431. L'Europe est-elle née au Moyen Âge ?, *par Jacques Le Goff*
H432. L'Invention de la drague, *par Jean Claude Bologne*
H433. Bonaparte à la conquête de l'Égypte, *par Robert Solé*
H434. Chronologie de la Première Guerre mondiale
par Bernard Phan
H435. Aux origines de l'histoire des religions
par Philippe Borgeaud

H436. La Religion flamboyante, *par Jacques Chiffoleau*
H437. L'Ivrogne et la Marchande de fleurs, *par Nicolas Werth*
H438. L'Expérience de l'histoire, *par Reinhart Koselleck*
H439. Chronologie des États-Unis, *par Pierre Sicard*
H440. Parlez-vous sans-culotte ?, par Michel Biard
H441. Comment notre monde est devenu chrétien
par Marie-Françoise Baslez
H442. Bêtes de somme, *par Éric Baratay*
H443. La Société médiévale, *par François Icher*
H444. La Mer, *sous la direction d'Alain Corbin et Hélène Richard*
H445. 1939, *par Richard Overy*
H446. Noir, *par Michel Pastoureau*
H447. Histoire du corps, t. I, De la Renaissance aux Lumières
sous la direction d'Alain Corbin, Jean-Jacques Courtine et Georges Vigarello
H448. Histoire du corps, t. II, De la Révolution à la Grande Guerre
sous la direction d'Alain Corbin, Jean-Jacques Courtine et Georges Vigarello
H449. Histoire du corps, t. III, Les Mutations du regard. Le XXe siècle
sous la direction d'Alain Corbin, Jean-Jacques Courtine et Georges Vigarello
H450. Histoire de l'Europe urbaine, t. I, La Ville antique
par Xavier Lafon, Jean-Yves Marc et Maurice Sartre
H451. Histoire de l'Europe urbaine, t. II, La Ville médiévale
par Patrick Boucheron et Denis Menjot
H452. Histoire de l'Europe urbaine, t. III, La Ville moderne
par Olivier Zeller
H454. Histoire de l'Europe urbaine, t. V, La Ville coloniale
par Odile Goerg et Xavier Huetz de Lemps
H 456. L'Allemagne nazie et les Juifs, t. I
Les Années de persécution (1933-1939)
par Saul Friedländer
H457. L'Allemagne nazie et les Juifs, t. II
Les Années d'extermination (1939-1945)
par Saul Friedländer
H458. Régimes d'historicité, *par François Hartog*
H459. L'Empire gréco-romain, *par Paul Veyne*
H460. La Formation de la classe ouvrière anglaise
par Edward P. Thompson
H461. Mitterrand. Une histoire de Français. t. II
Les Vertiges du sommet, *par Jean Lacouture*
H462. Nos ancêtres les Gaulois, *par Jean-Louis Brunaux*
H463. Une histoire de la violence, *par Robert Muchembled*
H464. Einsatzgruppen, *par Michaël Prazan*
H465. Une histoire symbolique du Moyen Âge occidental
par Michel Pastoureau